U0687132

中文社会科学引文索引（CSSCI）来源集刊

人文论丛

2017年

第1辑（总第27卷）

冯天瑜　主编

教育部人文社会科学重点研究基地
武汉大学中国传统文化研究中心　　主办

WUHAN UNIVERSITY PRESS
武汉大学出版社

KEY RESEARCH INSTITUTE IN UNIVERSITY

图书在版编目(CIP)数据

人文论丛.2017年.第1辑:总第27卷/教育部人文社会科学重点研究基地,武汉大学中国传统文化研究中心主办.—武汉:武汉大学出版社,2017.5
ISBN 978-7-307-19292-8

Ⅰ.人… Ⅱ.①教… ②武… Ⅲ.社会科学—2017—丛刊 Ⅳ.C55

中国版本图书馆 CIP 数据核字(2017)第 103862 号

责任编辑:李 程 责任校对:汪欣怡 版式设计:马 佳

出版发行:**武汉大学出版社** (430072 武昌 珞珈山)
(电子邮件:cbs22@whu.edu.cn 网址:www.wdp.com.cn)
印刷:武汉中远印务有限公司
开本:787×1092 1/16 印张:25.5 字数:618 千字 插页:2
版次:2017 年 5 月第 1 版 2017 年 5 月第 1 次印刷
ISBN 978-7-307-19292-8 定价:86.00 元

版权所有,不得翻印;凡购买我社的图书,如有质量问题,请与当地图书销售部门联系调换。

《人文论丛》2017年第1辑（总第27卷）

学术顾问（以姓氏笔画为序）

卜松山　瓦格纳　艾　兰　池田知久

刘纲纪　朱　雷　李学勤　杜维明

宗福邦　饶宗颐　章开沅　谢和耐

裘锡圭

编委会成员（以姓氏笔画为序）

冯天瑜　刘礼堂　李维武　陈文新

陈　伟　陈　锋　吴根友　沈壮海

张建民　杨　华　杨逢彬　罗国祥

尚永亮　郭齐勇

主　编　冯天瑜

副主编　郭齐勇　陈　锋　陈文新　杨　华

本卷执行主编　杨　华

本卷执行编辑　聂长顺

目　录

书　评

人 文 探 寻

中国传统文化两极评判的当下启示*

□ 冯天瑜

中国文化延绵久远，仪态万方，蕴藏丰富，视角各别、价值取向有异的中外人士对它的评议往往见仁见智、各执一端，甚至同一位思想者在不同语境下作出截然悖反的判断。

一、西方对中国文化的两极评论(甲)：佳评如潮

西方早在希腊罗马时代即有关于遥远而神秘的东方文化的种种传说。

十三十四世纪之交入华的意大利人马可·波罗(1254—1324)在其《东方见闻录》(又名《马可·波罗行纪》)中描述了"契丹"(实为元代中国)文化的繁盛发达。而抵达富庶的"契丹"(中国)，成为十五十六世纪开拓新海道的哥伦布(1451—1506)、达·伽马(1469—1524)等人冒险远航的动力。

十六十七世纪之交，意大利人、耶稣会士利玛窦(1552—1610)进入明朝，发现"契丹"即"支那"(中国)①，并由衷赞扬人民勤劳、知礼，国家奉行和平：

> 中国人是最勤劳的人民。②
> 以普遍讲究温文有礼而知名于世。③
> 虽然他们有装备精良的陆军和海军，但他们的皇上和人民却从未想要过发动侵略战争。他们很满足于自己已有的东西，没有征服的野心。④

利玛窦尤其欣赏中国通过国家考试从平民选拔官员的文官制：

---

* 本文为教育部人文社会科学重点研究基地重大项目"国学读本编纂与两岸传统文化教育"(项目编号：14JJD770007)阶段性成果之一。

① 《利玛窦中国札记》，中华书局1983年版，第541~566页。
② 《利玛窦中国札记》，中华书局1983年版，第19页。
③ 《利玛窦中国札记》，中华书局1983年版，第63页。
④ 《利玛窦中国札记》，中华书局1983年版，第58页。

他们全国都是由知识阶层，即一般叫做哲学家（指儒士）的人来治理的。①

利玛窦对中国文化也有批评：

中国所熟习的唯一高深的哲理科学就是道德哲学……他们没有逻辑规则的概念。②

大臣们作威作福到这种地步，以致简直没有一个人可以说自己的财产是安全的……人民十分迷信，难得信任任何人。（皇上出巡戒备森严），人们以为他是在敌国旅行，而不是在他自己的子民万众中出巡。③

明清之际，艾儒略（1582—1649）、汤若望（1591—1666）、张诚（1654—1707）等天主教传教士怀着"中华归主"的梦想，联翩入华，一方面向中国传播西学，另一方面又向西方译介中学，中国经典和文学作品流播西土，中国民间以至宫廷生活的实态及中国文化渐为西人知晓，西洋人对中国及其文化有了非传说的、较为实在的认识，从而开启西方汉学的端绪，早期汉学论著迭现——门多萨《中华帝国风物志》，卢哥比安、杜赫尔德、柏都叶编《耶稣会士通信录》，杜赫尔德等主编《中华帝国全志》，勃罗堤业、萨西等编纂《中国丛刊》，冯秉正著《中国通史》，丹维尔《中华新图》等，与康熙皇帝过从甚密的法国人白晋（1656—1730）撰《中国皇帝传》，详介康熙文治武功。

十七十八世纪以降，西洋人对中国文化经历了从客观译介到主观评断的转化，而这种评断与西洋人自身的不同观念和文化要求相联系。欧洲人的中国观大略呈现赞赏与贬抑两极状态。先议佳评。

西方对中国文化赞赏一极，以德国哲学家沃尔夫（1679—1754）、法国启蒙思想家伏尔泰（1694—1778）、法国重农学派魁奈（1694—1774）等人为代表。

承袭莱布尼茨（1646—1716）的沃尔夫欣赏中国的哲学与政治，其弟子毕芬格著《古代中国道德说并政治说的样本》，肯定中国政治与道德结合的传统，认为康熙皇帝是几近柏拉图推崇的"哲学王"那样的理想君王。

伏尔泰希望在清除现存的基于迷信的"神示宗教"之后，建立一个崇尚理性、自然和道德的新的"理性宗教"。在伏尔泰心目中，中国儒教乃是这种"理性神教"的楷模。他的哲理小说《查第格》说，中国的"理"或"天"，既是"万物的本源"，也是中国立国古老和文明完美的原因。他称中国人"是在所有的人中最有理性的人"④。他推崇孔子，称赞他"全然不以先知自认，绝不认为自己受神的启示，他根本不传播新的宗教，不求助于魔力"⑤。

狄德罗（1713—1784）见解类似，他主编的《百科全书》关于"中国"的一段，介绍先秦

① 《利玛窦中国札记》，中华书局1983年版，第94页。
② 《利玛窦中国札记》，中华书局1983年版，第31页。
③ 《利玛窦中国札记》，中华书局1983年版，第94页。
④ 《伏尔泰小说选》，第31~33页。
⑤ 《伏尔泰全集》第七集，第330~331页。

至明末的中国哲学，认为其基本概念是"理性"。他特别欣赏儒教"只须以'理性'或'真理'便可以治国平天下"。中国的这种理性观念对欧洲启蒙运动时期出现的自然神论有所启迪。

欧洲启蒙思想家还从历史中看到了以伦理道德为主要内容的中国文化的力量。万里长城未能阻止异族入侵，而入主中原的异族无一不被汉族所同化。启蒙思想家认为，这种"世界上仅见的现象"，究其原因，乃在于中国所特有的伦理型文化强大的生命力。伏尔泰对此深有所感，遂仿照元曲《赵氏孤儿》创编诗剧《中国孤儿》，剧中崇尚武功、企图以暴力取胜的"成吉思汗"（这是一个移植的代称，《赵氏孤儿》本来讲的是战国故事，伏尔泰却将剧中的王者取名"成吉思汗"，乃是鉴于欧洲人最熟悉的"东方暴君"是成吉思汗），最后折服于崇高的道义。伏尔泰在这个诗剧的前言中写道："这是一个巨大的证明，体现了理性与才智对盲目和野蛮的力量具有自然的优越性。"①

伏尔泰的《诸民族风俗论》等著作展示的中国文化，闪耀着理性、人道的辉光，中国的儒学深藏当时欧洲现实难得见到的"自由"精神及宗教宽容。伏尔泰发现，孔子和西方古代贤哲一样，"己所不欲，勿施于人"，"己欲立而立人，己欲达而达人"，并"提倡不念旧恶、不忘善行、友爱、谦恭"，"他的弟子们彼此亲如手足"，这就是"博爱"的本义，因而也就和"自由"与"平等"的信条息息相通。伏尔泰对经验理性、仁爱精神等东方式智慧大加推崇，借以作为鞭笞欧洲中世纪神学蒙昧主义的"巨杖"。

魁奈更多地肯定中国的制度文化，他在《中国的专制主义》中称中国的政治是"合法的专制政治"，中国的法律都是建立在伦理原则基础上的，法律、道德、宗教、政治自然地合为一体。他认为孟德斯鸠等政治作家把中国政治的专制性"大大地夸大了"。魁奈对《周礼》均田观、贡赋制十分推许，对中国思想家崇仰备至，有"一部《论语》可以打倒希腊七贤"的名论。魁奈视中国为"一个世界上最古老、最大、最人道、最繁荣"的国度。

在英国，启蒙学者常常引用"中国人的议论"来批驳《圣经》。例如18世纪早期的自然神论者马修·廷德尔在其思精之作《自创世以来就有的基督教》中，把孔子与耶稣、圣保罗相提并论，将其言行加以比较，从中得出"中国孔子的话，比较合理"的结论。英国哲学家休谟（1711—1776）曾说："孔子的门徒，是天地间最纯正的自然神论的学徒"，将中国哲学引为自然神论的思想数据。

中国哲学宗教色彩淡薄，而伦理准则渗透本体论、认识论、人性论，这一特质引起欧洲思想家的广泛注意。法国启蒙学者霍尔巴赫（1723—1789）认为，"伦理与政治是相互关联的，二者不可分离，否则便会出现危险"。而在世界上，"把政治和伦理道德紧紧相联的国家只有中国"。② 德国哲人莱布尼茨也说道：

> 如果请一个聪明人当裁判员，而他所裁判的不是女神的美，而是民族的善，那么我相信，他会把金苹果送给中国人的。
>
> 就我们的目前情况而论，道德的败坏已经达到这样的程度，因此，我几乎觉得需要请中国的传教士来到这里，把自然神教的目的与实践教给我们，正如我们给他们派

---

① 《伏尔泰全集》第一卷，第680页。
② 霍尔巴赫：《社会体系》，第174页。

了教士去传授启示的神学那样。

直到法国大革命，中国哲学中的德治主义还对雅各布宾党人发生影响，罗伯斯庇尔（1758—1794）本人起草的1793年《人权和公民权宣言》的第6条引用中国格言：

> 自由是属于所有的人做一切不损害他人权利的事的权利；其原则为自然，其规则为正义，其保障为法律；其道德界限则在下述格言之中：己所不欲，勿施于人。①

中国哲学对欧洲思想家的影响是经过他们自己的咀嚼和消化才发生作用的，他们所理解和表述的中国文化，带有明显的理想化色彩。这种理想化的中国哲学对于18世纪欧洲启蒙运动思想体系的完善发生了不可忽视的作用。法国学者戴密微高度评价这一东方哲学流向西方的现象。他认为：

> 从十六世纪开始，欧洲就开始了文艺批评运动，而发现中国一举又大大推动了这一运动的蓬勃发展。②

中国哲学于欧洲的影响并不局限于18世纪。从19世纪中叶开始，欧洲加速了同中国的文学、艺术、哲学的融合。就德国而言，19世纪末叶至20世纪初年间，出现一种可称之为"东亚热"的思潮。

第一次世界大战后出现的欧洲文化危机，使不少知识分子再次把目光转向东方，希望在东方文化，尤其是中国哲学、文学中去寻找克服欧洲文化危机的办法。德国哲学家、戏剧家布莱希特（1898—1956），便注目中国古代哲学，赞赏墨子学说对于解决个人与社会取得和谐问题的探索，其"非攻""兼爱"等思想常被布莱希特援引。老庄修身治国、"柔弱胜刚强"的理论也为布莱希特所赞赏。他的《成语录》采用中国古代哲学著述常见的对话体裁，处处流露出将墨翟引为忘年交的感情。中国哲学不仅给布莱希特与德国表现主义戏剧家的哲学论争提供了有力的论据，开拓了他的眼界，使他从一个欧洲学者变成一个世界性哲人。

中国传统文化在19世纪的俄国也颇有影响。俄罗斯近代文学奠基人普希金（1799—1837）深受启蒙时代法国出现的"中国热"感染，作品汲纳中国元素，诗歌《致娜塔丽娅》出现"谦恭的中国人"，《鲁斯兰与柳德米拉》出现"中国的夜莺"，《骄傲的少女》出现"去长城的脚下"等句，显示了对中国文化的向往。③ 俄国文豪托尔斯泰（1828—1910）对中国传统哲学极感兴趣，他研究过孔子、墨子、孟子等中国古代哲学家的学说，而对老子著作的学习和研究则持续到暮年。他在日记中说，"孔夫子的中庸之道——是令人惊异的。老子的学说——执行自然法则——同样是令人惊异的。这是智慧，这是力量，这是生机"，

---

① 《法国宪法集》，1970年，巴黎，第80页。
② ［法］戴密微：《中国和欧洲最早在哲学方面的交流》。
③ 见柳若梅：《普希金笔下的中国》，《中国社会科学报》，2012年7月20日。

"晚上全神贯注修改墨子。可能是一本好书"。① 他认为，孔子和孟子对他的影响是"大的"，而老子的影响则是"巨大的"，托尔斯泰主义的核心——"勿以暴力抗恶"——在很大程度上便得到老聃"无为"思想的启迪。

二、西方对中国文化的两极评论（乙）：谪评渐深

18 世纪以降，欧洲的中国观还呈现贬抑的另一极，代表人物有法国社会学家孟德斯鸠（1689—1755）、英国经济学家亚当·斯密（1723—1790）、德国哲学家黑格尔（1770—1831）等。

与推崇中国文化的伏尔泰同时代的孟德斯鸠也十分关注中国文化，但他反对美化此一东方文化。作为西方近代国家学说奠基人的孟德斯鸠，把政体归为共和、君主、专制三类，三者奉行的原则分别是品德、荣誉、恐惧，而"中国是一个专制的国家，它的原则是恐怖"②。他认为，中国的立法者"把宗教、法律、风俗、礼仪都混在一起"：

> 这四者的箴规，就是所谓礼教。……中国人把整个青年时代用在学习这种礼教上，并把整个一生用在实践这种礼教上。……当中国政体的原则被抛弃，道德沦丧了的时候，国家便将陷入无政府状态，革命便将到来。③

英国哲学家休谟 18 世纪中叶便提出中国停滞论，他将中国停滞的原因归结为国土庞大、文化单一、祖制难违。休谟说：

> 在中国，似乎有不少可观的文化礼仪和学术成就，在许多世纪漫长的历史发展过程中，我们本应期待它们能成熟到比它们已经达到的更完美和完备的地步。但是中国是一个幅员广大的帝国，使用同一语言，用同一种法律治理，用同一种方式交流感情。任何导师，像孔子那样的先生，他们的威望和教诲很容易从这个帝国的某一角落传播到全国各地。没有人敢于抵制流行看法的洪流。后辈也没有足够的勇气敢于对祖宗制定、世代相传、大家公认的成规提出异议。这似乎是一个非常自然的理由，能说明为什么在这个巨大帝国里科学的进步如此缓慢。④

亚当·斯密的中国停滞论在西方更有影响。他将 17 世纪耶稣会士提供的中国观察与此前数百年的《马可·波罗行纪》的中国记述加以比较，发现二者几无差异，证明中国自古就繁荣富庶，而久未进展。他于 18 世纪 70 年代指出：

---

① 转引清华大学思想文化研究所编：《世界名人论中国文化》，湖北人民出版社 1991 年版，第 546、547 页。

② 孟德斯鸠著，张雁深译：《论法的精神》，商务印书馆 1987 年版，第 129 页。

③ 孟德斯鸠著，张雁深译：《论法的精神》，商务印书馆 1987 年版，第 312~313 页。

④ 休谟著，杨适等译：《人性的高贵与卑劣——休谟散文集》，三联书店 1988 年版，第 47 页。

　　中国，一向是世界上最富的国家。其土地最沃，其耕作最优，其人民最繁多，且最勤勉。然而，许久以前，它就停滞于静止状态了。今日旅行家关于中国耕作、勤劳及人口状况的报告，与五百年前客居于该国之马哥孛罗的报告，殆无何等区别。若进一步推测，恐怕在马哥孛罗客居时代以前好久，中国财富，就已经达到了该国法律制度所允许之极限。①

亚当·斯密着重从经济学层面分析中国社会停滞的原因，如劳动工资低廉，劳动货币价格固定；欧洲处于改良进步状态，而中国处于不变静态；又如中国重农抑商，轻视对外贸易。

　　德国哲学家赫尔德（1744—1803）认为亚细亚专制制度是一种僵化的政治制度，实行这种制度的中国"就像一座古老的废墟一样兀立在世界的一角"。这是中国停滞论的较早表述。

　　稍晚于赫尔德，作为欧洲中心论者的黑格尔，在《历史哲学》中把中国称之"那个永无变动的单一"，在《哲学史讲演录》中把孔子视作：

　　一个实际的世间智者，在他那里思辨的哲学是一点也没有的——只有一些善良的、老练的、道德的教训，从里面我们不能获得什么特殊的东西。

20世纪美国社会学家帕森斯（1902—1979）大体承袭赫尔德、黑格尔的理路，并进而推衍：儒家价值观与现代社会价值观相左，妨碍中国社会的现代转型。②

　　时至当代，西方人对中国文化的认识在逐步深化，但大体仍在上述两极间徘徊。其一极蔑视中国文化，发皇者来自西方政坛、学界，并往往与"中国崩溃论""中国威胁论"交织在一起；另一极则对中国文化高度赞许，尤其将《老子》《周易》奉为天纵之书，以为是克服"现代病"的良药，甚或认为中国是未来世界的希望，这类对中国传统文化的褒词，往往发自西方学界，不乏一流思想家、科学家（包括诺贝尔奖得主）发表此种赞语。

　　西方的中国文化观形成悖论，17—18世纪的主流是向往、颂扬中国文化（常有对中国文化的理想化描述），19—20世纪的主流是批判、贬抑中国文化（不乏西方式的傲慢与偏见），分别反映了启蒙时代和资本主义发达时代西方文化的两种要求：前者是寻找突破中世纪蒙昧的借鉴，后者是为西方文化优越性作衬托。

三、近世中国人的中国文化两极论（甲）：
以梁启超清末抨击传统弊端为例

　　近代中国人自身对传统文化评价的分歧之大，并不亚于西方人。这种分歧不仅指西化派对中国传统文化的贬斥与东方文化本位论者对中国传统文化的坚守之间形成的强烈对

---

　　①　［英］亚当·斯密著，郭大力、王亚南译：《国富论》上卷，中华书局1949年版，第85页。
　　②　见［美］帕森斯：《中国》，清华大学思想文化研究所编：《世界名人论中国文化》，湖北人民出版社1991年版，第615~626页。

比，而且，在同一位中国思想家那里，先后对中国智慧的褒贬扬抑，往往形成巨大反差。如现代中国著名文化人严复、梁启超自清末到民初评价中国文化的言论，其骤变性和两极化走势，便是典型案例。这里侧重从梁氏展开。

梁启超(1873—1929)是中国近代重要的革新运动——戊戌变法的领袖之一和主要宣传家。1898年变法失败后，梁氏流亡日本，潜心研习西方文化，以寻求强国之借鉴，与此同时，又解剖中国文化的病端，尤其激烈地抨击专制帝制。梁氏1902年曰：

> 专制政体者，我辈之公敌也，大仇也！……
> 使我数千年历史以浓血充塞者谁乎？专制政体也。使我数万里土地为虎狼窟穴者谁乎？专制政体也。使我数百兆人民向地狱过活者谁乎？专制政体也。①

他号召新中国之青年，"组织大军，牺牲生命，誓翦灭此而朝食"②。洋溢着对中国制度文化的核心——专制帝制不共戴天的批判精神。这种对中国专制政治的谴责，与孟德斯鸠十分类似。

1899年，梁氏东渡太平洋，造访美国，目的是"誓将适彼世界共和政体之祖国，问政求学观其光"③。1903年2月梁氏再次离日游览北美，在加拿大与美国逗留8个月，并于1904年2月在《新民丛报》增刊发表《新大陆游记》，大力推介美国的现代文明，特别是民主政治，他发现，美国实行共和宪政，是拥有"市制之自治"的基础，而中国仅有"族制之自治"，人民仅有"村落思想"，不具备共和宪政的条件。他由此出发，尖锐批评中国固有文明，在这部游记中列举"吾中国人之缺点"如下(仅引纲目)：

> 一曰有族民资格而无市民资格。
> 二曰有村落思想而无国家思想。
> 三曰只能受专制不能享自由。
> 四曰无高尚之目的。④

此外，梁氏还痛论中国人行为方式的种种不文明处，诸如：

> 西人数人同行者如雁群，中国人数人同行者如散鸭。西人讲话……其发声之高下，皆应其度。中国则群数人座谈于室，声或如雷；聚数千演说于堂，声或如蚊。……吾友徐君勉亦云：中国人未曾会行路，未曾会讲话，真非过言。斯事虽小，可以喻大也。⑤

---

① 梁启超：《拟讨专制政体檄》，李华兴、吴嘉勋编：《梁启超选集》，上海人民出版社1984年版，第380页。
② 梁启超：《拟讨专制政体檄》，李华兴、吴嘉勋编：《梁启超选集》，上海人民出版社1984年版，第380页。
③ 梁启超：《二十世纪太平洋歌》，《饮冰室合集》第5册，中华书局1989年版，第17页。
④ 梁启超：《新大陆游记节录》，《饮冰室合集》第7册，中华书局1989年版，第121~124页。
⑤ 梁启超：《新大陆游记节录》，《饮冰室合集》第7册，中华书局1989年版，第126页。

1899 年至 1904 年间的梁启超,具体考察西方现代文明(从民俗、经济到政治制度),并给予肯认,同时又对中国传统社会及文化加以痛切的批评。梁氏在 1899—1902 年热烈倡导民主共和,1903—1904 年间则转向君主立宪,寄望于"开明专制",正是他通过中西文化比较后,意识到当时的中国不具备实行民主共和的文化条件。他认为,在缺乏"市制之自治"等文化条件的情形下,贸然推行民主共和,必致天下大乱。总之,19 世纪末 20 世纪初,梁启超是中国传统文化犀利的批评家,正如冯自由所说,《新民丛报》开初一二年,梁启超所倡之"破坏论",极具感召力,"影响国内外青年之思想甚巨"①;黄遵宪 1902 年致函,称赞梁启超在《新民丛报》发表的文章"惊心动魄,一字千金,人人笔下所无,却为人人意中所有,虽铁石人亦应感动"。梁氏诚为"言论界的骄子"也!

四、近世中国人的中国文化两极论(乙): 梁启超第一次世界大战后对中国传统的高度赞美

时过十余载,历经辛亥革命的大波澜,又目睹第一次世界大战对人类(尤其是西方世界)创巨痛深的打击,敏感的"言论界骄子"梁启超对于中西文化有了新的体悟。

1918 年 12 月,梁启超与蒋百里(1882—1938)、丁文江(1887—1936)、张君劢(1887—1969)、刘崇杰(1880—1950)、徐振飞、杨鼎甫等 7 人赴欧(其中丁文江、张君劢二位后来成为 20 年代"科玄之争"科学派与玄学派的主将),于旁观巴黎和会前后,遍游英、法、德、意等欧洲列国,1920 年 1 月离欧,3 月回归上海。梁氏一行访欧一年又两个月期间,正值第一次世界大战刚刚结束,西方现代文明的种种弊端一并充分暴露,一批西方人,尤其是西方的人文学者对西方文明持批判态度(德国人斯宾格勒 1918 年出版的《西方的没落》为其代表作),有的甚至对西方文明陷入绝望,并把希冀的目光投向东方。梁启超返回后发表的《欧游心影录》描述这一情形:

> 记得一位美国有名的新闻记者赛蒙氏和我闲谈,他问我:"你回到中国干什么事?是否要把西洋文明带些回去?"我说:"这个自然。"他叹一口气说:"唉,可怜,西洋文明已经破产了。"我问他:"你回到美国却干什么?"他说:"我回去就关起大门老等,等你们把中国文明输进来救拔我们。"②

曾几何时,在《新大陆游记》(1904 年印行)中梁氏历数中国社会及文化的种种病态,认为唯有学习西方才有出路,而在《欧游心影录》(1920 年印行)中,梁氏却一百八十度转弯,向中国青年大声疾呼:

> 我可爱的青年啊,立正,开步走!大海对岸那边有好几万万人,愁着物质文明破产,哀哀欲绝的喊救命,等着你来超拔他哩。我们在天的祖宗三大圣(指孔子、老子、墨子——引者)和许多前辈,眼巴巴盼望你完成他的事业,正在拿他的精神来加

① 冯自由:《开国前海内外革命书报一览》。
② 梁启超:《欧游心影录》,《饮冰室合集》第 7 册,中华书局 1989 年版,第 15 页。

佑你哩。①

这里梁启超申述的不仅是"中国智慧救中国论",而且是"中国智慧救世界论"。必须指出的是,1920 年的梁启超与 1904 年的梁启超相比,其爱国救世的热情和诚意别无二致,其笔锋也都"常带感情"。然而,同样是这位有着赤子之心的梁启超,何以在十余年间对东亚智能现世价值的评判发生如此截然背反的变化?

五、"现代化要求"与"后现代反思"

西方关于中国文化的两极评论的动因前以略加评述,此不另;这里也不拟就梁启超个人的心路历程作详尽分析,而只简要考察梁氏十余年间对中国文化评价系统的变化,进而探求如何整合这两种评价系统。

梁启超 1904 年撰写《新大陆游记》,洋溢着对中国传统文化的批判精神,这是那一时代中国先进分子"向西方求真理",以谋求现代化出路的典型表现。梁氏当年对传统产生锥心之痛,缘故在于,东亚社会及文化未能导引出现代化,其若干层面还成为现代化的阻力,以致中国社会及文化落伍于西洋,一再被动挨打,陷入深重的民族危机。为解除危机,梁氏选择了现代化走向,揭露中国传统社会及文化的种种病态,可谓爱之深、责之切,即使今日读来,人们也能产生会心之叹。梁氏批评传统,所秉持的文化评价标尺是西洋文化呈现的现代化模型,出于对现代文明的渴求,梁氏扬弃旧学,倡导新学,力行"新文体""新史学""诗界革命",以新文化巨子现身十九二十世纪之交,如惊雷闪电般辉耀于那个风雨如晦的年代。梁启超于 1920 年撰写的《欧游心影录》,则是在对西方文明的弊端(或曰"现代病")有所洞察后,再反顾东方,发现中国传统智慧具有疗治现代病的启示价值。这种以中国传统智慧挽救现世文明的论断,与现代西方初萌的反思现代病的思潮相呼应,就尚未实现现代化的中国而言,是一种早熟的后现代思维,虽然缺乏细密深入的历史分析,却颇有切中时弊的精彩宏议,包蕴着若干真理的颗粒,身处现代文明之中、为"现代病"所困扰的今人读到此类评论,亦有切肤之感。

于是,呈现在人们面前的有"两个梁启超":

激烈批判中国传统文化的梁启超
高度称颂中国传统文化的梁启超

人们往往因梁启超 1904 年所撰《新大陆游记》与 1920 年间所撰《欧游心影录》的思想大转变,而讥讽他的"多变",梁氏自己也曾以"流质易变""太无成见"自嘲。其实,对传统文化先后持两种极端之论,并非梁氏个别特例,在其他近代文化大师那里也有类似表现,如严复戊戌时期在《救亡决论》中历数中国传统文化弊端,并倡言:

---

① 梁启超:《欧游心影录》,《饮冰室合集》第 7 册,中华书局 1989 年版,第 38 页。

> 天下理之最明而势所必至者，如今日中国不变法则必亡是已。

而严氏晚年力主回归传统，高唤：

> 回观孔孟之道，真量同天地，泽被寰区。

我们今天对此种现象的认识，不能停留于对梁氏、严氏等前哲跳跃式思维的一般性批评，不应止于"早年激进、晚年保守"的皮相之议，而应当进一步考析——

梁启超、严复等这种对于传统文化从"离异"到"回归"的心路历程，报告着怎样的时代消息？

否定与赞扬中国传统文化的两种极端之论集于一人，是近代中国面对多层级变革交会的一种反映。西方世界几百年间实现工业化与克服工业化弊端这两大先后呈现的历时性课题，都共时性地提到近代中国人面前。面对中国社会"多重性"的国人颇费思量。力主汇入"浩浩荡荡"世界文明大潮的孙中山，一方力主发展资本主义经济，实现工业化，同时又在中国资本十分薄弱之际便警告，要"节制资本"，便是交出的一种有民粹倾向的答案。而梁启超于20世纪初叶的两种极端之论是试交的双重答案——

1904年批评东亚社会及文化，是一种"现代化要求"；

1920年呼唤以东亚智慧拯救西方，拯救现代文明，其着眼点则是"后现代思考"。

梁氏在短短十余年间发表两种极端之论，给人以"大跳跃"印象，是因为他在尚未厘清前一论题时，便匆忙转向后一论题。这当然与梁氏个人学术性格有关，但也是20世纪的中国面临文化转型的多重性所致——

作为"后发展"的中国，以经济层面的工业化和政治层面的民主化为基本内容的现代化刚刚起步之际，已经完成现代化任务的西方世界面临的"后现代"问题，也通过种种管道朝着中国纷至沓来。这样，中国人（特别是知识精英）一方面要扬弃东亚固有的"前现代性"，以谋求文化的现代转型；另一方面，又要克服主要由西方智慧导致的现代文明病，此刻，以原始综合为特征的东亚智能又显现出其"后现代"启示功能。

梁启超敏锐地把握了东亚智能在历史不同层面上的不同功能，各有精彩阐发，双双留下足以传世的说论，当然，他未能将两种历时性的论题加以必要的厘清与整合，留下思维教训。今人需要在梁氏等前辈的基点上，迈出更坚实的步子。

我们今日讨论中国传统文化的现代价值，当然不应重蹈先辈的故辙，在"一味贬斥"与"高度褒扬"的两极间摆动，而理当历史地考察传统文化的生成机制和内在特质，既肯认中国智慧创造辉煌古典文明的既往事实，又研讨中国智慧未能导引出现代文明的因由，还要深思中国智慧对疗治现代病的启示意义。在展开这些思考时，应当把握历史向度，而不能作超时空的漫议，同时还必须真切把握西方智慧这一参照系，克服夜郎自大的东方主义和心醉西风的西化主义两种偏颇，充分而又有选择地弘扬传统，促成其现代转换，以为今人师法，为万世开太平。

（作者单位：武汉大学中国传统文化研究中心）

近代中国误读的"明治"与缺席的"江户"*

——汉字圈两场言文一致运动之关联

□ 林少阳 著 邱湘闽 译

一、前　　言

本文探究清末至民国初年的中国知识分子如何在语言层面上误读了明治日本言文一致运动(明治日本语境的白话文运动)。这种误读实际上与对江户的误读联系在一起。中国许多人对明治日本的误读,在于认为明治日本近代化成功的一大要因是言文一致政策的实施,亦即明治的言文一致运动普及了日本的教育,使识字率大幅提升。这不仅至今仍是中国对近代日本的常识,恐怕也是许多日本人的常识。本文则基于江户史等先行研究成果,对此"常识"提出质疑。

这一问题不仅关系到对近代日本的重新认识,考虑到日本言文一致运动对中国言文一致运动(白话文运动)的巨大影响,可以说该问题对重审中国的近代也具有重大意义。清末的"言文一致"(或称"言文合一"),到了 1915 年至 1921 年间的新文化运动时期转而被称为"白话文运动"(或者"国语运动""新文学运动"),这种名称的改变并非偶然,而是意味着中国的言文一致运动与日本言文一致运动拉开了距离。同时,这种名称上的变更,也掩盖了汉字圈两场言文一致运动之间的关联。

若将言文一致运动看作日本在民族国家上升期的语言民族主义(nationalism)运动,与之形成对照的是,中国的言文一致运动的背景则是从 1840 年第一次鸦片战争开始,经过中日甲午战争,至 1915 年 1 月大隈重信内阁提出"对华二十一条"与 1918 年巴黎和会对山东问题的处理。在此一系列失败的刺激下,中国的言文一致运动是对这些一系列失败而作出的反应。这些失败都被归因于中国近代化程度的不足,尤其到了"五四"新文化运动时期,中国的文化传统,特别是儒教和文言文(汉文)开始被认为是这一连串失败的罪魁

* 本文为教育部人文社会科学重点研究基地重大项目"近代新名词与传统重构"(项目编号:13JJD770021)阶段性研究成果。

祸首。

另一方面，正如与日本的江户幕府时期与明治时期之间的关联在近代日本的历史叙述中被压抑，近代中国的历史叙述长期以来也压抑了"清末"与"五四"新文化运动之间关联。然而，既然国家始终是在其他国家关系之中的国家，所谓"国语"也总是相对"外国语"而言的"国语"。因此，言文一致与"国语"的问题也就不应仅仅看作国内问题，更有必要用"汉字圈"以及全球视角来予以考察。此外，从语言的层面上看，言文一致或白话文运动也是"汉字圈"翻译"西洋"的问题。对于当时政治上经济上均落后的中国来说，书写语言的问题，是关系到中国能否登上以欧美和新晋列强的日本为中心的世界舞台的生死攸关的问题。

另外，中国的白话文运动也是为了构建国族而以西洋为基准来构筑中国近代文化的运动，它积极导入自由主义和马克思主义等各种西方思想，将"民主"和"科学"作为两大口号。白话文运动担负着如此重大的任务。在当时中国知识分子的眼中，中国文化，特别是儒教和汉字及汉文(日本对汉语文言文的称呼)，正是目标实现的阻碍。正如李妍淑、安田敏明、长志珠绘等学者的研究已经揭示的，日本的国语运动是1889年2月帝国宪法颁布之后以天皇制为中心的民族主义运动的重要一环。

在详细论述之前，需要先明确"言文一致"与"国语"二词。在近代日本言文一致运动和国语运动虽有不少重合之处，但还是被视为层次有所不同的两个运动。在日本多数情况下将二者作区分，但本文的论述中将不作区分，将其合并为"言文一致·国语运动"进行论述。理由之一是，无论明治的言文一致运动或国语运动，还是中国的言文一致运动或国语运动，简单地说来，其共同的敌人就是汉语文言文。理由之二，中国的言文一致运动即"白话文运动""国语运动"和"新文学运动"在中国的新文化运动中几乎是一体化的。并且，虽然"新文学运动"具有思想运动的一面，在这一点上与日本言文一致运动有不同之处，但在以去除汉语文言文及文言文文风的文体为前提、创作新文学这一点上与日本言文一致运动并无二致。

由于上述原因，新文化运动时期的中国知识分子倾向于将近代日本言文一致运动和国语运动不作区分，视为一个问题。这也与中国知识分子将视线集中在日本言文一致运动中文字(汉字)改革这一层级有关。不可否认的是，把层次有所不同的这两个用语合二为一，始终存在某种危险性。本文将在注意二者差异的同时进行论述。

二、清朝末期对"明治"的误读——缺席的"江户"

(一)清末学者官僚吴汝纶的"江户""明治"解读

吴汝纶(1840—1903)是清代最大的文学流派桐城派最后的代表人物，同时也是担当清末教育改革的学者及官员。吴汝纶主张通过西洋的学问来改革中国的学问。[1] 在1898年的戊戌变法失败，义和团事件之后的1901年、1902年，颁布了为推动近代化教育制度

---

① 此观点从吴汝纶的《答姚慕庭》(1898年3月23日)与《答严几道》(1899年1月10日)两篇中可见。《吴汝纶全集》三，黄山书社2002年版，第185、231页。

建立的《钦定学堂章程》。此后十年间,是以日本为改革范本的"新政"的时期。吴汝纶于1902 年成为京师大学堂(北京大学的前身)的总教习,上任之前奉命前往日本对其教育成果进行考察。他将自己三个月的访问成果记录在《东游丛录》之中。其中吴汝纶这样论述道:

> 德川氏幕府及诸藩各学校,士人数十万,武事之外,文学亦盛,农、工、商子弟亦师师就学,实维新后教育基础。维新前百六十年,伊大利宣教师来……(新井白石)著有西洋纪闻。后十余年,将军吉宗时西学渐起。又廿余年,青木昆阳始讲习和兰书。是后翻译踵起……维新前五十七年,江户立翻译局……西洋科学亦盛。……然西书自是流行不绝也。维新前十五年……又十年,始派遣生徒赴和兰游学,渐及露、英、佛,皆遣留学生。其后兰学渐衰,英、佛、独学渐盛。①

吴汝纶访日虽是明治三十五(1902),但从上文观察可知,他留意到 150 年前幕府第八代将军德川吉宗(1684—1751)所推行的文教对明治维新有某种准备作用。也就是说吴汝纶有将其与明治相关联的意识。

吴汝纶不是清末唯一注意到"江户"与"明治"之间有关联的学者,但像他一样留意到德川时代学校教育的人物仍不多见。例如,清末被称为日本通的黄遵宪(1848—1905),在《日本杂事诗》(1879)和之后的《日本国志》(1888)中提及江户幕府重视儒教,并屡次言及个别江户儒者,却几乎没有提到江户的教育史。② 黄遵宪是受明治日本的影响,最早实践用接近言文一致体作诗的先驱。《日本国志》虽被认为是中国最早系统性地研究日本的著作,但关于江户时代的教育,仅在《学术志一》这一章中对藩学提到过一句。③

与黄遵宪相比,本就以考察日本教育为目的的吴汝纶将关注点放在江户的教育上并非偶然。尽管如此,吴汝纶毕竟还是来考察"新的东西",即日本近代化与西洋化的部分的。正如从前文引用可观察到的那样,吴汝纶更关心明治如何承接江户的洋学,换言之就是关心西洋化本身。他对"明治"的解读,从一开始就以近代化与西洋化为前提,他对"江户"的认识明显是基于他对"明治"的理解。

(二)清末改良派学者对"明治"的解读——以言文一致运动为中心

裘廷梁(1857—1943)是清末改良派的知识分子。为宣传维新思想,他于 1898 年 5 月创立了言文一致的报刊《无锡白话报》。在 1897 年中国还仅有两份言文一致的报刊,但从1900 年到 1911 年,共发行了有 111 份言文一致报刊。④ 这十年间正好也是被称为"清末新政"的时期,中国在法律、军事、行政等各个方面导入日本的近代化成果。裘廷梁在 1898

---

① 《吴汝纶全集》三,黄山书社 2002 年版,第 689、690 页。
② 《日本杂事诗》卷一的后半部分多次论及江户儒者。陈铮编:《黄遵宪全集》上,中华书局 2005年版,第 25～32 页。
③ 陈铮编:《黄遵宪全集》下,中华书局 2005 年版,第 1402 页。
④ 蔡乐苏:《清末明初的一百七十余种白话报刊》,《辛亥革命时期期刊介绍》第五卷,人民出版社 1987 年版,第 493～538 页。

年的文章《论白话为维新之本》中论述道：

> （日本）数岁小儿学语之后，能通和训，即能看小说，作家数，比之汉文，难易殊绝。维新以后，译书充牣，新报坌涌，一用和文。顾其国工业商务兵制，愈研愈精，泰西诸国，犹明明畏之，以区区数小岛，皆有雄试全球之志。则日本用白话之效。①

裘廷梁的标题中的"维新"虽是明治维新之意，但也指以明治维新为范本的中国改良运动，或者说"变法运动"。引文中的"和字""和训""和文"所指的就是假名。这也就是认为日本近代化的成功正是言文一致的作用，中国落后的原因在于汉文。从引文中可了解到裘廷梁对日本言文一致运动理解较为单纯，停留在表音的假名使用率提高这一层面上。因此，他对"明治"普通教育发展的认识中"江户"是缺席的。

类似的观点还能在改良派的代表人物梁启超的《论幼学》（1897 年 1 月 3 日）中找到：

> 日本创伊吕波等四十六字母，别以平假名、片假名，操其土语以辅汉文，故识字读书阅报之人日多焉，今即未能如是，但使专用今日之俗语，有音有字者以著一书，则解者必多，而读者当亦愈夥。②

梁启超的观点明显与裘廷梁的观点并无二致，即把欧洲由字母组成的音标文字默认为基准，同时将明治日本言文一致运动与教育普及联系起来。

同为改良派的学者兼官僚的王照（1859—1933）也有类似的理论。王照是近代中国语言史上较早提倡在汉语中使用音标文字的人物之一。王照在 1900 年这样叙述道："欧美各国，教育大盛，政艺日兴，以及日本号令之一，改变之速，固各有由，而初等教育言文为一，容易普及，实至要之原。"③1898 年戊戌变法失败后王照和梁启超一同流亡日本，也因此他对"言文和一"的言及，自然而然是以日本言文一致运动为参照的。

这样的思想其实早在被称为汉字表音化先驱的卢赣章（1854—1928）的文中即可见到。卢赣章在 1892 年这样写道："日本向亦用中国字，近有特识之士，以 47 个简易之画为切音字之字母，故其文教大兴。……外国男女皆读书，此切音字之效也。"④

在卢赣章撰文的 1892 年之前，日本言文一致运动在文字书写的改革层面，从江户末年的庆应二年（1866）武士、后来成为明治政府官僚的前岛密《汉字御废止之论》开始，经过明治维新著名思想启蒙团体明六社代表人物的福泽谕吉（1835—1901）等人的争论，已经发展到成立假名文字学会"かなのくわい"（1883，即"假名之会"）和"罗马字会"（1885）

---

① 郭绍誉主编，王文生副主编：《历代文论选》第四卷，上海古籍出版社 2001 年版，第 171～172 页。

② 梁启超：《饮冰室合集》第一卷，中华书局 2006 年版，第 54 页。

③ 王照：《官话和声字母表原序》（一），文字改革出版社编：《清末文字改革文集》，文字改革出版社 1958 年版，第 22 页。

④ 卢赣章：《中国第一快切音新字》（原序），文字改革出版社编：《清末文字改革文集》，文字改革出版社 1958 年版，第 2 页。

的阶段。而在语法层面，与福泽谕吉一起将英国经济学导入日本的经济学家神田孝平（1830—1898）于1885年发表的《读文章》（《东京学士院会杂志》七之一，明治十八年2月）将言文一致作为明确的口号，并产生了很大的影响。另外，明治十五年（1882）当时以研究速记法闻世的田锁纲纪等人的演说速记之书盛行，也进一步推进了言文一致。而小说叙述层面，明治二十年（1887）文学家二叶亭四迷的小说《浮云》和明治二十一年（1888）山田美妙的《夏天的树林》的出版，以新的文体影响了文坛。①

戊戌变法失败后1898年10月，梁启超流亡至日本，而这正是日本小说叙述层面的言文一致运动收获成果的时期。他极有可能在日本发现了"小说"与"群治"（来自大众的政治，大众的政治）之间的关系。梁启超注意的小说以政治小说为主，这也就能理解他为何更关注言文一致运动与近代化大众参与之间的关系这一方面。

（三）以日本学者、政治家为媒介的清末中国的"言文一致"解读——日中意识中共同的"缺席的江户"

实际上，日本言文一致运动走在中国之前，因而同一汉字圈的日本成为中国的范本与参照，这一直接联系是自然而然的。例如，在前文提及的吴汝纶的三个月的对日考察期间，日本的政治家和学者中热心地向他介绍了日本言文一致运动。以学者为例，1902年吴汝纶给时任哲学家井上円了（1858—1919）所创立之哲学馆（东洋大学的前身）的教授土屋弘（号凤洲，1842—1926）的信中这样写道：

> 惠书论贵国以五十音施之初级教育，其进步之速，以此欲令敝国采用此简便之物，以达教育速奏之效。……敝国人王照曾为省笔字，大意取法贵国五十音。②

上述引文可见土屋热心于向中国介绍日本言文一致运动的经验。土屋弘曾经是江户幕府时期岸和田藩的儒者，同时也是明治日本著名的教育家。土屋在与吴汝纶在谈论明治日本的现代化成功过程中，似乎并未注意到幕府末期初级教育的积淀作用。日本在甲午战争胜利后民族自信心的高涨在其交谈中也可见一斑。而这一年与日俄战争也已相去不远。日本于1889年2月颁布了以天皇为中心建立民族主义国家为目的的帝国宪法。为实现此目标，在文化与语言等软实力方面逐渐开展一系列构建民族国家的项目。在这样的氛围下，明治二十年至四十年对江户的历史叙述日益以文明开化与国粹主义一体化的意识形态为基础。理所当然，其结果就是"江户"被忽略。

言文一致、国语和政治上的变动之间的关联，在文部官僚同时也是贵族院议员的伊泽修二（1851—1917）与吴汝纶的会谈中被明确指出。伊泽说道："欲养成国民爱国之心，须有以统一之。统一维何？语言是也。……察贵国今日之时势，统一语言，尤其亟亟者。"

---

① 这里将言文一致的历史用文字表记的改革、语法、小说的叙述这三个层面进行分析参照了服部隆《言文一致的历史》的观点。飞田良文编：《言文一致运动》，日本明治书院2004年版。

② 《答土屋和书八月二十二日》为《东游丛录》所收，但可能因版本不同，《吴汝纶全集》中并未收录。本文依据的是《清末文字改革文集》，文字改革出版社1958年版，第27页。《与土屋弘来书》收录在《吴汝纶全集》三，黄山书社2002年版，第749~750页。

伊泽的建言是希望中国能借鉴日本"国语"的经验。但吴汝纶对其提议似乎并不热心,答非所问:"统一语言,诚哉其急!然学堂中科目已嫌其多,复增一科,其如之何?"伊泽则继续劝导道:"宁弃他科而增国语。前世纪人犹不知国语之为重,知其为重者,犹今世纪之发明,为其足以助团体之凝结,增长爱国心也。"①

吴汝纶虽对国语思想体系并无兴趣,但从上文中还是能看出他想模仿日本的文言一致的意图。不管怎样,吴汝纶在热心学习日本的近代化经验的过程中对日本的文言一致相当重视。从中可以看出的是,以吴汝纶为代表的清代官僚对言文一致仅注意到实用层面,而没有从与国族构建相关联的意识形态构筑与身份认同的构筑层面去看待言文一致问题。这样的认知自然造成了对国语的忽视。

正因日中共有语言上文化上历史上共通的"汉字圈"这一环境,日本才会如此热心地以"表音文字"为范本向清末的改良派推荐。也正因如此,当日中共同将表音语言作为标准的时候,"汉文"也就成为共同的"敌人"。在清末中国知识分子的眼中,汉文表音化对于"文明"来说,也就是能否搭乘上前进的时间列车这一生死存亡的问题。日中共有的进化论思想的时间观及历史观,共同导致了"江户"的缺席。

三、民国初年、"五四"新文化运动对明治日本的误读
——"江户日本"的缺席

(一)清末改良派及"五四"新文化运动汉字排除论——"汉字圈汉字废止论"的源流

《新青年》作为"五四"新文化运动的据点,其第四卷第二号(1918年2月)中新文化运动旗手之一的钱玄同(1887—1939)在 Esperanto 一文中写道:"中国文字,断非新时代所适用。无论其为象形文字之末流,不足与欧西诸国之拼音文字立于同等之地位。"②钱玄同作为新文化运动的主张者认为没有表音文字性质的汉字是中国的一大问题。

这样的观点其实可追溯到近代中国辛亥革命时期的一些革命者。在巴黎活动的无政府主义者以《新世纪》杂志为据点,主张废除汉文汉字,使用万国新语(Esperanto)。《新世纪》杂志的编辑多持有此观点,例如,《新世纪》第三十六号(1908年2月29日)以"醒"为署名发表的《续万国新语之进步》一文中谈道:"苟吾辈而欲使中国日进于文明教育普及,全国则非废弃目下中国之文字而采用万国新语不可。"③文章最后叙述道:"欧美文明发达已数十年,而中国则至今尚落人后,穷其原因,实由乎文字之野蛮。"④

而辛亥革命中以东京为海外基地的革命派理论家章炳麟(太炎,1869—1936)在辛亥革命机关杂志《民报》二十一号(1908年6月)上发表以"驳中国用万国新语说"为题的文章,批评巴黎留学生所办《新世纪》报刊中,将象形字看作"未开化人"使用的文字,而表

① 《吴汝纶全集》三,黄山书社2002年版,第797页。
② 《新青年》第四卷,中国书店2011年复刻版,第140页。
③ 《中国初期社会主义文献集·新世纪》,日本大安株式会社1966年复刻版,第142页。
④ 《中国初期社会主义文献集·新世纪》,日本大安株式会社1966年复刻版,第142页。

音文字为"文明人"使用的文字这一观点。① 章太炎理论性批判的正是《新世纪》报刊的支持者信奉并视为"公理"的进化论。章太炎从清末的文脉出发，把进化论视为将殖民主义、帝国主义合理化的意识形态，在《俱分进化论》(1906 年 9 月)和《四惑论》(1908 年 7 月)等文章中对进化论这一所谓的"公理"进行了猛烈的批判。② 理论上说，巴黎留学生的观点是进化论式的以欧洲为基准的声音中心主义，但在政治上，这是出于中国民族主义的危机意识，另外从伦理上来说这也与当时无政府主义者之间所共有的国际主义的想法——尽管是西方的声音中心主义的——不无关系。

上述近代中国的汉字排除论，使人联想起明治日本的汉字排除论的谱系。其源流来自于前岛密向德川庆喜上书的《汉字御废止之论》(1866)。虽然当时前岛密的意见未被采纳，但他的主张不仅成为近代日本的汉字排除论的开端，甚至也可以说是整个近代汉字圈汉字排除论的开端。

为日本近代化设计方案的明六社对使用汉字的态度可从《明六杂志》第一号(四月)中开篇的两篇文章观察到，即西周的《论以洋字写国语》和西村茂树的《论应循开化程度改文字》。西周以明六社的目标，即以学术发展和新知识普及来启发国民为前提，主张将罗马字作为国字。同时他还建议将普及罗马字作为明六社的一个活动目标。另一方面，西村茂树针对西周的文章提出了反对的意见。西村虽承认采用罗马字的意义，但也指出应当考虑到文字学习的负担，汉字在区别同音异义词方面的优势，以及传统学术的保存等。他主张，比起国字改良更应该先解决国民教育和启蒙的问题。

(二)"五四"新文化运动"排他性白话文"与"国语"的出现——被视为"公敌"的汉语文言文与汉字圈两种"国语"之间

第一次世界大战后的 1915 年 1 月 25 日，日本为了巩固自身权益并夺取德意志在山东的权益，大隈重信内阁提出了"对华二十一条"，强烈刺激了中国的民族主义。此后，在 1919 年 1 月 18 日召开为解决第一次世界大战的凡尔赛会议上，日本继续以强硬的态度对待山东问题。1919 年 5 月 4 日，北京爆发了大规模的学生运动反对凡尔赛条约并要求罢免亲日派政府官员，这就是"五四运动"。从 1915 年至 1921 年的"新文化运动"涵盖了这场学生运动。"新文化运动"是包含了马克思主义、自由主义等各种思想，以西方思想和西方文明为基准的思想文化运动，同时也是以"民主"和"科学"为口号的反帝国主义的民族主义运动。白话文运动是其中重要的主张之一。而"国语"这一设想则作为政府与主流知识分子共同的选择，以与清末的个别议论不同的形式展现出来。

另一方面，新文化运动下的白话文运动在妇女解放、阶级意识、大众启蒙等问题上所具有的伦理性，使其某种程度上摆脱了清末知识分子的主流思想"适者生存"(赫伯特·斯宾塞之言)说。然而，取代进化论思想的是将"科学""翻译"为"进步"的启蒙式进步主义和近代主义。而进步主义和近代主义在目的论上的线性历史观时间观这一点上与进化论并无差别。总的来说，新文化运动中的白话文运动("五四"白话文运动)在苏维埃革命和马

---

① 《驳中国用万国新语说》，《民报》第五卷，中华书局 2006 年复刻版，第 3323、3324 页。

② 《俱分进化论》与《四惑论》收录在西顺藏，近藤邦康编译：《章炳麟：清末の民族革命思想》，日本岩波文库，2004 年，第 101、371 页。

克思主义等的影响下与清末的白话文运动确有不同及断层，但两场运动之间还是可以看出很强的连续性。这种连续性也表现在明治日本的言文一致运动与"五四"白话文运动之间直接或间接的连续性中。

清末白话文运动与"五四"新文化运动之间最大的断层在"排他性白话文运动"这一性质上。新文化运动与清末白话文运动在将汉语文言文（汉文）问题化上具有一致性，但清末白话文运动并未否定汉文以及汉文书写的中国文化积蓄，主张其与白话文共存。而新文化运动的白话文理念则通过汉文＝"已死的文学"，口语书写的文学＝"活着的文学"（新文化运动旗手胡适的说法）这一二元对立，否定了汉文以及汉文书写的中国文化积蓄。从这个意义上来说，"五四新文化运动"是史上最初的"排他性白话文运动"。究其原因，中国非排他性白话文运动有不少于 1000 年的历史。例如，唐宋，特别是宋以后的口语体小说、传统"话本"小说以及戏曲、禅、朱子学语录等。排他性白话文的排他性不仅体现在对汉文的否定中，某些情况下还能看到要求全面排除汉字的言论。

"五四"白话文运动与日本的言文一致及国语运动除了排他性这一共同点之外，虽有前文所述的不同，如受到苏维埃革命的影响与马克思主义的影响等不同点，但其他许多方面都很难说不曾受到日本言文一致运动的影响。这一点可从近代作家及学者的陈子展（1898—1990）在 1930 年出版的《最近中国三十年文学史》中找到：

> 说起"国语"二字，我们还得先说及三十年来的"国语运动"。1895 年，正是甲午新政败之后，一般人如大梦初醒，才知道人家富强的原因，是由于教育普及，而不单是船坚炮利胜人；教育之所以普及，却又是用拼音文字的便利。[1]

陈子展是典型的新文化运动时代的青年，同时也是 20 世纪 20 年代末至 30 年代白话文运动的推动者之一。这里提及的"三十年以来的'国语运动'"指的是从清末开始至陈子展此书出版的 1931 年期间开展的白话文与国语运动。从上文引用的部分可观察到：中国的"国语运动"是在日本的言文一致及国语运动的影响和刺激下产生的。在新文化运动结束之后的 1930 年，陈子展依然认为中国的"国语运动"与明治日本的言文一致及国语运动有关。

四、对言文一致来说"江户"到底是怎样的时代？

（一）从识字率与就学率来看江户时代——与欧美相比较

明治四年（1871）9 月，新设置的文部省开始在全国范围内开展对学校的调查。[2] 根据从江户时期至明治初年时间范围内的调查结果，整理出版了九卷本的《日本教育史资料》（明治二十二年完成）。这就像福柯所指出的那样，欧洲 16 世纪至 17 世纪知识的建立与

---

① 陈子展：《最近中国三十年文学史》，上海古籍出版社 2000 年版，第 284 页。

② 名仓英三郎：《"日本教育史资料"编纂前史》，日本教育史资料研究会编：《"日本教育史资料"の研究》，日本玉川大学出版部 1986 年版，第 48 页。

国家有着紧密的关联。例如，将统计学(statistics，statistique)视为国家(state，etat)之学。① 统计事业的确也是明治政府在中央主权方面建设国家的重要一环。

R. P. Dore 用《日本教育史资料》等的资料对江户教育史进行了深入的研究。从他的角度来看，从幕府末期的 1868 年到明治初年 1875 年之间的 6 年里，虽然 6 岁至 13 岁的儿童人数仅少量增加，其中男孩的就学率并无较大变化，1875 年的就学率也基本维持在 54%左右，然而女孩的就学率从 1868 年的约 13%上升至 1875 年的 19%。②

那么与日本相比同时期的欧洲是怎样的呢？根据人口史学家 Cipolla 的研究，1850 年前后欧美的文盲比率近似于成人人口的 50%，在这之中，俄国的比率是 90%~95%，美国白人的比率是 10%~15%。③ 1850 年前后欧洲的成人文盲率近似值若分国家来看，普鲁士为人口的 20%，1851 年的奥地利帝国为 40%~45%，英格兰与威尔士 30%~33%，法兰西为 40%~45%。④

很遗憾无法找到同时期中国的数据进行对比。而从以上研究来看，R. P. Dore 的调查对象针对的是日本受教育的儿童，Cipolla 则是针对欧美的文盲率进行调查。也就是说 R. P. Dore 试图揭示的不是文盲率而是高水准的就学率。

从上文的比较可看出，幕府末期的日本的基础教育水平与 1850 年前后的欧洲相比几乎处于相同的水平且日本稍高一些。言文一致以前的数据极为重要，因为这是近代中国对明治日本误读的实证。

那么，实现了高就学率的江户时代儿童们是怎样进行学习的呢？

(二) 从汉字圈言文一致的视角看江户的教育体系以及课程构造

在《日本教育史资料》完成之前的两年，也就是明治二十年，文部省总务局出版了维新以来二十年间反映教育状况的《日本近世教育概览》一书。此书在"小学校"这一部分这样介绍了幕府末期的初等教育状况：

> 维新以前儿童接受初等教育，有藩学、乡学、私塾之初级及寺子屋。藩学于诸侯各自封内以藩费所立，专事教育士族以上子弟，亦有兼教卒族(林按：最低层武士)者。乡学设于诸侯大夫采邑或都邑之地，有专事教育士族子弟者，亦有四民(林按：〈武〉士、农、工、商之序列)可入读者，以藩费或公费维持。以上二种学校之初级课业为汉文素读、习字、算术、经书听讲等，平民稍近其教科，其所履修课程大致有一定顺序，其修业大概六七年为年限。私塾、寺子屋为人民可自由设立，其教科有种种，然私塾之初级课业主要为汉文素读、习字、经书听讲等。寺子屋教授近易之阅读、习字、算术，但其学与不学在于各人自由，修业年限等之类本无所定，自该生徒收取些少授业料。是等学校邦内无处不在，生徒最多者多达四五百人，其最少者不过

---

① 小林康夫、石田英敏、松浦寿辉编：《フーコーコレクション・六・生政治统治》，《フーコー「统治性」》，日本筑摩学芸 2006 年版，第 260 页。

② R. P. ドーア：《江户时代の教育》，松居弘道译，日本岩波书店 1970 年版，第 296~298 页。

③ 参考 Carol M. Cipolla：*Literacy and Development in the West*，Table 6，Penguin Books，1969，p. 72。

④ Carol M. Cipolla：*Literacy and Development in the West*，Table 24，Penguin Books，1969，p. 155.

七八人耳。①

从引文中可了解到江户时期初级教育其分类与身份制相结合，并且是覆盖幕府末期日本全体民众的教育制度。除了寺子屋，藩学、乡学、私塾的初级教育课程中均包括习字及算数二科，此外，也都包含汉文素读与经书听讲这二科。所谓"素读"，即不追求仔细理解，通过训读朗读汉语文言文（汉文），培养汉文音韵感来理解汉文的一种教学方法。这对前近代中国的儿童来说也是一种重要的学习方法。例如，清乾隆时代的进士，清朝桐城派代表人物之一姚鼐（1731—1815）曾言及："诗古文各要从声音证入。不知声音，总为门外汉耳。"②

寺子屋并未开设"素读"，但有与其相类似的科目"简易化读书"。从藩学、乡学，到私塾的初级课程都是以汉语文言文（汉文）为中心，而寺子屋课程中汉文的比重则大幅度跌落。根据石川谦的说法，寺子屋主要使用的教材是具有深意的《往来物》。③ 这并不是真正的汉文，但借用斋藤希史的说法，可以说这是具有"汉文脉"的读物。斋藤希史这样说道："不采用汉文而采用汉文脉的说法，是考虑到如汉字假名交替使用的训读体等从汉文派生而来的文体，且不仅是文体，也是考虑到汉文的感觉。当然，汉文脉的内核是汉文与汉诗。"④

要强调的是，将汉语文言文（汉文）在幕府末期的课程中占据的重要地位与言文一致前的高识字率联系起来考虑的话，中国近代的知识分子对"江户"的漠不关心，就成为应该追问的问题。

上文所言是为了讨论初级教育的状况，下面就来看看可称为江户主流教育的藩校教育的状况。《日本教育史资料》九册中的前三册收集了 248 个藩的藩学的详细资料。⑤ 从江户时代至明治四年（1871）废藩置县之前，藩校的总数大约在 255～278 所之间，有的藩曾经数次建校，或设立多个学校。⑥

下面从课程的角度来观察藩校。尾张藩是德川直系大名的藩，与纪州德川、水户德川齐名。尾张藩的藩校明伦堂的前身是藩祖德川义直大名创立的继述馆。明伦堂的督学为著名的儒者细井平洲（细井甚三郎，1728—1801），文化年间（1804—1818）的另一名督学也是位著名的儒者，冢田多门（塚田大峰，名虎，通称多门，1745—1832）。明伦馆的"教则"中写道："藩立学校创设以后沿革不详。虽因督学交替而稍有变动，但皆以经书为主，

① （明治日本）文部省总务局：《日本近世教育概览》（日本教育基本文献·史料丛书9），初版明治二十年、日本太空社 1992 年复刻本，第 15~16 页。

② 姚鼐：《与陈硕士》（《惜抱先生尺牍》卷七），贾文昭编著：《桐城派文论选》，中华书局 2008 年版，第 133 页。

③ 石川谦：《日本庶民教育史》，日本玉川大学出版部 1972 年版，第 316 页。

④ 斋藤希史：《汉文脉と近代日本》，日本角川ソフィア文库，2014 年，第 11 页。

⑤ 1872 年颁布的《第一次琉球处分》才合并的"琉球藩"之前并没有藩校，形式上收录在书中。1708 年琉球国王尚温被称为"藩主"，年号也用"宽正十年"表示。（明治日本）文部省总务局编：《日本近世教育史资料》第二册（明治十五至二十二年），日本临川书店 1969 年复刻版，第 305 页。

⑥ 大石学：《江户の教育力——近世日本知识の基磐》，日本东京学艺大学出版社 2007 年版，第 32 页。

兼学历史。"①

　　详细来看明伦馆在冢田多门督学的时代之前改革的课程：①《孝经冢注》"六记"(《礼记》之中的《学记》《坊记》《中庸》《表记》《缁衣》《大学》)《论语》《孔子家语》《孔丛子》《毛诗》《尚书》《周易》《礼记》《春秋经传》《国语》《孟子》《荀子》为"每日必研习"之"十三书"。②《周礼》《礼仪》《公羊传》《穀梁传》为"本业"之四书作为"经义参考"。③《管子》《晏子》《老子》《列子》《庄子》为诸子之五书。④《战国策》《史记》《汉书》《后汉书》《三国史》《晋书》为历史书，目的是"择人物褒贬而辨时世之兴废"。⑤战国以后的诸子百家之书，使人"博物多识辨别道义得失"。⑥"本朝六国史以下之记录之书"。②

　　以上介绍的课程以"文"为主，不过同时也开设了"武"的课程，可见文武兼修是藩学的特征。这样的课程设置也表明教育是以汉学为中心的。"和学"虽不多，但从冢田多门的时代开始也包含在课程之内。和学的内容为日本史的"六国史"，即《日本书记》(720)、《续日本史》(797)、《日本后记》(840)、《续日本后记》(869)、《日本文德天皇实录》(879)、《日本三代实录》(901)这六部史书。六部书均为编年体并用汉文书写。重视六国史是以先王制度为鉴的做法，也表现出了儒家性质的历史观。

　　这里的和学与明治时期繁盛起来的"国学"并不相同。后者的代表人物本居宣长(1730—1801)几乎与冢田大峰同一时代，本居宣长的"国学"将焦点对准儒教、佛教传来之前的《古事记》《日本书记》《万叶集》等日本固有的文化并对其进行研究。而从《日本教育史资料》所载的江户学校史的课程来看，几乎找不到与宣长类似的国学内容。唯一例外的是水户藩的藩学弘道馆，从开馆之初就主张神儒一致，儒学和国学一并重视。总的来说，汉语文言文至少在藩学的课程设置上是压倒性的教科内容。

　　另一方面，如上文所述，乡学虽然在程度上有所差异，但也是藩学之下的官学。石川谦还指出，被称为乡学的学校实际上是藩侯支族或者家老等为了培养家臣的学问与武艺而在其采邑设置的学问所，虽冠以"乡学"的名称，实际上是"小藩黉"(小藩校)，其教学内容实际上与本藩的藩校大同小异。③　还有另一种性质不同的乡学，即领内各地平民而设的乡学，受到藩主或者领主的援助。④　大石学同时指出，虽在江户前期藩侯的支族或家老等建立的乡学是主流，但享保改革(1716—1745)以后以平民为教育对象的乡学成为主流。⑤依据乙竹岩造的调查结果来看，他所调查的三十一藩在幕府末期积极推行平民教育奖励政策。⑥　这也成为江户后期教育的一大特征。

　　总结来看，汉学与汉文虽在课程设置中占据了主要位置，但教育的普及且实现了高识字率这也是事实。需要注意的是，这是在言文一致之前就实现了的事情，然而这个事实与近代中国对明治日本的认识大相径庭。

---

①　(明治日本)文部省総務局编：《日本近世教育史资料》第一册，日本临川书店1969年复刻版，第136、137页。
②　(明治日本)文部省総務局编：《日本近世教育史资料》第一册，日本临川书店1969年复刻版，第136、137页。
③　石川谦：《日本庶民教育史》，日本玉川大学出版部1972年版，第310页。
④　石川谦：《日本庶民教育史》，日本玉川大学出版部1972年版，第310页。
⑤　大石学：《江户的教育力——近世日本知识的基磐》，东京学苑出版社2007年版，第34页。
⑥　石川谦：《日本庶民教育史》，日本玉川大学出版部1972年，第190页。

(三)经济史角度来看江户时期究竟是怎样的时代

经济史上角度来看"江户"究竟发生了什么呢？就现在的教科书来看，"江户时代用一句话概括来说，是经济社会的形成与确立的时代"。[1] 对现代普通日本人来说，若提到"江户"的负的一面，恐怕多数会想到"锁国""身份制"等负面印象。强调不平等的身份制的确在近代以来被形式上平等的"国民"所取代，但是"锁国"到底是怎样的呢？近年经济史由围绕着一个海外贸易港长崎转向对四个海外贸易据点（长崎、松前、对马、琉球）进行研究，强调当时形成了一种国产品和舶来品并无区分且相互促进的经济状况。[2] 被称为"锁国令"的号令是从 1616 年（在平户及长崎限制中国以外的外国船只来航）至 1641 年（将平户的荷兰商馆移至长崎出海）这之间众多的号令。而实际上这些号令都没有"锁国"的表现，却在明治之后作为历史上的用语固定了下来。[3]

另一方面，杉山伸也指出，虽然江户时代的都市商人与新兴商人的积极而又冒险的商业投资所能形成的资本是有限的，缺乏内在产生近代经济体系的动力，但已具备一经外界刺激便能充分应对国际市场的经济及技术的基础，近代日本经济的成长有可能就是在德川时代这种经济变化的延长线上开始发展的。[4]

经济史研究者贡德·弗兰克（Andre Gunder Frank）的大作《白银资本》用比较的视点来观察日本的江户时期，其中说道：

> 到了 18 世纪，日本的城市人口比例高于同时代的中国和欧洲。……到 18 世纪晚期，日本有 15% 到 20% 的人口已经城市化了（Howe 1996：55，63）。有 6%——按照桑德森的研究（1995：151），甚至达到 10%~13% 的人生活在 10 万人以上的城市里（Hall 1991：519）。进一步说，日本的人口仅占世界人口的 3%，但全世界生活在 10 万人以上城市里的人口中有 8% 是日本人。基于这种情况，那种认为德川时期、甚至更早时候的日本处于"停滞""封闭"乃至"封建"状态的说法，理所当然地应该被否定。[5]

从一般性来看，资本主义经济的发展和都市化都会影响到识字率。而江户时代在村儒学的发达和农村的识字率均发挥了其影响。在这里弗兰克批判了对江户时代的近代主义式

① 速水融：《近世日本の経済社会》，日本丽泽大学出版会 2003 年版，第 212 页。

② 江户时代并无锁国这样一种看法成为现在经济史领域的新常识。例如，浜野潔编著的《日本经济史 1600—2000 —歴史に読む現代》（日本庆应义塾大学出版会 2009 年版，第 31 页）；杉山伸也编著《日本経済史 近世·現代》（日本岩波书店 2012 年版，第 39 页）。

③ 浜野潔编著的《日本经济史 1600—2000 —歴史に読む現代》（日本庆应义塾大学出版会 2009 年版，第 30 页）。在最新的研究中彭浩著《近世日清通商関係史》（日本东京大学出版会 2015 年版），此书针对清朝与日本通商贸易的管理模式进行研究，在"锁国"这一常识性问题上也有一定的研究。

④ 杉山伸也：《日本経済史 近世·現代》，日本岩波书店 2012 年版，第 39 页。

⑤ 弗兰克：《白银资本——重视经济全球化中的东方》，刘北成译，中央编译出版社 2001 年版，第 157 页。原文为 Andre Gunder Frank：*ReOrient*：*Global Economy in the Asian Age*. Berkeley, CA：University of California Press，1998，p. 107.

的误读。另外，在外交上，近年来也有研究积极评价江户的"锁国"，指出其在政治上具有能动性，在经济上，江户日本在东亚经济圈的地位也得到强调。① 对于为了贸易管理，禁止基督教、日本人的海外旅行而颁布的法令，用"锁国"来解释，这本身正是以"明治日本"为中心、以"文化开明"为取向的历史观，也就是现代主义的线性史观。这样的历史观在近代中国的精英中同样存在，因而造成了日中双方对江户时期共同的误读。而中国的中华中心史观大概也是误读前近代日本的一大要因。

五、结论——明治初年日本启蒙思想家中村正直的论点

（一）中村正直对"汉学与洋学"二元对立的批判——对排他性言文一致及国语运动的批判

江户末期儒者赖山阳（1780—1832）《编年日本外史》于明治八年（1875）8月再版（光启社），明治初年著名的启蒙思想家、学者中村正直（敬宇，1832—1891）为之序。序中这样说道：

> 余近聚徒教授，而深悟于洋学者之不可不修汉学也。无汉学而从事洋学者，勤苦五六年，尚不能敌修汉学者之一二年。洋学进步之迟疾，视汉学得力之浅深。盖汉学之有益于人如此。②

这里可观察到中村正直明显对汉学与洋学二元对立的思想持批判的观点。而汉学与洋学二元对立是清末及民国初年的中国知识分子（甚至是现今的许多知识分子）的观点。二元对立联动的结构在同时期还有"近代对前近代""西洋对东洋"。这样的二元对立给近代中国知识分子的影响在白话文运动与国语运动中明显可见。中国的知识分子通过二元对立的方法给予了"江户"过低的评价，甚至误解持续至今。而与此相应，明治时期的言文一致运动与国语运动则在中国知识分子中得到了过高的评价。这样的误解可能也存在于近代日本人当中。这与汉字圈的近代构造联系在一起。

近代中国知识分子对明治言文一致的看法严格来说，是集中在否定汉文，改革文字（汉字改革）的层面。中国的知识分子对日本言文一致运动与国语运动的过高评价是通过对汉字圈汉文脉的声音中心主义特权化及神话化而形成的。但是，如前文所述，江户的高识字率是以汉文为中心的课程与教育，以及寺子屋等"汉文脉"课程及教育为基础而实现的。这一事实意味着近代中国的白话文运动的逻辑有着重大的误读。清末及民国初年的解释为，汉文——某种情况下甚至是汉字——阻碍近代化，而"明治"正是从零开始通过言文一致而实现了近代化的成功。而现在应该重新审视这样的解释。

现在看来，"江户"在清末及民国初年中国知识分子的意识之中存在感如此稀薄，他们不了解"江户"的真实情况，而这正是他们误读"明治"的诱因。可以说"缺席的江户"在

① ロナルド・トビ：《鎖国という外交》，日本小学馆 2008 年版。
② 赖山陽：《编年日本外史》，日本光启社 1881 年版。

当时近代中国语言近代化实验中所试图抹去的"汉文"是相呼应的关系。而如前文提及的斋藤希史所说的"汉文脉"这一用语，其实重视的不是汉文脉与近代日语之间的连续性而是其不连续性。① 这是否也同样适用于近代中国在语言层面上近代化的反省呢？

另一方面，"江户"的缺席是中国知识分子对日本的无知所导致的盲点，进一步说，它也导致了近代中国语言改革设计上的盲点。

(二) 日本的言文一致与国语运动和中国的白话文与国语运动之间的不同

"五四"白话文运动虽和明治日本的言文一致与国语运动相同是语言上的民族主义运动，但由于将"民主"和"科学"这两大理念作为基础，与日本有着明显的不同。例如在俄国革命和马克思主义等影响下解放妇人、农民等被压迫的人们，这样将中国革命的理念与实践相结合。例如，1934 年之后又开展了"大众语运动"。"大众语"的意思可以说与"小众"(精英、知识分子)相对是民众的语言，某种情况下也指的是新标准化的现代标准方言。该运动主张使用更靠近下层民众的"大众语"，拒绝把当时存在的"国语" = "白话文"看作"大众语"，试图基于大众的语言(口语)构筑新的"国语" = "白话文"，同时也是对古典文言文(汉文)的彻底拒绝。书写语言的问题在 20 世纪 30 年代中国国语运动中总是与解放、阶级这样的左翼知识分子的关心联系在一起，语言与阶级身份被联结起来。中国 20 世纪 30 年代的白话文运动中正是在这样一种以阶级大众为主体来构筑民族性与身份的进程中展开的。② 这是中国的白话文运动与日本言文一致巨大的不同点。

关于这个问题，在近代日本的代表性国语政策的设计者、东京大学教授上田万年(1867—1937)在其著作《国语与国家》中可窥见两场国语运动之间的区别："故吾辈之义务，乃是将这一语言之一致与人种之一致，与帝国历史联为一体，努力奋斗，不可稍有差池，不可退后一步。"③《国语与国家》是 1894 年上田万年留洋归来作为年轻的帝国大学教授的演讲，也是其代表性言论(最初出处《东洋哲学》，1895 年 1·2 月)。④

这可以理解为一种旨在统合日本帝国"臣民"的"国语"的思想。这样的国语，在现实层面上，服务于以明治天皇为顶点的日本帝国这一政治"共同体"身份认同的强化。上田为此试图用德国浪漫主义派的方式，导入作为语言共同体的民族这一感性的层面，上田这样说道：

> 人民所讲的语言与其人民之性质之间有着最为复杂的关系，而且吾侪毫不犹豫将语言视为说话者之精神上所生活的思想及感情外化之化身。而吾辈虽不敢如马克斯·缪勒一般断言语言即思想，但认为至少可作如下陈述：语言即具象的思想。⑤

---

① 斋藤希史：《漢文脈と近代日本》，日本角川ソフィア文库，2014 年，第 260 页。

② 将近代的语言运动与政治性之关联作为日语研究可参考大原信一，《近代中国のことばと文字》，日本东方书店 1994 年版，第 62~188 页。

③ 上田萬年著，安田敏朗校注、解说：《国語のため》，日本平凡社 2011 年版，第 16 页。

④ 上田萬年著，安田敏朗校注、解说：《国語のため》，日本平凡社 2011 年版，第 428 页。

⑤ 上田萬年著，安田敏朗校注、解说：《国語のため》，日本平凡社 2011 年版，第 16 页。

德裔牛津大学教授弗里德里希·马克斯·缪勒(Friedrich Max Muller)(1823—1900)对明治的佛教学和宗教学影响至巨①,他深受德国浪漫派思想浸淫。他主张"比语言与民族性之间的关联还要密切的关联,可以在宗教和民族性之间找到"②。缪勒在德国浪漫派的影响③下研究比较语言学·宗教学,在人种主义的言说上与厄内斯特·勒南(Ernest Renan)(1823—1892)齐名,并称"雅利安理论的两大普及者"④。

如果把上面引用的上田的论述,与清末"五四"白话文和国语运动相比较,可以看到,中国的白话文运动并不见将人种·民族(nation)·语言三位一体这种来自德意志浪漫派的话语。与之相关,明治言文一致运动与"人种"(种族)、"帝国"相关的话语,皆不见于中国白话文·国语运动。如前所述,"五四"白话文·国语运动毋宁说与反帝国主义和解放受压迫阶级的目标直接相关。

尽管有着上面的区别,汉字圈的两场言文一致·国语运动之间仍然有着强烈的关联。这些关联,正如本文所确认的那样,乃是表现在声音中心主义的观点、直线性时间观与历史观、汉语文言文之全面排除等方面上。如本文所反复强调的,两国的言文一致或国语运动所共享的,乃是"江户日本"的缺席。明治日本忘却"江户",而清末至民初中国士人根本不曾意识到"江户"。近代中国知识分子以使用"文明的"表音字母的"西方"为基准,以缺席的"江户"为前提"解读"明治日本的言文一致或国语运动,近代中国知识分子以某种形式将这一"解读"内化,而开始了中国自己的近代汉语书写语言规划。

(作者单位:东京大学大学院综合文化研究科,武汉大学中国传统文化研究中心)

────────────

① 关于这一问题,见该作者论文《明治日本美术史的起点与欧洲印度学的关系——冈仓天心美术史与明治印度学及东洋史学的关系》,《东北亚外语研究》2016年第2期,第26~39页。——译者注。

② F. マックス·ミュラー:《比較宗教学の誕生——宗教·神話·仏教》,《宗教学序説——王立研究所で行われた四つの講義》,松村一男、下田正弘監修,日本国書刊行会2014年版,第315页。

③ F. マックス·ミュラー:《比較宗教学の誕生——宗教·神話·仏教》,《宗教学序説——王立研究所で行われた四つの講義》,松村一男、下田正弘監修,日本国書刊行会2014年版,第316页。

④ L. ポリアコフ:《アーリア神話——ヨーロッパにおける人種主義と民族主義の源泉》,アーリア主義研究会訳,日本法政大学出版局1985年版,第343页。

董仲舒"任德不任刑"的思想辨正

□ 李德嘉

一、董仲舒"任德不任刑"思想提出的历史背景

秦汉之际的制度与思想经历了一场翻天覆地的变革，秦以法家之"刑治"统一天下，废封建为郡县，在政治上以"刑治"为核心构建国家制度，严刑峻法统治百姓，最终酿成民怨，二世而亡。现在学界认为汉初政治思想上主要受到了黄老学说的影响，因此，在文景时期多采用道家"无为而治"的策略，休养生息，使饱受秦政之苦的百姓获得了一个相对安宁的发展时期。然而，很少有人看到，黄老之学固然能够使百姓休息，却忽视了对秦朝旧法制的清理和改革。因此，史书中总结汉朝法制状况是"汉承秦制"，汉初之政治体制基本延续了秦朝由法家规划的基本架构和统治精神。钱穆曾经这样总结汉初的政治特点："汉初制度、法律一切全依秦旧。战国晚年申韩一派的法家思想，遂继黄老而为汉治之指导。此种趋势，在文、景时逐渐开展。一面汉廷削平吴、楚七国之乱，一面又渐渐有所谓'酷吏'出现。"①概括起来，汉初的制度架构和统治精神体现了如下两个方面的特点：

其一，国家的法制层面深受法家的影响。就法制的层面而言，汉初统治者的全面立法工作就是在参考秦制的基础上进行的，史称："（萧何）捃撰秦法，取其宜于时者，作律九章。"说明萧何制定的汉律在很大程度上是因袭秦律而来。比如，《挟书律》与《妖言律》。刘邦废除秦法时曾经"以诽谤者族，偶语者弃市"为例说明秦法之苛，而直至惠帝时史书又有下令废除《挟书律》的记载，高后初年下令废除《妖言令》，后又恢复，文帝时再次废除。这都说明汉初萧何订律时沿用了秦朝的《挟书律》与《妖言律》，这些严酷法律只是"汉承秦制"的冰山一角。② 叔孙通为高祖所作的朝仪方面的法律《傍章律》也是在"采古礼与秦仪杂就之"的基础上制定的，为汉朝在君臣礼仪上确立君尊臣卑的制度体系。朱熹就曾经点破叔孙通的朝仪不过是秦制中"尊君卑臣"的礼节，他在评价叔孙通的朝仪时说："比之三代燕享，君臣气象，便大不同。盖只是秦人尊君卑臣之法。"（《朱子语类·历代二》）

其二，法家之"刑治"对汉初政治的影响并不仅限于制度方面，而且在于刑名之学对

---

① 钱穆：《国史大纲》，商务印书馆 1996 年版，第 129 页。
② 卜宪群：《秦制、汉制与楚制》，《中国史研究》1995 年第 1 期。

整个官员系统的影响上。汉初，官员普遍喜欢刑名之学，萧何、曹参都是狱吏出身，晁错曾"学申、商、刑名"于张恢，到武帝执政初期，更有许多官员"以吏为师"，由习刑狱一路青云直上，比如酷吏张汤。酷吏当政，加剧了汉初所承之秦政的弊病。司马迁在《酷吏列传》中指出，"刑治"摧毁了社会的优良治理秩序。虽然酷吏的铁腕可以收一时之效，使地方社会出现短暂的"道不拾遗"局面，然而，社会的自生活力及礼俗秩序被严重破坏，政治高压一过，社会立即溃崩。《酷吏列传》说，自王温舒以严酷手段治政之后，郡守、都尉、诸侯等大多效法王温舒，但结果，"吏民益轻犯法，盗贼滋起"。(《史记·酷吏列传》)而班固则对汉初的法制状况作了一个概括性的描述："今郡国被刑而死者岁以万数，天下狱二千余所，其冤死者多少相覆，狱不减一人，此和气所以未洽者也。"(《汉书·刑法志》)

二、董仲舒提出"任德不任刑"是对汉初治理模式的更化

针对汉初承袭秦朝法家"刑治"的政治之蔽，董仲舒提出了"更化"的主张，所谓"更化"就是要改革秦政以"刑"治天下的政治体制和统治精神，起到拨乱反正的历史意义。在董仲舒看来，秦政之"刑治"源自于法家，其施行"刑治"已经将西周时期礼乐熏陶下的民风、民俗破坏殆尽，而汉初的统治者继承了秦的天下，却并没有对秦的政治体制和统治精神进行系统的反思。汉初之黄老政策固然使百姓得以休息，然而却未能从国家制度和统治精神层面对秦朝之"刑治"进行彻底的改革。对此，董仲舒在《天人三策》中有一形象的比喻，在他看来，汉初之政治已经犹如"朽木粪墙"，必须经历彻底的改革才能恢复治理。他说："今汉继秦之后，如朽木、粪墙矣，虽欲善治之，亡可奈何。"(《汉书·董仲舒传》)

董仲舒所提倡的"彻底改革"对政治进行"更化"，不是要"革新"而是要"复古"，也就是要恢复儒家"德治"的传统，以董仲舒之原话来说就是"道之大原出于天，天不变，道亦不变"。而以"道"为大原则、大方向，在政治上就是要继承先秦儒家"德治"的政治传统。董仲舒批评汉初的统治者没有深刻反思秦政"刑治"之恶劣，反而继承了秦政狱吏治天下的弊政，他说："今废先王德教之官，而独任执法之吏治民，毋乃任刑之意与！孔子曰：'不教而诛谓之虐。'虐政用于下，而欲德教之被四海，故难成也。"(《汉书·董仲舒传》)因此，全面更化不仅仅只有以"德教"取代刑罚这么简单，而是要以儒家之"德治"全方面地代替原来秦政中的"刑治"，这就是董仲舒所欲实现的"政治改革"。董仲舒的更化方案主要集中于其上书武帝的《天人三策》一文中，其最为重要的主张可以概括为"任德不任刑"，下面仅就其中最为有意义的三个方面加以评述①：

其一，以"天人感应"说来总结德刑关系，提出"任德而不任刑"的主张。首先，董仲舒指出"天命"与"阴阳灾异"都不是虚无缥缈之说，而是来自于上天对于现实政治的"感应"，他说："国家将有失道之败，而天乃先出灾害以谴告之，不知自省，又出怪异以警惧之，尚不知变，而伤败乃至。"因此，"治乱废兴在于己，非天降命不可得及"，并指出

———————————

① 下文所引原文，如无特别注明，皆引自董仲舒所著之《天人三策》(也称《贤良三策》)，载于《汉书·董仲舒传》。

"受命之符"，"皆积善累德之效"。董仲舒告诫统治者如果要得到天命的庇佑，就必须实行王道。王道政治是儒家"德政"思想对统治正当性提出的要求，所谓"王道之端，得之于正"，君主要使自己的统治具有正当性就必须能"正王道之端"，按照董仲舒的要求就是要按天道来施行自己的统治，使自己的统治不违逆于天。按天道的要求施行统治，具体说来就是"任德不任刑"，因为天有阴阳，而德为阳，刑为阴，"阳常居大夏，而以生育养长为事；阴常居大冬，而积于空虚不用之处"。既然天道是以阳为生育养长之事，那么统治者要施行统治，养育万民，就必须"承天意以从事，故任德教而不任刑。刑者不可任以治世，犹阴之不可任以成岁也"。

其二，董仲舒讲"任德教而不任刑"并没有将"德教"简单为对百姓实施道德教化，而是将矛头指向了统治者。董仲舒认为，百姓的道德修养和政治是否清明有着莫大的关系，尧舜治理之下的百姓仁义、和睦因此长寿，而桀纣统治下的百姓则卑鄙、暴虐因此短命。"或夭或寿，或仁或鄙，陶冶而成之，不能粹美，有治乱之所在，故不齐也。"简单而言就是，德政治下之民也有德，而乱政专门产生暴民。既然百姓之道德修养取决于统治者是否有德，那么，德教的关键就不在于教民，而在于正君。因此，董仲舒一方面强调君主统治必须有德，认为施行王道的开端就是要正君、正朝廷然后正百官、正万民；另一方面，董仲舒继承先秦儒家的"仁学"思想，以仁为核心解释人的精神实质，认为人之所以"超然异于群生"，是因为人有伦理、知仁义。论证人具有仁心、有伦理是为了说明人"超然异于群生"，人是具有尊严和个性的，董仲舒将此称之为"性"。"性"与"天命"都是统治者所必须认真对待的，"是故王者上谨于承天意，以顺命也；下务明教化民，以成性也"。因此，君主应该成全人之秉性，以德化的方式治理天下。君主以刑赏驾驭民众、役使民众的做法都是违背人之秉性的做法。董仲舒将教化与人之"性"相联系，并不是认为民众天性愚顽需要教化，而是认为民众天生具有理性和仁心可以教化，因此，教化也必须"以渐而至"，不可急于施教，教化必须符合人之本性，任何违背人之本性的教化都是残害人性的做法。

其三，董仲舒提出的"任德不任刑"是在社会管理模式的层面主张应该施行儒家的"德治"，而非法家的"刑治"，并没有否认刑罚或是法律在社会管理中的作用和价值。就社会调整的手段而言，董仲舒将"庆赏刑罚"比喻为一年之四时，认为在社会管理当中，刑罚与德教犹如一年四季，不可或缺。他说："庆赏刑罚之不可不具也，犹春夏秋冬不可不备也。"（《春秋繁露·四时之副》）

三、董仲舒德治思想中"正己"与"治人"之别的意义

董仲舒"任德不任刑"的核心是恢复儒家"德治"传统，清除汉初因承袭秦制而保留的法家"刑治"之弊端。而儒家的"德治"传统中包含两个重要的方面：一是正君，实际上就是对当政者提出政治的正当性要求；二是行德教，以德教治理天下，培育百姓之德性以实现社会秩序的自发形成。"德治"传统的两个方面在汉代体现的特征就是强调"正己"与"治人"的区别，在方法上不仅主张"先自正而后正人"（《公羊传》襄公九年春何休注），同时强调"躬自厚而薄责于人"（《公羊传》隐公二年春注）。

董仲舒在孟子"仁心义路"的基础上对汉代"先自正而后正人"的朴素政治伦理进行了

发展，形成了"仁义法"的核心思想。《春秋繁露·仁义法》提出："以仁治人，义治我，躬自厚而薄责于外，此之谓也。"董仲舒提出"仁治人""义治我"的思想使先秦儒家关于"仁"与"义"的关系更加明确。董仲舒认为"人莫欲乱，而大抵常乱"的主要原因在于"暗与人我之分，而不省仁义之所在"，人们通常对自己宽仁，而对他人则责之以义。所以，"《春秋》为仁义法"，规定"仁之法在爱人，不在爱我；义之法在正我，不在正人"（《春秋繁露·仁义法》）。仁与义必须分别用来治人与正己，不可颠倒，二者的根本区别在于作用方向正好相反。"仁谓往，义谓来，仁大远，义大近。"（《春秋繁露·仁义法》）

仁与义之别对于统治者的意义在于，统治者应该以"义"约束自身，而以仁治理百姓。就规范的意义而言，"义"是儒家对统治者自身提出的政治伦理要求，用于规范统治者的政治行为，而"仁"是对于治民之法所提出的伦理规范，即统治者不可以法强制推行"义"，也就是法不能强行推动道德的进步。董仲舒对"仁"与"义"关系之于"治人""正己"之别的讨论类似于富勒所谓"愿望性道德"与"义务性道德"分类的意义。富勒所言"义务性道德"是指"从最低点出发，它确立了使有序社会成为可能或使有序社会得以达到其特定目标的基本原则"，也就是人们最低限度的道德要求。与"义务性道德"相对应，富勒对愿望性道德的定义是"它是善的生活的道德、卓越的道德以及充分实现人之力量的道德"。① "义务性道德"与"愿望性道德"的意义在于为法律推进道德实现划定了一个界限与范围，法律以"义务性道德"为基础内容，因此法律成为人们的最低道德标准，以维护人类社会中最低限度的道德共识的存在。而"愿望性道德"则为法律推进道德进步划定了一个范围，"愿望性道德"属于伦理与道德的领域，政府不得以推进道德为名立法干预个人的私德空间。

而董仲舒区别"正己"与"治人"的意义在于规范儒家德治理论，避免人君借"大义"之名治人，以使君权无限度地侵入原本属于社会的伦理道德范围。一直有人认为，儒家"风行草偃"的教化是树立以君子为典型的道德楷模，然后要求全社会效法君子之行的道德教化。因此，有人将儒家的"风行草偃"之教与现在的道德教育相比较，认为这样的做法不仅造成教化者假话空话大话连篇，而且在社会上酿成了伪善成风的局面。树立君子为榜样，要求一般百姓人人向君子学习，要求人人致圣，会导致强制推进道德，消灭公权力与私人生活的界限，使得个人自由的空间消失殆尽。这种对儒家的指责实际上并不能成立，将"忠恕之道"一以贯之的儒家怎么可能认可这种强人从己的思想呢？"子曰：君子不以其所能者病人，不以人之所不能者愧人。"（《礼记·表记》）董仲舒明确了"内治反理以正身，据礼以劝福；外治推恩以广施，宽制以容众"的儒家德教原则，实际上为儒家的德教确立了两个方面的基本范围：一是就正己而言，君主应该以"义"正己，对自己提出更高的伦理要求；二是治人，则应该"宽制以容众"，不能以儒家"君子"之教教化小民，以君主的政治手段提高社会的道德水平。

就正己与治人的关系而言，董仲舒继承了孟子"君正而物正"的思想提出了"我虽不自正，虽能正人，弗予为义；人不被其爱，虽厚自爱，不予为仁"（《春秋繁露·仁义法》）的主张。就"正己"与"治人"的关系而言，关键在于理解"反理以正身""据礼以劝福"的内治之道与"推恩以广施""宽制以容众"的外治之道的深刻内涵。

"反理以正身"与"据礼以劝福"均为统治者以"义"正己的内治之道。其中，"反理以

---

① ［美］富勒著，郑戈译：《法律的道德性》，商务印书馆 2007 年版，第 8、7 页。

正身"的"理"与"义"相近，指"义"中所包含的道理。贾谊《新书·道德说》中说："德生理，理立则有宜，适之谓义。"说明"义"不过是"理"在实际运用中所体现的外在原则。董仲舒的"义理"主要在于两个方面：一是"事明义"，即君主以自身的德行感化万民，其中事明义的要义在于君主之德行应该足以德泽万民，如日月照耀阴暗。"圣人事明义，以照耀其所暗，故民不陷。《诗》云：'示我显德行。'此之谓也。"（《春秋繁露·身之养重于义》）二是"义之养生人大于利"。《春秋繁露》中解释："天之生人也，使人生义与利"，其中"利以养其体，义以养其心"（《春秋繁露·身之养重于义》）。这些义利之辨目的均只是君子正身之任务，而从来不是对小民所施加的道德要求。君主辨义利的目的在于"据礼以劝福"，即要求统治者不要穷奢极欲，合理分配财富，以实现社会秩序的稳定。故"诸有大俸禄亦皆不得兼小利，与民争利业"，先王之礼正是对君主之利的限制。周末以来社会动荡的根本原因在董仲舒看来，正是由于统治者不遵先王之礼，而"乘富贵之资力，以与民争利于下"（《汉书·董仲舒传》）。大一统时代，帝国之势力日益庞大，国家对财富的需求也日益增加，必然引起国家与小民争利业的现象产生。董仲舒提出"据礼以劝福"实是对国家权力干涉民间经济以聚敛财富的限制。

"推恩以广施"和"宽制以容众"是君主"以仁治人"的外治之道。周桂钿对这两句话的解释是："推恩广施，可以使多数人得到好处。宽制容众，就是放宽制度，容纳各种各样的人。"①此说比较准确地概括了"推恩广施"与"宽制容众"的意义，但是除此之外，董仲舒"以仁治人"还有更为深刻的内涵。

"推恩广施"是与"据礼劝福"相对应的治人之道。前文以述，"据礼劝福"是对君主提出的正己之道，要求君主明辨义利之别，对君主、国家提出不与民争利的要求。而"推恩广施"则是要求大兴民利，要求君主在享受天下之大利的同时，同情民间疾苦，为百姓寻求谋利的道路与途径。董仲舒以孔子"治民者先富之，而后加教"之语说明治理社会以富民为先，富民是教化的必备前提与基础，故此，董氏提出"先饮食而后教诲，谓治人也"（《春秋繁露·仁义法》）。另外，"推恩以广施"还包含了以礼节民的思想。在董仲舒看来，"节民以礼"是君主对民间社会最大的仁恩，"爱人之大者，莫大于思患而豫防之"（《春秋繁露·俞序》）。"民之情不能制其欲，使之度"，因此将由民之"情欲"所引起的争端消灭于萌芽之中，并对争端加以规范，这就需要统治者推行礼制，自上而下地建立礼的秩序。（《春秋繁露·度制》）

"宽制以容众"强调的是儒家德治的非强制性与启发性。董仲舒承认民性虽有向善的本质，但是却常常"趋利而不趋义"，因此而产生祸患。要想使民自觉地趋义而不趋利，必须使百姓对义做到"自得"与"自好"，主动认识和遵守"义"的要求。实现这一目的不能以礼法将义强加于民，只能通过统治者与接受儒家教化的士君子的躬亲示范而使百姓"自省悟以反道"（《春秋繁露·身之养重于义》）。

由上所述，董仲舒"正己"与"治人"之间存在着先后的关系。董仲舒认为天下太平的关键在于统治者以"成民之性"为目标的"治人"之道，此"治人"之道必须通过儒家德教才能实现。而儒家德教的前提在于统治者能否"以义正我"，只有统治者首先实现"自正"，然后才能实现"以德化民"的目标。故此，董氏断言："王者有明著之德行于世，则四方莫

---

① 周桂钿：《秦汉思想史》，河北人民出版社2000年版，第135页。

不响应，风化善于彼矣。"(《春秋繁露·郊语》)

四、《春秋》决狱：司法领域的"任德不任刑"

汉承秦制，故而具有相当的法家色彩。《史记》中称叔孙通所制之汉代仪规实际上就是杂糅了秦之朝仪与儒家的古礼。兼且汉初帝王好以酷吏主刑狱，务深文，因此司法未免过于严苛。汉武帝虽然尊儒，史称"复古更化"，然而其主要精力依然在于武功而不在于文治。因此，尊儒之举在很长的一段时间里只能称得上是一种"政策"，儒学对现实政治制度的影响很小。儒学真正对国家的政治制度起到影响，开始制度化的发展是在元、成以后，史称："自元、成后，学者藩滋，贡禹毁宗庙，匡衡改郊兆，何武定三公。"此处所说的元、成以降，改郊兆、定三公可以说是儒家制度化关键之转折。而在此之前，《春秋》决狱就已经开始了以儒家经义影响、改变司法审判的努力。因此，有学者指出，《春秋》折狱所引领的"法律儒家化"趋势，其实是政体"儒家化"其中的一个环节。其引用春秋经义以论断刑狱者，则以儒家之道德人伦主义及仁恕思想，注入实证法制之中。① 法律体系不纯是一些技术性规范的整合与杂糅，而是以一整套伦理基础和价值信念为其基本的内核，不仅与政治体制相关，而且与一个时代或民族的道德规范、风俗习惯息息相关，并不是一朝一夕所能全盘改变的。所有的成文法典的规范、原则往往是从反复出现的个案中抽象、凝练出来的。《春秋》决狱恰恰就体现了这样一个由个案逐渐形成一般性原则的过程，这个过程其实就是"法律儒家化"的发展历程。

董仲舒以《春秋》决刑狱的核心原则是"原心论罪"。"原心论罪"之本义是为了矫正秦政之弊，董仲舒在一份对汉武帝的奏章中指出秦朝法律之弊病在于："诛名而不察实，为善者不必免，而犯恶者未必刑也。是以百官皆饰，虚辞而不顾实，外有事君之礼，内有背上之心，造伪饰诈，趣利无耻……是以刑者甚众，死者相望，而奸不息，俗化使然也。"在董仲舒看来，秦朝政治法律之问题在于法律的僵化规定与情理的现实状况之间的冲突，也就是规范的外在性与人的意志、情感之间的矛盾。孔子说："人而不仁如礼何！人而不仁如乐何！"在孔子看来，人如果没有真性情，即便行为符合礼乐的外在规范也不过是使人更加虚伪。因此，儒家传统历来要求，外在的规范与内在的情理要相互统一。而秦汉之际的政法体系源自于法家"循名责实"的思想，其发展流弊就是过分强调行为与规范的外在一致，而忽视了行为的主观态度和实际情感。现实中的事实问题复杂多变，行为背后的心理基础也千差万别，如果仅以简单、僵化之法条调整规范复杂之人情现象则会有"削足适履"之嫌。同时，由于古时所谓"法"实则只是"刑"，只强调人的行为外在与规范的符合，未免会导致刑法的过分严苛，董仲舒认为良好的司法应该探究人的内心状况和事实的真切，因此说："《春秋》之听狱也必本其事而原其志，志邪者不待成，首恶者罪特重，本直者其论轻。"(《春秋繁露·精华》)同是一种行为，如何处断，关键要看行为人的内心意志究竟如何。所谓《春秋》之定狱，论心定罪。志善而违于法者免，志恶而合于法者诛"(《盐铁论·刑德》)，这种司法方式之目的就在于消除法律僵化之流弊，以追求人情与法理的相互协调。

---

① 黄静嘉：《中国法制史论述丛稿》，清华大学出版社 2006 年版，第 66 页。

甲有子乙以乞丙，乙后长大，而丙所成育。甲因酒色谓乙曰：汝是吾子。乙怒杖甲二十。甲以乙本是其子，不胜其忿，自告县官。仲舒断之曰：甲生乙，不能长育，以乞丙，于义已绝矣。虽杖甲，不应坐。①

本案并无直接引用《春秋》或其他儒家经典中的成例，但董仲舒却凭着儒家经义，将儒家的义理抽象为一项司法裁判中的原则，矫正了僵化适用法律所造成的不公正。儒家自孔子起对内容和实质的重视远远超过了形式和外在规范，因此，儒家往往更注重人在具体案件中的情感，而不是表面的合乎规范。任何规范，不仅是法，甚至于礼、乐都不过是内在的人的情感和人性的表现和辅助。礼乐法制之规范制度都是为了顺应、调节人情和人性而产生的，所以说："缘人情而制礼，依人性而作仪，其所由来尚矣。"在这样的思想影响下，儒家对于案件的审理就要求必须合乎人情、义理的要求。

儒家对于"孝"的伦理规范也更重视其情感的实质，子对父母应心存有"孝亲"之情，而父母对子则须有"慈爱"之意，若为父者已失亲亲之义，为子者再不负为人子的责任。所以《春秋》所载，献公不以申生为子，而申生自杀，实乃愚孝；又不以重耳为子，而重耳逃亡，《春秋》不以为不孝。可见父子之孝慈的义务不仅出于血缘的表面关系，而是需要有内在的情感和恩义为基础。因此，在此案中父甲对于乙一无供养之事实，二无哺育之恩情，董仲舒援引儒家重视情感实质的伦理原则认定乙杖父不是子杖父，不能加重处罚。

在法制发展的历史经验中，一个基本问题就是：法律形式上的严格适用和法律目的的实现之间的冲突。一方面，为了防止司法者滥权并且取得心理强制的效果，因此需要在司法中严格适用法律条文的文本规定，不因司法者主观的好恶和案件的具体情况排除或改变法律的适用；而另一方面，律文的规定过于僵硬、刻板，则不免使法律的目的和个案的正义难以实现。在中国古代，法律往往以刑事制裁为强制力的表现形式，因此，如果像法家一样片面强调法律在形式上的严格遵守，难免会有刑罚过于严苛的危险。从功利的视角来分析，严格执行成文法虽然可以在专制社会维护法律的普遍适用，有效地减少官吏滥权的可能，但是僵化执行法律所造成的不正义的后果却十分严重，而且无法恢复。在这样的历史背景下，儒家强调司法首先应该原其情理，并且以儒家思想中的伦理原则来解释法律，实际上所产生的后果就是减轻传统法制运作中的严酷性，并且使得传统法的实践趋于人性化。

汉代的《春秋》决狱开始了以儒家经义解释法律甚至以儒家经义作为司法审判的依据的实践，在这场司法实践的运动中，儒家经义中"仁政""恤刑"的思想对汉初的政治法律起到了深刻的影响，很大程度地改变了酷吏们"重刑思想"对司法的影响。《春秋》决狱的推行，由于儒家宽仁思想在司法审判中的运用，使得汉代的司法逐渐趋于"宽厚"，有效地缓和了社会矛盾，有利于社会秩序的稳定。有如《后汉书·何敞传》中的记载："以宽和为政，举冤狱，以《春秋》义断之，是以郡无怨声。"

---

① 杜佑：《通典》，中华书局1992年版，第1911页。

五、结　语

综上我们可以发现，董仲舒所主张的"任德不任刑"并不是在刑事政策的层面讨论教化与刑罚在社会统治上的作用孰轻孰重，而是针对当时政治中"刑治"思想，彻底清算暴秦所遗留下来的弊政，要求汉武帝恢复儒家"德治"之传统。在董仲舒看来，任德的首要内容是正君，对统治者树立政治正当性的观念和准则，只有先树立君德、官德，然后才能使百姓有德。而其次才是以德教治理天下，对百姓施教。同时，董仲舒还指出对百姓施教的前提是将百姓视作有理性、有仁心的具有人格的主体来对待，施教不能急于求成，扭曲人性，应该成全人性。

（作者单位：中国政法大学刑事司法学院）

刘永济"龙学"研究法初探

—— 纪念刘永济先生逝世五十周年

□ 熊礼汇

题记: *永济(1887—1966),字弘度,号诵帚,晚年号知秋翁,湖南新宁人。先生后半生一直在武汉大学文学院执教,为国内有数的著名古代文学专家之一。先生1966年10月逝世于武大珞珈山,至今已50周年。先生生前潜心学问,著作等身,可谓争分夺秒,成就千秋功业。半个世纪以来,虽然斯人已去,但其著述却在诸多领域产生越来越大的影响,而且这种影响还将与日俱增。先生尝言:"人前有千年,后有千年。"或即其生前生后之事之谓也。今年"十一"长假,正逢先生50周年忌日(10月2日),无以为祭,即记此读书心得以作纪念。*

熊礼汇 2016年10月2日记于武昌南湖山庄梅荷苑

刘永济(1887—1966)研究古代文学,在多个领域取得了重大成就,影响深远。先生能有此建树,除学养丰厚、长于思辨、才略优异、勤于撰著外,还与他研究学问所用方法较为合理有关。一般来说,刘先生研究古代文学所有课题,都曾致力于吃透文本、理性分析、系统把握、洞微烛幽,而根据研究对象的不同特点,采用不同的研究方法。用心籀读《刘永济集》中的多种学术专著,旁及相关资料,其治学方法,实可细分为"龙学"研究法、屈赋研究法、词学研究法、诗学研究法、曲学研究法等。近年来,因参与整理刘先生研读元黄昆圃校、清纪文达评《刘舍人文心雕龙》和涵芬楼影印明嘉靖刊本《文心雕龙》之批注、评语,得以反复通读《文心雕龙校释》和先生研究"龙学"之论文及相关著述,又取学界后出数种"龙学"研究颇具规模之巨著对观,深感先生研究"龙学",自得其法,特色显著。

研究"龙学",最重要的工作自是研究《文心雕龙》。而要真正读懂、准确理解、全面把握其要义,至少要解决五方面的问题。即一要弄清刘勰撰著的动机、《文心雕龙》一书的性质及价值之所在;二要钩玄提要,厘清《文心雕龙》所讲的文学原理,揭示其理论体系,并对其基本观念有正确理解;三要联系社会文化背景、文学创作实际理解《文心雕龙》的文体论、创作论,且深明其"原始以表末"的意义;四要界定各篇关键词的内涵与外延,观其会通,审其名用,以得其真意;五要了解"龙学"的研究史,对历代"龙学"研究者的见解采取重视而不盲从的态度。可以说,刘先生研究《文心雕龙》,在这五方面都给出了圆满的答案。其答案大多见于《文心雕龙校释》(简称《校释》)。先生尝谓黄侃弟子程千帆云："季刚的《札记》,《章句篇》写得最详;我的《校释》,《论说篇》写得最详。"学者以为"刘永济与黄侃各擅胜场,他以精于小学推黄侃,而以长于评议自许"(张清河语)。先生原话未必有"以长于评议自许"意,但其《校释》,尤其是释义"长于评议",却是不争的事实。无疑,他校勘、释义所用的方法,正是他研究"龙学"的方法。其方法多种多样,现拣其荦荦大者陈述于下。为读者全面了解、深入思考计,陈述方式则以博引例证,征录原文为主。

一是从本体论角度阐释刘勰"原道""宗经""征圣"的理论思维方式。《文心雕龙·序志》谓"盖《文心》之作也,本乎道,师乎圣,体乎经",故首篇即为《原道》,开宗明义讲文原于道,而继以《征圣》《宗经》。刘勰既视道为文之本体,又认为文之为文,离不开人心的感于外物。如何理解这看似矛盾的说法?刘永济先生即从本体论的角度阐释其"原道""宗经""征圣"的理论思维方式。指出:"儒家之言多注重道之作用,从作用以体现本体。其所体现者主要为政治。道家之言多阐发道之本体,据本体以衡量作用。其所衡量之作用,仍不外政治。是故二家之言,似相反而实相成。"而刘勰"主导思想固然是传统的儒家思想,然而他的主导思想之中,关于道的本体方面交织着玄学(道、佛皆称玄学)的意味"。"彦和的本体论既如此,根据'道者万物之始'、'道者万物之所以成'的理论,则是客观存在中的一切皆从自然(道)而发生,乃必然的趋势。所以……凡有声有色之物,皆自然(道)之文,非从外饰'者。再以此理推之'人文',亦'神理'所尸。'神理'犹言天道,也就是'自然'。所以他……又说:'道沿圣及垂文,圣因文以明道。'这就将圣与道、道与文、圣与文三层关系都说明了。原道之根本意义,论文的思想基础,即在于此。且由此可知道与文的枢纽皆在圣,圣人的绝大本领即在'研神理而设教'。所谓'研神理而设教'就是'体道以为用','法道以施政'。……彦和所谓圣,并非什么全知全能的神秘人物,只不过万物之灵中最优越的人,只不过在一般人中是先知先觉者,是人类的导师,对一切事物他又是善感善觉者,所以他能作为经典垂训后世。从前一点说,他是政治思想家;从后一点说,他又是文学创作者。这就是彦和《原道》之后,继以《征圣》、《宗经》的根本思想。彦和固然视文学同自然现象一样,皆是'道之所以成',但他又说与'无识之物,郁然有彩'者不同,说:'有心之器,其无文欤?'这就不仅说明了人文发展的因素,即他论文所以每重视'为文之用心'的道理也昭然若揭。他所以重视文心,因为他认为内心必感于外物而后形成作品。从这点看,他的文学观却是倾向于唯物论的。"先生说征圣、宗经皆缘于原道。因为道为文之本体,属性归于自然。圣人实为最优秀的"体道以为用"者,亦为最杰出的"文学写作者",代表作就是"经"。如此,主张为文原道、征圣、宗经,当然顺理成章;作为文学观,也确实有唯物论倾向。

二是联系齐梁时风,揭示刘勰撰著《文心雕龙》针砭时弊的动机和确定其书的子书性质。刘勰的《文心雕龙》,是我国出现最早、体系最为完备的文学批评专著。前人多视其为诗文评类的著作,近人或"当作论文章作法的书",或"当作讲修辞学的书",或认为"主要是一部讲写作的书"。刘永济先生却另有看法。他在《校释·前言》中说到该书的四大优点,有云:"历代目录学家皆将其书列为诗文评类,但彦和《序志》,则其自许将羽翼经典,于经注家外,别立一帜,专论文章,其意义殆已超出诗文评之上而成为一家之言,与诸子著书之意相同矣。彦和之作此书,既以子书自许,凡子书皆有其对于时政、世风之批评,皆可见作者本人之学术思想(参看《诸子》篇),故彦和此书亦有匡救时弊之意。吾人读之，不但可觇知齐、梁文弊之全貌，而且可以推见彦和之学术思想。盖我国文学传至齐、梁，浮靡特甚，当时执政者类皆苟安江左，不但不思恢复中原，而且务为淫靡奢汰，其政治之腐败，实已有致亡之势。彦和从文学之浮靡推及当时士大夫风尚之颓废与时政之隳弛，实怀亡国之惧，故其论文必注重作者品格之高下与政治之得失（参看《时序》《才略》《程器》等篇）。按其实质，名为一子，允无愧色。"此乃概述齐、梁时风之弊，言彦和撰著有通过针砭文风之弊而匡救时政之弊的用意，称其书诚为子书。《校释》循此观念作论者尤多。《正纬释义》云："舍人之作此篇，以箴时也。盖谶纬之说，宋武帝禁而未绝，梁世又复推崇。其书多伪托仲尼，抗行经典，足以长浮诡之习，扬爱奇之风。故列四伪以匡谬，述四贤而正俗。疾其'乖道谬典'，正所以足成《征圣》《宗经》之义也。故次之以《正纬》。"《哀吊释义》云："全书斥浮诡，黜繁缛，不一其词。而'华过韵缓，化而为赋'，尤齐、梁文之通病。会通全书，而后舍人意旨所在，灼然可见也。"《镕裁释义》云："舍人专重裁辞，盖此篇之作，在针砭时人篇章繁缛冗长之弊，而繁缛冗长之作，实起于士衡。……舍人指斥时人，而推论及于士衡，不特深明流变，且亦正本清源之意也。"《时序释义》云："舍人'世积乱离，风衰俗怨，并志深而笔长，故梗概而多气'四语，识解甚高，诚溯河穷源之论矣。参以《风骨》篇之言，知舍人之志，盖欲以气质卓轹之文，一救当世靡丽阐缓之弊，特以人微言轻，曲高和寡，不足以振荡一世豪杰，故虽邀遇休文，亦不过赏其深得文理而已，不足以起衰之任也。""合而参之，知尔时（指齐梁之时——笔者按）作者，非无佳篇，领袖诸人，亦非悉中此弊，特风会之衰，实由西施工颦，遂令东施献丑。然则舍人诸论，虽未揭举名氏，而其意固在指斥当时领袖诸贤也。"《程器释义》云："三段言器用文采，与位之崇卑所关，以见位尊者不必以文采邀誉，言外有箴其时显贵之意。""全篇文意，特为激昂，知舍人寄慨遥深，所谓发愤而作者也。乃后世视其书与文评诗话等类，使九原可作，其愤慨又当何如邪？""是六朝甄拔冗长，终不出此制，于是士流咸重门第，而寒族无进身之阶，此舍人所以兴叹也。于后义可见尔时显贵，但以辞赋为勋绩，致国事废弛。盖道文既离，浮华无实，乃舍人之所深忧，亦《文心》之所由作也。"又《程器释义》云："舍人曰：'文武之术，左右惟宜……'此以文事武备并重，初观之甚异，实亦深中时弊之论也。舍人此论，不特有斯文将丧之惧，实怀神州陆沉之忧矣。"此类论述，真可谓知人论世，能说透刘勰著书的最终目的。

三是洞察《文心》总体建构，厘清各篇内在联系。《文心雕龙》五十篇，内容纷繁复杂，要读懂它，把握其总体结构十分重要。刘先生对其结构的了解，可谓洞察底里。《校释前言》云："其书分上下两编，各二十五篇。上编除前五篇彦和自称为'文之枢纽'外，由《明诗》至《谐讔》属有韵之文，《史传》至《书记》属无韵之文。各篇阐述之大旨，均有四端：一曰'原始表末'，二曰'释名章义'，三曰'选文定篇'，四曰'敷理举统'。下编则除《序志》一篇为全书之自序外，由《神思》以迄《程器》，皆论文学原理、原则之文，中间对于文学与文心之关系、内容与形式之关系、作品与时代之关系、作者与读者之关系，以及文学上各项问题，皆论述至详，议论亦最为精辟。"因此，为便于学习，先生《校释》原稿目次为首列《序志》，次及上编前五篇，再次为下编前二十四篇，再次为上编后二十篇。"首《序志》者，作者自序其著书之缘起与体例，学者所当先知也。次及上编前五篇者，彦和自序所谓'文之枢纽'也。其所谓'枢纽'，实乃其全书之纲领，故亦学者所应首先了解者。再次为下编，再次则上编者。下编统论文理，上编分论文体，学者先明其理论，然后以其理论与上编所举各体文印证，则全部了然矣。"此乃对全书总体结构之洞察。先生洞察结构的精准还表现在对各篇组合、编次内在联系的分析上。前者如《辨骚释义》说上编前五篇关系，云："五篇之中，前三篇揭示论文要旨，于义属正；后二篇抉择真伪同异，于义属负。负者箴砭时俗，是曰破也。正者建立自说，是曰立己。而五篇义脉，仍相流贯。盖《正纬》者，恐其诬圣而乱经也。诬圣，则圣有不可征；乱经，则经有不可宗。二者足以伤道，故必明正其真伪，即所以翼圣而尊经也。《辨骚》者，骚辞接轨风雅，追迹经典，则亦师圣宗经之文也。然而后世浮诡之作，常托依之矣。浮诡足以违道，故必严辨其同异。同异辨，则屈赋之长与后世文家之短，不难自明。然则此篇之作，实有正本清源之功。其于翼圣尊经之旨，仍成一贯。而与《明诗》以下各篇，立意迥别。"后者如《养气释义》云："本篇申《神思》未竟之旨，以明文非可强作而能也。"《附会释义》云："其义与《神思》篇尤相关切。《神思》所论，即《附会》之前因，此篇所言，则前因既具之结果也。合而参之，为文之能事毕矣。"《时序释义》云："本书《通变》篇、《才略》篇，皆有都举历代文变之词。《通变》篇有九代六变之说……《才略》篇历举……九代文人之辞令华采以衡论……其分划止四，似与六变、九变之旨不合。盖本篇与《通变》论其异，《才略》篇则标其同，言各有当也。"《物色释义》云："本篇申论《神思》第二段论心境交融之理。《神思》举其大纲，本篇乃其条目。""复次，本篇与《情采》篇虽同而实异。同者，二篇所论，皆内心与外境之关系也；异者，《情采》论敷采必准的于情，所重仍在养情，本篇论体物必妙得其要，所重乃在摛藻。"《才略释义》云："本篇与《时序》篇相辅。《时序》所论，属文学风尚之高下流变，论世之事也。本篇所重，在比较作品之长短、作家之同异，知人之事也。"正因先生洞察各篇内在联系，故其释义、论理能撤掉各篇篇章藩篱，将所说之理打成一片考虑，从中理出头绪，彼此佐证、融会贯通，以求全面、准确把握《文心》之义。这样做的好处，第一能准确揭出各篇编次之义，如《檄移释义》引《左传》"国之大事，在祀与戎"，说《文心》"诏策"至"书记"编次之义，云："威让之文，铭勒之制，皆王言之大者，次于布政垂教一等。故《诏策》之后，次以《檄移》、《封禅》之文。而臣工陈谢纠弹之作，侪类酬献往复之书，又其次焉。其大本仍归之体要，不尚夸异。此舍人大旨，不厌反复伸说者也。"第二能看出编次之失，如《物色释义》前云："此篇宜在《练字》篇后，皆论修辞之事也。今本乃浅人改编，盖误认《时序》为时令，故以《物色》相次。"第三能借他篇所言助解本篇真义，即先生所谓"证以舍人他篇"或"证以本书他篇可知"。如《体性释义》即云："舍人此篇虽标八体，非谓能此者必不能彼也。今任举其书评文之语如下，以见其变之繁。"第四便于"合观比论"，以得其义之真、之全。如《练字释义》云："此篇所举'四忌'，虽似无关大体，然在诗家亦为要务。特其所论乃在形体之间，初无关于意义，当合《章句》《丽辞》《指瑕》《物色》等篇观之，而后文家字句之精蕴始得也。"

四是惯用系统思维模式，整合文论观点。这是刘先生研究古代文学的长项，也是他学术眼光锐利、思维缜密、见识往往高人一筹的秘诀之一。浅人治学，一叶障目，不见森林，或者只知围着一棵树转圈圈，不知树下有地，树上有天，树前有水，树后有山。如《才略释义》就将篇中诸多术语归纳为文学批评的四个方面，云："篇中评骘之语，或称'才颖'，或称'学精'，或称'识博'，或称'理赡'，或称'思锐'，或称'虑详'，或称'气盛'，或称'力缓'，或称'情高'，或称'文美'，或称'辞坚'，或称'体疏'，或称'采密'，或称'意浮'，用字甚杂，似无分于本末，然细绎之，要不出性情学术、才能识略、辞令华采诸端。盖衡文者操术有四：一论其性情，二考其学术，三研其才略，四赏其辞采。本篇随文立言，盖亦互文见义之例也。"先生用系统思维模式整合刘勰文论观点，例子较多，而以《宗经》《风骨》《镕裁》三篇《释义》说创作理论最为突出。《宗经释义》有云："舍人所标宗经六义，中包三事。三事者，孔子赞《易》所谓'意'、'言'、'书'，孟子论文所谓'志'、'辞'、'文'也。舍人《镕裁》篇亦有'设情'、'酌事'、'撮辞'之文，谓之'三准'。此篇之情深风清，'志'之事也；事信义直，'辞'之事也；体约文丽，'文'之事也。三者旨约而义宏，不但为论文之标准，且已尽文家之能事。窃尝推阐其义：'志'者，作者之情思也；'辞'者，情思所托之以见之事也；'文'者，所以表其'事'而因以见其'志'者也。孔子之言，文学当然之定理也。孟子之言，读者鉴赏之南针也。而孔子称子产二言与孟子《春秋》三语，又为作者行文之要法。以文理言之，则不尽为当然。以作法言之，则一'足'字已可使不尽者尽异。至鉴之道，必先不'害辞'，斯可以不'害志'。由此观之，舍人'三傅'之论，固已默契圣心，而此篇'六义'之说，实乃通夫众体。文之枢纽，信在斯矣。"《镕裁释义》又详引孔子、孟子、庄子、扬雄之言，云："合以舍人'设情'、'酌事'、'撮辞'之说，虽同举三项，而名义纷如。盖训词之例有通别，用字之式有单复。明乎此，则孔子之'意'与'志'，孟子之'志'与'义'也。孔子之'书'与'文'，孟子之'文'也。孟子之'辞'与'事'，孔子之'言'也。庄子之'意'、'语'、'书'，扬雄之'心'、'言'、'书'，舍人之'情'、'事'、'辞'，亦即孔子之'志'、'言'、'文'，孟子之'志'、'辞'、'文'也。"这实际上是对古代文论的一种整合。他把孔、孟、庄及扬雄的文论术语和刘勰的"三准"说打成一片考虑，理清彼此关系，找到同有的思想脉络，不但揭示出"三准"说的系统理论依据，还因对"三准"说的认知，对古代哲人的创作理论作了系统的归纳。尤为难得的是，先生还熟练利用他所归纳出的系统理论，来观照《文心》"名义纷如"的术语，以避免理解时的歧义纷呈，莫衷一是。如《风骨释义》云："本篇所用名义甚多，纷纭满目，几难寻释其意旨。凡此诸名，统归'三准'，特以用异而名异，或以行文避复而名亦异。明夫此理，则名用虽繁，而条理自在。兹悉以'三准'归纳诸名如后。凡篇中所用'风'、'气'、'情'、'思'、'意'、'义'、'力'诸名，属'三准'之'情'，而大要不出情、思二者。凡篇中所用'骸'、'体'、'骨'、'言'、'辞'诸名，属'三准'之'事'，而大要不出事、义二者。凡篇中所用'采'、'藻'、'字'、'响'、'声'、'色'诸名，属'三准'之'辞'，而大要不出声、色二者。风者，运行流荡之物，以喻文之情思也。情思者，发于作者之心，形而为事义。就其所以运事义以成篇章者言之为'风'。'骨'者，树立结构之物，以喻文之事义也。事义者，情思待发，托之以见者也。就其所以建立篇章而表情思者言之为'骨'。'气'者，大体同'风'。本篇所指，则在事义得情思之运行而生之力量，可以摇荡性灵者也。'采'者，大体不出声色。本篇所指，则在声色因事义之充实而发之光辉，可以发皇耳目者也。气与采皆不能离事义，故事义之在文章，实双关情思与声色。若情思不能运事义，则文风荏弱；事义不能表情思，则文骨萎靡，故曰：'风骨不飞。''风骨不飞'则符采无发皇耳目之效，故曰：'振采失鲜，负声无力。'复次，精于析辞者，文中事义，剖析微茫，文体因而整练，故曰：'练于骨。'善于述情者，文中情思，含孕醇厚，文意因而渊深，故曰：'深乎风。'而骨练风深者，色泽声音亦缘之而并美，故曰：'捶字坚而难移，结响凝而不滞。'由此观之，'情'、'事'、'辞'三名，从其用言之，则为'风'，为'骨'，为'采'，而'采'又以风骨为其根本。是魏文所谓'气'，即风力也。

《宋书·谢灵运传》'气质,即风骨也',或曰体气,或曰骨气,或曰体度风格。大抵名因所用而异称,义因所名而微别。古人于此,心知其意,而随文取便。学者贵能观其会通,正其名用,庶得古人论文之真意。""观其会通,正其名用",自是先生运用系统思维方法,对《文心》"名义纷如"之观念、术语,加以厘清、整合的具体做法。能如此触类旁通,分析归纳,学者不但能化繁为简,举纲张目,透过现象看清真相,避免堕入五里雾中,还能激活自己的理性思维,完整准确地体认"古人真意"。先生所言,诚属难得。

五是结合文学史实,理解刘勰的文论观点。刘勰论文,有些说法不易理解,甚至引人生疑,先生则结合文学史实,以明其说,或以释其说。如《诸子释义》言刘勰于子书何以扬战国而抑汉、晋,云:"战国诸子,学有本源,文非苟作,虽各得大道之一端,而皆六经之枝条也。汉代已逊其宏深,魏、晋尤难与比数。陆《语》则粗述存亡,贾《书》亦杂编奏议,扬雄规模仲尼,刘向采摭往事,衡以著述之体,已非庄墨之俦。《潜夫》、《昌言》以下,大多务切时要之作,别无新义,未餍研求。故颜之推亦谓'魏晋以来,所著诸子,理重事复,递相模效,犹屋下架屋,床上施床耳',洵为确论。且魏晋子书,皆文士之篇章,非学人之述造。其间或杂以求名后世之心,或参以争胜前贤之意……然有意于为文,与不得已而著书,其间差别甚远。此舍人所以抑之欤?"又如《诏策释义》释刘勰何以独推魏、晋诏策,云:"舍人于诏策一体,独推魏、晋,论者疑之。不知此正舍人论世至精之处。盖一代文章,因革盛衰,必与其时政俗有关,故论文者必当论世。考喉舌之官,在西汉谓之尚书,属于少府,主发书,承秦制也。其位甚卑。及武帝游宴后庭,始用宦者主中书,谓之中书谒者。……至成帝建始四年,罢中书宦者,复以士人为之。……其任犹轻。及至后汉,则较为优重,出纳王命,赋政四海,犹天之有北斗焉。迨魏武为魏王,置秘书令,典尚书奏事。文帝改为中书,又置中书监,并掌机密。晋代因仍未改。盖自魏、晋以来,中书监令掌诏命,记会时事,典作文书,地在枢近,多承宠任,清贵华重,非才地俱美者,不缩斯任。……自晋建国,常令宰相参领,中兴以来,益重其任,故能王言弥缛,德音四塞者焉。魏晋诏命,极盛一时,其故在此。"如此还原文学史实,解说刘勰论断,自能消除读者之疑。他如《论说释义》胪列六朝以三学(指《易》学、老庄之学和佛学)为宗之论著文,《时序释义》围绕刘勰"十代九变(列代有十,而论不及齐、梁)"之说而详言梁、陈之前文学风气之变,《练字释义》取相如《上林》、孟坚《西都》、平子《南都》、休文《郊居》,比而观之,以见六朝以降赋家修辞之工,远胜于汉,皆是用文学史实助解刘勰论断,或谓结合文学史理解《文心》要义。显然,这种认知方法,较之拈弄名词术语,死抠字眼,凭空琢磨,所得结论要深刻得多,准确得多。

六是通过分析文学作品、总结前人创作经验,理解刘勰文论观点,或诠释其说,或验证其言。刘勰作《文心雕龙》,本来就是从古代文学创作的实际出发,通过对历代名作的分析,总结出文学发展一些带规律性的特点,形成系统的文学理论。因而借助作品分析、理解、验证刘勰之言,是十分合理而且行之有效的做法,故先生撰写《释义》,分析、品评作品处极多。如《情采释义》云:"因情敷采之例,举《诗》为证则易明。今取《卫风·硕人》篇与《秦风·小戎》篇论之。《硕人》篇写庄姜之华贵……可谓尽态极妍矣。而不得目之为浮艳者,作者之意极力形容庄姜之华贵美丽,即以讥庄公惑于嬖妾,不答庄姜之非也。不如此,则讥意不显矣。《小戎》篇写秦国车甲之盛……其赋物处,可谓极琐细矣,而不得目之为繁缛者,作者之意极力形容车甲戎马器仗之鲜明盛丽,正以美襄公用兵西戎,国人不特不厌苦，且矜夸之也。不如此，则美意不明矣。由上二例观之，采固以称情敷设为贵，情亦因敷采得当而显。不足，固情不能达；太过，亦情为之掩。不足达情者，自古传诵之文绝少见，而情因采掩者，则虽名家亦所不免。宋玉之《高唐》、《神女》，相如之《大人》、《上林》，皆以敷采之功过于述情，遂致本讽而反劝。齐、梁以下，纯以采藻相尚者，更无论矣。"《声律释义》云："辞赋用韵之法，后世多以间句韵为正则，惟古赋之变最繁，今取相如《子虚》、孟坚《西都》、太冲《蜀都》、休文《郊居》各一段比观之，略可见其流变之迹。………"《事类释义》云："文家用典，亦修辞之一法。用典之要，不出以少字明多义。其大别有二：一用古事，二用成辞。用古事者，援古事以证今情也；用成辞者，引彼语以明此义也。"前者"约有四端"，后者"约分四项"，"举例"皆用作品。《章句释义》云："舍人释章为'明'，释句为'局'，虽非章句之本义，（乐竟为一章。句者，曲也。）然最足明章句之用。盖情思之发，必有曲折次序，而章以宅情，必随其曲折次序而分布之，贵能昭晰。故诗文之章数无定，其施设之变亦至夥。例如《芣苢》三章，初言往采，故曰'采之'、'有之'，次言采事，故曰'掇之'、'捋之'，末言采获已多、将归之事，故曰'袺之'、'襭之'。三章不可减为二，不必增为四，而春原采芣之事如见矣。其他一意而数章者，非复也，所谓一唱三叹，言之不足，故重言之，所以尽其致也。至句之训'局'，其义亦精。一句之字，短或二三，长不过八九，意行其中，弥见局促。故造句贵无冗字，而前后句相承之间，尤贵有次。如'陨石于宋五'、'六鹢退飞过宋都'者，几乎一字不可易，此《春秋》所以谨严也。""至于赋家之文，往往累句一意，则亦同于一意数章。例如相如《橄巴蜀文》曰：'夫边郡之上……'此段皆盛陈汉兵卫国之勇，故词多重置。又如贾谊《过秦论》曰：'秦孝公据崤函之固……'此段极形秦势之强，故语亦不厌复。又有词虽屡更而意无二致者，义亦同此。例如班孟坚《西都赋》曰：'神明郁其特起……'此段状建章之高峻，以与前文写昭阳之富丽相映成文，虽遣词不同，而用意无别，不得病其冗复。盖词以发意为主，意有未尽，则词不得休。此中消息，在作者斟酌寸心之间，初无一定之式也。"又如《隐秀释义》云："文家言外之旨，往往即在文中警策处，读者逆志，亦即从此处而入。盖隐处即秀处也。例如《九歌·湘君》篇中'心不同兮媒劳，恩不甚兮轻绝'及'交不忠兮怨长，期不信兮告予以不闲'，言外流露党人与己异趣，信己不深，故生离间。而此四句即篇中秀处。又如《少司命》篇中，'悲莫悲兮生别离，乐莫乐兮新相知'二句，为千古情语之祖，亦篇中秀处也。而屈子痛心于子兰与己异趣，致再合无望之意，亦即于此得之。又如相如《大人赋》：'吾乃目睹西王母暠然白首，戴胜而穴处兮……'皆篇中秀处。而相如讽武帝求仙无益之意，亦即于此得之。且前文盛夸大人仙游之适，皆为此而设也。又如子建《洛神赋》：'恨人神之道殊兮……'等句，子建惓惓于文帝之意最深切，而措词亦最沉痛。略举四例，以为隅反。"先生借对前人作品的分析阐说《文心》要义，不但举例多，且分析深入准确，读《释义》，岂只明《文心》之义，分明还能学到作品赏析的诀窍。

　　学者欲知先生如何联系作品解说《文心》要义，不可不读《镕裁释义》。此文释"镕"、释"裁"，均以前人作品为例。前以宋玉《风赋》为例以说"规范本体之法，在定'三准'"，云："一、'设情以位体'。《风赋》之作，在讽襄王淫乐骄纵，民已困顿穷悴，而不知恤也。全篇'酌事'、'撮辞'，务以明此旨。'位体'，犹言立干也。二、'酌事以取类'。托意于风所经历有芬芳、秽恶之不同，故其中人亦有清凉、惨怛之差异，以类君民苦乐悬殊之情。以大王之雄风与庶人之雌风对举互照，使人易悟。'取类'者，取事之与情相类者而用之也。三、'撮辞以举要'。欲状大王雄风之所经历，故以'凌高城'、'入深宫'、抵华叶、'徘徊于桂椒之间，翱翔于激水之上'、'击芙蓉'、'猎蕙草、离秦衡、概新夷、被蒙杨'、'然后徜徉中庭，北上玉堂，跻于罗帷，经于洞房'等辞，以见其高爽芬芳，故其中人也，清凉而愉快。欲状庶人雌风之所经历，故以'起穷巷'、'动沙堁、吹死灰、骇涽浊、扬腐余，邪薄入甕牖，至于室庐'等辞，以见其穷蹙秽恶，故其中人也，惨怛而成疾。凡此所撮诸辞，皆事之切要者，故曰'举要'也。由上例观之，撮辞必切所酌之事，酌事必类所设之情。辞切事要而事明，事与情类而情显。三者相得而成一体，如镕金之制器，故曰'镕'也。"后以《史记·屈贾列传》为例说其镕裁之妙，云："《屈贾列传》以悲屈原信而见疑、忠而被谤为主旨。首著原为楚之同姓，次述原之谋国，次述原既被黜，张仪连衡之说得成，以见怀王之误国与原被斥之由。于原之文，独载《怀沙》之赋，著其处死之审，以见死之非得已。于原既死之后，著宋玉、唐勒、景差之徒，以见诸人之不能直谏，而楚之削灭系焉。于《贾传》首载《吊屈文》，以见其悲原之志与己同也。次著《鵩赋》，以见同生死，轻去就，非原所愿，则原之不弃其君国，不苟生死之志愈明，而悲原之旨愈显。凡此皆'镕'之法也。于《屈传》不著其他篇，于《贾传》不著其策奏，皆以防与前意纷歧也。凡此又'裁'之法也。故'镕'者，'酌事'、'撮辞'，以明所设之情之谓也；裁者，删落枝节，去其繁滥，使所设之情易明之谓也。"通过分析作品理解文论要义应是研习古代文学批评理论的必由之路，而能否取径于此，能否得之于心而辞能达意，加以阐释，就不但与学者的文学理论修养和作品艺术感悟能力密切相关，还与其表达能力的高超分不开。而刘先生在这几方面都有过人之处，故言之娓娓，如道家常。

七是通过对关键词的界定理解《文心》要义。《文心雕龙》各篇，无论扬榷古今，还是叙说新论，行文必有关键之词。可以说，刘勰的许多重要见解，主要是靠这些关键词表达出来的。弄清楚关键词的含义，文中诸多难解之结就会不攻自破。很难想象，一个号称能读懂《文心雕龙》的学者，却对书中的关键词莫名其妙或一知半解。所以从准确界定关键词入手理解《文心》要义，也是研习"龙学"行之有效的重要方法，刘先生的成功尝试就证明了这一点。不过，要准确界定《文心》一书的关键词，绝非易事。首先对何为关键词就不易判定。各篇关键词除篇名赫然在目外，其他的多以各种名义、说法存在于行文中，因而要把关键词选的精准，这"名义纷如""用字甚杂"的困难就很难克服。其次是对关键词内涵、外延的界定，它需要学者学养丰厚、思维敏捷，善于悟入，而且思辨周密、分析透彻，钩玄提要，识见卓荦。即使博学、聪慧如刘先生，其治"龙学"，于关键词之界定，亦用功甚多。而其《释义》重点、亮点所在，往往也是对关键词的界定。如《原道释义》以"道"为关键词，谓"此所谓自然者，即道之异名"云云；《体性释义》以"体性"为关键词，谓其讨论"文体（风格）与心性之关系"；《风骨释义》以风、骨、气、采为关键词，将其纳入"三准"理论而界定之；《定势释义》以"势""体"为关键词，谓"所谓势者，姿也，姿势为联语，或称姿态；体势，犹言体态也"。"体者，作品之篇体；势者，篇体之姿态"；《隐秀释义》以隐、秀为关键词，谓"《隐秀》之义，张戒《岁寒堂诗话》所引二语最为明晰。'情在词外曰隐，状溢目前曰秀'"。"隐处即秀处也"；《附会释义》以"附会"为关键词，谓"其义即今所谓谋篇命意之法"云云；《总术释义》以"总术""九变复贯"之"贯"为关键词，谓"总括言之，术有二义：一为道理，一指技艺。本篇之术属前一义，犹今言文学之原理也"。"舍人论文，每以文与心对举，而侧重在心。本篇所谓总者，即以心术总摄文术而言也。”“‘九变复贯’，语本逸《诗》。《荀子·天论》有‘不知贯不能应变’之文，杨倞注曰：‘贯，条贯也。’条贯即一贯。一贯者，不变之常理，与‘九变’对文，意甚分明。舍人所谓‘九变’之‘贯’，即指文学原理而言。”“逸《诗》‘九变复贯’，贯亦一也，犹言九变而复于一也。数极于九，至九则复归于一，故曰‘复贯’也”，等等，即为显例。

八是通过拾遗、申论、指瑕和陈述自得之见，以补《文心》论述之不足。显然，就先生言，他只有真正读懂了《文心雕龙》，才有可能这样做；就学者言，他这样做，实在大有利于读懂《文心雕龙》。此类材料在《释义》书中不少，如《乐府释义》云：“自扬子云为文，好与古人争胜，遂开拟古之风。拟古一体，或曰依，或曰学，或曰代，或曰效，或虽未标明拟代，而实为拟古；或虽不用古题，而实咏古事，大抵不出以上义。及其后也，作者在主名既逸，遂疑真出古人所自为矣。苏李《赠别》，班姬《团扇》，即此类也。栢梁联句，亦属后人拟古事而作者。……舍人习而未察，亦智者千虑之一失也。”《诠赋释义》云：“本篇论赋，列举十家，目为英杰，义深例明，所当研讨。兹为申明其旨如次：首举荀宋者……”《颂赞释义》云：“舍人此篇，辨章颂之源流，乃举《原田》《裳轩》，皆谓之颂。考《原田》《裳轩》本属诵体，故美刺可用。……舍人原本固是颂字，岂当时传写《左传》《吕览》有作颂者，舍人因据以入文，又于诵、颂通用之故，有所未照？是以文意不免小疵。”《铭箴释义》云：“铭之始制，此体之在晋宋，实乃初盛之时，舍人之世，作者已夥。《文心》略而不及，故略考其流别于此。”《杂文释义》云：“七体之兴，舍人谓始于枚乘，近世章太炎独以为解散《大招》《招魂》之体而成。今核其实，文体孳乳，必与其类近。……辨章之功，吾许太炎矣。连珠之体，傅玄谓……与舍人肇始子云之说，举人虽异，论时则同。然杨慎……章实斋亦谓韩非《储说》，为此体之所始，盖其结体颇同。特子云加以藻饰之辞耳。”《谐讔释义》云：“舍人此书，所涉文体，封域至广，独不及小说。惟《诸子》篇有‘《青史》曲缀以街谈’一语耳。舍人谓‘文辞之有谐讔，譬九流之有小说’，虽非专论小说，而小说之体用，固已较然无爽，不得以罅漏讥之也。”《论说释义》云：“《通史》（即《十四朝文学要略》）所举六代论文篇目，略而不备，今详著之于此，或可补舍人之遗也。”《体性释义》云：“舍人所论者理之常，遗山所讥者文之伪。此孟子诵诗读书，所以必论世知人也。未可致疑于舍人‘表里必符’之论也。”《丽辞释义》云：“舍人本谓言、事二对，皆有反正，篇中但举事对反正之例，未及言对，今补举于此。……”《知音释义》云：“往尝撰《文鉴篇》，论知音难遇之故有三，而不学无识者不与焉。一曰：人之性分、学力各异，即舍人‘知多偏好，人莫圆该’之义也。二曰：习俗移人，贤者不免。此义为舍人所未论及，略举其说。……三曰：知识诠别，与性灵领受殊科，此义最要，亦舍人所未言……”《时序释义》云：“‘故知炜烨之奇意，出乎纵横之诡俗’二句，深得屈宋文体流变之故，与实斋章氏论战国文体出于行人辞命之说，可谓旷世同调。……惟汉初纵横驰说之士，虽不容于王朝，而其时诸侯，如吴、梁、淮南，皆承战国养士之风，士之习长短、善辞赋者，遂乃游食藩封，以资贵显。故武帝以前，王朝虽辞人勿用，藩国则文彩足观。本篇于此，付之阙如，似不免于疏阔。”此类材料既能补《文心》论述所不及，自能扩大读者的学术视野，增强对《文心》要义的理解。

九是通过对前人说法的辨析，以正确理解《文心》要义。“龙学”研究，历史悠久，古今学者贡献多多，是他们奠定了“龙学”研究的基础，也是他们一次又一次把“龙学”研究推向高峰。当然，他们的看法有得有失，即使是影响很大的“龙学”大家、名家，也在所难免。辨析其得失，无疑是探求《文心》要义之真的一种方法。刘先生辨析前人得失，有两个特点：即辨析对象多为影响较大的"龙学"专家，而所谓辨析，虽也有赞同其说、助益其说者，如《隐秀释义》云："此篇自'始正而未奇'，至'此闺房之悲极也'，为明人伪托。纪评谓其'词句不类舍人'。黄氏《札记》复举张戒所引二语，不见文中，证为赝品，已无可疑。今复得一证。文中有'彭泽之〇〇'句，此彭泽乃指渊明。然细检全书，品列成文，未及陶公只字。盖陶公隐居息游，当时知者已鲜。又颜、谢之体，方为世重，陶公所作，与世异味，而《陶集》流传，始于昭明，舍人著书，乃在齐代，其时《陶集》尚未流传，即令入梁，曾见传本，而书成已久，不及追加。故以彭泽之闲雅绝伦，《文心》竟不及品论。浅人见不及此，以陶居刘前，理可援据，乃于此文特加征引，适足成其伪托之证。此则纪、黄二氏所未及举者也。"但大量的是指明其不是而加以否定。如《征圣释义》云："纪昀评此篇为装点门面，谓：'推到究极，仍是《宗经》。'非也。盖《征圣》之作，以明道之人为证也，重在心；《宗经》之篇，以载道之文为主也，重在文。圣心合天地之心，故繁、简、隐、显，曲当神理之妙。经文即自然之文，故详、略、先、后，无损体制之殊。二义有别，显然可见。"《宗经释义》云："黄叔琳谓：'《尔雅》本以释《诗》，无关《书》之训诂。且五经分论，不应独举《书》与《春秋》……宜从王惟俭本。'按黄氏谓宜从王本。今行养素堂及粤东节署本，仍用梅氏本，何也？姚范《援鹑堂笔记》曰：'《前汉书·艺文志》曰：古文应读《尔雅》，故解古今语而可知也。……何得云《尔雅》无关《书》之训诂？'是也。至谓不应独举《书》与《春秋》，想亦非。舍人于分论五经之后，复提此二经并论者，正以二经隐显有别，比论之以见圣文殊致，表里异体，而各当神理也。近人张孟劬《史微》亦谓：'此篇论六艺之文，缺论《易》、《礼》、《诗》三经，疑有脱文。'其误亦同。且上文明有论五经一段，何得曰缺邪？"《乐府释义》云："舍人此篇，论《桂华》则曰'丽而不经'，评《赤雁》则曰'靡而非典'。证以后世通人评骘之语，益足见舍人衡鉴之精。……纪评乃谓'《桂华》尚未至于不经，《赤雁》亦不得目之曰靡'。其言乖违如此，异哉！"《颂赞释义》云："李详《黄注补正》，引班固《汉书·艺文志》，有《荆轲论》五篇，自注：'轲为燕刺刺秦王，不成而死，司马相如等论之。疑彦和所见《汉书》，本作《荆轲赞》。'章太炎则谓：'司马相如始为《荆轲赞》以辅助论者。据彦和此文，赞应与论相系属者。'按李说臆断不足信，章说从舍人明助之义悟入，说似可通。然观迁、固纪传后文，意存褒贬，舍人谓其'颂体而论辞'。相如之作，或亦同此。又《论说》篇辨论有四品八名，其三品曰'辨史则与赞评齐行'，是则赞之为体，原论说之枝条，未必定系属于论后也。"《祝盟释义》云："本篇立论，独崇实而黜华。所谓'因情立体'，理所宜然也。纪评许其识高之士，见犹未莹。"《论说释义》云："其时传记故训，大多别行，后世始分系经文之下。盖本师儒论学辨理之文，非后世注家但以征故实为事者可比也。舍人列之四品之一，可谓识前代之文体矣。纪氏讥之，不当。"《书记释义》云："纪评谓：'二十四品，与《书记》本伦，未免牵合。'非也。"《通变释义》云："纪评谓刘氏'复古而名通变者……'黄侃《札记》即申是说。然舍人首言'资以故实，酌于新声'，赞语复发文律日新，变则可久，趋时乘机望今参古之义，则'竞今疏古'，固非所尚，泥古悖今，亦岂所喜？证以舍人他篇，每论一理，鉴周识圆，不为偏颇，知纪、黄所论，尚未得当。"《情采释义》云："文艺之事，自古有难言之妙，论文之理，从来鲜圆到之言。舍人但讥浮伪晦昧之失，未呵浅露朴陋之过者，固为当时立言，所重在乎救弊，而学者要能举一反三。黄氏《札记》指为矫枉过直，岂知言哉？"《章句释义》云："纪评此书，颇多浅语。即如此篇，乃有二误。次段本兼包章句，纪评以为先论章法，而指'笔句无常'以下为论句法。谓'论句法但考字数，无所发明'。不知'笔句无常'以下为另一段，'笔句'实'章句'之伪。一误也。末段三节，一论字数，二论转韵，三论发声助语之词，皆于分章造句，所关至切，纪评乃指为'类及'，'无甚高论'，二误也。"《指瑕释义》云："注解之文，亦论说之一体，舍人《论说》篇言之甚明，故此篇申论瑕疵，举谬解之例。纪评诋其'无与文章'，乃后世文士辨体未精之见也。"《附会释义》云："黄氏《札记》谓：'此篇乃总会《神思》以至《附会》之旨，而丁宁郑重以言之，非别有所谓总术。'说犹未莹。纪评更无所见，故谓'此篇文有讹误，语多难解'。又谓'辨明文章，其言汗漫，未喻其命意之本'。又于次段谓'前后二段不甚相属，未喻其以意'。推原其故，皆在辨'术'字之义未真耳。""纪氏既以文章技艺视此'术'字，又于所谓'总'者，未能致思，故谓'辨明疑似'一段，与上下文不相属。"《程器释义》云："纪评谓舍人'此篇亦有激之谈，不为典要，真所谓俗鉴之迷者也。今细绎其文，可得二义：一者，叹息于无所凭藉者之易召讥谤；二者，讥讽位高任重者，怠其职责，而以文采邀誉。……盖道文既离，浮华无实，乃舍人之所深忧，亦《文心》之所由作也。……然则舍人此论，不特有斯文将丧之惧，实怀神州陆沉之忧矣，安可谓之不为典要哉？学者借古镜今，于世风俗尚，孰是孰非，当知所取舍矣。"此类辨析，大多结语果断，是非分明，而言之有理有据，切中肯綮。读之，不单增长知识，扩大视野，还能学到治学方法，故尽引其例，以便读者揣摩。

十是通过校勘字句恢复《文心》文本原貌，以得其要义之真。这本是读古书的基本方法，不过刘先生校勘亦有特点。其校字所据之书，有唐写残卷一种，《太平御览》两种（商务印书馆《四部丛刊》三集影印宋本和清代鲍崇城校刻小字本），明刻本三种（嘉靖庚子汪一元本、天启壬戌梅子庚本及合刻五家言本），而参校所用明、清学者之书则不胜枚举。先生长于校勘，自言校定屈赋之字，改字之法就有十一种，且谓："我最欣赏段玉裁说的'夫校经者，将以求其是也。审知经字有讹则改之，此汉人法也。汉人求诸义而当改则改之，不必其有佐证'（《答顾千里书》）。我校读屈赋，颇有不必佐证而改者，如以'鸱龟曳衔，鲧何听焉'为'圣焉'，就别无可证。然按之屈子全部作品及屈子整个思想是相合的，却与习于儒家之说者以鲧为四凶之一，则绝然不同。""谓我有'悍气'，我是乐意承受的。"（《屈赋篇章疑信诸问题答席启驷先生》，《屈赋通笺》附《笺屈余义》，武汉大学出版社2013年版，第273、274页）实则先生校勘，既有"悍气"，又极"小心"，严谨务实，惟是是求。这从《文心雕龙释义》279处校字即可看出。如此校字，自为准确理解《文心》要义提供了可靠前提。

刘永济先生治"龙学"，所用方法甚多，上举十条，仅为读《文心雕龙释义》触目可见者。至于其钩玄发微、巧心独运、无行迹可按之路径更不知凡几。除撰写《释义》外，先生还写有研究《文心》的论文，还在不少著作中，论及《文心雕龙》，或运用治"龙学"的心得研究相关课题。探讨先生研究"龙学"的方法，这些都应该纳入考察范围。单就《释义》所见，先生研究一个问题，有单用一法者，也有多管齐下者，总的特点是根据需要，灵活运用，而用则游刃有余，事半功倍。联系先生治学经历来看，他能卓有成效地运用上述方法研究"龙学"，除与其深厚的小学、史学（著有《南史钩沉》）功底有关外，还与他四方面的经验积累和不断优化《文心》研究方法分不开。

四方面的经验积累分别为：第一，古代文学理论研究方面经验的积累。刘永济先生公开发表的文章，现存写作时间最早的，是 1920 年 1 月发表于《太平洋》的《对于改良文字的意见》。最早出版的专著，是 1922 年 4 月由湘鄂印刷公司印行的《文学论》(此前曾编撰《修辞浅说》一书)。前者"先论文，后论字，再后论改良文字应有的六种书"，实则讨论的是关于文学、语音方面的改革问题。后者则为文学理论专著。在《文心雕龙释义》成书之前(《释义》1935 年由国立武汉大学出版部印行，1948 年由正中书局出版)，先生公开发表研讨古代文学理论的论文有：《论文学中相反相成之义》《文鉴篇》《文诣篇》《文学通变论》等。此类专著、专论，研讨的问题涉及古代文论诸多领域，写法亦有特点。像《文学论》，实为我国现代最早出现的吸收西方文学观念构建中国古代文学理论体系的著作。全书六章四十五节，论述虽参用西人说法，但立论纲领、要义皆从领会古代文论名著、名篇中来。故行文除博引前人言论以助其说外，还在书末附录《古今论文名著选》(论者以为其"堪称一部初具规模的《中国历代文论选》")。其他论文作专题研究，如《文学通变论》讨论文学之功用，崇古与变新，言志与载道；《论文学中相反相成之义》讨论模仿与创造，雕琢与自然；《文鉴篇》讨论文学批评中"知音难遇之故"及正确批评之方法；《文诣篇》讨论文家创作之三种境界，皆援引古代作家创作经历和作品为例以作论。此类著述的出现，对读者自会带来有益的影响(如郭绍虞先生就说《文学论》的立论和写法对他写《中国文学批评史》有启发)，而它们的完成，当然会使刘先生积累研究古代文学理论的丰富经验。

第二，研究古代文学史经验的积累。研究古代文论，没有良好的文学史修养是不行的。《释义》成书前，刘永济先生著有《说部流别》《唐乐府史纲要》和《文学通史纲要》(即《十四朝文学要略》)。不但对研究对象十分熟悉，而且对小说、唐乐府、十四朝文学的发展、演变特点及其成因了然于心。研究方法和表述方式，则因对象之不同而判然有别。如《文学通史纲要·叙论》所言"恢之以四纲，以统其纪；错之以经纬，以究其变；建之以三准，以立其极；约之以三训，以总其要；辅之以二义，以释其惑"，当为其治文学史之基本方法。《凡例》所言"凡本文，若史之有本纪"，"凡证例，若史之有列传"，"凡按，若史之有论赞"云云，亦涉及研究方法，但更多的是讲《通史》的表述方式。这些对研治"龙学"或有间接引发作用，直接起作用的，自然是先生因撰写《文学通史纲要》，而对《文心雕龙》写作背景(政治、思想、文学)的深入了解和十分熟悉。还要指出的是，先生治文学史，许多文学观念、见解，包括对齐、梁以前文学的基本看法，衡文标准、方式，多来自《文心雕龙》。另一方面，他治文学史诸多知人论世、通古今之变的体会，和对历史上诸多文学现象的认知，又为他研究"龙学"展开理论思维和深入、准确理解《文心》要义，以至补刘勰之不足，奠定了厚实基础。这也是我们拿《通史》《释义》合读比论，感到先生许多论断、表述方式完全一致的原因。

第三，古代文学作品鉴赏经验的积累。刘先生深知文学创作艺术的微妙，亦知其品鉴之难。其《文学论·自序》即云："盖文艺之妙，规矩而外，有不可言说者存，陆士衡所谓难以辞逮也。"不但写过《文鉴篇》，讨论文学作品正确鉴赏之难的原因，以及正确鉴赏的态度和方法；还写过《修辞浅说》，总结古代文学创作中修辞手段的功用、用法，以及各家各类作品运用修辞手段之得失。而且在《屈赋通笺》《唐乐府史纲要》《文学通史纲要》等著述中，或笺释作品以明其义、称其美，或广举众家名作以言时风，或品评作品以见作者艺术个性。因而他深谙古代文学作品的鉴赏之道，有极为丰富的作品鉴赏经验，对古代作品，特别是对《文心雕龙》所涉及的齐、梁以前的作品，大多有自己的品鉴心得。所以《释义》常引作品以验证舍人之言，且凡言及作品立意和艺术特色时，总给人一种驾轻就熟、轻松自如的感觉。

第四，诗词创作经验的积累。刘永济先生年轻时就爱好诗词写作，后来专门师从朱祖谋、况周颐研习词学。自少及老，不废吟哦，所作甚多，先后结集为《云巢诗存》《诵帚庵词》。其诗词流播海内，久为专家所称。其词尤负盛名，缪钺谓之"蕃艳其外，醇至其内"；朱光潜则激赏其风骨美，谓其"谐婉、明快、冷峭，洗尽铅华，深秀在骨"。创作之余，先生还写有融会其创作体会在内的《旧诗话》，在杂志上连续刊载。又先生治学，勤于著述，《释义》成书前所作学术论文亦多。正因他积累了丰富的诗文创作经验，有过甘苦自尝、"得失寸心知"的体验，故于刘勰"言为文之用心"皆能心领神会，而常有深切、独到的感悟，且能抽思于心，见之于文。

先生研究"龙学"得心应手，离不开上述四方面的经验积累。此外，他在研习《文心雕龙》的过程中不断优化研究方法，也起了很大作用。可以说，刘先生初治古代文学就从研习《文心雕龙》开始，并且很注意研习方法。他1922年6月所撰《学文初步之书目提要》，"批评类"按语即谓"此类必兼习西洋文学批评之书则更有条理"，而列于首位者就是《文心雕龙》，且称其"为文学批评之杰作"。1922年4月出版之专著《文学论》，扉页题词即为《文心雕龙·总术》"赞"语："文场笔苑，有术有门。务先大体，鉴必穷源。乘一总万，举要治繁。思无定契，理有恒存。"《自序》亦谓其书作法，乃"远师彦和之意（即'不述先哲之诰，无益后生之虑'）"，而"妄下己意，以期引申哲诰，黜其曲解"。而书中章节多引《文心》原文以作论。第一章第七节叙说"我国历来文学之观念"，就引用了《文心雕龙》六篇论文中的语录。而在《文鉴篇》已将孔门论文"枢要"归纳为"以三事为最要。三事维何？曰志也，辞也，文也"。且谓"情感思想，志之属也。志托于事物而言，为辞。辞寄于笔墨而见，为文"。（后于《论文学中相反相成之义》亦云："文学家之自为也，必其志有所存，其辞有所寄，而后抒之于文也。志者，其思想情感也。辞者，其志所附丽以见之事物也。文者，此事物由之以表现之字句篇章也。"）显现出先生系统思维的特点。而谓"至于因文而见辞，因辞而得志，以吾之意逆而求之，不及见作者之志不止者，彦和所谓'沿波讨源，虽幽必显。世远莫见其面，觇文辄见其心'也"，表明先生已有将彦和观念纳入孔门论文理论系统的动向。《屈赋通笺·叙论·屈赋读法第六》举孔、孟、庄、扬雄有关志、辞、文论述，而云："及至彦和极论镕裁，始标三准。'履端于始……则撮辞以举要。'是知古今鸿笔，上圣玄文，虽曰条理万千，三事实其准则。"实已将刘勰"三准"说与孔门论文"枢要"并论，找到了它们之间的一致性。又《文学通变论》云："刘彦和《文心》首篇，论文原于道之义，既以日月山川为道之文，复以云霞草木为自然之文。是其所谓道，亦自然也。此义也，盖与文之本训，适相吻合。"实为先生关于刘勰文学本体论的最初说法。而云："刘勰著《文心雕龙》，每叹息痛恨于齐、梁文风之游诡。"则说明先生已联系齐、梁文风之弊，考察刘勰文风取向的由来，揭示其写作动机和判断《文心》的子书性质。其《文学通史叙论》既谓"彦和舍人《文心雕龙》，都五十篇，如精金美玉，称文苑之鸿宝焉"，故论述十四朝文学，持论、依据出自《文心》者极多，当然也有引申其说而另创新说者。总而言之，先生研习"龙学"、应用"文心"理论研究古代文学，经历了一个漫长的过程。其间对《文心》要义的理解，并非一步到位，而是年复一年地反复琢磨，仔细推敲，终至由点到面、由浅到深、由粗到精，有了对《文心》要义深入、准确的系统把握。拿他校读清刻元至正本、四部丛刊本上的眉批，和《释义》中"校字""释义"比对，就会发现：后书中的内容大部分在前二书眉批中有，前二书中眉批的很多内容在后书中没有。突出的例子是四部丛刊本各篇摘录语词几乎逢术语必摘，而《释义》选择的关键词却为数不多。而他多年在多种著述中应用"文心"理论研究文学，也表明他曾尝试用多种方法研究"龙学"，方法有工有拙，效果有好有坏，到系统研究《文心》、撰写《释义》时，自然优胜劣汰，下意识地取用行之有效者。事实上这种做法也表现在对其他文学研究法的取用上，如编《征引文录》以助解《文心》要义，就是沿袭《文学论》后附录《古今论文名著选》的做法。通过诠释关键词理解《文心》要义，就与通过《屈赋释辞》解读屈赋路数大体相同。

（作者单位：武汉大学文学院）

明代弘正年间的文坛、科场与政争*

——以七子兴衰为中心

□ 陈文新　郭皓政

　　明代的前七子，在弘治年间迅速崛起，又在正德年间迅速消沉。无论是崛起还是消沉，都与历史形成的南北人文差异、明代科场中的南北取士之争、科举考试的文风趋向以及政坛的人事布局等密切相关。盖前七子的兴衰，既是一个文学事件，也是一个社会文化事件，在社会学视野下加以考察有其特殊的必要性。

一、明代前期的文坛格局与南北人文差异

　　中国幅员辽阔，习惯上以长江为界，划分为南方和北方。而文化意义上的江南，又特别偏重于江浙一带。历史上，南北既有统一时期，也经历过长期分裂的阶段，从而形成鲜明的南北人文差异。在考察古代文学的发展和流变时，对南北文风的差异应适度予以留意。

　　元明之前，中国历史上强盛的大一统阶段，主要有秦、汉、隋、唐等朝代。宋代以后，元、明、清数朝均为大一统的时代，但元朝和清朝是由少数民族入主中原，读书人对王朝的认同感和亲近感不如唐宋时代。

　　明朝是汉人建立的大一统国家，阳刚之气在明代的发扬是汉族传统文化复苏和兴盛的产物。元初，蒙古统治者对汉族传统文化极端蔑视，他们继马上得天下之后，执行了一套马上治天下的政策，废科举，抑儒生，读书人沦落到老九的地位。元仁宗皇庆年间，随着科举制度的恢复，汉族传统文化虽有所抬头，但未能形成大的气候，只有到了 1368 年，当朱元璋建立了明帝国之后，汉族传统文化才以浩大的声势兴盛起来。汉族文化的复兴，明代士大夫那种振兴汉文化的历史使命感，与"文必西汉，诗必盛唐"的主张有其内在联系，因为西汉和盛唐正是汉民族引为自豪的盛世。日本学者和田清在述及明初军事时指

＊ 本文为教育部人文社会科学重点研究基地重大项目"科举文化与明清知识体系研究"（项目编号：16JJD750022）阶段性成果。

出："明朝兴起取代元朝，这不只是汉族以反抗北方民族压迫的势力恢复了南宋时代所丧失的中原地方，而是扭转唐末以来的汉族的被动地位，完全夺回汉、唐最盛时代直到北疆的一次巨大的运动。当时各将领都充分体会了这种意义，进行了奋斗。"①其实，再创汉、唐盛世，不仅是明初各位将领的愿望，也是明代许多士大夫的愿望。一个终于恢复了"汉官威仪"的民族，仅仅"汉官威仪"四字就足以令群情激昂。他们对明朝开国意义的估价是与汉族文明的复兴紧密联系在一起的。这是我们对明朝作为一个历史时代的基本估价。

就地域风尚而言，北方文化较多雄健粗犷之气，南方文化较多清新明丽之风。唐代以前，中国历史上的大一统王朝，其政治、文化中心都在北方。秦朝建都于陕西咸阳，西汉定都于陕西长安，东汉则定都于河南洛阳。陕西（关右）、河南（中原）受汉、唐文化影响之深，可想而知。明初虽一度定都于南京，但永乐间即已迁都北京，南京仅享有陪都的地位。并非偶合，明代前七子的主体正是北方文人。其中李梦阳出生于庆阳府安化县（今甘肃省庆城县，明代属陕西管辖），后迁居开封；康海是陕西武功（与咸阳相邻）人；王九思是陕西鄠县（今户县）人。以上三人均为陕西人。其余四人当中，何景明是河南信阳人；王廷相是潞州（今山西省长治市，与河南接壤）人；边贡是山东历城（今属山东省济南市）人。只有徐祯卿是南方人，由常熟迁居吴县（今江苏省苏州市）。除徐祯卿外，前七子不仅基本上是北方人，且大多来自陕西和河南，他们倡导"文必秦汉，诗必盛唐"，正是所谓北人特色。

明代前期的科场和政坛，基本上以南方人为主导，其中江西尤为引人瞩目。明代首科状元吴伯宗便是江西人。此后，江西籍的状元、进士层出不穷。明人刘仕义《新知录摘抄》中有"吉安文物之盛"条，云："江西一省可谓冠裳文物之盛，而吉安一府为尤最。自洪武辛亥至嘉靖己未，凡六十科，吉安进士七百八十八人，状元十一人，榜眼十一人，探花十人，会元八人，解元三十九人，登第者二十八人，官至内阁九人，一品六人，赠三人，尚书二十二人，赠四人，左右都御史六人，得谥二十五人。盛哉！"②刘仕义的统计以明初至嘉靖年间为限。到了明代中期，江西在科举考试中便不再像以前那样风光了。成化二年（1466）直至明末的这一百七十余年间，江西只出了五名状元，其中吉安府只出过一名状元。

明代前期文坛，也主要是受南方文风的支配。在以六朝古都南京及其附近的苏州为中心的吴文化区，直到明代，崇尚清丽依然是一种风尚。明人胡应麟《诗薮》云："国初闻人，率由越产，如宋子濂、王子充、刘伯温、方希古、苏平仲、张孟兼、唐处敬辈，诸方无抗衡者。而诗人则出吴中，高、杨、张、徐、贝琼、袁凯亦皆雄视海内。至弘、正间，中原、关右始盛；嘉、隆后，复自北而南矣。"③这段话勾勒出了一幅明代前期的文学地图。胡应麟将明初诗坛分为五派，包括吴诗派、越诗派、闽诗派、岭南诗派、江右诗派。④ 这五大诗派全部出于南方。其中，尤以吴中为盛。吴中文学的兴盛始于元末。元末群雄割据，吴中乃张士诚的势力范围。这里物产富庶，政局相对稳定，加上张士诚优待文

---

① ［日］和田清著，潘世宪译：《明代蒙古史论集》上册，商务印书馆1984年版，第5页。
② （明）刘仕义：《新知录摘抄》，中华书局1985年版，第72~73页。
③ （明）胡应麟：《诗薮》续编卷一，上海古籍出版社1979年版，第341页。
④ （明）胡应麟：《诗薮》续编卷一，上海古籍出版社1979年版，第342页。

人，许多有个性的文人都可以充分施展自己的才华。例如，元末最具艺术个性的诗人杨维桢便生活在吴中地区；高启、袁凯等年轻诗人在元末吴中文坛上名气也比较响亮。由于张士诚在吴中较得人心，明朝建国后，朱元璋便将吴中文人作为重点打击的对象，吴中诗坛一度沉寂。永乐之后，明代文坛上占主导地位的是台阁体。其代表作家"三杨"中，杨士奇成就最高。杨士奇是江西泰和人，其文学成就主要体现在散文方面，他继承了欧阳修、曾巩等人的文风，形成了一种既高华典重又平易顺畅的台阁文风。除杨士奇外，永乐时期的馆阁文人中，江西人占了相当大的比例，如解缙、胡广、曾棨、金幼孜等都是江西人。成化以后，茶陵派成为文坛主导。茶陵派的领袖李东阳是湖南茶陵人，其成员则以来自吴地的文人居多。茶陵派的活动中心虽在北京，但其成员仍以南方人为主，其文风和诗风带有鲜明的南方文化色彩。

综上所述，明朝开国以来，文坛和科场长期处于南方文人的掌控之下。以吴中地区为代表的江南文化和以江西地区为代表的宋型文化，轮番占据着文坛的主流。北方在历史上战乱频仍，曾长期处于金、元等异族统治之下，文化水准相对低下。但北方文化亦有其特色。无论在学术思想还是文学方面，北方文化传统都有其异于南方文化传统的优长之处。明朝建立后，经过长达一个世纪的休养生息，北方文化逐渐兴盛。至弘治时期，前七子先后考中进士，开始在文坛崭露头角。他们大力倡导"文必秦汉""诗必盛唐"，明显带有以北方文风主导全国文坛的意味。

明代前七子诗学所青睐的唐诗是有特定指向的，不是中、晚唐，而是盛唐。清王士禛《跋唐诗品汇》称："宋元论唐诗，不甚分初、盛、中、晚，故《三体》、《鼓吹》等集率详中、晚而略初、盛，览之愦愦。杨士弘《唐音》始稍区别，有正音，有余响，然犹未畅其说，间有舛误。迨高廷礼《品汇》出，而所谓正始、正宗、大家、名家、羽翼、接武、正变、余响，皆井然矣。"①所谓《品汇》，即高棅编选的《唐诗品汇》。他在《凡例》中说："大略以初唐为正始，盛唐为正宗、大家、名家、羽翼，中唐为接武，晚唐为正变、余响，方外异人等诗为傍流。间有一二成家特立与时异者，则不以世次拘之。"②由此可见高棅对盛唐诗的推崇之情。初、盛与中、晚的区别，主要在于气象不同。"盛唐前，语虽平易，而气象雍容；中唐后，语渐精工，而气象促迫。不可不知。"③"盛唐句如'海日生残夜，江春入旧年'，中唐句如'风兼残雪起，河带断冰流'，晚唐句如'鸡声茅店月，人迹板桥霜'，皆形容景物，妙绝千古，而盛、中、晚界限斩然。故知文章关气运，非人力。"④明代前七子所衷心企慕的，乃是一种呈现于诗中的盛唐气象。所谓"盛唐气象"，它的一个基本内容是以雄放著称的边塞诗。这派作家，岑、高以外，还有李颀、崔颢、王昌龄、王之涣、王翰诸人。盛唐气象在诗歌的顶峰当首推李白。李白、岑参、高适等人的诗，是盛唐时期欣欣向荣的社会氛围的反映，只有在整个社会充盈着向上精神的历史时期才可能出现这种景象。

前七子为何对唐宋八大家的散文不感兴趣呢？一个占主导地位的解释是，他们藉此表

① （清）王士禛：《带经堂诗话》卷一，人民文学出版社1982年版，第38页。
② （明）高棅编选：《唐诗品汇》，上海古籍出版社1982年版，第14页。
③ （明）胡应麟：《诗薮》内编卷三，上海古籍出版社1979年版，第51页。
④ （明）胡应麟：《诗薮》内编卷四，上海古籍出版社1979年版，第59页。

达出对理学的不满。这种解释自有其深刻性，但还不够完整。因为，前七子对西汉散文的钟情，除了不满于南宋以来弥漫于古文中的理学气之外，还有一个重要的原因，即西汉的国势与明代前期的国势有其相似之处，都处于充满活力的阶段。七子派之推重西汉文章，亦缘于对宏大气魄的偏爱，譬如汉赋。汉赋所着力展示的，不正是"一个繁荣富强、充满活力、自信和对现实具有浓厚兴趣、关注和爱好的世界图么"？① 至于司马迁的《史记》，则是在一个广阔的范围内展现纷繁复杂的社会生活场景，作为"无韵之《离骚》"，它的生气勃勃和恢宏壮美，它深沉凝重而兼浪漫热烈，也和汉赋一样，堪称"巨丽"。王世贞《艺苑卮言》卷三说："西京之文实，东京之文弱，犹未离实也。六朝之文浮，离实矣。唐之文庸，犹未离浮也。宋之文陋，离浮矣，愈下矣。元无文。"② 所谓"实"，指汉赋和《史记》等所叙之事件，所展开之场景，都是社会和自然的巨大"存在"。前七子所向往的这种境界，既源于他们北方士子的身份，又与明代的国势相称，所以登高一呼，响应者众多，迅速盖过了台阁文风。

二、前七子崛起与政坛格局之关联

明代前期，科场和文坛虽以南方人为主导，但北方政治势力也在逐渐加强。至成化、弘治年间，北方入仕者渐多。弘治年间，前七子的崛起，表明北方政治势力已足以与南方相抗衡。

明代科场上南北取士之争的历史根源，可远溯至南宋时期。当时宋、金长期对峙，北方无论在文学还是理学方面，都较南方要落后许多。元代统一中国之后，在科举考试中实行南北分榜，蒙古人、色目人为一榜，称为左榜；汉人、南人为一榜，称为右榜。两榜进士的考试科目、答题要求都不相同，"蒙易汉难"。这样做主要是为了维护北方少数民族对汉族的统治，同时也考虑到南北文化的现实差距。

明初，取士不分南北，一视同仁。如此一来，南方士人在科举考试中便占据了极大优势。洪武三十年(1397)的丁丑科会试，甚至出现了中进士者全部为南方士人，北方士人无一被录取的情况。③ 这次科举考试提醒朝廷重视南北地域文化的差距。此后，朝廷开始注意适当增加北方士人的录取名额，但直到永乐年间，并未对南北取士比例做出明确规定。所以，南方人在科举考试中依然占有明显优势。特别是江西，在明代前期的科举考试中，一直处于绝对优势地位。

洪熙元年(1425)始就南北取士名额做出明确规定。《明史》载："洪熙元年，仁宗命杨士奇等定取士之额，南人十六，北人十四。宣德、正统间，分为南、北、中卷，以百人为

---

① 李泽厚：《美的历程》，中国社会科学出版社1989年版，第77页。

② 丁福保辑：《历代诗话续编》，中华书局1983年版，第985页。

③ 洪武三十年(1397)丁丑科会试主考官刘三吾、白信蹈等均为南方人。放榜后，有落第的北方士子鼓噪不平，认为考官偏私南方人。明太祖朱元璋令翰林院侍读张信等覆阅试卷，张信等确认原先的评阅是公平的。刘三吾、白信蹈、张信等人只着眼于试卷本身的高下，没有考虑到朱元璋以覆阅试卷调和南北矛盾的的政治需要。结果，白信蹈、张信等被处死，刘三吾遭流戍。朱元璋亲自阅卷，从落榜进士中录取了六十一人，全部为北方人。故是科进士有两榜，史称"南北榜"。

率，则南取五十五名，北取三十五名，中取十名。"①虽然北方录取名额依然少于南方，但在北方文化水平相对落后的情况下，保证了北方士人有较多被录取的机会，是有利于北方士人的。正统年间，明英宗朱祁镇喜北人，对南人则抱有戒心。这从《明史》的两处记载中可见一斑。一是关于王翱的记载。王翱是河北人，官至吏部尚书，为人正直，深得英宗敬重。"王翱性不喜南士。英宗尝言：'北人文雅不及南人，顾质直雄伟，缓急当得力。'翱由是益多引北人。"②王翱为官正直，他极力引荐北方人，不是为了结党营私，而是出于对当时官场上圆滑世故不良风气的深恶痛绝。二是关于彭时的记载。彭时是江西人，正统年间由英宗亲点为状元，其为人颇有风度，受到英宗宠信。天顺四年（1460）会试后选拔庶吉士，英宗命李贤多用北方人，南方人只有如彭时者方可录用。李贤是河南人，为明代名臣。他将英宗的这番话转告彭时，彭时却误以为李贤有意压制南方人，愤愤不平。这一年选拔的十五名庶吉士中，仅有六名是南方人，北方人第一次在庶吉士选拔中占据了上风。被选为庶吉士，就有机会留在翰林院任职并有可能最终进入内阁。河南人刘健就是在这一年被选为庶吉士的，弘治年间官至内阁首辅，成为一代名臣。刘健对前七子的崛起有直接作用。

与英宗朱祁镇相比，其弟代宗朱祁钰更倾向于任用南方文人。景泰初，朝廷一度废止有关取士名额的规定。给事中李侃、刑部侍郎罗绮等上书极力反对，指责"部臣欲专以文词，多取南人"③，但未被采纳。直到景泰五年（1454）甲戌科，方依给事中徐廷章的建议，恢复正统间的旧例，会试时分南、北、中卷录取。其中，南卷包括应天及苏、松诸府，浙江、江西、福建、湖广、广东。北卷包括顺天、山东、山西、河南、陕西。中卷包括四川、广西、云南、贵州及凤阳、庐州二府，滁、徐、和三州。

天顺八年（1464），明宪宗朱见深即位，次年改元成化。天顺、成化年间，政坛和科举考试中的南北之争亦十分激烈。成化十四年（1478），万安升任内阁首辅，与另一位内阁大学士刘珝之间争权夺利。《明史》称："安无学术，既柄用，惟日事请托，结诸阉为内援"④，"而安为首辅，与南人相党附，珝与尚书尹旻、王越又以北人为党，互相倾轧。然珝疏浅而安深鸷，故珝卒不能胜安"⑤。万安是四川眉州人，四川在明代科举考试中属于中部地区，进士名额较少，为壮大自己的势力，万安一方面与南方人结党，另一方面想方设法扩大中部地区的录取名额。自成化二十二年（1486）起，从南北取士名额中各减二名，拨给中部。

成化二十三年（1487），明孝宗登基，次年改元弘治。明孝宗即位不久，便将万安罢黜，而科举考试的名额分配也恢复到正统间的旧例。"弘治二年复从旧制。嗣后相沿不改。"⑥孝宗年间，政治清明，史称"弘治中兴"。这一时期，刘健、李东阳、谢迁等名臣

① （清）张廷玉等：《明史》卷七十《志第四十六·选举二》，中华书局 1974 年版，第 1697 页。

② （清）张廷玉等：《明史》卷一七七《列传第六十五·王翱》，中华书局 1974 年版，第 4702 页。

③ （清）张廷玉等：《明史》卷七十《志第四十六·选举二》，中华书局 1974 年版，第 1697 页。

④ （清）张廷玉等：《明史》卷一百六十八《列传第五十六·万安》，中华书局 1974 年版，第 4523 页。

⑤ （清）张廷玉等：《明史》卷一百六十八《列传第五十六·万安》，中华书局 1974 年版，第 4524 页。

⑥ （清）张廷玉等：《明史》卷七十《志第四十六·选举二》，中华书局 1974 年版，第 1698 页。

先后进入内阁。弘治十二年(1499)，刘健升任内阁首辅，其次为李东阳、谢迁。刘健任事刚果，李东阳长于文学，而谢迁见事明敏、持论谔谔，与之相济。时人语曰："李公谋，刘公断，谢公尤侃侃。"①天下共称贤相。这一内阁的"金三角"结构一直维持到正德元年(1506)。三人之间没有爆发过剧烈冲突，但是，南北人文差异的存在，使他们彼此之间也不无微词。

关于南北人文差异，林语堂有过一段生动的描绘，他说："北方的中国人，习惯于简单质朴的思维和艰苦的生活……他们是自然之子。……在东南边疆，长江以南，人们会看到另一种人：他们习惯于安逸，勤于修养，老于世故，头脑发达，身体退化，喜爱诗歌，喜欢舒适。"②林语堂对北方人统而论之，而将南方人划分为几种类型。林语堂这里所说的主要是江浙一带的南方人。李东阳虽然是湖南人，但他与吴中文人交往密切。将这段南北差异论套用在刘健和李东阳身上，也大体恰当。

刘健是河南洛阳人，深得河东大儒薛瑄真传。《明史》称："健学问深粹，正色敢言，以身任天下之重"③，"东阳以诗文引后进，海内士皆抵掌谈文学，健若不闻，独教人治经穷理。其事业光明俊伟，明世辅臣鲜有比者"④。他身上比较典型地体现出北方人的耿直、质朴。李东阳虽位居刘健之下，但自幼便以神童的身份进入翰林院，在馆阁文人中享有极高声望，是当时不容置疑的文坛领袖。《明史》称："弘治时，宰相李东阳主文柄，天下翕然宗之。"⑤何良俊《四友斋丛说》载："李文正当国时，每日朝罢，则门生群集其家，皆海内名流，其座上常满，殆无虚日，谈文讲艺，绝口不及势利，其文章亦足领袖一时。正恐兴事建功，或自有人。"⑥从何良俊最后一句话看，他认为李东阳身为朝廷重臣，仅以诗文领袖群伦，没有尽到"兴事建功"的责任。

刘健与李东阳的性格、兴趣不同，也影响到他们的用人标准。刘健不喜南人的圆融，倾向于认为圆融就是圆滑世故。当谢迁极力推荐李东阳的好友、茶陵派成员吴宽入阁时，刘健断然拒绝。吴宽是苏州人，以文学见长，王鏊《姑苏志》称其"为人静重醇实，自少至老，人不见其过举，不为慷慨激烈之行"⑦。所谓"不为慷慨激烈之行"，就是不露锋芒，就是圆融。这样的人物，自然得不到刘健的赏识。同样，李东阳与吴中文人兴趣相投，与北方文人则不大合拍。《四友斋丛说》称："李西涯长于诗文，力以主张斯道为己任。后进有文者，如汪石潭、邵二泉、钱鹤滩、顾东江、储柴墟、何燕泉辈，皆出其门。独李空

①　(清)张廷玉等：《明史》卷一百八十一《列传第六十九·谢迁》，中华书局1974年版，第4819页。

②　林语堂：《中国人》，学林出版社1994年版，第31~32页。

③　(清)张廷玉等：《明史》卷一百八十一《列传第六十九·刘健》，中华书局1974年版，第4810页。

④　(清)张廷玉等：《明史》卷一百八十一《列传第六十九·刘健》，中华书局1974年版，第4817页。

⑤　(清)张廷玉等：《明史》卷二百八十六《列传第一百七十四·文苑二》，中华书局1974年版，第7347页。

⑥　(明)何良俊：《四友斋丛说》卷八，中华书局1959年版，第67页。

⑦　(明)王鏊：《姑苏志》卷五十二。

同、康浒西、何大复、徐昌谷自立门户，不为其所牢笼，而诸人在仕路亦遂偃蹇不达。"①其中，受李东阳提携者多为南方人，而李梦阳、康海、何景明等北方士子因为与李东阳的文学风尚不同，在仕途上始终得不到他的重用。

明代翰林制度是科举制度的延伸，有"非进士不入翰林，非翰林不入内阁"②之说。当时的翰林院基本上以李东阳为主导。翰林院以南人为主导，就意味着未来的内阁由南人主导的几率很高。翰林院已经成为一个盛产内阁官员并表率文坛的机构，要改变明代的文坛格局，必须改变馆阁文人主持风雅的局面。

"弘治中兴"，刘健执政，为前七子提供了有力的政治支持。正是在这种背景下，前七子应运而生。从弘治六年（1493）到弘治十八年（1505），前七子先后登上政治舞台。他们有志于主持风雅，向李东阳为代表的馆阁文人发起了强有力的挑战。

前七子中，声望最高的是李梦阳。弘治五年（1492），李梦阳二十一岁，举陕西乡试第一，弘治六年（1493）中进士，是科会试主考官为李东阳。李梦阳会试后没有立即做官，因连丧父母，在家守制。直到弘治十一年（1498），方出任户部主事，后迁郎中。王九思、边贡是弘治九年（1496）进士。王九思被选为庶吉士，后授翰林院检讨。边贡年方二十，未入选庶吉士，初授太常博士，迁兵科给事中。康海、王廷相、何景明三人是弘治十五年（1502）进士。是科会试主考官吴宽乃李东阳好友，为茶陵派成员。康海高中是科状元，授翰林院修撰。王廷相被选为庶吉士，入翰林院进修，但未能留在翰林院，两年后出任兵部给事中。何景明年方十九，未能入选庶吉士，授中书舍人。徐祯卿是弘治十八年（1505）进士，他本来是吴中四才子之一，在进士考试中名次居前，但因相貌丑陋，无缘进入翰林院。

前七子是一群高自期许、矢志远大的青年才俊，在北方进士录取名额较少的情况下，他们脱颖而出，且名次均比较靠前，实属难能可贵。但他们却难以融入由李东阳主导的馆阁文人圈。前七子中，只有康海和王九思具有馆阁文人的身份。王廷相虽然被选为庶吉士，但只是在翰林院进修，未能留在翰林院任职，故不能称为馆阁文人。前七子中的其他几名成员，也都与翰林院无缘。虽然当时的馆阁领袖李东阳、吴宽在名义上是前七子的座师，但政坛上长期以来形成的南北之争，以及文坛上南北文风的差异，使前七子与馆阁文人的分道扬镳日渐成为一个不可避免的事实。在前七子看来，此时代表馆阁风尚的茶陵派，诗风不够雄健，文章过于舒缓，不足以在这个时代领袖群伦。前七子提醒世人，只有代表北方文学传统的秦汉之文、盛唐之诗，才是大雅之道，才与明朝的国力相称。

表面看来，前七子也和李东阳一样同属尊唐派，不过，二者的宗唐，其实区别甚大。李东阳对王、孟一脉怀有执着的好感，李梦阳却只认可"雄阔高浑、实大声弘"的杜诗，即胡缵宗（1480—1560）《西玄诗集序》所谓"弘治间李按察梦阳谓诗必宗少陵"，追求"伟丽"，追求"激楚苍茫之致"，并指斥李东阳诗风"软靡"。③

李梦阳等人对王孟诗不满，是因为在李梦阳看来，这种偏于隐逸的清丽诗风遮蔽了现

---

① （明）何良俊：《四友斋丛说》卷十五，中华书局 1959 年版，第 127 页。
② （清）张廷玉等：《明史》卷七十《志第四十六·选举二》，中华书局 1974 年版，第 1702 页。
③ （明）胡缵宗：《西玄诗集序》，《"国立中央图书馆"善本序跋集录》集部第 3 册，"国立中央图书馆"，1994 年编印，第 183 页。

实生活的种种疮痍。人们常替隐逸诗辩护，因为它表达了一种信念，表达了对与秽浊的现实相对照、相抗衡的美好世界的向往。这是通过艺术而传达出的理想化精神。但从另一个角度看，对一个理想境界的梦想不过是美好的虚构，隐逸的世界过于虚幻，不能成为理想的适当象征。我们的心灵是应该返回自然的，但不是在虚幻中返回。诗中的澄明之境激发不了我们的热情、激情和生命力。而生命力，一种慷慨多气的生命力，却是李梦阳等所心仪和向往的。他力倡学习杜甫，旨趣之一便是效法杜甫忧国伤时的精神。其创作表明，他在这方面是取得了几分成就的。比如其《土兵行》，陈田《明诗纪事》丁签卷一引《国史唯疑》说："江西苦调到狼兵，掠卖子女。其总兵张勇以童男女各二人，送费文宪家。费发愤疏闻，请严禁。诵李梦阳《土兵行》诸篇，情状具见。"①沈德潜《明诗别裁集》亦评曰："杨用修云：只以谣谚近语入诗史，而古不可及"，"归结正论，少陵亦云'此辈少为贵'也"。②又如《玄明宫行》，据陈田《明诗纪事》丁签引《名山藏》："司礼监刘瑾，请地数百顷，费数十巨万，作玄明宫朝阳门内，以祝上厘。复请猫竹厂地五十余顷，毁民居千九百余家，掘人冢二千五百余。筑室僦民，听其宿娼卖酒，日供赡玄明宫香火。"③刘瑾筑玄明宫，在当时是一件大事。李梦阳《玄明宫行》写武宗宠信宦官，虚耗国库，大兴土木，足补史阙。前七子的诗风，以力度和气势为标志。

前七子的崛起，可以说是得天时（弘治中兴）、地利（北方文化传统）、人和（刘健执政）之便。他们提出"文必秦汉、诗必盛唐"，不仅表达了对文坛的诉求，也表达了对现实政治的诉求，在改变文风的同时也改变着朝政。如果单就文学而言，南北文风实各有所长。只有结合明前期政坛风尚的更替来考察前七子倡导的复古运动，才能领会其真实用意和丰富内涵，对其登高一呼、应者云集的巨大号召力，也才能获得亲切的理解。

20世纪50年代后期，茅盾在分析文人作家内部的现实主义与反现实主义（形式主义）的斗争时，举了好些例子，其中一个是讨论明代的台阁体和前七子。"'台阁体'是怎样的产生而且成为当时的文学'正宗'呢？'台阁体'是在这样的环境下产生的：永乐成化间大约八十年的比较太平，和一定的经济繁荣；洪武、永乐两代对于文人的大杀戮（其实不只是洪武和永乐，明朝的皇帝几乎没有一个不是杀过多少文人的，翻开《明史·文苑传》，就可以看到，凡是有声望、有气节的文人，十之八九都不得善终，至少也像杨升庵那样廷杖充军，以至于死）；制艺取士的制度一方面束缚了文人的思想，让他们终生的精力消耗于'代圣贤立言'，又一方面给一块敲门砖，使他们死心塌地地来钻这圈套。所谓'台阁体'，说得'雅'一点，是雍容典雅，说得不客气，就是'今天天气，哈哈哈'。这种以阿谀粉饰为主题，以不痛不痒、平正肤廓为风格的文学，在那时，不但是文人们明哲保身的法宝，也不失为夤缘求进的阶梯。因此，从永乐到成化，虽然有少数卓特之士唾弃这所谓'台阁体'，然而当时滔滔者天下皆是，台阁体俨然成为'正宗'和'主流'。""可是到了弘治年代（15世纪末），形势已经大变。这个皇朝，对外不能御侮，对内不能养生，可是荒淫暴虐，却依然如故。稍有正义感的文人，都不能再容忍那阿谀粉饰、不痛不痒的文风。'前七子'的复古运动，正是针对着这种情况而发生的。在李梦阳等大声疾呼以前，李东

---

① （清）陈田：《明诗纪事》丁签卷一，上海古籍出版社1993年版，第1139页。
② （清）沈德潜、周准：《明诗别裁集》，上海古籍出版社1979年版，第91页。
③ （清）陈田：《明诗纪事》丁签卷一，上海古籍出版社1993年版，第1139~1140页。

阳也是'台阁体'的反对者,可是茶陵派(即李东阳为首的一派)虽不同于'三杨',但还是萎弱,不足以一新耳目。治重病得用猛药。'前七子'正因此故为偏激,有'文必秦汉、诗必盛唐'的主张。我们不能把'前七子'的复古运动,看成仅仅是'文体'改革运动,而必须充分估计它的政治改革和思想解放的意义。"①茅盾以现实主义和反现实主义来解释前七子和台阁体的关系,不免牵强,但他关于前七子复古运动与政坛格局之关联的说明,却是切中肯綮的。

三、前七子复古运动何以迅速消沉

前七子复古运动声势最为健旺的时期,是从弘治十五年(1502)至弘治十八年(1505)。正德年间,复古运动迅速走向消沉。其原因,一是刘健辞官,前七子失去了政治上的有力支持;二是刘瑾当权,北方政治势力被抹黑;三是李东阳成为首辅,南方政治势力重新占据了上风。

弘治十八年(1505),孝宗去世,武宗继位。武宗年少,贪于玩乐,宠信太监,朝政大权遂落入太监刘瑾之手。刘健屡次上疏力谏,而武宗充耳不闻。刘健等遂密谋除掉刘瑾,事泄,刘健、谢迁相继辞官归里,李东阳独留。刘健、谢迁离京之时,李东阳为他们饯行,泣下。"健正色曰:'何泣为?使当日力争,与我辈同去矣。'东阳默然。"②刘健的刚直不阿与李东阳的老于世故,在与太监刘瑾的抗争中形成了鲜明的对比。刘健辞官后,李东阳继任内阁首辅,吴中文人王鏊、河南人焦芳入阁与其共事。焦芳与刘瑾勾结,王鏊不久亦辞官归里,李东阳委曲求全,至正德七年(1512)始以老病乞休,又四年后卒。《明史》评论道:"有明贤宰辅,自三杨外,前有彭、商,后称刘、谢,庶乎以道事君者欤。李东阳以依违蒙诟,然善类赖以扶持,所全不少。大臣同国休戚,非可以决去为高,远蹈为洁,顾其志何如耳。"③对刘健、谢迁大加赞许,对李东阳也表示理解和认可。

刘健的归隐,对前七子倡导的复古运动是一次沉重打击。而刘瑾、焦芳结党营私、败坏朝纲,连带抹黑了北方士人的形象,也使前七子的复古运动失去了政治理想主义的光彩。刘瑾是陕西人,焦芳是河南人。如果说前七子与李东阳之间是由南北人文差异导致的矛盾,那么前七子与刘瑾、焦芳之间则是不同政治流品之间的纠葛,更加势如水火。同时,刘瑾借重李东阳的名望,对李东阳礼敬有加,前七子在政治上依然受到压制。在道义上,南方士人也占据了上风。由于政局的变化,北方政治势力内部出现分化,南北之争让位于忠奸之争,复古运动失去了最初的政治动力,走向消沉。

正德年间,刘瑾、焦芳对康海十分看重,借同乡之谊,极力笼络康海,但康海对其不屑一顾。直到李梦阳下狱论死,为了援救李梦阳,康海才不顾自己名节受损,屈就刘瑾。刘瑾垮台后,康海、王九思俱受牵连,罢官还乡,终身不复录用。在少了康海这员主将的同时,前七子复古运动的政治批判色彩也日渐减弱。一旦脱离了对现实政治的批判,"文

---

① 茅盾:《夜读偶记》,百花文艺出版社 1958 年版,第 21~22 页。

② (清)张廷玉等:《明史》卷一百八十一《列传第六十九·李东阳》,中华书局 1974 年版,第 4822 页。

③ (清)张廷玉等:《明史》卷一百八十一《列传第六十九》,中华书局 1974 年版,第 4829 页。

必秦汉，诗必盛唐"就成了较为纯粹的文学主张，失去了在社会生活中的号召力。

从正德八年(1513)到嘉靖初，李东阳致仕后，杨廷和继任内阁首辅。杨廷和是四川新都人，在明代科举考试中，四川既不属于南方，也不属于北方，被视为中部地区。但杨廷和在政治立场上是接近于李东阳的。杨廷和执政期间，他的弟弟曾经去拜访过康海，暗示康海可以出来做官，遭到康海拒绝。杨廷和的儿子杨慎十四岁时拜李东阳为师，于正德六年(1511)考取状元，在翰林院任职。杨慎以博学著称，其诗主要学习六朝，对前七子多有批评。钱谦益《列朝诗集小传》指出："用修乃沉酣六朝，揽采晚唐，创为渊博靡丽之词，其意欲压倒李、何，为茶陵派别张壁垒，不欲角胜口舌间也。"①杨慎以其独树一帜的诗风，打破了"诗必盛唐"的格局。

嘉靖间，前七子古文受到了"嘉靖八才子"及与之一脉相承的唐宋派的批评。唐顺之《荆川先生文集》卷十《〈董仲峰侍郎文集〉序》云：

> 汉以前之文，未尝无法，而未尝有法，法寓于无法之中，故其为法也，密而不可窥。唐与近代之文，不能无法，而能毫厘不失乎法，以有法为法，故其为法也严而不可犯。密则疑于无所谓法，严则疑于有法而可窥，然而文之必有法，出乎自然而不可易者，则不容异也。且夫不能有法，而何以议于无法？有人焉见夫汉以前之文，疑于无法，而以为果无法也，于是率然而出之，决裂以为体，饤饾以为词，尽去自古以来开阖首尾经纬错综之法，而别为一种臃肿窘涩浮荡之文。其气离而不属，其声离而不节，其意卑，其语涩，以为秦与汉之文如是也，岂不犹腐木湿鼓之音，而且诧曰：吾之乐合乎神。呜呼！今之言秦与汉者纷纷是矣，知其果秦乎汉乎否也？②

方孝岳《中国散文概论》曾指出一个事实：先秦两汉的散文"力顾本位"，而唐、宋八大家则回避本位。此说本于刘熙载《艺概》卷一《文概》："文有本位。孟子于本位毅然不避，至昌黎则渐避本位矣。永叔则避之更甚矣。凡避本位易窈眇，亦易选懦。文至永叔以后，方以避本位为独得之传，盖亦颇矣。"③"力顾本位"，其特征是将本人的见地说透，从正面阐发，而对章法句法之类，则顺其自然，并未格外留心。"回避本位"，则心目所注，不在见地本身，而在文章的风神情韵，如此措手，章法昭然。所以唐顺之说，"汉以前之文，未尝无法，而未尝有法，法寓于无法之中"；"唐与近代之文"，"以有法为法"，"其为法也严而不可犯"。他由此得到的结论是：倘要论经营文辞之"法"，理当从唐宋古文入手；高谈秦汉，必然不得其门，因为秦汉古文并无经营文辞的技法，如果要亦步亦趋地仿效，只能写出佶屈聱牙之文。④唐顺之等人所津津乐道的"法"，不仅写古文的感兴

① （清）钱谦益：《列朝诗集小传》丙集，上海古籍出版社1983年版，第354页。
② （明）唐顺之：《荆川先生文集》，《四部丛刊初编》集部第1586册。
③ （清）刘熙载：《艺概》，上海古籍出版社1978年版，第47页。
④ 《四库全书总目》卷一七二《遵岩集》提要指出："正、嘉之际，北地、信阳声华藉甚，教天下无读唐以后书。然七子之学，得于诗者较深，得于文者颇浅。故其诗能自成家，而古文则钩章棘句，剽袭秦汉之面貌，遂成伪体。"又卷一八九《文编》提要："自正、嘉以后，北地、信阳声价，奔走一世。太仓、历下，流派弥长。而日久论定，言古文者终以顺之及归有光、王慎中三家为归。岂非以学七子者画虎不成反类狗，学三家者刻鹄不成尚类鹜耶？"（清）永瑢等：《四库全书总目》，中华书局1965年版，第1504~1505页。四库馆臣的批评有助于我们理解七子派的失误。

趣，写八股文的也同样感兴趣。正德、嘉靖时期，八股文臻于鼎盛。八股文有明代八大家之说，包括吴县王鏊、武进唐顺之、常熟瞿景淳、武进薛应旗、昆山归有光、德清胡友信、归善杨起元、临川汤显祖，其中嘉靖时期就占了四家，即唐顺之、薛应旗、归有光、瞿景淳。与成化、弘治时期注重八股文规范相比，这一阶段更偏重八股文的气格和篇章技法，古文章法尤其是唐宋八大家的文法被广泛运用于八股文写作，所谓"以古文为时文"，说的就是这种情形。并非偶合，精通这些八股文之"法"的主要是"嘉靖八才子"和唐宋派作家，而不是前七子。前七子古文在席卷全国读书人的科举大潮中，就这样被边缘化了。

前七子的兴衰是明代文坛备受瞩目的事件。拙文的考察表明，明代前七子倡导的复古运动，不是一个单纯的文学运动，而与批判现实的激情和改造社会的理想密不可分，是对软媚的官场习气和明哲保身的乡愿哲学的反拨。其兴衰因而不仅关联着文坛，也关联着朝廷和社会。

（作者单位：武汉大学文学院暨武汉大学中国传统文化中心、海南师范大学文学院）

古史考据

语义和谐律在甲金文释读中的运用

——柞伯鼎铭"无█(█)"补论

□ 柯移顺

一、引 言

柞伯鼎铭文(见《文物》2006 年第 5 期)发布后,对铭文中"用昏无█(█),广伐南或(国)"中的"无█(█)"一词讨论甚多。各家观点归纳起来一共有两大类:

一是隶"█"作"及"。朱凤瀚(2006)、黄天树(2006)、李凯(2007)①、周宝宏(2008)、袁俊杰(2008)②、黄盛璋(2011)、《近出殷周金文集录·二编》、《商周青铜器铭文暨图像集成》均隶"█"作"及",其中朱凤瀚(2006)③认为该句是承上文,大意是周公致力于周邦,而其勤勉无人可及,他即曾广伐南国。"广伐"当是言征战区域之广阔。黄天树(2006)④认为"无及"犹《应侯视工鼎》"用南夷█敢作非良,广伐南国"之"非良",可能是"不好"之类的意思,该句意为"因为昏邑之戎不好,蛮横侵扰我周王朝南部疆域"。周宝宏(2008)⑤认为"无及"应理解为昏邦首领之人名,"广伐"指远方邦国来犯周王朝天下及其与国。黄盛璋(2011)⑥认为"无及"即无忌,即昏肆无忌惮。"用昏无及"是说昏国肆无忌惮,无国可及。而广伐南国,"广"同"横蛮""凶横"之"横",不是广泛意,"广伐"与"无及"都是贬义词。杨怀源、孙银琼(2013)⑦从字形、语音及词义方面论证"无及"就是经典上常见的"无极",亦即"罔极",该句意为因昏国邪僻不正,肆意侵伐我南疆。

二是隶"█"作"殳"。李学勤(2007)、鄢国盛(2007/2011)、季旭升(2008)、张再兴

---

① 李凯:《柞伯鼎与西周晚期和东国淮夷的战争》,《四川文物》2007 年第 2 期,第 83 页。

② 袁俊杰:《柞伯鼎铭补论》,《中原文物》2008 年第 1 期,第 87 页。

③ 朱凤瀚:《柞伯鼎与周公南征》,《文物》2006 年第 5 期,第 67 页。

④ 黄天树:《柞伯鼎铭文补释》,《中国文字》2006 年第 32 期,第 33 页。

⑤ 周宝宏:《西周金文考释六则》,《古文字研究》2008 年第 27 辑,第 220 页。

⑥ 黄盛璋:《关于柞伯鼎关键问题质疑解难》,《中原文物》2011 年第 5 期,第 46 页。

⑦ 杨怀源、孙银琼:《柞伯鼎"无█(█)"新释》,复旦大学出土文献与古文字研究中心网(http://www.gwz.fudan.edu.cn/SrcShow.asp? Src_ID=2166),2013 年 11 月 1 日。

(2010/2013)均隶"𢆶"作"殳",其中李学勤(2007)①认为"殳"读为"输","'输'即委输,指蛮夷对王朝承担贡纳。'无输'就是不缴贡纳","从王朝来看都是罪状,因而加以征讨"。鄢国盛(2007/2011)②认为极有可能是昏国首领之名号,而这种称名形式与词义本身无关,其文意是讲昏邑的"无殳"兴兵侵扰南国。季旭升(2008)③认为"无殳"可能是"昏"国领袖的私名。张再兴(2010/2013)④认为无为"舞"之初文,"殳"本兵器名,"舞殳"就是举兵,表示起兵反叛作乱。

从以上可以看出,不管是隶"𢆶"作"及"还是作"殳",从"无𢆶(殳)"的意义上来看可以分为三大类,一是周宝宏(2008)、鄢国盛(2007/2011)、季旭升(2008)均认为是昏国首领之名号或私名。张再兴(2010/2013)已详细论证了"無殳"不是人名、族名,兹不赘。二是认为"无𢆶(殳)"是褒义类意义,如朱凤瀚(2006)、黄盛璋(2011)。三是认为"无𢆶(殳)"是贬义类意义,如黄天树(2006),李学勤(2007),张再兴(2010/2013),杨怀源、孙银琼(2013)。

我们赞同杨怀源、孙银琼(2013)的"无及"就是经典上常见的"无极",亦即"罔极",但我们认为他们的论证还不够周延,现从以下两个方面进行补论。

二、"罔极"的意义

杨怀源、孙银琼(2013)从押韵、形声字、通假字、异文、同源词方面论证"及"读作"极"语音上是没有问题的,"无"与"罔"在音义上也是相通的,"无极"有邪僻不正之义。朱金发(2014)⑤对《诗经》进行了穷尽统计,发现单独"极"字用例10个,"罔极"用例18个。在8例"罔极"用例中,除《小雅·蓼莪》中"极"字为无尽之义外,其余的"极"字,意义相同,皆为"准则""标准"解,而"罔极"就是无准则之义。《诗经》中"极"字的基本含义是道德标准和准则,相对而言"罔极"之意是无德。我们赞同朱金发(2014)的"无德"说,具体理由见后文。

三、"用昏无𢆶(殳),广伐南或(国)"的文例

语义和谐律,指句子要求其各组成部分的语义处于和谐的状态。据陆俭明(2010、2011)⑥,"一是整体的构式义与其组成成分义之间在语义上要和谐,二是构式内部,词语

① 李学勤:《从柞伯鼎铭谈〈世俘〉文例》,《江海学刊》2007年第5期,第13页。

② 鄢国盛:《关于柞伯鼎铭"無殳"一词的一点意见》,中国社会科学院先秦史研究室网(http://www.xianqin.org/xr_html/articles/jwyj/635.html),2007年12月27日;鄢国盛:《关于柞伯鼎铭"無殳"一词的一点意见》,朱凤瀚主编:《新出金文与西周历史》,上海古籍出版社2011年版,第305页。

③ 季旭昇:《柞伯簋铭"無殳"小考》,《古文字学论稿》,安徽大学出版社2008年版,第31页。

④ 张再兴:《也说柞伯鼎铭"無殳"一词》,复旦大学出土文献与古文字研究中心网(http://www.gwz.fudan.edu.cn/srcshow.asp? src_id=1141),2010年5月7日;张再兴:《也说柞伯鼎铭"無殳"一词》,《中国文字研究》第17辑,上海人民出版社2013年版,第19页。

⑤ 朱金发:《〈诗经〉"罔极"说》,《中州学刊》2014年第12期,第152页。

⑥ 陆俭明:《修辞的基础——语义和谐律》,《当代修辞学》2010年第1期,第13页;陆俭明:《语义和谐律》,《北大中文学刊》,北京大学出版社2011年版,第472页。

与词语之间在语义上要和谐，三是构式内部词语的使用与构式外部所使用的词语在语义上要和谐"。陈颖（2012）①，"成员服从系统应该是语义和谐的原则之一。词义作为构式的成员，必须服从构式义"。

柞伯鼎铭文"用昏无🔲（斁），广伐南或（国）"，我们提炼为句式结构"用+专有名词+'无🔲（斁）'类，广伐+专有名词"。我们先找出该句式的整体褒贬义色彩，"无🔲（斁）"类词一定是跟该构式整体褒贬义色彩不相违背的，那么就能求得"无🔲（斁）"类词的褒贬义色彩。相同和类似句式亦见于西周晚期其他器铭，据目前所看到的西周金文资料共有五条。

　　（1）用严（俨）允（狁）放（方）㷸（兴），广伐京师。（多友鼎《集成》8253）

关于"放（方）㷸（兴）"，张再兴（2010/2013）②认为"方兴"的"兴"，一般解释为兴起，与《书·费誓》"淮夷、徐戎并兴"相同。《诗经》《左传》《公羊传》等文献中多见"兴师"一语，即当与此相近。这一意义跟小臣谜簋"東尸（夷）大反"应该也是很相近的。兴师起兵的形象化说法就是"举干戈"。黄盛璋（2011）③认为"放"义同于"横"，可以互证广伐之"广"同"放"，不能用通假解释为"方"而失原意。西周金文所有"广伐"全皆限用于反周、伐周的敌方，绝对不用于自方。"广伐"实在只用为贬义词，不能用于周公，褒义只能称"宕伐"。

根据张、黄二位的意见，"放（方）㷸（兴）"应是贬义词，这样才能不与句式的整体意义相冲。

　　（2）亦唯霝侯驭方率南淮夷、东夷，广伐南国、东国。（禹鼎，《集成》2834）
　　（3）驭方玁狁广伐西俞。……汝以我车宕伐玁狁于高陶。（不其簋，《集成》4328—29）

黄盛璋（2011）④认为"广伐"限用于严允，下文称"女以我车宕伐允于高陵"，立即改为"宕伐"。

　　（4）敆（会）南夷卢、虎会杞夷舟夷雚（謹）不惎，广伐东国。（史密簋，《集录》2.375）

　　①　陈颖：《谈"语义和谐律"——读〈汉语语法语义研究新探索〉》，《重庆师范大学学报》（哲社版），2012年第2期，第125页。
　　②　张再兴：《也说柞伯鼎铭"無斁"一词》，复旦大学出土文献与古文字研究中心网（http://www.gwz.fudan.edu.cn/srcshow.asp? src_ id=1141），2010年5月7日；张再兴：《也说柞伯鼎铭"無斁"一词》，《中国文字研究》第17辑，上海人民出版社2013年版，第19页。
　　③　黄盛璋：《关于柞伯鼎关键问题质疑解难》，《中原文物》2011年第5期，第46页。
　　④　黄盛璋：《关于柞伯鼎关键问题质疑解难》，《中原文物》2011年第5期，第46页。

李学勤认为，"敆"字，读作"会"，训为"值""逢"。"虎"下"会"字，训"联合"。"蘁"读作"讙"字，训为"喧乱"。"悲"训为"敬"。该句意为：适逢南淮夷中的卢、虎与杞、舟两国勾结，作乱不敬，侵扰了周朝的东土。① 根据李学勤的意见，此处的"蘁（讙）不悲"也是贬义色彩。

（5）用南淮夷Ψ敢作非良，广伐南国。王令应侯视工曰：征伐Ψ□□□扑伐南夷Ψ，我多孚（俘）戎。余用作朕烈考武侯尊鼎。（应侯视工鼎）②

黄盛璋（2011）③认为此句的"南国"明确与"南夷"对别，指周国土，南夷则为敌族，"广伐南国"皆表敌族，用"广伐"贬词，而周自称则用"征伐"，对比明显。

就以上五句整体而言，曹汉刚（2014）④认为"广伐"的行为者有两例为"玁狁"，其余三例分别是"昏"，"鄂侯驭方率南淮夷、东夷"，"南夷卢虎会杞夷、舟夷"。"广伐"的行为主体均是西周周边少数民族政权或反叛的属国。"广伐"的对象有"京师""南国""东国""西俞"，显然都是周的国土。由此看来，"广伐"系专指外族对周人的进攻，但与这种进攻的规模并无直接关联。从另一方面看，金文中记周人对外族的进攻或反击，则多用"征""伐""征伐""各（格）伐""博伐""宕伐"等。金文"广伐"仅限用于外族或敌方对周的进犯，而周人对外族或敌方的征伐则绝不用"广伐"。显然，"广伐"系贬义词。值得注意的是，上举应侯见工鼎与不期簋将"广伐"分别与"征伐""宕伐"对举，两者用义泾渭分明，不可混淆。

四、结　语

根据目前的研究，普遍都认为句式"用+专有名词+'无🀀（🀀）'类，广伐+专有名词"的意思是"因为对方什么原因，对方侵伐我方的领土"，表达的是贬义色彩，而"放（方）㵢（兴）""夷蘁（讙）不悲""敢作非良"也皆为斥责之词，这样这个词语跟整个句式在语义上才不会冲突，才能不违背语义和谐律。因此，"无🀀（🀀）"必须是斥责之词，才能不违背该句式的语义和谐。故此，认为"无🀀（🀀）"是昏国首领之名号或私名和褒义类意义均不符合语义和谐律。而认为"无🀀（🀀）"是贬义类意义的，黄天树（2006）的"不好"说过于宽泛；李学勤（2007）的"不缴贡纳"说，鄢国盛（2007/2011）已有详细论驳；张再兴（2010/2013）的"举兵"说，杨怀源、孙银琼（2013）也有论驳。因此，我们认为，"无🀀（🀀）"即"无及"，就是经典上常见的"无极"，亦即"罔极"，"罔极"之意是无德。

（作者单位：武汉大学文学院、三峡大学文学与传媒学院）

① 李学勤：《史密簋所记西周重要史实考》，《中国社会科学院研究生院学报》1991 年第 2 期，第 5 页。

② 见《上海博物馆馆刊》，2005 年第 10 期，第 105 页。

③ 黄盛璋：《关于柞伯鼎关键问题质疑解难》，《中原文物》2011 年第 5 期，第 46 页。

④ 曹汉刚：《多友鼎相关问题考证》，《中国国家博物馆馆刊》2014 年第 3 期，第 55 页。

世系建构的传播接受与文本层累

——以中古窦氏家族为例

□ 龙成松

华夏民族特重世系，且有悠远的记录历史。世系是汉文化本土概念，不仅是家族、宗族血缘组织的结构化摹写，而且涵纳族群(民族)记忆、地域共同体等多个维度，其本质是"建构的""开放的"，因而世系伪冒、改易伴随着汉文化历程。唐代统治集团李氏的世系改易为唐史之一段公案，陈寅恪曾发凡起例："世系改易之历程，实不限于李唐皇室一族，凡多数北朝、隋唐统治阶级之家，亦莫不如是，斯实中国中古史上一大问题，亦史学中千载待发而未发之覆。"①世系改易其实是世系建构的一种形态，跳出对客观史实的纠缠，从一种"情境模式"和"主观真实"的角度来理解这些世系改易行为，或许会有不同的认识。世系建构过程及传播、接受中的文本层累，正是破解上述问题之关键。今日研究宗族、谱牒之学者，多注目于上古时期典范宗法社会之世系原则，以及近古以来新宗族社会之谱系功能，而中古时期谱牒研究则从属于士族门阀研究，本体研究淡化②，由此缺乏一种贯通之认识，此为有待开拓者。

一、关于世系建构的性质

关于世系、族谱的研究，有两种不同的取向：一种是将之视为真实人物、家族历史的记录；另一种是视为文本创作者主观意识和当下情境的"想象"，或者一种历史记忆的媒介。在后者看来，谱系在本质上具有"建构性"和"开放性"，并非纯粹是血缘组织的客观摹写，而往往成为政治、文化工具，或者维系"想象共同体"的纽带，在人类学视域中尤其如此。较早关注中国宗族现象的英国人类学家莫里斯·弗里德曼，其研究注意到了族谱

---

① 陈寅恪：《唐代政治史述论稿》，三联书店 2001 年版，第 197 页。

② 中古时期谱牒本体研究不充分有其客观的原因：一方面，中古流传的谱牒文献较少，更遑论像后世族谱那样的典范文本；另一方面，中古史研究对谱牒的利用取向不同。事实上，中古时期谱牒种类多样，家传、行状、姓氏书(如《元和姓纂》为代表)、史传等文献，都记载有人物谱系；《新唐书·宰相世系表》更是中古时期巨谱，中古谱牒文献存量并不少。而新出石刻墓志，更是中古谱牒文本的渊薮，相关研究有很大的开拓空间，陈爽先生《出土墓志所见中古谱牒研究》(学林出版社 2015 年版)，即是这方面的代表著作。

的问题。在《中国东南的宗族组织》一书中，他指出：

> 人类学家通常把族谱视为个人与群体之间当前关系的叙述，其表述风格声称只与过去有关。在没有文字记载的社会中，当前关系的结构和谱系引证的过去关系的结构之间没有必要的差异。随着当前关系的变化，过去的关系也随之变化。①

弗里德曼本人对于族谱持一种比较折衷的观点，他倾向于认为多数的族谱记载可能是真实的，但同时他提出"满足当前的需要"的问题对于族谱"再造"的影响，这就是一种"建构性"的理解。比如他提到，同姓联宗的时候修谱者可能会为"谱系的真空提供一个人物"，这正是我们在北方族裔世系嫁接中常见的现象。王明珂先生也指出：

> 无论是家族还是世系群的亲属关系中，所谓谱系与其说是"实际上的血缘关系"，不如说是"人们相信的彼此血缘关系"。虽然人们所相信的族谱有相当程度是事实，但也有许多虚构的成分。英国人类学家古立弗对东非杰族的研究，说明由结构性失忆所造成的虚构性谱系，是重新调整亲族群体（分裂、融合与在整合）的关键。……族谱（对于亲族体系的集体记忆）所表现的不一定是生物性的亲属关系。事实上，族谱记载中经常忘记一些祖先，特别记得或强调一些祖先，或窃取攀附他人的祖先，甚至创造一个祖先。②

人类学、社会学的视野中，族谱现象总是令人着迷的。刘志伟先生注意到了明清族谱中攀附远代世系的现象：

> 他们仿效士大夫编撰的体例，常常直接就把宋代以前的远代祖先同近世祖先的系谱连接了起来，甚至常常以各种手法，把原来并无清晰继嗣线连接的单个的远代祖先也串联起来，构成了能够同近世始祖直接连接起来的远代世系。这种现象虽然在晚近才普遍起来，但普及速度非常快，而且由于很多族谱的这一部分内容被编造得非常整齐，甚至天衣无缝，成为表达士大夫文化认同的一种历史记忆方式，以致直到今天竟更常被人们视作信史。治史之人当知其讹，惟以之窥探明清以来世态风习之流变，断不可用以为古史考辨之证据。③

明清以后的谱牒中，将宗族族源和早期世系与近代世系整合一起的做法，为唐代世系文本所常见。研究明清、近代宗族现象及谱牒书写的学者，或许应该将视野扩展到中古时期，从延续性的角度，可能会得出更通透的理解。然而，历史记忆的观念引入，无疑对我们理解世系建构的性质打开了另一扇窗。历史记忆的观念在神话、传说、民间故事研究中

———————————————

① [英]莫里斯·弗里德曼著，刘晓春译，王铭铭校：《中国东南的宗族组织》，上海人民出版社2000年版，第88页。
② 王明珂：《华夏边缘：历史记忆与族群认同》，浙江人民出版社2013年版，第27~28页。
③ 刘志伟：《明清族谱中的远代世系》，《学术研究》2012年第1期。

被广泛运用，不仅仅是因为它解开了神话、传说形成的动力学问题，还因为它突破了传统历史研究对"真实"的理解，正如学者所说那样：

> 许多民间传说和神话故事的具体情节或者人物都有可能是虚构的，但是他们所表现出来的历史情景与创作者和传播者以及改编者的心态、观念却是真实存在的，而我们所要了解的正是这种记忆得以存在流传的历史情境。从复原历史的目的来说，由于民众话语权的缺失，解析民间传说何以得到"传说"，正是探寻民众的历史记忆的一种较好途径。①

世系建构的本质也类同神话、传说，亦可以从编纂者"心态""观念"和"历史情境"中得到解释。一些看似荒谬或者毋庸赘论的史实错误，或许应该引起我们的重视。另外，从历史记忆的观点来看，谱牒中构拟的人物，也可以得到很好的解释，因为其本质是后人对祖先的一种"想象"。

二、河南窦氏世系建构文本层累

汉灵帝时窦武为宦官所逐自杀（建宁元年，168），"宗亲、宾客、姻属，悉诛之"，"徙武家属日南"，仅"武孙辅，时年二岁，逃窜得全"②，汉人窦氏遭此一劫，渐渐从历史舞台中淡出。稍后，高车没鹿回部纥豆陵氏在草原上崛起，其早期人物窦宾（其鲜卑名已不可考），帮助拓跋部首领拓跋力微（北魏始祖神元皇帝）重新恢复势力，并将女儿嫁给力微。但在始祖二十九年（魏正始九年，248），窦宾卒，子速侯、回题等欲谋害力微，反为力微所破，窦氏部众亦为所并，此为鲜卑窦氏之一劫。这两个事件是影响窦氏世系书写的重要节点。现在所见窦氏世系文本系列，反映了胡、汉窦氏的升沉过程。

汉魏以来产生了大量的人物杂传，其中家状、家传一类文本，是记录家族世系的重要文本。据学者研究："家传中往往有人物活动的具体事迹，而家谱则只是记述人物的婚宦、血脉。……晋宋以后的基本趋势是杂传减少，谱牒日盛；事迹无闻，血脉清晰。"③唐初欧阳询等编《艺文类聚》曾引用《窦氏家传》中窦攸事。其书著年不详④，可将之视为窦氏世系文本早期系列之一。

史传窦氏人物中，鲜卑窦氏世系发育较晚。北朝以来至唐初的窦氏世系文本，一般只是攀附窦氏个别显宦，而未有将汉人窦氏与鲜卑窦氏世系整合在一起的世系链条。如《窦

---

① 万建中：《民间文学引论》，北京大学出版社 2006 年版，第 180 页。
② 《后汉书》卷六十九《窦武传》，第 2244 页。本文所引正史，皆出自中华书局点校本二十四史（中华书局 2011 年版），不再一一注明版本。
③ 胡宝国：《汉唐间史学的发展》，商务印书馆 2003 年版，第 156 页。
④ 《艺文类聚》卷九十五引窦攸事云出《窦氏家传》，但李善注《文选》同引窦攸事云出《三辅决录》，张澍辑刊本注引《玉海》又以为出晋挚虞《决录注》。其中史源关系已不详。要之，《家传》当出在魏晋以后。

瑾传》："字道瑜，顿丘卫国人也。自云汉司空融之后。"①此为鲜卑窦氏攀附汉人窦氏较早者，但魏收以"自云"质疑之。又《窦瑷传》："字世珍，辽西辽阳人。自言本扶风平陵人，汉大将军窦武之曾孙崇为辽西太守，子孙遂家焉。"②此处开辟出另一个世系参照点——窦崇，但"自云"之说见其伪。又《窦泰传》："字世宁，太安捍殊人也。本出清河观津胄。祖罗，魏统万镇将，因居北边。"③

史传之外的窦氏世系文本，如庾信《周赵国公夫人纥豆陵氏墓志铭》（建德元年）：

> 夫人讳含生，本姓窦，扶风平陵人。魏其朝议，列侯则莫能抗礼；安丰奉图，功臣则咸推上席。外戚列传，即闻建武之书；仲山古鼎，或表单于之献。祖略，少保、建昌郡公；父织（《周书》作炽），柱国大将军、大宗伯、邓国公。④

"魏其"指窦婴，"安丰"指窦融，这些皆为族源的攀附，并未直接形成完整世系。到唐初始见窦氏世系断层文本。李百药撰《窦轨碑》（贞观四年）云：

> 公讳轨字士则，扶风平陵人。受终若帝之初，大启鸿业；中兴复禹之绩，因生命氏。广国追让之风，声高外戚；安丰功烈之美，义正中台。……十二叶祖统，雁门太守，大将军武之从子也。武以大功不遂，为阉官所诛。统避难，亡奔出塞。代为南部大人，威振华夏。七叶祖羽，为魏太尉、辽东京公，属魏氏中微，总摄朝政。竭忠贞以安社稷，挟幼主而令奸雄。曾祖略，征北大将军、太保、雍州牧、柱国建昌孝公，德高礼缛，郁为帝师。清征素范，坐镇雅俗。祖炽，魏侍中、周大宗伯、随太傅、雍州牧、上柱国、邓恭公。⑤

李百药之文本在庾信等人之基础上，又出现"十二叶""七叶"两次断层，不知有所根据还是出于自己推算。按从窦武卒（168），至贞观四年（630）窦轨卒，其间460余年，以30年为一代，约十五代，若不计窦轨本身（按两代六十岁算），则为十三代，大致符合"十二叶"之推算。但在窦统与窦羽之间、窦羽与窦略之间的世系阙，不由得让人质疑。李百药的世系断层影响了当时史传的叙事。《周书·窦炽传》：

> 窦炽字光成，扶风平陵人。汉大鸿胪章十一世孙。章子统，灵帝时为雁门太守，

---

① 《魏书》卷四十六，第1035页。窦瑾虽非汉人窦融之后，但是否鲜卑窦氏亦存疑。传云"瑾以文学知名"，其子窦遵"善楷篆，北京诸碑及台殿楼观、宫门题署，多遵书"。为一汉文化特征明显之家族。

② 《魏书》卷六十七，第1907页。

③ 《北史》卷五十四，第1951~1952页。《窦泰墓志》（北齐天保六年）亦出土，云："公讳泰，字宁世，清河灌津人。昔章武以退让为名，司空以恂恂著称。仍与王室，迭为甥舅，故已德隆两汉，任重二京。虽将相无种，而公侯必复。世载有归，名贤间起。""章武"指窦广国，"司空"指窦融。

④ 庾信撰，倪璠注：《庾子山集注》卷十六，中华书局1980年版，第1035页。又卷十《周大将军陇东郡公侯莫陈君夫人窦氏墓志铭》："夫人讳某，扶风平陵人也。章武开国，名高外戚之右；安丰入朝，位在功臣之上。"

⑤ 许敬宗编，罗国威整理：《日藏弘仁本文馆词林校证》，中华书局2001年版，第197页。

避窦武之难，亡奔匈奴，遂为部落大人。后魏南徙，子孙因家于代，赠姓纥豆陵氏。①

李百药并未参与《周书》的编撰，二者谁为源谁为流，不好分清，或共同源于更早之文本。但《周书》贞观三年诏修，贞观十年始成，李百药影响《周书》或较合理。窦轨为窦炽孙，《周书》"十一世"孙的世系统计，与李百药之文相似。但两种文本在窦统之后，都是一种"虚接"，亦未形成连续不断的世系链条。

到盛唐时期，窦氏世系亦未超越之前的范围。史传中的文本已进入当代叙事，自然没有了早期族源、世系的问题。只是在窦氏墓志、碑刻中还能见到延续北朝以来至唐初的世系文本。如徐坚撰《窦思仁墓志》（开元十一年）：

> 公讳思仁，字思仁，扶风平陵人也。昔轩辕提象，至德为五帝之先；夏禹乘时，大功列三王之首。后缵方娠，初得姓于少康；鸣犊称贤，几流叹于宣父。魏其散金于廊庑，车骑刻石于燕然。鸿勋懿感，世济不泯。及汉灵帝有阉竖之乱，车骑裔孙统北入于鲜卑；魏道武膺受命之符，统之远绪南迁于河南。人物世载，公侯必复。焕然史策，可略而言。……铭曰：少康复夏，宝祚重光。鸣犊佐赵，洪源克答。避汉北徙，翊魏南翔。②

其中基本的世系点，还是前人的东西。这一时期墓志中还出现了窦氏世系衍生品，如《豆善富志》（开元二十九年）：

> 十八世祖统，汉雁门太守，避族父之难，亡于朔野，子孙世居焉，至后魏南迁，赐纥豆陵氏。六世祖步蕃，西魏将，镇河曲，为北齐神武所破，遂出奔辽海，后裔因家焉，为豆氏。③

按豆氏本鲜卑赤小豆氏所改④，与纥豆陵氏所改之窦氏非同部族。此为鲜卑豆氏冒认鲜卑窦氏，再攀附汉人窦氏之有趣案例。其"十八世"之说，或在李百药"十二叶""七叶"之基础上推算而出。总之，在整个唐代前期，尚未见一种完整之世系将汉人、鲜卑两个窦氏整合在一起。这与北朝以来兴起的鲜卑窦氏之汉化过程或者说"成为汉人"的进程一致。

这里不得不提唐代前期三次大姓官修《氏族志》⑤。这种氏族志所持入谱标准为最严，从而极大压缩了世系伪冒的空间，但因为《氏族志》卷帙浩繁，束之禁苑，流传不广，不

---

① 《周书》卷三十，第517页。

② 胡戟、荣新江主编：《大唐西市博物馆藏墓志》，北京大学出版社2012年版，第425~426页。

③ 吴钢主编：《全唐文补遗》第四辑，三秦出版社1997年版，第441页。

④ 《古今姓氏书辨证》卷三九："赤小豆氏改为豆氏"；《氏族略》五"代北三字姓"："赤小豆氏改为豆氏"。《魏书》卷三十有豆代田。

⑤ 第一次为高士廉主修之《氏族志》，贞观十二年书成一百卷，但因为以博陵崔民幹列第一等，遭太宗否定而重修，降崔民幹为第三等；第二次是高宗显庆四年许敬宗修改贞观《氏族志》为《姓氏录》；第三次是神龙、先天中柳冲等人修《姓系录》，开元二年成，二百卷。

能排除一些家族反而据之以作为"夸耀"门第之资源①，甚至波及后世，如崇祯五年修《休宁戴氏族谱》中所载《戴氏开源表序》，亦引高士廉编《氏族志》之品第为其家耀荣祖先作证：

> 谨考戴氏，实始于宋，开源不二，计代无差，至德所言，诚有所据，本朝至德世系，父胄仕至中书仆射，至德亦授门下三品，今臣等按知戴之为宗，旧门世录，素号儒雅，本朝名宦，亦著忠清，实为丙姓，可谓胄族者矣。②

其文出于伪托，极为明显，但从传播接受的意义上来看，却不失为一种重新阐释的文本。这三次官修氏族志早已亡佚，其收录家族世系如何不详。但敦煌出土有相关之《氏族志》残卷，或许可以窥见当时窦氏世系建构文本中的侧面信息。其中《唐贞观八年条举氏族事件》，王仲荦先生以为是高士廉等修《氏族志》之前所呈上拟稿之批文，其中"多少还能反映出贞观初年郡姓的一些面貌"③。残卷中存四十七郡二百五十三姓，其中河南郡七姓有窦氏，为王仲荦先生据《太平寰宇记》河南郡姓补。④ 可见鲜卑窦氏（河南窦氏）在唐初期，并未完全脱去胡姓色彩。敦煌所出文书 P.3191 号残卷，"洛州河南郡"下九姓亦有窦氏。⑤ 敦煌所出另一件《新集天下姓望氏族谱》，王仲荦考为大历十四年后至元和以前间作品（毛汉光先生认为撰于元和十五年至咸通十三年），而其中"洛州河南郡廿三姓"已无窦氏。⑥ 总之，北朝以来窦氏多出自鲜卑窦氏之后，扶风窦氏虽一直为汉人窦氏显望，但魏晋以后已鲜见。诸《氏族志》中胡、汉窦氏之世系收录如何虽不得而知，但从郡望变迁而言，至少在唐前期，鲜卑窦氏似乎未完成世系嫁接到汉人之过程。

元和七年撰成的《元和姓纂》（简称《姓纂》）似为唐代中前期窦氏世系一次总结。今本《姓纂》窦氏已非完璧，但其中一些线索非常重要。《姓纂》窦氏下列扶风、河南两望。扶风窦氏望始自窦婴，终于窦武，文末特别标出此系"魏晋以后，窦氏史传无闻"。河南洛阳窦氏之文是据家状而得：

> 状称本扶风人。窦武被诛，后人雁门太守统北奔鲜卑拓拔部，为没鹿回部大人，赐姓纥豆陵氏，魏孝文改为窦氏。女为元帝后。六代孙漏头，辽东王。孙略，生岳。处、毅。岳处。后周大司马、杞公；女高祖太穆皇后，生太宗。⑦

---

① 如《唐故谯郡永城县令赵郡李府君墓志铭》（《全唐文》卷四二八。墓志石刻亦出土，见《全唐文补遗》第五辑，三秦出版社 1997 年版，第 427~428 页）；《明琰及夫人刘氏墓志》（《大唐西市博物馆藏墓志》，北京大学出版社 2012 年版，第 503 页），皆引用《氏族志》。

② 转引自王鹤鸣：《中国家谱通论》，上海古籍出版社 2010 年版，第 88 页。

③ 《〈唐贞观八年条举氏族事件〉残卷考释》，《岇华山馆丛稿》，中华书局 1987 年版，第 329 页。

④ 《〈唐贞观八年条举氏族事件〉残卷考释》，《岇华山馆丛稿》，中华书局 1987 年版，第 334 页。

⑤ 《敦煌石室出残卷姓氏书五种考释》，《岇华山馆丛稿》，中华书局 1987 年版，第 452 页。

⑥ 《〈新集天下姓望氏族谱〉考释》，《岇华山馆丛稿》，中华书局 1987 年版，第 411 页。

⑦ 林宝撰，岑仲勉校记，郁贤皓、陶敏等整理：《元和姓纂》（附四校记）卷九，中华书局 1994 年版，第 1364 页。

此世系虽为残本，但窦武与窦统之关系非父子，且其中有"六代孙"之说，则绝非连续世系可知。

在《元和姓纂》相当或其后的时间，并未发现一个窦氏家族连续不断的世系文本，直至《宰相世系表》（简称《表》）始将胡汉窦氏整合成为一条无缝、连续世系。《表》中窦章以后之文如下：

> （窦武子）章，大鸿胪卿。三子：陶、唐、统。统字敬道，雁门太守，以窦武之难，亡入鲜卑拓拔部，使居南境代郡平城，以间窥中国，号没鹿回部落大人。后得匈奴旧境，又徙居之。生宾，字力延，袭部落大人。二子：异、他。他字建侯，亦袭部落大人，为后魏神元皇帝所杀，并其部落。他生勤，字羽德，穆帝复使领旧部落，命为纥豆陵氏。晋册穆帝为代王，亦封勤忠义侯，徙居五原。生子真，字玄道，率众入魏，为征西大将军。生朗，字明远，复领父众。二子：滔、祐。祐，辽东公，亦领部落。三子：提、拓、岩。自拓不领部落，为魏侍中、辽东宣王。岩，安西大将军、辽东穆公，从孝武徙洛阳，自是遂为河南洛阳人。三子：那、敦、略。略字六头，征北大将军、建昌孝公。孝文帝之世，复为窦氏。五子：兴、拔、岳、善、炽。①

窦氏世系中的诸多断层在此得以"修复"：窦统与窦宾成为父子关系；窦宾至窦漏头间世系亦"填充"完成，由此形成一条"汉人祖先"的"胡人后裔"这一独特的世系链条。窦宾之后填充之世系为首次出现，其中尚有可申言者。《姓纂》之文有阙，"女为元帝后"当指窦宾，则窦宾六代孙为窦漏头，而据《表》中窦宾后六世为窦祐。又《姓纂》窦漏头孙窦略，而《表》窦略祖为窦祐。这两个对应关系皆证明窦漏头与窦祐为同一人，《表》与《姓纂》相契。

近年新出《窦希瓘碑》，是为我们提供了唐初至《元和姓纂》之间窦氏世系系列的一个重要文本，该碑大历七年（772）立，碑文字有损泐，据文物保护工作人员修复拼接，尚可见其重要信息：

> 公讳瓁，字希瓘，扶风平陵人。夏后之裔，少康以艰难得姓；孔公之盛，鸣犊以道义齐名。洎西□□□□□□□□□□□□□章武二列侯，皆见□史，其族始□矣。逮东京司空融，克全五郡，入朝两阙，与伯度、游平二大将军，累参朝政，其家益昌矣。后□□□□戚□□□□□叶至征东大将军、辽东王，朱轮继轨，北土之袁、杨焉；自辽东王六叶至骠骑大将军、永富公，乌衣成巷，南朝之王、谢焉。三代五公，四朝□□。虽帝王□□，□□或移，而将相之家，吾门不改。海内冠族，莫之与京。②

窦希瓘为昭成皇后母弟，窦孝谌中子。祖窦诞，曾祖窦抗。据《北史·窦炽传》附《窦善传》："仕至太仆、卫尉卿、汾北华瀛三州刺史、骠骑大将军、开府仪同三司、永富县

———————
① 《新唐书》卷七十一下，第2289页。
② 李明、刘呆运：《唐窦希瓘神道碑研究》，《考古与文物》2014年第5期，第95~101页。

公，谥曰忠。子荣定嗣。……（荣定）子抗。"①《窦希瓘碑》中"征东大将军、辽东王"当为窦漏头，而"骠骑大将军、永富公"则为窦善。而据《表》和《姓纂》，窦善为漏头之曾孙。又碑文中"后□□□□戚□□□□□□叶至征东大将军、辽东王"，其中还包含一个世系断层，只是碑文残损不详其中所指。

《窦希瓘碑》中"六叶"的世系断层设计在窦漏头之后，《姓纂》"六代孙"之世系断层则在窦漏头之前，而《表》则从窦宾之后连续不断。《窦希瓘碑》《姓纂》《表》三者，究竟孰真孰伪，或皆为伪？《魏书》中有世祖保母窦氏：

> 先是，世祖保母窦氏，初以夫家坐事诛，与二女俱入宫。操行纯备，进退以礼。太宗命为世祖保母。性仁慈，勤抚导。世祖感其恩训，奉养不异所生。及即位，尊为保太后，后尊为皇太后，封其弟漏头为辽东王。②

《魏书》卷四下《世祖纪》下，太平真君六年（445）十一月："庚申，辽东王窦漏头薨。"③而窦善"以中军大都督、南城公从魏孝武西迁"，时东魏肇始（533）。漏头至窦善，相距不过九十年，绝无"六叶"之可能，《窦希瓘碑》中所言明显有误。颇疑《姓纂》渊源于《窦希瓘碑》，或窦希瓘之家状。据《窦希瓘碑》研究者称，该碑作者不详，而书丹者，志主再从侄窦臮。从上引文中"吾门不改"及其他语气而言，极有可能出自窦氏家族人物之手，当沿用了家状内容。神道碑树立于地面，易于传播。裴耀卿所撰窦希瓘兄《太子宾客赠太子太师窦希球神道碑》，与窦希瓘碑同日立，皆为窦希瓘子窦锷妻昌乐长公主受命所建。建碑者既有此显赫之背景，其碑之形制、规模又特为恢弘显著④，而书丹者窦臮为唐代著名书法家。种种因缘促成此碑文传播的可能。从侧面看，裴耀卿文既流传后世，则同时之窦希瓘碑文何尝不能流传当时？《姓纂》所引窦氏家状中"漏头""辽东王""六代"之说，或正取自《窦希瓘碑》（或家状），加以改易使之更符合历史情境：盖由"世祖保母窦氏，以夫家坐事诛，与二女俱入宫"，遂联想及窦氏家族被诛事；而窦宾之卒至窦漏头之卒，近二百年，正符"六代"之数，遂"修正"《窦希瓘碑》之误。

《表》在《姓纂》基础上后出转精，更将其中断层世系补齐。《表》中对于世系断层的磨合上亦十分合理：其一，窦统与窦宾的关系，从时间前后而言是连续的、无缝的；其二，窦武之乱造成的历史情境，使得其一分支迁徙的历史成为可能，这是一种结构性的历史叙事；其三，窦宾至窦祐（窦漏头），正为标准"六代"之数。

对比李百药《窦轨碑》，《表》中的世系亦相契合：其一，从窦统至窦轨的世系是：统—宾—他—勤—真—朗—祐—岩—略—炽—恭—轨，正符合李百药所设计的"十二叶"；

---

① 《北史》卷六十一，第 2176 页。
② 《魏书》卷十三，第 326 页。
③ 《魏书》卷四下，第 99 页。
④ 详《唐窦希瓘神道碑研究》一文中所提供之碑石形制资料：碑为青石质，螭首龟趺，通高 3.66 米。碑首高 0.98 米、宽 1.06 米、厚 0.28 米，刻六龙。碑额圭形。碑身高 3.06 米、宽 1.02～1.06 米、厚 0.28～0.3 米。龟趺头颈部残佚，残长 1.35 米。龟背线刻六角形龟甲纹，龟身中部为倒梯形碑座，顶面凿卯，以承接碑身下端的榫，卯长 0.53 米、宽 0.21 米、深 0.2 米。这一体制放到唐代众多墓碑中，亦属宏大者。

其二，李百药《窦轨碑》所云"七叶祖羽，为魏太尉、辽东京公。属魏氏中微，总摄朝政，竭忠贞以安社稷，挟幼主而令奸雄"，这一情节正对应《表》中"勤，字羽德，穆帝复使领旧部落，命为纥豆陵氏"。窦轨至窦勤(除去本身计)，正好"七叶"。这些看似"巧合"的设计，暴露了《宰相世系表》窦氏世系依托李百药文而成的性质。

　　然而《表》中这一完整世系，可能并不是其编者吕夏卿等人的成果，在此之前的文本或已完成。《新唐书·艺文志》著录《窦氏家谱》一卷，注云："懿宗时国子博士窦澄之。"①《窦希瓘碑》以及《元和姓纂》所引窦氏家状，皆未将窦氏世系整合一起，《宰相世系表》之世系线索后出，则其渊源《窦氏家谱》最为可能。

三、《宰相世系表》窦氏世系人物补证

　　前文对中古时期窦氏家族的世系文本做了一番梳理，至于其中人物真伪并未详加辨析，而这也是一个困难的工作。自乾嘉以来，学者对《宰相世系表》的考证层出不穷②，新出唐代墓志增补的信息更多。但是我们应该注意这样一个文本关系：出土墓志可能是依据家传、家状类文献书写，而这类文献又往往参考史传，而史传又是在家状、谱牒等基础上修编，于是形成一个循环。所以，无论是地下、地上之史料，都不见得完全可信。前引《周书》以及李百药《窦轨碑》就是这样。那么究竟什么是最接近真实的资料呢？或许陈寅恪先生关于"通性之真实"与"个性之真实"的观点可以给我们提示。③世系构拟之人物不一定为真实家族世系中的人物，但却往往有真实的"原型"人物。从这个角度看，就算全为伪冒的世系，也有其真实的地方。

　　前节我们引用的窦氏世系文本中，有一个现象：北朝以来至唐初，鲜卑窦氏人物碑碣、墓志的材料非常少，无论传世文献还是出土文献皆如此；鲜卑窦氏人物传记亦是到唐初修南北朝史书才渐成谱系。这一文本现象对应的正是鲜卑窦氏家族兴起的过程，也间接反映了其世系伪冒层累的问题。

　　鲜卑窦氏世系之"信史"时代自窦略始，史传记载延绵不断。其中人物之真伪问题，集中在窦宾与窦略之间。窦漏头其人当无疑问，但世祖保母窦氏传中并未言及与窦宾家族之关系，亦未言及其子嗣之情况。窦漏头封辽东王，为早期窦氏人物最为显贵者，自然是后世攀附之首选。其"辽东王"之封爵亦为原型而被复制。

---

　　①　《新唐书》卷五十八，第 1502 页。《宰相世系表》河南窦氏世系中有两"窦澄"，一为窦毅七世孙，一为八世孙，不知是此窦澄之否。又作窦登之。《崇文总目辑释》卷二注："唐志澄之作登之。"《宋史》卷二百四艺文志："窦澄之《扶风窦氏血脉家谱》一卷。"清刘文淇《青溪旧屋集》卷七《长乐李氏族谱序代》："至若陆景献所撰《陆氏宗系谱》，窦登之所撰《窦氏家谱》以及《赵郡东祖李氏家谱》二卷、《李氏房从谱》一卷，则皆以一家之私谱而列于国史，亦可见谱牒之足重矣。"

　　②　相关成果汇集于赵超《新唐书宰相世系表集校》，中华书局 1998 年版。

　　③　陈寅恪多次提到对于史料的两种真实态度。比如关于小说的使用："《剧谈录》所纪多所疏误，自不待论。但据此故事之造成，可推见当时社会重进士轻明经之情状，故以通性之真实言之，仍不失为珍贵之社会史料也。"（《唐代政治史述论稿》，三联书店 2001 年版，第 273 页）其为学生授课，亦指出："小说亦可作参考，因其虽无个性的真实，但有通性的真实。"（《陈寅恪集·讲义及杂稿》附录石泉、李涵听唐史课笔记，三联书店 2001 年版，第 492 页）

史载窦宾二子速侯、回题。《表》中窦宾二子，"异、他，他字建侯"。"速侯"与"建侯"，形讹可通；"他"与"题"，音转可通。但窦宾家族因为谋反皆被诛杀，连其女神元皇后亦不放过，窦宾家族为何还会有后代？

《表》又云："他生勤，字羽德，穆帝复使领旧部落，命为纥豆陵氏。晋册穆帝为代王，亦封勤忠义侯，徙居五原。"即对应前引李百药《窦轨碑》"七叶祖羽，为魏太尉、辽东京公。属魏氏中微，总摄朝政，竭忠贞以安社稷，挟幼主而令奸雄"。李百药虽为隋唐间人，且为史学世家，但对窦羽这个人，他却表现得毫无史识。有鉴于此，《表》对李百药文中之人、之时、之事皆作了"修正"。李百药文中窦羽之事发生在魏氏中微、幼主之时，当指北魏孝明帝元诩、少帝(幼主)元钊时期。元诩六岁登基，灵太后胡氏垂帘听政，武泰元年(528)二月癸丑崩，灵太后遂拥立年仅三岁之元钊，半月后尔朱荣入洛，杀灵太后及幼主，立元子攸。当时"总摄朝政，竭忠贞以安社稷，挟幼主而令奸雄"之人，绝非窦氏之选。从绝对时间而言，窦轨卒在贞观四年(630)，距"幼主"之时(以武泰元年为准)，仅百年，绝无可能有"七叶"。《表》正是察觉到了这一问题，故将窦勤(对应窦羽)往前推到晋册穆帝为代王时，时为穆帝八年(311)，相距三百余年，可符"七叶"之数。除此之外，《表》中此段史源可能还参考《魏书·序纪》：

> 昭皇帝讳禄官立，始祖之子也。分国为三部：帝自以一部居东，在上谷北，濡源之西，东接宇文部；以文帝之长子桓皇帝讳猗㐌统一部，居代郡之参合陂北；以桓帝之弟穆皇帝讳猗卢统一部，居定襄之盛乐故城。自始祖以来，与晋和好，百姓义安，财畜富实，控弦骑士四十余万。是岁，穆帝始出并州，迁杂胡北徙云中、五原、朔方。又西渡河击匈奴、乌桓诸部。自杏城以北八十里，迄长城原，夹道立碣，与晋分界。①

《表》中所谓"晋册穆帝为代王，亦封勤忠义侯，徙居五原"之事，即"穆帝始出并州，迁杂胡北徙云中、五原、朔方"之附会。穆帝所迁之杂胡，据《序纪》后文：

> (穆帝七年)帝复与刘琨约期，会于平阳。会石勒擒王浚，国有匈奴杂胡万余家，多勒种类，闻勒破幽州，乃谋为乱，欲以应勒，发觉，伏诛。②

此徙五原之杂胡为匈奴种，显然非窦勤所领旧部落，穆宗也不可能命之为纥豆陵氏。

《表》又云："(勤)生子真，字玄道，率众入魏，为征西大将军。生朗，字明远，复领父众。"窦真，字玄道；窦朗，字明远，名字互训，当出自汉化极深之后，断不至在部众未分的鲜卑族人中出现。就算确有其人，亦后人构拟之人名。据《魏书·太祖纪》：(登国

---

① 《魏书》卷一，第5~6页。
② 《魏书》卷一，第8页。

五年)"十有二月,纥突邻大人屈地鞬举部内属"①。姚薇元疑屈地鞬或就是《表》中之窦真。按屈地鞬为纥突陵部落大人,窦宾亦之前的首领,但塞外部族之酋首,并非如中原帝王诸侯一样子孙相袭。窦宾、屈地鞬、窦真,就算同领部落,亦不可断为同一家族。屈地鞬当为《表》中窦勤、窦朗原型之一。

《表》又云:"(朗)二子:滔、祐。祐,辽东公,亦领部落。"前文说过,这个窦祐对应窦漏头。这个情节当为整个《表》中前后世系串联的重要节点。换言之,整个《表》中世系是以此为基点来"设计"的。但《表》作了一些"掩饰":将漏头之辽东王改为辽东公;将漏头之名或字改为"祐",漏头或六头成为窦略之字;让漏头亦领部落。但这种"遮掩"反而暴露出窦祐与漏头之关系。

窦祐之后,"三子:提、拓、岩。自拓不领部落,为魏侍中、辽东宣王。岩,安西大将军、辽东穆公,从孝武徙洛阳,自是遂为河南洛阳人。三子:那、敦、略"。信史中窦略之后,窦氏家族的封爵,皆与辽东无关,窦岩诸人为"伪造"的可能性极大。窦拓、窦岩的官爵设计,完全沿袭漏头,或者说承自李百药窦羽为"魏太尉、辽东京公"的情节。其中徙洛阳的情节,亦为结构化叙事,非常缺乏想象力。

四、小　结

文本层累的过程往往越后出者越精,但我们亦不能贸然认为这些"建构的"世系全为伪造。无论是李百药文中确实"龃龉不合"之窦羽,还是《表》中看似"精确无误"之窦勤等诸人,其存在皆有一定的历史语境,我们对这些世系文本应该从"通性的真实"来理解。世系建构中"构拟"出来的人物,尤其是作为世系参考点的人(一般出现在世系断层上,如窦氏世系中之窦统、漏头、窦羽),其背后一般隐藏着一个原型人物,是历史上确实出现过的,只是因为文献阙疑我们已无法得知。这些原型被"改造"或"变型"而成为各种世系节点人物。另外,一些世系文本的情节,也可能是确有其事(比如窦氏世系中领部落、徙洛阳),但这些情节往往是模式化的(如领部众、率众入魏、徙洛阳之事),并非直接与世系人物相关。这是世系文本创作过程中的一个有趣现象,但也是"历史真实"与"构造真实"之间令人着迷之处。总之,《表》中窦氏世系,是在延续前人文本层累的基础上,通过对世系绝对时间的推算,世系重要节点的控制,比附历史真实而逐步构拟出来的。窦氏家族世系建构过程的文本层累过程,较之其他家族略为清晰,从中可以窥见胡姓家族世系建构的一般规律。

(作者单位:大连理工大学中文系)

---

① 《魏书》卷二,第23页。又卷一〇三:"又有纥突邻,与纥奚世同部落,而各有大人长帅,拥集种类,常为寇于意辛山。登国五年,太祖勒众亲讨焉,慕容驎率师来会,大破之。纥突邻大人屈地鞬、纥奚大人库寒等皆举部归降。"(第2312页)

《文心雕龙》与《诗品》楚辞观比较

□ 王 杨 高文强

《文心雕龙》与《诗品》是中国文学理论史上的"双星"，《楚辞》是继《诗经》之后中国诗歌的另一大源头，三者一向是学者们研究的热点。《文心雕龙》与《诗品》都十分重视《楚辞》在中国文学史上的价值与意义，前者的五十篇中有十七篇讲到了《楚辞》，后者则将《楚辞》视作五言诗歌的两大源流之一；然而，有关这两部作品楚辞观的研究并不多见。①即使在已有成果中，学者们的某些观点也并非完全相同。因此，笔者认为有必要对《文心雕龙》与《诗品》的楚辞观进行深入的研究，通过比较以便更全面、更准确地理解刘勰与钟嵘的文艺思想。

一、《文心雕龙》与《诗品》论《楚辞》

《文心雕龙》中集中表现刘勰楚辞观的是《辨骚》篇。《辨骚》篇的开端写道："自《风》、《雅》寝声，莫或抽绪；奇文郁起，其《离骚》哉！"②"奇"可以看作刘勰对《楚辞》基本特征的总概括。这里"奇"的基本意义是指《楚辞》相对于《诗经》的"正"所具有的非传统、非正宗的特质。首先，相比《诗经》中简短朴素的四言诗，《楚辞》具有更宏大的结构，更精妙的构思，更华美的语言，"较之于《诗》，则其言甚长，其思甚幻，其文甚丽，其旨甚明，凭心而言，不遵矩度"③。其次，刘勰指出《楚辞》与《诗经》有"四同""四异"。"四同"指"典诰之体""规讽之旨""比兴之义"以及"忠恕之辞"，就这四点来看，《楚辞》与《诗经》

---

① 关于《文心雕龙》楚辞观的研究主要集中于《辨骚》篇，除此之外的有代表性的研究成果包括李定广、赵厚均的《试论刘勰对〈楚辞〉的矛盾评价》与蒙金含、林树明的《论刘勰对楚辞的钦慕式审美认同》等。对《诗品》楚辞观的专门研究目前尚没有，但是有部分学者将《文心雕龙》与《诗品》进行比较研究，如兴膳宏的《〈文心雕龙〉与〈诗品〉在文学观上的对立》、王运熙的《钟嵘诗论与刘勰诗论的比较》、石家宜的《〈文心雕龙〉与〈诗品〉比较》以及陈迪泳的《多维视野中的〈文心雕龙〉——兼与〈文赋〉〈诗品〉比较》等；这些成果都或多或少涉及刘勰与钟嵘的楚辞观。另外，高林清的博士论文《两汉魏晋南北朝楚辞批评研究》与江瀚的博士论文《先秦至宋代楚辞学研究》也对两部作品的楚辞观有所阐述，但是并未进行比较研究。

② 本文所引《文心雕龙》原文均见于：(南朝)刘勰著，陆侃如、牟世金译注：《文心雕龙译注》，齐鲁书社 2009 年版。

③ 鲁迅：《汉文学史纲要》，上海古籍出版社 2005 年版，第 20 页。

是相同的。然而,《楚辞》又有与《诗经》明显的不同,它充满了"诡异之辞""谲怪之谈""狷狭之志"以及"荒淫之意"。这里其实有个一直以来争论的焦点,那就是"四异"究竟是褒义还是贬义。

对于这个问题,学术界是有争论的。有的学者认为刘勰在思想上是比较保守的,"四异"是他对《楚辞》的一种负面评价。例如,王运熙先生认为:"他批评那些利用神话传说的内容为诡异之辞、谲怪之谈,不合于经典。"①日本学者甲斐胜二也认为刘勰高度评价了《楚辞》的合乎经典之处,却"对跟经典思想不适合的地方又加以很严厉的批判"②。也有学者认为"四异"是一种正面评价,刘勰对《楚辞》持完全肯定的态度。例如,邓国光先生认为,在刘勰眼中,《楚辞》之"奇文"体现的仍然是"对孔子所追求的永恒纯粹的德性的无限向往"③,而刘勰本人与屈原在这方面是心心相印的。张少康先生也认为,无论从刘勰自己的总结来看,还是从刘勰对《楚辞》的总体评价或是《文心雕龙》各篇的分论来看,刘勰"并没有对此'异乎经典'的四事持否定态度"④。另一种观点则认为刘勰对屈原及《楚辞》的评价存在前后不一致之处。例如,王元化先生提出"体慢于三代"意味着《楚辞》"不能和三代的经典相提并论"⑤,而这与刘勰在之后所评价的《楚辞》之"气往轹古,辞来切今"是明显矛盾的。

笔者认为,刘勰本着原道、征圣、宗经的思想,对《楚辞》的"四异"应该是有所批评的,他针对的主要是《楚辞》不合于经书的思想内容,如那些怪诞离奇的传说以及男女杂坐调笑的欢娱场景等,但却"对楚辞不同于经书的新的艺术特点,持赞成态度"⑥。因此,刘勰所说的"奇文"就不能简单地理解为是对《楚辞》的褒扬或是贬抑。他选用这个字正是同时考虑到正负两个方向,"立足于正统性的基础之上,'奇'能转化为崭新与独创性;在偏离正统性时,就会沦于反常一途"⑦。刘勰提出"酌奇"实际上是要执正驭奇。总体来看,"四异"并不能妨碍他对屈原及《楚辞》的赞美。在《辨骚》篇的结尾,刘勰高度评价屈原:"惊才风逸,壮志烟高。山川无极,情理实劳。金相玉式,艳溢锱毫。"他仍然承认《楚辞》是"词赋之英杰","虽取熔经意,亦自铸伟辞",它正是刘勰所提倡的通变结合的典范之作。

《诗品》是中国第一部专门研究五言诗歌的文学批评著作,在风格上它提出了五言诗的两个源头——《诗经》与《楚辞》。《诗品》中的多数诗人都源出于此二者。《诗经》系列包括"古诗"及十四位诗人,其中上品七家(含"古诗"),中品一人,下品七人。《楚辞》系列包括二十二位诗人,其中上品五人,分别为李陵、班姬、王粲、潘岳与张协;中品十七

---

① 王运熙、杨明:《魏晋南北朝文学批评史》,上海古籍出版社 1989 年版,第 357 页。

② [日]甲斐胜二:《〈文心雕龙〉论屈原与〈楚辞〉在文学史上的地位》,中国《文心雕龙》学会编:《论刘勰及其〈文心雕龙〉》,学苑出版社 2000 年版,第 413 页。

③ 邓国光:《〈文心雕龙〉文理研究:以孔子、屈原为枢纽轴心的要义》,上海古籍出版社 2012 年版,第 253 页。

④ 张少康:《刘勰及其〈文心雕龙〉研究》,北京大学出版社 2010 年版,第 75 页。

⑤ 王元化:《文心雕龙讲疏》,三联书店 2012 年版,第 212 页。

⑥ 江瀚:《先秦至宋代楚辞学研究》,苏州大学博士学位论文,2012 年,第 127 页。

⑦ [日]兴膳宏:《〈文心雕龙〉与〈诗品〉在文学观上的对立》,王元化编:《日本研究〈文心雕龙〉论文集》,齐鲁书社 1983 年版,第 221 页。

人，分别为曹丕、嵇康、张华、应璩、刘琨、卢谌、郭璞、陶潜、谢瞻、谢混、袁淑、王微、王僧达、鲍照、谢朓、江淹及沈约；而下品中则没有楚辞系列的诗人。由此可以看出，在钟嵘心中《楚辞》对五言诗的影响实际大于《诗经》的影响，这足以表明钟嵘对《楚辞》的重视。

《诗品》论《楚辞》强调一个"怨"字，例如，评李陵"文多凄怆怨者之流"①、评班姬"怨深文绮"、评王粲"发愀怆之词"、评刘琨"多感恨之词"等，甚至评沈约，也称他"长于清怨"。尤其是李陵与班姬，此二人"不仅存诗少且有争议，钟嵘将他们置于上品，主要因为二人直接继承了楚辞'怨'的情感特点"②。当然，《诗经》系列的作品也有抒发怨情的，如《诗品》评古诗"多哀怨"、评曹植"情兼雅怨"、评左思"文典以怨"等，但这两种"怨"是不同的。

首先，在表达怨情的风格上，《楚辞》系列的诗人"或激烈，或凄切，其怨情总是强烈的，而古诗的表现则往往是温婉的"③。其次，《诗经》系列的诗作所表达的怨情是一种具有典型性或共性的情感。沈德潜认为："《古诗十九首》，不必一人之辞，一时之作。大率逐臣弃妻、朋友阔绝、游子他乡、死生新故之感。"④这种情感可以普遍存在于社会与人之中，而《楚辞》系列的诗作反映的则是诗人个体的不幸遭遇。

上品诗人中，李陵在汉武帝时任骑都尉，征讨匈奴未果而降，钟嵘评其"生命不谐，声颓身丧。使陵不遭辛苦，其文亦何能至此！"班姬在赵飞燕姐妹入宫后失宠，求供奉太后长信宫，作赋自伤悼。王粲"家本秦川，贵公子孙，遭乱流寓，自伤情多"⑤。潘岳在赵王司马伦专政后遭污蔑谋反，被族诛。张协所处的年代天下纷乱，他心灰意冷，辞官隐居。其余楚辞系诗人也都命运多舛：嵇康因政治纠纷为司马昭所害；刘琨战败后投奔段匹磾，后被段匹磾杀害，钟嵘感叹道："琨既体良才，又罹厄运"；郭璞于西晋末年战乱之中躲避江南，后因阻止王敦谋反而被杀；谢混因亲近刘毅被杀，《世说新语·文学》中提到"文靖之德，更不保五亩之宅"⑥，谢家在当时已如此衰败，以至于谢混只能仰仗先人谢安的名望来保住宅院。

可见，钟嵘以"怨"品诗时特别注重诗人的政治背景及社会遭遇，几乎每一位《楚辞》系诗人都与屈原一样有着不幸的命运。屈原在《离骚》中所哀叹的屈心而抑志、"国无人莫我知兮"以及"既莫足与为美政兮"⑦，无不表达出一股忠怨之情。"诗可以怨"是自孔子以来中国文艺思想史上的一个优良传统，《诗品》中的"怨"则进一步发扬了这个传统，它指的多是"封建社会中遭受迫害，或理想抱负不得实现，因而激发出的对黑暗现实之不

---

① 本文所引《诗品》原文均见于：（南朝梁）钟嵘著，周振甫译注：《诗品译注》，中华书局1998年版。

② 高林清：《两汉魏晋南北朝楚辞批评研究》，福建师范大学博士学位论文，2012年，第117页。

③ 张伯伟：《钟嵘诗品研究》，南京大学出版社1999年版，第130页。

④ （清）沈德潜：《说诗晬语》，潘务正、李言校点：《沈德潜诗文集》，人民文学出版社2011年版，第1925页。

⑤ （梁）萧统编，（唐）李善注：《文选》，上海古籍出版社1986年版，第1433页。

⑥ （南朝宋）刘义庆撰，宁稼雨注评：《世说新语》，凤凰出版社2010年版，第248页。

⑦ 董楚平：《楚辞译注》，上海古籍出版社2012年版，第25页。

满"①。

二、《文心雕龙》与《诗品》评楚辞系诗人

《诗品》认为李陵诗歌源出于《楚辞》，而楚辞系诗人又源出于李陵。李陵之下分班姬、王粲及曹丕三个支流。钟嵘将李陵与班姬均置于上品，评李陵"有殊才"，评班姬"词旨清捷，怨深文绮，得匹妇之致"。刘勰在《文心雕龙·明诗》篇中针对人们仅据汉成帝时整理的作家作品中未见五言诗就质疑《与苏武诗》及《怨诗》是否分别为李陵与班姬所作这一现象，提出五言诗早已有之，不过他并未对这两位诗人进行过多的评价；但在《隐秀》篇中，他提到了班姬《怨歌行》中的诗句"常恐秋节至，凉飙夺炎热"，认为其悲凄婉转，乃"秀句"，这与钟嵘的观点是相近的。

对于另一位上品诗人王粲，钟嵘认为其诗作文辞清秀而刚健不足，但正因如此才在曹植与刘桢之间"别构一体"。刘勰在《文心雕龙》中对王粲的评价则更高。《明诗》篇认为王粲诗歌兼具雅正、润泽、清新、华丽这四方面的特色。《体性》篇则着眼于作家先天气质与作品才气的关联，认为王粲性急才锐，故"颖出而才果"。《才略》篇评价王粲才华横溢，敏捷细密，擅长写作各种文体，文辞少有瑕疵病累，乃"七子之冠冕"。

王粲这一支流中的另两位上品诗人是潘岳与张协。虽然钟嵘将潘岳列为上品，认为其作品很有华彩，却又评价其轻薄浅露。《世说新语·文学》引用孙绰的评语"潘文浅而净，陆文深而芜"②也是相近的意思。钟嵘对张协的评价则很高，认为其诗作结构巧妙、语言形象、风流畅达，"实旷代之高手"。不同于钟嵘，尽管刘勰也注意到了潘岳诗歌的浅露绮丽，却对其给予了更多的称赞。《体性》篇评其作品"锋发而韵流"；《声律》篇认为其作品音韵调和、无处不谐；《才略》篇赞其文思敏捷，"辞自和畅"。对另一位诗人张协，《文心雕龙·明诗》篇谈到五言诗时，认为"景阳振其丽"；《时序》篇评价其作品"结藻清英，流韵绮靡"；《才略》篇亦赞其才华秀丽。总体上看，刘勰不似钟嵘那样对张协有过高的评价，而只关注了其作品的辞采音韵。

这一支流被《诗品》列入中品的诗人中，钟嵘认为郭璞效法潘岳，文采华丽鲜明，"始变永嘉平淡之体，故称中兴第一"，这着眼于郭璞以华艳之词对恬淡玄学诗风的改造。刘勰在《文心雕龙》中也持相似的观点，如《才略》篇提到郭璞时称"景纯艳逸，足冠中兴"。另外，《诗品》认为郭璞的《游仙诗》是不得意的咏怀诗，评价其"非列仙之趣也"。而刘勰在《文心雕龙·明诗》篇中却认为在东晋玄学风行的年代，郭璞的《游仙诗》实在可以称为当时的杰作了；《才略》篇亦称《游仙诗》"飘飘而凌云"，与钟嵘的评价截然相反。萧统《文选》中记录了郭璞的游仙诗七首，这些诗确实仙气飘飘，刘勰的评价是对的；然而，诗中也的确抒发了怨情，如第五首感叹有才之士得不到赏识："珪璋虽特达，明月难暗投。潜颖怨青阳，陵苕哀素秋。悲来恻丹心，零泪缘缨流。"③如此看来，钟嵘的评价是有

---

① 张少康：《中国文学理论批评史》上卷，北京大学出版社 2005 年版，第 232 页。
② （南朝宋）刘义庆撰，宁稼雨注评：《世说新语》，凤凰出版社 2010 年版，第 102 页。
③ （梁）萧统编，（唐）李善注：《文选》，上海古籍出版社 1986 年版，第 1022 页。

道理的。清代刘熙载也认为《游仙诗》"假栖遁之言，而激烈悲愤，自在言外"①。

源出于王粲的另一位中品诗人张华，《诗品》评其风格华艳，托兴奇特，"巧用文字，务为妍冶"，还批评张华"儿女情多，风云气少"。而刘勰在《文心雕龙》中提到张华时则称赞其作品清新，如《明诗》篇称张华凝聚了五言诗清新的一面，《才略》篇亦云："张华短章，奕奕清畅。"钟嵘认为刘琨也源出于王粲，"善为凄戾之词，自有清拔之气"。刘勰在《文心雕龙·才略》中也评价刘琨的诗作受时势的影响，故而"雅壮而多风"。

楚辞系诗人的第三支流出于曹丕。钟嵘将曹丕列于中品，评价其诗作"鄙直如偶语"，只有极少数诗歌能够与曹植相对答。而刘勰在《文心雕龙》中却对曹丕赞赏有加。《乐府》篇赞其"气爽才丽"；《时序》篇赞其"妙善辞赋"；《才略》篇评其文才"洋洋清绮"。可见，刘勰对曹丕的文才是持肯定态度的。他认为过去人们一味贬低曹丕而赞美曹植是不合理的，很可能是出于世俗之情去刻意贬低身为帝王的曹丕，而同情身处困顿之中的曹植，但实际上这二人各有长短，不应强行进行对比。钟嵘的评价其实也是一种人们普遍认同的观点，他是专就五言诗而言的；而《文心雕龙》对曹丕的考量更加全面，例如曹丕《典论·论文》的成就肯定是曹植所不及的。

出于曹丕的两位中品诗人分别为应璩与嵇康。《诗品》评应璩"雅意深笃，得诗人激刺之旨"。《文心雕龙》中，刘勰所见与钟嵘相似。《明诗》篇赞应璩以《百一诗》言其志，"独立不惧；辞谲义贞"，有建安遗风。《诗品》评嵇康，认为其文风与曹丕相近，"过为峻切，讦直露才"，却又赞其"托喻清远""未失高流"。而刘勰对嵇康则更多的是褒扬。《文心雕龙·谐隐》篇称赞其诗作清峻，能表现出严肃的情志，非同时代的诗人所能及；《隐秀》篇赞其意境悠远，思想淡泊，有怡然自得之趣。至于钟嵘所认为的过于鄙直，刘勰的看法与之不同，他在《体性》篇中指出，嵇康作品兴会充沛而言语犀利，而这与他的豪爽性情是分不开的。

楚辞系第三支流的最后一位中品诗人陶潜源出于应璩。《诗品》评应璩时认为他以讽刺诗见长，再结合其对陶潜诗歌的评语："文体省净，殆无长语。笃意真古，辞兴婉惬"，可见钟嵘认为陶诗最主要的特征就是质直。另外，尽管钟嵘驳斥了当时广为流行的看法，认为不能仅仅将陶诗看作"田家语"，但总体上看，他对陶潜文学上的评价并不算高，更多的是出于对其质朴正直之品格的钦佩。《文心雕龙》则没有提到陶潜，《隐秀》篇仅有的一处被证实为伪文。

三、《文心雕龙》与《诗品》楚辞观异同之原因

正如刘勰在《文心雕龙·时序》篇中所讲到的，文学创作是随着时代演变的。文学批评也同样会受到时代风气的影响。魏晋以来的文学创作多沿袭了"楚艳汉侈"的风格，到了刘勰与钟嵘所处的齐梁之际，这种文风有增无减。刘勰与钟嵘身处这样的大背景之下，不可能不重视辞采华艳的《楚辞》。因此，《文心雕龙》与《诗品》都对《楚辞》的语言风格及艺术特色赞赏有加。

刘、钟二人论诗亦十分重视文采。《文心雕龙》中《熔裁》《声律》《章句》《丽辞》《比

---

① （清）刘熙载撰，袁津琥校注：《艺概注稿》，中华书局 2009 年版，第 254 页。

兴》《夸饰》《事类》《练字》等篇都详细地从不同方面论述了文采。钟嵘虽然讲究自然英旨，但《诗品》在对具体作家进行品评时却往往将辞采作为重要的评判标准。例如，一方面，他称赞曹植"词采华茂"，评陆机"才高词赡，举体华美"，评张协"词采葱倩"；另一方面他批评曹丕的诗作语言如同对话、鄙陋质朴，认为只有《西北有浮云》等十几首诗"美赡可玩"。

这也足以解释为什么陶潜会被钟嵘置入中品。南朝文人对陶潜的评价普遍不高。钱锺书先生也认为钟嵘评诗"贵气盛词丽"，"仍囿于时习而已"。① 尽管如今已很难看到钟嵘除《诗品》以外的作品，但《南齐书》云："元简命嵘作《瑞室颂》以旌表之，辞甚典丽"②，可见钟嵘本人的创作也非常讲究辞采。那么，刘勰是否也由于同样的原因而对陶潜只字不提呢？有学者倾向于将此与刘勰的儒家思想挂钩，认为他不能接受深受老庄思想影响的陶潜。也有学者认为《文心雕龙·才略》篇已经说得很清楚了："世近易明，无劳甄序。"刘勰对宋代以来的作家不作评论与鉴别，而陶潜的生活时代是东晋末至南朝宋初期，自然也就不会出现在《文心雕龙》中。然而，刘勰并非完全没有提到近世作家，例如，《时序》篇就提到过"王、袁联宗"及"颜、谢重叶"等。可以看出，刘勰对文辞质朴的陶潜绝不会有很高的评价。

需要注意的是，刘勰与钟嵘提倡的乃是"干之以风力，润之以丹彩"的诗作，而对于那些片面重视语言华丽的形式主义作品则是持批判态度的。以对王粲与刘桢的评价为例。刘勰更欣赏王粲，《才略》篇亦称王粲为"七子之冠冕"，这正是由于其作品既有风骨又有绮丽靡密的文采，而刘桢诗作在后一方面是不及王粲的。钟嵘虽然更推崇刘桢，"自陈思已下，桢称独步"，但也批评其作品"雕润恨少"，文采相比于气势显得明显不足。因此，尽管《文心雕龙》与《诗品》对王粲、刘桢这两家的位置先后意见相左，但仍然能看出刘、钟二人对"丹彩"的同样重视。

可见，相同的时代对刘勰、钟嵘的文学批评观产生了相同的影响。既然如此，为什么在面对同样有辞采的诗人时，两人的评价有时会不同呢？这就涉及诗歌本质观的影响。不同的诗歌本质观使得《文心雕龙》与《诗品》的楚辞观大相径庭。

在《文心雕龙·序志》篇中，刘勰提到了自己七岁梦彩云若锦，而立之年梦随仲尼南下，这两个梦很明显反映了刘勰弘扬儒家文化的决心。《文心雕龙》的写作也是以征圣、宗经为指导思想的。刘勰主张作文写诗应学习圣人经典，做到"不诡""不杂""不诞""不回""不芜""不淫"。因此，《声律》篇评《楚辞》"讹韵实繁"，音韵错乱，认为陆机作品之声韵有失雅正也是受到了屈原的影响。《序志》篇提出后世作家越来越背离圣人经典，一味追求新奇怪异，"离本弥甚"。《通变》《定势》《夸饰》等篇批评近世作品"讹而新""好诡巧""诡滥愈甚"，认为它们过分新奇，不切实际，远离了《风》《雅》之传统。正是从这种主张向儒家经典学习写作的观点出发，刘勰认为文章写作应以《诗经》为根本准则，而对于"奇文"《楚辞》，则应"酌奇而不失其真，玩华而不坠其实"。

因此，刘勰论诗"比较重视教化、美刺讽谏作用，重视诗的政治内容"③。刘勰认为

① 钱锺书：《谈艺录》，商务印书馆 2011 年版，第 219 页。
② （梁）萧子显：《南齐书》第二册，中华书局 1972 年版，第 1802 页。
③ 王运熙：《钟嵘诗论与刘勰诗论的比较》，《文学评论》1988 年第 4 期，第 117 页。

好的作家应该成就一番事业，"摛文必在纬军国"。因此他对玄言诗的空谈很反感，批评玄言诗"嗤笑徇务之志，崇盛亡机之谈"。《文心雕龙》中还有多处谈到了诗歌美刺讽喻的功能。仅以《明诗》篇为例，刘勰首先提出自古以来就有以诗歌来颂扬功德与讽刺过失的传统，接着历数各朝各代的讽喻之作，如楚国屈原的"《离骚》为刺"、西汉韦孟的"匡谏之义"以及三国魏末应璩《百一诗》的"辞谲义贞"等。这方面，刘勰尤其欣赏《楚辞》。《比兴》篇云："三闾忠烈，依《诗》制《骚》，讽兼'比''兴'。"《通变》篇亦云："楚之骚文，矩式周人。"可见，《楚辞》是以周朝诗篇为楷模的，它承继了《诗经》讽刺的优良传统，这是刘勰极为看重的。

钟嵘则将吟咏性情看作诗歌的本质。《诗品序》明确提出了诗歌的抒情功能："动天地，感鬼神，莫近于诗""使穷贱易安，幽居靡闷者，莫尚于诗矣"。"把表现个人伤怀愁绪的艺术功能提扬到与'动天地，感鬼神'并驾齐驱的地位而给予崇高的道德评价，这在中国文学批评史上是空前的，而在《文心》作者那里是想都不敢想的。"①《诗品》论诗讲究"直寻"，即直接抒发心中的感情，故而对于当时堆砌典故和讲究苛繁声律的弊病十分不满。"至乎吟咏情性，亦何贵于用事？""今既不被管弦，亦何取于声律耶？"用事与声律在钟嵘看来都是对情感自由表达的妨碍。当然，刘勰论诗也讲"情"，但他是以儒家扶持情性的观点来解释的："诗者，持也，持人情性。"如此，"情"就不可随意抒发，而应止乎礼。

钟嵘并不像刘勰那样看重诗歌美刺讽谏的社会政治功能。《诗品》上品之中，只提到左思"得讽喻之致"；中品之中，也只评价了应璩的诗作"得诗人激刺之旨"。孔子的"兴观群怨"说在《诗品序》中只留下了"诗可以群，可以怨"。"兴"强调诗歌在道德修养中的地位，"观"与诗歌所反映的社会政治与道德风尚状况有关，而这两点都被钟嵘有意识地剔除掉了。这样，钟嵘就突破了儒家经学传统，他所推崇的不是言儒家圣人之志的诗歌，而是抒发一己之情性的诗歌。"此'情性'指物色之情和离怨之情，即指个体因离群而产生的悲哀和痛苦。"②物色之情包括风月云雨等自然景象，离怨之情则包括各种个人的不幸遭遇，这是钟嵘最为重视的。正如有学者指出的，"六朝后期，政治斗争更为复杂，钟嵘才如此强调诗歌创作的社会背景，特别关注诗人的遭遇，认为这是他们创作的活水"③。

这样一来就能够理解为什么刘勰认为《楚辞》的最基本特征是"奇"，而钟嵘却认为《楚辞》的最基本特征是"怨"。同样，也可以明白为什么两人对某些楚辞系诗人的评价会有不同。同样以上文所比较过的王粲与刘桢为例。《文心雕龙·体性》篇评价刘桢"气褊"，故而其作品"言壮而情骇"；《诗品》亦评价刘桢"仗气爱奇"。《文心雕龙·明诗》篇云："若夫四言正体，则雅润为本；五言流调，则清丽居宗，华实异用，惟才所安。……兼善则子建、仲宣，偏美则太冲、公幹。"刘勰以儒家经典作为评论作品的根据，"气褊""爱奇"的刘桢自然不及各种优点都具备的王粲。又如，钟嵘对《楚辞》系列的张协评价甚高，列于上品。《诗品》评张协诗作"巧构形似之言"，对于他擅长景物描写这一点是十分认可的。

---

① 梁临川：《〈文心雕龙〉与〈诗品〉的分歧》，《上海大学学报》(社科版)1991年第2期，第37页。
② 陈迪泳：《多维视野中的〈文心雕龙〉——兼与〈文赋〉〈诗品〉比较》，中国社会科学出版社2014年版，第135页。
③ 石家宜：《〈文心雕龙〉与〈诗品〉比较》，《南京师范大学文学院学报》2007年第1期，第123页。

同样位于上品的谢灵运也被认为"杂有景阳之体，故尚巧似"。这说明钟嵘很欣赏东晋以来盛行的山水诗歌。相反，刘勰对张协则评价不高。由于《文心雕龙》不评论近世作家，因而并未具体评述过谢灵运；但刘勰评山水诗确实批评多于褒扬。《明诗》篇云："庄、老告退，而山水方滋。俪采百字之偶，争价一句之奇；情必极貌以写物，辞必穷力而追新。此近世之所竞也"，明显语含贬义。况且，在山水写景诗中，山水已不再是背景，而是主体，它成为独立的审美对象；诗人即便寄情于山水，也多表现的是个体之情，而非怨刺之情。这让重视诗歌美刺讽喻的刘勰很不满意。

四、结　语

一方面，刘勰与钟嵘都不可避免地受到了时代的影响，在强调形式与内容统一的前提下，重视诗歌的文采，这也是《文心雕龙》与《诗品》都特别欣赏《楚辞》的原因之一。另一方面，刘勰的全部文学主张是以儒家征圣、宗经的思想为基础的，《文心雕龙》论诗更强调诗歌的政治内容以及美刺讽喻的功能，因此视《楚辞》为《诗经》之外的"奇"；而钟嵘则受儒家影响较小，他主张诗歌的本质是吟咏性情，在此基础上，《诗品》更强调《楚辞》及楚辞系诗人的抒发个体之怨情。这是两部作品楚辞观之差异的根源所在。

（作者单位：武汉大学文学院）

《春秋金锁匙》非元人赵汸撰著考*

□ 吴兆丰

安徽休宁人、元末儒者赵汸（1319—1369），字子常，号东山，以《春秋》学名家。清中期纂修《四库全书》全文收录元人《春秋》学著作 16 种，其中署名为赵汸的占 5 种，分别是：《春秋集传》《春秋师说》《春秋左氏传补注》《春秋金锁匙》和《春秋属辞》。赵汸成为《四库全书》全文收录《春秋》学著作种数最多的学者，超过北宋学者刘敞（1019—1068），后者以 4 种《春秋》学著作列居其右。

《春秋金锁匙》（以下简称《金锁匙》）一书是否赵汸所撰，近代以来余嘉锡《四库提要辨正》、崔富章《四库提要补正》、李裕民《四库提要订误》等未暇论及，当代重要明人传记集《明代名人传》也视其为赵汸著述而未作辨析①，研究赵汸的学者均未置质疑②，或以此书论析赵汸《春秋》学成绩③，至有断言是书为赵汸《春秋》学纲领性著作，"性质类似《(春秋)属辞》的简明本"④。笔者不揣浅陋，兹对《金锁匙》一书并非赵汸撰作之问题情形，加以考析讨论，希祈引起学界注意，并以求教于方家。

一、赵汸文集、交游及传记文献未载

《金锁匙》不见载于赵汸文集文字及其好友、门人之相关记述。检诸赵汸文集《东山存稿》，没有《金锁匙》之任何记载。不晚于至正二十三年（1363），赵汸致信好友宋濂

＊ 本文为国家社科基金青年项目"《四书五经性理大全》与元明儒学传承研究"（项目编号：13CZS016）阶段性成果。

① L. Carrington Goodrich and Chaoying Fang, eds., *Dictionary of Ming Biography*, *1368-1644*, New York: Columbia University Press, 1976, pp. 125-128.

② 周晓光：《论新安理学家赵汸的〈春秋〉学说》，《安徽师范大学学报》1998 年第 4 期，第 463～471 页；涂茂奇：《赵汸及其〈春秋〉学研究》，东吴大学中国文学系硕士学位论文，2000 年；叶天赐：《元代徽州朱子学研究——以郑玉和赵汸为例》，香港中文大学历史系硕士学位论文，2003 年；黄开国：《赵汸的〈春秋〉学》，《中国哲学史》2004 年第 2 期，第 85～91 页。

③ 中村俊也：《赵汸〈春秋金锁匙〉初探》，《日本言语文化研究会论集》第 16 卷，1983 年，第 1～20 页；冯晓庭：《赵汸〈春秋金锁匙〉初探》，杨晋龙主编：《元代经学国际研讨会论文集》下册，"中央研究院"中国文哲研究所筹备处，2000 年，第 625～657 页。

④ 申屠炉明：《论赵汸及其〈春秋〉学》，《安徽大学学报》2015 年第 1 期，第 85～93 页。

（1310—1381）、王祎（1322—1375），概括平生撰作各种《春秋》学著作大意，述及《春秋师说》《春秋左氏传补注》《春秋属辞》《春秋集传》，然未及《金锁匙》①。《春秋师说》等四种著述均有赵汸自序②，《金锁匙》却没有包括赵汸在内任何题序文字可以稽考。与赵汸一同拜师黄泽（1259—1346）的朱升（1299—1370），与赵汸关系密切。赵汸撰作旧稿《春秋集传》成书，朱升称许道："《春秋》之说，定于此矣。"《春秋属辞》即将付刻，朱升"手抄一部，点抹甚精，脱误处亦时审定"③，所以该书首次刊行时列朱升为"校正"④。赵汸卒后，朱升遴选赵氏生平诗文，为之作序，序文提到赵汸平生所撰《春秋师说》《春秋属辞》《春秋集传》，然并未提《金锁匙》。⑤ 赵汸门人詹烜所作《东山赵先生汸行状》⑥，以及赵汸弟子金居敬总跋赵汸《春秋》学著作之题识⑦，也都未及《金锁匙》。

此外，明中期《明一统志》《（弘治）徽州府志》《（弘治）休宁志》《（嘉靖）徽州府志》，明末《本朝分省人物考》《续文献通考》《西园闻见录》，清初《雒闽源流录》《明史稿》《罪惟录》《明书》《明名臣言行录》《宋元学案》，及清中叶《陆子学谱》《（康熙）休宁县志》官修《明史》《（乾隆）江南通志》等重要史籍所载传记资料，均述及赵汸《春秋师说》等四种《春秋》学著作及其大概，然都对《金锁匙》一书只字未提。

二、明代公私书目载录作者信息变化

翻检明代各种公、私藏书目录可见，《金锁匙》一书在明代中前期书志中不题撰者，直至明末书目资料中方出现署名是书作者为赵汸之记录（见表1）。⑧ 除《古今书刻》因体例之故概不录书籍作者外，其他如《文渊阁书目》《菉竹堂书目》等，一般都在书名前后著录著者信息。如杨士奇于正统六年奉敕编成的《文渊阁书目》，所收录《春秋》类著作绝大多数包含作者信息，如"春秋程端学本义""春秋陈则通提纲""春秋李祺世纪""春秋赵子常属辞""春秋汪氏纂疏""春秋李廉会通"等。然对《春秋摘奇》《春秋图说》《春秋通天窍》

———————————————

① 赵汸：《东山存稿》卷3《春秋纂述大意》，文渊阁《四库全书》第1221册，上海古籍出版社1987年影印本，第257~260页。

② 《春秋集传》《春秋左氏传补注》《春秋属辞》均有赵汸自序文，分见文渊阁《四库全书》第164册（上海古籍出版社1987年影印本），第2~7、328~329、444~446页。《春秋师说》自序，见朱彝尊著，张广庆等校：《经义考》卷198《春秋师说自序》，"中央研究院"中国文哲研究所筹备处，1997年，第292~293页。

③ 赵汸：《与宋景濂》，黄宗羲：《明文海》卷147，文渊阁《四库全书》第1454册，上海古籍出版社1987年影印本，第539页。

④ 罗振玉：《大云书库藏书题识》卷1"春秋属辞"条，《国家图书馆藏古籍题跋丛刊》，第24册，北京图书馆出版社2002年影印本，第245页。

⑤ 朱升：《朱枫林集》卷3，《集赵东山文稿序》，黄山书社1992年版，第40页。

⑥ 詹烜：《东山赵先生汸行状》，赵汸：《东山存稿》附录，文渊阁《四库全书》第1221册，上海古籍出版社1987年影印本，第365~371页。

⑦ 赵汸：《春秋师说》卷末，文渊阁《四库全书》第164册，上海古籍出版社1987年影印本，第324~325页。

⑧ 从朱睦㮮《万卷堂书目》著录《春秋金钥匙》为赵汸所撰来看，朱睦㮮《授经图义例》、焦竑《国史经籍志》、黄虞稷《千顷堂书目》所载"《春秋金钥匙》"即《春秋金锁匙》，为同一书。

《金锁匙》等书则均不录撰者信息。又如叶盛私藏目录书《菉竹堂书目》，所录《春秋》学著作亦多包含著者信息，如"春秋刘敞传二册""春秋孙觉经解十册""春秋俞皋释义四册""春秋赵子常属辞六册"等，然也对《春秋通天窍》《金锁匙》《春秋摘奇》《春秋图说》诸书不题作者，并置于此类著述之末，显然视其为相近之书。

表1　　　　　　　　　　明代及清初重要公私书志著录《金锁匙》情形①

书志作者	书志卷次	著录情形	注明赵汸与否
杨士奇（1365—1444）	《文渊阁书目》卷二	《春秋金锁匙》，一部一册，阙	×
叶盛（1420—1474）	《菉竹堂书目》卷一	《春秋金锁匙》，一册	×
钱溥（1439年进士）	《秘阁书目》不分卷	《金锁匙》，一册	×
夏良胜（1508年进士）等纂修	《（正德）建昌府志》卷八《典籍》	《春秋金锁匙》，收贮南丰县学	×
周弘祖（1559年进士）	《古今书刻》卷上	《春秋金锁匙》	×
朱睦㮮（1517—1586）	《授经图义例》卷十六　《万卷堂书目》卷一	《春秋金钥匙》，一卷　《春秋金钥匙》，一卷	√
焦竑（1541—1620）	《国史经籍志》卷二	《春秋金钥匙》，一卷	×
祁承㸁（1563—1628）	《澹生堂藏书目》卷一	《春秋金锁匙》，一册，一卷	×
无名氏	《近古堂书目》卷上	《春秋金锁匙》	√②
董其昌（1555—1636）	《玄赏斋书目》卷一	《春秋金锁匙》	√
钱谦益（1582—1664）	《绛云楼书目》卷一	《春秋金锁匙》，一册，一卷	×
黄虞稷（1629—1691）	《千顷堂书目》卷二	《春秋金钥匙》，一卷	×

明中前期重要书目何以同时对《金锁匙》作者阙而不载？这可能是书目编者因未完全掌握书籍信息而失载，也可能是此书原本未题作者之故。在《文渊阁书目》《菉竹堂书目》中，与《金锁匙》一并不著录作者的《春秋摘奇》《春秋通天窍》诸书，不仅书名俚俗，至今亦无从获知撰者。《金锁匙》原为福建建宁府书坊刻本③，今则不存，其原刻情状不得而

①　夏良胜等纂修：《（正德）建昌府志》卷8《典籍》，《天一阁藏明代方志选刊》，第34册，上海古籍书店1981年影印本，原书第7页；朱睦㮮：《授经图义例》卷16，文渊阁《四库全书》第675册，上海古籍出版社1987年影印本，第309页；钱谦益：《绛云楼书目》，《稿抄本明清藏书目三种》，北京图书馆出版社2003年版，第303页；黄虞稷著，瞿凤起、潘景郑整理：《千顷堂书目》卷2，上海古籍出版社2001年版，第72页；此表其他书志著录情形，依次见冯惠民、李万健等编：《明代书目题跋丛刊》，书目文献出版社1994年影印本，第27、895、640、1120、1068、232、942、1159、1493页。

②　《近古堂书目》著录如下："赵汸春秋属辞、左氏补注、春秋师说、春秋属辞、春秋金锁匙"，按其逻辑，应视《春秋金锁匙》为赵汸作品。

③　冯惠民、李万健等编：《明代书目题跋丛刊》，书目文献出版社1994年影印本，第1120页。

知。然清末江人度注意到《金锁匙》书名，即《春秋》"纲领之意，而名未雅驯"①。《金锁匙》既为坊刻，名称又如此鄙俗，非儒者赵汸撰名可见矣，或为书坊刻梓以备科考、射利之用则未无可能。

总之，与至今不知著者的《春秋摘奇》《春秋通天窍》诸书一样，原刻本《金锁匙》可能未题著者，所以明中前期书志阙载此书作者信息。黄虞稷《千顷堂书目》便径称《金锁匙》"失名氏"②。至于晚明书志如《万卷堂书目》等何以始属《金锁匙》为赵汸著作，则有待进一步研究。

三、见存影元刊钞本检讨

《金锁匙》原刊本既已不存，留存下来最为重要、可供检讨的，是影元刊钞本。据笔者所见及清代以来相关书目题跋，《金锁匙》不同钞本实有共同之处：均有影写"至正癸未日新堂刊"牌记字样。（见表 2）至正癸未，即至正三年（1343）。

表 2 《金锁匙》见存钞本概况

馆藏地	著录情形	参考来源
台湾"国家图书馆"	明朱丝栏钞本。一册一卷。版框高 21.8 厘米，宽 16.2 厘米。每半叶 10 行，行 23 字。上下单边。卷首顶格题《春秋金锁匙》，低三格题"至正癸未日新堂刊"字样。《春秋》经文顶格，释文低一格。有"芹圃收藏"朱文长方印、"国立中央图书馆收藏"朱文长方印、"张乃熊印"白文方印、"芹伯"朱文方印	台湾"国家图书馆"藏明朱丝栏钞本；台湾"国家图书馆"特藏组编：《"国家图书馆"善本书志初稿·经部》，台湾"国家图书馆"，1996 年，第 147 页
南京图书馆	钞本。一册一卷。无栏格。每半叶 11 行，行 22 字。卷首书名下题"新安赵汸著"字样。《春秋》经文顶格起，释文低一格。卷末有影写旧刊本题记"至正癸未日新堂刊"字样。原书附丁丙跋文一纸	南京图书馆藏无栏格钞本
日本天理大学图书馆	乌丝栏钞本。一册一卷。44 叶。上下单边，版框高 18.8 厘米，宽 13.5 厘米。每半叶 11 行，行 22 字。上下向黑鱼尾。底本刊记："至正癸未日新堂刊。"面纸墨书："庚午五月十七日，读毕赵氏《集传》《属辞》《师说》《补注》等书，俱入于通志堂所刊经解。独《金锁匙》一卷见佚。余从人借录，盖亦属辞比事以求笔削之旨者也，凡二百五则（笔者按：应为一百五则）。而全经之要钦，世变之始终具焉，当学春秋之津梁也。惕斋。"有"李书九印""今西龙""今西春秋""今西春秋图书""春秋文库""天理图书馆藏"诸印	《天理大学图书馆藏书目录》

---

① 张之洞著，来新夏等汇补：《书目答问汇补》，中华书局 2011 年版，第 136 页。

② 黄虞稷著，瞿凤起、潘景郑整理：《千顷堂书目》卷 2，上海古籍出版社 2001 年版，第 72 页。

值得注意的是，南京图书馆馆藏钞本，末附丁丙（1832—1899）跋文一纸。然丁丙《善本书室藏书志》却称："（《金锁匙》）一卷，影元刊本，武原醉经堂黄氏藏书。是书撮举圣人之特笔，与春秋之大例，以事之相类者，互相推勘，究其异同，而申明其正变。大旨与《春秋比事》相埒，此更简且明耳。卷末有'至正癸丑日新堂刊'八字，此盖从而影写者也。有'黄氏晋康'、'锡蕃'、'武原醉经楼黄氏珍藏'三印。锡蕃，字椒升，海盐人，精篆刻，家有醉经楼，储藏旧本颇富。"①丁丙概括《金锁匙》内容特色部分，因袭《四库全书总目》而来。② 黄锡蕃（1761—1851），字晋康，号椒升，是清代嘉道间江南著名藏书家。考至正并无癸丑之年，至正只有二十八年戊申（1368），至正癸丑实际上已是明洪武六年。据南京图书馆现藏钞本可见，丁丙《善本书室藏书志》所谓"至正癸丑日新堂刊"，实为"至正癸未日新堂刊"之误。此误甚至影响《书林清话》作者叶德辉，后者即据丁志，称"至正癸丑刻《春秋金钥匙》一卷"，并谓时虽"已入明洪武六年，盖犹奉元正朔"。③

另外，民国初年张钧衡（1872—1927）《适园藏书志》载录"天一阁藏明钞本"《金锁匙》一部，谓："是书撮举圣人之特笔，与春秋之大例，以事之相类者，互相推勘，究其异同，而申明其正变。大旨与《春秋比事》相埒，此更简且明耳。卷末有'至正癸卯日新堂刊'八字，此盖从而影写者。"④且不论以上内容与丁丙《善本书室藏书志》所述几为一致，考清人范邦甸《天一阁书目》载"《春秋金锁匙》，一卷，朱丝阑钞本"⑤，应是张氏所见之本。查台湾"国家图书馆"藏《金锁匙》也是朱丝栏钞本，且有"芹圃收藏""张乃熊印""芹伯"诸印。考张乃熊（1891—1942），字芹伯，一字芹圃，乃是张钧衡长子。张乃熊既继承乃父藏书，并编为《芹圃善本书目》。张乃熊部分善本书后售给国民政府重庆中央图书馆，从而成为今台湾"国家图书馆"重要库藏。因此，张乃熊《芹圃善本书目》所载《金锁匙》"一卷，一册，明钞本"⑥，实即台湾"国家图书馆"所藏朱丝栏钞本《金锁匙》，也当是其父《适园藏书志》所载明钞本《金锁匙》。换言之，《适园藏书志》所载，与台湾"国家图书馆"所藏，应为同一钞本，故《适园藏书志》所记"明钞本"《金锁匙》有"至正癸卯日新堂刊"字样，实也是"至正癸未日新堂刊"之讹。

由此可见，虽然《金锁匙》诸钞本各自行款不一，但均有影元刊"至正癸未日新堂刊"字样。明末以来可能即流行以上钞本。徐乾学（1631—1694）《传是楼书目》著录《金锁匙》

---

① 丁丙：《善本书室藏书志》卷3，《续修四库全书》，第927册，上海古籍出版社1995年影印本，第199页。

② 永瑢等：《四库全书总目》卷28，经部春秋类三，"春秋金锁匙"条，中华书局1965年版，第229页。

③ 叶德辉著，吴国武等整理：《书林清话》卷4，《元时书坊刻书之盛》，华文出版社2012年版，第107页。

④ 张钧衡：《适园藏书志》卷2，《海王邨古籍书目题跋丛刊》，第6册，中国书店2008年影印本，第273页。

⑤ 范邦甸：《天一阁书目》卷一之二，上海古籍出版社2010年版，第81页。

⑥ 张乃熊：《芹圃善本书目》卷5，台湾广文书局1969年版，第95页。

为"抄本"。① 曹寅(1658—1712)《栋亭书目》也载录《金锁匙》是"抄本"。② 钱曾(1629—1701)《读书敏求记》称："是书(《金锁匙》)曾于牧翁(钱谦益)架上见之,后不知散佚何处。此则焦氏家藏旧钞本也。"③此处"焦氏家藏旧钞本",为钱氏甚是推崇的金陵焦竑之藏。近代藏书校勘家章钰(1864—1937)《读书敏求记校正》便根据张钧衡《适园藏书志》,推测钱曾经眼的《金锁匙》可能也是影元刊钞本:"《适园志》有天一阁明钞本,卷末有'至正癸卯日新堂刊'八字,此记旧钞本,疑亦出至正本。"④又,吴寿旸(1771—1831)《拜经楼藏书题跋记》称:"(《金锁匙》)钞本,一卷,亦子常著。《读书敏求记》云:'是书曾于牧翁架上见之,后不知散佚何处。此则焦氏家藏旧钞本也。'惜多讹舛。先君子(吴骞)曾从沈层云先生借红桐书屋新刊本校勘,颇多是正。"⑤吴骞(1733—1813)校钞本《金锁匙》与钱曾经眼"焦氏家藏旧钞本"可能无异,李盛铎(1859—1934)《木犀轩藏书题记及书录》即载吴骞抄校本《金锁匙》,"标题下有朱笔'至正癸未日新堂刊'八字"⑥。

尤堪留意的是,乾隆四十二年(1777)至四十八年(1783),曲阜孔子六十九世孙孔继涵(1739—1783)可能也据"亦出至正本"钞本覆刻《金锁匙》,故《微波榭丛书》本《金锁匙》,书名下也出现"至正癸未日新堂刊"字样。台湾"国家图书馆"藏《微波榭丛书》本《金锁匙》,一册,一卷,木刻,前后无序跋,半叶11行,行22字,四周单边,相向双鱼尾,版心中题书名,版心下方分别刻叶次及"红桐书屋"字样。该书经文顶格,释文底一格,卷首书名下题"至正癸未日新堂刊"八字、另行下题"新安赵汸子常著"字样。《微波榭丛书》本《金锁匙》至晚于乾隆四十七年已授梓,覆刻之后且成书家校正旧抄本参考,现藏北京大学图书馆吴骞校钞本即是一例。⑦

《四库全书》采择之《金锁匙》也是钞本。如表3所示,《四库采进书目》列有浙江二老阁写本《金锁匙》一部。沈初(1729—1799)等《浙江采集遗书总录》是纂修《四库全书》过程中产生的一部提要式目录。浙江二老阁写本《金锁匙》具体情形不得而知,然沈初所撰提要称,此书系赵汸"本其师黄楚望口授之义,随条缀录者"⑧。以此推之,二老阁写本书名下极可能也题"至正癸未日新堂刊"字样。沈初先据此"至正三年刊"信息,又考至正三年赵汸从黄泽游学之实,进而认为《金锁匙》为赵氏早年根据黄泽口授之义编录成书。

①　徐乾学:《传是楼书目》卷1,《续修四库全书》,第920册,上海古籍出版社1995年影印本,第650页。

②　曹寅:《栋亭书目》卷1,《丛书集成续编》第5册,台湾新文丰出版社1989年影印本,第455页。

③　钱曾著,管庭芬、章钰校正:《读书敏求记校正》卷一上,上海古籍出版社2007年版,第25页。

④　钱曾著,管庭芬、章钰校正:《读书敏求记校正》卷一上,上海古籍出版社2007年版,第25页。

⑤　吴寿旸:《拜经楼藏书题跋记》卷1,《宋元明清书目题跋丛刊》,第17册,中华书局2006年影印本,第605~606页。

⑥　李盛铎著,张玉范整理:《木犀轩藏书题记及书录》,北京大学出版社1985年版,第75页。

⑦　李盛铎著,张玉范整理:《木犀轩藏书题记及书录》,北京大学出版社1985年版,第75页。

⑧　沈初等:《浙江采集遗书总录》乙集,张升编:《〈四库全书〉提要稿辑存》,第1册,北京图书馆出版社2006年影印本,第248页。

表 3 　　　　　　　　　　《四库采进书目》所见《金锁匙》情形①

卷数	著者信息	版本形态	书籍来源
一	元赵汸	一本	两淮商人马裕家呈送书目
一	元赵汸著	一本	浙江省第四次吴玉墀家呈送书目
阙	阙	一本	安徽省呈送书目
一	元休宁赵汸撰	二老阁写本	浙江采集遗书总录简目

　　然而，四库馆臣最终否定《浙江采集遗书总录》关于《金锁匙》内容意见。《金锁匙》是将《春秋》经文"事之相类者"加以比较，论析其记事、用辞异同之故，以见《春秋》大义变化，"大旨以春秋之初，主于抑诸侯，春秋之末，主于抑大夫，中间齐、晋主盟则视其尊王与否而进退之"②。换言之，无论内容或是形式上，《金锁匙》显非本黄泽"口授之义、随条缀录"之作。这或是四库馆臣否定《浙江采集遗书总录》重要原因。③《四库全书总目》及四库全书》书前提要，均称《金锁匙》乃"撮举圣人之特笔，与《春秋》之大例，以事之相类者，互相推勘，考究其异同，而申明其正变，盖合比事属辞而一之"④，视其为赵汸晚年完成《春秋属辞》后进一步综括之作。周中孚（1768—1831）《郑堂读书记》更指出《金锁匙》"犹王氏（王弼）《（周）易注》之《（周易）略例》也"，一方面，其是从《春秋属辞》中"摘取事迹之相近者，以类相比，分为一百有五条，各为之说，孰为圣人特笔，孰为春秋大例"，另一方面，是书成为"窥见"赵汸《春秋集传》《春秋属辞》诸书"大旨"之重要著述。⑤

　　综上所述，《金锁匙》见存诸钞本均有影写"至正癸未日新堂刊"字样。然而，至元三年（1337），赵汸始拜黄泽为师，至正元年（1341）再往黄泽处，请益两年之久；至正三年后，赵汸又游学于黄溍（1277—1357）；至正五年，赵汸赴江西临川拜访虞集（1272—1348）；直至翌年，方结束多年游学生涯，归乡筑东山精舍，授徒讲学，开始研撰《春秋》学。⑥ 质言之，至正三年前后，赵汸尚处于游学阶段，不可能完成"合比事属辞而一之"的《金锁匙》一书。况且其师黄泽《春秋》研究方法也与"属辞比事"无关。⑦ 要等到至正十二年后，赵汸始悟及"属辞比事，春秋之教也"之训，运用属辞比事之法考析《春秋》，到

---

　　① 吴慰祖校订：《四库采进书目》，商务印书馆 1960 年版，第 72、85、143、242 页。
　　② 永瑢等：《四库全书总目》卷 28，经部春秋类三，"春秋金锁匙"条，中华书局 1965 年版，第229 页。
　　③ 阮元坚持《春秋金锁匙》乃赵汸"本黄泽口授之义、随条纪录"之作。见阮元著，王爱亭、赵嫄点校：《文选楼藏书记》卷 5，上海古籍出版社 2009 年版，第 374 页。
　　④ 永瑢等：《四库全书总目》卷 28，经部春秋类三，"春秋金锁匙"条，中华书局 1965 年版，第229 页。
　　⑤ 周中孚：《郑堂读书记》卷 10，《续修四库全书》，第 924 册，上海古籍出版社 1995 年影印本，第 134 页。
　　⑥ 以上参吴兆丰：《元儒赵汸的游学、思想特色及其治学历程》，《中国文化研究所学报》2010 年第 51 期，第 25~50 页。
　　⑦ 张高评：《黄泽论〈春秋〉笔法——〈春秋师说〉初探》，杨晋龙主编：《元代经学国际研讨会论文集》下册，"中央研究院"中国文哲研究所筹备处，2000 年，第 579~623 页。

至正二十年前最终完成《春秋属辞》一书。① 四库馆臣虽根据《金锁匙》内容特色最终否定此书乃赵汸早年之作，却有意或无意忽略可能见到的题有"至正癸未日新堂刊"字样钞本，以致对是书撰者未置质疑，反因赵汸撰著《春秋属辞》之实，认定《金锁匙》为赵氏晚年总括之作，所谓"合比事属辞而一之"。实际上，《金锁匙》与赵汸《春秋属辞》诸书，研究《春秋》之方法颇有差别，内容与观点更是存在明显对立，其不为赵汸撰作或更无论矣。

四、《金锁匙》与《春秋属辞》诸书抵牾之例

《四库全书总目》称《金锁匙》书中"毛伯锡命称天王，称锡为以君与臣之词，召伯赐命称天子，称赐为彼此相与之词"等见解，仍"沿旧说之陋"②，然未将其与赵汸《春秋属辞》诸书观点加以比较，以致对《金锁匙》作者未有质疑。以下兹举四例，以见《金锁匙》与赵汸《春秋属辞》诸书差异、抵牾之处。

（一）

《金锁匙》将隐二年"无骇帅师入极"、桓十一年"柔会宋公盟于折"加以比较，称"春秋以前征伐之权不下于大夫也，而大夫专兵自无骇之帅师入极始。春秋以前礼乐之权不下于大夫也，而大夫专盟自柔之会宋盟折始"，认为"圣人于无骇去其氏者，谨大夫专兵之始也。于柔去其氏者，谨大夫专盟之始也"。③

然赵汸《春秋集传》指出："无骇帅师入极"之所以不书姓氏，乃因隐公"不爵大夫"、无骇是"未命大夫"之故。④《春秋左氏传补注》也称"无骇，公孙也，以摄卿，书名"⑤。至于"柔会宋公盟于折"之所以不书姓氏，是因其"未赐族也"⑥。

值得注意的是，赵汸师黄泽对"无骇帅师入极"也有论说。黄泽重视考证史实，指出"无骇入极"不书姓氏，是鲁隐公"居摄，凡事谦让，故号令亦往往不行"、不赐氏之故，所以《春秋》"翚帅师""无骇卒""挟卒"均不称姓氏；隐公之后"都无不赐氏之例"，故《春秋》"溺会齐师"不书溺之姓氏，"然却是贬"，方是圣人"去其氏者"的书法大义。⑦ 可见，赵汸深受黄泽影响，重视《春秋》史事考订为基础。《金锁匙》所示与赵汸研讨《春秋》之法

① 吴兆丰：《元儒赵汸的游学、思想特色及其治学历程》，《中国文化研究所学报》2010 年第 5 期，第 46 页。

② 永瑢等：《四库全书总目》卷 28，经部春秋类三，"春秋金锁匙"条，中华书局 1965 年版，第 229 页。

③ 《春秋金锁匙》第 2 条，文渊阁《四库全书》第 164 册，上海古籍出版社 1987 年影印本，第 414 页。

④ 赵汸：《春秋集传》卷 1，文渊阁《四库全书》第 164 册，上海古籍出版社 1987 年影印本，第 10 页。

⑤ 赵汸：《春秋左氏传补注》，文渊阁《四库全书》第 164 册，上海古籍出版社 1987 年影印本，第 333 页。

⑥ 赵汸：《春秋集传》卷 2，文渊阁《四库全书》第 164 册，上海古籍出版社 1987 年影印本，第 31 页。

⑦ 赵汸：《春秋师说》卷下《论春秋之要》，文渊阁《四库全书》第 164 册，上海古籍出版社 1987 年影印本，第 291 页。

既有分别，其内容与观点存在如上明显差异、对立，则无怪矣。

（二）

《金锁匙》将隐十一年"滕侯、薛侯来朝"及同年"公及齐侯、郑伯入许"加以比较，以为"滕侯、薛侯来朝"，乃"《春秋》特以旅见书，忧朝觐之始变也"，"不以灭许书，而以入许书，忧封建之始坏也"，两者都是《春秋》之"特笔"与"隐辞"。①

赵汸反对以上说法。首先，赵汸认为《春秋》书"入许"并非特笔，而是史笔，"凡入国者，皆破其国都，制其民人，迁其重器，但不有其地，故不言灭"，然"郑既有许地，而不言灭者，以许叔居许东偏，奉许宗祀也"。② 其次，赵汸指出《左传》载"滕、薛争长"之事，故滕侯、薛侯"明非旅见"③。赵汸又综合相关史事进一步论证滕侯、薛侯"明非旅见"："隐以摄君，不以礼即位，不爵命大夫，卫侯来会葬，不敢见，而谓隐僭天子之礼，非人情也？……如楚虽僭王肆暴，其会诸侯亦曰用齐桓而已，楚犹不敢僭天子之礼以临诸侯，而况鲁乎？……齐侯稽首于鲁君，鲁君拜，齐人怒，鲁人曰：'非天子，寡君无所稽首。'稽首犹且不敢，而况旅朝乎？学者不知春秋有存策书大体之义，泥于一字褒贬，而失其情实，去春秋远矣。"④在赵汸看来，包括《金锁匙》在内治《春秋》学者，不先考诸史事，只一味深求《春秋》书法，乃是不知《春秋》有"存策书之大体之义"，致"失其情实"、不得《春秋》经旨。

（三）

《金锁匙》将僖元年"齐师、宋师、曹师，次于聂北，救邢"，与襄二十三年"叔孙豹救晋，次于雍榆"，两相比勘，谓：

> 不曰救邢，次于聂北，而以救邢系于次之下者，盖后言救，则是犹有救患之行。圣人以为桓之救邢，终不至如他人之以次而遂无心以救患者也。不曰次于雍榆以救晋，而以救晋加于次之上者，盖后不言救，则是终无救患之心。圣人以为豹之救晋，不能如齐桓之既次而犹有心于救患者也。观于《春秋》书次先后之异，而其心同异可知矣。⑤

《金锁匙》以为《春秋》先言次后言救、与先言救后言次，体现圣人笔法，可见齐桓、

---

① 《春秋金锁匙》第5条，文渊阁《四库全书》第164册，上海古籍出版社1987年影印本，第415页。

② 赵汸：《春秋属辞》卷7，《存策书之大体第一之七·一百三·内入国邑公及诸侯入国》，文渊阁《四库全书》第164册，上海古籍出版社1987年影印本，第580页。

③ 赵汸：《春秋属辞》卷5，《存策书之大体第一之五·六十四·凡诸侯来朝皆成礼而后书故言来朝》，文渊阁《四库全书》第164册，上海古籍出版社1987年影印本，第550页。

④ 赵汸：《春秋属辞》卷5，《存策书之大体第一之五·六十四·凡诸侯来朝皆成礼而后书故言来朝》，文渊阁《四库全书》第164册，上海古籍出版社1987年影印本，第550页。

⑤ 《春秋金锁匙》第23条，文渊阁《四库全书》第164册，上海古籍出版社1987年影印本，第419~420页。

叔孙豹救患之心实有差别。

然赵汸对此看法明显不同。《春秋左氏传补注》先引《国语·鲁语》"平丘之会，子服惠伯见韩宣子"之言，考辨叔孙豹救晋之事后，谓"鲁师次于雍榆，盖有晋命"，并指出"《穀梁传》曰：'言救后次，非救也。'啖氏曰：'凡救，当奔命以往。救次，失救道也。言次于雍榆，罪叔孙也。'诸家多从之，皆不考事实，而因文生义，谓之得经旨，可乎？"①可见，《金锁匙》讨论《春秋》救、次书法，实因袭《穀梁传》等旧说，后者则被赵汸批评为"因文生义"、不得《春秋》之旨。

赵汸《春秋集传》也认为叔孙豹救晋之事，"先言救，后言次"，是"次以成救者，晋命也"。②《春秋属辞》则不讨论次、救先后书法，而将《春秋》书救与书次，分别列出，再类讨论。

值得注意的是，关于救、次书法的讨论，赵汸师黄泽甚至专门加以批评。黄泽反对治《春秋》学者"开口只说贵王贱伯，详内略外，尊君卑臣"，而对"事物名件、地理远近，风俗古今之类，皆置不问"，并称"尝见一家解叔孙豹救晋，次于雍榆，谓是讥其迁延次宿，不急于救。若泽解此事，便须先考究雍榆地属何国，去晋、鲁远近几何。凡师出裹粮，所经过之国，势须假道，告以救晋之故。又当考究当时救晋者有几国。今经皆不书诸侯救晋，而独鲁遣豹次于雍榆，岂得以迁延不救为罪？且夫救晋者获贬，则安居坐视者，率皆可褒乎？其非经旨决矣，其不足取信抑又明矣"③。总之，在黄泽、赵汸看来，所谓"先言救后言次"贬叔孙豹无心救患、迁延次宿，这是穿凿附会以求经旨，与其主张先以实事考求《春秋》之旨背道而驰、相去甚远。

（四）

《金锁匙》将文元年"天王使毛伯来锡公命"及成八年"天子使召伯成来赐命"予以比勘，称两处均是《春秋》特笔，"一称天王，一称天子；一书锡公命，一书赐命"，并谓"天王者，天下之公也"，"天子者，一人之私也"，而"以君与臣曰锡"，"彼此相予曰赐"，虽一字之别，可见王政从"犹重"到"已轻"的变化。④

然而，赵汸《春秋属辞》称"庄元年冬，王使荣叔来锡桓公命；文五年春王正月，王使荣叔归含且赗，三月王使召伯来会葬"，"此三者，皆废法乱纪，自替行私之事"，故《春秋》"王"前不加"天"，乃"异其文所以异其事，而非以文为贬"；至于"文元年，书天王使毛伯来锡公命；成八年，书天子使召伯来锡公命"，所以书"天王""天子"，绝非特笔，乃因"文、成二公，虽无功德，亦无罪恶，从其恒称，得失自见"。⑤ 赵汸《春秋集传》更直

---

① 赵汸：《春秋左氏传补注》卷7，文渊阁《四库全书》第164册，上海古籍出版社1987年影印本，第383页。

② 赵汸：《春秋集传》卷11，文渊阁《四库全书》第164册，上海古籍出版社1987年影印本，第179页。

③ 赵汸：《春秋师说》卷上《论古注得失》，文渊阁《四库全书》第164册，上海古籍出版社1987年影印本，第268页。

④ 《春秋金锁匙》第100条，文渊阁《四库全书》第164册，上海古籍出版社1987年影印本，第439页。

⑤ 以上见赵汸：《春秋属辞》卷10《变文以示义第三·一·文同礼失王不称天》，文渊阁《四库全书》第164册，上海古籍出版社1987年影印本，第667~668页。

接指出"天子之为天王也，赐之为锡也，一也"，至于"不曰天王，而曰天子，不曰锡，而曰赐"，均是"异其文，以异其事而已"①，显非特笔。

五、结　论

被《四库全书》全文著录后，《金锁匙》后又为多部丛书收录，影响渐广。清中叶已降，嘉庆十年张氏照旷阁刻《学津讨原》、道光十一年晁氏木活字印《学海类编》、同治张氏刻《榕园丛书》、光绪十六年刘氏刻《藏修堂丛书》、民国重编《翠琅玕馆丛书》、民国汇印《芋园丛书》等，均收有《金锁匙》一书。《金锁匙》作者乃元末《春秋》学名家赵汸，遂成广为人知之"常识"。研析赵汸《春秋》学学者，亦以《金锁匙》作者乃赵汸无疑，并加立论。冯晓庭试图厘清版本情形，然以是书有"至正癸未""至正癸卯""至正癸丑"三种原刊信息而未作考辨，遂谓此书"或者只是为某部庞大著作的完成而先行存在的初稿；当然，说《春秋金锁匙》是粹取自赵汸其他《春秋》学著作的精华，似乎亦无不可"②。申屠炉明则未考析《金锁匙》版本状况，仅据赵汸《与朱枫林先生允升学正书》谓"如得老于是经之士相与指摘，无论合否，择其大有关系者得百十条，设为问答，以附书后，则一得之愚可以自见，而经旨明矣，岂不快哉"，遂称"此处所云书后所附百十条，疑即为《春秋金锁匙》"③。然赵汸信中明确称与"老于是经之士相与指摘"，"设为问答，以附书后"，这与《金锁匙》形式、体例殊有不同，其并非《金锁匙》明矣。

综合本文讨论所得，《金锁匙》是否赵汸所撰，实成问题，理由如下。第一，遍考赵汸生平、文集文字，及其交游、门人记述，乃至明清以来传世传记资料，均无赵汸撰作《金锁匙》之记载。第二，检诸明代公私目录，可见《金锁匙》在明中前期重要书志中不著撰人，这可能是此书元刊即未题撰者之故。此书既为元福建日新堂书坊刻样，书名又未"雅训"而近于俚俗，其非赵汸撰名，坊刻以求射利盖无可能。第三，深入检讨《金锁匙》留存影元刊钞本，可知其均有"至正三年"刊于日新堂之同样信息。然至正三年赵汸尚处游学阶段，至正六年他才归里筑东山精舍，结束游学生涯、开启《春秋》学研究，其不可能完成"合比事属辞而一之"的《金锁匙》是为显见。第四，在研究方法与内容上，以本文所举四例来看，《金锁匙》与赵汸《春秋属辞》诸书存在明显差异乃至抵牾之处，其不为赵汸所撰当无别论。

总之，《金锁匙》既不可能是赵汸至正三年完成之作，更不可能是他晚年撰作《春秋属辞》前后之撰著。其研究方法与内容，不仅与赵汸《春秋属辞》诸书存在对立，也与赵汸师黄泽治《春秋》学取径与具体观点明显抵牾。《金锁匙》既然并非赵汸撰作，此书实际撰者、内容特色与性质，当有进一步检讨之价值。

（作者单位：武汉大学历史学院）

---

① 赵汸：《春秋集传》卷9，文渊阁《四库全书》第164册，上海古籍出版社1987年影印本，第150~151页。

② 冯晓庭：《赵汸〈春秋金锁匙〉初探》，杨晋龙主编：《元代经学国际研讨会论文集》，下册，"中央研究院"中国文哲研究所筹备处，2000年，第630页。

③ 申屠炉明：《论赵汸及其〈春秋〉学》，《安徽大学学报》2015年第1期，第89页。

明初《书传会选》的编纂与影响*

□ 朱 冶

　　明太祖朱元璋（1368—1398 年在位）崇文重儒，他多次访求由元入明理学名儒，吸纳宋濂（1310—1381）、朱升（1299—1370）、詹同（1304—1372）等人辅佐政权，礼遇甚隆。除敕撰大量教化后妃诸王、公侯将相、文武官员和平民百姓的书籍以外，① 明太祖在洪武末敕修《书传会选》《孟子节文》两部理学书籍，则是专为掌握经典解释权的儒家士大夫而编，意在指导他们如何学习儒家经典，二书颁布后即成为科举考试《书经》《孟子》两经的官定读本。

　　《书传会选》《孟子节文》两书先后编纂，体现明太祖对儒学与治国之间关系的基本看法。《孟子节文》备受古今学者非议，被视作太祖集权与专制的象征。研究者对《孟子》删节的内容取舍有所论析，注重阐发此事件与太祖专制统治之关系。② 然而太祖删改的多是孟子对君臣关系"不合理"论说，企图恢复他理想化的君臣关系之表达，从中实可探究太祖对于为君职责的定位所在。本文则主要关注学者讨论较少的《书传会选》一书，由该书修纂缘起、过程和实际影响，检视明太祖对宋元理学的实际态度及其行动收效，从中可见明初确立以儒家经典治国理念的具体情形。

一、《书传会选》的修纂缘起

　　《书传会选》的修纂缘自明太祖本人的倡议。明太祖出身贫寒，加之常年兵戎生涯，未接受正规的儒学教育。然而他在后天学习中不断积累，获得较高儒学素养。在三十年的

---

　　* 本文为国家社科基金青年项目"《四书五经性理大全》与元明儒学传承研究"（项目编号：13CZS016）、华中科技大学自主创新基金"明清《性理大全》的传播及在东亚汉文化圈的影响研究"（项目编号：2016AC025）阶段性成果。

　　① 朱鸿林：《明太祖的教化性敕撰书》，《徐苹芳先生纪念文集》，上海古籍出版社 2012 年版，第 577~600 页。

　　② 《孟子节文》代表性研究参容肇祖：《明太祖的〈孟子节文〉》，《容肇祖集》，齐鲁书社 1989 年版，第 170~183 页；朱荣贵：《从刘三吾〈孟子节文〉论君权的限制与知识分子之自主性》，《中国文哲研究集刊》第六期，1995 年，第 173~198 页；张佳：《〈孟子节文〉研究》，清华大学硕士学位论文，2007 年；吴琦、杜维霞：《道势之争：明初儒士与皇权关系的政治文化解读》，《安徽史学》2013 年第 5 期，第 10~15 页。

统治生涯中，他曾召开经筵几十次，由当时著名儒者轮流讲授经典；他甚至将《尚书·洪范》篇书于宫廷，以便随时查看。研究者已注意到明太祖重视并推崇儒学，习读理学经典，尤其喜爱和熟悉《书经》的情形。① 正是在这样的儒学积淀中，明太祖提出修订宋儒蔡沈（1167—1230）所著《书集传》，不满元末硕儒一直信奉的蔡《传》。

《书集传》由朱熹（1130—1200）授意弟子蔡沈撰著而成。该书分别《尚书》今、古文而作"集传"并以朱熹理学注释之，被认为体现朱子《尚书》学思想代表性著作。《书集传》自刊刻以来备受宋、元朱子学者推崇，是元及明初科举考试中《书经》的官定读本。洪武二十七年（1394）四月，明太祖敕令儒臣修订蔡《传》，九月书成赐名《书传会选》。《明实录》详载太祖命儒臣修正蔡《传》、编纂《书传会选》之原委：

> 初，召国子监博士致仕钱宰（1299—1394）等至，上语以正定《书（集）传》之意，且曰："尔等知天象乎？"皆对以不知。上曰："朕每观天象，自洪武初有黑气凝于奎壁间，奎壁乃文章之府，朕甚异焉。今年春暮，其间黑气始消，文运当兴，尔等宜考古正今，有所述作，以称朕意。"于是命翰林院学士刘三吾（1319—1400）等总其事，开局翰林院，正定是书。②

"奎壁"乃二十八星宿中"奎宿"和"壁宿"的合称，二宿主文运，故常指代儒者文士。太祖认为"凝于奎壁间"的"黑气"由来已久，暗示他自"洪武初"已对儒家士大夫颇有微词，敕令修订蔡《传》即其不满的表现。

与《明实录》所载相印证的，则是洪武十年明太祖与群臣有关"日月五星运行"问题的著名辩论。君臣辩论的详细经过，见于太祖亲撰《七曜天体循环论》一文。③ 该文详述太祖与翰林诸儒论辩日月五星运行之道的全过程。这篇议论日月五星运行规律的说理文字，呈现太祖认求真理却不免苛责臣子的生动形象，也显示帝王与儒者两种不同身份间的意见分歧。简言之，明太祖通过"与知天文精历数者昼夜仰观俯察"，得出"天左旋，日月五星右旋"的结论；而傅藻、黄邻等翰林官员则坚持程朱理学的"天体左旋，日月亦左旋"之说。

帝制中国"天人合一"观念流行，日月五星运行与王朝秩序的建立、运行相关，因之引起历代学者的兴趣和讨论。现有的古代天文学史研究，展现了七曜左旋右旋问题背后的

---

① 分别参看朱鸿林：《明太祖的孔子崇拜》，《"中央研究院"历史语言研究所集刊》第 70 本第 2 分，1999 年，第 483~530 页；《明太祖的教化性敕撰书》，《徐苹芳先生论文集》，上海古籍出版社 2012 年版，第 577~600 页；《明太祖的经史讲论情形》，《中国文化研究所学报》2005 年第 45 期，第 141~172 页；《明太祖对〈书经〉的征引及其政治理想和治国理念》，《明太祖的治国理念及其实践》，香港中文大学出版社 2010 年版，第 19~61 页。

② 《明太祖实录》卷 234，洪武二十七年九月癸丑条，"中央研究院"历史语言研究所，1962 年，第 3421~3422 页。

③ 明太祖：《七曜天体循环论》，《明太祖御制文集》，台湾学生书局 1965 年版，第 351~356 页。朱鸿林指出《七曜天体循环论》所见明太祖临朝作风：对学术认真，却不免对臣子过于严苛，甚至有意泄愤，有损其帝王气度。参朱鸿林：《明太祖对〈书经〉的征引及其政治理想和治国理念》，《明太祖的治国理念及其实践》，香港大学出版社 2010 年版，第 49~52 页。

深层内涵。① 以盖天说、浑天说的天地结构理论为基础，古人面北背南，将天体自东向西的运动，称为左旋；将天体自西向东的运动，称作右旋。天体左旋说，已为时人普遍认可；争论的焦点在于日月五星是左旋还是右旋。战国时期已出现日月五星右旋的说法，这符合肉眼观测的结果，也便于历法家计算日月五星的运行度数。两汉晚期出现日月五星左旋的认识，这种意见得到宋儒的发扬而广为盛行，它符合宋儒对于宇宙秩序的描述，是基于逻辑思辨而非实际观测所得。

《七曜天体循环论》所见明太祖与宋元儒者之分歧，实为汉唐以来儒家与历法家日月五星运行之争论的延续。明太祖称信的"知天文精历数者"，即奉行"天左旋，日月五星右旋"的历法家。他由观天象的实证考察出发，举晋代以来历法家"蚁行磨上"的经典譬喻为证。面对太祖的质疑，奉行"天体左旋，日月亦左旋"的儒臣傅藻、黄邻等，坚持朱熹、蔡沈等宋代新儒家的典型论述："天行健"，所以天体运行最速，"阳动阴静"，以故日速于月。尊崇实学的明太祖显然无法满足于这样的答案，因此批评蔡沈违背"格物致知"的治学原则而以己意定夺是非。

儒臣的说法既然不能令太祖信服，太祖因之提出修订蔡《传》。洪武十年辩论之后，傅、黄等儒臣受到惩罚。洪武十七年颁布科举定制，亦未将蔡沈《书集传》定于一尊，规定在蔡《传》之外兼取古注疏。洪武二十四年，太祖命礼部右侍郎张智（1335—1406）、翰林院学士刘三吾等商议改定蔡《传》。洪武二十七年四月，正式下诏由刘三吾主持编纂《书传会选》，修订蔡《传》：

> 上观蔡氏《书（集）传》日月五星运行与朱子《诗（集）传》不同，及其它注说与鄱阳邹季友所论，间有未安者，遂诏天下儒臣定正之。②

朱熹《诗集传·十月之交》遵循古历法之成说，称"周天三百六十五度四分度之一，左旋于地……日月皆右行于天"，③ 这确与蔡《传》有异。虽然《朱子语类》载朱熹谓"只恐人不晓，所以《诗传》只载旧说"，或曰"横渠（张载）曰'天左旋，处其中者顺之，少迟则反右矣'，此说最好"，"天道与日月五星皆是左旋"等，④ 但就文献自身而言，朱子《诗集传》固要优于门人弟子辑录的《语类》。⑤

被太祖提及的另一个重修缘由，是蔡《传》注说与"鄱阳邹季友"论说有未能和洽之处。

---

① 郑文光、席泽宗：《中国历史上的宇宙理论》，人民出版社 1975 年版；陈美东：《中国古代日月五星右旋说与左旋说之争》，《自然科学史研究》1997 年第 2 期，第 147~160 页。

② 《明太祖实录》卷 232，洪武二十七年四月丙戌条，"中央研究院"历史语言研究所，1962 年，第 3397 页。

③ （宋）朱熹：《诗集传》卷 11，《四部丛刊三编》，台湾"商务印书馆"1966—1967 年版，第 22 页。

④ （宋）黎靖德编，王星贤点校：《朱子语类》卷 2，中华书局 1986 年版，第 16、13、14 页。

⑤ 值得留意的是，《书传会选》解说"日月运行方向"，并未引朱熹《诗集传》，而取宋儒陈祥道（1053—1093）之说。福州人陈祥道，是北宋时期稍后于张载的著名儒者，以《三礼》之学见长，官至太常博士。他认为："天绕地而转……天左旋，日月违天而右转……天之旋如磨之左转，日月如蚁行磨上而右转，磨行速而蚁行迟，故日月为天所牵转。至于日没日出，非日之行，乃天运作于地外，而日随之出没也。"陈氏解说符合明太祖《七曜天体循环论》中论说。

邹氏所论何以与蔡《传》有异？太祖又何以读到他的论说呢？邹季友，字晋昭，是一位名不见经传的元代儒者。他在《元史》《宋元学案》中皆无传，现存史料对其记载也不多。因其传记资料的稀缺，清代儒者将他误作陆九渊（1139—1193）再传、杨简（1141—1225）高第宋儒邹近仁（字季友）。① 据《民国德兴县志》，邹近仁与邹季友确为二人。②《同治饶州府志》收录邹季友简短传记，称其尝谓"入圣之功，必在致知"之语，并撰有《性理音释》《书经音释》二书。③

现存资料显示，江西德兴县人邹季友，他是元代中后期与当时江西、安徽著名儒者均有交游的学者。其中包括新安（徽州古称，今安徽黄山市一带）儒者胡炳文（1250—1333）和江西鄱阳儒者董真卿。明正德刊本胡炳文《云峰集》附录，载邹季友所撰《上云峰胡先生书》一封。邹氏在信中回溯他与胡炳文讨论易卦图的情形，并推许胡炳文的理学成就，称其为"能以道淑诸人者"。邹氏在信末提到修订其《书经音释》的计划，称"《书传》者《音释》极感订正，倘遂可传，先生与有惠焉"④。《（同治）德兴县志》收录邹季友所作《季真董君编易序》一文，是他为董真卿《周易会通》所作序文。邹季友视董真卿为有家传、师传、心传之人，称许撰作《周易会通》的董真卿"上而为四圣二贤之忠臣，下而为后学者之先觉"⑤。胡炳文、董真卿均为元中后期朱子后学之表表者，邹季友与其多有学问交流切磋之益。

邹氏《音释》之所以被太祖读到并重视，则与其刊行历史有关。现存邹氏《音释》都附于蔡沈《书集传》一书。《书集传》最早刊于南宋建阳书坊，随后又有四川广都刻本、上饶郡学吕遇龙刻本、明州刻本、南宋大字本等。这些宋刊本今多已不存。⑥《书集传》元代版本众多，其元刊本最大特点即诸多版本增入邹季友《音释》、董鼎《朱子说书纲领》、郑东卿《尚书纂图》。其中以《音释》对蔡《传》影响最为深远。《书集传》至正五年虞氏明复斋刻本，至正十一年德星书堂刻本、同年双桂书堂刻本，至正十四年刘氏日新书堂刻本均附有邹季友《音释》。⑦ 以至正十一年德星书堂刻本《书集传》为例，该本全名《重刊明本书集传附音释》，以南宋明州刻本《书集传》为底本校订而成，同时加入邹季友《音释》。刻书牌

---

① 清代敕撰《钦定天禄琳琅书目》将邹季友误作宋儒邹近仁。邹近仁，字季友，江西饶州人，他与侄孙邹梦遇皆是南宋杨简高第。杨简文集中详述邹近仁、邹梦遇、邹近仁之子邹曾先后悟道的情形（见杨简：《邹鲁卿墓铭》《邹元祥碣》《邹德祥尊人墓铭》，《慈湖遗书》卷5，文渊阁《四库全书》第1156册，上海古籍出版社1987年版，第656~658页）。清末藏书家莫友芝纠正《天禄琳琅书目》之误，指出邹近仁为邹季友的祖父（见莫友芝撰，傅增湘订补：《藏园订补郘亭知见传本书目》卷1，中华书局1993年版，第73页）。

② 沈良弼修，董凤笙纂：《民国德兴县志》卷8，《中国地方志集成·江西府县志辑（32）》，江苏古籍出版社1996年版，第260、261页。

③ （清）锡德修，（清）石景芬等纂：《同治饶州府志》卷18，《中国地方志集成·江西府县志辑（29）》，江苏古籍出版社1996年版，第505页。

④ （元）邹季友：《上云峰胡先生书》，《云峰集》卷10，《元人文集珍本丛刊》影印明正德刊本，台湾新文丰出版公司1985年版，第223页。

⑤ （元）邹季友：《季真董君编易序》，（清）杨重雅纂，（清）孟庆云修：《（同治）德兴县志》卷9，《中国方志丛书》第259号，台湾成文出版社1975年版，第1410页。

⑥ 王春林：《〈书集传〉版本源流》，《中国哲学史》2010年第2期，第101~105页。

⑦ 王春林：《〈书集传〉版本源流》，《中国哲学史》2010年第2期，第103页。

记称："蔡氏《集传》元无音释，今用鄱阳邹氏《经传音释》，附于各段之末。庶几学者字得其音，事得其释，疑得其辨。"①这显示邹季友之书原名《经传音释》，最早系独立于《书集传》的单行本，元季书商将它逐段增入《书集传》中合刻出版，其单行本遂渐湮没不存。

合并后的《书集传音释》以准确、易读的优势，成为元明之际士人学习《书经》的主要版本。明太祖阅读到的《书经》应即此《书集传音释》合刻本。其后明代坊间重刻《书集传》亦多附邹氏《音释》。合刻乃书商所为，然《音释》本为订正蔡《传》而作，故《书集传音释》中蔡、邹之说难免"间有未安"。细心读经的明太祖注意到书中注释前后矛盾之处，以此作为修订蔡《传》理据，是对流传甚广的经学典籍之合理考量。

明太祖热心修订蔡《传》的直接理由，来自他常年观测天象、细致辨析文本的自悟自得，但深层原因却是他视《书经》为治国依据、甚为取重《书经》的崇敬心理使然。太祖对《书经》非常熟悉和重视，他的政治思想和治国理念及施政原则，都出自《书经》。②《书传会选》序言对此有清晰表述：

> 今天下车同轨，书同文，行同伦，当大德圣人在天子位之日，举议礼制，度考文之典，谓六经莫古于《(尚)书》，帝王治天下之大法莫备于《(尚)书》，今所存者仅五十八篇，诸儒训注又各异同，至宋九峰蔡氏本其师朱子之命作为《(书)集传》，发明殆尽矣。然其书成于朱子既殁之后，有不能无可议者，如《尧典》"天与日月皆左旋"，《洪范》"相协厥居，为天之阴骘下民"，有未当者，宜考正其说，开示方来。臣(刘)三吾备员翰林，屡尝以此说上，闻皇上允请，乃召天下儒士，仿石渠虎观故事，与臣等同校定之。凡蔡氏之得者存之，失者正之，旁采诸家之说，足其所未备。书成，赐名曰《书传会选》。③

从这篇由总纂官刘三吾所撰序文可知，《书传会选》旨在统一诸儒注疏，考订蔡《传》之失并加以完善，原因正在于太祖视《书经》汇聚"帝王治天下之大法"的重要地位。序中太祖明示蔡《传》之失，除《尧典》日月运行说外，尚有《洪范》"惟天阴骘下民，相协厥居，我不知其彝伦攸叙"一节，此为《尚书》中辨析"天"与"君""民"关系的重要段落，显然是太祖最为关心并与刘三吾等人讨论过的内容。④

对比蔡《传》《书传会选》之于《洪范》此节的解说，可见太祖对君民关系的深入思考，蕴含其君师合一的政治抱负。蔡《传》注解称："天于冥冥之中，默有以安定其民，辅相保合其居止，而我不知其彝伦之所以叙者如何也。"⑤这无疑将天作为一切的统领，削弱了君

---

① 林申清：《宋元书刻牌记图录》，北京图书馆出版社 1999 年版，第 87 页。

② 朱鸿林：《明太祖对〈书经〉的征引及其政治理想和治国理念》，《明太祖的治国理念及其实践》，香港大学出版社 2010 年版，第 53 页。

③ (明)刘三吾：《书传会选序》，《书传会选》，文渊阁《四库全书》第 63 册，上海古籍出版社 1987 年版，第 3 页下。

④ 《明太祖实录》载洪武二十年二月御注《洪范》一卷书成，太祖称《洪范》此篇乃帝王为政之道，由精通《尚书》的刘三吾为御注《洪范》作序。

⑤ (宋)蔡沈：《书经集传》卷 4，文渊阁《四库全书》第 58 册，上海古籍出版社 1987 年版，第 76 页下。

主的作用。《书传会选》却引王肃(195—256)之说,以"阴骘下民"为天事,"相协厥居"为民事,谓:"阴,深也。言天深定下民,与之五常之性。王者当助天和合其居,所行天之性。我不知常道伦理所以次叙,是问承天顺民何所由也。"①这就是说,"风雨霜雪,均调四时,五谷结实,立烝民之命"是天之事,也即"阴骘下民";而"敷五教以教民,明五刑以弼教。保护和洽,使强不得凌弱,众不得暴寡,而各安其居"是君之职,也即"相协厥居"。②《书传会选》重新赋予帝王奉天勤民的角色,体现了太祖治教合一的政治理想。在太祖看来,蔡《传》将君之事尽归于天,实际剥夺了人君"助天教民"的职责,有违他对儒家"人君当兼君师之任,而行治教之道"理想的深切认同。③

综上所述,太祖热心修订蔡《传》、命臣子编纂《书传会选》的行动,始于洪武初年与儒臣辩论经史,得益于他日常细致研读《书经》时对训注不合的注意,更来自他以《尚书》作为治国参考的观念,显示洪武朝确立以儒家经典治国的基本理念。质言之,《书传会选》是太祖实现君师合一抱负的实践,通过重新订立经典,他向儒者确立了不拘泥于注疏、细心辨析异同而敢于批评蔡《传》的导向,并借以宣明他对君民关系的认识和定位。

二、《书传会选》的编纂及内容特色

现存史料对于《书传会选》参修人员的记载并不一致。《明实录》称《书传会选》由刘三吾主持编修,由时任兵部尚书唐铎(1328—1397)推荐增入钱宰、张美和(1314—1396)等27位儒者共同编修。四库本《书传会选·凡例》中却列有40位纂修人员。有研究指出,这是永乐朝重修《太祖实录》时删去建文旧臣的缘故。④

以40位纂修者构成来看,洪武朝敕修书以由元入明地方儒士为纂修主体。《书传会选》编纂者以地方征召儒者为最多,府县学教官和地方儒士有23人,占纂修总人数的57.5%;国子监官员、洪武朝科举入仕翰林官员次之。从纂修者萧尚传记资料来看,萧氏是擅长《书经》的地方名儒,洪武年间,有司迫其应乡试并获第二名,后被聘为福建、广东、湖广等地乡试考官。⑤ 由此可知,地方征召儒者应多为精通《书经》的名士。

《书传会选》纂修者另一特点则是南北分布均衡。除地方征召人员外,已知13位纂修官员,刘三吾是湖南茶陵人,戴德彝(奉化人)、卢原质(宁海人)、钱宰(会稽人)、王俊华(天台人)来自浙江,张美和(清江人)、胡季安(南昌人)来自江西,张显宗(宁化人)来自福建,门克新(巩昌人)、景清(真宁人)、马京(武功人)来自陕西,齐麟(五台人)来自山西,许观(贵池人)来自南直隶。人员任用兼顾南北,符合太祖注重平衡南北文化的政

① (明)刘三吾等:《书传会选》卷4,文渊阁《四库全书》第58册,上海古籍出版社1987年版,第101页上。

② (明)祝允明:《前闻记》,中华书局1985年版,第4页。

③ 明太祖对君师职责的看法,参考朱鸿林:《明太祖的教化性敕撰书》,《徐苹芳先生纪念文集》,上海古籍出版社2012年版,第583页。

④ 陈恒嵩:《刘三吾编纂〈书传会选〉研究》,《经学研究论丛》第9辑,台湾学生书局2001年版,第62~65页。

⑤ (明)尹昌隆:《赘庵先生行状》,《尹讷庵先生遗稿》卷6,《四库全书存目丛书》集部第26册,台湾庄严文化事业有限公司1997年版,第489~490页。

策导向。①

《书传会选》编纂过程，记载甚少，即便在总纂官刘三吾的文集中也鲜有记录。万历朝重辑刘三吾文集，补入刘氏所撰《翰林院国史编修张吾乐先生墓志铭》一篇，记述他与张美和同入翰林校书一事：

> 有校书翰林之命，自晨迄暮校雠点审。虽蝇头细字，先生手书不倦。十月书成，陛辞恩赐衣被各一袭，以华其归。家居复究心是书，考订十余条，屡书嘱以所订入梓。予复其书，是他人且付以已陈之刍狗，而先生一念忠厚如此。②

张美和名九韶，以字行，是严谨而忠诚的朱子学者，撰《理学类编》等书。③ 刘、张两人共同参与校勘之书，即为《书传会选》。张氏校订敕撰书籍的认真态度显示，《书传会选》确是纂修者以补充、完善朱子学为目的积极修订蔡《传》之作。这既是宋元儒者治学兴趣及疑经取向的延续，也是明太祖"格物致知"精神对臣子的影响和感召。

明清之际顾炎武（1613—1682）对《书传会选》的评价值得留意。顾氏称赞《书传会选》较蔡《传》精准完备，于经传之下附以《音释》且考章典故，可见"宋元以来诸儒之规模犹在"。他又指出《会选》编纂者"皆自幼为务本之学，非繇八股发身之人"，因而"所著之书虽不及先儒，而尚有功于后学"。④ 他甚至将洪武末年修纂《书传会选》之时，视为宋末至明初经术人才的鼎盛时期。顾氏上述言论明显是针对永乐朝编纂《四书五经大全》"古学弃"而"经说亡"的弊病有感而发，⑤ 但也凸显洪武朝理学敕修书承继宋元理学的内容特色。

《书传会选》确是承袭宋元儒者《书经》解说而来。此书命名已见其大旨，"会选"二字，意在择选并汇集，刘三吾称"凡蔡氏之得者存之，失者正之，旁采诸家之说，足其所未备"，表明此书主要以删改、增补两种修订方式，修正蔡《传》的解说。

从《书传会选》注释条目更易与增补情形，实可见洪武朝官方理学取重所在。《书传会选·凡例》称此书纠正蔡《传》之处共66条，增补19位儒者注说。⑥ 已有研究指出，除《尚书·召诰篇》外，《书传会选》删改蔡《传》之说98条之多，增补宋元儒者的注释条目410条。删改后易以其他儒者解说，以陈大猷（绍定二年进士）22条、孔安国（活跃于公元

---

① 明太祖平衡南北文化的相关研究，参［新加坡］王昌伟：《明初南北之争的症结》，《明清史集刊》第9卷，2007年，第27~48页。

② （明）刘三吾：《翰林院国史编修张吾乐先生墓志铭》，《刘坦斋先生文集》卷10，台湾大学图书馆藏清道光七年（1827）补刊本。

③ 张美和《理学类编》一书初名《格物编》，吴澄之孙吴当（1298—1362）将其更名为《理学类编》并作序言。此书辑北宋五子及南宋朱熹之言，辅以荀子以下数十人之说，但不辑陆九渊之言，承袭《宋史》将陆九渊心学排斥于理学之外的做法。张美和另著有《元史节要》《群书拾唾》二书。

④ （明）顾炎武著，张京华校释：《日知录校释》卷20"书传会选"条，岳麓书社2011年版，第747页。

⑤ （明）顾炎武著，张京华校释：《日知录校释》卷20"书传会选"条，岳麓书社2011年版，第747页。

⑥ （明）刘三吾等撰：《书传会选·凡例》，文渊阁《四库全书》第63册，上海古籍出版社1987年版，第4页上。

前2世纪)10条、金履祥(1232—1303)9条、吕祖谦(1137—1181)7条为最多；增补宋元儒者注说条目，以陈大猷76条、金履祥66条、陈栎(1252—1334)64条、吕祖谦32条为最多。① 可见，除保留蔡沈《书集传》部份原有批注外，《书传会选》以吕祖谦、陈大猷、金履祥、陈栎四位宋元治《尚书》学者思想为主体，构成洪武末《书经》解释官方依据。

《书传会选》采掇宋元多家经说，尤偏重浙江金华一地宋元著作，兼及元代新安理学著作。南宋浙东学派代表人物吕祖谦主张折衷朱陆，组织并主持历史上著名的"鹅湖之会"。陈大猷亦是金华人，他是一位深受吕祖谦影响的浙东儒者，其师承与杨简或朱熹无直接关联，也非朱子的私淑者。② 陈大猷所著《尚书集传或问》作为《书传会选》引用条数最多的书籍，实际专为修正蔡《传》而作，③ 清代《四库全书》馆臣赞许其"采摭群言，反复辨驳，虽朱、蔡二家之说，亦无所迁就，可谓卓然自立者"④。以这样一部旨在修订蔡《传》而又"卓然自立"的书籍为主要参考，正是《书传会选》的重要特色。除陈大猷外，朱子四传弟子金履祥，是"金华四先生"的集大成者，他所著《尚书表注》与蔡《传》有较大出入，也被《书传会选》多加征引。而治《尚书》成绩斐然的新安儒者陈栎，他的《书传折衷》一书亦为修订蔡《传》而作，遂被《书传会选》所取重。

《书集传》自刊刻之日起即受到朱子后学辨疑和订误。除《书传会选》主要取资的《尚书集传或问》《书传折衷》《书传音释》等书，同类的"疑蔡"之作还有宋末张葆舒《尚书蔡传订误》、浦江黄景昌(1261—1336)《尚书蔡氏传正误》、元代德兴余芑舒《读蔡传疑》、婺源程直方(1251—1325)《蔡传辨疑》等。⑤ 大量此类著作的涌现既说明蔡《传》批注确有疏漏，也显示宋元治《书经》学者的研究旨趣在于修订蔡《传》以达朱子本义。延祐年间将蔡沈《书集传》确立为《书经》官定读本之后，元儒批评蔡《传》声音随之减小。从这一意义上而言，洪武朝《书传会选》的编纂正是对宋元朱子学者修订蔡《传》之研究路向的继承和总结。

综论之，《书传会选》的编纂是洪武年间官方儒学不拘泥于门户之见以完善和发展朱子学的表现，它在继承蔡沈《书集传》合理解说的基础上，积极汲取南宋浙东学术精华，兼采元代金华、新安等地朱子后学修正蔡《传》的优秀成果。可以说，《书传会选》既是洪武朝重用地方征召贤能、兼取南北籍官员之用人特色的体现，也是明初学术对宋元修订并

---

① 陈恒嵩：《刘三吾编纂〈书传会选〉研究》，《经学研究论丛》第9辑，台湾学生书局2001年版，第66、79页。

② 许华峰：《陈大猷〈书集传〉与〈书集传或问〉的学派归属问题》，蒋秋华、冯晓庭主编：《宋代经学国际研讨会论文集》，"中央研究院"中国文哲研究所，2006年，第229~247页。

③ 陈大猷《书集传或问》卷首记其成书缘由为："大猷既集《书传》，复因同志问难，记其去取曲折，以为《或问》。其有诸家驳难已尽，及所说不载于《集传》而亦不可遗者，并附见之，以备遗忘。然率意极言，无复涵蓄，辨论前辈，有犯僭妄，因自讼于篇首云。"（见陈大猷：《书集传或问》卷上，文渊阁《四库全书》第60册，上海古籍出版社1987年版，第195页上）

④ （宋）陈大猷：《书集传或问》，文渊阁《四库全书》本书前《提要》，上海古籍出版社1987年版，第194页上。

⑤ 以上可参蒋秋华：《明人对〈书集传〉的批评初探》，《明代经学国际研讨会论文集》，"中央研究院"中国文哲研究所，1996年，第269~294页；许华峰：《〈四库全书总目〉对宋、元之际〈尚书〉学"的评述》，《"国立中央大学"人文学报》2000年第22期，第97~136页；张建民：《宋代尚书学研究》第八章《朱子学派尚书学》，西北大学博士学位论文，2009年，第176~206页；游均晶：《蔡沈〈书集传〉研究》，台湾花木兰文化出版社2010年版。

完善朱子学之"精神"的延续。

三、《书传会选》的影响

洪武二十七年九月《书传会选》颁行天下，作为应举士人及儒者研习《书经》官定读本，给蔡《传》直接的冲击。然检视明代地方志著录可知，《书传会选》颁行范围仅限于府学，抚州府、杭州府等部分《府志》载有洪武年间颁布《书传会选》的事迹或藏书著录，县级方志中均无此书记录，① 可见其实际影响有限。

现存永乐二年状元曾棨(1372—1432)廷试策，更显示《书传会选》影响着实有限之例。永乐二年殿试，解缙(1369—1415)承成祖之命出题："欲求博闻多识之士，命学士解缙采天文、律历、礼乐、制度拟选为题。"②这一命题的倾向性，与由解缙正在主持编纂的大型类书《文献大成》一书有关。解缙以"六经与圣人治道"为廷试策问，将"天文、律历、礼乐、制度"纳入六经探讨范畴，主要问及如何统一《书经》《易经》中异说，考订《礼经》，补阙《乐书》。解缙的出题，是他主持编修《文献大成》的主导思想，也是他曾于洪武朝著名上疏《大庖西封事》的延伸。③

江西吉安府永丰县人曾棨在是次殿试中表现出色，被明成祖亲擢为状元，随后被命为《永乐大典》副总裁。曾棨生于明初理学兴盛之地江西，成长于洪武朝，《书传会选》修纂并颁行的洪武末年正是他应举准备之时。④ 永乐二年，31 岁的曾棨以论述翔实、辩论精彩的廷试对策获得明成祖以及主要翰林官员的赏识。这篇对策条理清晰地阐明了六经著作的相关问题，尤其详细辨析《书经》中引起争议的日月运行方向问题。

由曾棨夺魁的结果可见，他的对策实反映永乐初年官方理学的主流观点和期待。解缙在策问中称："历象、禹贡、洪范载于《书》，大衍、河图、洛书著于《易》，古今异说，朕惟欲致其合一之归。"结合明太祖修订蔡《传》背景，策题确有实际指向。曾棨显然准确理解了题意，他在策文直接辨析《书经》中历象这一敏感问题。在日月运行方向上，曾棨宣明尊重蔡《传》立场，并将左旋右转之说调和为一。他先以历法的角度叙述天体日月运行的时间和度数，证之以朱熹《诗集传》，再阐述蔡沈有关七曜运行度数的基本论说，佐之以朱子之语，进而直指日月五星运行左旋、右转方向的不同论说。曾棨称：

> 其说何尝有不同哉？但日者，阳之精，岂有迟于月之理。盖顺而数之则见其进，而与天俱左旋；逆而数之则见其退，而若右转。历家以进数阔远为难度也，故以其退数而纪之，则去度近而易耳。是故自地面而观其运行则皆左旋，自天度而考其次舍，则日月五星以渐而东，其行不及天，而次舍日以退也。然次舍虽退，其行未尝不进

---

① 据《天一阁藏明代方志选刊》(上海古籍书店 1982 年版)检视所得。

② (明)俞宪：《皇明进士登科考(一)》卷 3，台湾学生书局 1969 年版，第 98 页。

③ 解缙在《大庖西封事》中提出文献述作的构想和期望，但未受明太祖重视及采纳(见解缙：《文毅集》卷 1，文渊阁《四库全书》第 1236 册，上海古籍出版社 1987 年版，第 599~600 页)。

④ 曾棨"二十充邑庠生……永乐元年中江西乡试，明年礼部会试，中选者四百七十人，公在第八，廷试遂中第一，赐进士及第"(见杨荣：《詹事府少詹事兼翰林院侍读学士赠嘉议大夫礼部左侍郎曾公墓志铭》，《文敏集》卷 21，文渊阁《四库全书》第 1240 册，上海古籍出版社 1987 年版，第 337~338 页)。

也；退虽逆，而进未尝不顺也。左旋右转之说，其实何以异哉？①

从表面上看，曾棨重在调和历法家与宋元儒家之间的意见分歧，然而他的理论依据却是宋儒理学，如其所论"阳不可迟于阴"是程朱理学的基本观念。其论析过程也与朱熹"进数为顺天而左，退数为逆天而右，历家以进数难算，只以退数算之，故谓之右行"的说话如出一辙。②

曾棨历象论说与《书传会选》不合却被取擢为状元的事实，显示明太祖修订蔡《传》的事情并未在时隔不久的永乐初年产生实际效果。作为承续宋元传统以修订蔡《传》的积极成果，官定《书传会选》试图为明初士人提供一种更准确、完善的《书经》读本，但它显然未获当时主流士人的认可和接受。

尽管如此，直至永乐朝《书传大全》编选之前，《书传会选》仍在形式上保留《书经》官方读本的地位。在永乐十年廷试对策中，探花林志（1378—1427）答卷中，出现"朝之为教也，本于蔡沈《集传》，既得乎折衷之，当一以《会选》为正，又兼乎诸说之长"的说法。③林志对《书传会选》的承认不似曾棨所论涉及具体问题辨析，但他的态度亦展现明初士人对洪武朝理学敕修书的灵活应对。到永乐十三年《书传大全》敕修并颁行天下府县学校后，该书纂修宗旨及内容取舍皆有别于《书传会选》并成为此后明代士人学习《书经》的官定读本，意味着明太祖着意修订蔡《传》的用心已然成空，可见两朝政治文化发生了重要改变。

四、结　　语

《书传会选》的编纂和颁行，是明初以儒家经典治国理念的确立和发展之重要阶段。该书缘起于明太祖对儒家经典的重视，他对承载"二帝三王治天下之大经大法"的《尚书》非常熟悉和取重，视之为治国理念及施政原则的根基和来源。洪武十年起，太祖在日常观察和细致研读中注意到蔡沈《书集传》出现的问题，然而儒臣无法提供出更可靠的文献依据和学问支撑来说服他，于是他下命敕修《书传会选》。通过修订宋儒《书集传》并重新订立经典，太祖宣示其君师合一的政治理念，也对明初学者勇于质疑经典的学问趋向有典范意义。

明初《书传会选》的修纂是宋元以来学者辨疑经典以发展朱子学做法的延续。该书编修人员以由元入明地方儒士为纂修主体、兼取南北籍官员，其内容选取则显示南宋浙东及元代金华、新安等地学术在洪武朝官方理学中的影响，并体现明初官方学术不拘泥于门户之见以发展朱子学的特点。然而颁行记载的普查和永乐初曾棨的个案皆显示，《书传会选》在洪武末至永乐初的实际影响有限，它只形式上保留官定学说的地位，随着永乐朝《书传大全》的编纂和颁行而被正式取代。

（作者单位：华中科技大学历史研究所）

---

①　（明）曾棨：《廷试策》，《刻曾西墅先生集》卷1，《四库全书存目丛书》集部第30册，台湾庄严文化事业有限公司1997年版，第85页上。

②　（宋）黎靖德编，王星贤点校：《朱子语类》卷2，中华书局1986年版，第14页。

③　台湾学生书局编辑部汇辑：《明代登科录汇编（一）》，台湾学生书局1969年版，第292页。

《聊斋》细读
—— 说《婴宁》《颜氏》《凤仙》

□　赵伯陶

　　《婴宁》《颜氏》与《凤仙》，分别处于任笃行先生所辑校八卷本《全校会注集评聊斋志异》的卷一、卷四、卷六。如同《聊斋志异》中许多篇章的命名规律，《婴宁》《颜氏》《凤仙》三篇，也皆以小说中的女主人公名字为题。这三位性格迥异的女子代表了旧时代妇女的三种不同类型：婴宁于天真无邪的爽朗性格中隐藏着智慧与某种凄凉意绪，属于作者心目中理想女性的展现；颜氏以自己的聪慧书写了巾帼不让须眉且有过之的自信，是作者自身科举愿望达成的瑰丽想象；至于凤仙，则争强好胜，以镜中传达自我形象的悲欢去激励丈夫苦读应考，虽有古代女子欲出人头地须因夫成事的无奈感，但也传达出作者自身男儿当自强的人生拼搏意识。

一、婴　宁

　　婴宁是《聊斋志异》中性格尤为鲜明的女性，蒲松龄对之倾注了无比炽热的情感，篇末"异史氏曰"中以"我婴宁"称之，即可见一斑。在有些论者的笔下，婴宁似乎是那一时代女性解放的先锋，具有反封建礼教的意义，并认为作者为其命名乃谐音《韩非子·说难》中"婴鳞"一词："夫龙之为虫也，柔可狎而骑也；然其喉下有逆鳞径尺，若人有婴之者则必杀人。人主亦有逆鳞，说者能无婴人主之逆鳞则几矣。"①若依此为诠释，则"婴宁"其义即为敢于触犯封建秩序，具有冲决旧时代规范妇女"三从四德"道德堤坝的力量。其实"婴宁"之命名，语本《庄子·大宗师》阐释"道"的内涵之语："其为物，无不将也，无不迎也；无不毁也，无不成也。其名为撄宁。撄宁也者，撄而后成者也。"何谓"撄宁"？今人陈鼓应先生综合前人各家之说，以"扰乱中保持安宁"解释之②，最为简明。蒲松龄极为推崇庄子那汪洋恣肆的文风，其《〈庄列选略〉小引》一文称《庄子》为"千古之奇文"③。撷拾《庄子》中语为自己笔下最为中意的文学女性形象命名，其取意即为"扰动外

　　① 陈奇猷校注：《韩非子集释》，上海人民出版社1974年版，第223~224页。
　　② 陈鼓应：《庄子今注今译》，中华书局1983年版，第186页。
　　③ 路大荒整理：《蒲松龄集》，上海古籍出版社1986年版，第54页。

表下的安宁"。可见蒲松龄笔下的婴宁性格并非反抗性的,而是近似于大智若愚般的韬晦策略的反映。

爱花与善笑作为婴宁的两大性格特征,属于蒲松龄对于理想女性美的一种朦胧憧憬;而"反笑为哭",在笑与凄凉意绪的感情强烈反差中,更映现出以男性为本位的中国古代读书人有关女性的审美期盼。《霍小玉传》《莺莺传》等唐传奇,女主人公即使在两情相悦的境况中也常带有淡淡的哀愁。唐刘禹锡《三阁辞四首》其一"不应有恨事,娇甚却成愁"①的描写,宋欧阳修《诉衷情》(眉意)词"拟歌先敛,欲笑还颦,最断人肠"②的渲染,都寄寓了古代文人对于女性美的几多幻想。《婴宁》一篇也可寻绎出作者深层次的潜意识,隐藏于婴宁形象背后者,也有其自身虽处纷扰世间而终将有别于芸芸众生的优越心理在,凸显了庄子"撄宁"的蕴涵。拙作《〈婴宁〉的命名及其蕴涵》(《明清小说研究》1995 年第 1 期)一文,可参阅,此不赘言。蒲泽、蒲婷婷先生《谈谈新发现的分类广注绘图〈聊斋志异〉》引录民国间通俗小说社编辑、上海世界书局印发《分类广注绘图〈聊斋志异〉》中无名氏"总评"《婴宁》之语云:"通篇以笑字作经,以花字作纬,写笑不离花,写花不离笑,而又无一笔重复。章法笔法,俱极高妙。"③三言两语,抓住《婴宁》篇的艺术特征,洵为知言。至于惩罚西邻子而致其于死地的恶作剧,为凸显婴宁之"奇"而设计如此荒诞的情节,于婴宁形象的塑造,终有南辕北辙、欲益反损的缺憾,当属于"蛇足"无疑。

《婴宁》中吴生欺诳王子服之言云:"虽内戚有昏因之嫌,实告之,无不谐者。"④所谓"内戚有昏因之嫌",注家或以"意谓姨表亲戚因血缘相近,通婚有所禁忌"简单为释⑤,其他注本之释语也大同小异,并没有具体涉及清人相关的法律问题。按《大清律例》卷一〇《户律婚姻·尊卑为婚》:"若娶己之姑舅、两姨姊妹者(虽无尊卑之分,尚有缌麻之服),杖八十,并离异(妇女归宗,财礼入官)。"⑥如此惩罚不可谓不严厉,然而民间似乎并没有认真对待,官府也持"民不举官不究"的态度,毕竟这样的内戚婚姻并不常见。比《聊斋志异》稍后的《红楼梦》,无论贾宝玉与林黛玉的姨表兄妹关系,还是贾宝玉与薛宝钗的姑表兄妹关系,作者曹雪芹都没有将其视为男女相恋的障碍,即可为证。可见《婴宁》中的吴生之言也不过说说而已,当时无论官民,都没有将内戚关系当作婚姻的绊脚石则可以想见。注家若能在此赘言一二,则于读者了解明清人习俗当有助益。

蒲松龄行文用笔极其讲究,遣词造句精雕细琢,往往化用文献经典中语或前人诗词,略加点乩,便觉风光无限。如王子服负气独自入山寻美,作者以"乱山合沓,空翠爽肌"(第 219 页)写南山之景,简约精炼中意境全出。何谓"空翠"?当形容略染青色的潮湿雾气,语本唐王维《阙题二首》其一:"山路元无雨,空翠湿人衣。"⑦注家若不出注,当不利

---

① 《全唐诗》,中华书局 1960 年版,第 4103 页。

② 唐圭璋编:《全宋词》,中华书局 1965 年版,第 123 页。

③ 蒲泽、蒲婷婷:《谈谈新发现的分类广注绘图〈聊斋志异〉》,《蒲松龄研究》1998 年第 2 期,第 84 页。

④ 任笃行辑校:《全校会注集评聊斋志异》,齐鲁书社 2000 年版,第 219 页。本文引用《聊斋志异》原文,卷数、页码全以此本为准,下文仅在引文后括注页码,不再出注。

⑤ 朱其铠主编:《全本新注聊斋志异》,人民文学出版社 1989 年版,第 156 页。

⑥ 田涛、郑秦点校:《大清律例》,法律出版社 1999 年版,第 209 页。

⑦ 《全唐诗》,中华书局 1960 年版,第 1305 页。

于读者的鉴赏。又如"庭后有木香一架，故邻西家，女每攀登其上，摘供簪玩"四句（第226页），何谓"木香"，又何以称"架"？注家相沿不释，令人费解。木香即荼蘼花的别名，又作"酴醾"，属蔓生观赏植物，春末夏初开白色或黄色花，略有香气。宋陆游《东阳观酴醾》诗："福州正月把离杯，已见酴醾压架开。"①所谓"攀登其上"，并非爬树，而是缘架攀登。又如："媪唤：'小荣！可速作黍。'外有婢子嗷声而应。"（第221页）"嗷声而应"，当今注本或不注，或注"高声答应"，或注"高响的答应声音"，皆不举书证，这不利于深入理解作者刻画人物的细致传神。嗷声而应，即高声急应，语本《礼记·曲礼上》："毋侧听，毋嗷应。"唐孔颖达疏："嗷，谓声响高急，如叫之号呼也。应答宜徐徐而和，不得高急也。"②蒲松龄反用《礼记》中语，有意将小荣作为婴宁的陪衬而写，有其主之爽朗善笑，则必有其婢之不拘小节，同时又与前文"媪聋聩"一句相照应。若不引书证，则作者之曲折用心就难以彰显了。

《婴宁》中一些语词直接取用于典籍，不注出典，会令小说韵味丧失。如"我言少教诲，此可见矣，年已十六，呆痴裁如婴儿"四句（第222页），为鬼母谦评婴宁之语。"裁如婴儿"，不明出典亦能读懂，其语本《战国策》卷二九《燕策一·张仪为秦破从连横谓燕王》："燕王曰：'寡人蛮夷僻处，虽大男子，裁如婴儿。言不足以求正，谋不足以决事。'"③显然，知其出典就更能体会到作者锤炼语言的功夫所在。又如"二人遂发，至山坳回顾，犹依稀见媪倚门北望也"三句（第224页），"倚门北望"，注家多不加注，令四字之情韵义无以凸显。实则此四字道尽母亲对子女的殷殷盼归之深情，语本《战国策》卷一三《齐策六·王孙贾年十五事闵王》："王孙贾年十五，事闵王。王出走，失王之处。其母曰：'女朝出而晚来，则吾倚门而望；女暮出而不还，则吾倚闾而望。女今事王，王出走，女不知其处，女尚何归？'"④又如："但闻室中吃吃，皆婴宁笑声。母曰：'此女亦太憨生。'"（第225页）所谓"太憨生"，注家亦多不注出典，按，此三字语本旧题宋尤袤《全唐诗话》卷一《虞世南》："颜师古《隋朝遗事》载：洛阳献合蒂迎辇花，炀帝令袁宝儿持之，号司花女。时诏世南草《征辽指挥德音敕》于帝侧，宝儿注视久之。帝曰：'昔传飞燕可掌上舞，今得宝儿，方昭前事。然多憨态，今注目于卿，卿才人，可便嘲之。'世南为绝句曰：'学画鸦黄半未成，垂肩弹袖太憨生。缘憨却得君王惜，长把花枝傍辇行。'"⑤又如篇末"异史氏曰"中"观其孜孜憨笑，似全无心肝者"二句（第228页），所谓"全无心肝"，语本《南史》卷一〇《陈本纪下》："既见宥，隋文帝给赐甚厚，数得引见，班同三品。每预宴，恐致伤心，为不奏吴音。后监守者奏言：'叔宝云，既无秩位，每预朝集，愿得一官号'。隋文帝曰：'叔宝全无心肝。'"⑥阅读《聊斋志异》，深层次的读者就不应只满足于读懂故事，欲体味小说作者语言的魅力，就须明其出典书证，方能有探赜寻幽的趣味。

① （宋）陆游：《陆游集》，中华书局1976年版，第12页。
② （清）阮元校刻：《十三经注疏》，中华书局1979年版，第1240页。
③ （汉）刘向：《战国策》，上海古籍出版社1985年版，第1052页。
④ （汉）刘向：《战国策》，上海古籍出版社1985年版，第450页。
⑤ （清）何文焕辑：《历代诗话》，中华书局1981年版，第63~64页。
⑥ （唐）李延寿：《南史》，中华书局1975年版，第310页。

　　《婴宁》中一些语词涉及法律问题，注家失注，也很容易引起误解。如"邑宰素仰生才，稔知其笃行士，谓邻翁讼诬，将杖责之，生为乞免，逐释而出"六句（第226页），所谓"逐释"，《异史》本、铸雪斋抄本、二十四卷本皆作"遂释"，或为手稿本之形讹。此二字若不出注，极易望文生义。白话译本难以规避其释义，往往望文生义地诠解"逐释"，或译为"赶他出衙门"①，或译为"赶了出去"②，或译为"把他撵出衙门放了"③。其实"逐释"就是无罪释放，乃旧时官府法律用语，只要查阅《汉语大词典》一类的工具书，此问题并不难解决。

　　小说若涉及有关名物，注家更不当失注。如篇末"异史氏曰"中"窃闻山中有草，名'笑矣乎'，嗅之，则笑不可止"。（第228页）所谓"笑矣乎"，并非作者杜撰，与下文"解语花"适可为对。清吕湛恩注云："陶谷《清异录》：'菌蕈有一种，食之得干笑疾，土人戏呼为笑矣乎。'"（第233页）现代多数注本对"笑矣乎"一词反而失注。中山大学中文系《评注聊斋志异选》注云："相传有一种菌蕈，吃了会使人无故发笑，叫作'笑矣乎'。见陶谷《清异录》。"④盛伟先生《聊斋志异校注》注云："一种食之可发笑疾的菌类。宋陶谷《清异录》上：'菌蕈有一种食之令人得干笑疾，土人戏呼为笑矣乎。'"⑤两注显然皆源于清人注，已基本说清楚。这种笑菌实为毒蘑菇，清俞樾《右台仙馆笔记》卷一五："《清异录》云：'菌蕈有一种，食之令人得干笑疾，土人戏呼为笑矣乎。'不言其可以致死也。然此菌实有毒，笑而不已，久之必死。余居吴下马医科巷，邻潘氏有一媪，其妻母也。食菌后觉腹中有异，乃至床上卧，俄而吃吃笑，俄而大笑，惊谓其女曰：'殆矣，吾食笑菌，死矣。'其言虽如此，而笑仍不绝声，未几起而立，旋仆，遂伏地狂笑。其女见此状，惊惶失措，以余家时有药饵馈送邻比，乃踵门问焉。余二儿妇检视沪上所刊经验良方，知食笑菌者，薜荔可以治之。墙头适有此种，乃采一束，煎汤与之饮之，须臾笑止。至今无恙。"⑥若详注《聊斋》，是否加引俞樾笔记，于读者更为有益？

　　《婴宁》中还有这样一段精彩描写："生无语，目注婴宁，不遑他瞬。婢向女小语云：'目灼灼，贼腔未改！'女又大笑，顾婢曰：'视碧桃开未？'"（第222页）其中，婢女形容王子服"目灼灼，贼腔未改"二句乃照应前文王子服初遇婴宁景况："女过去数武，顾婢曰：'个儿郎目灼灼似贼！'"婴宁顾婢之语"视碧桃开未"，作者何以突兀设计此一句？原来此乃以汉东方朔偷桃传说，接续小荣"贼腔未改"之语，对王子服再加调侃。据《初学记》卷二八《果木部·桃第三》引《汉武故事》："东郡献短人。帝呼东方朔。朔至，短人指朔谓上曰：'王母种桃，三千岁一子。此子不良，已三过偷之矣。'后西王母下，出桃七枚，母自啖二，以五枚与帝。帝留核着前，母曰：'用此何？'上曰：'欲种之。'母笑曰：'此桃三千年一著子，非下土所植。'"⑦唐韩偓《荔枝三首》其一："汉武碧桃争比得，枉令

---

①　马振方主编：《聊斋志异评赏大成》，漓江出版社1992年版，第253页。

②　孙通海等译：《文白对照聊斋志异》，中华书局2010年版，第203页。

③　丁如明等译：《聊斋志异全译》，上海古籍出版社2012年版，第71页。

④　中山大学中文系评注：《评注聊斋志异选》，人民文学出版社1977年版，第61页。

⑤　盛伟校注：《聊斋志异校注》，山西人民出版社2000年版，第132页。

⑥　（清）俞樾：《右台仙馆笔记》，上海古籍出版社1986年版，第389页。

⑦　（唐）徐坚等辑：《初学记》，中华书局1962年版，第674页。

方朔号偷儿。"①碧桃与偷儿的这一微妙关联，注家若不注出，作者所设计的婴宁机智幽默的言语情趣就难以体味，蒲松龄对于情节构思的良苦用心也将被湮没。

《聊斋志异》于字里行间往往可见作者苦心孤诣处，只有细心体味，方能获得其间的无限妙趣！

二、颜　氏

中国科举制度发轫于隋代，经唐宋整合，至明清发展至极致。千军万马同过独木桥，须眉男子欲跳龙门尚且难于上青天，更何况巾帼弱女子欲与男子逐鹿于科场，又谈何容易！唐代武则天曾当过中国唯一的女皇帝，却始终没有开设女科。清代嘉庆间李汝珍的小说《镜花缘》虚构了才女唐闺臣等应考武则天开设的女科，只是文人的一种幻想。比李汝珍年代稍前的女性作家陈端生的长篇弹词作品《再生缘》，有关科举的情节似乎更为荒诞离奇。这部弹词书写孟丽君女扮男装，参加科举考试连中三元，随后又为国家建功立业，这在男权社会中真是匪夷所思！在市井民间，充分发挥如此想象力者也不乏其人，黄梅戏《女驸马》中的冯素贞女扮男装以未婚夫之名应科举考试，竟高中了头名状元，并被皇帝召为驸马，从而演绎出一段悲欢离合的传奇故事，一度深受观众欢迎。

文学或戏曲中的女子科举幻想，在想入非非之中，有时不免捉襟见肘，漏洞百出，经不起推敲。蒲松龄这篇《颜氏》将故事发生的背景置于天崩地解的明清易代之际，至少在一定程度上避免了真相大白后的无限尴尬；至于为"顺天某生"设计出流落他乡再回归故里应试的情节，为颜氏设计出不能生育的人生缺陷，也都是为"圆谎"而虚构，绝非等闲之笔。全篇故事紧凑而滴水不漏，极见巧思。若言女状元，在清末太平天国时期，曾有一位南京女子傅善祥，据说是应试太平天国女科的第一名，后入东王杨秀清宫中，曾引来后世文人的诸多评说。但这并非"上帝"眷顾的太平天国尊重女性的表征，或许恰恰相反，反映了这一政权某些阴暗的层面。这里不作深论。清俞樾《春在堂随笔》卷一〇云："定远方潜颐《梦园丛说》云：'叔平言吾邑（按，谓桐城）地当孔道，明季张献忠八次来犯，不能破。良由官民戮力，众志成城故也。时邑侯为直隶进士杨公尔铭，年甫弱冠，丰姿玉英，貌如处子。而折狱明决，善治军事，赏罚无私，战守有法，兵民皆严惮之。每出巡城，着小靴，长不及六寸，扶仆从肩，缓缓而行。人多疑为女子，即《聊斋》所记易钗而弁之颜氏也。大约颜、杨音近而讹传之耳。又得凤阳巡抚史可法、庐州守将靖南伯黄得功为外援，献贼相戒，不再犯桐城。邑侯杨公以行取入都，代者为张公，忘其名，办善后，亦极有法。今杨公、张公、史公、黄公，皆各有专祠。'按《聊斋》所记颜氏事，初以为小说家装点语耳，今乃知其力守危城，身当大敌，至今犹庙食一方，洵奇女子哉！"②俞樾认为明末曾有效抵御张献忠围攻的桐城县令杨尔铭就是《聊斋志异》中《颜氏》的原型，系女扮男装者。

按，道光十四年（1834）《桐城续修县志》卷六《职官表》："崇祯七年以后：杨尔铭，四川筠连人，本姓陈，进士，七年任。有传。"《桐城续修县志》卷九《人物志·名宦》：

---

① 《全唐诗》，中华书局 1960 年版，第 7795 页。

② （清）俞樾撰：《春在堂随笔》，江苏人民出版社 1984 年版，第 176 页。

"杨尔铭，筠连人。进士，崇祯末任桐城，时年甫弱冠。"他为抵御"流寇"攻城，"与士民登埤击柝，缮器请援者七年如一日，城赖以完……后擢御史"。又《桐城续修县志》卷二三《杂记志·兵事》："崇祯七年……是年蜀之筠连人杨尔铭来为县令。尔铭年少有奇才，为桐七年，民爱之如父母。御寇治兵，皆有法度。桐之不亡，由前后两县令之力居多。两县令者，尔铭之后为张利民也。其后明亡，尔铭弃官，流落江湖，已死。而张利民逃匿山中不出。桐之父老至今歌思之。"又考光绪二十一年（1895）《叙州府志》卷三五《人士·筠连》："杨尔铭，字景先，崇祯癸酉举人，甲戌进士，系本邑景阳山后杨家坳人。因幼失怙恃，举人陈敦复见其颖异，育为己子，训以诗书，过目成诵。登第后，初任桐城，有善政，民颂父母，立生祠，肖像以祀之。流贼三劫其邑，效死守之，邑赖以存，且捍御有方，有《三保桐城纪》。邑民请祀名宦。累官至山西宣大巡按御史兼督学政。复姓杨。见《桐城志》。甲申之变，殉难未归，祀本邑忠义祠。"明亡入清后，杨尔铭未回乡里，但并未"殉难"。乾隆十一年（1746）《乌程县志》卷七《寓贤》："杨尔铭，号锦仙，筠连人，崇祯甲戌进士，为广东道御史。国亡，流寓乌程前庄，披发佯狂，日纵酒。语及旧事，即以酒杯纳口中大嚼，泪血交流。当事闻其名，造庐请谒，匿不见。止一孙，不令读书，力耕，市陌路。遵先志也。"

　　关于坚守桐城一事，杨尔铭的确因此而名闻四海。清计六奇《明季北略》卷一二有《杨尔铭救史可法》一则，记述"年少而才"的桐城令杨尔铭巧用虚张声势之计逼退"流寇"，为史可法解了围。内有云："按杨尔铭，四川叙州府筠连县人。崇祯甲戌进士，年十四，即令桐城。冠大，以绢塞后；座高，翘足而升，胥吏甚易之。久之，侧冠而出，吏笑曰：'老爷纱帻歪矣。'尔铭大怒，曰：'汝谓吾歪，即从今日歪使！'投签于地，悉笞之，遂畏惮焉。"①若记述无误，则杨尔铭当生于明天启元年（1621），其十四岁中进士并任县令，属于神童且有担当，真有些不可思议，难怪乎有女扮男装的传言了。陈尔铭，《明史》两见，分别在卷二七四《史可法传》与卷二七六《张国维传》中，其职衔为"桐城县令"。杨尔铭，《明史》仅一见，在卷二三五《蒋允仪传》中，其职衔为"御史"。朱宝炯、谢沛霖《明清进士题名碑录索引》著录"杨尔铭"，云"见陈尔铭"；另著录"陈尔铭"为"四川筠连"人，考中明崇祯七年（甲戌，1634）三甲第一百名进士。综合上述可知，杨尔铭是一位少年得志者，很有才干，且有崇高的民族气节，因而声名远扬。其姓氏由陈易杨，复宗之举当在桐城县令任上。其号"景先"，被《乌程县志》写作"锦仙"，实在也有令人怀疑为女性的嫌疑。

　　蒲松龄或据流传大江南北的明末桐城县令杨尔铭之轶事再加文学虚构，不无借题发挥地写出这篇《颜氏》，内有颜氏女扮男装考中进士后"授桐城令，有吏治，寻迁河南道掌印御史"的记述（第1151页），与杨尔铭的仕履略同，俞樾之说不为无据。从《叙州府志》与《乌程县志》所记判断，杨尔铭绝非女扮男装者。马振方先生《〈聊斋志异〉本事旁证辨补》一文认为："俞樾当时或未读过《颜氏》，或读过而已忘却，只以《梦园丛说》有关杨尔铭的记述想见颜氏的事迹和小说的内容。如果他了解《颜氏》的实际内容，就不会写出上面那些不明不白的混乱的按语，大约也不至于把杨尔铭的战功视为《颜氏》的本事。"②此可备

① （清）计六奇：《明季北略》，中华书局1984年版，第210页。
② 马振方：《〈聊斋志异〉本事旁证辨补》，《蒲松龄研究》1989年第1期，第138页。

一说，读者若感兴趣，可找来原文细读，此不赘言。

《颜氏》中所涉及的有关名物或明清官场典制，注家也不可轻易视之，否则极易发生误解。小说中的顺天某生以母亲所遗留的金鸦镮为聘礼向颜氏求婚，所谓"金鸦镮"，即镶嵌有金鸦宝石的戒指。金鸦，宝石名，可见金鸦镮属于当时比较贵重的一种镶嵌首饰。明谢肇淛《五杂组》卷一二《物部四》："今世之所宝者，有猫儿眼、祖母绿、颠不剌、蜜腊、金鸦、鹘石、蜡子等类，然皆镶嵌首饰之用，惟琥珀、玛瑙，盛行于时，皆滇中产也。"①朱注本注云："金鸦镮：饰有金乌的指环。金鸦，犹金乌，传说太阳中有三足乌称金乌，故以之指太阳。"②盛注本注云："金鸦镮：雕有金乌的指环。金鸦，亦作'金鸦'，即金乌，指太阳。唐韩愈《送惠师》诗：'金鸦即腾骞，六合俄清新。'韩醇注：'金鸦，日也。'"③蒲松龄之所以用"金鸦镮"为求婚颜氏的聘礼，自有郑重其事的书写意向，否则仅用一般饰有金乌或雕刻金乌的戒指为聘礼，并不贵重，何必词费？显然两注皆误，辜负了作者对于小说细节精雕细琢的深刻用心。

《颜氏》中又云："是时生父母，屡受覃恩矣。"（第 1152 页）所谓"覃恩"，即广施恩泽。这里特指旧时封建帝王对于官员的父母"封赠"的恩典。封建时代帝王推恩臣下，可将官爵授予其父母。父母存者称封，死者称赠。顺天某生令已经去世的父母因儿媳冒名顶替而得来的官位受到朝廷追赠官爵的恩典，绝无仅有，属于"异数"，所以作者特意大书一笔。这也是篇末"异史氏曰"所云"翁姑受封于新妇，可谓奇矣"两句所本。清王士禛《古夫于亭杂录》卷一《追赠父母》："李文正昉为相，为本生父故工部郎中超、母陈留郡君谢氏请以郊祀覃恩追赠，太宗嘉之，诏赠超太子太师，谢氏郑国太夫人。此封赠本生父母之始。"④封赠之制，起于晋与南朝宋，至唐始备。最初仅及于父母，唐末五代以后，始上追曾祖、祖、父母三代，往往以子孙的官位为赠。清赵翼《陔餘丛考》卷二七《封赠》："元许有壬言：今制，封赠祖父母，降于父母一等。则元时封赠先世，亦尚有差别。本朝令甲，一二品封三代，三品以下封二代，六品以下封一代，皆全用其本身官秩，并许以本身封典回赠其祖。则例封一代者，实亦得封二代。"⑤朱注本注云："覃恩：深恩。此指朝廷封赐之恩。"⑥盛注本注云："覃恩：广施恩泽。旧时多用以称帝王对臣民的封赏、赦免等。《旧唐书·赵宗儒传》：'今覃恩既毕，庶政惟新。'"⑦显然两注皆未注清"覃恩"的实际内容，令读者难得"封赠"的要领。

这样一个女扮男装并且最终官居御史的传奇故事，想入非非的荒诞而外，似乎并无任何实际意义；然而"异史氏曰"笔锋一转，巧妙讽刺了封建官场有言责的台谏官员形同虚设的现实，很有认识价值："然侍御而夫人也者，何时无之？但夫人而侍御者少耳。天下冠儒冠、称丈夫者，皆愧死矣！"（第 1152 页）这或许正是蒲松龄撰写小说的高明之处。

① （明）谢肇淛：《五杂组》，上海古籍出版社 2001 年版，第 247 页。

② 朱其铠主编：《全本新注聊斋志异》，人民文学出版社 1989 年版，第 770 页。

③ 盛伟校注：《聊斋志异校注》，山西人民出版社 2000 年版，第 1281 页。

④ （清）王士禛：《古夫于亭杂录》，中华书局 1988 年版，第 21 页。

⑤ （清）赵翼：《陔餘丛考》，河北人民出版社 1990 年版，第 530~531 页。

⑥ 朱其铠主编：《全本新注聊斋志异》，人民文学出版社 1989 年版，第 772 页。

⑦ 盛伟校注：《聊斋志异校注》，山西人民出版社 2000 年版，第 1283 页。

三、凤　　仙

《凤仙》是一篇书写男子上进离不开女性激励的小说，属于人类性意识的真实反映。诚如德国诗人歌德《浮士德》长诗之结句所言："女性长存之德，引导我们上升！"①清何守奇评《凤仙》云："锐志攻苦，皆由于镜中悲笑，岂好色之心，重于好名乎？然天下有志者少，无志者多，季子（战国时苏秦）简炼揣摩，亦由于妻不下机一激之力，则闺中之人，正自不可少耳。"（第1730页）此论切中肯綮。笔者昔日读这篇小说，曾有《读〈凤仙〉》七绝一首云："狐妖花魅寓蹉跎，镜影悲欢寄恨多。知否定公游戏笔，卷帘梳洗望黄河。"②诗之第三四句，语本清末龚自珍《己亥杂诗》第二五二首："风云材略已销磨，甘隶妆台伺眼波。为恐刘郎英气尽，卷帘梳洗望黄河。"③龚自珍四十多岁时迷恋一位名叫灵萧的妓女，《己亥杂诗》中有多首关于她的作品，如第九七首："天花拂袂著难销，始愧声闻力未超。青史他年烦点染，定公四纪遇灵萧。"④所谓"剑气箫心"兼而有之的龚自珍与早于他一个半世纪的蒲松龄，一为自家情事，一为小说虚构，而于性心理上则可称如出一辙，皆以钟情女子的激励作为读书人上进的不可或缺的动力，这也是拙作《读〈凤仙〉》一诗将时代不同的文学家贯串在一起的线索。

《凤仙》中的女主人公争强好胜，与戏谑成性的八仙、沉静渊如的水仙性格迥异，这是小说虚构出类似于今天智能手机视屏之"镜影"的基础。小说篇末"异史氏曰"中"冷暖之态，仙凡固无殊哉"之论并非其叙事之主旨，不过是烘托书生刘赤水自我奋进之社会因素而已，作品指归在于渲染男欢女爱与事业的关系，将原本具有冲突意向的两者归于统一。20世纪奥地利医生弗洛伊德所建立的精神分析学说，将性欲本能的能量称为"力比多"，正是"力比多"所具有的升华作用，成为创造和繁荣人类社会文学、艺术乃至科学技术进步的动力与源泉。弗洛伊德的"泛性论"思维固然有其缺陷，但在解释有关具体问题时，不乏启发与引领作用。读这篇《凤仙》正可作如是观；探讨《聊斋志异》的创作动因，亦当作如是观！印度古诗人迦梨陀娑诗剧《沙恭达罗》中的名句："你无论走得多么远也不会走出了我的心，黄昏时刻的树影拖得再长也离不开树根。"⑤这也可作为刘赤水与凤仙两人情感始终不渝的写照。

读者若不仅仅满足对于故事的阅览，欲真正读懂《凤仙》并非轻而易举之事，其中涉及对小说中地名、名物乃至遣词用语的诠释问题。若如同囫囵吞枣般的阅读，一切也就无从谈起了。

蒲松龄撰写小说，其事不必真，但所涉及地名，往往并非虚构。《凤仙》的男主人公刘赤水为平乐人，平乐为明清府名，府治平乐，即今广西壮族自治区桂林市平乐县。即如

① ［德］歌德著，樊修章译：《浮士德》，译林出版社1993年版，第642页。
② 拙作：《贺诗七首（并序）》（目录前"创刊三十年贺辞"），《蒲松龄研究》1998年第4期。
③ （清）龚自珍：《龚自珍全集》，上海人民出版社1975年版，第532页。
④ （清）龚自珍：《龚自珍全集》，上海人民出版社1975年版，第518页
⑤ 季羡林：《季羡林全集》第20卷《译注一·〈沙恭达罗〉第三幕》，外语教学与研究出版社2010年版，第67页。

小说中水仙婿丁郎，为富川人，富川亦属平乐府，与府治平乐接壤。刘赤水与其"僚婿"，即大姊八仙的丈夫少年胡郎途中偶遇："少年曰：'岳新归，将一省觏，可同行否？'刘喜，从入紫山。"（第 1725 页）所谓"紫山"确有其地，并非作者凭空结撰。史为乐先生主编《中国历史地名大辞典》收录"紫山"词条："紫山：在今广西平乐县南。《元和志》卷三七平乐县：'紫山在平乐县南一十里，山有木客。'……《明一统志》卷八四平乐府：紫山'山势萦回曲折，上有九峰，曰：高岩、羊栏、月岩、兜鍪、马鞍、跨镫、石旗、石剑、丫髻。险不可陟'。"①此前，笔者曾写有《〈聊斋志异〉注释中的地名辨析》一文，刊于《长江学术》2014 年第 1 期，曾错误地认为"紫山"似当作"营山"，可能系作者误书所致。按，营山地当今广西壮族自治区灌阳县与湖南省道县间，位于平乐府以北。现在看来"似当作营山"的判断属于误读原作，诚有厚诬古人之嫌，借此特向广大读者深致歉意！

小说写凤仙一家与三婿欢聚的家宴："俄，姊妹俱出，翁命设坐，各傍其婿。八仙见刘，惟掩口而笑；凤仙辄与嘲弄；水仙貌少亚，而沉重温克，满座倾谈，惟把酒含笑而已。"（第 1725 页）所谓"沉重"，即沉静庄重。汉仲长统《昌言下》："人之性……安舒沉重者，患在后时；好古守经者，患在不变。"②所谓"温克"，即醉酒后能蕴藉自持。语本《诗·小雅·小宛》："人之齐圣，饮酒温克。"汉郑玄笺："中正通知之人，饮酒虽醉犹能温藉自持以胜。"③蒲松龄为刻画三姊妹不同的人物性格，写作《凤仙》中肯定参考了有关文献典籍。注家凡遇此等词汇，当以明其书证为佳，以便于读者鉴赏体味。"温克"，二十四卷本《聊斋》作"温文"，显然为抄手未搞清"温克"之书证所致。

小说写凤仙一家的家宴，也显示出作者进一步刻画人物性格的用心："翁悦曰：'家人之乐极矣！儿辈俱能歌舞，何不各尽所长？'八仙起，捉水仙曰：'凤仙从来金玉其音，不敢相劳；我两人可歌《洛妃》一曲。'"（第 1276 页）所谓"金玉其音"，意谓珍惜自己的声音如同金玉，不肯轻易表演，语涉嘲讽。四字语本《诗·小雅·白驹》："毋金玉尔音，而有遐心。"唐孔颖达疏："我思汝甚矣，汝虽不来，当传书信，毋得金玉汝之音声于我。谓自爱音声贵如金玉，不以遗问我而有疏远我之心已。"④蒲松龄借用《诗经》中语词刻画八仙语言之尖刻，恰到好处，注家若明其书证，当大有助于读者鉴赏。

小说又有如下一段描写："刘无颜，亦辞而归。至半途，见凤仙坐路旁，呼与并坐，曰：'君一丈夫，不能为床头人吐气耶？黄金屋自在书中，愿好为之。'举足云：'出门匆遽，棘刺破复履矣，所赠物，在身边否？'刘出之，女取而易之。"（第 1726~1727 页）何为"复履"？乃旧时妇女在袜之外、鞋之内所穿的一种软底鞋。所谓"复履"，《凤阳士人》一篇亦出现一次："女步履艰涩，呼丽人少待，将归着复履。丽人牵坐路侧，自乃捉足，脱履相假。"（第 272 页）耿莲峰、鲁童先生《对张友鹤〈聊斋志异选〉注释的几点意见》一文认为："复履是缠足妇女在袜之外鞋之内所穿的一种软底鞋。一般称为'睡鞋'（《莲香》篇'睡舄遗堕'——注意，'舄'字不能按古义解释），又称'眠鞋'（西周生《醒世姻缘传》第五十回'一双穿过的红绸眠鞋'）。因为它是鞋中之鞋，所以又叫'复履'，并不是指穿在外面

———————————
① 史为乐主编：《中国历史地名大辞典》，中国社会科学出版社 2005 年版，第 2280 页。
② （清）严可均辑：《全上古三代秦汉三国六朝文》，中华书局 1958 年版，第 954 页。
③ （清）阮元校刻：《十三经注疏》，中华书局 1979 年版，第 451 页。
④ （清）阮元校刻：《十三经注疏》，中华书局 1979 年版，第 434 页。

着地的复底鞋。"①所论甚是。朱注本于《凤阳士人》注云："复履：夹底鞋。"②似不正确。盛注本于《凤阳士人》《凤仙》所注"复履"，吸收了耿莲峰、鲁童两位先生的意见，无误。值得一提的是，《汉语大词典》亦收录"复履"词条："即复舄。《方言》第四：'（复舄）自关而东谓之复履。'清蒲松龄《聊斋志异·凤阳士人》：'女步履艰涩，呼丽人少待，将归着复履。'参见'复舄'。"同词典又收录"复舄"词条："复底而用木的鞋。《方言》第四：'扉屦，粗履也。徐兖之郊谓之扉，自关而西谓之屦。中有木者谓之复舄，自关而东谓之复履。'清郝懿行《证俗文》卷二：'《周官·屦人》注："复下曰舄，禅下曰屦"……今人削木为履底，京师妇人好高底，履有至七八寸者，蒙之以布，所谓复舄者也。'"③此词典所收录"中有木"之"复履"当非蒲松龄笔下的"复履"，《汉语大词典》以《凤阳士人》为书证，并不贴切。

《凤仙》中涉及明清科举的内容，虽仅寥寥数语，不出注则难令读者通晓："如此二年，一举而捷……刘赴宴郡中，女请与俱，共乘而往，人对面不相窥。"（第 1727～1728 页）所谓"赴宴郡中"，这里当指官府宴请新科举人的鹿鸣宴。"榜后次日设鹿鸣宴。按唐制乡贡事已，长吏以乡饮酒礼，会僚属设宾主、陈俎豆、备管弦，牲用少牢，歌鹿鸣之诗以宴之。明、清两代，定乡举后设鹿鸣宴，即本于此。明代宴于明伦堂，清代例应在布政司衙门，后改在巡抚衙门……主考、监临、学政、内外帘官、新科举人皆与宴。"④以笔者所见诸多《聊斋》全注本、选注本遇此皆未出注，诚属憾事。小说中还有"刘属富川令门人，往谒之"两句（第 1728 页），所谓"门人"，即"门生"，科举考试中式者对主考官自称"门生"，这里即谓富川县令是分房阅卷录取刘赤水的乡试同考官。此种情况，今天的注家也当以注出为宜。

《凤仙》中还有涉及佛家语词者，今天的注家也当出注。小说篇末"异史氏曰"有云："吾愿恒河沙数仙人，并遣娇女昏嫁人间，则贫穷海中，少苦众生矣。"（第 1730 页）所谓"贫穷海"，属于佛教语，谓贫穷之苦难深广，故譬之为海，可参见释典《大智度论》。所谓"众生"，乃梵文之意译，又名"有情"，谓一切有情识的动物，由众缘所生，名为众生。十法界中，除佛之外，九界有情，皆名众生。注家若能注出，蒲松龄的佛学修养自可概见。

（作者单位：中国艺术研究院）

① 耿莲峰、鲁童：《对张友鹤〈聊斋志异选〉注释的几点意见》，《蒲松龄研究集刊》第 4 辑，齐鲁书社 1984 年版，第 277 页。
② 朱其铠主编：《全本新注聊斋志异》，人民文学出版社 1989 年版，第 188 页。
③ 罗竹风主编：《汉语大词典》，汉语大词典出版社 1994 年版，第 115～116 页。
④ 商衍鎏：《清代科举考试述录》，三联书店 1958 年版，第 82 页。

《尧山堂偶隽》及其骈文批评

□ 贺玉洁

　　明代晚期，骈文又重新回到了主流文学视野之中。此期，涌现出大量骈文选本，于众选本中，王志坚《四六法海》可谓翘楚，四库馆臣谓之"语有实征，非明代选本所可及"。然而，骈文的创作与批评在晚明的复兴有着源远流长的端绪，《四六法海》只是这一过程的阶段性总结，若因此忽视甚至否定其他选本，不仅有"一叶障目"之嫌，也无法解释骈文复兴的动机、意义及其演变历程。因此，重建明代的骈文史和骈文批评是很有必要的。蒋一葵《尧山堂偶隽》(简称《偶隽》)对魏晋至元代的骈俪名句加以评点，多有创获，值得细加寻绎。

一、成书时间

　　蒋一葵，字仲舒，别号石原，生卒年不详，明常州武进人。万历二十二年(1594)举人，历官灵川知县、京师西城指挥使，官至南京刑部主事。"尧山堂"为其书斋名。一葵著有《尧山堂外纪》《长安客话》等。前者作为有明一代重要的笔记史料汇编，近年来颇为学界所关注。盖因20世纪明代骈文研究门庭冷落，其另一重要著述《尧山堂偶隽》却鲜有问津。

　　一本专著的成书时间或镌刻时间对研究该书的价值有着不言而喻的意义。目前，学界对《尧山堂偶隽》成书时间的界定不甚了了，人云亦云，最为普遍的说法即该书出现于明万历时期。如奚彤云《中国古代骈文批评史稿》便将《尧山堂偶隽》置于第四章《万历以后骈文批评的重兴》，莫山洪《骈散的对立与互融》第六章《元明时期骈散对立互融的演变》第二节中认为《尧山堂偶隽》是万历时期文学新变的产物。笔者以为，这一说法有待商榷。

　　虽然通行本《尧山堂偶隽》并没有提供明确的成书时间，但我们仍可从《尧山堂外纪颠末》中寻出些线索来。其文云："年且及强，而复得补第子员。又三年，乃获收于乡剡。"《曲礼》曾曰："人生十年曰幼学，二十曰弱冠，三十曰壮有室，四十曰强而仕"，又宋卫湜《礼记集说》卷二在解释"四十曰强而仕"时，曾说到"四十志气坚定强立，不反不夺于利害，不怵于祸福，可以出仕矣"。故此处"年且及强"之"强"，当指四十岁。蒋一葵于万历二十二年乡试中举，逆推三年，其补弟子员应在万历十九年。若此时蒋氏年届四十，那么其出生时间应为嘉靖三十一年至三十五年之间(即1552—1556)。该文又说："以廿年无用精神，毕用之乎举子书，则何业弗精者"，"竟溺于宋景文之好，因循以有今日，致身不早"。"廿年"自然是个概数,约二十年;"竟溺于宋景文之好"①则表明他早年偏好奇隽之句。那么这一著作是否可能为蒋一葵早年所作呢?答案是毋庸置疑的。经笔者检阅《江苏艺文志·常州卷》《明清江苏文人年表》,可知本书有两种明刻本传世,一种为明嘉靖间项笃寿木石居刻本,作《木石居精校八朝偶隽》(现存于国家图书馆、杭州大学图书馆、重庆市图书馆等);另一种为明万历三十四年刻本(现存于国家图书馆、北京大学图书馆、清华大学图书馆等),作《尧山堂偶隽》。据此推算,是书最晚成书于嘉靖四十五年。

此时蒋一葵正当志学之年②,学殖未富,但孤明先发,故该著当为其初试啼声之作。此后的一二十年间,骈文的创作与批评得到普遍重视,涌现出一批数量可观的骈文选本,如李天麟《词致录》、陈翼飞《文俪》、李日华《四六类编》等,而成书于嘉靖末年的《偶隽》无疑是这一系列著作的先声,自有其独特的价值。

二、骈文史观的通与变

然该书在后世并未引起足够的关注,与之相关的评价也比较低。四库馆臣谓之"盖王铚四六话之类。然撖拾未广,所采亦不工",仅列之于存目。其实,该书现有的规模已不容小觑。是书七卷,收文涉及晋、宋、齐、梁、陈、隋、唐、宋八朝,并以朝代先后为序,超越了宋四六以宋为主的格局与随到随录式的点评,堪称明以前偶丽名句的一次大集结。故曹日昌有云:"仲舒氏膏腴六藉,搜猎三坟。浮彩沉笔,喷古薄今;只车之暇,括收博评。"③曹氏之言,难免有过誉之嫌。然该著取材宏富,兼收并蓄,确实表现出一种全新通揽的气魄与通达兼容的骈文史观。

古往今来,通变相生。文章之道,亦本乎此。诚如刘勰所云:"文律运周,日新其业。变则堪久,通则不乏。"④从历时性而言,该书始于魏晋,终于南宋,并附载五代与元代资料,较为全面地勾勒出骈文的演变轨迹;从共时性而言,蒋氏对每一时代的作家及作品严加遴选,并以通史的眼光去界定个体作家在骈文史上的地位,从而指出其承前启后性。依照时序,《偶隽》一书大抵将骈文史界定为以下四期:

第一,晋代为胚胎期。首卷第一条便记录了晋人清言中的两联妙对,其文云:

> 晋魏间,尚未知声律对偶。荀鸣鹤(隐)、陆士龙(云)二人会张茂先(华)坐,张以其并有大才,可勿作常语,陆举手曰:"云间陆士龙。"荀答曰:"日下荀鸣鹤。"张抚掌大笑。后释道安自北来荆州,与习凿齿相见,道安因自通曰:"弥天释道安。"习答曰:"四海习凿齿。"此四公相谑之辞,当时指为的对,乃知此体自然,不待沈约而

---

① 四库馆臣评《宋景文公笔记》"造语奇隽",见《四库全书总目提要》卷一百二十·子部三十·杂家类四。

② 蒋一葵在《尧山堂外纪颠末》中曾说到,其性嗜书,"盖年十一二时而所览睹多矣",由于夜间读书眼部劳损,后"遂盲于夜读",又"年十五,即挟一经糊口四方,交道日广,见闻日益博",其读书之刻苦,涉猎之广博,毅力之坚韧,于此可窥一斑,故能于弱岁之际成就这部颇有学术价值的著作。

③ 曹日昌:《〈尧山堂偶隽〉叙》,蒋一葵:《尧山堂偶隽七卷》,《四库全书存目丛书补编》第45册,齐鲁书社2001年版,第3页。

④ 刘勰著,王运熙、周锋译注:《文心雕龙译注》,上海古籍出版社2010年版,第147页。

能也。

文中的两组应答，虽然追求声律和谐，但尚处于一种感性认知，而其贴切的对偶则明显是有意为之。从张华事先对陆、荀二人"勿作常语"的期望，而后"抚掌大笑"的赞赏及"当时指为的对"的反响，可以看出时人于对偶绝非处于"尚未知"的状态，而是出于一种自觉的认同，并且着力追求。蒋氏将此段文字置于首卷第一条绝非偶然，而是刻意安排，其目的正在于说明骈文产生的时间应以魏晋为界，具体当在晋代。实际上，晋人清谈中亦以能道俪句为尚。如《世说新语·贤媛》中记载："谢遏绝重其姊，张玄常称其妹，欲以敌之。有济尼者，并游张、谢二家，人问其优劣，答曰：'王夫人神情散朗，故有林下风气；顾家妇清心玉映，自是闺房之秀。'"①连尼姑都出言清丽，可见当时风气之盛。蒋氏摘录偶句以此为始，正可以反映骈文渐趋风行的时代背景。关于骈文的形成期，蒋氏之前已有多种说法。如：朱熹认为："汉末以后，只做属对文字。"②时间模糊，不够具体；陈振孙《直斋书录解题》卷十八《浮溪集》："四六偶俪之文，起于齐、梁，历隋、唐之世，表章、诏诰多用之。"③断限太晚，与事实不符。相比之下，蒋一葵断在晋代，更为准确。

第二，齐梁至隋为兴盛期。蒋一葵对六朝文进行了明确的历史定位："唐律女工也，六朝文亦女工也。此体自不可少"，即律诗至唐人而极盛，当如骈文至六朝人而完备。事实上，正是六朝人将骈体中的形式技巧之美发挥到了无以复加的高度，至徐、庾则华实相扶，于抽黄对白间，灏气卷舒，气韵天然，将骈文推到了后人难以企及的艺术巅峰。蒋氏以为六朝人"富有出之自新"，其使事用典往往能"化腐朽为神奇"，并称徐陵《劝进元帝表》为"四六中绝有体制者也"，于此可见他对六朝人的推崇之意。同时，他也不无避讳地指出六朝文的流弊，"齐梁以还，绮缛弥甚"，语"极浓艳"。六朝季末，浮华侧艳，转拘声韵，弥尚丽靡，更逾于往时。蒋氏之评，可谓公允。

第三，唐代为骈散盛衰消长期。经过文本的具体分析，可寻绎出蒋一葵的唐代骈文观。其以为，根据骈散的盛衰消长，唐代骈文当发生了三次变革。

一变：提倡风骨，骈散初露。此次变革发端于初唐四杰，完备于盛唐燕许。初唐四杰承六朝余习，但辞意竞爽，风骨渐露。一方面，其骈文确有雕琢藻饰之弊。如卷二"宾王《杨州看竞渡序》"条，云：

> 临波笑脸，艳出浦之轻莲（评语：丽笔赋艳丽语）；映渚蛾眉，丽穿波之半月。能使洛川回雪，犹赋陈思；巫岭行云，专称宋玉。（评语：锦心绣口，落笔自是不凡，然丽比于淫矣。《卷二》）

另一方面，蒋一葵也指出四杰骈文已略具风骨。卷二"《滕王阁序》"条，评曰："子安

---

① （南朝宋）刘义庆撰，（南朝梁）刘孝标注：《世说新语》，卷下之上，贤媛第十九，《摘藻堂四库全书荟要》子部，第 34 页。

② （宋）黎靖德编，黄坤、曹珊珊注评：《朱子语类》卷第一百三十九，中华书局 1994 年版，第 3298 页。

③ 陈振孙：《直斋书录解题》，《丛书集成初编》第 48 册，商务印书馆 1936 年版，第 497 页。

虽复词人，胸中故自豁落。"这种"豁落"之情，正是王勃在《游冀州韩家园序》所说："高情壮思，有抑扬天地之心；雄笔奇才，有鼓怒风云之气"，意即刚健骨气。至燕许二公，骈文始声律风骨兼备，尽显"冠冕高华"（参见卷二"燕公《国子祭酒表》"条）的盛唐气象，而此期骈文已明显呈现出散化的趋势。如：

（张说）《让封燕国公表》："且如人臣之义，二则为罪；愚智之分，一心不回。譬如犬马有不背之性，草木有不凋之理。知何德于天壤，而欲蒙造化之偏施哉？臣之无功，正与此类。"（评语：此段反覆譬喻，四六文不多得。文至此又一变矣。《卷二》）

又如：

（张说）《奏嘉禾表》："臣初见众苗亘垄，香颖垂秋，嘉玩繁滋，欲观成粒。左右无识，折以呈臣。臣异其绿叶缓舒，葱芒璧秀，熟视奇状，乃知嘉祥。"（评语：四六亦要流动员转。《卷二》）

上述二表情理并举，则散而骈，单复互用，生气流转，有舒卷自然之态。故知，燕许之变已为中唐骈文的改革埋下了伏笔。

二变：古文兴盛，援散入骈。古文运动家韩愈、柳宗元以散入骈，极大地改造了骈文文体。如"元和九年，裴晋公为御史中丞"条称：

韩昌黎时知制诰，代为让表云："岂意陛下擢臣于伤残之余，委臣以燮和之任，忘其陋污，使佐圣明。此虽成汤举伊尹于庖厨，高宗登傅说于版筑，周文用吕望于屠钓，齐桓起宁戚于饭牛。雪耻蒙光，去辱居贵，以今准古，拟议非伦。"（评语：散开再合，有幻有法。《卷三》）

以上文字，疏密掩映，参差错落，笔法恣肆，起伏跌宕，实集骈散之所长而臻醇熟。

三变：古文衰歇，骈体复兴。晚唐之际，古文渐趋落没，骈文则异军突起，大放异彩。杜牧等人坚守散文阵地，并以散体之法而作骈文，然"杜樊川四六多杂散语"（见卷三"杜樊川"条）。此期，令狐家族成为骈文一大重镇。令狐楚才思俊丽，所作表奏制令，春荣大雅，天下雅重。如卷三"令狐楚"条，云：

令狐楚为太原从事，自掌书记……又《恩赦表》云："幽室尽晓，枯条遍春。雷雨作而蛰虫昭苏，风云行而笼鸟飞舞。"楚才思俊洒，德宗好文，每太原奏至，能辨楚之所为，颇称之。

而令狐楚所作制诰表章亦多取法燕许。如卷三"宋延清"条，云：

张燕公《谢衣药表》有云："当褫从服，转承直吉之衣；宜肆典刑，反加有喜之药。"令狐楚《谢春衣并端午衣物表》亦有云："罪当褫带，忽颁御府之衣；忧可伤生，

重延长命之缕。"(《卷三》)

从中可以看出，令狐语出自于张，这并非偶然现象，而是有着必然的联系。"自张说、苏
珽，并称燕许，而杨炎、常衮，同掌丝纶，陆贽、敬虞，独辟蹊径，皆流誉当时，缙绅向
慕，于是制诰奏章，蔚成别体，作者竞标新巧，以副笔札之能元和以来，此风弥盛，杰秀
之士，项背相望，殼士其一也。"①可见，楚之章表作法习法燕许。卷三又有"李商隐初不
喜对偶，从令狐楚学，遂以笺奏见知"，而商隐章表作法师源令狐楚，为骈文一大宗，故
知令狐与李皆以燕许为宗，即燕许而令狐楚而李商隐。

继令狐楚、李商隐后，唐末五代出现了不少长于撰写书檄表启的幕府文吏，他们为
唐、宋骈文艺术的赓续、转型作出了巨大的贡献。其时，王审知称霸闽中，其府中便集结
了大批以学博辞丽著称于世的才俊，如黄滔、徐寅、郑良士等。其中黄滔名最盛，宋人对
黄文多有赞誉，如洪迈《容斋随笔》卷七摘列其警句数十联，以为"研确有情致"②。蒋一
葵亦重五代骈文，卷三"晚唐士人作律赋多以古事为题"条便摘录了《容斋随笔》卷七中警
句数联，并对部分篇章中的精妙之语进行点评，其中《赋馆娃宫》一文最为蒋氏所激赏，
其评曰："钟情凄恻，寄语却又浓满。"

第四，宋代为骈文蜕变期。北宋初年，多承晚唐五代余习，"务采色夸声音，精隶事
尚对偶，骈俪之体，蔚然称盛"③，故蒋氏有语"才人之致便自落红满地"（参见卷四第二
条）。此期文坛，声名最盛者当推西昆派。其首倡者杨亿、刘筠师法李商隐，尤重辞采，
时有"杨、刘风采，耸动天下"④一说。惟末流所趋，淫巧侈丽，专事模拟，故而陷入"宋
人四六以杨大年、刘子仪为体，必谨四字六字律令，然其弊类俳"（参见卷四"宋人四六
条"）的创作窘境。

至欧阳修，始奉韩柳为宗，以古文之气运偶丽之词，别裁古今，独辟蹊径。蒋一葵称
欧公"诸表脱去畦迳，与杨、刘自是迥别"。所谓"迥别"，即用散文笔法作四六。其后"隶
事精巧，言约意尽"的王安石与"雄深浩博，出于准绳之外"的苏东坡，在欧公的创作道路
上继续开掘，宋代骈文方才自成一格，形成独具风神的新式四六。南宋骈文则由苏、王二
人分为两派，"汪浮溪周益公诸人类荆公，孙仲益杨诚斋诸人类东坡"。

至元代，骈文写作步入衰落期，已被某些人判为"元无文"。而蒋一葵则认为，"表涉
一代兴废，不可无断制"，故此期骈文亦选录在集。其以为，元代骈文至虞集《贺登极
表》、邓文原《贺圣节表》、夹古之奇《贺正旦表》、谢端《贺亲祀南郊表》，"于斯为极盛
矣"。并指出宋、元两代文与时俱变的内在因由：

> 欧阳原功（玄）《进宋史表》云："声容盛而武备衰，议论多而成功少。"可谓尽之。
> 我朝丘文庄公（浚）为祭酒时，出《元史表》云："非无一善之可称，终是大纲之不
> 正。"自谓不减前语，世亦以为信然。（《卷七》）

---

① 张仁青：《中国骈文发展史》，浙江大学出版社 2009 年版，第 366 页。
② 洪迈：《容斋随笔》，上海古籍出版社 1996 年版，第 694 页。
③ 张仁青：《中国骈文发展史》，浙江大学出版社 2009 年版，第 378 页。
④ 刘克庄：《后村诗话》前集卷二，引欧阳修语，中华书局 1983 年版，第 2 页。

蒋氏借二公语，将一代文章放在历史长河中去反思，以文证史，以史证文，反映出其"知文论世"的文学观念。

文至齐梁，风格渐靡，竞出新声，厥后一变而四杰，再变而韩柳，三变而李商隐（李实承燕许一脉），又变而宋人，至苏、王而分雄浩、精工两派。蒋氏把骈文的发展放在文体流变和历史语境的双重视域下，即把纵向的历时性的发展与横向的共时性的变化视为一种互相渗透的有机状态，由通及变，为我们呈现出骈文史的完整画卷。

三、骈文的文体意义与审美特质

秉持着通达兼容的骈文史观，蒋一葵能够在一定程度上摆脱时代的拘囿与前人观点的束缚，对骈文进行独到而深刻的省思。该书虽在形式上继承了《四六话》摘取骈偶名句、略述创作本事、再间施点评的批评方法，然并非完全蹈袭前人，于诸多方面都形成了自己的特色，具体则表现为它对骈文的文体意义及其审美特质的独特认知。

首先，与宋四六相较，《偶隽》一书在文体意识上有了很大的进步。它不以"四六"命名，而称"偶隽"，对晚唐以来骈文即四六的观念提出了挑战。

骈文亦称骈俪之文。"古代骈文不必四字一句，六字一句，相间而用，如后世之骈体文然。"①六朝是骈文鼎盛的时代，而在当时，骈文只以"今体"或"时文"称之。"四六"之名起于李商隐，至宋代则以四六格出之。正如钱基博所说："李商隐者，宋人之先声也。宋人名骈文曰'四六'，其名亦起于商隐，自序《樊南甲集》，唤曰《樊南四六》。"②至北宋末迄于南宋，大批专门评述四六并以四六命名的文话应运而生，如王铚《四六话》、谢伋《四六谈麈》、洪迈《容斋四六丛谈》等。

自晚唐李商隐至明代，"四六"一直是骈文的主流名称。"'四六'给人的印象在于其具体的数字容易让人把不符合这一特点的文章排除在骈文之外"③，仿佛只有严守四六律令，方可称之为骈文，欧阳修对此深表不满，认为"其弊类俳"。一个时代有一个时代的特殊作风。如何重新认识骈文，不仅是骈体文学内部发展的需求，也是时代的要求。蒋一葵便是这一时期走在前端的人。他用"偶隽"来称呼其所评点的文章，便充分体现了他对骈文的认识。"偶隽"的提出，表明了在时人谨守四六律令、热衷探讨骈文的文体划分时，蒋一葵则更加关注骈文的内在特质，并对其积极的一面给予充分的挖掘与重视。这种"返璞归真"的尝试，对于人们正确理解骈文这种美的文学的内涵，有着很大的借鉴意义。

"偶隽"一词关涉到骈文的两大要素，即句式的对仗与语言的华美。也就是说，于骈文一体，蒋氏最为关注对偶与语辞。从骈文的体质特征来讲，这种看法有着很大的合理性。首先，骈文之最大元素为对偶，盖为定论。《说文》中早就指出："骈，驾二马也。从马，并声"，段玉裁《说文解字注》："骈之引申，凡二物并曰骈。"又刘勰有作："造化赋形，支体必双。神理为用，势不孤立。心生文辞，运裁百虑，高下相须，自然成文。"④故

---

① 刘麟生：《骈文学》，海南出版社 1998 年版，第 2 页。
② 钱基博：《近百年湖南学风·骈文通义》，上海古籍出版社 2012 年版，第 112 页。
③ 莫道才：《骈散的对立与互融》，齐鲁书社 2010 年版，第 364 页。
④ 刘勰著，周振甫注：《文心雕龙注释》，人民文学出版社 2002 年版，第 384 页。

骈文最根本的存在方式是句式对偶，如二马并驰，这也是它区别于其他文体最根本的标志。而句式对偶正是《偶隽》一书摘句的首要标准。其次，语言艺术。蒋氏认为，骈文的语言需符合文体，精当妥帖。这种文体意识虽然没有上升到系统研究的深度，但却渗入到蒋一葵间或所作的评点当中。如：

> （骆宾王）《请陪封禅表》有云："河浮五老，启赤文于帝期；海荐四神，奉丹书于王会。"（评语：表词炼得春容，露布语亦复精悍。用松用紧亡所不可。《卷二》）

要使语言做到精当妥帖，除却遵文体，还需做到用字精准。如：

> （王介甫）《贺生皇子表》云："凫鹥之雅，媚于神祇；茉莒之风，燕及黎庶。（评语：一字不浮。《卷四》）

王安石用字庄雅，有宰相器。正如刘勰所言："善删者，字去而意留；善敷者，辞殊而意显。"[1]用字贵精当，此古今中外同。骈体尤其致力于此。这种独特的文体意识，使得蒋一葵更加关注骈文自身的艺术特质。该书以魏晋以来的骈文名句为批评对象，对骈偶的写作艺术深加琢磨，虽如吉光片羽，但时见精拔，从中可探寻出作者对骈文审美特质的认知：

其一，储才之富与美自富来。骈文创作对人的才学要求很高。蒋一葵在《偶隽》卷一"丘迟《谢示青毛神龟启》"条，评曰："六朝人只是储材之富，笔下便自有余。"又卷六"周益公《谢除礼部侍郎表》"条，评曰："思到笔随，亦由储材之富。"只有博览群书、满腹英华之人，下笔时方能词无竭源。其中，庾信将骈文以富赡为美的用典和行文原则发挥到了极致。在卷一"庾开府《温汤碑》"条，蒋氏赞曰："美自富来，才兼学出。"然不同时代的才人在创作中自有不同的风格倾向。宋人学问博洽，所作骈文往往明洞昌达、委曲周详，于渊博中尤见贴切。例如，蒋一葵评汤思退"远览汉京，传杨氏者四世；近稽唐室，书系表者七人"一联云："亲切从博洽中来。"（卷七）

其二，隶事精切与属对工稳。表意精切、形式工稳的偶对当为蒋一葵《偶隽》摘句之重点。首先，隶事用典，贵在精切。切意之典，又呈现出不同的美感：言尽意婉者，如庾信《谢滕王赍乌骡马启》云："柳谷未开，翻逢紫燕。临源犹远，忽见桃花"，评曰："使故事工"（卷二）；风华绮艳者，如"漳州守王冕列表以进"云："吐非蛇口，产异蚌胎。荧煌外散于月华，皎洁内含于星彩"，评曰："月华星彩，呈露篇中"（卷四）；气魄自雄者，如许远《祭纛文》云："太一先锋，虽尤后殿；苍龙持弓，白虎捧箭"，评曰："语短精悍，大有气魄"（卷三）。其次，偶对所重，在于工稳。通过对文本的分析，可知，蒋氏以为属对工稳者，约有三类：一则巧思浚发，如卷一"庾信《谢赵王赍米》启"，评曰："直思到人不意处"；二则天生自然，如卷七"洪景庐赠母词"，评曰："天生自然，无独必有对"；三则组织工巧，如卷一"沈休文《为安陆王谢荆州章》"，评曰："组织两王工甚。"

其三，工丽与神理并重。骈文作为一种美的文学形式，外在的形式美必不可少，而内

---

① 刘勰著，周振甫注：《文心雕龙注释》，人民文学出版社 2002 年版，第 356 页。

在的意蕴美同样不可或缺。柳宗元的骈文比较典型地彰显了这种内蕴美。蒋一葵认为柳宗元的骈文外则精工绮丽，内则风骨神理，堪为文中典范。他在柳氏《贺雨露表》的摘句夹评中说：唐初沿六朝绮丽之风，"宾王辈四六肇悦实工，羊骨稍掩，至河东始丽以则"。四杰承六朝"绮丽"，然"肇悦实工"，故而工丽，至柳宗元始"丽以则"。柳宗元初以词科起家，后致力于古文，故能于骈散间出入自由，游刃有余，并以古文式的思理、规矩改造骈文惯有的浓涩、雕琢，使之呈现出"丽以则"的艺术特征。又谓：

> 四六至子厚，色泽已化为神理，非复曩时脂粉。

蒋氏进一步指出，柳宗元在创作骈文时尤重炼神练气，并以风骨神理淡化了骈体的浓郁色泽。与古文相较，柳宗元的骈文成就往往易被人忽视。蒋一葵能够指出这点，可谓慧眼独具。且这一观点对后世骈文批评家多有启发，如孙梅认为柳宗元"熔铸烹炼，色色当行，盖其笔力已俱，非复雕虫篆刻家数"[1]，更是将柳氏骈文推到了"色色当行"的无以复加的艺术高度。

其四，规矩法度与绳墨之外。蒋氏认为骈文一体"方圆自有规矩"（参见卷六"凡臣僚上表"条），然既能遵守规矩法度，又能笔力横肆、游离于绳墨之外的大家首推苏轼。他在东坡《谢赐衣袄表》的摘句夹评中云："自然合拍。"指出苏文常在艺术规律允许的范围内，有着最大限度的自由创造，风行水上，不求文而自成文。又"子瞻作《吕申公制》"条，其文云："气象雄杰，格律超然，固不可及。"借叶梦得语赞美东坡骈文雄迈奔放、笔力雄健。其后蒋一葵又在夹评里提出："苏表之于唐表，犹苏诗之于唐诗。"在此，他将苏轼在宋诗方面的开拓之功与自由境界与骈文（表）相较，准确地道出其在骈文方面的新境界。其以为苏轼的诗与骈文均在唐人之外自铸伟辞，别具一格，足见其对宋代诗文的推重。这在嘉靖时期尊唐贬宋的时代风气下，确有振聋发聩之意。又"苏轼作谢对衣带表"条，其略曰：

> 物生有待，天地无穷。草木何知，明庆云之渥采；鱼虾至陋，借沧海之荣光。虽若可观，终非其有。四六至此，涵造化妙旨矣。

盛赞苏轼四六已臻于化境，不但在形式上"格律超然"，于内在亦神韵独具。据此可知，援散入骈，由唐入宋，经韩愈、柳宗元、欧阳修，至苏轼始集大成。

四、从《尧山堂偶隽》到《四六法海》

嘉靖年间，复古氛围依然浓厚。继前七子之后，后七子重揭复古旗帜，力主文必秦汉，诗必盛唐，唐宋派则提倡"文崇欧、曾"。然而，不论是七子派，抑或唐宋派，其争论焦点均集中于散体文，于骈文一体则甚少关注。故此期《尧山堂偶隽》的出现并非偶然现象，这与当时文坛风气的变革及蒋一葵所处的地域文化氛围有着密切的关联。

---

[1] 孙梅：《四六丛话》卷三十二，王水照：《历代文话》，复旦大学出版社 2007 年版，第 4930 页。

随着复古范围的拓展，不少文人始将目光转向六朝文学，如杨慎、黄省曾、王文禄等人，他们对六朝俪篇的肯定与提倡，在一定程度上打破了散体唯尊的局面，骈体文逐渐步入文人的视野。杨慎沉酣《文选》，采撷偶俪，创作了不少与四六相关的文论与文摘。他还曾编选《四六妙句》，为偶然获得的宋《群公四六》文集惊喜不已，并饱含激情地为之作序，替四六地位摇旗呐喊。此期，以黄省曾为代表的吴中文人推崇六朝文学更是不遗余力。他们以六朝文为师法对象，援骈入散，以骈文补救散文之失，其时在全国范围内产生了较大的反响，故有"勉之诸公四变而六朝"①之说。这种影响力虽有限而短暂，却极大地迎合了江南文人的地方风习和创作传统，进一步推动和强化了当地的六朝文风与骈文创作。

据蒋一葵婿张三光《蒋石原先生传》所云，"其祖国初从溧阳徙居武进之夹巷里"②，溧阳与武进均属常州管辖地域，可见蒋氏是地地道道的常州人。常州地处以太湖为纽结点的文化生态圈，此地物产丰饶，经济富庶，山水清嘉而又人文荟萃。特有的人文历史与自然环境使得蒋氏本就对六朝文学有着天然的地缘亲近感，更兼他又深受其时江南地区盛行的文尚六朝与骈文创作风习的濡染，故而便萌发了创作《偶隽》的动机。该书的出现，至少可将明代骈文复兴之端上溯至嘉靖时期，可视为晚明骈文复兴引领风气的著作。

隆、万以后，偶俪之风愈演愈烈。骈俪之文，"其用甚广，未尝废也"，"凡以文字进身者，殆无不能之"。③ 作家作品空前增多，如王世贞、徐渭、于慎行、屠隆、汤显祖、陶望龄、蔡复一、黄汝亨、朱锦、万世德、张燮、马朴等人文集中均有大量四六之作。骈体创作更加普泛化，已深入民间，就连巫医乐工百技之人亦多有谙擅此道者。如著名造园大师计成将自己多年造园心得写成《园冶》。观其文，通篇采用骈四俪六，藻绘高翔，气韵流动。与创作潮流相应，骈文批评也得到普遍重兴。这一时期，涌现出各种骈文选本。据笔者不完全统计，在此期存世的选本中，编撰者明确版本年份可考者五十种有余，其中王志坚《四六法海》是唯一一部入选了《四库全书》的选本，在后世广为人知，堪称晚明骈文全面复兴时期的代表作。

就后世知名度来讲，《尧山堂偶隽》远不能与《四六法海》相比肩，然而其时前者比后者实则有着更为广泛的社会影响力。首先，就刻本传世、著录情况而言。《偶隽》有嘉靖、万历两种刻本。此外，明代著名目录学家、藏书家祁承爜在《澹生堂藏书目》中对《偶隽》亦有所著录，将之置于子部一·小说家·说艺。相比之下，《四六法海》刊刻较晚，且只有天启七年刻本传世。晚明骈文选本之间经常互相转抄，并且在书前凡例中注明出处。然而，经过笔者的仔细考察，在天启七年而后的明代骈文选本中，并未提到《四六法海》，于其他相关的史料文献中也没有见到与之相关的记载。可见，作为中晚明骈文思潮的集大成之作，《四六法海》在当时并没有取得如后世所享有的盛名。

其次，就文中具体观点而言。经过笔者对《偶隽》与《四六法海》文本的细读、比较，发现后者对前者多有借鉴。如对骈文产生时间的界定。蒋一葵认为骈文产生的时代应以魏

① 王世贞：《弇州山人四部稿》卷一二七《答王贡士文禄》，台湾伟文图书出版社 1976 年版，第 12 册，第 5922 页。
② 张三光：《蒋石原先生传》，蒋一葵：《长安客话》，北京古籍出版社 1982 年版，第 177 页。
③ 徐同莘：《公牍学史》卷七，王毓、孔德兴校点，档案出版社 1989 年版，第 193 页。

晋为界，无独有偶，王志坚在《四六法海·自序》中说道："魏晋以来，始有四六之文，然其体犹未纯。"又如对柳宗元骈文的评价。蒋氏认为"四六至子厚，色泽已化为神理，非复曩时脂粉"。王氏《四六法海》卷三评柳宗元《为王京兆贺雨表》亦称："至子厚则神理肌泽，色色精工，不惟唐人伎俩至此而极，即苏王一脉，亦隐隐逗漏一班矣。"蒋氏对柳宗元有发现之功，而王氏则是在蒋氏的基础上更为全面地评价了柳宗元的骈文从内容到形式都已臻于"精工"，并独具慧眼地指出他对苏、王二人的影响。

要言之，蒋一葵《尧山堂偶隽》承继了宋四六摘录评点的体例形式，引录多、点评少，较欠缺理论性、系统性。然是书取材宏富，点评精准，对宋四六多有突破，可视为骈文研究的通揽之作。嘉靖中晚期，倡导"文必秦汉，诗必盛唐"的复古思潮依然炽盛，其时出现的《尧山堂偶隽》便为我们研究这一时期的骈文提供了宝贵的资料，同时也为万历中后期骈文理论批评的全面复兴拉开了序幕。

（作者单位：西北大学文学院）

《古书通例》之《汉志》研究商说四例*

——兼《七略》"别裁"说不能成立补论

□ 刘 萍 孙振田

《古书通例》是 20 世纪学术大师余嘉锡先生的重要著作，于科学认识古书的著录、体例、编次等，极有助益。该书已成为从事古代文史研究的必读书。然笔者近在读《古书通例·明体例第二》之"秦汉诸子即后世之文集"及《论编次第三》之"古书单篇别行之例"时，觉余先生对《汉书·艺文志》(下称《汉志》)相关问题的解读尚有未至之处，如以《诗赋略》《孙卿赋》十篇、《论语》类《孔子三朝》七篇、《孝经》类《弟子职》一篇、《兵书略》《伊尹》等均为著录的单行本，考虑到这些问题均为《汉志》(《七略》)研究的难点，对于研究《汉志》(《七略》)书籍著录的方式，乃至古典目录学史的重要问题如《七略》究竟有无"别裁"等，极具参考价值，故兹先列先生之说如下，再陈管见，并就章学诚所谓的《七略》"别裁"说略陈己说，期能于相关问题的研究有所推进。

其一，《汉志》《诗赋略》著录有《孙卿赋》十篇，《诸子略》儒家类著录的《孙卿子》三十三篇中也收录有孙卿赋作十篇，针对《诗赋略》中的著录，余先生论云："……是孙卿所作赋，刘向定著《(荀卿)新书》之时，皆已收入矣。《诗赋略》所著录，盖别本单行者也。"①以《孙卿赋》十篇为著录的单行本。②

其二，《汉志》《论语》类著录的《孔子三朝》七篇，刘向《别录》明云："孔子三见哀公，作《三朝》七篇，今在《大戴礼》。"③颜师古注云："今《大戴礼》有其一篇，盖孔子对鲁哀公语也。三朝见公，故曰《三朝》。"④余先生据"今在《大戴礼》"一语论云："言今在《大戴礼》者，明古本原自单行也"⑤，认为《孔子三朝》原本单行，后被载入《大戴礼》，刘向整

* 本文为第二批(2015)陕西高校人文社会科学青年英才支持计划及国家社科基金《汉书·艺文志》注解长编与研究"(项目编号：11XTQ013)的部分成果。

① 余嘉锡：《余嘉锡说文献学·古书通例》，上海古籍出版社 2001 年版，第 207~208 页。

② 关于《孙卿子》中的孙卿赋十篇之所指，张舜徽先生论云："我们认为这是能够成立的。"张舜徽《汉书艺文志通释》，华中师范大学出版社 2004 年版，第 361 页。

③ 《艺文类聚》卷五五、《三国志·蜀书·许麋孙简伊秦传·秦宓》裴松之注。

④ 班固：《汉书》，中华书局 1962 年版，第 1717 页。

⑤ 余嘉锡：《余嘉锡说文献学·古书通例》，上海古籍出版社 2001 年版，第 240 页。

理书籍时，对本就单行的《孔子三朝》又进行了著录。

其三，《汉志》《孝经》类著录的《弟子职》一篇，应劭注云："管仲所作，在《管子书》。"①余先生据应注认为《弟子职》为管子所作，并进一步认为《弟子职》本为单行，《孝经》类著录的为《弟子职》的单行本。

余先生又总论《孔子三朝》及《弟子职》的著录云："《孔子三朝》与《论语》同为孔子一家之言，本非专为言礼而作。若因收入《大戴礼》遂没其本书，辟如因有《陆放翁全集》遂于史部内不收其《南唐书》；因有《亭林著述》遂于经部内不收其《音学五书》，可乎？章学诚不知此义，其《校雠通义》乃谓《弟子职》、《三朝记》为刘歆裁篇别出，若先有《管子》、《大戴礼》而后有《弟子职》、《三朝记》者，不免颠倒事实矣。"②进一步申明《论语》类《孔子三朝》、《孝经》类《弟子职》一篇为刘向、刘歆对单行本的著录，并明确反对章学诚所提出的《弟子职》《孔子三朝》为刘歆"别裁"著录的说法。

其四，《七略》《兵书略》著录的《伊尹》《太公》《管子》《孙卿子》《鹖冠子》《苏子》《蒯通》《陆贾》《淮南王》《墨子》，或在《诸子略》所著录的相应书籍中有收录，或在《诸子略》中本就有著录。针对《兵书略》之《伊尹》《太公》等的著录，余嘉锡先生论云："此数人者，皆于《诸子略》中自有专书，刘歆又著录于兵家者，因其初本是单篇别行，故因古本收入。此如后世藏家目录，既收丛书，又分著单行之本……特是刘向父子校书之时，原是合中外所藏诸篇，编为全书，其他数篇单行者，不别著于录；而此独不嫌重复者，以此数人，本在九流之内，自为一家之学，而又兼著兵书。使不别著于录，则兵家之书为不完。"③以《兵书略》之《伊尹》《太公》等的著录为针对单行本的著录。

商说如下：

关于其一。《孙卿赋》十篇当非刘向或刘歆著录的单行本。刘向等整理书籍时有"备众本"的做法④，于此，余先生自己也有论述："古人著书，既多单篇别行，不自编次，则其本多寡不同。加以暴秦焚书，图籍散乱，老屋壁坏，久无全书，故有以数篇为一本者，有以数十篇为一本者，此有彼无，纷然不一。分之则残缺，合之则重复。成帝既诏向校中秘书，又求遗书于天下，天下之书既集，向乃用各本雠对，互相除补，别为编次：先书竹简，刊定讹谬，然后缮写上素，著为目录，谓之定著。"⑤内中"用各本雠对，互相除补，别为编次"云云，指的就是刘向整理图书时有着"备众本"的做法。而当刘向"用各本雠对，互相除补，别为编次"形成定本之后，原来的各本也就完成了自己的使命，亦即刘向不会再为它们撰写"书录"，并进而被刘歆著录于《七略》之中。既然刘向图书整理的现实目的就是对书籍进行"定著"，形成一个标准的定本，又怎么可能再去著录另外的一个所谓的"单行本"呢？刘向《孙卿书录》云："所校雠中《孙卿书录》凡三百二十二篇，以相校，除复重二百九十篇，定著三十二篇。"⑥据以可知刘向在整理孙卿的著作时，必定做了"备众

---

① 班固：《汉书》，中华书局 1962 年版，第 1719 页。
② 余嘉锡：《余嘉锡说文献学·古书通例》，上海古籍出版社 2001 年版，第 241 页。
③ 余嘉锡：《余嘉锡说文献学·古书通例》，上海古籍出版社 2001 年版，第 240 页。
④ 姚名达：《中国目录学史》，上海古籍出版社 2002 年版，第 29~30 页。
⑤ 余嘉锡：《余嘉锡说文献学·古书通例》，上海古籍出版社 2001 年版，第 246 页。
⑥ 姚振宗撰，邓骏捷校补：《七略别录佚文》，澳门大学出版中心 2007 年版，第 37~38 页。

本"的工作，《孙卿赋》十篇也必然在其"备众本"的范围之内。只提及"中"书而没有提及"外"书等，衡之《管子书录》在提及"中"书的同时又明确提及"大中大夫卜圭书""臣富参书""射声校尉立书"及"太史书"等，只能是"外"书中没有孙卿的著作。而当十篇被收录进了《孙卿子》三十三篇，刘向就不可能再为之撰写"书录"，并著录于《诗赋略》，亦即《诗赋略》中的《孙卿赋》十篇不可能是对单行本的著录。这一结论恰好得到孙卿书自身的证明：考《孙卿子》三十三篇中以"赋"称者(《赋篇》)仅有《礼》《知》《云》《蚕》《箴》五篇(其余则或称"成相"，或称"佹诗")①，清楚地表明《诗赋略》著录的《孙卿赋》十篇不大可能是由刘向撰写"书录"，然后再被刘歆著录于《七略》，即十篇并非是所谓的单行本。既然刘向没有著录，那么，《孙卿赋》十篇就只能是刘歆在据刘向《别录》编纂《七略》时所著录——依据《孙卿子》三十三篇中所收录的《赋篇》(《礼》《知》《云》《蚕》《箴》)及《成相》与《佹诗》等而著录，班固撰《汉志》时再根据《七略》而移录。《孙卿赋》十篇不可能是刘歆在编撰《七略》时发现了另外的本子并据而著录——既然孙卿赋已经刘向整理形成了完善的本子，另外的本子就只能是非完善本，对于非完善本，又何须著录？如果非著录不可，岂不与刘向图书整理的目的相矛盾？十篇也不可能是班固撰《汉志》时所著录，否则，班固就会于"孙卿赋之属"的末尾注明"入《孙卿赋》十篇"云云。②

至于刘歆著录《孙卿赋》十篇的原因，当是为了与《辑略》中论赋的发展源流相对应："学诗之士逸在布衣，而贤人失志之赋作矣。大儒孙卿及楚臣屈原离谗忧国，皆作赋以风，咸有恻隐古诗之义。其后宋玉、唐勒，汉兴枚乘、司马相如，下及杨子云，竟为侈丽闳衍之词，没其讽谕之意。"③既然论及赋的发展时不能不提及孙卿赋，且孙卿赋又高居于源头的地位，不加以著录以彰显孙卿赋之存在就显为失当。著录十篇而非五篇，将《成相》《佹诗》等也视为赋作而加以著录，则当是因为刘歆对于"赋"的界定较刘向为宽，刘向不视为赋的作品，刘歆则视为了赋作。思考刘歆于《诗赋略》著录《孙卿赋》十篇的原因，不能不与刘歆所撰《辑略》中的相关论述相联系，只要两者之间存在着对应的关系。刘歆既于《辑略》中论孙卿赋，给以高度评价，又于《诗赋略》著录《孙卿赋》十篇，当非偶然。杂家类著录的《东方朔》二十篇中也收录有东方朔的赋作，然刘歆并没有再将其著录于《诗赋略》中，也说明《孙卿赋》十篇的著录必有其特殊原因，即与《辑略》中的相关论述相对应，彰显孙卿赋之存在。④

---

① 他如《诗赋略》杂赋类的最末所著录的《成相杂辞》十一篇即没有被刘向视为赋作。《成相杂辞》不仅不以"赋"称，而且其著录又是以著"杂"于末的著录体例附著于《诗赋略》全部赋作的末尾。

② 班固会对自己所入之书进行说明，如《尚书》类的最末注云："入刘向《稽疑》一篇。"《小学》类的最末注云："入扬雄、杜林二家二篇。"《诗赋略》"陆贾赋之属"的末尾注云："入扬雄八篇"，等等。班固：《汉书》，中华书局 1962 年版，第 1706、1720、1750 页。

③ 班固：《汉书》，中华书局 1962 年版，第 1736 页。

④ 又，《易》类序述及《易》的授受源流云："及秦燔书，而《易》为筮卜之事，传者不绝。汉兴，田何传之。"(班固：《汉书》，中华书局 1962 年版，第 1704 页)显然，田何是汉代《易》学传授的重要环节，然而《易》类却并没有著录署名田何的著作。这与笔者刘歆为彰显孙卿赋之存在而著录《孙卿赋》十篇并不构成冲突，虽《易》类无署名田何之作，而田何所传之《易》其实正著录于《易》类之中：田何传《易》于丁宽，丁宽传《易》于田王孙，田王孙再传《易》于施雠、孟喜、梁丘贺(叶长青著、彭丹华点校《汉书艺文志问答》，华东师范大学出版社 2015 年版，第 69~70 页)，而《易》类开首即著录有施、孟、梁丘三家《易经》十二篇。也有一些学者相关序文虽有提及，具体著录却无其书，这同样与笔者所论并无冲突，因为这些学者基本上都属于虽有其学而无其书的情况，刘向及刘歆既不能得见其书，又如何能够加以著录？

　　本例中，余先生之失主要是没有充分考虑到刘向等整理书籍时"备众本"的做法，当然，刘向、刘歆父子在"赋"的认识上的不同，也不应被忽视。

　　关于其二。尽管余先生据"今在《大戴礼》"得出《孔子三朝》"本自单行"是成立的，然认为《汉志》(《七略》)《论语》类所著录的《孔子三朝》为单行本，则就难以成立了。据"今在《大戴礼》"，可知其为《孔子三朝》撰写"书录"时，已无单行的《孔子三朝》存在(至少为刘向所未见)，否则，又何须指出"今在《大戴礼》"？言"今在《大戴礼》"者，正因无他本存在。既经由刘向整理并加著录，而仍云"今在《大戴礼》"，不合常理。换言之，《论语》类《孔子三朝》当无对应的书籍存在，不是对所谓的单行本的著录。那么，又该如何理解《论语》类《孔子三朝》的著录呢？或者具体地说，其著录的依据又为何呢？这并不难回答，据"今在《大戴礼》"云云，可知其著录的依据正是《大戴礼》中所收录的《孔子三朝》七篇。刘向又为何为一部被编入其他书籍的著作撰写"书录"呢？这恐怕还要从以下两个方面寻找答案：第一，在罢黜百家、独尊儒术的学术背景下，孔子的地位至高无上，因之，其著作也就理应受到特别的关照；第二，刘向撰写"书录"本就有导读的性质，如《战国策书录》云"转危为安，运亡为存，亦可喜，皆可观"，《晏子书录》称"其六篇可置旁御览"，《孙卿书录》称"其书比于记传，可以为法"，《说苑书录》称"号曰《新苑》，皆可观"，《管子书录》称"《管子》书务富国安民，道约言要，可以晓合经义"①，等等。综合二者，尽管《孔子三朝》只在《大戴礼》中有收录，并无单行之本，刘向亦有必要为《孔子三朝》撰写"书录"，并上奏给皇帝，以指示阅读。刘歆据"书录"将《孔子三朝》著录于《七略》中，班固再将其著录于《汉志》中。②

　　至于刘向为何没有将《孔子三朝》从《大戴礼》中析出，当是因为《孔子三朝》已经成为《大戴礼》的有机组成部分，如果析出足以影响《大戴礼》的完整性。析出固然有其必要，但保存《大戴礼》的完整性同样有其道理。

　　本例中，刘向《别录》"今在《大戴礼》"一语所传递出的丰富信息应引起足够的重视，仅据以推断《孔子三朝》七篇曾经单行，显然是不够的。

　　关于其三。《孝经》类《弟子职》一篇当非《管子》中所收入的《弟子职》的单行本，否则，也不符合刘向等图书整理"备众本"的一般原则。假定此《弟子职》一篇的撰者确为管子，与《管子》中的《弟子职》为同一书，那么，其既然已经被收录进了《管子》，而且《管

————————————————————

① 姚振宗撰，邓骏捷校补：《七略别录佚文》，澳门大学出版中心2007年版，第30、35、39、40、44页。

② 关于"今在《大戴礼》"，姚振宗认为并非刘向《别录》本文，而是引者申说之文："末句是引者申说之文，非《别录》本文。《别录》既以此篇编入《论语》类，无所谓《大戴礼》也。"(姚振宗撰，邓骏捷校补：《七略别录佚文》，澳门大学出版中心2007年版，第31页)姚振宗注意到，《艺文类聚》卷五五、《三国志·蜀书·许麋孙简伊秦传·秦宓》注所引有"今在《大戴礼》"云云，《北堂书钞》卷九九、《史记·五帝本纪》索隐所引则无"今在《大戴礼》"云云。姚振宗之论恐难成立。考《三国志·蜀书·秦宓传》裴注原文为："刘向《七略》曰：孔子三见哀公，作《三朝记》七篇，今在《大戴礼》。臣松之案：《中经簿》有《孔子三朝》八卷，一卷目录，余者所谓七篇！"(陈寿撰，裴松之注：《三国志》，中华书局2006年版，第580页)裴松之申说之文与所引刘向《别录》文区分清楚，再合之《艺文类聚》卷五五所引亦有"今在《大戴礼》"云云，"今在《大戴礼》"当确为《别录》所有。至于《中经簿》中所著录的《孔子三朝》，不排除为据《大戴礼》抄出另行的本子。

子》的整理又确实经过了"备众本"准备工作——《管子书录》明云"所校雠中《管子》书三百八十九篇、大中大夫卜圭书二十七篇、臣富参书四十一篇、射声校尉立书十一篇、太史书九十六篇，凡中外书五百六十四篇"①，其单行本自然也就不会再被刘向著录进《别录》，并进一步被刘歆著录进《七略》之《孝经》类。按照刘向整理书籍时"备众本"的做法，我们只能得出这样的结论。那么，《孝经》类《弟子职》一篇的著录究竟又是怎样的呢？

首先，需要指出的是，此《弟子职》一篇确为刘向所著录。可从两个方面分析：其一，刘向整理书籍时已经对六艺(包括诸子、诗赋)的书籍作了全面、系统的清理(《汉志》总序："刘向校经传、诸子、诗赋，步兵校尉任宏校兵书，太史令尹咸校数术，侍医李柱国校方技。"②)，无论此《弟子职》是否与《管子》中的《弟子职》为同一书，均在刘向清理的范围之内，即此《弟子职》一篇只能是刘向所著录，先著录于《别录》，再被刘歆、班固著录于《七略》与《汉志》。其二，此《弟子职》不大可能是刘歆据《管子》中的《弟子职》而著录于《七略》之中的。在《管子》已有收录的情况下，刘歆将《弟子职》另外再加著录，必定有着特殊的目的，具体地说，就是要突出其内容上的特点。然而核之实际便会发现，现有的著录并不能突出其内容上的特点。根据《七略》(《汉志》)著"杂"于末的著录体例，《弟子职》与其之前的《五经杂议》《尔雅》《小尔雅》《古今字》及之后的《说》，均为以整个《六艺略》(小学类除外)之"杂"书的身份而著录于整个《六艺略》的末尾(小学类除外。它们因直接与《孝经》类相连接，从而在形式上被著录进《孝经》类中)。③ 这些"杂"书又可以分为三种类型：《五经杂议》为一个类型，《尔雅》《小尔雅》《古今字》为一个类型，《弟子职》《说》为一个类型。这也就是说，作为"杂"书的《弟子职》不仅与"六艺"(《易》《书》《诗》《礼》《乐》《春秋》及《论语》《孝经》)的性质不相等同，与《五经杂议》《尔雅》《小尔雅》及《古今字》的性质也不相同。既如此，现有的著录当然也就不能突出其内容上的特点了——我们无法据《六艺略》这一大类、《孝经》类这一小类，以及"杂"书这一类别来推断《弟子职》内容上的特点。基于此，我们只能说《孝经》类《弟子职》一篇并非刘歆所著录，而只能是刘向所著录。《弟子职》一篇不可能是班固撰《汉志》时所新入，否则，班固就会于《孝经》类的末尾注明"入《弟子职》一篇"云云。④

其次，至于此《弟子职》一篇究竟为何，当有三种可能：第一，即《管子》中所收入的《弟子职》。刘向据之撰写了"书录"，刘歆再据"书录"而著录于《七略》中，其情形与《论语》类《孔子三朝》七篇的著录相同(参上)。第二，与《管子》中的《弟子职》并非是同一书，而是各自为书。刘向按照既定的图书整理的方法对之进行整理，并著录于《别录》，刘歆再著录于《七略》中。此《弟子职》在著录时没有标出著者，如标明著者为管子，或可从侧面说明这一点。应劭《孝经》类《弟子职》"管仲所作"之注，不排除是据《管子》而为之，据《管子》中的《弟子职》而谓此《弟子职》的撰者为管子。第三，本独自为书，亦非管子所

---

① 姚振宗撰，邓骏捷校补：《七略别录佚文》，澳门大学出版社2007年版，第43页。

② 班固：《汉书》，中华书局1962年版，第1701页。

③ 详参拙撰《〈汉书·艺文志〉著"杂"于末体例论》一文(《国学研究》第25卷，北京大学出版社2010年版)。

④ 当然，也许可以这样认为，《弟子职》即使是以"杂"书的身份而著录于整个《六艺略》(小学类除外)的末尾，与著录于《诸子略》之儒家类中毕竟还是有了区别，但这种区别毕竟太过宽泛，并不能从本质上说明关于《弟子职》性质特点的任何问题。

撰，只是被收入了《管子》中，刘向在对之整理、著录的同时，又保留了《管子》中所收录的本子。三种情况当以何者为是，今已难做出判断。①

本例中，在思考《孝经》类《弟子职》一篇的著录问题上，刘向整理图书时"备众本"的做法，及在整理《管子》时确实有"备众本"的准备工作，也是无法忽略的。

关于其四。《兵书略》之《伊尹》《太公》等也不是刘歆于《诸子略》之外另加著录的单行本。按照刘向等整理书籍"备众本"的做法，即便《伊尹》《太公》确有古本存在，也不应单独另外整理、著录，而当是与另外的版本归为一处，比勘其异同，进行整理与著录。而且其归类的方式，一定是将《诸子略》所收录或著录的相关版本归到兵书一类中，交给任宏整理、著录，而不是相反。既然书籍整理之初已经将全部书籍分为了六艺、诸子、诗赋、兵书、数术、方技六大类（参《汉志》总序，见上文所引），各由专人整理，就只能是《诸子略》中的兵书归到《兵书略》之中，而不可能是《兵书略》之中的兵书归到《诸子略》中去。

那么，《兵书略》之《伊尹》《太公》等的著录究竟又是怎样的呢？

考《兵书略》的大序云："汉兴，张良、韩信序次兵法，凡百八十二家，删取要用，定著三十五家。诸吕用事而盗取之。武帝时，军政杨仆捃摭遗逸，纪奏兵录，犹未能备。至于孝成，命任宏论次兵书为四种。"②根据这段话，可知汉代兵书的整理总计有三次：第一次为张良、韩信整理兵书；第二次为杨仆整理兵书；第三次为任宏整理兵书。序文对三次兵书整理的表述各不相同：第一次，有"序次"，有"删取"，有"定著"；第二次为"捃摭遗逸""纪奏兵录""犹未能备"；第三次为"论次"。根据这些表述，则可以进一步做出推断：张良、韩信所做的工作主要是对兵书进行整理，并取其要者；杨仆所做的工作主要为对兵书进行"捃摭遗逸"，并撰写"兵录"；而任宏所做的工作则主要为据杨仆"兵录"而对兵书进行分类——前承张良、韩信、杨仆而仅云"论次兵书为四种"，可以合理地推断任宏所做的工作主要就是据杨仆"兵录"对兵书进行分类。这并不难理解，既然张良、韩信、杨仆已经对兵书进行了整理，且又有"兵录"留存，任宏又何须再对全部的兵书重新一一进行整理？

结合刘向等图书整理时"备众本"的做法，及《兵书略》的大序，就可以得出这样的结论：《兵书略》之《伊尹》《太公》等并非是对单行本的另外的著录，而是任宏前承杨仆"兵录"，沿袭"兵录"之著录而著录。至于《诸子略》中所著录的兵书，则当为刘向（及任宏）

① 即便是第三种情况，余先生之论亦同样存在不足。余先生"论篇次第三·古书单篇别行之例"开篇即论云："古之诸子，即后世之文集，前篇（'明体例第二·秦汉诸子即后世之文集'）论之详矣。既是因事为文，则其书不作于一时，其先后亦都无次第。随时所作，即以行世。论政之文，则藏之于故府；论学之文，则为学者所传录。迨及暮年或其身后，乃聚而编次之。其编次也，或出于手定或出于门弟子及其子孙，甚或迟至数十百年，乃由后人收拾丛残为之定著。后世之文集亦多如此，其例不胜枚举……秦、汉诸子，惟《吕氏春秋》、《淮南子》之类为有统系条理，乃一时所成，且并自定篇目，其他则多是三篇杂著，其初原无一定之本也。"（余嘉锡：《余嘉锡说文献学·古书通例》，上海古籍出版社 2001 年版，第 238~239 页）据此，严格说来，余先生所论之"单篇"必然是相对于"全部（总集）"而言，"单篇"为"全部（总集）"之一部分，"单篇"与"全部（总集）"必须为同一著者，以此衡之，既然《弟子职》一篇并非管子所作，与《管子》之间并不构成"单篇"与"全部（总集）"的关系，也就不能用来说明余先生所谓的"古书单篇别行之例"了。

② 班固：《汉书》，中华书局 1962 年版，第 1762~1763 页。

整理书籍时所发现的本子(《汉志》总序:"至成帝时,以书颇散亡,使谒者陈农求遗书于天下。"①可知汉成帝时,也就是杨仆"捃摭遗佚"之后又有一次书籍的收集活动),由于任宏不再对杨仆"兵录"所载的兵书重新进行整理,刘向时所新发现的本子也就不需要再专门归为兵书一类(数量总体上毕竟有限),而是留在了刘向那里,并最终被著录进了《诸子略》中。根据刘向书籍整理"备众本"的做法及《兵书略》之大序,我们目前只能得出这样的结论。②

本例中,除没有考虑到刘向图书整理"备众本"的做法及未能注意到《兵书略》大序相关的表述外,余先生还有一个明显的失误,既然《诗赋略》的大序已经明云"命任宏序次为四种",又何来"刘歆又著录于兵家"之说?

综合以上,关于余先生《古书通例》所论及的《汉志》《诗赋略》之《孙卿赋》十篇等四例,本文的观点是:《诗赋略》《孙卿赋》十篇不是单行本,是由刘歆根据《孙卿子》三十三篇中的相关收录而著录于《诗赋略》之中的;《论语》类《孔子三朝》七篇不是对单行本的著录,而是刘向据《大戴礼》中的收录撰写"书录",再由刘歆著录于《七略》,班固著录于《汉志》;《孝经》类《弟子职》一篇,其著录则有三种可能:第一,即《管子》中所收入的《弟子职》,刘向据之撰写了"书录",刘歆再据"书录"而著录于《七略》之中,其情形与《论语》类《孔子三朝》七篇的著录相同;第二,与《管子》中的《弟子职》并非是同一书,刘向按照既定的图书整理的方法对之进行整理,并著录于《别录》,刘歆再著录于《七略》;第三,本独自为书,亦非管子所撰,只是被收入了《管子》中,刘向在对之整理、著录的同时,又保留了《管子》中所收录的本子;《兵书略》《伊尹》等亦非对单行本的著录,而是任宏据杨仆所奏之"兵录"而著录。

上述讨论,使我们不能不再次关注关于《七略》(《汉志》)的一个久为人所熟知的问题,即《七略》(《汉志》)中究竟有无"别裁"的著录方式。《七略》中采取了"别裁"的著录方法,为清章学诚所提出:

> 《管子》,道家之言也,刘歆裁其《弟子职》入小学。七十子所记百三十篇,《礼经》所部也,刘歆裁其《三朝记》篇入《论语》。盖古人著书,有采取成说,袭用故事者。如《弟子职》必非管子自撰,《月令》必非吕不韦自撰,皆所谓采取成说也。其所采之书,别有本旨,或历时已久,不知所出;又或所著之篇,于全书之内,自为一类者;并得裁其篇章,补苴部次,别出门类,以辨著述源流;至其全书,篇次具存,无所更易,隶于本类,亦自两不相妨。盖权于宾主重轻之间,知其无庸互见者,而始有裁篇别出之法耳。③

显然,《论语》类著录的《孔子三朝》七篇与《孝经》类著录的《弟子职》一篇是章学诚《七略》"别裁"说最为重要的立论依据。通过前面的讨论可以看出,《弟子职》与《孔子三

---

① 班固:《汉书》,中华书局 1962 年版,第 1701 页。

② 另可参拙撰《〈七略·兵书略〉"重复"考辨——兼"别出本"、"别裁本"及"单行本"辨微》,《图书馆工作与研究》2016 年第 7 期。

③ 章学诚著、叶瑛校注:《文史通义校注·校雠通义》,中华书局 1985 年版,第 972 页。

朝》均非"别裁"的著录方式。《孔子三朝》七篇虽的确由刘向据《大戴礼》中的《孔子三朝》七篇撰写"书录",然后再被著录于《别录》《七略》(以及《汉志》),其著录也不是"别裁",其事实上是将之作为孔子所撰写的一部独立成书的书籍而正常整理与著录,只不过刘向没有将《孔子三朝》从《大戴礼》中析出,而是直接据之撰写"书录"罢了。至于《孝经》类《弟子职》一篇,三种可能的著录中的任何一种,也都不是"别裁"的著录方式。然而令人遗憾的是,长期以来,反对或质疑章学诚《七略》"别裁"说的人,均未能对《弟子职》与《孔子三朝》的著录进行追根溯源、细致深入的讨论。上论余嘉锡先生以《孝经》类《弟子职》一篇、《论语》类《孔子三朝》七篇为单行本,更多的也只是睹《七略》(《汉志》)著录之表面而立论,即便有古书单篇别行的理论做支撑,古书也确有单篇别行之实际。余先生没有考虑到刘向等图书整理时"备众本"的做法,对相关的文献材料的解读亦不到位,可为明证。① 大概正因为《弟子职》与《孔子三朝》真实的著录方式没有得到充分的研究,一直有学者以《七略》"别裁"说为是,甚至视之为无可怀疑的真理(近期笔者投稿时即有审稿专家以《七略》"别裁"说而否定本人的观点)。

鉴于有可能被视为《七略》"别裁"著录的《诗赋略》《孙卿赋》十篇,通常被视为"别裁"(或"互著")著录的《兵书略》之《伊尹》《太公》等,已讨论如上——它们均非"别裁"著录,《春秋》类《太史公》四篇(《七略》著录,《汉志》省之)的著录笔者已有专文讨论②,兹仅再对《乐》类著录的淮南、刘向等《琴颂》七篇(《七略》著录,《汉志》省之)的著录略加讨论。

我们认为,《乐》类著录的淮南、刘向等《琴颂》七篇不可能是"别裁"的著录方式:首先,就《乐》类的立类标准而言,是"六代乐舞"("乐"),亦即严格说来,只有"六代乐舞"或者"六代乐舞"的研究之作才可以著录于《乐》类之中。③ 反观淮南、刘向等《琴颂》七篇,既然称"琴颂",则就当是颂琴之作,以琴为对象进行吟诵,与"六代乐舞"无疑是天壤之别。在此情况下,无论是刘向或刘歆,为何要将与"六代乐舞"并无关系的《琴颂》七篇著录于《乐》类之中呢?而且还是"以辨著述源流"为目的的"别裁"著录?其次,《琴颂》七篇实际上是因《乐》类原本可以著录的书籍太少,只有《乐记》与《王禹记》二种,而著录于其中以充其数、以完其类。《乐》类《乐记》及《王禹记》二种之后著录有《雅歌诗》四篇,四篇既不是"六代乐舞",也不是"六代乐舞"的研究之作,不过就是雅歌的歌词,且本又有更为合适的著录位置(《诗赋略》之诗类),却非要著录于本不适于著录的《乐》类之中(参上),就恰好说明《乐》类原本可以著录的书籍太少,不得不将另外一些书籍著录于其中以充其数、以完其类。《雅歌诗》的著录表明《乐》类的著录标准已经被大大放宽了。《雅歌诗》之后的《雅琴龙氏》《雅琴师氏》《雅琴赵氏》,其著录情形与《雅歌诗》大体相同。三种亦均非"六代乐舞"或"六代乐舞"的研究之作,又可仿《蹴鞠》的著录而著录于杂家类中(《蹴鞠》原本著录于《诸子略》之杂家类中,班固撰《汉志》时移录于《兵书略》之《兵技巧》

① 除余嘉锡先生外,持《弟子职》《孔子三朝》为单行本之说的另有吕绍虞、王重民等,详参吕绍虞:《中国目录学史稿》,台湾丹青图书有限公司1986年版,第39页;王重民:《校雠通义通解》,上海古籍出版社2009年版,第24、26页。

② 详可参徐光明、孙振田:《〈汉书·艺文志〉研究三札》,《图书馆》2015年第12期。

③ 详可参孙振田:《从〈汉志〉看"乐经"为"六代乐舞"说之成立——兼论〈汉志〉之〈乐〉类的著录问题》,《音乐研究》2015年第6期。

类)。《雅歌诗》之《雅琴龙氏》《雅琴师氏》《雅琴赵氏》是因《乐》类原本可以著录的书籍太少而著录于其中,淮南、刘向等《琴颂》七篇的著录当然也只能是如此——只要《琴颂》七篇并不适于著录进《乐》类之中,只要《乐》类原本可以著录的书籍太少,而且有其他本不适于著录的书籍被著录进去,我们就可以得出这样的结论。

概言之,《七略》并无"别裁"的著录方式,《弟子职》《孔子三朝》以及另外一些颇能给人"别裁"印象的著录,均非以"别裁"而著录。

(作者单位:西安工业大学艺术学院,陕西师范大学文学院、西安工业大学人文学院)

礼 学 研 究

周厉王胡簋铭文所见飨神祝辞[*]

□ 贾海生 杜 佳

  在礼乐文明极盛的西周时代，制作有铭铜器是流行于各个阶层的时尚，《殷周金文集成》和《近出殷周金文集录》著录的有铭铜器合计多达一万多件即是明证。然而在这些数以万计的有铭铜器中，属于周天子所作的王朝重器却屈指可数，仅有最初著录于《西清古鉴》卷三十六的周宝钟，经过唐兰的考释，可以断定是周厉王所作有铭铜器，① 对于认识西周时代礼乐文明的全貌仍感资料不足。幸运的是，《文物》1979 年第 4 期发表了《陕西扶风发现西周厉王簋》一文，披露了 1978 年 5 月陕西扶风县法门公社齐村在修理陂塘时，先后发现了西周时代的几件文物，其中一件修复后重达 60 公斤的铜簋通高 59 厘米、口径 43 厘米、腹深 23 厘米、最大腹围 136 厘米，双耳有珥，耳长 43 厘米、宽 18 厘米、厚 5 厘米、两耳间最大距离 75 厘米，器身下有方座，座长 45 厘米、高 21 厘米，颈及圈足饰窃曲纹，腹和方座饰直棱纹，方座上部四角饰兽面纹，腹底有铭文十二行，一百二十四字，其中合文一，重文一。报告者隶写了铭文如下：

  王曰：有余佳小子，余亡𢆶昼夜，坙拥先王，用配皇天，簧嚣朕心，坠于四方。肆余以𫊻士献民，再盩先王、宗室。𫊻乍䵼彝宝毁，用康惠朕皇文剌且考，其各前文人，其濒在帝廷陟降，䵼䝹皇帝大鲁令，用令保我家，朕立，𫊻身，阤＝降余多福，宪烝宇慕远猷。𫊻其万年䵼，实朕多御，用妥寿，匄永令，昄在立，乍疐在下，佳王十又二祀。

  同时也对铭文作了最初的研究，认为铭文所记是器主人𫊻为祭祀其先王所作的祝词，铭文字体和纹饰都具有西周晚期的特点，进而又根据唐兰考释周宝钟的研究结果指出，𫊻即胡，是周王的名字，亦即周厉王胡，遂断𫊻簋为周厉王十二年所作有铭铜器。《殷周金文集成》著录了此器，编号为 4317。𫊻的发现，稍稍弥补了西周时代王朝重器不足的缺憾，值得从不同的方面不断进行深入的研究。

————————————

  * 本文为国家社科基金重点项目"中国传统礼学文献专题研究"（项目编号：13AZD023）阶段性成果。
  ① 唐兰：《周王𫊻钟考》，《唐兰先生金文论集》，紫禁城出版社 1995 年，第 34~42 页。

仔细体会㝬簋铭文的文势与语气，不难发现此器铭文实际上包括两个方面的内容，一是记言，一是叙事，并非通篇皆是厉王为祭祀其先王所作的祝词。至于记言之语止于何处，自器铭公布之后，学者们的意见并不一致。张政烺认为铭中记言之语止于"㝬盩先王、宗室"，故其所释铭文就将"有余隹小子"至"㝬盩先王、宗室"置于引号内，① 张亚初则认为铭中记言之语止于"宪朕宇慕远猷"，故其所释铭文就将"有余隹小子"至"宪朕宇慕远猷"置于引号内，② 何琳仪、黄锡全判断记言之语的起止与张政烺的意见相同，③ 可见张政烺分别铭中记言、记事之语的意见得到了学术界的认可。

上述研金诸家不仅对㝬簋铭文中记言、记事之语的界限作出了判断，而且也都进行了更加深入的研究，辨识文字，通其训诂，精彩之论随处可见。然而从礼学的角度重新审视㝬簋铭文，尚觉应该再现与记言之语相关的仪式，进而明确记言之语的性质并揭示其中蕴含的礼义，以期对西周时代礼乐文明的全貌有更加切实的体会。试图解决这一难题，有必要先对铭文中叙事部分的关键语词作出合理的解释。

从㝬簋铭文的叙事部分来看，厉王制作此器的目的是"用康惠朕皇文剌祖考，其各前文人"，"各"读为"格"，"格"训为"来"，见《尔雅·释言》，在铭文中用为使动词，则"其各前文人"就是使前文人来到人间歆飨祭祀的意思。"前文人"复指"皇文剌祖考"，则"康惠"一词在铭文中就不是一般的语词训诂可以释其隐义。《尔雅·释诂下》云："康，安也。"《释言》云："惠，顺也。"若将铭文中的"康惠"释为"安顺"，本无不可。张亚初在其文中说："'康'训安、乐。'惠'训和、顺。'皇'训光、大。'文'训文德，为德的总名。'剌'即光烈。'用康惠朕皇文剌且考'，就是用以乐和我的有文德而又光烈的祖考。"无论将"康惠"释为"安顺"，还是释为"乐和"，都仅仅是一般意义的语词训诂，并未揭示"康惠"一词重在传达礼义的同时还有表现仪式的隐义。《礼记·祭统》云：

> 贤者之祭也，必受其福，非世所谓福也。福者，备也。备者，百顺之名也。无所不顺者之谓备，言内尽于己而外顺于道也。忠臣以事其君，孝子以事其亲，其本一也。上则顺于鬼神，外则顺于君长，内则以孝于亲，如此之谓备。唯贤者能备，能备然后能祭。是故贤者之祭也，致其诚信与其忠敬，奉之以物，道之以礼，安之以乐，参之以时，明荐之而已矣，不求其为。此孝子之心也。祭者，所以追养继孝。孝者，畜也。顺于道，不逆于伦，是之谓畜。内尽其敬，外极其礼，无不安于心，无不顺于道，如此之谓备，亦谓之畜，能备、能畜然后能祭。

因此，持此记文所言礼义与㝬簋铭文合观互证，在铭文呈现的语境中，以"安顺"或"乐和"释铭文中的"康惠"，就不仅仅是通其训诂，自然而然地会使人联想到设礼祭祀祖

---

① 张政烺：《周厉王胡簋释文》，《古文字研究》第 3 辑，中华书局 1980 年版。

② 张亚初：《周厉王所作祭器㝬簋考——兼论与之相关的几个问题》，《古文字研究》第 5 辑，中华书局 1981 年版。

③ 何琳仪、黄锡全：《㝬殷考释六则》，《古文字研究》第 7 辑，中华书局 1982 年版。

考的情景。实际上，铭文中的"康惠"作动词用，就是追生时之养、继生时之孝的祭祀。"康惠"是传达礼义的动词，"祭祀"则是表现仪式的动词，因祭祀仪式有安顺或乐和祖考之义，而厉王在铭文中重在传达安于心、顺于道的礼义，就径直用了传达礼义的"康惠"一词而没有用"祭祀"之类表示仪式的语词。何况凡是交接神明的礼器都主要用于祭祀典礼，厉王制作的簋段亦不例外，亦可证"康惠"一词在铭文中还隐含着祭祀的意思。当然，于此需要特别指出的是，"康惠"一词本身并不具有祭祀之义，更不能直接训为祭祀，只是在铭文中不得不视为蕴含隐义的语词。王慎行释"康"为"丰盛的祭品"，又认为"惠"表示"厚待"之义，[1] 虽已触及"康惠"在铭文中的隐义，终因没有其他训诂材料参证且未揭示"康惠"一词所要传达的礼义而未从其说。

簋段既是厉王为祭祀"皇文剌祖考"而特别制作的"簋彝宝段"，则铭文中所记厉王之语当是祭祀降神时的飨神祝辞。《礼运》云：

> 玄酒在室，醴盏在户，粢醍在堂，澄酒在下，陈其牺牲，备其鼎俎，列其琴瑟管磬钟鼓，修其祝嘏，以降上神与其先祖。

西周时代，天子至于列士祭祀祖考，因主人的地位身份有高低贵贱之别，故礼典的规模、排场的大小、鼎簋的数量、器物的华素、牲牢的多寡、笾豆的丰省等各个方面皆有严格的等级规定。根据《仪礼》中《特牲馈食礼》《少牢馈食礼》的记载，列士祭祀祖考时，"尊于户东，玄酒在西"；卿大夫祭祀祖考时，"司宫尊两甒于房户之间，同棜，皆有幂，甒有玄酒"，皆不得陈列更多的饮品。上引《礼运》所记，堂上的室中陈列玄酒，室户内外陈列醴盏，堂上陈列粢醍，堂下的庭中陈列澄酒，其排场远非士大夫祭祀祖考的礼典可以比拟，足证是天子祭祀祖考的礼典。天子置官有酒正，掌五齐、三酒，见于《周礼·酒正》。郑玄据以释醴盏、粢醍、澄酒，其意亦以为《礼运》所记是天子之礼。记文云天子祭祀祖考应"备其鼎俎"，铭文言"簋乍簋彝宝段"，鼎、簋是任何祭祀典礼都不可或缺的重器，二器虽非同类，备物尽孝之意没有二致；记文云天子祭祀是"以降上神与其先祖"，铭文言"其各前文人"，希冀亡亲的神明前来歆飨祭祀的诚意亦无不同。合观记文与铭文，不难断定铭中所载厉王之语就是厉王所修祝嘏之辞中的飨神祝辞。周人祭祀，设祝官与神明交接，祝为主人飨神之辞称为祝辞，祝为神致福主人之辞称为嘏辞。卿大夫祭祀祖考的祝嘏之辞，备载于《少牢馈食礼》。其中阴厌飨神时祝为主人所致之辞云："孝孙某，敢用柔毛、刚鬣、嘉荐、普淖，用荐岁事于皇祖伯某，以某妃配，某氏，尚飨！"厉王祭祀祖考的飨神祝辞与卿大夫祭祀祖考时的飨神祝辞在形式上截然不同，正可据以窥见西周时代礼乐文明全貌之一斑，弥补了传世礼书不载天子飨神祝辞的空白。实际上，周礼对各个阶层祭祀祖考时的飨神祝辞仅有原则性的规定。《祭义》云："荐其荐俎，序其礼乐，备其百官，奉承而进之。于是谕其志意，以其慌惚以与神明交，庶或飨之。"致祭时的祝辞既要求飨神时晓谕主人的志意，则祝辞必然是千差万别而非固定的套语。《少牢馈食礼》所载

---

[1] 王慎行：《簋段铭文考释》，《人文杂志》1980 年第 5 期。

卿大夫餕神的祝辞，或许是撰作文本时至于餕神时为了不空其文而提供的示例性的样本，未必当时所有的卿大夫祭祀祖考时都以此辞餕神。因此，完全不必据《少牢馈食礼》所载套语式的餕神祝辞怀疑㝬簋铭文所载厉王之语不是餕神的祝辞。

既已确定㝬簋铭文中自"有余隹小子"至"再蠲先王、宗室"是厉王祭祀祖考时的餕神祝辞，继而当进一步考察是整个祭祀典礼中哪个具体仪节上告于神明的祝辞。传世礼书中不见详细记载天子祭祀祖考总体进程的文本，或是最初就没有形成文本，或是虽有文本而因故失传，仅有零星的记载见于不同的文献。《祭义》云：

> 二端既立，报以二礼：建设朝事，燔燎膻芗，见以萧光，以报气也，此教众反始也；荐黍稷，羞肝肺首心，见间以侠甒，加以郁鬯，以报魄也。

在周人的观念中，人死之后，精气升天称之为神，形魄归土称之为鬼。既立神鬼二名，固当以朝事与荐黍稷两种不同的礼报之。在宗庙中合神与鬼祭之，则整个祭祀典礼就分前后相承的两个步骤进行，先行朝事报气，继而荐黍稷报魄。朝事亦称朝践，践通翦，训杀，谓杀牲以血气祭神。荐黍稷亦称馈食，也称直祭，直训正，谓以实物祭鬼。实际上，宗庙所祭神鬼，皆指亡亲。根据《周礼》的记载，笾人所掌四笾之实有朝事之笾、有馈食之笾，醢人所掌四豆之实有朝事之豆、有馈食之豆，亦可据以推知天子的宗庙祭祀分朝事与馈食两个部分。《郊特牲》记孔子之语云：

> 绎之于库门内，祊之于东方，朝市之于西方，失之矣。

绎是祭祀第二天又举行的仪式，目的是寻绎前一天的祭祀以侯尸。《尔雅·释天》云："绎，又祭也。周曰绎，殷曰肜，夏曰复胙。"若如此说，绎祭是自夏朝以来历代都曾践行的典礼。绎祭在宗庙的堂上举行，《礼器》云"设祭于堂"即是明证。若行之于库门外，则是失礼的行为，故孔子讥之。综而言之，历史上虽然没有流传下来记载天子宗庙祭祀全程的文本，汉代以来，历代礼家正是根据上述残存的零星记载，结合其他文献，推阐天子宗庙祭祀的具体仪节，一致认为其总体进程是始于朝事，紧接着举行直祭，翌日又举行绎祭。沈文倬从不同的等级规模推阐天子宗庙祭祀的主要仪节，还认为正祭和绎祭之前都要先行祊祭。①

无论是朝事，还是直祭，都有关联具体仪节的告神之语。㝬簋铭文所载厉王的餕神祝辞究竟是在哪个具体仪节上告于神明的呢？《郊特牲》云：

> 诏祝于室，坐尸于堂，用牲于庭，升首于室。直祭祝于主，索祭祝于祊。不知神之所在，于彼乎？于此乎？或诸远人乎？

---

① 沈文倬：《宗周岁时祭考实》，《菿闇文存》（上），商务印书馆 2006 年版，第 379 页。

祭祀时，祖考的神明降于人间，依附于主，则主即是神明的象征。飨神祝辞既是用于交接神明，固当告于神主。因此，文中"直祭祝于主"一语，不仅反映了天子宗庙祭祀有直祭的仪节，而且还透露了直祭时有祝官以祝辞告于神主的仪注。郑注云："谓荐孰时也。如《特牲》、《少牢》馈食之为也。直，正也。祭以孰为正，则血腥之属尽敬心耳。"孔疏云："'直祭祝于主'者，直，正也。祭以荐孰为正，言荐孰正祭之时，祝官以祝辞告于主，若《仪礼·少牢》'敢用柔毛、刚鬣，用荐岁事于皇祖伯某'是也。"以卿大夫祭祀宗庙直祭馈食时的飨神祝辞为喻，正可据以证明㝬簋铭文所载厉王之语就是直祭时祝官代厉王喻其志意而告于神主的祝辞。当然，在考察㝬簋铭文所载厉王祝辞究竟用于祭祀典礼的哪个具体仪节时，不能不对"诏祝于室"的仪节作一辨析。"直祭祝于主"上承"诏祝于室"，则"诏祝于室"必是直祭之前的一个重要仪节。依据前文所述，直祭之前先行朝事，可知"诏祝于室"当是朝事时的一个仪节。郑注本有明确的说明："谓朝事时也。朝事延尸于户西，南面，布主席东面，取牲膟膋燎于炉炭，洗肝于郁鬯而燔之，入以诏神于室，又出以堕于主前。"朝事始祭之时，尚不知神之所在，故燔燎肝膋入室求神，继而又出室将肝膋置于主前，引导神明依附于神主。马晞孟云："'诏祝于室'者，求之于内之深者也。"①因此，"诏祝于室"当是朝事时求神的仪节。孔疏云："诏，告也。祝，呪也。"祝既训呪，与诏同义，则"诏祝于室"之"祝"就不是祝嘏之辞中的飨神祝辞，可证㝬簋铭文所载厉王之语必非"诏祝于室"时的告神之语而是"直祭祝于主"时晓谕主人志意的飨神祝辞。

周人的宗庙祭祀既是为了追生时之养、继生时之孝，故对飨神祝辞还有另一项原则性的规定，即《礼运》所言"祝以孝告"。正因为祭祀时要求"祝以孝告"，故祝官代主人飨神时就称其为孝孙、孝子。前引《少牢馈食礼》所载卿大夫祭祖考阴厌时的飨神祝辞云"孝孙某"如何如何，即是明证。《仪礼·聘礼记》所载使者受饔而祭的祝辞云"孝孙某，孝子某，荐嘉礼于皇祖某甫，皇考某子"，亦是显例。若主人的身份是天子，则称孝王。《曲礼下》云："践阼，临祭祀，内事曰孝王某。"祭祀时，事死如事生，事亡如事存，飨神时又称孝王、孝孙、孝子，追养继孝之意不言自明。厉王祭祀祖考飨神时虽然没有自称"孝王"，自叙身为小子，不敢安逸，日夜勤勉，发扬光大先王的美德，经营先王开创的业绩，此即《中庸》所谓"夫孝者，善继人之志，善述人之事者也"，可见厉王的飨神祝辞仍然是追养继孝的一种表述，体现了"祝以孝告"的精神。

社会发展到西周晚期的厉王时代，盛极一时的礼乐文明开始走向衰败，种种所谓不合古制的失礼行为频频发生。《礼运》云："祝嘏辞说藏于宗祝巫史，非礼也，是谓幽国。"此文批评的幽国行为，未必不是厉王时代的社会现象。厉王将其用于宗庙祭祀的飨神祝辞铸于铭文，公布于天下而不藏于宗祝巫史处，其用意或许在于垂范天下以匡救时病。西周时代各个阶层制作用于祭祀典礼的有铭铜器，通例是在铭文中说明为谁、因何而作此礼器，皆不俱载祭祀时的飨神祝辞。㝬簋铭文突破通例，既载飨神祝辞冠于叙事之语前，又在叙事部分说明作器之缘由，因而铭文既记言又叙事，在形式上完全不同于其他的器铭，正可

---

① 卫湜：《礼记集说》卷六十八。

据以窥见厉王的良苦用心。

附：

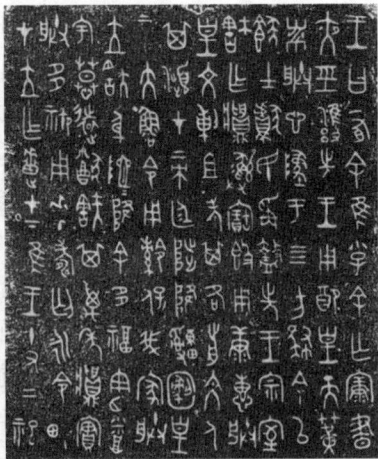

㝬簋器形及铭文(采自《陕西扶风发现西周厉王㝬簋》,《文物》1979 年第 4 期)

（作者单位：浙江大学古籍研究所）

西王母与汉皇后[*]
——汉代皇后身份变迁管窥

□　白　坤

　　学界对西王母的研究由来已久，成果十分丰富。[①] 但是，将西王母与汉代后妃相结合的考察，比较鲜见。[②] 本文从"传行西王母筹"事件着手，考察西王母与汉代后妃建立联系的基础、契机；并结合汉画像石中西王母图像的演变，管窥汉代皇后身份的变迁。

　　哀帝建平四年（前3），关东地区"传行西王母筹"的流民运动，震动国野。时人对此事有三种解读：杜邺以为，这场运动是哀帝外家骄横、过多干预政事的符兆；[③] 也有人认为，"丁、傅所乱者小，此异乃王太后、莽之应"；[④] 王莽则宣称，这是上帝对元后执政

---

　　*　本文受"中央高校基本科研业务费专项资金"（项目编号：2015112010203）资助。

　　①　学界对西王母的研究，集中于神话和图像两方面。前者多以记载西王母的上古文献（含甲骨文等出土文献）入手，讨论其身份、地位、族属等问题。代表成果有陈梦家：《古文字中之商周祭祀》，《燕京学报》第 19 期，1936 年；王孖：《八角星纹与史前织机》，《中国文化》1990 年第 1 期；［日］小南一郎：《西王母与七夕文化传承》，《中国的神话传说与古小说》，孙昌武译，中华书局 2006 年版；赵宗福：《西王母的始祖母神格考论》，《青海社会科学》2011 年第 6 期；韩高年：《〈山海经〉西王母之神相、族属及其他》，《西北民族研究》2013 年第 2 期等。后者多基于汉画像石，讨论西王母图像的构成、变迁，及背后蕴含的宗教哲学观念。代表成果有［美］简·詹姆斯（Jean M James）：《汉代西王母的图像志研究》、《汉代西王母的图像志研究（下）》，贺西林译、张敢校，《美术研究》1997 年第 2、3 期；李凇：《论汉代艺术中的西王母图像》，湖南教育出版社 2000 年版；［美］巫鸿：《武梁祠——中国古代画像艺术的思想性》第 4 章《山墙：神仙世界》，柳扬、岑河译，三联书店 2006 年版；顾森：《渴望生命的图式——汉代西王母图像研究之一》，《汉画研究——中国汉画学会第十届年会论文集》，湖北人民出版社 2006 年版；［英］鲁惟一（M. Loewe）：《通往仙境之路——中国人对长生的追求》（*Ways to Paradise：The Chinese Quest for Immortality*），《西王母文化研究集成·外文论文卷》，广西师范大学出版社 2009 年版等。另，西王母的部分研究论文，业已编辑成册，详见迟文杰：《西王母文化研究集成·论文卷》，广西师范大学出版社 2008 年版；迟文杰：《西王母文化研究集成·论文卷·续编一》，广西师范大学出版社 2011 年版；迟文杰、陆志红：《西王母文化研究集成·外文论文卷》等，广西师范大学出版社 2009 年版。

　　②　缪哲：《浪井和西王母——与王莽有关的四种画像石主题》，《艺术考古》2007 年第 1 期；曾祥旭：《试论汉代墓葬艺术中西王母图像发达的原因》，《青海社会科学》2011 年第 3 期；赵宗福：《西王母的始祖母神格考论》，《青海社会科学》2011 年第 6 期；马怡：《白发的西王母》，《图像的表征——中国汉画学会第十五届年会论文集》，人民美术出版社 2015 年版等。上述成果主要关注王莽尊崇元后，与西王母画像流行的关系，认为西王母以老妇人的形象，出现在西汉末的画像石中，并大肆流行，是王莽政治运作的结果。

　　③　《汉书》卷 27 下之上《五行志下之上》，中华书局 1962 年版，第 1476 页。

　　④　《汉书》卷 27 下之上《五行志下之上》，中华书局 1962 年版，第 1477 页。

的肯定①。三种解释虽所指各异、褒贬不一，却都将"西王母事件"指向皇帝的后妃。《山海经》中的西王母"豹尾虎齿"，形象可怖的西王母，如何让汉代人联想到皇帝后妃？

一、阴性神与女君主：周秦两汉文献中的西王母形象

考察西王母为何让汉代人联想到后妃，关键在揭示两者的共性。记载西王母的上古文献众多，据西王母的含义，可分三类（见表1）：（1）西王母作"神"讲，以《山海经》诸篇为代表；（2）西王母作西方某国的"女君主"讲，以《穆天子传》为代表；（3）西王母作西域某"地名"讲，或由《山海经》中西王母的居住地引申而来，以《尔雅》为代表。据前贤成果，西王母有女性首领、纺织神、始祖母神、山川神、西方神等身份。相关成果旁征博引、论证翔实，但仍有以下几点，需略作补充。

表1   周秦两汉涉西王母文献举要②

文献出处	原　文	含义
《山海经·西山经》	又西三百五十里曰玉山，是西王母所居也。西王母，其状如人，豹尾虎齿而善啸，蓬发戴胜，是司天之厉及五残	神
《山海经·海内北经》	西王母，梯几而戴胜，杖。其南有三青鸟为西王母取食	
《山海经·大荒西经》	有人，戴胜，虎齿，豹尾，穴处，名曰西王母	
《庄子·大宗师》	西王母得之，坐乎少广，莫知其始，莫知其终	
《淮南子·览冥训》	譬若羿请不死之药于西王母，姮娥窃以奔月，怅然有丧，无以续之	
《大人赋》	低回阴山翔以纡曲兮，吾乃今目睹西王母皬然白首。戴胜而穴处兮，亦幸有三足乌为之使。必长生若此而不死兮，虽济万世不足以喜	
《吴越春秋·勾践阴谋外传》	立东郊以祭阳，名曰东皇公；立西郊以祭阴，名曰西王母	

---

① 《汉书》卷84《翟方进传》，中华书局1962年版，第3432页。

② 袁珂：《山海经校注》，上海古籍出版社1980年版，第50、306、407页。袁珂认为，《海内北经》之"杖"系衍字。《山海经》的成书年代，学界多有争论，有大禹、伯益说、战国以前说、战国中后期说、秦汉说等。但"被公认的大致有4点：①司马迁在《史记·大宛列传》中已提到此书，故成书时代的下限是汉武帝时，即公元前2世纪后期。②编纂成书和书中资料是两回事，说此书成于战国或秦汉，不等于否定书中有许多资料源出远古传闻。③成书以后在流传过程中，可能有后人的附益。④《海内东经》自'岷三江'以下二十六条水不是海经原文，疑本为郭璞所撰，后人抄附于此。"（谭其骧：《长水集续编》，人民出版社1994年版，第370~372页）（晋）郭璞注，（清）洪颐煊：《穆天子传》卷3，中华书局1985年版，第15~16页。杨伯峻：《列子集释》，中华书局1979年版，第97~98页。（清）郭庆藩：《庄子集释》，中华书局1961年版，第247页。（晋）郭璞注，（宋）邢昺疏：《尔雅注疏》，上海古籍出版社1997年版，第2616页。何宁：《淮南子集释》，中华书局1998年版，第361、501页。《史记》卷43《赵世家》，中华书局1982年版，第1779页。《史记》卷117《司马相如列传》，中华书局1982年版，第3060页。《史记》卷123《大宛列传》，中华书局1982年版，第3163页。（清）王聘珍：《大戴礼记解诂》，中华书局1983年版，第216页。（汉）扬雄：《甘泉赋》，《全上古三代秦汉三国六朝文·全汉文》，商务印书馆1999年版，第521页。（汉）赵晔：《吴越春秋》卷9，江苏古籍出版社1986年版，第119页。黄晖：《论衡校释》，中华书局1990年版，第67、832页，按校释，"羌良桥桥种良愿等"一句，应为"羌豪良愿等种"。王利器：《风俗通义校注》，中华书局2010年版，第34、284页。

续表

文献出处	原　　文	含义
《穆天子传》	吉日甲子，天子宾于西王母。乃执白圭玄璧以见西王母。好献锦组百纯，□组三百纯。西王母再拜受之。□乙丑，天子觞西王母于瑶池之上。西王母为天子谣……西王母又为天子吟……天子趋升于弇山，乃纪名迹于弇山之石，而树之槐，眉曰"西王母之山"	女君主
《列子·周穆王》	遂宾于西王母，觞于瑶池之上。西王母为王谣，王和之，其辞哀焉	
《史记·赵世家》	缪王使造父御，西巡狩，见西王母，乐之忘归	
《尚书大传·虞夏传》	舜之时，西王母来献白玉琯	
《大戴礼记·少间》	西王母来献其白琯	
《甘泉赋》	想西王母欣然而上寿兮，屏玉女而却宓妃	
《论衡·无形》	海外三十五国，有毛民、羽民……禹、益见西王母，不言有毛羽	
《风俗通义·皇霸》	赵之先，与秦同祖。其裔孙曰造父，幸于周穆王，为御骅骝、騄耳之乘，西谒西王母，东灭徐偃王，日驰千里	
《风俗通义·声音》	《尚书大传》："舜之时，西王母来献其白玉琯。"	
《尔雅·释丘》	孤竹、北户、西王母、日下，谓之四荒	地名
《淮南子·墬形训》	西王母在流沙之濒	
《史记·大宛列传》	安息长老传闻条枝有弱水、西王母，而未尝见	
《论衡·恢国》	后至四年，金城塞外羌良桥桥种良愿等，献其渔盐之地，愿内属汉，遂得西王母石室，因为西海郡。……西王母国在绝极之外，而汉属之	

(一)"戴胜"补说

学界公认，"戴胜"是判断西王母身份的主要依据。"戴"为"佩戴"之义，已是共识。关于"胜"，则众说纷纭。① 将"胜"解释为以织机"经轴+轴牙"(即"滕+滕花")为原型的发饰(见图1)，比较贴切。有学者认为，"胜"的形状始终如"滕+滕花"。② 该判断是否正确，还需进一步考察。

---

① 学界对"胜"的看法，大致分六类：①玉质发饰。(袁珂：《山海经校注》，上海古籍出版社1980年版，第45页)②滕花，即位于织机经轴两端的定位装置。([日]小南一郎：《中国的神话传说与古小说》，孙昌武译，中华书局2006年版，第45~62页；赵丰：《汉代踏板织机的复原研究》，《文物》1996年第5期，第89页)③以滕+滕花为原型的发饰。(王予：《八角星纹与史前织机》，《中国文化》1990年第1期)④面具。(韩高年：《〈山海经〉西王母之神相、族属及其他》，《西北民族研究》2013年第2期)⑤兽皮衣服。(王孝廉：《西王母与周穆王》，《西王母文化研究集成·论文卷》，广西师范大学出版社2008年版，第713~714页)⑥鹿角。(蔡大成：《论西王母形象中的萨满教因素》，《云南社会科学》1988年第2期)

② 王予：《八角星纹与史前织机》，《中国文化》1990年第1期。

图 1　沂南汉墓墓门东、西立柱画像局部

（图片来源：《中国画像石全集·山东汉画像石》，山东美术出版社 2000 年版，第 134、135 页）

《说文》云："滕，机持经者。"① 如图 2，"滕（胜）"位于织机顶端，② 是卷经轴。"滕"两端控制卷轴转动幅度的轴牙，③ 图中标作"滕耳"，《梓人遗制》称为"滕子"，④ 即我们所说的"滕花"。最晚至汉代单综织机出现时，"滕"与"滕花"就组合出现，成为构成织机的必需组件。

据现有材料，"滕+滕花"组合出现的年代上限，被推定为东周时期。⑤ 那么，东周以前的织机，是否也存在类似组件。传统织机的工作过程，可简单概括为"分经织纬"。不论竖机、斜机，经轴都是必备构件。结合民族学和考古材料，传统经轴大致经历地桩、耙桩、卷轴等阶段。到良渚文化时期，经轴已确定为卷轴，即"滕"，⑥ "滕"两端镶插有青玉材质的端饰（见图 3）。据端饰的形制可以判断，良渚织机的"滕"，是一面平、一面凸

---

① （清）段玉裁：《说文解字注》，凤凰出版社 2007 年版，第 461 页。

② 滕同胜。为方便行文，作为织机组件出现时，作"滕"；作为西王母发饰出现时，作"胜"。

③ 轴牙的工作原理，见夏鼐：《我国古代蚕、桑、丝、绸的历史》，《夏鼐文集·中》，社会科学文献出版社 2000 年版，第 357 页。

④ 郑巨欣：《梓人遗制图说》，山东画报出版社 2006 年版。

⑤ 夏鼐：《我国古代蚕、桑、丝、绸的历史》，《夏鼐文集·中》，社会科学文献出版社 2000 年版，第 345 页。

⑥ 河姆渡遗址虽出土了大量织机组件，但经轴不在其列。（浙江省文物考古研究所：《河姆渡——新石器时代遗址考古发掘报告》，文物出版社 2003 年版，第 136、288、376 页）就此，宋兆麟、王予分别提出复原方案，并对复原的依据、过程进行了精彩论证。（宋兆麟：《考古发现的打纬刀——我国机杼出现的重要见证》，《中国历史博物馆馆刊》，1985 年；王予：《八角星纹与史前织机》，《中国文化》1990 年第 1 期）但是，二者的方案中，都包含了无考古实物的组件。方案是否准确，还有待考古发现进一步证实。

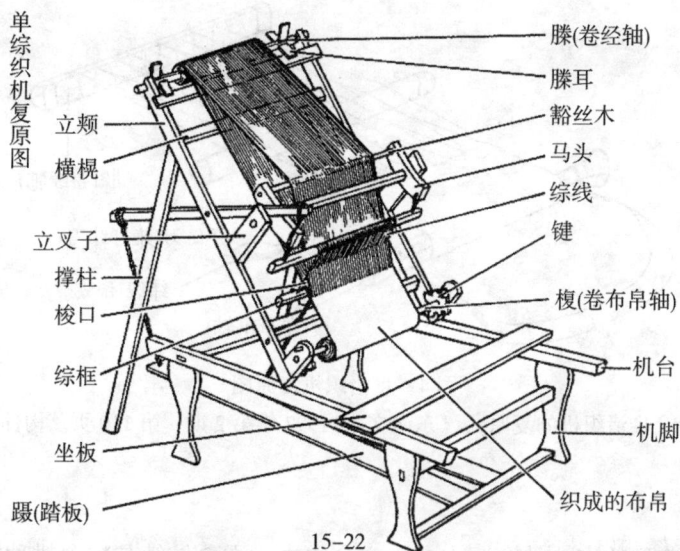

图2 汉代单综织机复原图
（图片来源：孙机：《汉代物质文化资料图说》，上海古籍出版社2008年版，第65页）

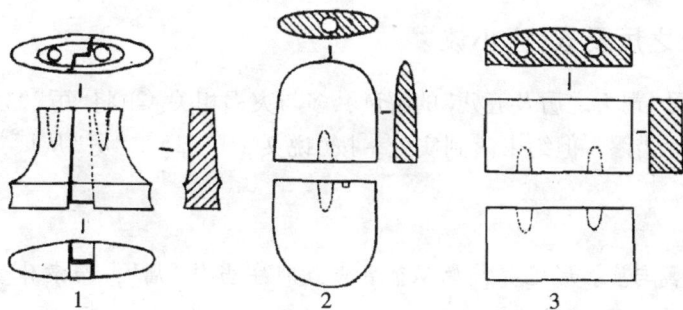

图3 反山良渚墓地出土Ⅳ式镶插端饰图
（图片来源：《浙江余杭反山良渚墓地发掘简报》，《文物》1988年第1期，第26页）

起的弧形直棍，兼具"滕花"的功能。（见图4）①

换言之，织机最初装置"滕"时，并无"滕花"与之搭配。其时之"滕"，集后世"滕"和"滕花"的功能于一身，卷放经线的同时，具备制动功能。随着织机结构的改进，各部分工日益精密。原本承担多种职能的构件，逐渐分化为多个零件；功能相辅的零件组合，成为新式织机的组件。"滕"于是逐渐成为单纯的卷经轴，其制动功能被新零件"滕花"分担，"滕+滕花"组合诞生。总之，"滕+滕花"组合的原形是"滕"，二者体现在不同时期的织机上，都是经轴，功能一致。另外，缩小的经轴与女子挽发的笄形状相似，以其为原型的发

① 浙江省文物考古研究所反山考古队：《浙江余杭反山良渚墓地发掘简报》，《文物》1988年第1期；赵丰：《良渚织机的复原》，《东南文化》1992年第2期。

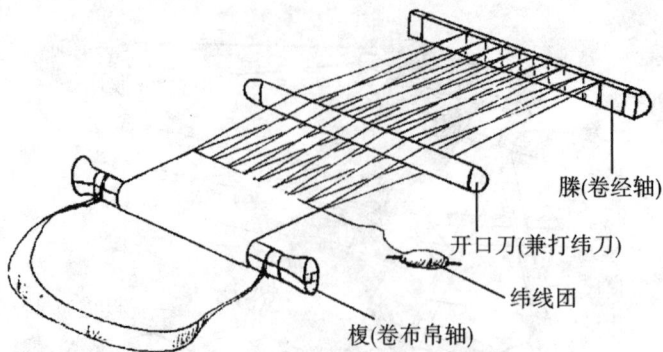

图 4　良渚织机复原图

(图片来源：赵丰：《良渚织机的复原》，《东南文化》1992 年第 2 期，第 110 页。构件名称系笔者添加)

饰兼备实用性。

古代中国是典型的农业社会，农桑为衣食之本，蚕桑纺绩与粮食耕种同样重要，正所谓"一夫不耕，或受之饥；一女不织，或受之寒"①。由是产生的桑蚕纺织崇拜，是古人崇神祭祀活动的重要内容，亲蚕礼为历代国家大典即是典型例证。西王母佩戴以织机经轴为原型的发饰，是先民将其作为纺织神崇拜的体现。

(二)"司天之厉及五残"小议

学界对西王母"司天之厉及五残"的解读，多与灾祸相关。② 将"厉""残"解释为瘟神、灾星、杀气，虽无错谬，但终未落到实处。按《说文·厂部》，"厉"从厂，蠆省声。段玉裁按：

> 《说文》萬与蠆篆形绝异，属从蠆省声，则字当作'厲'，而隶体蠆作'蕫'，厲作'属'，皆从萬，非也。③

依段氏意见，"厉"应该从"蠆(毒虫)"得声，隶定为"厲"。经传中"厲"被训作"恶""病"

---

① 《汉书》卷 24 上《食货志上》，中华书局 1962 年版，第 1128 页。

② 学界对"天之厉及五残"有三种理解：①灾厉残杀之气。郭璞注云："主知灾厉、五刑、残杀之气。"(袁珂：《山海经校注》，上海古籍出版社 1980 年版，第 51 页)②星名。《史记·天官书》云："五残星，出正东东方之野。"《正义》曰："见则五分毁败之征，大臣诛亡之象。"[另见(清)郝懿行：《山海经笺疏》，巴蜀书社 1985 年版，第 214 页；刘锡诚：《神话昆仑与西王母原相》，《西北民族研究》2002 年第 4 期，第 183 页]③厉鬼、瘟神。(韩高年：《〈山海经〉西王母之神相、族属及其他》，《西北民族研究》2013 年第 2 期)

③ (清)段玉裁：《说文解字注》，凤凰出版社 2007 年版，第 781 页。为方便字形比对、讨论，"万""厉"等字均按《说文》，不作简化，下文同。

或"鬼"时,是"疠"的假借字。① 就是说,"厉"作上述意象讲时,应写作"疠",隶定为"癘"。② 但《说文》"疠"仍作"癘",显然不合适。

据先秦两汉文献,"癘"有两个意象。第一,按《说文·疒部》,"癘"可训为"癘疫",相当于瘟疫。③ 第二,按《礼记·祭法》,"癘"可指日常生活中主管杀罚的小神,或称为"癘鬼",属"五祀"(户、灶等群小祀)系统,依生前身份可划分为泰癘、公癘、族癘三类,数量可观,可以享受定期祭祀。④ 西王母负责管控的"厉",当就此二者而言。

《山海经》中西王母的恐怖形象,或与其掌管"癘疫"有关。据《左传》昭公元年(前661)文,"山川之神,则水旱疠疫之灾,于是乎禜之"⑤。在周人的观念中,癘疫和水旱由山川神负责管理。癘疫、水旱降临时,需举行"禜"祭禳灾。

"禜"为"六祈"之一,由大祝掌管。"六祈"是"类""造""禬""禜""攻""说"六种祭祀形式的总称。⑥《周礼·春官宗伯·大祝》郑注云:"禬禜,告之以时有灾变也。"⑦同是告白灾变、祈求降福,郑玄却将"禬禜"并陈,两者关系之密切可见一斑。另按《周礼·天官·女祝》,女祝"掌以时招、梗、禬、禳之事,以除疾殃"⑧。"疾殃"即"癘疫",故"禬"是专门针对"癘疫"的祭祀形式,⑨ 其祭祀对象,即负责管理"癘疫"的西王母(山川神)。

按上引《周礼·女祝》文,女祝可以主持"禬"祭。"禬"的具体仪节已不可考,但我们仍可从"祈"着手,寻得蛛丝马迹。

> 《说文·示部》云:"祈,求福也。"《口部》云:"噭,声噭噭也。"《汉书·息夫躬传》颜注云:"噭,古叫字。"《尔雅·释言》云:"祈,叫也。"《一切经音义》引孙炎注云:"祈,为民求福,叫告之辞也。"郭注云:"祈,祭者叫呼而请事。"⑩

按上引文,"祈"为求福之祭,执祭者需大声呼号,请求神灵降福。作为"六祈"之一,"叫呼请事"的方式,当同样适用于"禬"。《周礼·女祝》郑注云:"除灾害曰禬,禬犹刮去也。"⑪"禬"以除灾为目的,是比较典型的禳除巫术。禳除巫术的攻击性,一般通过执祭者夸张、恐怖的服饰、动作、语气等表现出来。执"禬"祭的女祝号呼请事,是为恫吓作

---

① (清)段玉裁:《说文解字注》,凤凰出版社2007年版,第780~781页。
② 为行文统一,除经传原文外,后文一律作"癘"。
③ (清)段玉裁:《说文解字注》,凤凰出版社2007年版,第612、616页。
④ (汉)郑玄注,(唐)孔颖达疏:《礼记正义》,上海古籍出版社1997年版,第1590页。
⑤ (晋)杜预注,(唐)孔颖达疏:《春秋左传正义》,上海古籍出版社1997年版,第2023~2024页。
⑥ (汉)郑玄注,(唐)贾公彦疏:《周礼注疏》,上海古籍出版社1997年版,第808页。
⑦ (汉)郑玄注,(唐)贾公彦疏:《周礼注疏》,上海古籍出版社1997年版,第809页。
⑧ (汉)郑玄注,(唐)贾公彦疏:《周礼注疏》,上海古籍出版社1997年版,第690页。
⑨ (清)孙诒让:《周礼正义》,中华书局1987年版,第1990页;钱玄:《三礼辞典》,江苏古籍出版社1993年版,第1169页。
⑩ (清)孙诒让:《周礼正义》,中华书局1987年版,第1987页。
⑪ (汉)郑玄注,(唐)贾公彦疏:《周礼注疏》,上海古籍出版社1997年版,第690页。

祟者，从而达到驱赶瘟疫的目的。西王母"善啸"的形象，或源自女祝主持"檜"祭时的号呼。殷周秦汉对西王母"豹尾虎齿""蓬发善啸"等恐怖特征的想象，当来自先民对"檜"祭现场及执祭女祝的集体记忆。

郑玄认为，经文中主管杀罚的瘟鬼，即汉代民间秋天祠的山神。故周人祠"厉"，也当在秋天进行。[①] 这让我们联想到殷人向"西母"告秋：[②]

　　　　(1)丁巳[卜]：告秋[于]西母。七月。(《合集》9631)

卜辞大意是向"西母"祷告，祈求她保佑这一年有好收成。[③] 殷代的农事安排，与季风密切相关，冬季风决定收获时间的早晚。卜问时间为七月，殷历七月约值二十四节气的谷雨至立夏，此时冬季(农闲时)接近尾声。[④] 于下个农事周期开始前，向"西母"告秋，实质是祈求冬季风不要太早毁伤作物，这意味着在殷人的认知世界中，"西母"可以通过控制具有伤害特性的冬季风，左右作物收获的时间。基于以上，"西母"控制的冬季风，与西王母掌控的"瘟鬼"，都具备杀罚伤害特征。周人秋天祠"厉"，或源自殷人向"西母"告秋。这点为西王母即"西母"的判断，提供了新证据。

另外，"瘟"所从"疒"有"倚靠"义，其小篆"象倚著之形"，[⑤] 左侧字形形似侧几(见图5)。《海内北经》中西王母"梯几"的形象，极有可能是汉代人据此附会的结果。

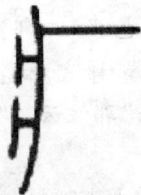

图5　"疒"的小篆字形

《西山经》"司天之厉及五残"条，郭璞注云："主知灾厉、五刑残杀之气。"[⑥] 按《说

---

　① (汉)郑玄注，(唐)孔颖达疏：《礼记正义》，上海古籍出版社1997年版，第1590页。

　② 在认可"西母"是女性神的前提下，各家就其职责提出不同看法：陈梦家认为，卜辞中的"西母"是殷人的月神；宋镇豪认为，商人心目中的"西母"是"司死"之神；常玉芝、赤冢忠认为，"西母"是掌管"日入"的太阳神；叶舒宪认为，"西母"是接纳日、月的"口部"象征神。(陈梦家：《古文字中之商周祭祀》，《燕京学报》第19期，1936年，第131~132页；宋镇豪：《夏商社会生活史》，中国社会科学出版社1994年版，第788~789页；常玉芝：《商代日神(东、西方神，东、西母)崇拜》，《晋阳学刊》2010年第6期，该文也介绍了赤冢忠的观点；叶舒宪：《甲骨文东母西母试解——比较神话学札记》，《唐都学刊》1989年第1期)

　③ 常玉芝：《商代日神(东、西方神，东、西母)崇拜》，《晋阳学刊》2010年第6期，第76页。

　④ 殷历、夏历、二十四节气的对应情况，参见《殷代农季与殷历历年》一文的表1(冯时：《殷代农季与殷历历年》，《中国农史》1993年第1期，第72页)。

　⑤ (清)段玉裁：《说文解字注》，凤凰出版社2007年版，第608页。

　⑥ 袁珂：《山海经校注》，上海古籍出版社1980年版，第51页。

文》段注，"残"是"戋"的会意字，二者音义皆同，① 司"残"即司"戋"。卜辞中的"戋"字，写作"⃛"（《合集》6335），可用作"划"，有"攻伐"义②。如"贞：乎戋舌方。(《合集》6335)""贞：勿戋舌方。(《合集》6336)"。又"残"以形部"歺"会"戋"之意。"歺"从半冎，指被剔除人肉的残骨，③ 这一意象直指刑狱杀伐。据此，"五残"或指"五刑"。《国语·鲁语》云：

> 刑五而已，无有隐者，隐乃讳也。大刑用甲兵，次用斧钺，中刑用刀锯，次用钻笮，薄刑用鞭扑，以威民也。④

"甲兵"指聚兵诛伐大逆；"斧钺"指"军戮"或斩刑；"刀锯"可泛指割劓、断截、大辟诸刑；"钻笮"指膑、黥二刑；"鞭扑"指官、教二刑。⑤ 大至征战攻伐，小到刑狱惩戒，"五刑"是对上古惩罚犯罪方式的高度概括，可谓君王经国牧民之大柄。西王母手握"五刑"，意味她掌握人间生杀之权。从这个角度讲，西王母当居众神之巅，扮演始祖神角色。

综上，笔者对相关研究，做了几点补充。第一，伴随织机改进，"胜"的形状从直棍状逐渐演变为"滕+滕花"状，这一变化约发生在东周。第二，西王母"司天之厉及五残"，指她控制着"瘟疫""瘟鬼"和"五刑"。第三，司"襘"女祝，是西王母恐怖形象的原型，"善啸"源自"叫呼请事"。第四，周人秋天祠"瘟鬼"，源于殷人向"西母"告秋，这为西王母即"西母"提供新佐证。第五，将"五残"落实为"五刑"，为西王母的始祖神身份提供新注脚。第六，西王母"梯几"，系汉代人据"厂"的附会。

东周秦汉是我国历史上第一个大著述时代，先民对西王母的零散想象，也于此时整合，并转化为较系统的文字记录。东周秦汉也是阴阳五行思想发生、盛行的时代，政治、学术、生活等无不受其影响。西王母形象的整合，在阴阳五行学说架构下进行，相关记录必然存有阴阳五行的烙印。事实正如我们所料，始祖母神、月神、西方神、纺织神、山川神、战争神、女君主等，以阴性为媒介，⑥ 最终整合至西王母名下，以致文献呈现给我们的西王母，是多重身份叠加的复合形象。阴性具体表现为"女性"这一性别，无疑是连接西王母与汉代后妃的基础性纽带。

---

① （清）段玉裁：《说文解字注》，凤凰出版社2007年版，第291页。
② 刘兴隆：《新编甲骨文字典》，国际文化出版公司1993年版，第856～857页；马如森：《殷墟甲骨文实用字典》，上海大学出版社2008年版，第286～287页。
③ （清）段玉裁：《说文解字注》，凤凰出版社2007年版，第287页。
④ 徐元诰：《国语集解》，中华书局2002年版，第152页。
⑤ 徐元诰：《国语集解》，中华书局2002年版，第152页。
⑥ 按阴阳五行学说的架构，女性、刑杀都属阴性。始祖母神、纺织神、女君主的阴性源于性别。月亮被称为"太阴之精"，故月神属阴性。西方为阴，故西方神属阴性。山川神掌管"瘟疫"，"瘟疫"的毁害性为阴，故山川神属阴性。战争神同具毁害性，故属阴性。

二、谶纬符命与政治运作：西王母与元后的结合

上揭相同的性别，是西王母与汉代后妃产生联系的基础。但促成这种联系，尚需其他因素。前贤指出，王莽利用"传行西王母筹"为其代汉造势，客观上造成西汉末期西王母图像的流行。① 与之不同，我们关注的是：（1）王莽选择以西王母比附元后的原因；（2）西王母与王、傅、丁等后妃产生联系的过程中，透露的政治博弈和礼法原则。

（一）"长生不死"与"传行西王母筹"的发生

检视《汉书》，哀帝建平四年（前3）"传行西王母筹"的记载，不少于八处，② 以《五行志》最详：

> 正月，民惊走，持稾或棷一枚，传相付与，曰行诏筹。道中相过逢多至千数，或披发徒践，或夜折关，或逾墙入，或乘车骑奔驰，以置驿传行，经郡国二十六，至京师。其夏，京师郡国民聚会里巷仟佰，设张博具，歌舞祠西王母。又传书曰："母告百姓，佩此书者不死。不信我言，视门枢下，当有白发。"至秋止。③

据上引史料，从建平四年正月开始，部分关东民众，相互传与禾秆一类，名曰"行诏筹"。"诏"多用于上对下，"筹"则用以计数。"行诏筹"之举，有西王母点选信徒的意味。队伍一路向西，途中不断有新成员加入，至夏方到长安。众人在长安主要做了四件事：（1）吸引长安百姓入伍；（2）聚众博弈；（3）载歌载舞祭祀西王母；（4）散布西王母的预言书。运动前后持续了半年，到秋天才结束。

这是一场以西王母崇拜为核心的运动，"佩此书者不死"，揭示了这场运动发生的主要原因。西王母虽有多重身份，但在秦汉时期，人们似乎更看重她"长生不死"之神的身份。《淮南子·览冥训》有"羿请不死药于西王母"的故事，司马相如《大人赋》也以"曛然白首""长生不死"，描述想象中的西王母。

我们认为，导致民众产生以上倾向的主要因素有二：第一，春秋战国至西汉末，战争、自然灾害不断。据统计，元帝初元元年（前48）至新莽国灭（23）的72年间，共发生自

---

① 缪哲：《浪井和西王母——与王莽有关的四种画像石主题》，《艺术考古》2007年第1期，第105~107页；曾祥旭：《试论汉代墓葬艺术中西王母图像发达的原因》，《青海社会科学》2011年第3期，第182页；赵宗福：《西王母的始祖母神格考论》，《青海社会科学》2011年第6期，第220~222页；马怡：《白发的西王母》，《图象的表征——中国汉画学会第十五届年会论文集》，人民美术出版社2015年版，第438~440页。
② 《汉书》卷11《哀帝纪》、《汉书》卷26《天文志》、《汉书》卷27下之上《五行志下之上》、《汉书》卷45《蒯伍江息夫传》、《汉书》卷72《王贡两龚鲍传》、《汉书》卷85《谷永杜邺传》、《汉书》卷86《何武王嘉师丹传》、《汉书》卷98《元后传》，中华书局1962年版，第342、1311~1312、1476~1477、2184、3091、3476、3496、4033页。
③ 《汉书》卷27下之上《五行志下之上》，中华书局1962年版，第1476页。

然灾害 58 次，其中水、旱灾各 12 次。① 仅成帝一朝，就发生水灾 4 次，② 关东地区受灾严重。大规模的战争、灾害，使非正常死亡人数增加，民众对长生的渴望也随之强烈。

第二，秦始皇、汉武帝等为求长生，多次派遣方士入东海仙山访药。献长生方成为加官晋爵的捷径，武帝时的方士栾大，竟至"居数月而得佩六印"，并以卫长公主为妻。③在名利和现实的驱使下，关东乃至全国，沉浸在对握有不死药的西王母的崇拜中。另外，西汉中央政府在地方设西王母祠，令"皆在所二千石令长奉祠"，④ 加速了西王母信仰的普及、深化。鉴于上述，西王母信仰在西汉官方、民间，都有深厚的根基。王莽以西王母比附元后，既抬高元后地位，又利于符瑞传播。

（二）王莽对"传行西王母筹"的政治运作

"传行西王母筹"虽是偶发事件，但从流民队伍进入长安开始，可能就离不开王莽集团的幕后操控。我们做出这一判断，是基于以下三点。第一，西王母信仰虽有广泛的社会基础，但声势浩大的流民队伍，能顺利进入长安，并在城内大肆进行宗教活动，若非势力极强的政治集团支持，几乎不可能发生。按《哀帝纪》及《王莽传》，"传行西王母筹"期间，王莽因得罪哀帝祖母傅氏，谪居新都。⑤ 但王氏经历元、成两朝，根基深厚，且王莽一向谨慎谦和，即便他本人不在京师，仍可遥控耳目，左右政局。

第二，"传行西王母筹"事件的矛头，首先指向哀帝外家。

> 《春秋》灾异，以指象为言语。筹，所以纪数。民，阴，水类也。水以东流为顺走，而西行，反类逆上。象数度放溢，妄以相予，违忤民心之应也。西王母，妇人之称。博弈，男子之事。于街巷仟佰，明离闑内，与强外。临事盘乐，炕阳之意。白发，衰年之象，体尊性弱，难理易乱。门，人之所由；枢，其要也。居人之所由，制持其要也。其明甚著。今外家丁、傅并侍帷幄，布于列位，有罪恶者不坐辜罚，亡功能者毕受官爵。皇甫、三桓，诗人所刺，《春秋》所讥，亡以甚此。指象昭昭，以觉圣朝，奈何不应！⑥

以上为王莽党羽杜邺的上疏。按杜氏的说法，"传行西王母筹"呈现"阴逆主阳"之象。事件的种种细节显示，上帝对哀帝外家把持机要、骄横枉法已十分不满，故降异事以示警告。

哀帝笃信天命谶纬，建平元年（前 6）"改元易号"即是证明。⑦ 恰逢"传行西王母筹"

———————————

① 杨振红：《汉代自然灾害初探》，《中国史研究》1999 年第 4 期，第 50~54 页。

② 四次水灾分别是：①建始三年（前 30）秋，关内大水。②建始四年（前 29）秋，大水。③阳朔二年（前 22）秋，关东大水。④鸿嘉四年（前 14）秋，渤海、清河河溢。（《汉书·成帝纪》，中华书局 1962年版，第 306、308、313、319 页）

③ 《汉书》卷 25 上《郊祀志上》，中华书局 1962 年版，第 1222~1224 页。

④ （清）孙星衍等辑，周天游点校：《汉官六种》，中华书局 1990 年版，第 100 页。

⑤ 《汉书》卷 11《哀帝纪》、《汉书》卷 99 上《王莽传上》，中华书局 1962 年版，第 343、4043 页。

⑥ 《汉书》卷 27 下之上《五行志下之上》，中华书局 1962 年版，第 1476~1477 页。

⑦ 《汉书》卷 11《哀帝纪》，中华书局 1962 年版，第 340 页。

之明年，即元寿元年（前2）正月初一日食，哀帝更加惶恐不安。周护、宋崇等人遂借对策之机，大肆称颂王莽功德。迫于压力，哀帝将王莽召回长安。① 王莽回京后，傅氏、哀帝于元寿元年、二年先后崩逝，非王姓势力，逐渐被清算出局。

第三，清洗丁、傅势力后，王莽便将"传行西王母筹"事件，包装成上帝嘉奖元后的符瑞，为代汉造势。② 王莽摄政作《大诰》曰："（元后）配元生成，以兴我天下之符，遂获西王母之应。"③又王莽改元后号为"新室文母"诏曰："哀帝之代，世传行诏筹，为西王母共具之祥，当为历代母，昭然著明。予祗畏天命，敢不钦承！"④总之，王莽是"传行西王母筹"最大受益者，他对该事件的操控显而易见。

（三）尊崇元后与"王莽代汉"的礼法依据

然而，"传行西王母筹"如何能帮助王莽代汉？了解王莽代汉的礼法依据，是回答该问题的关键。观察王莽代汉的过程，我们发现他十分注重维护、宣传元后。

首先，竭力维护元后大宗嫡妇的身份。这点集中体现在王莽对傅氏的处置上。元后与傅氏共侍元帝，本有妻妾分别。但哀帝登基，三尊其祖母，以致傅氏号"皇太太后"，称"永信宫"，与元后同享尊位，妻妾无别。⑤ 王莽极力反对尊傅，认为"定陶太后藩妾，何以得与至尊并"。⑥ 但反对不成，反因此得罪傅氏，被遣就国。直至平帝即位，王莽以大司马之身重新掌政，"使有司举奏丁、傅罪恶"，贬傅氏号为"定陶恭王母"，发冢开棺毁其"皇太太后"玺绶，徙葬定陶，⑦ 方才纠正傅、王并尊的局面，恢复了元后的嫡妻权威。

其次，用谶纬符命包装、神化元后。这点通过"李氏梦月入怀""元城沙鹿山崩"和"传行西王母筹"表现出来。"梦月入怀"是典型的感生神话。元后母李氏身怀元后时，曾梦见月入其怀。⑧ 月为"太阴之精"，主宰阴性世界。这则神话旨在表明元后感月神而生，身被天命。

元城是元后的出生地。按《春秋左传·僖公十四年》文，"秋，八月辛卯，沙鹿崩。晋卜偃曰：'期年将有大咎，几国亡。'"⑨但该事件在西汉末，有了不同的讲法。据《汉书·元后传》记载，元后祖父王翁孺，徙元城委粟里为三老，元城建公曰：

---

① 《汉书》卷99上《王莽传上》，中华书局1962年版，第4043页。

② 本文用"代汉"而非"篡汉"。按安居香山先生的看法，"篡"有"无理强夺"之义，"但从志遂意得的王莽来说，也许是接受了应该接受的权力，即按照天命的预言，遵从社会舆论，不得已帮助汉王朝，从而领受了这种政治权力，这样看来，王莽发动不流血的政变是理所应当的"。（［日］安居香山：《纬书与中国神秘思想》，田人隆译，河北人民出版社1991年版，第124页）

③ 《汉书》卷84《翟方进传》，中华书局1962年版，第3432页。

④ 《汉书》卷98《元后传》，中华书局1962年版，第4033页。

⑤ 三尊傅氏分别是：①绥和二年（前7）五月，尊傅氏为恭皇太后，置左右詹事，食邑如长信宫。②建平二年（前5）四月，尊傅氏为帝太太后，称永信宫。③建平四年（前3）六月，尊帝太太后为皇太太后。

⑥ 《汉书》卷99上《王莽传上》，中华书局1962年版，第4042页。

⑦ 《汉书》卷97下《外戚传下》，中华书局1962年版，第4003页。

⑧ 《汉书》卷98《元后传》，中华书局1962年版，第4015页。

⑨ （晋）杜预注，（唐）孔颖达疏：《春秋左传正义》，上海古籍出版社1997年版，第1803页。

昔春秋沙麓崩，晋史卜之，曰："阴为阳雄，土火相乘，故有沙麓崩。后六百四十五年，宜有圣女兴。其齐田乎！"今王翁孺徙，正直其地，日月当之。元城郭东有五鹿之虚，即沙鹿地也。后八十年，当有贵女兴天下。①

这是一则典型的受命预言。王莽自认为黄帝苗裔，按五德终始说，黄帝属土德。哀、成时期，为方便王莽受禅，五德终始说改用相生系统。以王莽土德为中心，推得汉为火德。② 土属阴，火象阳，所谓"阴为阳雄，土火相乘"，即王氏代汉之征。相比"李母梦月入怀""元城沙麓山崩"两则虚无缥缈的预言，将震动全国的"传行西王母筹"事件，包装成元后的受命符瑞，以长生不死的西王母，比附元后寿考之象，更具煽动性和说服力。

最后，抬高元后地位，将其塑造成新室的女性始祖。王莽受禅后，以顺应天命为由，改尊元后为"新室文母太皇太后"，诏曰：元后当为历代之母。③ 元后崩逝，王莽将其与元帝"沟绝"而葬，以示新、汉隔绝；并为其立庙长安，以"元帝配食，坐于床下"，规定"新室世世献祭"。④ 我们看到，王莽为达尊崇元后之目的，不惜颠覆主流意识形态的帝后秩序、夫妻人伦。

多数研究者认为，王莽以上举措是为获得元后信任，完成权力转移。但从表面上看，维护、宣传只会巩固元后的地位，增加元后的威望，于王莽本身并无明显裨益。既然如此，他为何仍这样做？

新莽政权的合法性，源于天命和受禅。但对新室而言，汉帝禅让，只是以顺应天命为前提的政权交接方式，天命才是政权合法的基础。而新莽政权的天命，很大程度体现在元后身上。元后先后以皇太后、太皇太后之身干政，手握汉家最高权力。不仅如此，她还是王莽以外戚身份辅政合法性的基础。⑤ 有鉴于此，代汉计划实施之初，实力、影响尚弱的王莽，必须拿元后做文章。经过一番运作，元后最终成为上帝钦点的代汉者——新室的女性始祖，新室与汉室的瓜葛，也随渭陵之沟而断绝。

此时，新室已从脱胎于刘汉，转变为由文母（元后）顺承天命而建。王莽需要做的，是论证自己具备从元后处继承政权的资格。居摄三年(8)九月，王莽之母功显君薨逝。按礼，王莽需服齐衰三年之丧。⑥ 但王莽"意不在哀，令太后诏议其服"。⑦ 经刘歆与诸博士讨论，认为"摄皇帝与尊者为体，承宗庙之祭，奉共养太皇太后，不得服其私亲"。⑧ 最终，莽为其母缌缞，"经弁而加麻环，如天子吊诸侯服"。⑨ 与之形成鲜明对比的是，始

① 《汉书》卷98《元后传》，中华书局1962年版，第4014页。

② 顾颉刚：《秦汉的方士与儒生》，上海古籍出版社1998年版，第72~83页；[日]安居香山：《纬书与中国神秘思想》，田人隆译，河北人民出版社1991年版，第91~93页。

③ 《汉书》卷98《元后传》，中华书局1962年版，第4033页。

④ 《汉书》卷99中《王莽传中》，中华书局1962年版，第4132页。

⑤ 外戚袭爵封侯、居近侧辅政合法性的相关研究，参见[日]下仓涉：《漢代の母と子》，《东北大学东洋史论集》第8号，2001年。

⑥ (汉)郑玄注，(唐)贾公彦疏：《仪礼注疏》，上海古籍出版社1997年版，第1103页。

⑦ 《汉书》卷99上《王莽传上》，中华书局1962年版，第4090页。

⑧ 《汉书》卷99上《王莽传上》，中华书局1962年版，第4091页。

⑨ 《汉书》卷99上《王莽传上》，中华书局1962年版，第4091页。

建国五年(3)二月，元后崩逝，王莽以子礼为其服三年之丧。①

按《仪礼·丧服》传文：

何如而可为之后？同宗则可为之后。何如而可以为人后？支子可也。②

上述引文规定了"为人后"的两个原则：（1）过继者与被过继者需同宗；（2）被过继者非嫡长子。王莽为元后异母弟王曼之子，且非嫡长子，③ 具备为元后承重的基本条件。王莽为元后三年，表明他以元后承重子自居，自然具备继承新室的资格。至此，符合礼法名分的王莽代汉方告完成。

综上所论，"传行西王母筹"事件，为西王母与汉代后妃发生联系提供了契机。该事件在王莽代汉过程中，扮演了十分重要的角色。首先，王莽集团利用该事件，完成对新外戚的清算，重掌汉帝国的核心权力。其次，该事件促成元后与西王母结合，客观上加速了元后相关符瑞在民间的传播，提升了元后的影响力，扩大了新室的社会基础。西王母信仰深厚的社会根基，是王莽借西王母比附元后的重要原因。新莽政权的合法性，集中体现为文母（元后）顺承天命建立新室。王莽通过为元后服三年丧，获得新室的继承权，这标志着礼法名分意义上的"王莽代汉"正式完成。

三、理想与现实：西王母图像与汉皇后身份的变迁

王莽对"传行西王母筹"事件的政治运作，促成了西王母与元后的结合，西王母图像也随之流行开来。前贤指出，汉代的西王母图像，经历了从西王母无偶独尊，到西王母、东王公两性对峙的变化。④ 汉代西王母图像的演变过程，为我们观察汉皇后的身份变迁，提供了另一种视角。⑤

（一）汉画中西王母图像的演变

目前可见最早的西王母图像，出现在昭、宣时期的卜千秋墓壁画中（见图6）。图6位于卜千秋墓天井的脊顶，描绘了卜千秋夫妇死后升仙的场景。图右端为象征阳性的太阳和伏羲，左端为象征阴性的月亮和女娲，西王母戴胜、乘云、东面、居中，引领卜千秋夫妇

---

① 《汉书》卷99中《王莽传中》，中华书局1962年版，第4133页。

② （汉）郑玄注，（唐）贾公彦疏：《仪礼注疏》，上海古籍出版社1997年版，第1101页。

③ 《汉书》卷99上《王莽传上》，中华书局1962年版，第4039页。

④ 信立祥：《汉代画像石综合研究》，文物出版社2000年版，第152~161页；[美]巫鸿：《武梁祠——中国古代画像艺术的思想性》，柳扬、岑河译，三联书店2006年版，第128~134页；李淞：《从"永元模式"到"永和模式"——陕北汉代画像石中的西王母图像分期研究》，《考古与文物》2000年第5期等。

⑤ [日]保科季子《天子の好述——漢代の儒教的皇后論》（《东洋史研究》第61卷第2号，2002年9月）一文，从经学角度，对汉代皇后身份的变迁进行了论述。

向仙境进发。图6的构图类型为"情节型"，① 图中的西王母为四分之三侧面像，这说明此时的西王母，只是掌握不死药的仙人，还未成为被膜拜的偶像。

图6　卜千秋夫妇升仙图

（图片系笔者据巫鸿《武梁祠——中国古代画像艺术的思想性》图43-1裁剪拼接而成，黑色粗框中为西王母）

　　哀帝建平四年的"传行西王母筹"事件，使西王母彻底退去恐怖外形，变成昆仑山仙界的主人，被社会各阶层憧憬、崇拜②以此为界，西王母图像开始大规模出现于祠堂、墓室的画像石中，并表现出两个相对固定的特点：（1）与昆仑山结合，以昆仑山仙界主仙的身份出现；（2）通常被安置在西部，位于祠堂西侧壁，或西侧墓门、墓室西侧立柱等处。③ 建平四年以后的汉画像石显示，位于西王母对面的内容，随时间推移而不断变化。根据这种变化，我们可以将建平四年以后，汉画像石中的西王母图像分为三类。

　　第一，西王母对面为乐舞图等。这类情形，一般出现于建平四年前后至东汉初。以山东嘉祥纸坊镇敬老院出土的祠堂西壁、东壁画像石为例（见图7）。西王母戴胜、正面、接受拜谒的图像，被配置在西壁上数第二层。与之对应的东壁，则安排了表现宗庙祭祀时的乐舞表演图像。两壁的内容，并不具备对应关系。

　　第二，西王母对面为子路、箕星、风伯等代表阳性的图像。这类图像，流行于西汉后期至东汉早期。前贤指出，西汉后期鲁南地区的画像石中，曾出现过子路与西王母相对而置的情况。④ 以邹城市卧虎山出土宣、元时期的石椁为例，戴胜的西王母与戴雄鸡冠的子路，分别被安排在石椁的南板内侧和北板外侧（见图8），构成一组东、西对应的图像。

　　但是，子路很快就被箕星、风伯取代。箕星是东方七宿之一，在方位上与西王母构成对应关系。在汉代人的观念中，风伯是箕星的人格神。如《周礼·大宗伯》："以橝燎祠司中、司命、风师、雨师。"郑注："风师，箕也。"⑤《风俗通义·祀典》："风师者，箕星也，

----

① 巫鸿将西王母仙界的构图方式分为"偶像型"（iconic representation）和"情节型"（episodic representation）。"偶像型"构图的特点是开放性，参观者同时是参与者。"情节型"构图的特点为内向性和自足性，图像本身构成了完整、封闭的世界，参观者不能参与其中。（［美］巫鸿：《武梁祠——中国古代画像艺术的思想性》，柳扬、岑河译，三联书店2006年版，第149~150页）

② 信立祥：《汉代画像石综合研究》，文物出版社2000年版，第148页。

③ 这一特点在祠堂画像石及陕西北部、山西西部的画像石墓中，表现得比较明显。其他地区的画像石墓，情况比较复杂。表现昆仑山仙界的西王母图像，其位置并不固定，有东门柱上部、西门柱下部、门额等处。更有甚者，河南南阳及湖北北部的砖石混合结构画像石墓中，基本看不到西王母图像。但是，成熟期（东汉中期至东汉末）的汉画像石墓中，表现昆仑山仙界的西王母图像，一般被配置在门柱和立柱的上部（信立祥：《汉代画像石综合研究》，文物出版社2000年版，第240~269页）。

④ 姜生、种法义：《汉画像石所见的子路与西王母组合模式》，《考古》2014年第2期。

⑤ （汉）郑玄注，（唐）贾公彦疏：《仪礼注疏》，上海古籍出版社1997年版，第757页。

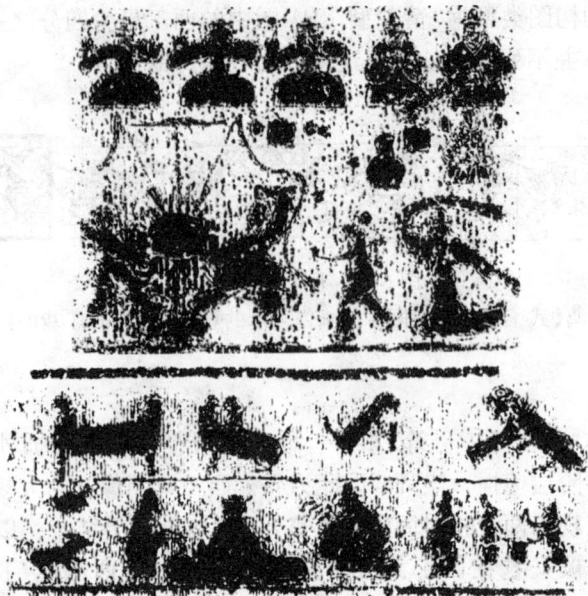

图7　山东嘉祥纸坊镇敬老院出土祠堂东(第十石)、西(第七石)壁局部
(图片来源：信立祥：《汉代画像石综合研究》，文物出版社 2000 年版，第 138 页)

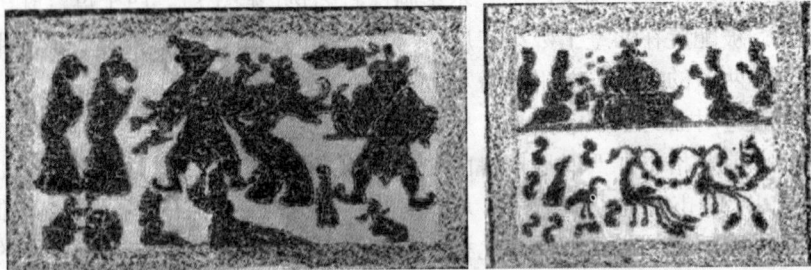

图8　邹城市卧虎山西汉 M2 石椁北板外侧子路图像、南板内侧西王母图像
(图片来源：姜生、种法义：《汉画像石所见的子路与西王母组合模式》，《考古》2014 年第2期，第99页)

箕主簸扬，能致风气。"①将风伯作为与西王母对应的男性神灵，以山东长清孝堂山祠堂
东、西侧壁最典型(见图9)。西壁上部是西王母戴胜、正面接受拜谒的场景，东壁上部是
风伯用"笛状物"吹起殿堂顶部的场景。风伯与西王母，在性别、方位上均具备对应性。
然而，风伯是掌管风的自然神，在神格上与西王母并不对应。东汉早期的祠堂，将两者安
排在相对位置，只是权宜之计。②

　　第三，西王母对面为东王公图像。东汉中期，与西王母完全对应的男性仙人——东王
公被创造出来。东王公的形象大致经历了两个阶段：第一阶段的东王公只是西王母的镜
像，并无自己的特点(见图1)；第二阶段的东王公摘掉胜，改戴三山冠，表现出鲜明的男

————————————————

① 王利器：《风俗通义校注》，中华书局 1981 年版，第 364 页。
② 信立祥：《汉代画像石综合研究》，文物出版社 2000 年版，第 156 页。

图9　山东长清孝堂山祠堂东、西壁局部

（图片来源：《中国画像石全集·山东卷》，山东美术出版社 2000 年版，第 22、23 页）

性特征（见图10）。东汉中期以后，西王母、东王公相对而置，成为汉画像石表现昆仑山仙界的标准模式。从此以后，西王母由昆仑山仙界的唯一主仙，转变为与东王公对应、象征阴性的普通仙人。

图10　武梁祠东、西壁局部

（图片来源：《中国画像石全集·山东卷》，山东美术出版社 2000 年版，第 29、30 页）

综上而言，汉画中西王母图像，经历了从无偶到有偶的变化过程。无偶阶段可划分为两个时期：（1）建平四年以前，西王母未与昆仑山结合；（2）建平四年至东汉初期，西王母为昆仑山仙界唯一主仙。有偶阶段也可划分为两个时期：（1）西汉后期至东汉中期，西王母与子路、箕星、风伯等对偶，尚享昆仑山仙界主人之地位；（2）东汉中期以后，西王母与东王公对偶，二者象征阴、阳，共享昆仑山仙界主仙的身份，西王母的神格降低。西王母与昆仑山结合后，其无偶独尊的情形主要出现在哀、平及新莽时期；体现阴、阳对偶的西王母图像，主要出现在东汉。

（二）汉代皇后身份的变迁

作为皇帝之妻的"皇后"一称，大约随秦始皇改号而产生。但具有制度意义的"皇后"，迟至汉文帝时才出现。[①] 汉武帝以前，汉皇后的身份意识尚处朦胧状态。随着儒家思想的

---

① ［日］保科季子：《天子の好述——漢代の儒教的皇后論》，《东洋史研究》第 61 卷第 2 号，2002年9月，第 4~5 页。

渗透及后妃制度的完善，从武帝时起，汉皇后的身份意识逐渐觉醒。[1] 至元帝时，于嫔妃等级中增设"昭仪"一号，"位视丞相，爵比诸侯王"，[2] 从制度设计层面，帮助皇后超越诸侯王之妻——王后，促成帝后身份在权力秩序层面的匹敌(见表2)。这一过程，与上揭西王母无偶阶段第一时期大致重合。

表2　　　　　　　　　元帝时期后妃、爵位、职官系统的对应关系

后妃系统	皇后	昭仪	婕妤	娙娥	傛华	美人	八子	充依	七子	良人	长使	少使	五官	顺常	良使等	家人子
爵位系统	皇帝	诸侯王	列侯	关内侯	大上造	少上造	中更	左更	右庶长	左庶长	五大夫	公乘	—	—	—	—
职官系统	皇帝	丞相	上卿	中二千石	真二千石	二千石	千石	千石	八百石	八百石	六百石	四百石	三百石	二百石	百石	有秩斗食

成帝即位，舅氏辅政，王姓外戚逐渐进入汉帝国的权力中心。哀、平之世，随着王莽代汉的逐步推进，元后被符瑞包装，奉上神坛，并凌驾于元帝之上，汉皇后的权威空前强化。元后独尊的情形，与西王母独踞昆仑山仙界、执掌众仙人的情境高度一致。然而，在"阳主阴辅"观念盛行的汉代，帝后倒置只是特殊政治需求的产物。作为王莽代汉的合法性依据，元后一例，虽代表了汉皇后身份的巅峰，但皇后独尊的情况，仅见于平帝、新莽时期，且只发生在元后身上，并未被东汉延续。

光武立国，更加强调皇权的至上性和唯一性。一方面，基于对"夫妻同体尊卑"观念的认同，东汉改称诸侯王妻为王妃，皇后完成对"后"的独占，客观上隆重了皇后的身份。然而，另一方面，为防王莽代汉的惨剧再次发生，东汉通过故意贬损皇后身份，来抑制外戚集团的成长。汉代的女性，可以通过两种途径获得皇后身份：第一是履行婚姻"六礼"，与现任或未来的皇帝结为夫妇；第二是接受皇帝册封，由嫔妃晋级。途径一的皇后身份源自婚礼，途径二则系于君命。经途径一成为皇后的女性，其初始身份就是皇帝之妻；经途径二成为皇后的女性，其初始身份则是皇帝之妾。在妻、妾分野明确的汉朝皇室，女性由妾侍被册封为皇后，显然是对皇后身份的一种压制。西汉及新莽时期，经由途径一成为皇后的女性有10位，约占这一时期皇后总数的55％。[3] 东汉则大不相同，除章德窦氏、懿献梁氏外，其余13位皇后皆由贵人被册。这一时期皇后身份的衰落，亦是不可辩驳的事实。

有偶的西王母图像，是东汉皇后身份的真切写照。一方面，搭配了象征阳性图像的西

---

[1] ［日］保科季子：《天子の好逑——漢代の儒教的皇后論》，《东洋史研究》第61卷第2号，2002年9月，第4~7页。

[2] 《汉书》卷97上《外戚传上》，中华书局1962年版，第3935页。

[3] 该统计不含被追尊为皇后者。

王母，是昆仑山仙界阴性的象征。帝后关系是夫妻关系的特殊表现形式。夫妻本乎阴阳，作为皇帝之妻，皇后与皇帝匹敌，代表宇宙秩序中的阴性。这点与有偶的西王母相类。

另一方面，东汉中期以后，西王母沦为东王公之妻。曾经的昆仑山仙界主人，落于儒家家庭伦理的窠臼中，其神性降格，身份逐渐世俗化。与之对应，以妾侍身份晋级皇后，在东汉成为定制，此举使东汉皇后身份遭到贬抑；东汉皇后被儒家的家庭伦理束缚，俨然一副人妻模样，并无神圣性可言。

> 庚戌，谒宗庙，（和熹邓后）率命妇群妾相礼仪，与皇帝交献亲荐，成礼而还。①

邓氏以皇太后之身，与安帝共执宗庙之礼。此举于礼虽欠妥当，但邓氏汉室大宗嫡妇的身份，在谒庙场合表现得淋漓尽致。不过，东汉的国家最高祭祀场合，② 并无皇后之席。按阴阳学的架构，皇帝、皇后应分别主持南、北郊祭，才是"阴阳调和"之举，但事实并不如此。皇后缺席国家最高祭祀场合，表明其并没有指向天、地的神圣身份。

总而言之，汉画中西王母图像的演变，大致反映了汉皇后身份变迁的轨迹。与昆仑山结合之前的无偶西王母图像，与汉皇后身份意识的觉醒大约同时。西王母独踞昆仑山仙界，反映了哀、平及新莽时期，元后凌驾于元帝之上的独尊情形。搭配象征阳性图像——特别是东王公——的西王母，是东汉皇后身份变迁二重性的写照。

四、结 论

本文以哀帝建平四年的"传行西王母筹"事件为切入点，就汉皇后身份变迁这一话题展开讨论。本文通过两条线索展开：第一，西王母为什么能与汉代后妃产生联系。阴性和女性性别是二者联系的基础，王莽对"传行西王母筹"事件的运作，最终促成西王母与元后的结合。

第二，汉画中西王母图像的演变，与汉代皇后身份变迁的关系。西王母无偶独尊的昆仑山仙界主仙形象，与王莽代汉过程中对元后的包装、神化密不可分。与之相应的皇后独尊情形，是特殊政治背景下的产物。东汉时期，西王母从昆仑山仙界的阴性象征，转变为东王公之妻，其神格下降，身份逐渐世俗化。与之相应的是东汉皇后与皇帝齐体的同时，其实际身份遭受贬损的困境。

建平四年的"传行西王母筹"事件，不仅促成西王母图像的大规模流行，而且产生了新的帝后身份格局。这种皇后凌驾于皇帝之上的情形，在汉代虽仅元后一例，但其透露的崇母观念及政治智慧值得深思。

（作者单位：武汉大学历史学院）

---

① 《后汉书》卷 10 上《皇后纪上》。

② 汉代的国家最高祭祀，经历了三个阶段：①高祖至景帝时期，为雍五畤和陈宝祠；②武帝至西汉末，为甘泉泰畤和汾阴后土祠；③东汉为南郊。（田天：《西汉末年的国家祭祀改革》，《历史研究》2014 年第 2 期）

庆氏礼学述论*

□ 杨 华

两汉礼学传授史上，大戴、小戴和庆氏三家被立于博士学官。对二戴之学不乏研究，而对庆氏礼学的讨论尚不充分。沈文倬、王锷、王永平等学者虽然都曾注意及此①，但研究重点或不在礼学，或人物线索不够连贯，现就笔者所见，对之再加述论②。

一、庆氏礼学的源流

据《史记》《汉书》的《儒林传》《艺文志》等文献，汉代礼学的传承统绪有两条，礼经学的线路始于鲁地的高堂生③，而礼仪实践即礼容的线路则始于鲁地的徐生。

《史记》卷121《儒林传》谓："鲁徐生善为容。孝文帝时，徐生以容为礼官大夫。传子至孙徐延、徐襄。襄其天姿善为容，不能通《礼经》；延颇能，未善也。襄以容为汉礼官大夫，至广陵内史。延及徐氏弟子公户满意、桓生、单次，皆常为汉礼官大夫。而瑕丘萧奋以《礼》为淮阳太守。是后能言《礼》为容者，由徐氏焉。"④可见瑕丘萧奋是礼学传承线路中的重要一环，他是理论派（礼经）和实践派（礼容）二者兼有的礼学家。

---

* 本文是教育部人文社会科学重点研究基地重大课题"民间日用类书与中国古代礼制研究"（项目编号：15JJDZONGHE018）的阶段性成果。

① 沈文倬：《从汉初今文经的形成说到两汉今文〈礼〉的传授》，《宗周礼乐文明考论》，杭州大学出版社1999年版，第230~243页。王永平：《"江表儒宗"：会稽贺氏之家风与家学》，《许昌师专学报》2002年第6期。王锷：《汉代的〈仪礼〉研究》，《西北师大学报》2000年第9期。王锷：《三礼研究论著提要》，甘肃教育出版社2007年版，第114~121页。

② 武威汉简《仪礼》的出土，带来一桩公案，就此本是否庆氏礼学文本问题，陈梦家、沈文倬、高明、王关仕等先生展开了不小的争论，本文不拟涉及，具体学术前史，可参张焕君、刁小龙：《武威汉简〈仪礼〉研究四十年综述》，《中国史研究动态》2005年第2期。

③ 《史记》卷121《儒林传》："（汉兴）诸学多言礼，而高堂生最本。礼固自孔子时而其经不具。及至秦焚书，书散亡益多。于今独有《士礼》，高堂生最能言之。"

④ 《史记》卷121《儒林传》。

正是这个萧奋①，将礼学传给东海的孟卿，孟卿又传给后苍和鲁地的闾丘卿。于是后苍光大了汉代礼学，并传给著名的二戴和庆普②：

> 苍说《礼》数万言，号曰《后氏曲台记》，授沛闻人通汉子方、梁戴德延君、戴圣次君、沛庆普孝公。孝公为东平太傅。德号大戴，为信都太傅。圣号小戴，以博士论石渠，至九江太守。由是《礼》有大戴、小戴、庆氏之学。

至汉宣帝时，"后苍最明。戴德、戴圣、庆普皆其弟子，三家立于学官"③，极一时之盛。

至此，西汉礼学的传承线路可概括为：高堂生(《仪礼》)、徐生(礼容)→萧奋→孟卿→后苍→大戴、小戴、庆普。至于《后汉书》说，瑕丘萧奋直接传授给了同郡的后苍④，似乎没有孟卿这一中间环节，根据史料从先的原则，不足采信。

此后大、小戴各有传授，不必赘述。关于庆普，史料记载有限。《汉书》无传，在《儒林传》中亦无专述，只简略言及他字孝公，曾做过东平王刘宇的太傅，为博士。《后汉书·儒林传》说他是沛地人。庆普一系，传给鲁夏侯敬，又传族子庆咸，庆咸曾做过豫章太守。⑤ 沈文倬先生考证，庆普传授弟子的时间，大约在西汉元帝永光、建昭之间。⑥

庆氏的来源，可以上溯至春秋时期的齐国的庆父、庆克、庆封(？—前538)。《史记》记载，庆氏移民至卫国，姓庆；移民至燕国，燕人则称之荆氏，荆轲便是其例。⑦ 庆封因为"胁齐君而乱齐国"，先逃至鲁国，后又至吴国，聚族居于吴国的防地。鲁昭公四年(前538)，楚、蔡等八国联合伐齐，杀庆封，灭其族。⑧《元和姓纂》说，庆氏本为姜姓，春秋时期奔吴，子孙在汉末又徙至会稽山阴，"后汉贺仪为汝阴令，庆普之后也"⑨。总之，至西汉末，庆氏已集聚于会稽一带，此后逐渐成为以礼学显世的江南望族。

以下以人物为线索，对庆普之后《庆氏礼》的学脉传承略加梳理。

1. 曹充、曹褒

东汉时期，庆氏礼学的传承者有曹充、曹褒父子和董钧，在他们的推动下，庆氏礼学大为流行。

---

① 瑕丘是地望名，而不是姓氏，在今山东兖州东北。《汉书·高祖本纪》"瑕丘申阳下河南"下颜注："服虔曰：'瑕丘，县名。申，姓；阳，名也。'又引文颖曰：'姓瑕丘，字申阳。'又引臣瓒曰：'《项羽传》瑕丘公申阳，是瑕丘县公也。'师古曰：'文说非也。此申阳即项羽所封河南王者耳，何云姓瑕丘乎？'"显然颜师古主张瑕丘是地名。《汉书·项籍传》"瑕丘公申阳"，颜注引孟康曰："瑕丘县之老人也，姓申名阳。"

② 《汉书》卷88《儒林传》。

③ 《汉书》卷30《艺文志》。

④ 《后汉书》卷79《儒林传》："后瑕丘萧奋以授同郡后苍，苍授梁人戴德及德兄子圣、沛人庆普。"

⑤ 《汉书》卷88《儒林传》。

⑥ 沈文倬：《宗周礼乐文明考论》，杭州大学出版社1999年版，第234~235页。

⑦ 《史记》卷86《刺客列传》。《史记索隐》："荆、庆声相近，故随在国而异其号也。"

⑧ 《左传·昭公四年》《公羊传·昭公四年》《穀梁传·昭公四年》于此事皆有所载。

⑨ 林宝：《元和姓纂》，岑仲勉校记，中华书局1994年版，第1313页。

《后汉书》载："建武中，曹充习庆氏学，传其子襃，遂撰《汉礼》。"①《曹襃传》载之更详，曹充在建武年间（25—55），曾因庆氏礼学而做到光武帝一朝的博士学官，跟随刘秀巡狩泰山，定封禅礼，回京后还受诏议立七郊、三雍、大射、养老礼仪，是东汉初年制礼作乐的理论主导。汉明帝继位后，他进一步鼓吹制礼作乐，官拜侍中，明帝在他的建议下把太乐官改名为太予乐。他"作章句辩难，于是遂有庆氏学"②。也就是说，他通过作章句阐明的方式，使得《庆氏礼》更加经学化、体系化。

曹充的儿子曹襃，字叔通，自幼"博雅疏通，尤好礼事"，他常常以西汉初年的叔孙通自许，昼夜研精，沉吟专思，非常刻苦。他也被拜为博士。汉章帝时，曹襃与班固同仕于朝，他迎合皇帝，积极鼓动制礼作乐，虽遭到太常巢堪等人反对，但却受到皇帝垂青。章和元年（89）正月，汉章帝认为班固所上的叔孙通《汉仪》十二篇"散略，多不合经"，命令曹襃将其"依礼条正，使可施行"。于是，曹襃等人到南宫、东观"尽心集作"：

> （曹襃）次序礼事，依准旧典，杂以《五经》谶记之文，撰次天子至于庶人冠婚吉凶终始制度，以为百五十篇，写以二尺四寸简。其年十二月奏上。③

因为当时的礼学家们观点不能统一，这部礼典在汉章帝时没有实行。汉章帝死后，汉和帝继续支持曹襃，曹襃对这部礼典又做了新的阐释，皇帝将其命名为《新礼》（"和帝即位，襃乃为作章句，帝遂以《新礼》二篇冠"）。但是，这部《新礼》似乎并没有得到实施，"后太尉张酺、尚书张敏奏襃擅制《汉礼》，破乱圣术，宜加刑诛"，曹襃虽然没有受到惩罚，但是这部《新礼》"遂不行"。

曹襃本传记载，他博物识古，是一代儒宗。他"传《礼记》四十九篇，教授诸生千余人，庆氏学遂行于世"。

总之，曹襃对庆氏礼学的贡献有三：一是为之作了章句，进行学理疏通；二是礼学实践，以庆氏礼学影响朝廷礼典的制作；三是教授生徒，光大了庆氏礼学门庭。

2. 董钧

董钧字文伯，犍为资中人，"习《庆氏礼》"，事大鸿胪王临。西汉平帝元始五年（5）举明经科，曾做过廪牺令，后因病去官。光武帝建武年间（25—55）中，举孝廉，官至司徒。董钧因为博通古今，数言政事。汉明帝永平初年（58），为五经博士之一。"时草创五郊祭祀，及宗庙礼乐，威仪章服，辄令钧参议，多见从用，当世称为通儒"④董钧是前汉经学家，学识丰富，又是庆氏礼学传人，在东汉初深受重视。他的见解直接影响了东汉前期的郊坛、宗庙、服章等礼乐建设。

从曹氏父子和董钧的身份看来，东汉初年，庆氏礼一直立于博士学官。曹襃有门徒千人，董钧有常授门徒百人，无疑都推动了庆氏礼的传承。不过，此三人的门徒史上阙载。

---

① 《后汉书》卷79《儒林传下》。
② 《后汉书》卷35《曹襃传》。
③ 《后汉书》卷35《曹襃传》。
④ 《后汉书》卷79《董钧传》。

3. 贺纯

庆氏在东汉安帝时因避其父刘庆之讳，而改为贺氏，见于《晋书》卷68《贺循传》："（贺循）族高祖纯，博学有重名，汉安帝时为侍中，避安帝父讳，改为贺氏。"关于贺纯，史籍记载不多，名士李固在给汉顺帝的上疏中说，颂顺帝初登大位时起用了一批天下名士，"严穴幽人，智术之士，弹冠振衣，乐欲为用"，这批儒学名士中，便包括会稽贺纯、南阳樊英、江夏黄琼、广汉杨厚等人。① 注引谢承《后汉书》谓：

> （贺）纯字仲真，会稽山阴人。少为诸生，博极群艺。十辟公府，三举贤良方正，五征博士，四公交车征，皆不就。后征拜议郎，数陈灾异，上便宜数百事，多见省纳。迁江夏太守。

《后汉书》卷61《黄琼传》所载与之相同："永建中，公卿多荐琼者，于是与会稽贺纯、广汉杨厚俱公交车征。"由之可知，贺纯在汉顺帝初年出仕，他是天下学问名宿，"博极群艺"，想必对礼学也是极为精通的。

4. 贺齐、贺达、贺景、贺质、贺邵

三国分立，身居会稽的贺氏在东吴时期仍是高门望族，贺齐、贺达、贺景、贺质、贺邵是其代表。《三国志》卷60《吴书·贺齐传》载，贺齐字公苗，是会稽山阴人。注引虞预《晋书》曰：

> 贺氏，本姓庆氏。齐伯父纯，儒学有重名。汉安帝时，为侍中、江夏太守。去官，与江夏黄琼、汉中杨厚俱公交车征。避安帝父孝德皇帝讳，改为贺氏。齐父辅，永宁长。

也就是说，贺齐是贺纯的侄子，其父贺辅是贺纯的兄弟。贺齐为孙吴将军，颇有战功，作为孙权朝廷的主要将领，很受重用。据说他"器械精好，舟车严整"，"服饰僭拟王者"。② 贺齐本传载，黄武四年（223）卒，其子贺达和贺景"皆有令名，为佳将"。注引《会稽典录》说，贺景"兵器精饰，为当时冠绝"，早卒。贺景的儿子是贺质和贺邵，贺质曾位至虎牙将军。

贺邵也在《三国志》中列有专传。他在吴国孙皓一朝官至中书令，领太子太傅。面对孙皓的"凶暴骄矜，政事日弊"，他上书激烈批评，最终惹怒了孙皓，竟遭杀害，家属流徙海滨。③《晋书》的记载与之略同："曾祖齐，仕吴为名将。祖景，灭贼校尉。父邵，中书令，为孙皓所杀，徙家属边郡。"④

---

① 《后汉书》卷63《李固传》。
② 《三国志》卷65《吴书·吕范传》裴注引《江表传》。
③ 《三国志》卷65《吴书·贺邵传》。
④ 《晋书》卷68《贺循传》。

经过贺齐、贺景、贺邵几代，贺氏已成为江南的世族，地位更加显赫了。

贺邵的学问，据说是传自范平，"研览坟索，遍该百氏，姚信、贺邵之徒皆从受业"，他在西晋太康年间（280—289）去世，有诏追加谥号曰"文贞先生"。"贺循勒碑纪其德行"，可见他对贺家学风的影响。①

5. 贺循

至于两晋，由于贺循（260—319）的出现，贺氏礼学世家的地位更加显现。《晋书》卷68《贺循传》载：

> 贺循，字彦先，会稽山阴人也。其先庆普，汉世传《礼》，世所谓庆氏学。族高祖纯，博学有重名，汉安帝时为侍中，避安帝父讳，改为贺氏。曾祖齐，仕吴为名将。祖景，灭贼校尉。父邵，中书令，为孙皓所杀，徙家属边郡。

据本传，贺循"操尚高厉，童龀不群，言行进止，必以礼让"，他继承了贺家的礼学传统，"少玩篇籍，善属文，博览众书，尤精礼传"。西晋时曾在偏远的南方做武康令，但"无援于朝，久不进序"，在南方官员陆机的推荐下才得入中央，召补太子舍人。西晋末年八王之乱，他称疾不仕，深受司马睿赏识。入东晋后，他与顾荣、纪瞻、周玘皆被称为"土之所望""南土之秀"，在王导的建议下，晋元帝司马睿对之特加优遇，他也积极辅佐东晋新朝廷，出仕太常之职。② 朝廷议谥、用人、改法等事都曾咨询于贺循③，可以说，他对于稳定东晋政权和新朝廷的制礼作乐都起到重大作用，正如虞预《晋书》所说："时朝廷初建，动有疑义，宗庙制度，皆循所定，朝野咨询，为一时儒宗。"④

根据文献记载，贺循对于东晋礼乐制度的重建作出如下贡献：

其一，创制郊坛。晋元帝南渡后，针对是否应当在建康重建郊祀之仪，诸臣发生争论，身为太常的贺循支持荀组、王导、荀嵩、华恒、庾亮等人的意见，主张在南方立郊坛，史书谓："其制度皆太常贺循所定，多依汉及晋初之仪。三月辛卯，帝亲郊祀，飨配之礼一依武帝始郊故事。"⑤这标志着东晋政权合法性的重建。唐代礼学家许敬宗在讨论郊天燔柴的疏奏中，曾引用贺循的话："积柴旧在坛南，燎祭天之牲，用犊左胖，汉仪用头，今郊用胁之九个。太宰令奉牲胁，太祝令奉圭璧，俱奠燎薪之上。"⑥可见，贺循对于郊天礼有系统的论述。

其二，制定庙制。西晋惠帝司马衷无后，"皇太弟"司马炽承统，是为晋怀帝，这为东晋时期的国家宗庙庙制安排，带来麻烦。关于如何调停君统与兄统的冲突问题，当时朝廷发生了一场大争论。贺循主张"兄弟不相为后，不得以承代为世"，惠帝、怀帝及愍帝

---

① 《晋书》卷91《儒林传·范平》。
② 《晋书》卷65《王导传》。
③ 事见《晋书》卷30《刑法志》、卷37《宗室传》、卷39《荀组传》、卷58《周处传》。
④ 《三国志》卷65《吴书·贺邵传》裴注引。
⑤ 《晋书》卷19《礼志上》。
⑥ 《旧唐书》卷23《礼仪志三》。

应当分别立庙，这满足了当时朝廷的现实需求，为后代一庙多室的庙制开创先河。当时的尚书仆射刁协与贺循观点不同，贺循则"答义深备"，很能服人，最后，朝廷采纳了贺循的建议。这进一步确立了贺循礼学名家和当朝儒宗的地位，此后，"朝廷疑滞皆咨之于循，循辄依经礼而对，为当世儒宗"①。

其三，制定藉田礼。东晋南渡后，准备重修西晋的藉田礼，关于天子行藉田礼时是否要祭祀先农发生疑问，贺循征引《周礼》，主张为藉田礼和祠先农分立，并上奏了相关仪注。后来"贺循等所上仪注又未详允，事竟不行"，整个东晋一朝，都没有实行。②

其四，减省祭乐。东晋初年，国家初立，尚书让太常制定祭祀之乐的名称，时任太常的贺循认为，上古的歌乐在汉魏得到继承，但南渡之后乐器散亡，"音韵曲折，又无识者""无雅乐器及伶人"，于是"省太乐并鼓吹令"。③

其五，改造地方葬俗。据《晋书》本传，贺循在西晋时为武康令，当地俗多厚葬，"有拘忌回避岁月，停丧不葬者"，贺循对之加以禁止，于是当地"政教大行"，这是以儒家礼制改革地方风俗的一例。

其六，阐释和制定丧服制度。东晋元帝即位后，有人上奏称，元帝之父琅邪恭王"宜称皇考"，贺循反对说："案礼，子不敢以己爵加父。"于是皇帝采纳之，此事作罢。④ 东晋初年，晋元帝之姨广昌乡君死后，当朝就该不该为之服丧的问题发生争论，贺循支持中丞熊远的意见，主张君为臣服丧，是"合于古义"的。⑤ 琅邪王（司马）裒任用丁谭为郎中令，司马裒死后，丁潭上疏请求行终丧礼，引起朝野讨论，贺循反对，认为对诸侯之服丧不能与天子同制，最后，朝廷诏定除服，按"心丧三年"之制服丧。⑥

作为一代儒宗，贺循著述极丰。《旧唐书·经籍志下》载有《贺循集》二十卷，《隋书·经籍志》称贺循撰有《会稽记》一卷⑦。不过，他影响最大的还是以下几种礼学著作：

其一，《祭议》。唐代开元六年太常的疏奏中，曾提及此书："《白虎通》及《五经通义》、许慎《异议》、何休《春秋》、贺循《祭议》，并云三年一禘。"⑧可知贺循主张三年一禘之制。不过，从唐人的引用许慎、何休之书的笔法看来，《祭议》恐非贺氏此书的全称。

其二，《藉田仪》。《后汉书》卷94《礼仪志上·耕》"昼漏上水初纳，执事告祠先农，已享"下，注引贺循《藉田仪》曰："汉耕日，以太牢祭先农于田所。"可见，贺循曾撰作过《藉田仪》。《后汉书》讲到"耕车"时，其注释也引用贺循之句："汉仪，亲耕青衣帻""车

---

① 《晋书》卷68《贺循传》。

② 《晋书》卷19《礼志上》。

③ 《晋书》卷23《乐志下》、《宋书》卷19《乐志一》。

④ 《晋书》卷68《贺循传》。

⑤ 《晋书》卷20《礼志中》。

⑥ 《晋书》卷78《丁潭传》。

⑦ 《隋书·经籍志二》载："《会稽记》一卷，贺循撰。"《史记·越王勾践世家》司马贞《正义》曾引贺氏此书。《宋书·州郡志一》有"贺《续会稽记》云……"贺循所撰为《会稽志》，抑或为《续会稽志》，不详。《新唐书·艺文志二》载贺氏《会稽先贤传像赞》四卷、贺氏《会稽太守像赞》二卷，或许也与贺循有关。

⑧ 《旧唐书》卷26《礼仪志六》。

必有鸾，而春独鸾路者，鸾凤类而色青，故以名春路也"。①

其三，《丧服要纪》。《旧唐书·经籍志上》载，贺循撰《丧服要纪》五卷，谢微注；另有《丧服要纪》十卷贺循撰，庾蔚之注。说明贺氏此书有两种注本。清人马国翰考证，郑玄有《丧服谱》，贺循也作《丧服谱》；王肃作《丧服要记》，贺循也作《丧服要记》。"其书参用郑王，而酌其中"，《隋志》称其书十卷，《唐志》谓其书五卷。"庾蔚之、谢微于《要记》皆有注，史册言礼者多引之，则当日皆奉为圭臬矣。"②

其四，《丧服谱》。《隋书·经籍志一》《旧唐书·经籍志上》和《新唐书·艺文志一》都记载，贺循曾撰《丧服谱》一卷。马国翰从杜佑《通典》中辑出《宗义》《祫祭图》二节。

其五，《葬礼》。隋、唐二《志》有《丧服谱》《丧服要记》二种，但均无《葬礼》之载。然而，《通典》《太平御览》引贺循《丧服要记》之外，又别引《葬礼》。马国翰认为，这是两部不同的书。他指出，"《要记》拟《仪礼·丧服·传》，《葬礼》拟《仪礼·士丧礼》也"，其内容"自棺敛明器、遣奠、下窆，以及卒哭、祔祭，仪文略具，节古礼之繁重，简而易行"。《晋书》本传的记载，贺循曾为官武康令，在当地劝励风俗，禁止厚葬久丧，马国翰据之认为，《葬礼》大概是贺循在武康做官时用为"训俗之遗规"③。

上书皆佚，《玉函山房辑佚书》经编《仪礼》类下，辑有贺循《丧服谱》一卷、《葬礼》一卷、《丧服要记》一卷。

南朝刘宋时期经学家庾蔚之对于传播贺循之学，起到重要作用："颖川庾蔚之、雁门周野王、汝南周子王、河内向琰、会稽贺道养，皆托志经书，见称于后学。蔚之略解《礼记》，并注贺循《丧服》行于世云。"④

6. 贺道养、贺道力、贺损

南北朝时期，华夏衣冠文明的重心移至南方，居于会稽山阴的贺家在南朝的政治舞台和文化建设方面发挥出更大作用。首先是贺循的儿子贺道养和贺道力兄弟，此二人在南朝诸史中无专传，其事见于《贺玚传》：

> 贺玚字德琏，会稽山阴人，晋司空循之玄孙也。世以儒术显。伯祖道养，工卜筮，经遇工歌女人病死，为筮之曰："此非死也，天帝召之歌耳。"乃以土块加其心上，俄顷而苏。祖道力，善三《礼》，有盛名，仕宋为尚书三公郎，建康令。父损，亦传家业。

可知，贺道养和贺道力传承了贺家的礼学，贺道养精于卜筮和巫医，而贺道力则专精三《礼》之学，并将家学传给儿子贺损，贺损的儿子便是贺玚。

7. 贺玚

贺玚（452—510）字德琏，生活南朝齐梁年间，入《梁书·儒林传》。在曾祖贺循、祖

---

① 《后汉书》卷119《舆服志上·乘舆》。
② 马国翰辑：《玉函山房辑佚书》，第二册，广陵书社2005年版，第874页。
③ 马国翰辑：《玉函山房辑佚书》，第二册，广陵书社2005年版，第872页。
④ 《宋书》卷55《臧焘徐广传》赞论。

父贺道力、父亲贺损几代礼学家的熏陶下，贺场"少传家业"。在会稽做官的刘瓛对之特别器重，称他"将来当为儒者宗"，历任奉朝请、太学博士、太常丞等职。他尤其精于《礼》学，馆中常有生徒常百数，培养了大批经学和礼学人才。[①] 贺场对萧梁一朝的礼仪（尤其是宾礼）的传承创制起过重要作用：

> 天监初，复为太常丞，有司举治宾礼，召见说《礼》义，高祖异之，诏朝朔望，预华林讲。四年，初开五馆，以场兼五经博士，别诏为皇太子定礼，撰《五经义》。场悉礼旧事，时高祖方创定礼乐，场所建议，多见施行。[②]

梁武帝太清三年(549)，在沈约等人的建议下，朝廷命令"五礼各置旧学士一人，人各自举学士二人，相助抄撰。其中有疑者，依前汉石渠、后汉白虎，随源以闻，请旨断决"。贺场受徐勉之举，与明山宾、严植之、陆琏、司马褧等人分掌吉、凶、宾、军、嘉五礼，贺场负责宾礼的抄撰和制作。[③] 据记载，五礼共抄撰一千余卷[④]，其中贺场著有《宾礼仪注》一百四十五卷。他还著有《礼》《易》《老》《庄》讲疏，及《朝廷博议》数百篇。

贺场的贡献还在于制定了萧梁的皇太子乐。天监四年(505)，时掌宾礼的贺场，请议皇太子元会出入所奏之乐，梁武帝又命他另外制作养德之乐。贺场的主张与其他礼学家不同，引起一番产生争议：

> 场谓宜名《元雅》，迎送二傅亦同用之。取《礼》"一有元良，万国以贞"之义。明山宾、严植之及徐勉等，以为周有九《夏》，梁有十二《雅》。此并则天数，为一代之曲。今加一雅，便成十三。场又疑东宫所奏舞，帝下其议。场以为，天子为乐，以赏诸侯之有德者。观其舞，知其德。况皇储养德春宫，式瞻攸属。谓宜备《大壮》、《大观》二舞，以宣文武之德。[⑤]

经过一番辩论，皇太子乐改为《元贞》之名，天子养德之乐也采用《大壮》《大观》二舞，贺场的动议基本被采纳。

《隋书·经籍志》载有贺场所著《丧服义疏》二卷、《礼论要钞》一百卷、《梁宾礼仪注》九卷。《新唐书·艺文志》中，载有《礼论要钞》一百卷，贺氏《梁宾礼》则仅存一卷，《丧服义疏》则已佚。清人马国翰辑有贺场《礼记新义疏》一卷。[⑥] 据研究，贺场的礼学主要以郑玄为宗，对之加以发明，使《礼记》之义更明，而于其他礼家则很少援引。[⑦]

---

① 《南史·贺场传》称"场于乡里聚徒教授，四方受业者三千余人"。

② 《梁书》卷48《儒林传·贺场传》，《南史》卷62《贺场传》与之略同。

③ 《梁书》卷25《徐勉传》、《南史》卷7《武帝本纪》、《隋书》卷6《礼仪志一》。《南史·儒林传》载，梁武帝天监四年，"诏开五馆，建立国学，总以五经教授，置五经博士各一人。于是以平原明山宾、吴郡陆琏、吴兴沈峻、建平严植之、会稽贺场补博士，各主一馆"，五经博士分别开馆，是另一回事。

④ 《南史》卷7《梁武帝本纪下》。

⑤ 《隋书》卷13《音乐志上》。

⑥ 马国翰辑：《玉函山房辑佚书》，第二册，广陵书局2005年版，第871~877页。

⑦ 焦桂美：《南北朝经学史》，山东大学博士学位论文，2006年，第166~168页。

唐人注疏中常引"贺氏"，但哪些是贺循所做，哪些是其玄孙贺玚所做，殊难判断，马国翰多列于贺玚名下。他说："从《正义》《释文》所引辑为一卷，内有显言贺玚，亦有只称'贺氏'及'贺云'者，《正义》序云'为义疏者南人有贺循、贺玚'，考循撰《丧服谱》《丧服要记》，《隋志》皆著录而不见《义疏》之目，《正义》于说《丧服》引贺循并是《要记》之文，而与贺玚并言为义疏者，义疏是通辞，庾蔚之作《略解》、崔灵恩作《三礼义宗》，孔氏亦言义疏可证。故除贺循说别辑入《要记》外，凡言贺氏悉采入玚疏。"①

8. 贺革、贺季、贺琛

据《南史·贺玚传》，贺玚的两个儿子贺革（字文明）和贺季，也都是著名的礼学家。贺革"少通三《礼》，及长，遍治《孝经》、《论语》、《毛诗》、《左传》"，曾为邵陵、湘东、武陵三王讲礼，在荆楚讲三《礼》，听者甚众。贺季也"明三《礼》"，位至中书黄门郎，兼著作郎。

贺玚死后，贺玚的侄子贺琛（480—549）成为贺氏礼学的主要传承者。贺琛字国宝，幼孤，由伯父贺玚授其经业。他悟性极高，"一闻便通义理"，贺玚称异。他"尤精三《礼》"，二十多岁便成为贺玚门徒中的翘楚。贺玚死后，他"既世习《礼》学，究其精微，占述先儒，吐言辩洁，坐之听授，终日不疲"②，到四十多岁时，其礼学声名已远播朝野，梁武帝称他"殊有世业"（《南史》记为"殊有门业"），对他传承世家礼学的地位给予充分肯定。擢升他为中书通事舍人，累迁尚书左丞、御史中丞、散骑常侍、领尚书左丞等职，一直任用他"参礼仪事"。梁武帝对他格外器重，不论他迁升何种职位，都是朝廷的制礼作乐的主脑，"郊庙诸仪多所创定"，武帝常与之深谈，由于其渊博学识和优雅举止，人称"上殿不下有贺雅"③。贺琛的名望和制礼贡献都超过其伯父贺玚，其内容包括：

其一，制定南北二郊和藉田礼。普通五年（524），贺琛奏云："今南、北二郊及藉田往还，并宜御辇，不复乘路。三郊请用素辇，藉田往还乘常辇，皆以侍中陪乘。停大将军及太仆。"梁武帝采纳他的建议，诏付施行。此后改素辇名大同辇，郊祀宗庙乘佩辇。④

其二，受梁武帝之命他撰《新谥法》，并施行全国。

其三，制定官制。他还"奉敕撰《梁官》"，他任用沈峻等精通《周礼》的学者制定了有梁一朝的职官体系。⑤

其四，阐明丧服正解。当时皇太子提议"大功之末，可得冠子嫁女，不自冠自嫁"，"下殇小功不可娶妇，则降服大功亦不得为子冠嫁"，贺琛认为它们在礼义原则上存在矛盾，据礼经解释不通，对之加以批驳。结果贺琛的理论得到认同和实行。⑥

据《南史》本传，贺琛撰有《三礼讲疏》《五经滞义》及诸仪注凡百余篇。梁武帝于大同七年（541）于宫城西立士林馆，延集学者讲学，贺琛与张绾、朱异曾为梁武帝讲《礼仪中

---

① 马国翰辑：《玉函山房辑佚书》，第二册，广陵书局 2005 年版，第 994 页。
② 《梁书》卷 38《贺琛传》、《南史》卷 62《贺琛传》。
③ 《南史》卷 62《贺玚传》。
④ 《南史》卷 7《武帝本纪下》。
⑤ 《梁书》卷 48《儒林传·沈峻》、《南史》卷 71《儒林传·沈峻》、《南史》卷 62《朱异传》。
⑥ 《南史》卷 62《贺玚传》。

庸义》。① 另，他著有《谥法》三卷，《新唐书》有载②，到宋元时尚存于世③。

9. 皇侃

皇侃(488—545)是萧梁一朝的著名经学家，他"少好学，师事贺玚，精力专门，尽通其业，尤明三《礼》、《孝经》、《论语》"。他也很受梁武帝的重视，被"召入寿光殿讲《礼记》义"④，大同四年(538)十二月，兼国子助教的皇侃表上所撰《礼记义疏》五十卷。⑤ 南朝皇侃的《礼记》义疏，与北朝熊安生的义疏，成为唐代孔颖达《礼记正义》的主要学术背景。皇侃也培养了不少礼学人才，"少受业于皇侃"的郑灼(字茂昭)，与晋陵张崖、吴郡陆诩、吴兴沈德威、会稽贺德基，俱以礼学自命。⑥

《隋书·经籍志》载有皇侃所撰《丧服文句义疏》十卷、《丧服问答目》十三卷、《礼记义疏》九十九卷、《礼记讲疏》四十八卷。《旧唐书·经籍志》载有皇侃所撰《丧服文句义》十卷、《礼记讲疏》一百卷、《礼记义疏》五十卷。《新唐书·艺文志》与之同。

10. 贺文发、贺德基、贺德仁、贺纪

从梁、陈到隋、唐，贺氏子弟仍以礼学名家。其中又以贺文发、贺德基、贺德仁几位最为知名。

贺文发和贺淹父子，"仕梁，俱为祠部郎，并有名当世"⑦。从祠部郎的职掌可知，他们直接参与国家礼典的制作。当时，贺文发"学兼经史"，与名儒顾越之名相埒，"故都下谓之发、越焉"⑧。

贺淹的儿子贺德基(字承业)，传承了贺家《礼》学，史载："世传《礼》学。……于《礼记》称为精明，居以传授，累迁尚书祠部郎。德基虽不至大官，而三世儒学，俱为祠部，时论美其不坠焉。"⑨

贺德基的堂兄弟贺德仁(陈朝散骑常侍贺朗之子)，在当时也以儒学显世，他与贺德基在当时俱有令名，人称"学行可师贺德基，文质彬彬贺德仁"。时人将其兄弟八人，比于汉代的荀氏家族。贺德仁经历三朝，入隋后，因杨素的推荐，豫章王(齐王)杨暕"以师资礼之，恩遇甚厚"。唐初，他又为李建成所用，贞观初年去世。《新唐书·艺文志》载有《贺德仁集》二十卷。⑩

贺德仁的从子贺纪、儿子贺敳，都以博学著称。唐高宗时，"(贺)纪官至太子洗马，修《五礼》；(贺)敳至率更令，兼太子侍读。兄弟并为崇贤馆学士"。

---

① 《梁书》卷34《张缵传》、《南史》卷56《张缵传》。
② 《新唐书》卷57《艺文志一》。
③ 《宋史》卷202《艺文志一》。
④ 《梁书》卷48《儒林传·皇侃》。
⑤ 《梁书》卷3《武帝本纪下》。
⑥ 《陈书》卷33《儒林传·郑灼》。
⑦ 《陈书》卷33《儒林传·贺德基》。
⑧ 《南史》卷71《儒林传·顾越》。
⑨ 《陈书》卷33《儒林传·贺德基》。
⑩ 《旧唐书》卷190《文苑传上·贺德仁》、《新唐书》卷201《文苑传上·贺德仁》。

11. 贺知章

据《旧唐书》，贺知章(659—744)是"太子洗马德仁之族孙"。他以文词知名，举进士，初授国子四门博士，又迁太常博士，其职掌与礼仪制度有关。开元十二年(724)，他曾为唐玄宗封禅东岳泰山制定君臣异位的仪注："陛下享君位于山上，群臣祀臣位于山下，诚足垂范来叶，为变礼之大者也。然礼成于三献，亚、终合于一处。"此策深得玄宗首肯，于是下诏封禅时"三献于山上行事，其五方帝及诸神座于山下坛行事"。他还参与策划了唐玄宗投献玉牒的相关礼仪①，并参与制作了封禅礼的迎神乐舞，"玄宗开元十三年禅社首山祭地祇乐章八首，迎神用《顺和》，太常少卿贺知章作"②。

此外，在南北朝时期还有一些不可确考的贺姓礼家，并有礼学著述遗世。例如：

贺游。《隋书·经籍志》载有贺游撰《丧服图》一卷，贺游必出于南北朝贺氏家族，但具体事迹不详。

贺述。《旧唐书·艺文志》载有贺述《礼统》十三卷，《新唐书·艺文志》载十二卷。马国翰《玉函山房辑佚书·通礼类》辑有一卷，马氏云："《礼统》一卷，梁贺述撰。述字及里爵皆无考，所撰《礼统》，《隋志》亦不著录，《唐志》有贺述《礼统》十二卷，叙次在贺玚、崔灵恩之间，王应麟《玉海》亦载之。考《隋志》'梁有齐御史中丞荀万秋《抄略》二卷，尚书仪曹郎邱季彬《论》五十八卷，《议》一百三十卷，《统》六卷，亡'，则《礼统》之作始于季彬，贺述增续，故卷数倍之，隋亡其书，唐初得述所增续之本，故标题贺述也。今佚辑录为卷，玩其体例，仿《白虎通义》为之。统括礼制，此取名于统之义乎？"③王锷先生认为："据马国翰等人辑本可知，是书以同声相谐，推论称名辨物之意。凡所训释，大率确有根据，而往往不能得其出处，虽属梁人之作，颇似汉代之书。"④

如前所述，按照沈文倬先生的考证，庆普大约生活在西汉元帝永光、建昭年间(前43—前34)，到贺知章(659—744)，其间历七百多年。现将庆(贺)氏的家世传承脉络用图表展示如后(见附录)。此表中能确考者约十六代人，然而，若以"三十年为一世"计算，则汉唐间庆(贺)氏家族的流传肯定不只十六代，中间尚有数代阙考。

二、庆氏礼学的特点

从庆氏礼学的传授统序可知，其礼学特点是经、义结合，以礼仪实践为主。沈文倬先生认为：

> 庆氏学以修订汉仪为内容，本来不应属于今文《礼》范畴。但是它的首创经师庆普是后苍的弟子，一向被当作后《礼》分为三家的一家；同时，"习庆氏《礼》"的学者也曾学习过《礼经》，议论汉仪时往往掺杂一点古礼作缘饰，因此历代礼家含糊地没

---

① 《旧唐书》卷190《文苑传中·贺知章》、《旧唐书》卷23《礼仪志三》。

② 《旧唐书》卷30《音乐志三》。

③ 马国翰辑：《玉函山房辑佚书》，第二册，广陵书社2005年版，第1137~1139页。

④ 王锷：《三研究论著提要》(增订本)，甘肃教育出版社2007年版，第431页。

有把他们排除在今文《礼》传授之外。我们论述礼学的发展，固然要承认两者易于混淆的事实，但更为重要的是必须明辨其真相，使人们了解庆氏后学所推行的东汉重修汉仪，仍然以秦仪为蓝本，与十七篇古礼的性质完全不同，应该严加分别。①

沈先生认为，他们都是叔孙通制定汉仪的重复和继承者，而不是今文《礼》的学者。庆普从创立学派时，便是秦始皇、汉文帝、汉武帝等人国家祀典的继承，它们来源于叔孙通的《汉礼仪》，实为秦仪，与东方齐、鲁儒生所传的《礼经》在仪式上不同、在制度上对立。东汉的曹氏父子和董钧都是太常礼仪博士，而不是五经中的《礼》博士，所以东汉十四博士中没有庆氏。②《后汉书·曹褒传》明载："父（曹）充，持《庆氏礼》，建武中为博士。"沈先生关于曹充不属于东汉经学十四博士，而属于太常博士的说法恐属推测。然而，沈先生关于庆氏礼重在礼制实践的说法，则可从庆氏礼学传人的事功中得到印证。

东汉复国，国家典章制度亟待重建，曹充和董钧等人起了关键作用。曹充"从巡狩岱宗，定封禅礼，还，受诏议立七郊、三雍、大射、养老礼仪"。国家的封禅、郊祀、三雍、大射、养老、宗庙礼乐、朝堂威仪章服，都由他主持制定。在制作时，曹充"持庆氏《礼》"，董钧"习庆氏《礼》"。章帝、和帝时，曹褒"常感朝廷制度未备，慕叔孙通为汉礼仪，昼夜研精，沉吟专思，寝则怀抱笔札，行则诵习文书，当其念至，忘所之适"③，是当时冠、婚、吉、凶礼制改革的鼓吹者和推动者。"慕叔孙通"说明曹氏父子走的也是礼制实践这条路线。

庆氏礼学传人，在历代都参与当朝的礼制建设，以制礼作乐为己任。正如《旧唐书·礼志》所说：

> 光武受命，始诏儒官，草定仪注，经邦大典，至是粗备。汉末丧乱，又沦没焉。而卫宏、应仲远、王仲宣等撷拾遗散，裁志条目而已。东京旧典，世莫得闻。自晋至梁，继令条缵。鸿生钜儒，锐思绵绝，江左学者，仿佛可观。④

从东汉至隋唐，礼制屡有兴废，每次撰作都有庆氏后学的身影。东晋在南方重建国家礼制，包括郊坛、庙制、丧服、祭乐等方面，贺循都起到重大作用。他担任的正是太常一职，"朝廷疑滞皆咨之于循"，他是制礼作乐的实际操作者。贺场在南朝也曾担任太常丞，梁武帝热衷于制礼作乐，而贺场在宾礼和太子乐的创制之外，还多有建树，正如其本传所说，"场悉礼旧事，时高祖方创定礼乐，场所建议，多见施行"。他所引为礼制根据的"旧事"，恐怕就是沈先生文中钩沉的叔孙通《汉礼仪》，也就是后来各代屡被挖掘重复的秦汉礼仪制度。贺琛虽然没有担任太常之职，但他有"参礼仪事"的名分，在梁武帝的礼制创设过程中作用更大，他在南北二郊、藉田礼、谥法、官制、丧服等方面的理论设计，大多得到实施。贺文发、贺淹、贺德基三代仕于梁、陈，俱为祠部郎，唐代贺知章也曾做过太

---

① 沈文倬：《宗周文明考论》，杭州大学出版社 1999 年版，第 234 页。
② 沈文倬：《宗周文明考论》，杭州大学出版社 1999 年版，第 236~240 页。
③ 《后汉书》卷 35《曹褒传》。
④ 《旧唐书》卷 21《礼仪志一》。

常，他们都是当朝礼制的实际设计者和实际操作者。

在今本《仪礼》的贾公彦疏中，可以看到大戴、小戴和刘向《别录》三家对于《仪礼》十七篇的顺序各有不同，但并无庆氏一派的篇目顺序。由之可见，早期庆氏礼学确实不以《仪礼》文本为重。那么庆氏礼学的主要文本是什么呢？我们认为，从汉唐间的庆（贺）氏礼家的著述来看，应当是《礼记》。例如，曹褒制定《汉礼》在朝廷未得通过，卒官后"作《通义》十二篇，演经杂论百二十篇，又传《礼记》四十九篇，教授诸生千余人，庆氏学遂行于世"。他藉以推行庆氏礼学的文本，一是《通义》，二是《礼记》。前者已不得见，而《礼记》则在庆氏礼学传人中代有新解。例如，贺玚有《礼记新义疏》《礼论要钞》，贺德基"精明"于《礼记》，庾蔚之著有《礼记略解》，皇侃著有《礼记义疏》《礼记讲疏》。一般认为，《礼记》是孔门后学对于《仪礼》的论述文字，偏重于义理发挥，其实它也是非常注重操作性和应用性的，从三国时魏人张揖，到清代陈寿祺和皮锡瑞，一直有《礼记》始撰于叔孙通的说法，说明它也是一个实践性很强的学问。① 这或许可为沈先生之说提供一个旁证，也有助于我们理解庆（贺）氏礼学的特点。

从西汉末年到唐代中期，庆氏礼学为什么能够传承持续七百多年而不辍？我们认为，有以下一些原因。

其一，庆氏礼学具有较大的适应性和包容性，能够应时顺势。由于不局限于儒家《礼经》本身，而以实践操作为宗，所以庆氏礼学与现实的结合最为紧密，也最能在现实政治中找到弘扬的空间。庆氏礼学立派时，正是西汉末、东汉初年谶纬理论盛行之时，自然带有谶纬之学的特点。曹充父子对之大加采用。曹充用"五帝不相沿乐，三王不相袭礼"的理论竭力鼓动汉明帝重建礼乐体系，当明帝问到"制礼乐云何"时，他的回答是：

> （曹）充对曰："《河图括地象》曰：'有汉世礼乐文雅出。'《尚书璇机钤》曰：'有帝汉出，德洽作乐，名予。'"帝善之，下诏曰："今且改太乐官曰太予乐，诗曲操，以俟君子。"②

他引用的都是当时盛行的谶纬之说，而乃子曹褒作《汉礼》，也是"依准旧典，杂以《五经》谶记之文"。东汉后期贺纯也曾经"数陈灾异，上便宜数百事，多见省纳"③。可见，谶纬本是庆氏礼学最初的特色之一。然而，在其后的两晋南北朝时期，并没有见到贺姓礼学家固守旧说而以谶纬名世。到了南朝，贺玚除了礼学之外，还撰有《易》《老》《庄》三玄的讲疏，保存在《礼记正义》中的贺玚之说，有一些颇带玄学气味，说明随着经学风气的变化，他也呈现玄礼双修的特点。④ 这显示出庆氏礼学开放性、应世性的一面。

其二，魏晋南北朝时期的政治动荡，为庆氏礼学的现实运用提供了政治舞台。魏晋南北朝的动荡岁月，代禅频繁，每当改朝换代，必有制礼作乐的政治需要，也是礼学家们大

---

① 皮锡瑞：《经学通论·三礼》之"论礼记始撰于叔孙通"条，中华书局 1954 年版，第 64～65 页。

② 《后汉书》卷 35《曹褒传》。

③ 《后汉书》卷 61《黄琼传》。

④ 唐长孺：《读抱朴子推论南北学风的异同》，《唐长孺社会文化史论丛》，武汉大学出版社 2001 年版，第 77～78 页。

显身手的机会。朝堂上的礼仪之争，往往落实到现实的政治需要。例如，两晋时期在庙制上出现了兄终弟及与父死子继的冲突，在昭穆安排上是否应当异室对待，陷入争议。贺循主张兄弟昭穆同世之说，即兄弟相继不能互为昭穆，不应毁前兄之庙，实际上便把"七庙"的室数增加到十室，这是一种"汉魏一庙异室制与周代七庙制相结合而产生的新的庙制"，虽然他也引述了礼学根据，但这种礼制设计的实用性是显而易见的，果然得到晋元帝的支持。① 王永平先生也指出："礼学为六朝时代之显学，其关乎国家典制的兴废，具有一定的应用功能。每一次重大的社会变革关头，都会涉及文物制度的更迭，礼法世族的地位便会凸显出来。其中晋元帝立国和梁武帝时期便是如此，贺氏人物此间颇受重用，确非偶然。"②

其三，魏晋南北朝时期的门阀贵族社会，加强了庆氏礼学的自觉、自守和传承。自两汉以来，经学世家已不稀见。③ 经学世家通过专研一经或几经，形成"门业"或"世业"，来获取政治地位。进入门阀贵族时代，这种家族经学又成为名门望族维系其显赫地位的重要方式之一。正如陈寅恪所说："所谓士族者，其初并不专用其先代之高官厚禄为其唯一的表征，而实以家学及礼法等标异于其它诸姓。"④这也就是《世说新语》所谓的"士大夫风操"，谷川道雄先生称之为"家族之间的秩序"和"家风所拥有的高贵性"⑤，张国刚先生称之为"个性化的门风"⑥。魏晋南北朝时期的贺氏便通过家族的"礼仪门风"来突显其世家大族的优越性，例如，贺循不仅博览群书，究明礼学经典，而且"节操尚厉，童乱不群，言行举动，必以礼让"⑦。贺琛为母服丧，则"哀毁积年，骨立而已，未堪讲授"⑧。他们通过这些身体力行的礼仪实践，扬名朝野，可以说加强了某种"礼学自觉"或"家法自觉"。贺氏数代礼家都精于《丧服》，其意也在于此。因为这不仅是维系高门望族的手段（"明经致贵"），也是自保于乱世的必须。贺氏家族世居江南，五朝以礼学显世，其族人在历朝皆被尊为"当世儒宗"，参与当朝的经筵讲席，侍讲禁中，身兼国师，这种"上达天听"的地位又为其经学世家的延续起到保护作用。

其四，门徒广众，也是庆氏礼学得以传承的原因之一。史载贺玚于乡里聚徒教授时，"四方受业者三千余人"。贺玚的弟子皇侃兼国子助教，"于学讲说，听者数百人"。贺革讲"三礼"，"荆楚衣冠听者甚众"。贺氏诸儒疏讲礼学，传授百人十分普遍。这固然与南北朝时期礼学显达的风尚有关，恐怕也归因于庆氏礼学的开放性。一种以实践操作为特征的学问，并不以文本传习为囿。这种开放性有利学贺氏礼学的传播和传承，南北朝礼学家

① 邹远志：《经典与社会的互动：两晋礼学议题研究》，湖南大学博士学位论文，2010年，第116~130页。郭善兵：《中国古代帝王宗庙礼制研究》，人民出版社2007年版，第260~267页。

② 王永平：《"江表儒宗"：会稽贺氏之家风与家学》，《许昌师专学报》2002年第6期。

③ 赵翼：《廿二史劄记》"累世经学"条，王树民校证，中华书局1984年版，第100页。

④ 陈寅恪：《唐代政治史述论稿》，上海古籍出版社1997年版，第69页。

⑤ 谷川道雄：《六朝士族与家礼——以日常礼仪为中心》，高明士编：《东亚传统家礼、教育与国法（一）：家族、家礼与教育》，华东师范大学出版社2008年版，第3~16页。

⑥ 张国刚：《从礼容到礼教：中国中古士族家法的社会变迁》，《河北学刊》2011年第5期，第36~40页。

⑦ 《太平御览》卷243引何法盛《晋中兴书》卷7《会稽贺录》。

⑧ 《南史》卷62《贺玚传》。

的学术渊源，有不少都与贺氏礼学有关。例如，皇侃的受业弟子郑灼(字茂昭)在梁朝时官到国子博士，他"尤明三《礼》"①，也算是贺氏礼学的隔代传人。

隋唐帝国重建文化统一，在经学统一的过程中，南朝的礼学是其重要基础之一。孔颖达《礼记正义·序》：

> 爰从晋、宋，逮于周、隋，其传《礼》业者，江左尤盛。其为义疏者，南人有贺循、贺玚、庾蔚、崔灵恩、沈重、范宣、皇甫侃等；北人有徐遵明、李业兴、李宝鼎、侯聪、熊安生等。其见于世者，唯皇、熊二家而已。

南朝礼学中，贺循、玚自不必说，庾蔚之曾为贺循的《丧服要纪》作注，皇侃是贺玚的弟子，这些都出自庆氏礼学。孔颖达又说"以熊比皇，皇氏胜矣"，可见南方庆(贺)氏礼学对隋唐经学的影响。今本《礼记正义》中，提到贺玚18次，引用其义解16处；引用贺循4次。《礼记正义》中还引用冠以"贺氏"的义解9处，其出于贺循抑或贺玚，还需考证。另，在杜佑《通典》中，引用贺循议礼之论近70处，引用其《丧服要记》1次。至于贺氏弟子如皇侃、庾蔚之等，对后世影响也不小。在《礼记正义》中引用皇侃3次，引用皇氏63次；引用庾蔚17次。所有这些，都是庆(贺)氏家学留给后世的礼学遗产。清人唐晏一方面肯定庆氏礼学对于后代制礼作乐的影响："后代如《开元礼》《政和五礼》及唐宋诸家礼，大都本诸此，实三代礼之别派也。"同时又说这一派"传人不盛"，恐系对庆氏、贺氏学脉同为一系的失察。②

清人赵翼说："六朝人最重三《礼》之学，唐初犹然。……唐人之究心三《礼》，考古义以断时政，务为有用之学，而非徒以炫博也。"③汉唐之间，三《礼》之学极其发达，其"有用"的应世功能得到空前彰显；也正是这期间，"五礼"制度逐渐定型，代替士礼而成为国家礼仪制度。④ 而庆(贺)氏礼学以其应时顺势的特点，代有硕儒，历七百余年而传承不辍，可以说，既是经学与政治互动的结果，又是家族与国家互动的结果。

---

① 《陈书》卷33《儒林传·郑灼》。

② 唐晏：《两汉三国学案》，吴东民点校，中华书局1986年版，第369~370页。

③ 赵翼：《廿二史劄记》卷20《唐初三〈礼〉、〈汉书〉、〈文选〉之学》，王树民校证，中华书局1984年版，第440~441页。

④ 相关研究，可参梁满仓：《魏晋南北朝五礼制度考论》，社会科学文献出版社2009年版。

附：汉唐间庆（贺）氏礼学的传承脉络

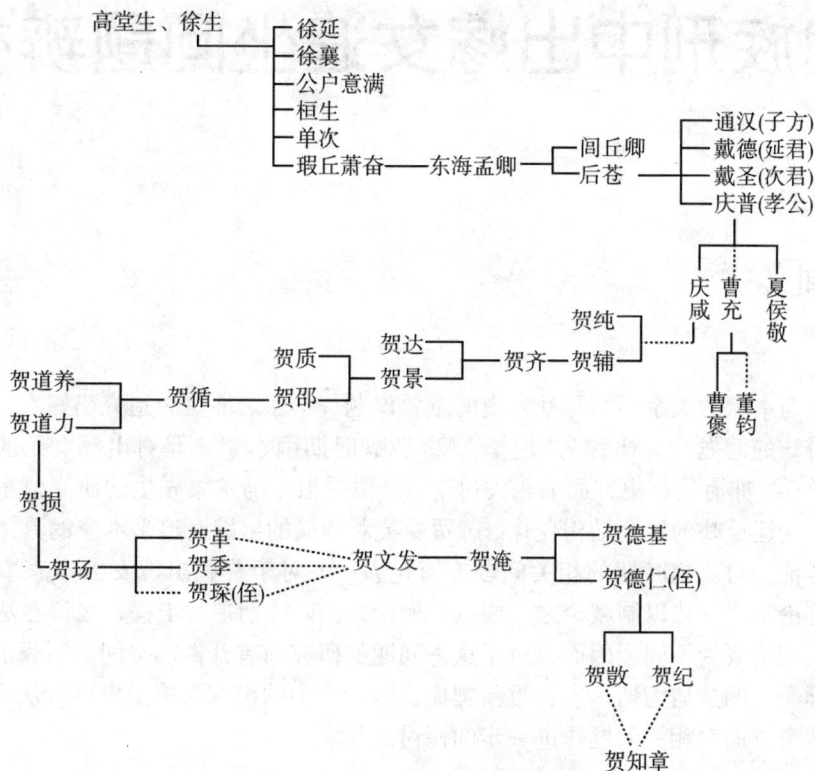

（作者单位：武汉大学中国传统文化研究中心）

曹魏族刑中出嫁女追坐问题辨析

□ 冯闻文

　　出嫁女与本家的关系问题是社会史的重要议题。本家之罪是否追究出嫁女，更是法律史上聚讼纷纭的问题，唐律称为"追坐"。① 曹魏时期因本家之罪对出嫁女子的追坐，时贤多有论及。② 亦有法制史方面的相关讨论。③ 瞿同祖、冯尔康先生的研究侧重剖析出嫁女追坐制度变迁反映的社会结构变化。④ 贾丽英对两汉的出嫁女追坐本家的具体史事进行了详细地考证，对曹魏时期的相关问题亦有论及。⑤ 对于曹魏出嫁女因本家事追坐的性质，诸学持论不一，或以制度论之，或以特例论之。⑥ 特别是对于程咸之议在法制史上的影响，学人判论颇为不同。因而，对于这一问题的研究尚有开掘的空间。附骥前贤，本文拟以贾充李夫人的遭遇为切入点，重新爬梳曹魏族刑中的出嫁女追坐史事，从经学渊源和历史渊源两个方面对相关问题作进一步的探讨。

一、曹魏出嫁女子追坐事考实

　　南朝徐陵《玉台新咏》中载贾充《与妻李夫人联句》一诗，诗云：

---

　　① 《唐律疏议·贼盗·缘坐非同居》："若女许嫁已定、归其夫、出养、入道及娉妻未成者，不追坐。"

　　② 刘广平：《曹魏妇女连坐问题初探》，郑州大学硕士学位论文，2003 年。段晓彦：《传承与变革中的法制与法意》，《黑龙江政法管理干部学院学报》2010 年第 12 期。张承宗：《魏晋南北朝时期与妇女相关的法律问题及司法案件》，《南京理工大学学报》(社会科学版)2009 年第 2 期。王仁磊：《魏晋南北朝时期出嫁女与本家关系初探》，《云南社会科学》2010 年第 2 期。梁建《曹魏法制综考》，西南政法大学博士学位论文，2012 年。具体学术观点将在正文相关部分叙及。

　　③ 王立民主编：《中国法律与社会》，北京大学出版社 2006 年版。周振想：《刑罚适用论》，法律出版社 1990 年版。马克昌：《刑法理论探索》，法律出版社 1995 年版。马建兴：《丧服制度与传统法律文化》，知识产权出版社 2005 年版。魏道明：《始于兵而终于礼——中国古代族刑研究》，中华书局 2006 年版。

　　④ 瞿同祖：《中国法律与中国社会》，中华书局 2003 年版。冯尔康：《中国社会结构的演变》，河南人民出版社 1994 年版。

　　⑤ 贾丽英：《秦汉家庭法研究：以出土简牍为中心》，中国社会科学出版社 2015 年版，第 141~150 页。

　　⑥ 祝总斌：《材不材斋史学丛稿》，中华书局 2009 年版。

　　　　室中是阿谁，叹息声正悲。（贾）叹息亦何为，但恐大义亏。（李）

　　　　大义同胶漆。匪石心不移。（贾）人谁不虑终，日月有合离。（李）

　　　　我心子所达。子心我所知。（贾）若能不食言，与君同所宜。（李）

内容为夫妇二人的盟誓。清人吴兆宜笺注云："充前妻李氏淑美有才行，父丰诛，李氏坐流徙。"怀疑此诗为李氏将流徙时所作。① 然此诗关联的史事却引人疑窦。

　　《世说新语》载"贾充前妇是李丰女，丰被诛，离婚徙边"，刘孝标注引《妇人集》，云"充妻李氏名婉，字淑文"。②《隋书·经籍志》则谓"李扶"。③ 李氏受父李丰牵连事见于《三国志·魏书·齐王纪》载嘉平六年（254）三月庚戌，"中书令李丰与皇后父光禄大夫张缉等谋废易大臣，以太常夏侯玄为大将军，事觉，诸所连及者皆伏诛"④。李丰等所谋废易的对象是权臣司马师。李丰因欲屏退司马师，而为其所不容，其谋未具，即受司马师私刑而死。事后，太常夏侯玄、光禄大夫张缉、黄门监苏铄、永宁署令乐敦、冗从仆射刘贤等参与此事的人皆受牵连，收送廷尉。廷尉钟毓奏："丰等谋迫胁至尊，擅诛冢宰，大逆无道，请论如法。"朝臣议："毓所正皆如科律，报毓施行。"⑤数人皆被诛杀，丰、玄、缉、敦、贤等皆夷三族。此事政治影响极大，是年三月，皇后张氏被废；九月，曹芳避帝位。祸事殃及李丰之女——已经嫁给贾充并育有二女的李氏，《晋书·贾充传》载"初，充前妻李氏淑美有才行，生二女褒、裕，褒一名荃，裕一名浚。父丰诛，李氏坐流徙"⑥。征诸史料，曹魏时，父兄谋反大逆，追坐已嫁之女不乏其例：

　　（1）正始十年（249），曹爽事，论为"大逆不道"，⑦ 其出嫁的姑姊妹和女儿受牵连，坐死。"司马懿诛曹爽之际，支党皆夷及三族，男女无少长，姑姊妹女子之适人者，皆杀之。"⑧

　　（2）嘉平三年（251），王凌谋反事，郭淮妻王氏受兄长牵连，坐死。⑨

　　（3）嘉平六年（254），李丰大逆无道事，贾充妻李氏受父亲牵连，坐徙乐浪。

　　（4）正元二年（255），毌丘俭谋反事，颍川太守刘子元身怀有孕的妻子毌丘芝，受祖父牵连，坐死。⑩

---

　　① 逯钦立未推定诗作时间。逯钦立：《先秦汉魏晋南北朝诗》（上），中华书局 1983 年版，第 587 页。

　　② （南朝宋）刘义庆撰，（南朝梁）刘孝标注，朱铸禹会校集注：《世说新语会校集注》，上海古籍出版社 2002 年版，第 575 页。

　　③ （唐）魏徵、令狐德棻：《隋书》卷 30《经籍志》，中华书局 1973 年版，第 1071 页。

　　④ 《三国志》卷 4《齐王芳纪》，中华书局 1959 年版，第 128 页。

　　⑤ 《三国志》卷 9《夏侯玄传》，中华书局 1959 年版，第 299 页。

　　⑥ （唐）房玄龄等撰：《晋书》卷 40《贾充传》，中华书局 1974 年版，第 1171 页。

　　⑦ 《三国志》卷 9《曹爽传》，中华书局 1959 年版，第 288 页。

　　⑧ （唐）房玄龄等撰：《晋书》卷 1《宣帝纪》，中华书局 1974 年版，第 20 页。

　　⑨ （南朝宋）刘义庆撰，（南朝梁）刘孝标注，朱铸禹会校集注：《世说新语会校集注》，上海古籍出版社 2002 年版，第 249~250 页。

　　⑩ （唐）房玄龄等撰：《晋书》卷 30《刑法志》，中华书局 1974 年版，第 926 页。

相较之下，以上几例皆是出嫁女子为本宗之事追坐，量刑却有所差异。李丰之女获罪流徙，王凌的妹妹与毌丘俭的孙女却被论诛。① 李氏判决较轻，或认为是八议制度所致，② "李丰之女李氏，因是名臣贾充之妻而免诛，仅处'流徙'刑，当属'议功'之列"③。此说不确，王氏为大将郭淮妻，亦坐诛，李氏轻判不应是八议的结果。《妇人集》谓李氏"丰诛，徙乐浪"④。即《三国志·魏书·夏侯玄传》"丰、玄、缉、敦、贤等皆夷三族，其余亲属徙乐浪郡"⑤。流刑是族刑的替代刑，是减死一等之刑。⑥ 那么李氏是否因为出嫁而被划定为"其余亲属"，而不在族诛之列呢？这种说法亦有不妥，若李氏不属三族，情况相类的王凌之妹和毌丘俭的孙女何以因本家之事论诛呢？出嫁女子的族属究竟如何？

二、经注遗害之论

虽然妇人外成，移重于夫族，但关于出嫁之女的族属，仍然存在争议。

以婚礼论，"嫁女之家三夜不熄烛，思相离也"⑦。一经嫁娶，女子的生活范围即将发生改变，离开了父母之家，于夫家开始新的生活。"昏礼者，将合二姓之好"，⑧ 婚姻对于结成亲的两家都很重要，然尤重于女子的夫家，"上以事宗庙，而下以继后世也"⑨。新妇将要为家庭的主要成员，虽然成妇后，"妇将有事，大小必请于舅姑"⑩。但在到达夫家后，"舅姑共飨妇以一献之礼。舅洗于南洗，姑洗于北洗，奠酬。舅姑先降自西阶，妇降自阼阶"⑪，此一仪式有"著代"之义⑫。类于男子之冠礼。妇女上事宗庙，下继后世。助祭夫家的祖宗，"妇入三月，然后祭行"⑬。产育子嗣，因而，"妻，亲之主也"⑭。可

---

① 王凌的妹妹后因亲属向上层权力求情而得以保全性命。祝总斌先生认为这是司马氏"为了收买人心"，见氏著《略论晋律的"宽简"和"周备"》，《材不材斋史学丛稿》，中华书局 2009 年版，第 469~470 页。

② 八议制度指议亲，议故，议贤，议能，议功，议贵，议勤，议宾。参见沈家本：《历代刑法考》，商务印书馆 2011 年版，第 765~767 页。

③ 刘广平：《曹魏妇女连坐问题初探》，郑州大学硕士学位论文，2003 年，第 11 页。

④ （南朝宋）刘义庆撰，（南朝梁）刘孝标注，朱铸禹会校集注：《世说新语会校集注》，上海古籍出版社 2002 年版，第 575 页。

⑤ 《三国志》卷 9《夏侯玄传》，中华书局 1959 年版，第 299 页。

⑥ 魏道明：《始于兵而终于礼——中国古代族刑研究》，中华书局 2006 年版，第 200~205 页。丁凌华认为"夷三族外，又有族刑。汉代夷三族用于谋反罪，并不常用，较常用之株连为族刑"。并举晁错"大逆不道"为例。丁凌华：《中国丧服制度史》，上海人民出版社 2000 年版，第 196 页。丁说不确，三族之诛为族刑之一种，而大逆包括谋反，大庭脩论说甚详，见氏著《汉律中"不道"的概念》，《中国法制史考证》丙编 1 卷，中国社会科学出版社 2003 年版，第 396~409 页。

⑦ 《礼记·曾子问》，《十三经注疏》，中华书局 1980 年版，第 1392 页中。

⑧ 《礼记·昏义》，《十三经注疏》，中华书局 1980 年版，第 1680 页中。

⑨ 《礼记·昏义》，《十三经注疏》，中华书局 1980 年版，第 1680 页中。

⑩ 《礼记·内则》，《十三经注疏》，中华书局 1980 年版，第 1463 页中。

⑪ 《仪礼·士昏礼》，《十三经注疏》，中华书局 1980 年版，第 968 页中、下。

⑫ 《礼记·昏义》，《十三经注疏》，中华书局 1980 年版，第 1681 页上。

⑬ 《仪礼·士昏礼》，《十三经注疏》，中华书局 1980 年版，第 972 页上。

⑭ 《礼记·哀公问》，《十三经注疏》，中华书局 1980 年版，第 1611 页下。

见，出嫁之女与夫家结成了极深的关系。

以丧礼论，妻子为丈夫服斩衰三年，为父却降服期，"为父何以期也？妇人不二斩也。妇人不二斩者何也？妇人有三从之义，无专用之道，故未嫁从父，既嫁从夫，夫死从子。故父者子之天也，夫者，妻之天也。妇人不二斩者，犹曰不二天也，妇人不能二尊也"①。为丈夫的父母也是服期，妇为舅姑，"传曰：何以期也？从服也"②。可见，出嫁之女为夫、夫之父母丧服甚重。

出嫁之女的身份诚然发生了改变。"姑姊妹，女子子，已嫁而反，兄弟弗与同席而坐，弗与同器而食。"③出嫁的女子不同于在室的女子，其与父家亲属的关系确已发生了改变。但是，兄弟仍是她们的"私亲"，④ 出嫁之女对于将要继承父家的兄弟要服期，"为昆弟之为父后者，何以亦期也？妇人虽在外，必有归宗，曰小宗，故服期也"⑤。而向上看，出嫁之女对于祖父母、曾祖父母的丧服亦不在降服之列，为祖父母，"传曰：何以期也？不敢降其祖也"；"女子子嫁者、未嫁者为曾祖父母"，"传曰：何以服齐衰三月？不敢降其祖也"。⑥ 可见，为父降服只是"家尊"的变化，女子旧有的宗族关系仍在很大程度上保留了。有学者指出妇人"三从之义"本义只是"调节妇女婚前婚后丧服等级变化的原则"，⑦即妇女丧服等级标准参照物的变化。"天无二日，土无二主，国无二君，家无二尊，以一制治之也"，⑧ 只是丧服的基本原则。张家山汉简《奏谳书》中记录了一起疑狱，女子在夫死之后与他男子通奸，诸法吏以为"律，死置后之次；妻次父母；妻死归宁，与父母同法。以律置后之次人事计之，夫异尊于妻，妻事夫，及服其丧，资当次父母如律"，"妻尊夫，当次父母"。⑨ 可为旁证。

然而，出嫁的女性亡故后，由夫家主丧。"姑姊妹其夫死而夫党无兄弟，使夫之族人主丧。妻之党，虽亲弗主。夫若无族矣，则前后家，东西家。无有，则里尹主之。或曰：主之而附于夫之党。"⑩出嫁的女性"妇附于其夫之所附之妃"。而未出嫁的女子，以及嫁未三月而死者，"女子附于王母则不配"。郑玄认为："祝辞异，不云'以某妃配某氏'。"⑪以此观之，出嫁之女的族属存在暧昧之处。

东汉经学家许慎和郑玄曾围绕"九族"这一问题做讨论，涉及出嫁之女的族属问题。许慎《五经异义》之九族自父族、母族、妻族三族伸张。⑫ 而郑玄《驳五经异义》主同姓之

---

① 《仪礼·丧服》，《十三经注疏》，中华书局 1980 年版，第 1106 页下。

② 《仪礼·丧服》，《十三经注疏》，中华书局 1980 年版，第 1109 页中。

③ 《礼记·曲礼上》，《十三经注疏》，中华书局 1980 年版，第 1240 页下。

④ 《礼记·内则》，《十三经注疏》，中华书局 1980 年版，第 1463 页下。

⑤ 《仪礼·丧服》，《十三经注疏》，中华书局 1980 年版，第 1106 页下。

⑥ 《仪礼·丧服》，《十三经注疏》，中华书局 1980 年版，第 1109 页中、1111 页中。

⑦ 张志京：《中国古代女性法律地位的再认识》，《沈家本与中国法律文化国际学术研讨会论文集》，中国法制出版社 2005 年版，第 883 页。

⑧ 《礼记·丧服四制》，《十三经注疏》，中华书局 1980 年版，第 1695 页上。

⑨ 《张家山汉墓竹简（二四七号墓）》，文物出版社 2006 年版，第 108 页。

⑩ 《礼记·杂记下》，《十三经注疏》，中华书局 1980 年版，第 1566 页上。

⑪ 《礼记·杂记上》，《十三经注疏》，中华书局 1980 年版，第 1552 页中。

⑫ （清）陈寿祺：《五经异义疏证》，曹建墩校点，上海古籍出版社 2012 年版，第 166~167 页。许慎撰，郑玄驳，王复辑：《驳五经异义》，《丛书集成初编》，中华书局 1985 年版，第 32~33 页。

论，与《尔雅》《丧服小记》之说相承。① 依照许说，"父族"之中"己之女子子适人者与其子为一族"，出嫁女子及其子女属于父族之一。然而许慎认为"礼，为妻父母有服，明在九族中"，那么出嫁之女实际是两个家族的交叉点。郑说则"妇人归宗"，不与父兄异族。清人黄润玉从郑说，认为"九族止谓本宗，九世岂有外姻谓之族乎，故《尔雅》别外姻曰母党、妻党"②。

曹魏决狱甚重郑玄之说，文帝司马昭就指出魏法"又叔孙、郭、马、杜诸儒章句，但取郑氏，又为偏党，未可承用"③。取郑氏，则以郑玄"妇人归宗，女子虽适人，字犹系姓，明不与父为异族"之说，出嫁之女坐父兄之事，自然是于礼无违，中于情理。清人赵翼曾将连坐滥杀归咎于注史、注经之法。他将诸家对"三族"的看法归为两种：第一，同姓为族，持此论者，《尔雅》《丧服小记》和伪孔；第二，三族为父族、母族、妻族，持此论者如淳、杜预，张晏观点与此相近。④ 在赵翼看来，"父族、母族、妻族"的注法造成了连坐滥杀：

> 司马氏之诛曹爽、王浚、毌邱(丘)俭，虽极惨毒，然尚止及于姑姊妹及女子之适人者，至魏太武之诛崔浩，并及于卢氏、郭氏、柳氏，皆夷其族。则于本族之外延及于母党、妻党、出嫁之女党，安知非如淳、杜预之注之遗害耶？故落笔不可不慎也。⑤

赵翼之论，重在后魏连坐延及母党、妻党、出嫁之女党，有"安知非如淳、杜预之注之遗害"之叹；然而从郑玄、许慎之争来看，"尚止及于姑姊妹及女子之适人者"的"司马氏之诛"，不可谓与经学之论无关。只是经学论说甚为宽宏，在连坐制度之下，无论取何种三族论、九族论，都将有所牵连。出嫁女子追坐之事，确可溯及经学论争，但若以"经学之遗害"论之，则有失允当。

三、出嫁女追坐的行废

曹魏因本家之族刑追坐出嫁女，须厘清其历史渊源。《史记·刺客列传》载严仲子请

---

① （清）陈寿祺：《五经异义疏证》，曹建墩校点，上海古籍出版社 2012 年版，第 166~167 页。

② 《礼书通故》卷八《宗法通故》，《续修四库全书》，第 111 册，上海古籍出版社 1996 年版，第162 页下。

③ （唐）房玄龄等撰：《晋书》卷 30《刑法志》，中华书局 1974 年版，第 927 页。《刑法志》有郑玄注律之说，"后人生意，各为章句。叔孙宣、郭令卿、马融、郑玄诸儒章句十有余家，家数十万言"，亦见于《唐六典》李林甫等注"后汉马融郑玄诸儒十有余家，律令章句数十万言"，但皆唐代之说，杨鸿烈考之《后汉书》，此说"《马融列传》、《郑玄传》都不曾提及"，见氏著《中国法律发达史》，上海书店 1990 年版，第 194 页。今学龙大轩对郑玄律说有辑考，见氏著《汉代律家与律章句考》，北京社会科学文献出版社 2009 年版。郑玄注述百余万言，质于辞训，多见以律注经，然是否有专门之律学章句，仍应存疑。而经学章句之学则如应劭所说"汉兴，儒者竞复比谊会意，为之章句，家有五六，皆析文便辞，弥以弛远；缀文之士，杂袭龙鳞，训注说难，转相陵高，积如丘山，可谓繁复者矣"。

④ 王树民：《廿二史劄记校证》，中华书局 1984 年版，第 304~305 页。

⑤ 王树民：《廿二史劄记校证》，中华书局 1984 年版，第 305 页。

聂政刺杀韩相傀事，聂政因母在世，姐未嫁，聂政蒙污辱自弃于市贩之间；母死姐嫁，方
与严仲子交往。日本学者小仓芳彦据此认为：“聂政已经预想到，一旦答应严仲子的请求
而暴露身份，老母与未嫁之姊将难免干系。”①这意味着女性出嫁后，女子对故家的法律连
带责任可能有所改变。然而《刺客列传》中聂政姐姐又说：“今乃以妾尚在之故，重自刑以
绝从。”魏道明先生认为“这说明，女性出嫁以后还需为父兄坐罪”②。可见，从《史记》的
这段材料出发，可以得出两种相反的结论。《战国策》则并未说明聂政的姐姐为已嫁或未
嫁的身份。因而，《刺客列传》中的这段史料不足以作为论据，说明战国时期女性出嫁后
是否坐故家罪。

从出土秦汉法律简和传世文献来看，秦汉法律的连坐，重罪强调亲族缘坐，一般犯罪
则强调居住范围。出嫁女是否坐本家罪，首先来看收孥与迁徙刑。

西汉初年，收孥对出嫁或别为户的女子不作处理。

> 罪人完城旦舂、鬼薪以上，及坐奸府(腐)者，皆收其妻、子、财、田宅。其子
> 有妻、夫，若为户、有爵，及年十七以上，若为人妻而弃、寡者，皆勿收。③

另，东汉明帝永平十六年(73)曾下令大赦：

> 诏令郡国中都官死罪系囚减死罪一等，勿笞，诣军营，屯朔方、敦煌；妻子自
> 随，父母同产欲求从者，恣听之；女子嫁为人妻，勿与俱。谋反大逆无道不用
> 此书。④

这一诏令特别指出“女子嫁为人妻，勿与俱”，亦不连及出嫁之女。又《华阳国志》载东汉
时，“义就，狄道长姜穆女，绵竹司马雅妻也。既许婚，父坐事徙朔方。雅就婚，死，雇
人送其丧。寻父母死朔方，义旧独与弟孤居十年，士大夫求，终不肯。乃上书自讼，求还
乡里。天子愍悼，下朔方使送。遂下诏书，定律令：女子许嫁，不得从父母徙”⑤。

再看族刑，贾丽英先生将这一时期的族刑区分为两种：“一是灭族，‘父母妻子同产，
无少长皆弃市’，二是主犯诛死，家属徙迁。”⑥史籍中不乏出嫁女为本家事坐死、坐徙的
具体事例：

(1)征和二年(前91)卫太子谋反，“初，太子有三男一女，女者平與侯嗣子尚焉。及
太子败，皆同时遇害”⑦。

(2)建平元年(前6)，冯媛大逆不道，“参女弁为孝王后，有两女，有司奏免为庶人，

① 小仓芳彦：《围绕族刑的几个问题》，《中国法制史考证》丙编1卷，中国社会科学出版社2003
年版，第327页。

② 魏道明：《始于兵而终于礼——中国古代族刑研究》，中华书局2006年版，第27页。

③ 《张家山汉墓竹简(二四七号墓)》，文物出版社2006年版，第32页。

④ 《后汉书》卷2《显宗孝明帝纪》。

⑤ (晋)常璩撰，刘琳校注：《华阳国志》，巴蜀书社1985年版，第768页。

⑥ 贾丽英：《秦汉家族犯罪研究：以出土简牍为中心》，人民出版社2010年版，第230~231页。

⑦ 《汉书》卷63《武五子传》。

与冯氏宗族徙归故郡"①。

（3）元始三年（3），卫姬欲见子汉平帝，得到王莽之子王宇暗中相助，莽发觉后，"莽杀宇，尽诛卫氏支属。卫宝女为中山王后，免后，徙合浦"②。

（4）居摄元年（6），翟义讨伐王莽，"（刘歆）欲结援相党，乃为祉娶高陵侯翟宣女为妻。会宣弟义起兵欲攻莽，南阳捕杀宣女，祉坐系狱"③。

（5）建安五年（200），董承等人密谋诛杀曹操，"董承女为贵人，操诛承而求贵人杀之。帝以贵人有妊，累为请，不能得"④。

由此可见，汉代之族刑畸轻畸重，追坐出嫁女，或坐死，或以流徙、归郡处置。而出嫁女坐死多在政出私门、刑用重典之时。可见，出嫁女为本家之事追坐，刑等有别。另外，东汉初，"（丁邯）迁汉中太守，妻弟为公孙述将，收妻送南郑狱，免冠徒跣自陈"⑤。也是出嫁女当为私亲连坐的案例。

曹魏对于谋反大逆并无成文法。魏明帝太和三年改律，魏《新律》十八篇"于正律九篇为增，于旁章科令为省矣"，据《晋书·刑法志》"魏律序"，谋反大逆的具体细节不在律令中写明，而是临时缉捕，甚至在诛戮形式上亦甚灵活，只"严绝恶迹"。"及景帝辅政，是时魏法，犯大逆者诛及已出之女。"⑥此句后接程咸之议、魏法之变。因而这句话应理解为：直到司马氏当政时，魏法犯大逆诛及已出之女，即大逆罪对已嫁女子的追坐是魏法的常态。然而以史料观之，"诛及已出之女"都发生在司马氏操持权柄之时，因而已嫁女子的坐死是否魏法的常态，应当存疑。司马懿对曹爽、王凌的处理，可能成为魏后期确定大逆罪牵连范围的典型判例而加以施用，其后对谋反大逆之诛的判处即是对这类判例的延续。因而"诛及已出之女"，名为魏法，而在司马氏当政期间，实际上应当视为司马氏伐异的家法，即赵翼所说"司马氏之诛"。也是族刑以"严绝恶迹"为立法目的的结果，即程咸所说"追戮已出之女，诚欲珍丑类之族也"。

程咸议追坐出嫁女子事在正元二年，上揭毌丘芝受祖父事牵连后。颍川太守刘子元的妻子毌丘芝，因祖父毌丘俭谋反事论诛。毌丘芝因怀有身孕，被暂时系于狱中。毌丘芝的母亲荀氏此时已因兄长的保全，与毌丘芝的父亲离婚，不在株连之列。荀氏为女儿求情，请求将女儿没为官婢，以保全她的性命。司隶校尉何曾哀怜她，使主簿程咸上议。

程咸认为"女人有三从之义，无自专之道"，出嫁的女子一身重戮，内外受辟，不足以惩奸治乱，也不是"哀矜女弱，蠲明法制之本分"，因而提出以"在室之女，从父母之诛；既醮之妇，从夫家之罚"为新的法律准则。⑦ 即未嫁之女坐父母之罪，已嫁之妇坐夫家之罪。对于程咸之议在法制史、社会史上的意义，前辈学者多有卓见。瞿同祖先生认为"这一点指示女子在室与出嫁两种身分的不同，更说明了未嫁从父、出嫁从夫的道理。已嫁则脱离父家而加入夫家，所以对于母家的刑事不负连带的责任，对于夫家则以妻或母的

---

① 《汉书》卷97下《外戚传下》。
② 《汉书》卷97下《外戚传下》。
③ 《后汉书》卷14《宗室四王三侯列传》。
④ 《后汉书》卷10下《皇后纪下》。
⑤ 赵岐：《三辅决录》，三秦出版社2006年版，第20页。
⑥ （唐）房玄龄等撰：《晋书》卷30《刑法志》，中华书局1974年版，第926页。
⑦ （唐）房玄龄等撰：《晋书》卷30《刑法志》，中华书局1974年版，第926页。

身分同坐"①。冯尔康先生进一步指出"作为妻子，从此以后更进一步湮没在夫系宗族血亲网络之中；不只在名义上而且也在实际上，她已经完全脱离父宗加入夫宗，成为附庸"②。不过在当时，程咸之议究竟在多大程度上改变了相关法律呢？

毌丘芝是否因程咸之议免死，史籍失载。罗翔先生认为"至于毌丘芝命运，史书并未交代，但估计按照已嫁之女，从夫之刑估计当时亦难逃一死"③。《晋书·刑法志》谓程咸之议被采纳，"有诏改定律令"。因而，一般观点认为经程咸上议，魏于高贵乡公二年改定了族刑连坐的律令。④ 如明人丘濬认为"程咸之议，魏人著于律令"，⑤ 清人姚文然认为程咸之议"诏为著令，历代遵之"⑥。马建兴先生推测"魏律于是改定为'在室之女从父母之诛，既醮之妇从夫家之罚'"⑦。学者多将程咸上书作为出嫁妇女不从旧家坐的开始。⑧ 诸说不确。

清末学者沈家本对此有所考证：

> 此事《魏志》纪、传皆不载，《晋志》无年月可考，《通鉴纲目》列于高贵乡公正元二年，并云"魏朝从之，遂著为令"，《图书集成·祥刑典》载"高贵乡公正元二年诏改定三族律令"，即据《通鉴纲目》及《晋书》也。⑨

祝总斌先生亦注意到"或许因具体案子虽已从宽，而律令之删减在曹魏'历年无成'，所以《晋书》卷三〇《刑法志》还把它作为晋代法律特色予以列举"⑩。

征诸史料，笔者认为，经程咸之议，既醮之妇虽不再从父母之诛，但曹魏并未就此完全废除因本家之事对已嫁女子的追责，只是对已嫁女子的刑罚，在程度上作了调整。

《晋书·贾充传》载李氏赦归后，贾充已有后妻郭槐，因而，李氏不能重返夫家。同传载，毌丘俭的两个孙女沛国刘含母以及帝舅羽林监王虔前妻，二人在遇赦后面临着和李氏同样的问题，即如何处理与丈夫后妻关系的问题。"此例既多，质之礼官，俱不能决也。"因而，可以推断两人都曾像李氏一样，被处以迁徙刑。

在毌丘俭谋反一案的处理中，刘含母、王虔妻和毌丘芝一样，与毌丘俭都是孙女与祖父的关系，三人的量刑应当是一致的，即她们三人都应当经历了坐死、由于程咸之议而改判的过程，而改判后之刑罚当为迁徙刑。

① 瞿同祖：《中国法律与中国社会》，中华书局 2003 年版，第 127 页。
② 冯尔康：《中国社会结构的演变》，河南人民出版社 1994 年版，第 380 页。
③ 罗翔：《中国刑罚发达史——野蛮到文明的嬗变》，中国法制出版社 2006 年版，第 208 页。
④ 马克昌：《株连考略》，武汉大学法律系编：《武汉大学哲学社会科学论丛（法学专辑）》，1979 年，第 77 页。又见氏著《刑法理论探索》，法律出版社 1995 年版，第 376 页。
⑤ （明）丘濬：《慎刑宪点评》，法律出版社 1998 年版，第 252 页。
⑥ （清）姚文然：《原免出继缘坐议》，《魏源全集》第 18 册，岳麓书社 2004 年版，第 54 页。
⑦ 马建兴：《丧服制度与传统法律文化》，知识产权出版社 2005 年版，第 222~223 页。
⑧ 陈弱水：《隐蔽的光景：唐代的妇女文化与家庭生活》，广西师范大学出版社 2009 年版，第 31 页。
⑨ （清）沈家本：《历代刑法考》，商务印书馆 2011 年版，第 65 页。
⑩ 祝总斌：《略论晋律的"宽简"和"周备"》，《材不材斋史学丛稿》，中华书局 2009 年版，第 465 页。

综上所论，程咸之议并没有根本改变本家事追坐出嫁女子的法律原则，只是在量刑上做了改变，既醮之妇仍要受故家事追坐，只是不坐死罢了(见表1)。

表1　　　　　　　　　　　案情对照表

姓名	魏			晋	依据
	家庭关系	追坐原因	处理		
李婉(或李扶)	李丰女，贾充妻	李丰欲诛司马师	流徙乐浪	赦归	《晋书·贾充传》
毌丘芝	毌丘俭孙女，颍川太守刘子元妻	毌丘俭谋反	坐死→程咸上议	不详	《晋书·刑法志》
不详	毌丘俭孙女，沛国刘含母	毌丘俭谋反	不详	赦归	《晋书·贾充传》
(不详)	毌丘俭孙女，帝舅羽林监王虔妻	毌丘俭谋反	(不详)	赦归	《晋书·贾充传》

谋反罪，出嫁之女坐死之制在魏晋禅代后，得以明文废止。咸熙元年(264)，司马昭加封晋王，"文帝为晋王，患前代律令本注烦杂，陈群、刘邵虽经改革，而科网本密，又叔孙、郭、马、杜诸儒章句，但取郑氏，又为偏党，未可承用。于是令贾充定法律"。《泰始律》"除谋反适养母出、女嫁，还坐子、父母弃市之制"①。自此之后，法律明文废止谋反罪诛及出嫁之女。至东晋，法网愈宽，在室而许嫁已定的女子，若得夫家来认，也可以保全性命。后世唐、明律，谋反大逆皆不牵连已嫁女子。②

四、结　语

法律的演进是一个由量变到质变的过程，具体事件在法制史上的意义需要我们重新思考。以毌丘俭两个孙女的遭遇来看，程咸上议并非是原生家庭之事追坐已嫁女子的终结，在当时只起到了调节量刑的作用，其最大的意义在于对法意的阐发。

汉晋以降，以经入律、以礼入法是一个历史的动态过程，出嫁女不再为追坐的对象正为一典型的事例。而在以礼入法的过程中，通过律对于经的解读，法对于礼的应用，实际上也改变了礼的面貌以及人们对于礼的认知。

赵翼经注遗害之论则使今人反思经学与法律的关系。法律在走向完善的过程中，向经学寻求理论解释作为支撑，但是法律体系的成熟则需要将经学理论转化和吸收。反之，经学为法律提供解释，为法律调整提供依据，甚至为法律善后，则需要保持其独立于律学的属性，才能平衡固有法律中的积弊。

(作者信息：武汉大学历史学院)

---

① (唐)房玄龄等撰：《晋书》卷30《刑法志》，中华书局1974年版，第927页。据祝总斌先生之说订正。

② (清)薛允升：《唐明律合编》，法律出版社1999年版，第451页。

清初改旗制度研究[*]

□ 陈 力

    在清史和满族史研究之中，八旗制度的重要地位是毋庸置疑的，中外历史学家对其均有非常精辟的论述。但是学术界对八旗制度研究大多侧重于八旗制度的政治、军事、经济意义与作用，对八旗制度内部的民族关系少有学者重视，特别是关于八旗系统内部改旗制度更是如此。改旗制度包括抬旗、换旗、降旗三个方面，目前学术界对这三个方面进行全面研究的论文和著作较少，只有少数论文和著作涉及其中某个现象。^① 从目前研究现状

    * 本文为 2014 年国家社会科学基金"清朝八旗内部民族融合研究"（项目编号：14FZS026）；2015 年湖北省教育厅人文社科重点项目"清初改旗制度研究"（项目编号：15D025）阶段性成果。

    ① 较早关注此问题的是清朝八旗蒙古人恩华，他在其著作中谈道："清初编八旗时，凡为满人、蒙人、汉人者，固编入满、蒙、汉各旗。然当时每因故或后来之改定，不尽依原籍编制。故编中凡称满洲、蒙古、汉军，一以著作者所隶之满、蒙、汉各旗为定，初不敢以其籍而强指也。拘墟之诮，所不敢辞。"在此，八旗蒙古人恩华特别强调，旗人的旗籍是会发生变化的。（恩华：《八旗艺文编目·例言》，辽宁民族出版社 2006 年版，第 1 页）杜家骥指出入关以后，清帝虽然把汉军旗人纳入本民族主体统治范围之内，但仍抱有满汉有别的观念，反映出满族内部等级关系的森严及其复杂性。（杜家骥：《清代八旗制度中的"抬旗"》，《史学集刊》1991 年第 4 期）李云霞则认为：八旗组织成员之间的"改旗"与"抬旗"，导致了民族成分发生变化。（李云霞：《从改旗和抬旗看八旗中民族成分》，《满族研究》1999 年第 3 期）刘小萌谈到上三旗下五旗制度，说明正身旗人社会地位是有差别的，而抬旗是破除上三旗与下五旗畛域的制度。（刘小萌：《清代北京旗人社会》，中国社会科学出版社 2008 年版，第 47 页）孙静提出抬旗现象说明，八旗内部汉军、蒙古、满洲之间的亲疏之别始终甚于上三旗与下五旗之间的等第之分，在八旗这个封闭组织之中，八旗满洲始终居于主导地位。（孙静：《清代佐领抬旗现象》，《史林》2012 年第 2 期）还有一些研究成果值得商榷，特别是"新清史"的研究成果。路康乐认为："旗人的旗籍都是世代固定的，只有女人因为出嫁会随夫改变旗籍。对于旗人而言，旗籍是仅次于世系和家族的身份标志。"（[美]路康乐著，王琴、刘润堂译：《满与汉：清末民初的族群关系与政治权力（1861—1928）》，中国人民大学出版社 2010 年版，第 23 页）但是，如果仔细研究八旗体制，会发现路康乐的说法，显然绝对化了。事实上，八旗是一个相当开放的系统。它之所以像雪球一样越滚越大，就在于它不断地吸收其他民族进入其中，这是对外而言。对内而言，加入八旗系统的成员，其旗分和身份并不是一成不变的。"国初，各部落及汉人之归附者，分隶满、蒙、汉八旗，亦时有改易。"（吴振棫：《养吉斋丛录》卷 1，中华书局 2005 年版，第 2 页）八旗是一个流动的系统，旗人可以通过抬旗、换旗、降旗等手段改变自己的旗分与旗色，到乾隆七年，旗人甚至可以出旗，成为民人。欧立德在《乾隆帝》一书中认为抬旗制度，不仅改变旗人的社会地位，还改变了旗人的民族身份。旗籍女性一旦成为皇后，"这些女性的所有子女都被归为满洲人，而其家族也因抬籍进入满洲八旗，民族身份得以转变"。（[美]欧立德著，青石译：《乾隆帝》，社会科学文献出版社 2014 年版，第 57 页）这种说法，显然是以现代视角审视清朝历史。在清朝，特别是清初，只有旗民之别，而无民族之分。既然没有所谓的"民族"，何来的民族身份转变？

看，此类研究成果不算丰硕，不足之处却不少。一是大多数学者仅仅涉及抬旗、降旗与换旗的某一方面，未对此问题进行全面而系统研究。二是缺乏整体性和长时段研究，有以点代面之倾向。故而，有必要对此问题进行系统而全面的梳理和研究。

一、抬　旗

何谓抬旗？"抬"即由下往上升。旗人的后代回忆："抬旗是大家非常熟悉的清朝政策，包括将包衣汉姓身份改变为八旗汉军，也包括由八旗汉军改变为满洲八旗，乃至由下五旗改变为上三旗，是褒奖酬劳之举。"①一般而言，抬旗大抵有三种形式。

一是下五旗抬入上三旗。下五旗之旗人能抬入上三旗，"或以功，或以恩，或以佐领，或以族，或以支，皆出特命"②。一种情况是因为旗人建立杰出的功勋，由下五旗抬入上三旗。"若大臣建立勋劳，亦有奉旨抬入上三旗。"③乾隆帝认为：下五旗大臣，在军队中效力时间长，立有军功，原有抬旗之例。"原任左都御史拉布敦，除乱以靖地方，以国家之故，忘身效力。特加恩将拉布敦之子，及同在一旗之子弟，俱抬入正黄旗满洲，以示朕酬功旌勋之至意。"④和隆武也因战功被高宗抬入上三旗。"和隆武，马佳氏，满洲正黄旗人，宁夏将军和起子也。初隶镶蓝旗，以和隆武功，高宗命以本佐抬入正黄旗。"⑤阿桂原为满洲正蓝旗人，因在平回战争中表现突出，将伊犁治理得井然有序，被乾隆帝抬入满洲正白旗。⑥

还有一种情况是旗人尽管没有立功，但克勤克谨，得到皇帝的信赖与欣赏，也可以从下五旗抬入上三旗。"下五旗官员，有宣力出色者，抬入上三旗。"⑦高天爵就因其子，才能卓越，被任命为大学士。其家族也被抬入上三旗。"高天爵，字君宠。初系汉军镶白旗人，至子其位任大学士，始改隶镶黄旗。"⑧在雍正朝，汉军督抚杨琳、田文镜等人得到雍正帝的信任，就迅速地由下五旗抬入上三旗。雍正元年正月，两广总督杨琳上奏："正红旗佐领吴成龙着将奴才弟男子侄及佐领所管下人俱拨入正黄旗，都统下行走……今蒙皇上圣鉴，拨诸上三旗，是奴才索日所不敢言者，皇上深知之，不特奴才梦寐所不敢望者，皇上特全之。不特奴才从此得以苟活，即子子孙孙亦从今日得超生。圣世而合佐领之官兵壮丁，皆受无疆之福矣。"⑨雍正五年，"授田文镜河南总督加兵部尚书衔。先是，文镜系正蓝旗汉军，至是奉旨抬入正黄旗"⑩。

_____

① 富察·建功：《晚清侍卫追忆录》，故宫出版社 2011 年版，第 14 页。
② 《清史稿》卷 331《和隆武传》，中华书局 2010 年版，第 10947 页。
③ 福格：《听雨丛谈》卷 1《满洲原起》，中华书局 1997 年版，第 3 页。
④ 《清高宗实录》卷 377，乾隆十五年十一月下丁巳，中华书局 1986 年版，第 1173 页上。
⑤ 《清史稿》卷 331《和隆武传》，中华书局 2010 年版，第 10947 页。
⑥ 《清史列传》卷 26《阿桂传》，中华书局 2005 年版，第 1952 页。
⑦ 钟琦：《皇朝琐屑录》卷 7，文海出版社 1973 年版，第 329 页。
⑧ 《八旗通志初集》卷 188《高天爵传》，东北师范大学出版社 1986 年版，第 4457 页。
⑨ 《两广总督杨琳奏谢拨入正黄旗行走折》雍正元年元月十八日，《雍正朝汉文硃批奏折汇编》（第 1 册），江苏古籍出版社 1991 年版，第 13 页上。
⑩ 蒋良骐：《东华录》卷 29，齐鲁书社 2007 年版，第 440~441 页。

《中国历史大辞典》对抬旗之意进行解释："清代给予有功、死难大臣及后妃家属的一种荣誉。……劳绩卓著或死难大臣，以及后妃家族，可由下五旗抬入上三旗，或由内务府旗下抬入满洲八旗。间亦有由汉军旗抬入满洲旗者。"①总而言之，抬旗是一种荣誉。但是在清朝，还有一种特殊情况的抬旗。旗人因罪或过失，被抬入天子自将三旗之中，以便于监督。崇德八年，阿达礼、硕托密谋劝多尔衮称帝，事情败露。众多人受牵连。其中，"大学士刚林亦收系，因曾白于内诸大臣，亦免罪，拨入正黄旗。大学士范文程拨入镶黄旗"②。康熙四十八年，"马齐原系蓝旗贝勒德格类属下之人，陷害本旗贝勒，投入上三旗"③。当然，这样的抬旗比较特殊，往往是政治斗争的产物，发生的几率也比较少，无法抹去或冲淡抬旗是一种荣誉的象征。

二是由包衣旗抬入外八旗佐领之中。"脱包衣籍而入八旗，谓之抬旗"，④ 因为在清初，包衣旗人的身份和地位一般较低⑤。在清朝，"至于建立功勋，或上承恩眷，则有由内务府旗下抬入满洲八旗者"⑥。内务府包衣三旗中的汉军、满洲人和蒙古人，包括下五旗的王府包衣，他们可以抬入外八旗佐领之中。⑦ 阿灵阿就是其中很有代表性的一个例子，"原任公阿灵阿获罪，将伊支出族，入于包衣佐领。今既据九卿议奏：阿灵阿抬出包衣佐领，仍归本旗。所有阿灵阿一支，仍归原族"⑧。

下五旗、上三旗包衣，抬入八旗佐领。"原系奖励勋劳，恩出自上。"⑨在康熙朝，巴泰因立功，由包衣旗移隶汉军旗。"先是巴泰隶正黄旗包衣佐领下，后以巴泰功，奉圣祖谕编设佐领，移隶镶蓝旗汉军。"⑩在三藩之乱中，"国治坚守臣节，骂贼不屈"。清廷对其祭文道："赋性忠贞，居官敬慎。值逆贼之煽乱，励臣节以弥坚。视死如归，尽节殒命，朕用悼焉。特颁祭葬，以慰幽魂。"朱国治为国尽忠，但其身处包衣旗中，雍正帝为了表彰其功勋，将他的家族全部抬入正黄旗汉军之中。"朱国治，汉军正黄旗人……国初入包衣旗籍……雍正七年，奉旨崇祀昭忠祠。又命本旗查其子孙引见，特命国治一户出包衣，归于正黄旗汉军公中佐领。"⑪雍乾两朝，大量的包衣被拨入外八旗之列。雍正元年二月，年希尧上奏："奴才接父亲家信，又蒙皇上天恩，将奴才一族由原在正白旗、镶白旗及正黄旗包衣佐领下，俱调入镶黄旗。"⑫同年，"镶蓝旗都统贝勒阿布兰等议：将内务府员外郎常寿族中人等，及伊堂叔额尔奇所管佐领下人，尽移于正黄旗，并将常寿带领引

① 《中国历史大辞典》(第4册)，上海辞书出版社2010年版，第1775页。

② 蒋良骐：《东华录》卷4，齐鲁书社2007年版，第54页。

③ 《清圣祖实录》卷238，康熙四十八年正月甲午，中华书局1985年版，第360页上。

④ 夏仁虎：《旧京琐记》，北京古籍出版社1986年版，第73页。

⑤ 刘小萌：《旗人史话》，社会科学文献出版社2011年版，第17页。

⑥ 吴振棫：《养吉斋丛录》卷1，中华书局2005年版，第3页。

⑦ 福格：《听雨丛谈》卷1《满洲原起》，中华书局1997年版，第3页。

⑧ 《清高宗实录》卷29，乾隆元年十月癸未，中华书局1986年版，第608页上。

⑨ 《清仁宗实录》卷135，嘉庆九年十月辛巳，中华书局1986年版，第851页上。

⑩ 《八旗通志初集》卷184《巴泰传》，东北师范大学出版社1986年版，第4388页。

⑪ 《八旗通志初集》卷195《朱国治传》，东北师范大学出版社1986年版，第4573页。

⑫ 《署广东巡抚年希尧奏谢将合族调入镶黄旗折》雍正元年二月二十七日，《雍正朝汉文朱批奏折汇编》(第1册)，江苏古籍出版社1991年版，第119页下。

见"①。雍正二年，陕西凤翔府知府赵世朗上奏："奴才以下五旗包衣，下微末之人，至愚极陋，蒙主恩擢用知府，又改入上三旗。"②雍正十年，上谕大学士等："内阁学士索柱一家，着出包衣佐领，入上三旗。其入于何旗何佐领之处，着伊自定。"③来保初隶内务府八旗，乾隆帝认为其"奉职勤"，命将来保抬入满洲正白旗，并准佐领世袭。④ 乾隆五十八年，贝子永硕之包衣人福宁，官至巡抚，因为他"办事尚属妥协"，"着加恩将福宁一支，入于该镶蓝旗满洲旗籍"⑤。高斌初隶内务府包衣八旗，因治水有方，被抬入满洲镶黄旗。乾隆帝认为高斌治水之功可以和靳辅、齐苏勒等人相提并论。⑥

包衣旗人达到一定的级别也可以抬旗。清宫太监曾回忆：内务旗三旗之包衣官位达到头品，清廷就允许抬旗，脱离了包衣身份就可以与八旗世家平起平坐了。⑦ 福宁，为贝子永固王府包衣。乾隆三十三年，迁陕西布政使，两年后，升为湖北巡抚。由此，福宁被清廷抬入镶蓝旗满洲旗下。⑧ 光绪十八年，清廷授贵恒为刑部尚书。其原为贝勒奕纲镶白旗包衣佐领下人，"恩准将其一支抬入镶白旗满洲"⑨。那桐原系内务府满洲镶黄旗人，光绪三十一年晋升为内阁大学士。⑩ 其孙回忆云："我们家多少是内务府后来抬旗，我祖父已经做到一品大员了，当然就抬旗了。"⑪

定宜庄认为："虽然治满族史者尽人皆知'抬旗'一事，从下五旗抬入上三旗、从内务府旗抬入外八旗也不乏其例，但从内务府管领下抬入佐领下，而且是这样成批抬入的例子，却非常罕见。"⑫但是，在清朝，包衣成批抬入外八旗的例子很多，而且形成一定的制度。比如汉军因咎被打入内府务，但如果其子孙努力，官至三品以上，就可以自动回归外八旗之中。"八旗汉军官员获咎发入辛者库，则改隶内务府。汉军其子孙官至三品以上，许奏请施恩，仍归原旗。"⑬另一方面，雍正、乾隆两位皇帝经常因包衣人数过多为由，将包衣编为佐领，将之拨入外八旗之中。雍正七年，"内务府人丁甚众，于充役当差之外，其闲散人丁，亦可拨入八旗披甲"⑭。乾隆帝也说："前经皇考谕：将上三旗包衣佐领下人等，分附汉军旗分，令其披甲。"所以，他也效仿雍正帝的做法将内务包衣拨放八旗披甲。"现在八旗满洲、蒙古，自加恩增设护军、马甲、养育兵额缺以来，另户闲散，皆得钱粮。缺丁之佐领，遇马甲、拜唐阿缺出，不得其人，且以家奴充补。若由包衣佐领下人

① 《钦定八旗通志》卷1《旗分志一》，吉林文史出版社2002年版，第6页。

② 《陕西凤翔知府赵世朗奏谢恩命改入上三旗并开出包衣折》雍正二年九月二十一日，《雍正朝汉文硃批奏折汇编》(第3册)，江苏古籍出版社1989年版，第674页上。

③ 《清世宗实录》卷115，雍正十年二月癸丑，中华书局1985年版，第537页上。

④ 《清史稿》卷302《来保传》，中华书局2010年版，第10460页。

⑤ 《清高宗实录》卷1432，乾隆五十八年七月乙未，中华书局1986年版，第144页下。

⑥ 《清史列传》卷16《高斌传》，中华书局2005年版，第1210页。

⑦ 信修明：《太监谈往录》，紫禁城出版社2011年版，第173页。

⑧ 《清史稿》卷345《福宁传》，中华书局2010年版，第11174页。

⑨ 贵恒：《使闽吟草》，富察恩丰辑：《八旗丛书》，人民出版社2012年版，第806页。

⑩ 《清史稿》卷439《那桐传》，中华书局2010年版，第12403页。

⑪ 定宜庄：《老北京人的口述历史》(上)，中国社会科学出版社2009年版，第190页。

⑫ 定宜庄等：《辽东移民中的旗人社会》，上海社会科学院出版社2004年版，第30页。

⑬ 吴振棫：《养吉斋丛录》卷1，中华书局2005年版，第3页。

⑭ 《清世宗实录》卷99，雍正八年十月甲辰，中华书局1985年版，第315页上。

内挑补,伊等生计既裕,而该旗亦得好兵。着王公等将包衣佐领下无钱粮者,查明正身,咨行本旗满洲、蒙古都统,有马甲拜唐阿缺,秉公挑补。"①

到了晚清,包衣旗人抬入外八旗的事例还屡屡出现。道光朝,大学士松筠,"上甚倚重之"。但其旗主家有丧事,构筠"身白袍,坐大门外司鼓"。道光认为此举,"旗主有意侮辱大臣,即日降旨抬松旗,免其奴籍焉"②。同治三年,官文因剿灭太平军,收复湖北等地,立下战功。文宗将其由内务府旗抬入正白旗满洲。"钦差大臣大学士湖广总督官文,征兵筹饷,推贤让能,克复楚北郡县多处,肃清全境。并筹办东征军务,接济饷需,不分畛域,实属苶勤卓著。着加恩锡封一等伯爵,世袭罔替,并加恩将其本支无庸仍隶内务府旗籍,着抬入正白旗满洲,赏戴双眼花翎。"③

三是由八旗汉军、八旗蒙古抬入八旗满洲旗分之中。

"下五旗满洲,或皇后、皇贵妃母族,例得抬入上三旗。"④也就是说,只要后宫中女子一旦成为皇后或皇贵妃,其家族就需要抬到上三旗之中,以便与皇帝门当户对,这就是清朝流行俗语:"两蓝抬两黄,跟着皇后娘"之由来。⑤ 康熙二十七年,户部议覆一等公内大臣佟国纲疏言:"臣族本系满洲,请改为满洲旗下。应如所请,将舅舅佟国纲等,改入满洲册籍。但镶黄旗舅舅佟国纲等一佐领,及正蓝旗同族之十二佐领、镶红旗同族之三佐领下,所有文武官员及监生壮丁,为数甚众,不便一并更改,仍留汉军旗下。"⑥金简初隶内务府汉军,后来其女弟为乾隆帝贵妃。嘉庆初年,仁宗将其家族抬入满洲正黄旗之中。⑦ 二等侍卫颐龄之女,于道光十四年被册立为皇后,宣宗将其家庭抬入镶黄旗。⑧ 而对于普通八旗蒙古和汉军想抬入满洲旗,一般需要立有功勋。"至蒙汉军大臣着有功绩,或拨入本旗满洲,或抬入上三旗满洲。"⑨莽鹄立,姓伊尔要觉罗,初隶蒙古正蓝旗,世居叶赫地方。因"精于绘事,谕令恭绘圣祖御容",得到皇帝的欣赏。故而被抬入满洲旗分之中。"雍正元年正月,擢入满洲镶黄旗。以本族人户另编佐领,使管之。"⑩乾隆六年,汉军来保,"以办事勤劳",加恩"准其入满洲旗分"。⑪乾隆十二年,巡抚纪山和尚书那彦泰两人因任职勤勉,同时被抬入上三旗之中。"向来下五旗大臣官员内,有因宣力出色,特恩抬入上三旗者。四川巡抚纪山,系平郡王属下,伊父额勒恩特依,曾在军营宣力阵亡。而纪山在巡抚任内,亦甚勤劳,着将纪山抬入正黄旗满洲旗分。再理藩院尚书那彦泰,宣力多年,着将那彦泰抬入正白旗蒙古旗分。"⑫但是,次年纪山又因办事不力,被打

① 《清高宗实录》卷 163,乾隆七年三月下戊寅,中华书局 1986 年版,第 48 页上。
② 张祖翼:《清代野记》卷中,中华书局 2007 年版,第 172 页。
③ 《清穆宗实录》卷 107,同治三年六月戊戌,中华书局 1987 年版,第 360 页下。
④ 福格:《听雨丛谈》卷 1《满洲原起》,中华书局 1997 年版,第 3 页。
⑤ 富察·建功:《晚清侍卫追忆录》,故宫出版社 2011 年版,第 17 页。
⑥ 《清圣祖实录》卷 135,康熙二十七年四月甲辰,中华书局 1985 年版,第 459 页下。
⑦ 《清史稿》卷 321《金简传》,中华书局 2010 年版,第 10787~10788 页。
⑧ 《清宣宗实录》卷 259,道光十四年十月己酉。
⑨ 福格:《听雨丛谈》卷 1《满洲原起》,中华书局 1987 年版,第 3 页。
⑩ 《钦定八旗通志》卷 140《莽鹄立传》,吉林文史出版社 2002 年版,第 2342~2343 页。
⑪ 《清高宗实录》卷 135,乾隆六年正月乙未,中华书局 1986 年版,第 950 页。
⑫ 《清高宗实录》卷 285,乾隆十二年二月下己卯,中华书局 1986 年版,第 711 页下。

回原旗。"朕前以纪山之父额伦特，在阵前效命捐躯。纪山身任巡抚，又黾勉供职，特施恩将伊自镶红旗拔入正黄旗满洲内。伊宜愈加奋勉尽心办事，竭力报效。今乃并不诚心办事，舛错甚多。又因私事与总督张广泗不睦，有负朕恩，纪山着仍拨回镶红旗。"①由于在雍正朝，抬旗现象极为频繁。都察院监察御史杭奕禄甚至奏请，将上三旗与下五旗合为一体。"窃臣看得，七月十六日，皇上因恐下五旗人受王等作践，再四降旨，历陈本因。下五旗人对皇上圣明，及细微之处无不洞鉴，而不胜感慨。唯臣详思，此事目下虽多有益，却终非良策。何以谓曰？八旗之人当初皆系追随太祖高皇帝圣德，感戴奇仁倾心来投，而非投顺诸王者也。由此可见，八旗唯统驭万邦之主可节制耳，若归诸王所属少似过分。今下五旗官乃圣主之官，所食俸米乃圣主之俸米，并非诸王所给。唯身在王等属下，酬报主恩之心虽切，然因有掣肘分力之处，十分之力亦仅效力二三分也，此势所必然。况上三旗较下五旗人少，此不合强本弱枝之法则。以臣之见，下五旗诸王所属佐领俱由圣主收回，不分上三旗下五旗，将旗一并视为上旗。诸王侍卫官员仅作为王包衣佐领之人，酌情降低等次，限额少收，唯派一可信大员料理事务。如此则下五旗原诸王所属数万人马皆可一心效力于圣主，且圣主亦不至分心矣。如此而行，短时看来近似不利，若借一时机顺势办理，天长日久，确为万年安泰之首也。"②在抬旗之例频繁发生的情况下，和硕裕亲王保泰认为："此等佐领频频抬为上旗，下五旗则毁矣。"③

有的学者认为："以汉军身份改隶满洲的却比较少见。"④但是，仅在《八旗通志》中就载有大量的佐领是由下五旗抬入上三旗，或包衣旗抬入外八旗的抬旗事例。共有 41 个佐领曾出现抬旗现象，几乎涉及八旗各个旗分和旗色。⑤ 在《大清会典》中也零散地记载着整个佐领抬旗的现象：乾隆十年，"以镶红旗满洲佐领一，改归正黄旗管辖"。乾隆三十七年，"升镶白旗包衣佐领一，入正白旗满洲"。乾隆四十一年，"以镶蓝旗满洲佐领一，改归正黄旗管辖"。⑥

在清朝，抬旗是旗人荣升和改变身份、地位的一种重要手段，是一种显赫的荣耀，也是皇帝们褒奖酬劳旗人之举。"笼络、吸引旗人官员、兵将为其统治而忘身报国、忠心事君、恪勤尽职。"⑦抬旗，不只是心理上的激励旗人上进，也是经济上的吸收，人才资源的集中。尽管这是八旗内部人事关系的某些调整与完善，无碍于八旗整体，所以不论如何抬出或抬入，对八旗总体影响不大。但是，抬旗是八旗实现流动的一种手段，加强了八旗的纵向联系，从而增强了八旗的整体意识。

———————————————

① 《清高宗实录》卷 319，乾隆十三年七月下甲子，中华书局 1986 年版，第 257 页。

② 《都察院监察御史杭奕禄奏请上三旗下五旗合为一体折》雍正元年八月十七日，《雍正朝满文朱批奏折全译》，黄山书社 1998 年版，第 292~293 页。

③ 《和硕裕亲王保泰等奏议下旗佐领抬为上旗折》雍正元年九月二十三日，《雍正朝满文朱批奏折全译》，黄山书社 1998 年版，第 372 页；《钦定八旗通志》也记载："此等佐领若屡行移于上三旗，则下五旗必致亏少矣。"（《钦定八旗通志》卷 1《旗分志一》，吉林文史出版社 2002 年版，第 6 页）

④ 孙静："满洲"民族共同体形成历程》，辽宁民族出版社 2008 年版，第 101 页。

⑤ 《钦定八旗通志》卷 1《旗分志》，吉林文史出版社 2002 年版。

⑥ 《钦定大清会典事例》（光绪朝）卷 1111《八旗都统·佐领》，《续修四库全书》，第 813 册，上海古籍出版社 2002 年版，第 384 页上。

⑦ 杜家骥：《八旗与清朝政治论稿》，人民出版社 2008 年版，第 333~334 页。

二、降 旗

旗人可以通过立功或得到皇帝的信任而抬旗，抬旗成为旗人上升的一条重要途径。有上自然有下，当旗人因咎或受牵连，会被皇帝从上三旗打入下五旗，或从外八旗编入包衣旗，或由满洲旗拨入蒙古旗与汉军旗。

内三旗系奴仆出身，地位卑贱，"缘事降入内务府"，是清廷对外八旗因咎而进行的警戒。① 早在入关之前，皇太极就通过革除旗人的旗籍或将有过失的旗人打入包衣旗，作为惩罚的手段。天聪九年，"高拱极原管丁二百六十八名，现有丁一百一十七名，减少丁一百五十一名，故革职为民。蒲时雍原管丁一百九十九名，现有丁八十七名，减少丁一百一十二名，故革职为民。杨兴国原管丁八百名，现有丁四百二十八名，减少丁三百七十二名，故革职为民，罚银一百两。马如龙死后，金海色经管，减少丁二百八十七名，故罚银一百两，解其旗鼓职，悉入该贝勒家中为奴"②。"汉军正白旗有石姓者，石廷柱之后也，与满洲旗分之瓜尔佳氏一族，曾在明出仕，故降为汉军。"石廷柱虽在满洲姓氏中，但是由于在明出仕，被降为汉军。③ 石氏家谱载其祖曾为正白旗，但由于多尔衮之变，改隶镶白旗，最后被打入包衣旗分之中。"公幼孤，育于姑丈，名巴拜者。当鼎革之际，屡经迁易，上世多不可考。族属先隶睿忠亲王府籍。公独依姑母，即随姑丈，名巴拜者，为镶白旗人，后入内务府隶正白旗。"④

还有一些旗人因在战争中难辞其咎，被清廷降入包衣旗。康熙二十二年，觉罗巴尔布延误战机，副都统托岱等人交战不力，精奇尼哈番等临阵脱逃。议政王大臣等议定将他们家族打入包衣旗，以示惩罚。"原任都统觉罗巴尔布，因不渡江，致误军机，拟革职立绞，籍没家产，妻及未分家子，编入包衣佐领。又副都统托岱、宜思孝于永兴河滨交战，既不能克敌，又不能固守营垒，以保永兴，弃营奔辰州。拟革职立绞，籍没家产，妻及未分家子，编入包衣佐领。又精奇尼哈番硕塔，不守吉安，弃城奔回，法应处死，因前奉有免死效力之旨。拟革职，鞭一百，籍没家产，本身并妻，及未分家子，编入包衣佐领。又原任尚书哈尔哈齐，将突出吉安屯扎螺子山，贼众不能攻克，拟立绞，籍没家产，妻及未分家子，编入包衣佐领。又和硕额驸华善、原任左都御史多诺，不行疾救永兴，拟革职，籍没家产。"⑤同年四月，螺子山地方失利，议政王大臣会议将一些负有责任的将领及其家属编入包衣旗。"署副都统雅哈喇，在螺子山地方失利，又屡经退却。拟革职，立绞，籍没家产，妻及未分家子，交内务府。又署副都统额思黑，在永兴地方，不能击败迎拒之贼，反率兵退回。亦拟革职，立绞，籍没家产，妻及未分家子，交内务府。上曰：雅哈喇，从宽免死，其妻子亦免交内务府，所有二等阿达哈哈番、佐领，俱着革去。额思黑，

---

① 邱源媛：《找寻京郊旗人社会：口述与文献双重视角下的城市边缘群体》，北京出版社 2014 年版，第 21 页。

② 《天聪九年档》，天聪九年八月初三日，天津古籍出版社 1987 年版，第 97 页。

③ 奕赓：《东华录缀言》卷 1，文海出版社 1973 年版，第 18 页。

④ 《满族家谱序评注·石氏家谱》，辽宁民族出版社 2010 年版，第 219 页。

⑤ 《清圣祖实录》卷 107，康熙二十二年二月癸未，中华书局 1985 年版，第 91 页下~92 页上。

从宽免死，革去一等侍卫，妻子一并交与内务府。"①徐元梦，因学问优长，选为讲官。康熙二十六年，因德格勒私删《起居注》，其受其牵连，被打入辛者库。② "壬辰，充会试同考官，再迁内阁学士，出辛者库。"距其被编入包衣八旗，已经过去二十六年。③

雍正年间，有些宗室、觉罗由上三旗降为下五旗。雍正十三年十月初十日，总理事务王大臣等奏，奉上谕："先宗室觉罗内，有罪之缘故，抽了带子，系紫带子，子孙不入玉牒。署理镶黄旗包衣佐领事务、正黄旗佐领觉尔察七十等，恳祈王大臣等，具呈我们觉尔察人在宗人府蓝档子上，祈为转行正黄旗满洲旗下。"④在储位之争中失利的诸皇子，在雍正帝继位之后纷纷受打击。胤禩之舅噶达浑本为内务府总管，但是胤禩争位失败之后，噶达浑及其族人被雍正帝打入包衣旗。⑤ 道光二十年，清廷在八旗中选聘嫔妃，毓贤姑母不愿入宫为妃。但家长强迫她参加，在进宫的途中其用剪刀自尽。朝廷降罪，剥夺毓贤家族世袭子爵，并"降入内务府，编入正黄旗"⑥。

乾隆朝，高宗掀起国语骑射的高潮，其中一些旗人因不精于国语骑射被降旗。杨氏原为满洲旗人，因对满语不娴熟，被降为汉军旗人。"吾家初隶满洲正黄旗，先高祖归自广西，高宗以清语问答，未能娴习，命改汉军，自是始为汉军正黄旗人。"⑦杨钟羲曾祖在乾隆年间，护理广西巡抚，后迁刑部侍郎，入京觐见。由于不能以满语奏对，乾隆帝将之由满洲正黄旗降为汉军正黄旗。⑧

和珅"少贫无籍"，但深受乾隆帝皇恩，身兼数十职。乾隆帝将其由满洲正红旗抬入满洲正黄旗之中，以示宠爱。嘉庆帝登基之后，宣布和珅大罪二十条，赐其自尽，并将其降至满洲正红旗下。⑨

还有些旗人由于清初的换防，出现了旗分的调整，有一些就由上三旗降到下五旗之中。张氏宗谱载，其祖原为汉军正黄旗，由于换防至盛京，最后在汉军镶红旗下当差。"清世祖入关定鼎燕京，编为汉军正黄旗。迄八年，遂将我始祖张起雾者，拨往盛京驻防，命其随汉军镶红旗第二佐领下当差。"⑩瓜尔佳氏一开始被编入满洲正黄旗中，后移防吉林，改编为满洲镶蓝旗之中。"自三世祖始，于后金天聪八年，率子归清，隶入宁古塔满洲正黄旗。后又于康熙十五年，随同宁古塔将军移住吉林，改制编旗，归于吉林满洲镶

① 《清圣祖实录》卷109，康熙二十二年四月癸未，中华书局1985年版，第110页下。
② 杨钟羲：《雪桥诗话全编》第1册，人民文学出版社2011年版，第131页。
③ 《碑传集》（第3册）卷22《徐元梦传》，中华书局2008年版，第725页。
④ 《满族家谱序评注·福陵觉尔察氏谱书》，辽宁民族出版社2010年版，第51页。
⑤ 《世宗宪皇帝上谕八旗》卷4，雍正四年十月十六日，文渊阁《四库全书》第413册，上海古籍出版社2003年版，第127页下。
⑥ 叶赫颜札·仪民：《忆先伯父毓贤》，政协北京市委员会文史资料研究委员会编：《文史资料选编》（第33辑），北京出版社1988年版，第180页；杨原：《诗书继世长——叶赫颜札氏家族口述历史》，北京出版社2014年版，第11页。
⑦ 《满族家谱序评注·杨氏家谱》，辽宁民族出版社2010年版，第386页。
⑧ 雷恩海、姜朝晖：《杨钟羲与〈雪桥诗话〉》，《雪桥诗话全编》第1册，人民文学出版社2011年版，第2页；恩华：《八旗艺文编目》，辽宁民族出版社2006年版，第141页。
⑨ 《清史稿》卷319《和珅传》，中华书局2010年版。
⑩ 《满族家谱选编·张氏宗谱》，辽宁民族出版社1988年版，第135页。

蓝旗第二佐领下，世代应差。"①汉军朱良弼，也因移防由正白旗转隶镶白旗。"朱良弼，字国辅，号东泉。原隶汉军正白旗，康熙二十一年由参领来粤驻防，后均匀户口，改隶镶白旗。"②康熙四十九年，兵部议覆福州将军祖良璧疏言："康熙二十二年，拨耿精忠藩下兵一千名，分入上三旗。因闽省从未有正黄旗兵驻防，故将应入正黄旗人等分入正蓝、镶白二旗。"③根据《八旗通志》的记载，不管是八旗满洲，还是八旗蒙古、八旗汉军均有降旗的案例，共涉及31个佐领。④

三、换　　旗

在改旗制度当中，抬旗与降旗是旗人纵向流动的途径，而换旗则是旗人平行流动的手段。抬旗与降旗加强了八旗内部上下之间的联系和整合，而换旗则实现了八旗内部横向的沟通与融合。

一些家谱中就清晰地记载着家族换旗的历史。《辽滨塔瓜尔佳氏谱稿》中载："每从征役，所向多功，因入镶黄旗。至八世费祖直义公以后，族大户繁，有自镶黄分入于正黄、镶白者，迄今数百年，从未有自别旗入于镶黄旗者。"⑤吴氏家谱记载，其祖先分隶几个旗分，而且改隶多次。"我曾祖得封义勇将军，署监军事，聚居广宁几三世。及世祖定鼎燕京，其时曾祖辈俱蚤世。三祖各出一子，伯祖入正白旗，叔祖入镶蓝旗，今随公主北居地名科尔沁。余祖从龙迁燕。最先初入正白旗，久之分镶白旗裕亲王府下，祖与父间尝论及辄深感慨。"⑥

在入关前，换旗现象就极为普遍。太祖朝，常书兄弟初隶属满洲镶黄旗，不久改隶镶白旗。后来，其子也隶属于镶白旗。常书之弟为扬书，扬书之子达尔汉为太祖之甥，因此努尔哈赤将达尔汉改隶为镶蓝旗。⑦图赖初隶镶黄旗，后改隶正黄旗。⑧崇德年间，多铎追求享乐，未送出征将士，而在家中与妓女纵情歌舞，激怒皇太极。"尔兄睿亲王与诸贝子、大臣及出征将士，皆有远行。朕虽避痘，犹出送之。尔乃假托避痘为词，竟不一送。私携妓女，弦管欢歌，披优人之衣，学傅粉之态，以为戏乐。"⑨对多铎进行了严厉的处罚："分其奴仆、牲畜、财物及本旗所属满、汉、蒙古牛录为三分，留二分给豫亲王，其一分奴仆、牲畜全给和硕睿亲王。其满洲、蒙古、汉人牛录及库中财物，和硕睿亲王与武英郡王均分，降和硕亲王为多罗贝勒。"⑩崇德八年，多罗郡王阿达礼被论以"扰政乱国以叛逆"罪，"阿达礼家尽给之大学士刚林，拨入正黄旗籍"。其妻其子"给和硕睿亲王，大

① 《满族家谱序评注·讷殷瓜尔佳氏族谱》，辽宁民族出版社2010年版，第112页。
② 《驻粤八旗志》卷19《人物志·朱良弼》，辽宁大学出版社1992年版，第487页。
③ 《清圣祖实录》卷242，康熙四十九年五月丙子，中华书局1985年版，第407页上。
④ 《钦定八旗通志》卷1《旗分志》，吉林文史出版社2002年版。
⑤ 《满族家谱序评注·辽滨塔瓜尔佳氏谱稿》，辽宁民族出版社2010年版，第116页。
⑥ 《满族家谱选编·吴氏谱序》，辽宁民族出版社1988年版，第419页。
⑦ 《清史稿》卷227《常书传》，中华书局2010年版，第9220、9223页。
⑧ 《碑传集》（第1册）卷3《议政大臣昭勋公图赖传》，中华书局2008年版，第59页。
⑨ 《清太宗实录》卷46，崇德四年五月辛巳，中华书局1986年版。
⑩ 《清太宗实录》卷46，崇德四年五月辛巳，中华书局1986年版。

学士范文程拨入镶黄旗"，将其弟"给和硕肃亲王"。①

有一些是由于战争、灾害和自然生产等原因，下五旗披甲人数不足，不得已从其他旗色中补充，导致换旗现象的出现。"正白旗冬国罗原带甲喇，至是调补镶白旗。"②

入关之后，因战事和政治斗争的频繁，八旗内部的换旗现象更加频繁。

一些旗人因为换防，移驻他处，需要进行旗分的调整。伊尔根觉罗氏家谱记载，因为其祖被派遣到乌拉地区驻防，就由满洲镶红旗改隶为满洲镶蓝旗。"国初经奇雅穆，率同族三百余壮丁来归，隶满洲镶红旗。于康熙年间，移驻吉林乌拉，改隶右翼满洲镶蓝旗第五佐领。"③专图呢玛察家族的情况也是如此："详细考察我族，由阿书从征为始，以上各代实难追察。自大清顺治年间，编入都京顺天左翼满牛录正白旗。至康熙初年，第三世二祖额特晕，调任辽阳镶蓝旗防御。三世祖兄弟六人，长海他幼故，三海珠，四加晕，五歪库，六佛伦。自此四位随任迁移辽阳后，额特公迁升都京马蓝峪佐领，其胞弟四人并未随往，入盛京镶蓝旗右翼籍贯。我族自此驻防辽阳镶蓝旗，占领辽阳东北五里许东京城。"④郑芝龙因居住不便提出换旗，这是比较特殊一个案例。"精奇尼哈番郑芝龙，以其祖父坟茔俱在原籍福建。请留继母及子弟各一人守视，其妻妾及二子移送来京。又以住房在镶黄旗而身属正黄旗，往来未便，恳请改隶旗分等语。得旨：郑芝龙准入镶黄旗。"⑤

在康雍年间，因皇位继承问题，各派势力明争暗斗。其中一些失败者的旗分就被置换或瓜分，以便削弱其势力。康熙四十七年，上谕领侍卫内大臣等曰："允禔，着革去王爵，即幽禁于其府内。凡上三旗所分佐领，可尽彻回给与允禵，将镶蓝旗所分佐领给与弘玉。其包衣佐领及浑托和人口均分，以一半给与允禵，一半给与弘玉。"⑥

乾隆年间，乌达禅、卫仲秋等人因有功劳，从东北移居北京。乾隆帝认为：这批人因功来京，附在世管佐领中不合适，提出改隶公中佐领。"头等侍卫乌达禅、三等侍卫仲秋，呈称伊等原在黑龙江、吉林居住，于康熙年间，奉旨移居京城，附于常云世管佐领内，并非常云原编佐领时所属之人。可否援例，改隶旗下人少之公中佐领，仰恩敕部议覆遵行。得旨：从前因伊等着有劳绩，故令移居京城，宜皆附于公中佐领，不宜附于世管佐领，此事无庸交部。乌达禅、仲秋，着即移于公中佐领，此外自尚有未经查出者，交与八旗都统，亦着查明，移于公中佐领。嗣后，有似此关东带来之人，俱照此办理。"⑦

在清朝，换旗比抬旗、降旗更多频繁，《八旗通志》中记载换旗的佐领在八种旗色中都有。镶红旗满洲第五参领第十一佐领，"系康熙十三年，以科尔坤、察尔泰及包衣郭尔衮三佐领余丁编立"。第十二佐领，"原系康熙二十一年，将副都统牛钮族众自包衣拨出，编为半个佐领，即以牛钮管理。至二十三年，人丁滋盛，遂编成整佐领，仍以年钮管

① 《清世祖实录》卷 1，崇德八年八月丁丑，中华书局 1985 年版。

② 《清初内国史院满文档案译编》（上册），崇德七年闰十一月二十日，光明日报出版社 1989 年版，第 497 页。

③ 《满族家谱序评注·伊尔根觉罗氏谱书》，辽宁民族出版社 2010 年版，第 17 页。

④ 《满族宗谱研究·专图呢玛察氏族谱》，辽宁民族出版社 2006 年版，第 313 页。

⑤ 《清世祖实录》卷 67，顺治九年八月庚子，中华书局 1985 年版。

⑥ 《清圣祖实录》卷 235，康熙四十七年十一月癸酉，中华书局 1985 年版，第 349 页下～第 350 页上。

⑦ 《清高宗实录》卷 217，乾隆九年五月下丙申，中华书局 1986 年版，第 790 页下～791 页上。

理"。第十六佐领，"系康熙十三年，以鄂哈、觉罗富腊塔及包衣瓦尔达、西尔达四佐领余丁编立"①。正蓝旗满洲第二参领第二佐领，"系康三十六年，以本旗满洲佐领及包衣佐领内人丁编立"②。正黄旗满洲第五参领第十七佐领，"系雍正元年，奉旨将履郡王之外祖陶尔弼合族人丁，由包衣拨隶本旗，编为半个佐领，即以其族子谢尼管理。继复奉旨以正红旗郎中商吉图之族人，归并于谢尼佐领内，为一整佐领，仍以谢尼管理"③。正白旗满洲都统四参领第十六佐领，"系雍正二年七月，奉旨以镶白旗裕亲王属下太常寺卿孙卓、郎中五十三、主事实印及蒙古都统之员外郎兼佐领布兰泰四族人丁，编一佐领，移入本旗，即以布兰泰管理"④。正蓝旗满洲第三参领第五佐领，"原隶镶蓝旗"，"雍正八年，由镶蓝旗拨隶本旗，仍以永禄管理"。正蓝旗满洲第三参领，"第十七佐领，原隶镶蓝旗。系康熙八年于觉罗克苏佐内分出，以觉罗马克苏管理……雍正八年由镶蓝旗拨隶本旗"⑤。镶白旗蒙古左参领第六佐领，"原系顺治元年正白旗国德所管之佐领"⑥。镶黄旗汉军头参领第七佐领，"原系在盛京编设，初隶正蓝旗，以唐国政管理"。镶黄旗汉军第一参领第八佐领，"系崇德七年编设，初隶镶白旗……雍正元年，此佐领拨隶本旗"。正黄旗汉军第二参领第八佐领，"系康熙二十二年编设，初隶镶红旗"。康熙三十七年，拨入正黄旗汉军。第三参领第八佐领，"系康熙二十二年编设，初隶镶红旗，以生员刘芳管理……康熙三十七年，此佐领拨隶本旗"⑦。镶红旗汉军第一参领第四佐领，"系顺治元年编设，初隶正蓝旗……雍正四年，此佐领拨隶本旗"⑧。第六佐领，"系崇德二年编设，初隶正蓝旗……雍正四年，此佐领拨隶本旗"⑨。正红旗蒙古左参领第五佐领，"海色于国初时携家属及察哈尔八十户来投，中途被追，惟数人得脱。编佐领时，以正红旗半分佐领，镶红旗半分佐领合为一整佐领，令其管理"⑩。正红旗汉军第三参领第三佐领，"原系驻防福建佐领，康熙二十二年进京，分隶镶蓝旗……康熙四十六年，将此佐领拨隶正黄旗……雍正四年，此佐领始拨隶本旗"⑪。正蓝旗满洲第二参领第一佐领，"扎尔固齐三潭由辉发地方来归，将所率人丁编此佐领，初隶镶红旗，崇德年间拨入本旗"。第三佐领编立的情况和第一佐领一样。第三参领第五佐领，"原隶镶蓝旗……雍正八年，由镶蓝旗拨隶本旗"。第三参领第十七佐领，"原隶镶蓝旗……雍正八年，由镶蓝旗拨隶本旗"⑫。镶蓝旗包衣佐领第五参领第四佐领，"此佐领……国公弘晀获罪，将包衣人等分给各王公门上。

①　《八旗通志初集》卷8《旗分志八》，华北师范大学出版社1986年版，第143~144页。
②　《八旗通志初集》卷9《旗分志九》，华北师范大学出版社1986年版，第152页。
③　《八旗通志初集》卷4《旗分志四》，东北师范大学出版社1986年版，第63页。
④　《八旗通志初集》卷5《旗分志五》，东北师范大学出版社1986年版，第86页。
⑤　《八旗通志初集》卷9《旗分志九》，东北师范大学出版社1986年版，第155~158页。
⑥　《八旗通志初集》卷12《旗分志十二》，东北师范大学出版社1986年版，第212页。
⑦　《八旗通志初集》卷13《旗分志十三》，东北师范大学出版社1986年版，第234~237页。
⑧　《钦定八旗通志》卷27《旗分志二十七》，吉林文史出版社2002年版，第463页。
⑨　《八旗通志初集》卷15《旗分志十五》，东北师范大学出版社1986年版，第274页。
⑩　《钦定八旗通志》卷19《旗分志十九》，吉林文史出版社2002年版，第344页。
⑪　《八旗通志初集》卷14《旗分志十四》，东北师范大学出版社1986年版，第262页。
⑫　《钦定八旗通志》卷14《旗分志十四》，吉林文史出版社2002年版，第241~250页。

乾隆四十一年，将此管领裁汰"①。镶蓝旗满洲第三参领第一佐领，"此佐领乾隆十三年抬正黄旗，三十一年拨回本旗，仍改公中佐领"②。

八旗内部的换旗，虽然只是一种平行的流动，旗人的政治地位没有发生根本性的变化。但换旗起到的客观作用是显而易见，这种制度造成了旗人的旗分与旗色的调整，打破了八旗制度中旗分与旗色之间的鸿沟。加上有清一代，历朝统治者有意地将旗人打造成为特权阶层，不断地给旗人集团提供各种政治资源和权力机会。这一切，强化了各种旗分和旗色的旗人对八旗制度的向心力和对旗人身份整体认同。

四、结　语

在清初，八旗是一个相当开放的系统。对内而言，八旗是一个流动的有机体，形成上三旗与下五旗，内八旗与外八旗，八旗汉军、八旗满洲与八旗蒙古之间的沟通、交流和互动，三者实现了充分的涵化，呈现出你中有我、我中有你"多元一体"的民族与政治格局。在清朝，八旗汉军、蒙古、满洲仅仅只是一个政治符号而已，八旗汉军、蒙古、满洲和汉人、蒙古人、满洲人不是一一的民族对应关系。通过八旗内部频繁而长期的改旗，使得上三旗与下五旗，满洲旗和汉军旗、蒙古旗以及外八旗与包衣旗之间的边界并非泾渭分明、一成不变。旗人的旗分和旗色是可以变化的，在这样的情况之下，唯独旗人的身份是静止不变的。通过八旗的流动，从而使旗人整体意识在流动中得到强化。由于这种制度长期的存在，到了晚清，上三旗与下五旗，满洲旗和汉军旗、蒙古旗以及外八旗与包衣旗之间界限逐渐在淡化。故而金启孮先生说："民族和民族关系等问题是新有的。过去北京只有旗民之分，没有民族说法。在营房中就我所看到的也已没有上三旗、下五旗或满、蒙、汉八旗的严格界限。也许从前有，我看到的时候已经淡薄。"③熟悉八旗掌故的旗人后代也说："社会上对旗属知识不甚了解的人不少，以为旗属不能变，还以为正黄旗的就一定比红、蓝、白旗的'份'高。其实不然，所谓'八旗'，起初无非八个战斗集团军，战斗力不尽相同，人数或有差异，跟当朝天子亲疏也随人而变，但在行政级别上却完全相等，并非正黄旗的人就高人一等。"④

（作者单位：长江大学历史系）

---

① 《钦定八旗通志》卷17《旗分志十七》，吉林文史出版社2002年版，第309页。
② 《钦定八旗通志》卷16《旗分志十六》，吉林文史出版社2002年版，第285页。
③ 金启孮：《金启孮谈北京的满族·北京郊区的满族》，中华书局2009年版，第27页。
④ 龙翔、泉明：《最后的皇族：大清十二家"铁帽子王"逸事》，北京大学出版社2011年版，第240页。

阮元校勘《附释音礼记注疏》所引《礼记释文》版本考略*

□ 井 超

阮元校勘《附释音礼记注疏》，撰成《礼记注疏校勘记》六十三卷、《礼记释文校勘记》四卷。① 根据《礼记注疏校勘记序》后之《引据各本目录》，《礼记注疏》的校勘是以宋十行本（实为"元十行本"）为底本，引据经本二、经注本二、注疏本四、校本六、释文三，共计十七种版本进行校勘。这是目前对《礼记注疏》最为系统和完善的校勘成果。

《礼记释文》在《礼记注疏校勘记》中，是被作为一种重要的材料来引据的。如：

> 俨若思：闽、监、毛本同，石经同，岳本同，嘉靖本同。《释文》出"严"云："本亦作'俨'。"《正义》本作"俨"。○按：俨，正字；严，假借字。②

《礼记释文》的出文为"严"，与其他各本及《正义》所据本皆有异，所以才出了这条校勘记，否则无须出校。也就是说，阮元十分重视《礼记释文》所保存的异文。但比较特殊的是，校勘记所引用的《礼记释文》，仅称"释文"而已，并未注明版本。我们知道，阮元《十三经注疏校勘记》的一大特色就是版本意识非常浓厚，甚至同一版本的不同印次都会标明，为何引用《礼记释文》却不注版本？《礼记注疏校勘记》中所引《礼记释文》，到底是哪个版本呢？

就现有材料看，阮元在《礼记》的《引据各本目录》中，列了三种版本的《释文》：通志堂本（《经典释文·礼记音义》）、叶本（明叶林宗影写宋本）和抚州公使库本（宋淳熙四年

---

* 本文系 2016 年度教育部哲学社会科学研究后期资助项目"《礼记注疏校勘记》整理与研究"（项目编号：16JHQ046）的阶段性成果。

① 虽然元十行本也附有释文，但在校勘《礼记释文》时，校勘者并未以元十行本为底本进行校勘，而是以《通志堂经解》所收《经典释文·礼记音义》为底本，校以叶林宗影写宋本、抚州公使库本，同时参以唐石经、岳本、元十行本、闽本、监本、毛本等，形成四卷《礼记释文校勘记》。此《礼记释文校勘记》只见于单行的《礼记校勘记》中，不见于卢宣旬摘录整理附在《礼记注疏》每卷之末的校勘记。对于该问题，笔者另有文章详细讨论，此不赘述。

② 阮元校刻：《十三经注疏》附《校勘记》，中华书局 1980 年版，第 1235 页中栏。

刊本）。除此，并未明确交代其他信息。三种"释文本"外，阮元所校的十行本也附有释文，这个释文与校勘记所引释文有没有关系，也不得而知。在《宋本十三经注疏并经典释文校勘记凡例》中，阮元几次提及《经典释文》：

一、此校以宋本为据，上考之《经典释文》《开成石经》……

一、经注之传于唐者，自孔颖达、贾公彦《义疏》本外，一曰陆德明本，《经典释文》所载之大字是也；一曰颜师古本，《义疏》中所载之"定本"是也。《记》中凡遇二本，并为载入。

一、《经典释文》明代无单行之本。崇祯间，震泽叶林宗仿明阁本影写一部。国朝徐乾学取以刻入《通志堂经解》，卢文弨又刻之《抱经堂》，虽皆据原书订正，亦或是非互易，弃瑜录瑕。今仍取原书以校徐、卢两刻，拾遗订误，分配各经。《孟子》则取通志堂《音义》，以孔继涵微波榭本、韩岱云本、卢文弨本附校于后。①

第一处、第二处说明阮元校勘《十三经》参校了《经典释文》。《经典释文》所载的大字，作为唐代所传的重要经注文字，校勘中凡是遇到，都进行吸收。第三处主要说明清代流行的三种《经典释文》的关系，及校勘《经典释文》的方法，与《经典释文》的校勘记相关，与经注疏的校勘记关系不大。所以，我们从《凡例》中，也无法解决《礼记注疏校勘记》所引《礼记释文》是哪一个版本的问题。

因此，我们只能立足文献，从文本入手，进行版本比勘，以期得出一些结论。我们抽取中华书局1980年影印的阮刻本《礼记注疏》（下简称"中华本"）卷九至卷十三，以其所附卢宣旬摘录的校勘记为主，兼顾《清经解》本《礼记注疏校勘记》，尽可能全面找出这五卷中校勘记引用《礼记释文》的条目，列出其中与释文有关的信息，再与通志堂本、叶本、抚州本、阮刻本相应的《释文》进行对照②，列表如下（见表1）：

表1　　　　　　　　　《礼记注疏校勘记》引释文与通志堂本等对照表

序号	卷次	阮校引《释文》	通志堂本	叶本	抚州本	阮刻本
1	9	出"严然"云：本亦作俨	严然，本亦作俨		严然，本亦作俨	严，本亦作俨
2	9	出"稺"也云：本又作稚。③	稺也，本又作稚		稺也，本又作稚	稺，本又作稚

① 《清经解》第5册，上海书店1988年版，第279页上栏、中栏。

② 通志堂本据美国哈佛大学汉和图书馆藏初印本；叶本今不可见，黄焯《经典释文汇校》（中华书局2006年版）据惠、段、臧、顾诸人之校，间接反映了部分叶本文字。《礼记释文校勘记》也校了叶本。因此，表中所举叶本，以上述二书为据；抚州本据《中华再造善本》影印之中国国家图书馆藏宋淳熙四年抚州公使库刻本；阮刻本则据中华本。另外，阮刻本的《释文》，基本保留了底本元十行本的面貌，而且目前阮元校勘的底本是元十行本中的哪一次印刷本，仍然没有得到确认，所以只能列阮刻本，以间接反映其底本。

③ 以醒目计，将重要异文框出。

续表

序号	卷次	阮校引《释文》	通志堂本	叶本	抚州本	阮刻本
3	9	出"重与奠也"云：本作重与奠与	重与奠也，一本作重与奠与		重与奠也，一本作重与奠与	重与奠也，一本作重与奠与
4	9	出"凶⬚耶⬚"云：下、注同	凶邪，下、注同	耶	凶耶，下、注同	凶邪，下、注同
5	9	束茅为人马曰刍灵	束茅为人马曰刍灵		束茅为人马曰刍灵	
6	9	出"将队"云：本又作坠	将队，本又作坠		将队，本又作坠	队，本又作坠
7	9	侠	侠		侠	侠
8	9	出"愠斯戚"云：此喜⬚怒⬚哀乐相对……	愠斯戚，此喜愠哀乐相对……	怒	愠斯戚，此喜愠哀乐相对……	愠斯戚，此喜怒哀乐相对……
9	9	出"⬚曓⬚也"云：本亦作曓。①	飙也，本亦作曓。		飙也，本亦作曓。	飙，本亦作曓。
10	10	出"啜叔"云：叔或作菽。	啜叔，叔或作菽。		啜叔，叔或作菽。	叔，或作菽。
11	10	出"敛手"	敛手		敛手	敛
12	10	出"多技"云：下同	多技，下同		多技，下同	技，下同
13	10	出"尔目"云：古"以"字	尔目，古"以"字		尔目，古"以"字	尔目，古"以"字
14	10	出"其毋"云：音无	其毋，音无		其毋，音无	其毋，音无
15	10	出"马裂"云：本亦作⬚督⬚	马裂，本亦作督	督	马裂，本亦作督②	马裂，本亦作督
16	10	出"仆也"	仆也		仆也	仆
17	10	出"韬之"	韬之		韬之	韬
18	10	出"又及"云：本或作"又及一人""又一人"，后人妄加耳	又及，本或作"又及一人""又一人"，后人妄加耳		又及，本或作"又及一人""又一人"，后人妄加耳	又及，本或作"又及一人""又一人"，后人妄加耳
19	10	出"⬚横⬚涂"	横涂		横涂	攒涂

① 第9条是被卢宣旬删去的校勘记，据《清经解》本补入。前后字都作"曓"，定有讹误。此条校勘记应该是校勘者误写，故卢宣旬删去。可弃而不论。

② 《礼记释文校勘记》有"马裂"条校记，曰：抚本、叶本"督"作"督"（《清经解》第5册，上海书店1988年版，第780页下栏）。而我们查《中华再造善本》所收抚本《礼记释文》以及日本东洋文化研究所藏抚本《礼记释文》，皆作"督"。疑阮校有误。

序号	卷次	阮校引《释文》	通志堂本	叶本	抚州本	阮刻本
20	10	出"有馈"云：本 又 作馈	有馈，本又作馈		有馈，本亦作馈	馈，本又作馈
21	10	出"欜鞴"云： 本 亦作鞲	欜鞴，本亦作鞲		欜鞴，本亦作鞲	欜鞴，衣亦作鞲
22	10	出"执 贽 "	执贽		执贽	挚
23	10	出"虚墓"云：本亦作墟，注同	虚墓，本亦作墟，注同		虚墓，本亦作墟，注同	虚，本亦作墟，注同
24	10	出"以 苉 "	以苉		以苉	苉
25	10	出"顿也"云：本亦作钝	顿也，本亦作钝		顿也，本亦作钝	顿，本亦作钝
26	10	"有杀"云：本又作弑，同式志反。下"臣杀""子杀"同	有杀，本又作弑，同式志反。下"臣杀""子杀"同		有杀，本又作弑，同式志反。下"臣杀""子杀"同	有杀，本又作弑，同式志反。下"臣杀""子杀"同
27	10	窥	窥		窥	窥
28	10	杀	杀		杀	弑
29	10	出"名胗"	名胗		名胗	胗
30	10	出"大傅"	大傅		大傅	傅
31	10	出"追然"云：音退，本亦作退	追然，音退，本亦作退		追然，音退，本亦作退	追然，音退，本亦作退
32	10	出"之缕"	之缕		之缕	缕
33	10	出"庶觊"云：本又作几	庶觊，本又作几		庶觊，本又作几	觊，本又作几
34	11	出"大平"	大平		大平	大平
35	11	出"肥墝"云：本又作墩	肥墝，本又作墩		肥墝，本又作墩	墝，本又作墩
36	11	出"觌聘"	觌聘		觌聘	觌
37	11	出"为介"云：音界	为介，音界		为介，音界	为介，音界
38	11	出"章管"云：本亦作障	章管，本亦作障		章管，本亦作障	章
39	11	出"之涂"云：本又作塗	之涂，本又作塗		之涂，本又作塗	涂，本又作塗
40	12	襭	襭		襭	襭

续表

序号	卷次	阮校引《释文》	通志堂本	叶本	抚州本	阮刻本
41	12	出"以部"云：本又作谇，音信，注同	以部，本又作谇，音信，注同		以部，本又作谇，音信，注同	讯，本又作谇，音信，注同
42	12	出"不揜"云：本又作掩	不揜，本又作掩		不揜，本又作掩	揜，本又作掩
43	12	秏	秏		耗	耗
44	12	出"之畜"云：后皆同	之畜，后皆同		之畜，后皆同	之畜，后皆同
45	12	鮌	鮌		鮌	鮌
46	12	出"黄能"云：本又作熊	黄能，本又作熊		黄能，本又作熊	能，一本又作熊
47	12	出"沛也"	沛也		沛也	沛
48	12	斾	斾		斾	斾
49	12	出"相礩"	相礩		相礩	相鄉
50	13	出"徭役"云：本又作繇	徭役①，本又作繇		傜役，本又作繇	徭，本又作繇
51	13	出"苛察"云：本亦作呵	苛察，本亦作呵		苛察，本亦作呵	苛，本亦作呵
52	13	札书	札书		札书	策书
53	13	止观	止观		止观	观
54	13	出"翌"云：音皇，本又作皇	翌，音皇，本又作皇		翌，音皇，本又作皇	翌，音皇，本又作皇
55	13	出"则牟追"	则牟追		则牟追	牟追
56	13	出"提契"云：本亦作挈	提契，本亦作挈		提契，本亦作挈	提挈，本亦作提挈
57	13	为朝	为朝		为朝	为朝
58	13	絮	絮		絮	

以上所列 58 条校勘记，除第 9 条有讹误弃而不论外，其余 57 条，我们试作如下分析：

（1）阮刻本所附释文，乃翻刻自元十行本。通过与《中华再造善本》影印的元十行本对

---

① 《礼记释文校勘记》出"徭役"，曰：抚本"役"作"役"。按："役"字与注疏本同。《五经文字》"役""役"二字同，经典通用"役"（《清经解》第 5 册，上海书店 1988 年版，第 781 页上栏）。

比，发现 57 条中，二者有差异的有两处。第一处为第 4 条，元十行本作"凶耶，下、注同"，与阮校引释文同。第二处为第 40 条，元十行本作"鯀"，与阮校引释文不同。由此可见，阮刻本所附释文基本能够反映它的底本的面貌。除去上述两条，其余 55 条，阮刻本所附释文与阮校引释文完全相同的仅有 16 条。其余 39 条中，阮校引而阮刻本无者 4 条，即第 5、16、17、58 条；阮校引与阮刻本不一致者 35 条。另外，16 处二者相同的条目中，阮刻本要么与通志堂本同、要么与抚州本同、要么与叶本同，没有出现阮校引只与阮刻本相同的情况。因此可以看出，阮校所引释文与底本元十行本有较大的出入，二者没有太多直接的关系。

（2）除去阮刻本，阮元《引据各本目录》中所列三种《礼记释文》，叶本虽已不可见，但根据前人校勘成果，我们可以找出 3 条，即第 4、8、15 条。其中第 8 条和第 15 条最能说明问题。第 8 条阮校引独与叶本同，与其余两种版本皆不同，说明阮校引据了叶本。而第 15 条，阮校引与叶本不同，说明阮校引并未全依叶本。

（3）通志堂本与抚州本，目前皆可得到。与阮校引释文相比，两本皆与阮校引同者 52 条；第 20、43 条通志堂本同而抚本异；第 4 条通志堂本异而抚本同；第 50 条互有异同；第 8 条与两本皆不同，而与叶本同。这说明阮校所引释文，或据通志堂本，或据抚本，或据叶本，没有超出三种版本。另外，我们对比通志堂本与抚本可以看出，两者大同而小异。通志堂本取自叶本，更应是如此。

通过以上分析可知，阮校所引释文，取材不出通志堂本、叶本、抚本范围，且与底本元十行本没有直接关系。那么，阮校在引用这三种版本时，以哪个为主呢？

我们认为，阮校所引释文大约是以通志堂本为主的。理由有二：

其一，阮元《礼记释文校勘记》，是以通志堂本为底本，以叶本、抚本作为对校本的。另外《周礼释文校勘记》《仪礼释文校勘记》《左氏传释文校勘记》《公羊传释文校勘记》《穀梁传释文校勘记》《孝经释文校勘记》等皆以通志堂本为底本。由此可见通志堂本的重要地位。

其二，阮元在《礼记》的《引据各本目录》列了三种《礼记释文》：通志堂本、叶本、抚本。阮校其他各经，《周易》《左传》《穀梁传》《论语》《孝经》五经《引据各本目录》，未提《经典释文》；《尚书》《毛诗》《周礼》《仪礼》《公羊传》五经《引据各本目录》，提及《经典释文》，或归之"引用诸家"，或列入"经注本"，皆未列版本。可见，《引据各本目录》列《经典释文》，并非统一规定，更无须列版本的要求。因此，《礼记》列三种释文，必有深意。我们发现如果按照成书先后顺序，通志堂本应该放在最后，但它却被放在第一位。这与经本、经注本、注疏本下的版本按成书先后顺序排列的方式是不同的。《礼记释文》各版本顺序的摆放，可能是根据版本的重要性来的。通志堂本被摆在第一位，就是在说明以它为主。

既然说阮校所引释文以通志堂本为主，那何时才会引据叶本、抚本呢？难道是拿着三种《礼记释文》一一来对照？这也需要通过分析阮校引释文与通志堂本不一致的文本来说明。

例 1：表 1 第 4 条，阮校全文为：

为有凶邪之气在侧：闽、监、毛本同，岳本同，嘉靖本同，卫氏《集说》同，《释文》出"凶耶"云："下、注同。"①

被校文字为"凶邪"，通志堂本也作"凶邪"，如依通志堂本，这条校勘记全同，没有出的必要。而《礼记释文校勘记》也出了"凶邪"的校勘记，其校语为"抚本、叶本'邪'作'耶'，十行本同"。也就是说抚本、叶本、十行本与阮校引释文一致。我们推测，可能是校勘者见到十行本与通志堂本不一致时，才去查考其他两个版本，从而出校。

例2：表1第8条，阮校引释文作"喜怒"，叶本、阮刻（元十行本）同，通志堂本作"喜慍"。这也可能是校勘者见到十行本与通志堂本有异，查其他版本，从而确定出校。

例3：表1第50条，阮校引释文作"徭役"，"役"字，抚州本同。通志堂本作"伇"字，非经典常用字，《五经文字》有辨正，校勘者当据常识而去查其他版本，从而确定出校。

这是57条校勘记中，阮校引释文与通志堂本不一致的仅有第3条。校勘者在引用《释文》时，拿三个版本来回对照的可能性不大，因为这既费时费力，又收效甚微。所以最有可能的是，当校勘者看到底本十行本与通志堂本不一致，或者根据文意觉得通志堂本有误时，再去查其他两个版本。然后随其行文需要，取释文文字。所以十行本的释文在这里起到的作用是提起查考。这种推理，最合情理，也能够在上述三个例子中说得通。

通过以上考证分析，我们可以看出，阮元校勘《礼记注疏》所用《礼记释文》，不出通志堂本、叶本、抚本的范围，与阮刻底本元十行本没有直接关系。在所引据的三种《礼记释文》中，应该是以通志堂本为主，偶尔查考其他两个版本。

阮校《礼记注疏》所用《礼记释文》版本的问题看似不大，但实际上给很多人带来困扰。卢宣旬等人在刊刻《礼记注疏》时，已经对此问题不甚了解。比如：

管仲镂簋：各本同，《石经》同。《释文》出"镂簋"字，误也。（卷四十三）②

下"镂簋"二字，南昌府本《礼记注疏校勘记》同，而《清经解》本、文选楼本《礼记注疏校勘记》皆作"缕簋"。显然，作"镂簋"前后矛盾，是不对的。查通志堂本《经典释文》，作"缕簋"，单行本校勘记是不误的。此乃卢宣旬刊刻时误改。据何而改？查阮刻本的释文，正作"镂簋"。这应该是卢宣旬不明校勘记体例，为求《校勘记》引《释文》与所刻《释文》统一而改。

另外，阮刻本在流传过程中，进行过多次修订和重刊，中华本出自何本，虽然无法完全理清，但它绝非南昌府本初刻本。也就是说，中华本是经过后人修订的。而修订的人，对我们所说的问题认识不清，面对《礼记注疏校勘记》引《释文》与阮刻本《释文》不一致时，为求统一，也会妄改校勘记。请看以下几例：

---

① 阮元校刻：《十三经注疏》附《校勘记》，中华书局1980年版，第1308页上栏。

② 阮元校刻：《十三经注疏》附《校勘记》，中华书局1980年版，第1570页中栏。

①器皿其本所赍物也律弃妻畀所赍：闽、监、毛本同，岳本同，嘉靖本同。惠栋校宋本上"赍"作"赉"，卫氏《集说》同。《释文》出"所 赍 "云："下同。"……（卷四十三）①

超按：最后一"赍"字，南昌府本作"齐"，《清经解》本、文选楼本同。查通志堂本《经典释文》，所出文字正作"所齐"。原校不误。阮刻本《释文》作"赍"，大概据此而误改。

②泛拜众宾于堂上：各本同。《石经》"泛"作"汜"。岳本作"泛"，《释文》同。按：《释文》音芳 敛 反，当作"泛"为是。（卷四十四）②

超按："敛"，南昌府本作"剑"，《清经解》本、文选楼本同。查通志堂本《经典释文》，正作"剑"。原校不误。阮刻本《释文》作"敛"，大概据此而改。

③菲蒉类也：闽、监、毛本同，岳本同，嘉靖本同，卫氏《集说》同。《释文》"蒉"作" 富 "，惠栋校《正义》同。（卷五十一）③

超按："富"，南昌府本作"蒉"，《清经解》本、文选楼本同。查通志堂本《经典释文》，正作"蒉"。原校不误。阮刻本《释文》作"富"，大概据此而误改。

以上三例，皆是阮刻本《礼记注疏》在流传过程中，修订人不明校勘体例而妄改校勘记，与校勘者原意不符。由此可见，理清阮元校勘《礼记注疏》所用《礼记释文》版本，会增进我们对阮刻本的认识，同时可以纠正一些问题。

阮元校勘《礼记注疏》，引用的版本是比较全面的，几乎涵盖了当时能够见到的所有重要版本。以今时今日的便利条件来讲，有很多版本问题可以深入研究。比如，阮元校刻所据底本为十行本，目前已为学界共识，但是我们通过对阮校十行本和《中华再造善本》影印之十行本进行比勘，发现二者微有出入，并不能完全对应。十行本经过多次修版，现存世至少四部。阮校十行本存与不存的问题，意义重大，值得研究。再者，阮元引用的惠栋校宋本，实际上是间接引用惠栋批语，有研究者零星发现，阮校有误将惠栋所记其他版本文字误当作宋本的情况。这个问题，牵涉我们对阮校的评价，牵涉对惠校宋本与现存八行本关系的判断，非常值得全面具体研究。另外，阮校所用卫氏《礼记集说》，乃通志堂刻本，与宋刻本有不少出入，我们需要研究这有没有影响阮校的判断。阮校所用嘉靖本《礼记注》，提及先后两种版本，对其进行系统研究，也有利于我们深入认识嘉靖本，甚至是明人刻书的相关情况。研究这些问题，一来可以加深我们对阮刻的认识，二来可以增加我们对所研究版本的认识，更重要的是，还能指导我们现在的校勘实践。在网络电子资

---

① 阮元校刻：《十三经注疏》附《校勘记》，中华书局 1980 年版，第 1571 页上栏。
② 阮元校刻：《十三经注疏》附《校勘记》，中华书局 1980 年版，第 1578 页上栏。
③ 阮元校刻：《十三经注疏》附《校勘记》，中华书局 1980 年版，第 1624 页下栏。

源高度发达的今天，版本学研究必须深入到具体细节，去探求各版本之间的复杂关系。只有在深入研究的基础上，我们才能对各版本的异同优劣得出全面认识，才能做出更好的版本。

（作者单位：南京师范大学文学院）

山区开发历史与山地文化研究

栏 目 语

中国是一个多山的国家，国土面积、耕地、宜牧草地及人口、粮食生产量等，山区所占全国总量的比例均远超世界平均水平。中国的山区更兼有"老、少、边、贫"等特殊的历史内涵，不仅在国民经济中占有重要地位，在维持生态平衡、保护环境方面亦具有无可替代的重要作用。论者或以为：恶劣的自然环境、落后的经济条件、素质低下的劳动者乃导致中国山区贫困的主要因素，三者之中，恶劣的自然环境是问题的起点，如山大沟深，土地贫瘠，水土流失严重等是山区致贫的初始原因，岂不知山区的生态环境有一个逐渐演变的过程，发展条件的不断恶化亦与人类活动高度关联。相对于山区丰富的自然、社会属性特点及其重要性，山区开发历史与山地文化的研究显然有待于深化。教育部哲学社会科学研究重大课题攻关项目"中国山区开发与发展的历史研究"正是从历史上时期着眼，关注山区问题的由来，以山区人地关系为核心，着重考察人类活动与山地生态系统的相互作用(或云"人山关系")和山地文化的生成及其多元性色彩。研究的重要任务是理清历史时期中国山区资源开发、经济与社会文化发展的总体进程，形成对中国山区开发与发展过程的总体认识：揭示山区经济开发、社会文化发展不同于其他地貌区域的区域性特点；总结山区开发与发展的历史经验与教训，认清山区人地关系的复杂性，以期鉴古知今。其间，山区人口、资源与环境三者的相互作用与动态关系、山地垂直性特征在山区开发与发展过程中的表现与影响、不同山区在开发与发展进程及其特点方面的差异乃须突破的难点。有鉴于此，综合运用历史学、地理学与人类学的方法，贯彻整体把握与区域个案研究相结合的研究。

本期刊发的一组文章，首篇从较为宏观层面上探讨山区开发史研究的基本问题，涉及山区开发史研究的趋势及意义，山区开发历史研究须确立的山区研究意识，强调要把握建立在地域分异基础上的、不同于其他地貌区域的如垂直地带性等山区特性，探讨山区资源开发、经济增长、社会变迁、环境演变、文化积累的历史过程及其规律，倡导实地考察与史料搜掘相结合，将历史文献记载落实到具体的地理空间上，更为清晰地揭示山区开发进程与山地垂直地带性间的相互关系等。其他二篇属山区开发史个案研究，其一以民国时期陕西黄龙山垦区边界纠纷为切入点，探讨黄龙山区土地开发过程的垦荒行为和界线变迁。提出"垦荒和界线"是民国时期黄龙山区土地开发过程的两条主线，对两者及其内在关系的深化理解和有效把握，是摸清同时期同类型研究的关键所在。其二则通过清水江木材贸易之"当江"制度的构建及由此引发的"争江"纠纷乃至冲突，展现了流域上游山区资源开发进程中发生的地域间、族群间利益博弈及互动，朝廷又如何利用"当江"制度开辟苗疆并构建山区地域秩序。其间亦涉及山区物资的流动以及由此体现的上游与下游、山区与平原间的互动。

山区开发史研究论略[*]
——以中国南方山区为中心

☐ 张建民

　　由于地形、交通等条件的限制，山区在以往的历史进程中往往处于相对劣势地位，有意或无意间被视为闭塞、落后的空间。然而，随着人口剧增，人口与资源的矛盾凸显、生态环境问题日益突出，加之开发过程中对山区自然资源过度利用和滥用、山地侵蚀加剧、水土流失及环境恶化诸问题不断暴露，山区逐渐成为世人关注的焦点，以至于有"落后在山、潜力在山、希望也在山"之说。与此相应，对山区的专门研究，亦愈益受到学术界的重视。较早关注山区的历史学，自然无法置身事外。本文在前此总结明清时期山区开发研究的基础上，[①] 进一步探讨如何深化历史时期山区开发的研究。

一、山区开发史研究的趋势及意义

　　山地是世界陆地的主要地貌骨架和重要组成部分，是大多数河流的发源地，更是平原地区的生态屏障。对人类生存、发展至关重要的水、能源、生物多样性等条件，主要来自山区，有人甚至将山地提高到支撑未来人类生存的生态与环境基石的高度。另一方面，山区是生态环境矛盾比较集中的地区，具有脆弱易损且恢复困难的弱点。可以说，对人类社会而言，山区既非常重要，又相对落后；既蕴藏有巨大的潜力，又充满着各种矛盾，在维持生态平衡、保护环境、未来持续发展方面具有无与伦比的重要地位。众所周知，中国是一个多山的国家，有关统计表明，山地占国土总面积的70%左右，山区人口、耕地分别占全国总人口、总耕地面积的39%和40%，这些都远远高出世界平均水平。[②] 至于宜牧草

　　＊ 本文为教育部哲学社会科学重大课题攻关项目"中国山区开发与发展的历史研究"（项目编号：13JDZ038）阶段性成果。

　　① 参见拙作：《明清时期山区开发与发展研究综述——以南方内地山区为中心》，《中国经济与社会史评论》2009 年卷，中国社会科学出版社 2010 年版。

　　② 中国地貌类型分高原、山地、盆地、丘陵、平原五种类型，山地按高程和起伏特征定义为海拔500 米以上，相对高差 200 米以上。山区是以山地为主的自然地貌区域。习惯上或将山地、高原、丘陵统称为山区。通常采用的山的高度标准是：一般海拔高度（该指标数内的山体面积超过整个山体面积的60%以上）500～1000 米为低山，1000～3500 米为中山，3500～5000 米为高山，5000 米以上为极高山。据此统计：山地面积大约占世界陆地面积的 30%，而世界人口的 80%以上居住在海拔 500 米以下的低平地区（《中国大百科全书·地理学》，中国大百科全书出版社 1990 年版，第 369 页）。中国海拔 500 米以下的土地只占全国领土的 16%，海拔 2000 米以上的土地却占全国领土的 37%，垂直地带性特征显著。

地、林地等面积、水能资源、生物资源所占全国总量的比例之高，更无须赘言。

从现代山地学意义上考量，专门的山地综合研究始于 20 世纪中期，代表著作如 R. 皮蒂（Roderick Peattie）《山岳地理》（1936 年版）等。① 随后有山地学（Montology）概念正式提出。第二次世界大战后，随着世界人口剧增，山区（地）开发、发展中过度利用和滥用自然资源、山区侵蚀加剧、水土流失及环境恶化诸问题不断暴露和相关认识的深化，国际上对山区的专门研究，亦愈益受到学术界重视。② 地理学"人地关系"概念中，亦进一步提出"人山关系"概念。至于具体的山区研究成果，更是日益丰富。③

通观当前山地学研究领域，受全球问题、学科发展等因素影响，山区研究的综合性倾向更加显著。近年来与地球科学从资源时代进入环境时代，其社会功能随之由"资源型"向"社会型"拓宽的趋势一致，专门的"山区"或"山地"研究中，人文因素也受到更多的关注，而山区（地）的变化成为山地学研究的核心问题。研究者力求通过对影响山地格局和演化作用的各个要素（自然的、人文社会的）的考察，综合认识这些要素的变化和特点，以及多要素组合相互作用的机理和引发变异的临界特征值，阐明多要素共同作用下山地系统变化的过程、基本规律与特征。④ 这样一来，山区开发、发展历史研究的意义显而易见。即使自然地理学研究领域，也有不少学者从历史着眼，关注山区问题的由来，注重利用历史生态途径，着力研究人类活动与山地生态系统的相互作用过程，出现了一些很有价值的研究成果。⑤

需要特别强调的是，不少人都知道中国山区面积广大，而且兼有"老、少、边、贫"等复杂、特殊的属性，但更多的人忽略了这些特殊属性背后都有着丰富、深远的历史内涵。革命老区不仅是中国共产党革命时期的根据地，而且有历代流民集聚、农民起义等更深远的渊源。山区成为少数民族的聚居区乃东西方共有的现象，而不仅是中国。也许正是由于山区的存在，一些少数民族才未被平原或低地多数民族所征服和灭绝，但中国民族众多却非世界其他大多数国家可比。中国南方少数民族大多数聚居在山区，仅云贵川山区聚

① 科学出版社 1958 年有中文版。

② 山地生态学研究委员会、国际山地学会（IMS）、国际山区综合开发中心（ICIMOD）等先后于 1968 年、1980 年、1983 年成立。继 1972 年联合国人类与生物圈计划把"人类活动对山地生态系统的影响"列为重点研究内容之后，1974 年呼吁加强山地环境研究的《慕尼黑宣言》发表，1992 年巴西里约热内卢召开的世界环境与发展大会通过的《21 世纪议程》又把山地定性为脆弱生态系统，并将其持续发展作为人类生存与发展的重大课题。1998 年第 53 届联合国大会确定 2002 年为国际山区年（Intenational Year of Mountains，简称 IYM）。2000 年 6 月召开首届"世界山区论坛"，1981 年国际山地研究会与联合国大学还共同创办了《山地研究与开发》。

③ 就中国言之，大约 20 世纪 20 年代，中国开始出现近代科学意义上的山地研究，1925 年翁文灏发表《中国山脉考》（《科学》第 9 卷第 1 期，后收入其《锥指集》），通过对中国山脉的考察，概括出山脉成因的分类、中国山脉成因、造山时期与欧洲的差异，提出了以考察地质构造、造山时期分内外营力为主研究山脉的主张。李四光指导下完成的著作《宁镇山脉志》则被称为山地研究划时代的著作。1984 年中国成立山地研究会，1987 年，改中国科学院成都地理研究所为成都山地灾害与环境研究所，贵州科学院亦设立了山地资源研究所，1982 年创办了《山地研究》杂志。

④ 邓伟等：《中国山地科学发展构想》，《中国科学院院刊》2008 年第 2 期。

⑤ 参见方一平：《山地生态系统人文研究综述》，《山地学报》2001 年第 1 期。

居的少数民族就有 40 多个，横断山区亦有 25 个民族。山区贫困市县众多，① 却未必是山区自身的问题，尤其不是山区自然基础的原因，而是人类活动长期影响山区的后果之一。所有这些更决定了中国山区开发史研究无可替代的重要性。

具体而言，山区开发史研究至少有以下几个方面值得高度关注。

其一，山区是人类文明的主要发祥地之一。在中国，距今 200 万年前的"巫山人"、170 万年前的"元谋人"、110 万～115 万年前的"蓝田人"、80 万～100 万年前的"郧县人"②、70 万年前的"北京人"、30 万年前的"营口金牛山人"、20 万年前的"长阳人"、12 万年前的"马坝人"以及距今数万年前的"山顶洞人""石门人"等古人类化石遗址也大多分布于山区。有人认为人类起源、演化与发展的规律，在空间上是从山地到丘陵再到平原，那么，这些产生于山区的文明，其持续性如何，是否具有普遍意义？无论答案是肯定还是否定，都应该建立在对山区早期历史进一步系统、扎实研究的基础之上。以农业为例，越来越多的考古新发现表明，无论西亚、东北非、东南欧，或者是美洲新大陆，农业的发生最早都在山地或高地边缘。农业的发展，经历了一个由山地农业到低地农业的空间拓展过程。③

其二，山区开发与发展的历史研究有助于深刻理解、认识中国传统社会经济发展的多样性及时空不平衡特征。一般而言，山区耕地资源匮乏，而且开发利用难度较大，而山林、特产、矿产资源则相对丰富，山区民众为生计而因地制宜开发山区资源的过程中，形成了不同于平原地区以粮食种植业为主的生产结构。在相应的经营过程中，亦产生多种经济形态。与山地地形相应，许多山地经营都有面积或规模较大的特点。到传统社会后期，山地农业生产领域亦出现了一些新的因素。当年资本主义萌芽研究热潮中，就有学者分别在山区手工业、农业中发现了新的生产关系萌芽。退一步讲，即使不从生产方式变革层面上讨论问题，山区多种经济形态的存在，至少对探讨中国传统社会经济发展的多样性具有重要意义。

众所周知，历史发展除了时间系列上的先后差别外，空间发展的不平衡性同样存在，特别是在中国这样一个疆域辽阔、自然条件千差万别、民族构成复杂多样的国度，各个地区之间社会经济发展具有显著的不平衡性。毫无疑问，诸多不平衡的基础，应该是地域分异，即自然地理环境结构的差异性。十数年来，历史学界对于以行政区划或地理方位为基础的区域研究颇为重视，对相应的区域发展不平衡，亦已给予较多的关注。然而，对于由地域分异如地形、气候等差异造成的区域发展不平衡或多样性，仍未给予足够的重视。已有与此类相关的研究，大多将眼光投向平原区域，对山区关注明显不够。

其三，明清时期的山区开发对中国社会历史进程具有重要而且深远的影响。尽管有不少文明起源于山区，但由于生产方式变化、科技进步等诸多因素的影响或制约，各大山区的全面开发则大多在传统社会后期。传统社会后期特别是明清时期南方山区的开发，是在

---

① 根据 20 世纪末的资料，山区扶贫县 496 个，占全国扶贫县总数的 83.8%。贫困县较为集中的山区如湘鄂川黔交界的武陵山区有 47 县，鄂豫皖交界的大别山区有 44 县，湘赣丘陵山区有 59 县，而川陕鄂豫四省交界的秦巴山区的 87 县中，贫困县就有 73 县。

② 管维良：《南方文明之源——巫巴山地》，《重庆师范大学学报》1992 年第 1 期。

③ 李根蟠、卢勋：《我国原始农业起源于山地考》，《农业考古》1981 年第 1 期。

其他地区(尤其平原地区)资源，尤其宜农土地的开发相对饱和，而人口又不断增长的背景下展开的，大规模的山区开发，不仅形成了一次经济增长高潮，也开辟出一个新的经济增长空间，对于增加粮食产量，缓解日益加剧的人口压力，具有不可忽视的作用。可以说，明清时期如果没有山区的大规模开发，养活4.3亿人口是不可能的，这在中国历史发展进程中的作用十分重要。当然，大规模山区开发的后果绝不仅仅是粮食产量，其影响所及亦远不止于此。如果将考察时段放长，社会的、环境的影响会更为突出。①

其四，进一步发掘、保护多元化的中华文化遗产。由于山区地形条件相对僻远、复杂，加之人口来源复杂，人口构成不稳定，人口流动频繁，官府控制力度相对薄弱，时常有不为官府或正统社会所容纳的人员、组织避入山区。于是，多民族聚居之外，山区还逐渐形成了宗教、民间信仰教派种类众多、组织繁杂的局面，至于五花八门的秘密会社更是山区传统之一。与此关联，一些非正统的思想、意识较容易在山区扩散、扎根成长，因此，山区文化呈现出不同程度的多元样态，不少内容至今仍然在山区遗存。

最后，由于对山区问题的由来缺乏研究，或者说山区发展研究、决策过程中历史认识的缺失，致使对相关问题的认识、把握不准确，甚或影响到决策。颇能说明问题的例子是：不少人将恶劣的自然环境视为山区所固有，并当作导致中国山区贫困、落后的主要原因。其基本逻辑是：恶劣的自然环境、落后的经济条件、素质低下的劳动者等三个因素相互作用，而恶劣的自然环境是问题的起点，是致贫的初始原因。岂不知中国山区贫困的根源很大程度上要归结于社会因素。不少山区今人所见的穷山恶水、土地贫瘠、水土流失诸条件，并非山区的本来面貌。山区自然环境也有一个逐渐演变的过程，在这个过程中，起主要作用或影响变化的主要因素之一，恰恰是人类活动，即人文社会因素。无可否认，在中国诸多山区中，有的区域本来就不适宜农耕，甚或不适宜人居，但试想当初人类为谋生计而进入定居的山区会是这样的山区么？肯定不是。以明清时期流移民集聚的中心之一——秦岭—大巴山区为例：时人不止一次指出："惟荆襄迤西，多长山大谷，土壤腴沃，物产富穰，寒者易以为衣，饥者易以为食，此天地自然之利也。利之所在，民必趋之。往岁流民潜聚，去而复来，固其所也。为政者奈何违天地之利而拂民之性乎？"②"流通不特为避逃计，实所以利之。自终南一带，东至荆襄，其地肥饶闲旷，物产天然之利，贫无育者亦合招安，不得弃诸无用。"③成化十二年(1476)抚治荆襄都御史原杰筹划即其地增置州县，开设郧阳府、郧阳卫所以及湖广行都司之后，虑及流移势将复来的理由亦是"此辈恋膏腴而乐闲旷"。④ 诸多碑石、谱牒记载亦表明，众多宗族初到山区落脚之地都有较为理想的谋生环境，所谓"四顾峰峦，茂林奥草，时逢六月，不知其暑"。"爱其山水秀雅，因家焉。""物产滋饶，无所不有，原足以供其所需。"而不是穷山恶水。现在有人居住的山区，其当今环境优也罢，劣也罢，有许多当年都是"重冈复岭""崇山峻岭"的同时，亦是"深林密箐"，物产丰富。山区环境恶化，大多是与人类活动影响高度关联的。如人

---

① 参见拙作：《明清农业垦殖论略》，《中国农史》1990年第4期。
② 曾熙：《创置竹溪县治记》，康熙《郧阳府志》卷三十七《艺文志》。参见嘉靖《湖广图经志书》卷九《郧阳府》。
③ 章潢：《图书编》卷四十九《郧阳流贼》。
④ 《明宪宗实录》卷一六○，成化十二年十二月己丑。

口变动,特别是流移人口向山区的集聚,往往成为山区大规模资源开发活动的动因,生产方式(尤其是土地利用方式)则在很大程度上影响甚至决定着资源开发的后果——经济效益和环境效益。①

其实,历史研究对山区关注较早,特别是对中国社会历史进程具有深远影响的明清时期山区开发、发展的研究,已经取得了一系列值得称道的成果。其中,有从土地资源、林木及经济林特产资源、矿产资源开发考察山区经济发展的,有从流移人口集聚与分布、土客关系、农民起义等入手探讨山区社会动荡与社会变迁、社会控制的,也有在新生产关系产生成长层面上考量山区社会生产方式变革的,还有以少数民族为观照发掘山区文化、关注山区发展问题的,近年亦不乏从资源过度或不合理开发、自然灾害角度讨论山区生态环境演变的。或主要就某一时段上山区存在的某类问题进行研究,或主要就某一山区发生的某个事件加以考察,几乎涉及了山区开发、发展的各个领域,尽管参差不齐,或不无时代印痕,但已经提出了一些有意义的问题,得出了不少有价值、或有启发性的结论,为进一步的探讨打下了相应的基础。②

但是,毋庸讳言,与山区在中国国土资源中的地位相比,与山区发展进程中的问题及其重要性相比,就全面、正确地认识和把握山区而言,已有的研究显然还很不够。从有意识的山区研究的意义上检讨,可以说山区历史研究的广度、深度无不有待于提高。从广度言之,首先是研究的空间分布很不平衡,已有研究成果较多集中在川陕楚豫交边的秦岭—大巴山区、湘鄂赣交边的幕阜—九岭—武功山区、闽浙赣交边的武夷山区、闽浙丘陵等地区,而鄂豫皖交边的大别山区、湘鄂川黔交边的雪峰山—武陵山区、南岭山区等,研究成果却相对少,大西南地区的部分山区更是几近空白。其次是研究领域亦存在类似问题,山区人口变化过程、资源开发与经济增长乃山区历史研究的热点领域,山区环境近年亦受到较多研究者关注,而山区聚落、山区基层社会、山区文化等领域,则成果较少,不少山区尚为空白。当然,随着学术界对山区研究意义的认识不断提高,相信研究空间、研究领域分布不平衡的局面很快会有所改变。不过,山区历史研究的深化或提高,尚有可议之处,在此仅就山区研究意识、非传统史料搜掘与实地考察等三个基本的方面提出浅见,以供参考。

二、山区研究意识与山区开发历史研究

正确理解历史时期山区的开发与发展,需要在研究过程中树立山区研究意识。所谓山区研究意识,主要针对山区历史研究而言,指在充分认识山区研究意义的前提下,区域研究的立意以地域分异为基础,③ 把山区(地)作为一个独立完整的、不同于其他地貌区域

---

① 参见拙作:《明清山区资源开发特点述论》,《武汉大学学报》1999 年第 6 期;《明清长江流域山区资源开发与环境演变——以秦巴山区为中心》,武汉大学出版社 2007 年版。

② 参见拙作:《明清时期山区开发与发展研究综述——以南方内地山区为中心》,《中国经济与社会史评论》2009 年卷,中国社会科学出版社 2010 年版。

③ 地域分异指自然地理环境结构的差异性,包括纬度地带性和非纬度地带性两类,因山地海拔增加而形成的垂直分异属非纬度差异。参见胡兆量:《地理环境概述》,科学出版社 1994 年版。

(平原、低地等)的自然和社会综合体进行考察，结合山区不同于其他地貌区域的特性及其在生态系统中的地位，考察、理解历史上山区资源、经济、社会、文化、环境的变化及其特征。

假如研究的空间是山区或属于山区，而研究者没有明确的山区研究意识，将研究空间与其他区域混同看待，所考察的问题无法与其他地貌区域（特别是平原地区）区别开来，必然直接影响到其研究成果的价值和意义。以秦岭—大巴山区为例，以川陕楚交界地区为题的研究不少，但是否都能够从山区出发，以研究山区立意，却是需要考量的。有不少研究仅从行政区划的数省交边这一意义上讨论该地区的特殊性，而未必从山区出发考察问题。① 另一种情况是，研究观照到了山区甚或以山区为题，但是却又受限于行政区划，分别各省展开研究，因而将山区分割开来。例如以陕南山区（或鄂西北山区、川东北山区等）为题。前一种情况是忽略山区（或以行政区划代替山区），后一种情况则是以行政区划分割山区，都不是将秦岭—大巴山区作为一个完整山区进行研究。而要全面、正确认识秦岭—大巴山区，恰恰需要这样的整体研究。清代著名经世学者严如熤长期为官陕南，对秦岭—大巴山区有过较为全面、深入的调研和理解，他多次强调三省交边地区的一体性，而三省一体的基础就是秦岭—大巴山区（当时称之为"南巴山区"或"南巴老林"）的存在。严氏先后指出："陕西之汉中、兴安、商州，四川之保宁、绥定、夔州，湖北之郧阳、宜昌，均犬牙相错，其长林深谷，往往跨越两三省，难以界划。故一隅有事，边徼悉警。守土之吏，疆域攸分，即能固圉保民，讵能越境而谋？故讲久安之策，必合三省而通筹之也。"② "为南巴山内区画远猷，不在添兵将以防制之，而在设文员以乂安之；不在即一隅而专谋之，必当合三省而共谋之……虑遗于在远，而患生于所忽，老林之在三省其明征矣。鉴前毖后，通三省而筹之，为曲突徙薪之计，建久安长治之谋，则谓为三省共图其安也可，谓为本境各固其圉也亦可。"③ 这些议论，虽然免不了从行政区划切入，但其立论的基础是三省共有的山区，可以说已经在一定程度上道出了将川陕楚三省交界之山区作为一个整体加以研究的意义。明代成化年间添设郧阳巡抚，将湖广、河南、陕西数省交边之九道、五府、八州、五十一县通辖于一个行省级军政单位之下，绝非无缘无故，其在明代后期稳定秦巴山区社会经济、社会控制方面发挥的重要作用却是有目共睹的。类似的还有鄂豫皖交边的大别山区、湘鄂川黔交边的武陵—雪峰山区、闽浙赣交边的武夷山区、湘赣粤交边的南岭山区等。

山区研究意识明确与否，除了在研究山区时有意识地从山区出发，以相对完整的山地或山区为研究空间外，更为重要的是在研究中能否借鉴山地学知识、理论，紧切地结合山地的垂直地带性，亦即山地气候、水文、生物和土壤等自然要素及自然带从山麓到山顶随海拔高度增加而发生变化、逐渐更替的分布规律，以及山地资源的立体结构等山区区别于其他地貌区域的基本特性，在此基础上探讨山区资源开发、经济增长、社会变迁、环境演变、文化积累的历史过程及其规律。要研究山区人文社会诸要素如人口、民族、经济、交

---

① 数省交边是一个很重要的研究视角，包括下文提到的分省区研究，皆在不同的侧面提出问题，各具研究价值，在此并无否定之意，仅从山区研究的意义上强调专门、完整意义的重要性。

② 严如熤：《三省山内风土杂识》，《丛书集成初编》第 3114 册，商务印书馆 1936 年版，第 1 页。

③ 严如熤：《规画南巴棚民论》、《老林说》，《皇朝经世文编》卷八十二《兵政十三》。

通、聚落、习俗等分布、变化的历史过程和特征，势必要观照相关的自然要素，如温度、水分、植被、土壤等，尤其要重视人文社会因素与自然要素之间是如何结合并相互影响、相互作用的，如此才能有针对性地考察、真正把握山地开发、社会经济发展变化的规律。

尽管古代还没有海拔高度、垂直分布等概念及其标准，但绝不等于对山地的垂直地带性没有认识。其实，就在“山高一丈，大不一样”“一山有四季，十里不同天”等民间俗语中就包含有对山地的基本理解。唐代著名诗人白居易游庐山大林寺时写下了如下诗文：“大林穷远，人迹罕到……山高地深，时节绝晚。于时孟夏，如正二月天。山桃始华，涧草犹短，人物风候与平地聚落不同。初到恍然若别造一世界者。因口号绝句云：‘人间四月芳菲尽，山寺桃花始盛开。长恨春归无觅处，不知转入此中来。’”①对由于“山高地深”造成的山地与平原间物候差异的揭示可谓言简意赅。又如清人陈治策对浙江云和山区的观察和认识：“云(和)地以山为县，即应以山为命……尝论丛山地方，较胜于平洋地方。以平洋弥望坦然，尺即尺，寸即寸，一区只算一区。山则不然，一区之土，高高上耸，多占天而少占地，上下四旁合拢计算起来，比平洋更多数倍……且平洋须常得时雨，山上干种，小雨易足。而出云降雨，又常在高山。”②陈氏的论述尽管浅显，却已经触及山地相对于平原的一些基本特征。而“出云降雨，又常在高山”之说，虽然只是直观感觉，亦与今日所知山地是空中水汽汇聚的中心、山区地形抬升易造成“地形雨”、山区乃大江大河的发源地、山区降水多于平原的规律基本相合。陈氏关于山区冷水田随开发程度提高而发生变化的看法也值得一提：“有谓山田水冷，不宜早插者，不知水冷只要秧老，且天地之气运日开，人稠地辟，草木稀少，冷者皆易而为暖。”③应该说体现出当时较高的山区认识水平。

宋元以后，南方山区资源开发的广度和深度大幅度提高，正所谓“田尽而地，地尽而山”。从范围上考察，山区的开发更为普遍；从程度上考察，开发的山区更深、海拔更高。各省际交边山区，如秦岭—大巴山区(川陕楚交边)，武陵山—雪峰山山区(湘鄂川黔交边)，幕阜山、九岭山、武功山、万洋山等山区(湘鄂赣交边)，武夷山、怀玉山等山区(闽浙赣交边)，南岭山区(湘赣粤交边)等，成为资源开发的主要区域。各地方志中多见“深山穷谷，石陵沙阜，莫不芟辟耕耨”“高山峻岩，皆为开辟播植”“虽高岩峻岭，皆成禾稼”“即山坳石隙，无不遍及”④之类的记载。山区开发过程中，山地气候、土壤以及生物分布的垂直地带性在许多方面都有显著体现。

体现山区农作物种植的空间结构与山区地形、山地垂直地带性一致的记载甚多，尤以秦岭—大巴山区最为典型。洵阳县：“山势高峻……山麓平衍，水势迂回，居民因势开堰，虽无官渠，而稻田极多……西至羊山，地极寒瘠，禾苗难熟，多种洋芋糊口。”西乡

---

① 董诰辑：《全唐文》卷六七五《游大林寺序》。参见毛德琦：《庐山志》卷三《山川分纪二》。

② 陈治策：《劝民殖山示》，同治《云和县志》卷三《山水》。又见《湖北文征》第九卷，湖北人民出版社2000年版，第31~33页。陈治策，字耘蕙，号盘谷。湖北兴国州人，嘉庆六年(1801)进士，于嘉庆年间任浙江云和知县。同治年间入祀乡贤祠。

③ 陈治策：《劝民力穑示》，同治《云和县志》卷十五《风俗》。又见《湖北文征》第九卷，湖北人民出版社2000年版，第29~31页。

④ 分别见万历《湖广总志》卷三十三《水利》，嘉庆《东乡县志》卷十四《田赋》、卷二十九《风俗》，同治《竹山县志·风俗》，卢坤：《秦疆治略·砖坪厅》。

县："西南巴山老林，高出重霄，流民迁徙其中，诛茅架屋，垦荒播种，开辟大半。惟老林之旁，地气高寒，只宜燕麦、苦荞，即包谷亦不能种，民食颇为艰窘。"①凤县："低山种包谷，高处宜早荞，近则广种洋芋。"②宁陕厅："其日用常食以包谷为主，老林中杂以洋芋、苦荞，低山亦种豆、麦、高粱，至稻田惟近溪靠水，筑成阡陌，不过山地中十分之一。"③孝义厅："地多高山，少平地。山坡之地，土宜惟包谷、荞麦。高山严寒，种只洋芋，豆麦粱黍，亦间有于低山种之者，然不如包谷之多。"④兴山县："四境皆有高山低山之别，高山宜芋、包谷，低山宜稻。高山十八九，低山十一二。土地硗瘠，物产最多者惟玉蜀黍、罗汉芋，为民间常食。"⑤房县："洋芋，产西南山中。房近城一带有稻田，浅山中多包谷，至山深处包谷不多得，惟烧洋芋为食。"⑥太平县："县境冈阜相属，绝少平原。一保五保六保十保等处，地连城口，穷谷巉岩，昔为老林，今虽多半开垦，然地气高寒，只宜洋芋、包谷。低处依山凿田，引水作堰。故种稻者三，种杂粮者七。"⑦更典型的例子如佛坪厅。佛坪厅乃道光五年（1825）分盩厔、洋县秦岭山地设置，光绪《佛坪厅志》载："物产宜苦荞、洋芋、包谷。"⑧此外未见其他粮食作物记载。今天得知具体，佛坪厅境最高海拔2904米，最低海拔515米，相对高度一般在1000米以上。这样的农作物结构与其全境皆山，海拔较高、气候温凉、辐射值低、无霜期短是一致的。

其他如武陵山区永顺府："多山少田，土寒水冷，树艺无法，稻谷不蕃。土苗穷幽跻险，攘剔烧薙，以艺黍稷菽粟……土平水润处乃开田种稻……包谷，土名玉米，杂粮中所产最广。"⑨相邻的施南府："田少山多……方春视山可垦处伐木烧畬，种植杂粮。悬崖峭壁皆满，而包谷尤多……山行平旷处皆开田种稻。"⑩宜都县："山田多种玉蜀黍，俗名包谷。其深山苦寒之区，稻麦不生，即玉黍亦不殖者，即以红薯、洋芋代饭。"⑪与秦巴山区大体一致。

可以看出，山区的粮食作物种植呈现明显的垂直分布的特征，大概的层次是：在山麓和山间平坝（包括河谷），尽力开垦水田，种植水稻；丘陵、低山地带以种植玉米为主，兼种豆、麦、高粱等；高山地带，则只能种植洋芋、早荞（苦荞）、燕麦。当然，今日所谓"高山""丘陵""低山"，在历史文献中尚未形成规范概念，"深山""老林""高寒"是历史文献描述山高气温低的常用词汇。农作物结构与山地垂直地带性的耦合以洋芋体现最为典型。因其性喜冷凉，宜于"高山冷处"，在海拔1000米以上的山区都能适应，同时适宜

①　卢坤：《秦疆治略》。
②　光绪《新修凤县志》卷一《地理》。
③　道光《宁陕厅志》卷一《风俗》。
④　光绪《孝义厅志》卷三《风俗》。
⑤　光绪《兴山县志》卷十四《物产》，又见卷十八。
⑥　同治《房县志》卷十一《物产》。
⑦　光绪《太平县志》卷二《风俗》。
⑧　光绪《佛坪厅志》卷一《物产》。
⑨　同治《永顺府志》卷十《物产》。
⑩　同治《来凤县志》卷二十八《风俗》。参见道光《鹤峰州志》卷六《风俗》。同治《施南府志》卷十《风俗》。
⑪　同治《宜都县志》卷一下《地理志·物产》。

于新垦土地栽培。马铃薯的引进显然为高寒山区的垦殖提供了适宜种植的作物品种，"山谷冷处""深山苦寒之区""地气高寒""地极寒瘠""高山严寒""地气高寒""高山冷处""高山地气阴寒"之地因此得以垦殖。有的历史记载不仅谈到山地的高低，亦涉及山地的阳（南）、阴（北）坡向。《秦疆治略》记述凤县农业状况云："跬步皆山，数十年前尽是老林，近已开空，但农民收获参差不齐，宜雨宜晴情形各别，高山、老山、阴山收获迟而宜晴，半坡、平坡、阳坡收获早而宜雨，此丰彼歉，此歉彼丰，难为人力，全赖天时。"

在不同的海拔高度种植同一种类的农作物，其结果也会有很大差别。大巴山中的太平县、城口厅一带多高寒山地，"洋芋初惟高山种之，近年低处亦有。低处洋芋隔年（行）点种，行间尚可匀点包谷。五月洋芋成熟，包谷渐长，可收两季"。但在高山之地种植洋芋，二三月下种，到八九月才能成熟，一年只收此一季，"不能更栽他物"①。道光《紫阳县志》记载："紫阳皆山，稻田不多……浅山低坡，尽种包谷、麻、豆。包谷即玉蜀，有象牙白、间子黄、火炕子诸类。又高山所种有野鸡啄……间亦种大小二麦。山顶老林之旁，包谷、麻、豆清风不能成，则种荞麦、燕麦……燕麦亦名雀麦……惟高山有之。"②紫阳县农作物分布的垂直地带性甚为显著，自浅山低坡—高山—山顶老林之旁，层次分明。这则记载还告诉我们，同一种类的农作物要想在不同的海拔高度获得较好的收成，需要有不同的品种，像玉米的"野鸡啄"品种。如果没有适宜相应海拔高度的作物品种，生产出的粮食品质亦大不相同。玉米是这样，稻米也是这样。"自两当、凤县历岐（山）、郿（县）、宝（鸡）、盩（厔）迤东，而至镇安、山阳，皆在南山脊背，不能有平旷之地，即就山湾、水曲垒石作田，气寒水冷，其米色黑，不甚养人也。"③即使有水利条件开成水田，由于海拔高、光照不足、气温较低，却难以生产出质优量大的稻米。

粮食作物的种植结构，势必影响居民的食物结构，并由此使得山地民众的生活习俗等也不无垂直地带性倾向，颇具代表性的是清代以降许多山区州县的高山居民皆恃洋芋为食。秦巴山区平利县："洋芋，最宜新垦之山"，"本境土宜，包谷之外，洋芋为最，居民赖以为食"。④ 太平县："洋芋性宜高山，耐寒贮久……山民倚以为粮，较稻谷相需尤亟。"⑤大宁县："洋芋……宁邑高山多种此，土人赖以为粮，邻县贫民来就食者尤众。"⑥同在一个山区的巫山、大昌、城口等厅县大多如此。光绪年间，兴安知府童兆蓉则称："高山地气阴寒，麦、豆、包谷不甚相宜，惟洋芋种少获多，不费耘锄，不烦粪壅，山民赖此以供朝夕。其他燕麦、苦荞偶一带种，以其收成不大可恃，以洋芋为主。"⑦作为主食，玉米之于稻米，洋芋之于玉米、稻米，其种植、收获、保藏、加工、食用、营养等各

① 光绪《太平县志》卷二《风俗》。道光《城口厅志》卷十八《物产》。

② 道光《紫阳县志》卷三《食货志·物产·树艺》。

③ 严如熤：《三省边防备览》卷八《民食》。段汝霖《楚南苗志·谷种》亦云："苗地山高泉冷，土性多寒，故宜晚禾而不甚宜早稻也。即山地所植杂粮，亦较他处稍迟，必待十月履霜将届而后场功乃毕耳。"《耕种》篇又云："猺人锄挖山地，植荞粱菽粟诸杂粮。耕耨水田，专种晚稻。杂粮七八月即可收获，晚稻至九十月始获登场。亦缘山高泉冷，土性略寒之故。"

④ 佚名：《平利县乡土志》《户口录》、《物产》。

⑤ 光绪《太平县志》卷三《物产》，参见卷二《风俗》。

⑥ 光绪《大宁县志》卷一《风俗》，参见光绪《巫山县志》卷七《水利》、卷十三《物产》。

⑦ 童兆蓉：《陈报各属山民灾歉请筹拨籽种口食银两禀》，《童温处公遗书》卷三。

个环节都有差别是显然的，直接或间接影响民间社会生活习俗亦是必然的。典型的事例如玉米生产量大却不能久储，山民往往大量用来酿酒、饲猪，所谓"农之利在包谷，而害亦在包谷。盖包谷之为物，一穗千粒，不堪久贮，经夏则飞为虫。乡间秋成方庆，即煮酒饲猪，醉饱一时，而俗亦遂敝。山内以包谷米蒸酒，采草药作曲，药性最烈，和米蒸七日成酒，名曰七日红。饮少辄醉，癫狂迷性，故破产荡家，多由于酒"①。这在一定程度上加剧了山区民众的饮酒风气，甚至"家家皆有酿具，包谷成熟，竟糜于酒，谓酒糟复可饲猪，卖猪又可获利，于是日在醉乡……"②。

如果将考察眼光放宽到粮食作物之外，山地垦殖的垂直地带性会体现得更为显著。武陵山区恩施等地，"环邑皆山，高山以包谷为正粮，间有稻田，种植收获恒迟。贫民则以种薯为正务。最高之山，惟种药材。近则遍植洋芋，穷民赖以为生"③。秦巴山区紫阳县"境内四面皆山，依山之麓，除沟窄水陡者，余悉开成稻田……其高山悉种包谷……山之极高处皆有漆树，每千树谓之一刀……"④平利县"低山以漆、木耳、苎麻、漆油，桐油为大宗，岁所出巨万，有业此而货殖致富者……南乡高山则以洋芋、药材为大宗。东至镇坪界，西至砖坪界（皆在大巴山中部山中）数百里中，皆业此以资生活"⑤。不少记载表明，当时黄连、当归、党参、杜仲等名贵药材大多产于高山老林地带。光绪年间长期为官兴安府的童兆蓉在一份陈报各属山民灾歉的报告中指出："高山出产党参、当归、杜仲、黄连各种药材，已成大宗贸易。"⑥大巴山区有"大抵山愈高、谷愈深，则所产更好"之说。《平利县志》记载：光绪十五年（1889）以后，"（秦巴山区）连年阴雨为灾，洋芋几无遗种，而当归、党参蕃殖异常，高山居民专以种药营生"⑦。药材、漆树之外，茶、桐、棕榈、白蜡树、板栗、槲栎树、冻绿树等经济林木亦不同程度上相对适宜高山种植。

不仅如此，山区生产方式中亦可看到山地特殊地形的影响。在山地买卖、租佃场合，往往看到下列情形："乃招外省客民，听择一山，承粮开垦，即为其业，名曰占山，即今称老主是也。"⑧"其未经开垦之地，以手指脚踏为界，往往有数两契价买地至数里、十数里者。"⑨"当初开垦之时，往往有契价数两，买地至数里且十数里者。不以顷亩丈尺计，惟写四至而已。"⑩"邑多荒山，乡民鬻田，书剂仅书写山几架，或岭上及分水为界字样，四至多不分明，剂后惟有十字，并无花押。"⑪"土著百姓以纳课为难，募人领地承赋，其承纳之课不过几钱几分，领地则广数里。至离县窎远者，一纸执照之内，跨山逾岭，常数

---

① 道光《石泉县志》卷二《物产》。
② 卢坤：《秦疆治略》。
③ 同治《恩施县志》卷七《风俗》。同治《建始县志》卷四《物产》。
④ 卢坤：《秦疆治略·紫阳县》。
⑤ 光绪《平利县志》卷九《土产》。严如熤：《三省边防备览》卷九《山货》。光绪《大宁县志》卷一《物产》。
⑥ 童兆蓉：《陈报各属山民灾歉请筹拨籽种口食银两禀》，《童温处公遗书》卷三。
⑦ 光绪《平利县志》卷九《土产》。
⑧ 光绪《镇安县乡土志》卷上《户口》。
⑨ 道光《宁陕厅志》卷一《风俗》。又，民国《续修陕西通志稿》卷一九五《风俗》收录有此段叙述。
⑩ 光绪《孝义厅志》卷三《风俗》。
⑪ 嘉庆《山阳县志》卷十《风土·券契》。

十里矣。"①"维时土旷人稀，随力耕垦，不以越畔相诃也……又或众姓共佃一山，自某坡至某涧，奚啻数里而遥。"②"将祖父遗下之地，坐落土名荒田山一面茅山、青山、杉树、杉木一概出批……上至岭顶以水为界，下至到河为界，左至老石灰窑隘口分水为界，右至枫树大冲漕为界。"③上述情形的出现固然有山荒地广的原因，但不计顷亩丈尺，以山几架、山地若干里为计量单位，且四至以分水岭、溪涧为界，显然与山区地形、山地资源的立体特征有直接关系。

当然，即使同样是山区，由于造山作用的强度及其演变（如侵蚀、剥蚀与溶蚀）的速度各不相同，山区之间存在共性的同时，其地貌特征、气候类型、水文、动植被、土壤、岩石性质等无疑会各有特性，或者说山地的性质和特征互有异同。在不同性质、不同特征的山区，其山地资源的种类、结构会因山而异（如花岗岩山地、砂岩山地及岩溶山地），人类活动与山地资源结合的途径和形式、居民的生产生活方式、人类活动对山地环境演变的作用等亦因此各具特色。清人严如熤凭借自己的观察比较，得到不少秦巴山区的感性认识，如"滇黔粤峤之间，石山亦崚嶒可畏，顾其所谓石山者，石自为石，不甚与土杂也。山内则不然，石杂土中，不相连属，夏秋之际，霖雨经旬，土成浮泥，力不能以缀石，巨石由山巅径滚而下"④。在他看来，这种特性有其有利的一面，也有不利的一面。有利者即所谓"山内石杂土中，无不可种之山，此其所以为利也"。这当是明清时期秦巴山区形成大规模流移垦殖高潮的土地资源基础。不利者则是"山中石多而性浮，非独杂在土山者。雨多必至砰裂，即一望悬崖，本自石骨峥嵘，而久雨之后，亦自时时崩坠"，⑤ 这显然是指秦巴山区经历一定程度的开垦而发生较多的滑坡、泥石流现象。

与自然要素相对应，人文社会因素亦是如此。同样是山区，都有流民、移民开垦山地，皖浙赣交边的马金岭等山区的棚民垦山问题就特别突出，以致嘉庆至道光年间纷争不断，户部会同刑部屡定则例而不能彻底解决问题。与湘鄂赣交边的幕阜山—武功山区相比，秦岭—大巴山区明末清初同样处于地荒人稀、劳动力缺乏的状态，自康熙年间始，亦有地方官府实施的招徕垦殖，外来客民助当地土著耕垦完赋的现象亦普遍存在。而且，秦巴山区的客民，无论其数量之多抑或在人口中所占比例之高，皆非九岭山、武功山区所能比。到后来，土著与客民之间由于经济利益冲突而产生矛盾的问题，在不少地区亦曾十分突出，相关的社会治安问题，焦点同样集中到了客民身上。然而，秦巴山区却未像九岭山、武功山区那样：土客矛盾激化到几于不可调和的程度，土客分治及其冲突（观念、户籍、科举）持续至民国而不泯。重视不同类型、形态山区、山地之间的差别（包括自然的、人文的），或通过比较研究找到这些差别及其与山区开发发展的关联，应是山区研究意识

---

① 严如熤：《三省边防备览》卷十一，参见严如熤：《三省山内风土杂识》，《丛书集成初编》第3114册，商务印书馆1936年版，第21页。

② 同治《建始县志》卷三《风俗》。

③ 同治八年二月《陆本义等批山契约》，杨一凡等主编：《中国珍稀法律典籍续编》第10册，黑龙江人民出版社2002年版，第715页。据存荔浦县茶城乡九尺瑶村，参见同书载宣统二年《茶城乡瑶族批山契约》等。

④ 严如熤：《三省山内风土杂识》，《丛书集成初编》第3114册，商务印书馆1936年版，第30~31页。

⑤ 严如熤：《三省山内风土杂识》，《丛书集成初编》第3114册，商务印书馆1936年版，第31页。

的题中之意。

另外，强调山区研究意识，绝不等于要割裂历史上山与水、山区(高地)与平原(低地)之间的联系，恰恰相反，山区研究意识力求避免就山区论山区、撇开平原或低地孤立讨论山区问题。大多数河流与山区直接关联，通过河流实现的山区与平原之间的自然要素、社会要素沟通，如山地表层物质在气候、水流作用下的风化、侵蚀、搬运等对平原水陆格局的影响，山区与平原间的人口流动、产品流通等，既是山区开发发展的重要条件，亦是山区开发发展历史研究的主要内容之一。以汉水流域为例，明清时期，上游秦巴山区与中下游平原(低地)之间的联系非常密切，上游山地的资源开发状况、山地环境演变等，直接影响着平原的社会经济和环境变迁。同时，如果没有中下游及相关平原地区的劳动力、市场、资金等，山区的开发规模难以形成。

山区与平原关系亦不妨从流水地貌发育、环境变迁的层面理解。清初地理学家孙兰在对地貌发育观察、认识的基础上，提出了自己对"变盈流谦"的解释，指出："流久则损，损久则变，高者因淘洗而日下，卑者因填塞而日平，故曰变盈而流谦……变盈流谦，其变之说亦有可异者，有因时而变、有因人而变、有因变而变者。因时而变者，如大雨时行、山川洗涤、洪流下注、山石崩从，久久不穷，则高下易位。因人而变者，如凿山通道、排河入淮、壅水溉田、起险设障，久久相因，地道顿异。因变而变者，如土壅山崩、地震川竭、忽然异形、山川改观，如此之类，亦为变盈流谦。"① 山区特殊的地形、环境和气候、植被状况对表层水土演变过程具有显著控制作用在当今已是共识，但在数百年前却属创见。孙兰不仅注意到自然因素的自然演变(渐变)——因时而变，而且注意到自然界的突然变异——因变而变；不仅关注自然因素的作用，更关注到人为因素对自然环境演变的显著作用——因人而变。② 除了因自然变异引起的突变外，自然地貌、环境的显著演变都有一个长期的积累过程，所谓"久久不穷""久久相因"者，而山地与平原间的联系不容忽视。著名美国自然地理学家戴维斯(W. M. Davis，1850—1934)于1883—1899年提出关于地形发育的"侵蚀循环论"，主张陆地自然面貌是由侵蚀造成，认为地表形态是连续的，又是有阶段的，是地球内部结构(如基岩等)与外部营力(如流水等)的结合。其学说奠定了自然地理分析的基础，被誉为地形学的大阐释家、分析家、系统家。③ 孙兰相关的观察、认识，虽然早在戴维斯(W. M. Davis)之前200多年，却与其非常接近。

三、实地考察与史料搜掘

中国对山区、山地的开发利用甚早，相应的对山区的理解、认识亦较早受到重视，诸多有识之士考察山区、思考山地开发、发展问题，留下了丰富的记载。在此要强调的是，对于传统文献，需要带着山区研究意识进一步发掘、利用，而契约文书、碑石、家谱、口传史料等非传统文献，则应该给予特别重视，努力搜集。与此密切相关的则是对山区研究有特别意义的实地考察。

---

① 孙兰：《柳庭舆地隅说》卷上。
② 赵荣、杨正泰：《中国地理学史(清代卷)》，商务印书馆1998年，第193页。
③ 杨文衡：《世界地理学史》，吉林教育出版社1994年版，第576~577页。

浩如烟海的各种类型的中国历史文献中保存有丰富的山区内容。被誉为"万代地理家成宪"的《尚书·禹贡》，便以"导山"及相应的"导水"为其主要内容。有"史地之权舆"之称的《山海经》则分南、西、北、东、中五大区域，记述了众多山脉、山区（总数达数百座之多）的特征、特产，其山所出河流及其流向、归宿等。① 《周礼·地官司徒》所列大司徒之重要职掌之一，即掌理天下土地舆图，不仅要详知区域、面积，更要辨别不同的土地种类和相应的人民、物产之宜。已经明确区分的五种土地类型，第一即山林，第二为川泽，第三则是丘陵。② 并设有山虞、林衡等职官，掌理山林之政令，约束山林物产的采伐，协调生物生长与开发利用的关系。③ 其实，经、史、子、集各部无不包括有涉及山区内容的文献。仅地志一系，除正史《地理志》、一统志、省府州县乃至镇村地方志外，更有专门以山区、丛林为记述对象的山志。④ 其间，亦出现了如清人严如熤《三省山内风土杂识》《三省边防备览》这类专门的较为系统地记述山区资源、经济、社会、环境的著述，为后人的研究提供了丰富的史料。

宋元以后，诗词作品中也出现了更多关乎各地人口压力、资源与环境问题的内容，其中有不少是专门表现山区状况的题材。如宋代范成大《黄罴岭》诗、《劳畬耕》诗、陈造《垦山叟》诗、元代王祯的《梯田》诗等。明清时期更多。清人郑珍《黎平木》诗、郑虎文《永顺府闲述四首》《土家竹枝词九首》、王太岳《铜山吟》⑤、英廉《即事四绝》等。以郑珍《黎平木》为例，作者通过遵义、黎平二地垦山种植稻谷与山地植树造林形成的鲜明对比，表达了自己的山地资源开发利用的思想。诗云："遵义竞垦山，黎平竞树木；树木十年成，垦山岁两熟。两熟利诚速，获饱必逢年；十年亦纡图，绿林长金钱。林成一旦富，仅忍十年苦；耕山见石骨，逢年亦约取。黎人拙常饶，遵人巧常饥；男儿用心处，但较遵与黎。我虽为遵人，独作树木计；子黎长于遵，而知垦山弊……勿拔千岁根，贪取百日稻；送老垦

---

① 《山海经》等上古著述，尽管不无神话、杂说甚或传闻舛误之处，其基本价值仍然不可否认。

② "大司徒之职，掌建邦之土地之图，与其人民之数，以佐王安扰邦国。以天下土地之图，周知九州之地域广轮之数。辨其山林、川泽、丘陵、坟衍、原隰之名物……以土会之法辨五地之物生：一曰山林，其动物宜毛物，其植物宜早物，其民毛而方。二曰川泽，其动物宜鳞物，其植物宜膏物，其民黑而津。三曰丘陵，其动物宜羽物，其植物宜核物，其民专而长。四曰坟衍，其动物宜介物，其植物宜荚物，其民皙而瘠。五曰原隰，其动物宜裸物，其植物宜丛物，其民丰肉而庳。"

③ 《周礼·地官司徒》："山虞掌山林之政令……林衡掌巡林麓之禁令而平其守，以时计林麓而赏罚之。若斩木材，则受法于山虞，而掌其政令。"

④ 参见《钦定四库全书总目》卷七十六《史部三十二》，《中华山水志丛刊·山志卷》等。据不完全统计，今仍存世的历代山志多达200多种。山志以及山岳游记作为专门以山区、丛林为记述对象的历史文献自然应该受到重视。一般而论，山岳志记载的内容涉及山区之山、峰、岗、洞、水、泉、岩等自然景观及物产资源，古迹、名胜、寺庙、道观、名士、名僧道、隐逸等人文社会景观及金石艺文，于山区之资源开发及经济发展、环境变迁、环境保护、风物人情等研究，皆大有裨益。例如嘉靖《衡岳志·坊市》记衡山岳市，乾隆《南岳志·物产》载山中香稻，乾隆《华岳志·祭告》、同治《紫柏山志图》等关于山区环境变迁、环境保护的记载。不少山志还载有山内寺庙、道观所属田产、房产买卖、捐赠、租佃、争讼的契据、公牍，无不为研究山区、寺观社会经济的重要史料（如《龙潭山志》《临湘山志》等皆载有数量不等的此类文书）。

⑤ 徐世昌：《晚晴簃诗汇》卷七十七。

山人，汝材看合抱。"①所论山地资源开发利用的眼前与长远、"巧"与"拙"的辩证关系，可谓简明扼要。也许有人会有疑问，作为诗词，所述遵义、黎平之山地利用方式未必指实，但实有所指恰恰是该类诗作的重要性所在。道光《遵义府志》载《播州竹枝词十五首》之一云："石角山腰土皮薄，三斤犁镗十斤镵；年年山上生出田，不患水田患田脚。"作者特别加注云："郡多垦山为田，望之如梯。溉田大半恃雨，然亦鲜旱者，为脚崩补砌为劳。"②可知遵义府垦山为田并非虚拟，且可从中看到山水冲刷为患问题突出。那么，黎平府山地种植林木是否确切呢？史称黎平"产木极多"，以杉木最为著名，其他地方的杉木"不及本地所产之长大也"③。清人爱必达所著《黔南识略》记黎平杉木种植、运销盛况云："郡内自清江以下至茅坪二百里，两岸翼云承日，无隙地，无漏阴，栋梁宗桷之材，靡不备具。坎坎之声，铿訇空谷。商贾络绎于道，编巨筏放之大江，转运于江淮间者，产于此也……茅坪、王寨、卦治三处，商旅几数十万。"④同时详细记载了黎平杉树从选种、育苗到移栽以及施肥、培育，一直到砍伐、运销的全过程。

有些记载并不直接涉及山区，所具有的山地研究的意义亦容易被忽视。如不少农书都记载有石灰肥田、改良土壤的内容，对于山区冷水田而言，加施石灰的作用更为显著，所谓"田多傍山，山泉溉田，气常寒，须石灰温之"⑤。但石灰必出自山石，山中取石烧灰，影响是多方面的，粪田改土之外，劈山烧灰的环境影响不可忽略。被誉为山地研究先驱者的徐弘祖对山地的精辟论述已被诸多学者揭示，然他对明代山区愈益严重的劈石烧灰现象的高度关注却未受到充分重视。"（浙江兰溪县北山后支）岭下坞中，居民以烧石为业，其洞涸而无底流，居人俱登山汲水于讲堂（洞）之上……亟下岭，循涧南趋五里，暮至白坑，居人颇多，亦俱烧石。又西逾石塔岭……只见石窑满前，径路纷错。"江西庐陵、永新县境采石烧灰者众，"梅田山下，则峰皆丛石耸叠……惟东北一角山石完好，而东南洞尽处与西北诸面，俱为烧灰者铁削火淬，玲珑之质，十去其七矣"。"自是而南，凌空蜚云之石，俱受大斧烈焰之剥肤矣。""既而下山，则山之西北隅，其焚削之惨，与东南无异矣。"⑥取石烧灰的规模越来越大，其消极后果也逐渐暴露。清中期皖南山区大量棚民从事挖煤取石烧灰业，导致山区生态和社会问题突出，当地绅民联名上书，呈请官府出示严禁，⑦成为清代有代表性的山区开发冲突事件之一。

传统文献之外，山区民间契约文书、碑石、家谱、歌谣等，无不挖掘出反映山地资源开发、社会变迁、经济发展、环境演变的重要史料。

---

① 郑珍：《巢经巢诗文集·诗集》卷七。郑珍（1806—1864）字子尹，遵义人。清代著名学者。道光五年拔贡生，十七年举人。咸丰年间曾任荔波县训导。后告归不出。同治三年卒（《清史稿》卷四八二《儒林》有传）。

② 道光《遵义府志》卷四十六《艺文志五·诗》。

③ 道光《黎平府志》卷十二《食货志·物产·货之属》。

④ 爱必达：（乾隆）《黔南识略》卷二十一《黎平府》。

⑤ 康熙《永明县志》卷二《农功》。

⑥ 朱惠荣：《徐霞客游记校注》，云南人民出版社1985年版，第132、184~185页。

⑦ （嘉庆）《禁开煤烧灰示》，（道光）《署县吕禁开垦烧挖示》《署县吕禁挖煤烧灰碑》、（道光）《禁柴窑影射示》，胡元熙：《黟山禁挖煤烧灰说》，分别见嘉庆《黟县志》卷十一《政事志》，道光《黟县续志》卷十一《政事志》，同治《黟县三志》卷十五《艺文志·政事类》。

契约文书不少对方都有存留，但与平原地区的农业垦殖比较，有关山地、山林经营的契约文书自有突出的山区特点，无疑是研究山区开发、发展史的重要史料。以清代人工林业发达的黔东南锦屏山区为例，当地档案部门估计，该地民间保藏的山林契约文书可能多达上十万份。著名的徽州文书中亦有相当一部分为山地、山林契约文书。如明清秦岭—大巴山区山地垦殖生产关系中的"揽头""塘匠""苦工"，徽州山林经营中的"力分"，锦屏人工林业生产关系中的"栽手"，鄂东南山区的"山刀"等，都在山区民间契约文书中得以保存。秦岭—大巴山区山地租佃契约中的"木尽留山""木尽留土"承诺，锦屏山林佃约中"限五年成林，若不成林，栽手无分"的约束，① 咸丰至宣统年间荔浦县茶城乡陆姓《批山契约》所见山地经营规模、经营方式、批租方式、租金增长变化等，② 无不表明山区生产关系、生产过程的特殊性，值得深入探讨。

再如山区碑刻，至今已发现的众多山区护林碑石，其意义已为不少学者论述，③ 除此之外，山中还保存有不少反映山区社会经济发展变化的碑刻，值得深入调查搜集。④ 近见秦巴山区竹山县境内一通反映道光年间官府调解商民之间粮食遏粜纠纷的《告示晓谕碑》，其中提供的鄂西北山区"客民"的含义、地方官府对粮食流通乃至遏粜问题的态度、作为深山区县分的竹溪至道光末年有较多余粮的事实等信息，都有重要的史料价值。⑤ 通常认为，山区粮食生产远较平原地区落后，而且粮食相对不足，但明清时期，由于人口增长与流动、玉米等高产旱作物引进推广、商品经济发展以及生活习俗等因素的影响，粮食生产的空间结构，特别是商品粮的来源、流向更为复杂，有的山区每见有余粮运销他地的记载。

寺观僧道对山区的广泛影响为以往研究所忽视，一些名山丛林的研究大多局限于宗教、寺观本身。民间遗存碑石表明，无论是山区经济、山区社会还是山区环境，寺观的影响力都不可小视。许多山区皆以僧道为较早进入的人群之一，其生计、其寺观建设、信众的朝山进香活动等，无不对山区产生深远的影响。如嵩山，"深谷大壑之中数百里，中原战争兵燹所不及，故缁流衲子多居之。加以云水游僧，动辄千万为群。至其山者如入佛国，呗声梵响，别自一乾坤也"⑥。众多寺观、僧道、信众不是孤立的，以共同信仰为核心，围绕寺观展开的活动及其组织成为山区基层社会运行、社会控制的重要因素之一，但官方文献对此记载少而且简略，颇为难得的是，山区遗存的碑石保存了不少有价值的山区

① 陈柯云：《明清徽州山林经营中的"力分"问题》，《中国史研究》1987 年第 1 期，罗洪洋、张晓辉：《清代黔东南文斗侗、苗林业契约研究》，《民族研究》2003 年第 3 期。［日］中岛乐章：《清代徽州的山林经营、纷争及宗族形成——祁门三四都凌氏文书研究》，《江海学刊》2003 年第 5 期。拙作《明清长江流域山区资源开发与环境演变——以秦巴山区为中心》，武汉大学出版社 2007 年版。

② 杨一凡等主编：《中国珍稀法律典籍续编》第 10 册，黑龙江人民出版社 2002 年版，第 715~718 页。

③ 倪根金：《明清护林碑研究》，《中国农史》1995 年第 4 期。

④ 参见拙作：《碑石所见清代后期陕南地方的民间会社与社会》，《内部资料》第 3 辑。近年不少地方已陆续编辑出版了本地的碑石汇编。

⑤ 道光三十年十二月十四日郧阳知府冯某《剀切示谕以便商民事》碑文为课题组在鄂西北山区田野调查时所抄录。

⑥ 王士性：《广志绎》卷三《江北四省》，中华书局 1981 年版，第 41 页。

民间会社资料。① 同治五年（1866），汉阴厅青崖寺修建火房，"诸神圣会各援出钱文以支大厦"，当时共有八个神会出钱捐助。据《青崖寺诸神会捐钱碑》载：太阴虫王会援出钱 37 串文，祖师会援出钱 5 千文、菩萨会援出钱 10 千文、灯花会援出钱 10 千文、路坎会援出钱 32 千 600 文，老谷子会援出钱 68 千文、新谷子会援出钱 47 千文、包谷会援出钱 12 千文，八家神会共捐钱 221 千 600 文。② 房县军店镇显圣殿光绪元年（1875）刊立《修建雷祖殿老君堂殿宇告竣碑》（暂定名），列有咸丰、同治年间修建殿堂时捐助钱款各会有：房山会帮钱 21 串文，药王会帮钱 25 串文，土地会帮钱 12 串 440 文，财神会帮钱 175 串 430 文，杨泗会帮钱 65 串文，灯油会帮钱 10 串文，厘金会帮钱 20 串 900 文，雷祖会出钱 80 串文。③ 捐助寺庙一房、一殿修建，每有诸多神会参与协作，捐助钱款数目可观，可知此类会社相互之间联系颇为紧密。如此众多的会社及其活动对山区社会、文化、经济的影响显然无可忽视，此类碑石更显得弥足珍贵。

　　流民、移民乃明清时期山区开发的主要力量，族谱类资料则是研究移民不可或缺的史料。山区移民宗族的形成与山区资源、社会、经济各领域息息相关。④ 族谱等宗族文献中亦保存有合理开发山林、保护环境等内容。如江西乐安流坑董氏《樟木坑禁约》、⑤ 广东大埔县《合乡禁山呈请温县主给示文》、⑥ 四川通江县中林走马坪伏氏《古柏禁碑》、⑦ 祁门王氏《环溪王履和堂养山会簿》、祁门程氏《善和驱除棚害记碑》、祁门县环砂村程氏《立养山合墨文约告示》、祁山镇汪氏严禁砍斫山林的《禁山碑》等⑧。

　　需要特别提出少数民族民间文献的收集利用。中国南方少数民族大多数聚居在山区，苗、瑶等南方民族多有"地皆高山，耕山为田"之说，哀牢山区哈尼族梯田为众所周知。不少山区少数民族都非常重视山林的保护，各地山民乡规民约中很容易找到禁止乱伐、焚烧山林的条款或规定。如"山水生灵不得浇药，丘木树林不得砍伐""禁砍伐童树""禁岩场出水源头处砍伐活树"，禁止"毒鱼打鸟"等。也许各地保护山林的具体目的不尽相同，但无论如何在客观上起到了保护山林的作用。⑨ 各少数民族在山区资源开发、资源保护和山

① 参见拙作：《碑石所见清代后期陕南地方的民间会社与社会》，《内部资料》第 3 辑。

② 张沛：《安康碑石》，三秦出版社 1991 年版，第 242～243 页。

③ 碑存房县显圣殿。据 1984 年《房县地名志》：显圣殿创建于清初，道光十八年（1838）重修。金顶，又称房山庙。属军店镇。

④ ［日］中岛乐章：《清代徽州的山林经营、纷争及宗族形成——祁门三四都凌氏文书研究》，《江海学刊》2003 年第 5 期。

⑤ 道光《乐邑流坑董印明公房谱》。

⑥ 1919《崧里何氏族史·杂录》，转引自肖文评：《明末清初粤东北的山林开发与环境保护》，《古今农业》2005 年第 1 期。

⑦ 张浩良：《绿色史料札记》，云南大学出版社 1990 年版，第 30～31 页。

⑧ 光绪《善和程氏族谱》卷一《村落景致》，转引自卞利：《明清时期徽州森林保护碑刻初探》，《中国农史》2003 年第 2 期。陈琪：《祁门县明清时期民间民俗碑刻的调查与研究》，《安徽史学》2005 年第 3 期。

⑨ 例如乾隆四十八年（1783）云南剑川州《保护公山碑记》，嘉庆八年（1803）广西镇安府归顺州《立录村乡规民约碑》，道光四年（1824）湖北宣恩县《永镇地方碑》，道光十五年（1835）《铁甲场村乡规碑记》，道光十九年（1839）贵州大定府黔西州《中建四楞碑》，广东乳源瑶族自治县瑶人《邓家禁碑》，咸丰五年（1855）兴义绿荫布依族《永垂不朽碑》，同治六年（1867）《册亨秧佑布依族乡规碑》，光绪四年（1878）湖北巴东县《龚家山碑刻》，光绪六年（1880）《三江马胖永定苗侗族条规碑》《团会禁山序》，宣统元年（1909）湖北恩施《黄泥塘护林碑》等（参见杨一凡等主编：《中国珍稀法律典籍续编》第 10 册，黑龙江人民出版社 2002 年版，第 71～73、250～251、256～257、262、282～283、287～288 页；王晓宁：《恩施自治州碑刻大观》，新华出版社 2004 年版，第 128、134～135 页）。

区发展历史上的贡献及相关思想文化值得深入、系统研究。

加强实地考察，努力将历史文献记载落实到具体的地理空间上。重视实地考察乃中国史学优良传统之一，通过实地考察深化研究或纠正文献记载讹误的事例多不胜举。① 由于山区地形、垂直地带性等特性，又由于历史文献记载的高度、坡向、坡度等大多只能是相对的、笼统的，缺乏有针对性的具体信息，所以，实地考察对于明清时期山区开发研究就显得更为必要。② 试以明清时期秦岭—大巴山区开发进程为例：如众所知，秦巴山区乃明清时期流移集聚的重心区域，其结果是山地资源得到大规模开发，山区社会、自然格局大变，最集中地体现在已有行政区划基础上，新设了一批新的行政区域。明代主要有成化十二年(1476)原杰所设湖广境内竹溪、郧西，陕西境内商南、山阳，河南境内桐柏、南召、伊阳等县；清代主要有乾隆、道光年间先后分置的城口，砖坪、镇坪等厅县。③ 一般来说，山区开发是由近及远、由低向高逐步递进的，也体现着山地自然要素与社会要素之间的相互关联。长期为官陕南，对秦巴山区颇有研究的清人严如熤曾经指出："明时原杰于郧阳设巡抚，将山内州县辽阔者分设县治，洵乎安边大猷。惜其所筹办者只为秦豫楚三省交连之处，未谋及秦蜀上游也。山之在楚豫者虽亦高大，而不如秦蜀之崄峨。且老林深箐，多在秦蜀接壤……县治过大，难以兼顾，如太平之城口，洋县之华阳，安康之砖坪，平利之镇坪者，此类尚多，当时并未议及，岂今昔情形不同，固有待于后人乎。"④字里行间仍隐约可见严氏对秦巴山区开发越来越深、越来越高递进趋势的理解。原杰当年没有议及之处，并非眼光局限，而是其时这些地方开发程度尚低，没有必要设置州县。然而，严格地讲，这样的表述是不够确切的。换言之，如果进一步要求确切的结论，仅仅依据这类文献记载是难以达成的。

实地考察乃至于实地测量与文献记载相结合，则能够提供确切的论据，置有关结论于坚实基础之上，更为清晰地揭示山区开发进程与山地垂直地带性间的相互关系。明清时期山区行政区划的变动，尤其新州县的析置往往与山区开发的扩张相伴随，析置的新州县大多为新开发区域，因此，新析置州县与原属州县的地貌或高程差异，很大程度上反映着山区开发的垂直扩张。借助实测数据，可以让许多问题更加清晰。以秦岭—大巴山区为例：

明成化十二年(1476)自竹山县分置竹溪县，自郧县分置郧西县，从新析出县与原属母县的地形地貌基本构成考量，一是山地的比率大大增加了，二是高山区的比例明显提高了。竹山县山区占全县国土面积的87.06%，其中高山面积占23.54%，竹溪县山区所占比重增加了5.7个百分点，高山面积则提高了近8个百分点。郧西县与郧县的比较更是悬殊，郧县的山区面积仅占其国土面积的64.20%，析置的郧西县猛增至85.00%，增加达五分之一以上。高山面积则是郧县1.11%，郧西县16.51%，一下子提高了15.4个百分

---

① 参见秦宝琦：《明清秘密社会史料新发现——浙闽黔三省实地考察的创获》，《清史研究》1995年第3期。王振忠：《在田野中解读历史：徽州文书与实地考察》，《探索与争鸣》2009年第6期。[日]涩谷裕子：《清代徽州休宁县的棚民像》，山本英史编：《传统中国的地域像》，日本庆应义塾大学出版会2000年版。牛继清：《实地考察与顾颉刚的学术研究》，《史学史研究》2003年第3期。

② 参见鲁西奇：《山区人口、资源和环境的相互作用与动态关系》，《江汉论坛》2008年第1期。

③ 参见拙作：《明清长江流域山区资源开发与环境演变——以秦巴山区为中心》，武汉大学出版社2007年版。

④ 严如熤：《三省山内边防论一》，《皇朝经世文编》卷八十二《兵政十三·山防》。

点，几至郧县的 15 倍(详见表 1)。

表 1   明成化析置新县与原属县地貌概况比较

山区类别\行政区	低山		中山		高山		山区
	面积	占国土面积比例%	面积	占国土面积比例%	面积	占国土面积比例%	
竹山县	126.55	23.53	215.12	39.99	126.60	23.54	87.06
竹溪县	142.49	28.73	161.34	32.53	156.18	31.49	92.75
郧县	274.01	47.48	90.10	15.61	6.39	1.11	64.20
郧西县	200.38	38.07	160.11	30.42	86.86	16.51	85.00

资料来源：郧西县地方志编辑委员会：《郧西县志》，武汉测绘科技大学出版社 1995 年版。《秦巴山区县情》编委会：《秦巴山区县情》，西安地图出版社 1988 年版。参见《竹溪县地名志》。

再看清代：道光二年(1822)川东北大巴山南麓的太平县分出城口厅。太平县境内低山、中山面积占 94%，平坝占 2.5%，其他地貌占 3.5%。最高海拔 2412 米，最低海拔 352 米。新设的城口厅，境内低山面积占全县总面积的 10.97%，中山面积占 88.08%，平坝占 0.35%，山原、台地占 0.6%。最高海拔 2685.7 米，最低海拔 482 米。

道光二年(1822)又于安康县境内大巴山区分置砖坪厅，厅境皆为山区，其中高山和中山面积合计，占将近 80.0%，而安康县境全部 480 米以上的面积也仅占 88.5%。道光四年(1824)大巴山区平利县分置镇坪抚民县丞，后正式置县。平利县中低山面积占全县总面积的 34.9%，高山面积占 51%，山区合计共占全县总面积的 85.9%。而镇坪境内最低海拔 550 米，全境皆为山区。而且，低山面积仅占 4.4%，中山面积占 29%，高山面积则高达 66.6%，换言之，镇坪国土面积三分之二属于高山。中高山面积合计共更占全县总面积的 95.6%(详见表 2)。其他如乾隆年间新置留坝厅、孝义厅、宁陕厅，道光五年(1825)分洋县、盩厔县境秦岭山地置佛坪厅等，情形大抵如是。

表 2   清道光分置新县与原属县地貌概况比较

山区类别\行政区	低山		中山		高山		山区
	面积(万亩)	占国土面积比例%	面积(万亩)	占国土面积比例%	面积(万亩)	占国土面积比例%	
平利县	137.52			34.9	201.00	51.0	85.9
镇坪县	9.94	4.4	65.34	29.0	150.17	66.6	100
安康县	484.15						88.5
岚皋县	62.74	22.6	108.28	39.0	106.62	38.4	100

资料来源：《秦巴山区县情》编委会：《秦巴山区县情》，西安地图出版社 1988 年版。岚皋县地方志编辑委员会：《岚皋县志》，陕西人民出版社 1993 年版。

明清时期山区新设的州、厅、县，大多是在"客户增多""开垦无遗""虽高岩峻岭，皆成禾稼""人浮于土""处处俱成村落""山深路险，稽查难周"的情况下，为加强或便于社会控制而分置的。尽管不能说析置县的山地都是新开发的，至少新析出厅县的山地率，尤其中山、高山所占比例大幅度高出原属母县的情况，应该反映着移民在山区落居、分布以及山地资源开发不断向深山推进，海拔高度逐渐提升的进程，及其与山区垂直带特性的紧密关联。当然，这只是海拔高度的考察，且是以县级行政区为单位，如果进一步具体(区分更小的空间、分别坡向等)分析，将会看到更加明确的相关性。①

历史记忆存在于多种载体中，官方文献、民间文献、民间传说、历史遗物等，如果能够相互印证，则将有力促进对历史事件及过程的深刻理解。明清二朝为修建宫殿屡屡征求湖广川贵山区大木乃重大历史事件，因木材规格严苛，必须深入深山老林，甚至悬崖峭壁，采伐相当艰难，成为相关地区的沉重负担，但具体遗迹难寻。同治《竹溪县志》记载："慈孝沟，距城六十里。地势幽狭，两岸峭削，水出柿河。其地昔年多大木，前明修宫殿曾采皇木于此。"②经实地考察，当年的慈孝沟皇木采伐地在今竹溪县鄂坪乡，山崖上刻有采伐皇木时留下的诗作："采采皇木，入此幽谷，求之不得，于焉踟蹰；采采皇木，入此幽谷，求之既得，奉之为玉；木既得矣，材既美矣，皇堂成矣，皇图巩矣。"落款为"嘉靖戊午(三十七年，1558)蒲月七日"③。其地交通颇多险阻，即使今日尚仍不易接近，可知当年采运大木之艰难。类似的例证还有山区溪田、山区寨堡等有代表性的经济、社会事像。④

如前所述，宋元以后，根据山区特点开发山地资源、发展山区经济的论述颇多，其中如吴翰章《兴山种艺说》以粮食作物种植为基本参照，从不同角度、不同层次上指出了兴山种植经济林木、发展山区经济的"树艺之道"。⑤ 100多年后，兴山县山区以林产、果产、特产为主的发展规划与陈氏所指划基本一致，吴氏之说可谓在很大程度上得到了验证。那么，其余如陈治策《劝民殖山示》将山地区别为"山势急硬之处""山势和软之处""山脚平衍之区""溪港湾曲之余地"，分别种植各种用材林、经济林、药材、经济作物、粮食作物的理论；包世臣提出的自山尖以下，分为七层，先从下层开起，"两年则易一层，以渐而上"的开山之法等，⑥ 是否有可行性，在哪些山区有可行性？陈氏对"山形土性"的区分是何标准等，仅仅靠文献理解是很难解决问题的。

实地考察的重要意义之一是增加对山地自然、山区社会的感同身受，以利于对问题的深入认识。以学界较为熟悉的移民为例：当走在当年流移集聚的山区，看着当地的移民遗存——移民地名、移民会馆、移民碑石等，听着移民后裔对先祖迁移传说津津乐道，再来

---

① 山区流传"山高一丈，大不一样"，"阴阳坡，差得多"等俗语，表达的正是重视山地地形差别的重要性。

② 同治《竹溪县志》卷二《古迹》。

③ 笔者2004年10月在竹溪县田野考察时，承县文化馆工作人员见示石刻拓文，特致谢意。据乾隆《福建通志》卷40《选举·明贡生八》，嘉靖年间建宁县学贡生有廖希夔。

④ 清人金国均曾作《溪田叹》形象地描述鄂西北山区占垦、截垦山区溪流的过程及其后果。

⑤ 吴翰章：《兴山种艺说》，见《双溪文钞》，又见《湖北文征》卷十一。吴翰章，字星桥，同治三年(1865)举人，官至江西南昌知县(光绪《兴山县志》)。

⑥ 包世臣：《齐民四术》卷一上《农政·任土》。

查阅相关的族谱及地方志等文献记载，如此所获得的对当地移民问题的感悟、体会，与仅仅通过文献记载来思考是不可同日而语的。

至于山区民间文献、口传史料的获得，实地田野考察更是主要甚或唯一的途径。如果说把历史过程落实到具体空间的历史研究已经成为一种学术追求，那么，实地考察之于历史时期山区开发、发展研究就更为需要。

上述所及山区开发史研究的趋势及意义，山区开发历史研究确立的山区研究意识，实地考察与史料搜掘相结合，将历史文献记载落实到具体的地理空间上等，乃山区开发历史研究必须面对的基本问题。就研究内容言之，核心问题是人山关系，即有别于其他地貌区域的人类活动与自然环境之间的关系。其间的关键则是对山地垂直地带性及资源的立体结构等基本特性的把握，在此基础上才能够真正展开山区资源开发、经济增长、社会变迁、环境演变、文化积累的历史过程及其规律的探讨，从本质上清晰地揭示山区开发进程与山地垂直地带性间的相互关系等。

（作者单位：武汉大学历史学院暨中国传统文化研究中心）

争江：王化秩序下清水江下游的社会互动*

□ 冯慧鑫

　　已有文献记载最早的"争江"①发生在康熙四十二年（1703）②，此时三寨当江还处于"自发"阶段。雍正七年至九年间，清廷出于开辟苗疆之政治目的，"法定"三寨当江，初步构建起符合王化逻辑的苗疆新秩序。在此秩序之下，三寨独享一江厚利。然而，秩序设计中的王化程度与资源分配之间的失衡，随着流域内木材贸易的繁荣而逐步加深，雍正之后"争江"愈演愈烈并在嘉庆年间出现高潮。咸同苗民起义给苗疆带去了深刻影响，不仅清王朝的统治受到重创，地方社会内部之间的力量对比也在悄然变换。投射到"争江"上，便是光绪后期"内外三江并存"局面的出现。纵观"争江"的整个发展脉络，其间展现的不单是地方社会内部资源的争夺，更体现出国家与地方之间围绕江利所发生的一系列互动。而要解释诸多要素如何推动事件的发展演变，本文试图从"大历史"观出发，以多样互动为视角，通过垄处与三寨"争"的过程和地方官府"判"的态度演变两个方面对"争江"做进

---

　　* 本文为教育部哲学社会科学重大课题攻关项目"中国山区开发与发展的历史研究"（项目编号：13JDZ038）阶段性成果。

　　① 争江，即天柱垄处为争夺"当江"权，与上游茅坪等三寨所展开的长达二百余年的斗争。《侗族社会历史调查》一书依据留存的官私文献史料对"争江"过程最早作出梳理，后来者拾级而上，进行了更为细致深入的研究。从已有成果看来，出现了将"争江"与清王朝苗疆政策演变相关联、把"争江"这一历史事件纳入到区域社会的小历史乃至王朝国家的大历史之中考察的新趋势。如目前对"争江"的最终结果——"内外三江并立"这一历史现象的研究，学界已基本认同这与咸同年间张秀眉、姜应芳领导的苗民起义具有内在关联性。张应强认为光绪年间出现内外三江制度的原因是漫长"争江"诉讼之后的一种妥协与平衡，也是咸同年间兵燹之后区域和地方社会关系调整的结果，其间既有"当江"制度在清水江木材采运活动发展过程中日渐被破坏的原因，也有各种经济利益主体或地方政治势力之间长期较量、此消彼长的深刻影响。详见氏著《木材之流动：清代清水江下游地区的市场、权力与社会》，三联书店2006年版，第98页。另，地方官府在处理"争江"时秉承的态度也是学界近来研究的新重点。详见单洪根：《清代清水江木业"争江案"述评》，《贵州文史丛刊》2002年第4期；罗洪洋：《清代地方政府对黔东南苗区人工林业的规范》，《民族研究》2006年第1期；王会湘：《从"清浪碑"刻看清代清水江木业"争江案"》，《贵州文史丛刊》2008年第4期；吴述松：《清水江两百年争江案判决与乾隆以蛮治蛮新政》，《北方民族大学学报》2014年第1期。

　　② 光绪《黎平府志》记此事为"康熙四十六年"，详见光绪《黎平府志》卷三《食货志上》。

一步探讨。

一、"百里串立十八关"与"革去当江名色"

康熙后期，随着木材贸易的发展，茅坪等三寨开行歇客，获利丰厚，在经济利益的刺激下，下游的坌处王国瑞、荣芝等人串立十八关，拦江抽税，与三寨抗衡。民间唱本《争江记》载：

> 头关坌处王国瑞，二关荣芝三门塘。三关送下菜溪寨，把守三关李芝怀。四关新市文才管，君臣远口把五关。关云团内秀山管，鸬鹚六关王明朗。中团七关奇明管，八关福星兴隆滩。兴隆送下牛场寨，牛场九关□开怀。埂洞十关成名管，宋充世管白岩塘。江东关口魁先管，再生把守金鸡关。国民把守巨潭寨，把守瓮洞永乡郎。黑子把守金子口，君侯把守大龙关。每关抽江银九两，方才得到托口堂。害了钱多的木商，个个吃亏苦难当。①

清代"产广木之境曰苗"，"广木有苗木、川木之别，苗木由洪江往会同、黎平采购者，川木由洪江往遵义、天柱采购者"，清水江流域出产的木值属"广木"之"西湖木"。② 据清代徽州佚名商编路程抄本所载，坌处、三门塘、菜溪、远口、鸬鹚、牛场、白岩塘、江东、金溪口、瓮洞、金子、大垅等"十三关"乃徽临木商运苗木出清水江之必经水程。③ 康熙年间天柱县共辖九里一厢二所，坌处、三门塘、菜溪、牛场四处属东南由义里；新市、远口、鸬鹚、中团属兴文里；金子口、瓮洞属三团里；巨潭属新兴里。三门塘、白岩塘、菜溪寨、鸬鹚寨处设有渡口，金鸡寨、金子寨、江关寨、瓮洞、坌处、远口等地则有场集。④ 所谓"百里串立十八关"，实质上是天柱境内地理位置上相近的十八个沿江村寨间组成的以坌处为首，以获取江利为目标的"争江"联盟。此后文献中出现的"四十八股"等新指称与该联盟也不无关联。坌处联结其他村寨拦江抽税一事，被木客田金展、伍定祥上控至长沙巡抚衙门，"经湖广抚臣禁革抽税名目"⑤。

关于康熙年间"争江"的时间，虽《争江记》与地方志中所载有异，但内容上实为一事。

近来又有研究者提出新见，认为"争江很有可能始于康熙二十四年客苗乱行"，且"作为一种对抗"，康熙四十六年坌处才"串联十八关"拦江抽税。⑥ 细读所引《清浪碑》，却不由产生几点疑问，兹详述如下：

① 民间唱本《争江记》，转引自贵州省编辑组：《侗族社会历史调查》，《中国少数民族社会历史调查资料丛刊》，贵州民族出版社1988年版，第39页。此后关于《争江记》的引文出处俱作简化处理。特此说明。

② 芦隐：《南京上新河木业志·产销志》，《木业界》1940年第1期。

③ 王振忠：《徽、临商帮与清水江的木材贸易及其相关问题——清代佚名商编路程抄本之整理与研究》，《历史地理》第29辑，上海人民出版社2014年版。

④ 康熙《天柱县志·重修天柱县志序》；光绪《天柱县志》卷二《地理志》。

⑤ 光绪《黎平府志》卷三《食货志上》。

⑥ 王会湘：《从"清浪碑"刻看清代清水江木业"争江案"》，《贵州文史丛刊》2008年第4期。

　　首先，康熙二十四年"客苗乱行"之事，所指为何？现存最早清代《天柱县志》为康熙二十二年刊本。从光绪二十九年续修《天柱县志》以及乾隆、民国《贵州通志》中，均未找到关于此事的直接记载。康熙二十四年清水江下游一带所发生与苗民相关之事件，唯有"二十四年七月黎平贼何新瑞反……煽惑苗民作乱，黎平官兵击败之"一事①，但其他方志、碑刻中亦未见此事和三寨当江间的关联性记述。另外，康熙二十四年仲秋湖南乾州厅与辰州府交界之处发生"苗乱"，"乙丑苗乱"监军、辰州知府刘应中所作《平苗记》一卷记述该事始末，虽据此可猜想黎平何新瑞煽动苗民作乱与"乙丑苗乱"可能存在某种关联性，然通篇未见有清水江下游一带苗寨参与"乙丑苗乱"的记载②。

　　其次，碑中所述康熙年间"因豪恶龙永蟆等财多讼能，故失江坞，将我柱属王朝富、伍仕仁、刘秀刚等流放口外，苦不堪言"之事，联系"争江"文献可知王伍刘三人乃乾嘉年间人，明显与碑文所述时间不符。

　　再次，"乾隆年间……县主马"确有其人，应为乾隆年间天柱县令马士陞，史载其人"洁□爱民，听断平允，卓有政声"③。但另一位道光年间"天柱县主李"则未找到对应之人。因此，"争江很有可能始于康熙二十四年"的观点仍有进一步探讨的空间。

　　雍正五年（1727），天柱自湖广靖州改属贵州黎平府。雍正九年垒处王国良与卦治"苗人""争江"，经黎平知府滕文焵审断"革去当江名色，听从客便"，各省木商仍在三寨交易。④ 从"革去当江名色"来看，三寨当江显然毋庸置疑，那么此时的当江究竟是"自发"还是"法定"？

　　雍正九年五月初三，时任古州理苗同知滕文焵颁发一份旨在驳回茅坪"借夫立市之请"的布告，中有"向者生苗未归王化，其所产木放出清水江，三寨每年当江发卖，买木之客亦照三寨当江年分，主于其家，盖一江厚利归此三寨。既轮流当江之年为送夫之年，此当江送夫例所由来也"之语。需要指出的是，学者多将此语作为清朝"法定"后三寨当江情形的描述。事实上前句所描述的恰是"法定"之前三寨"自发"当江的情况，反而后句表达了"当江—送夫"之间的直接关联。换言之，正因为三寨地理位置的特殊，"皆面江水而居，在清江之下流，照地与生苗交界"，"王寨、毛坪相距十余里，俱在大道之旁"，兼之"官兵往来皆直捷而不乐纡回"，导致清王朝在开辟苗疆的军事行动中在三寨征发夫役。三寨不仅要承担"军装炮台之扛担"，还有"零星杂差之肩送"。⑤ 因此从"送夫"可以反推雍正年间应是存在"法定"三寨当江，且当在雍正九年之前。

---

　　① 乾隆《贵州通志》卷二四《师旅考》。

　　② （清）刘应中：《平苗记》，（清）王锡祺、王锡礽辑：《小方壶斋舆地丛钞》，第八帙，杭州古籍书店1965年影印本，第144页。

　　③ 光绪《天柱县志》卷六《秩官志》。

　　④ 案：此处光绪《黎平府志》作"雍正九年天柱已归黔属，垒处人王国良与掛治苗人互争当江"之语，《争江记》唱本则作"这是雍正八年事，传位又是乾隆王"。从方志对此次"争江"结果的记载——"控经巡道委黎平府滕文焵审断，革去当江名色，听从客便。各省木商遂仍在茅坪三寨交易"来看，"争江"之事极有可能发生在雍正八年，方志中"雍正九年"的表述更多的是一种对"结果"的展现。

　　⑤ （清）龙世昌抄录：《夫役案》，"雍正九年五月初三日黎平府古州理苗同知滕文焵告示"，锦屏县档案馆复印件。

从滕文炯的官职履历上来看，雍正八年出任"古州理苗同知"一职，次年升任黎平知府。① 结合上文《布告》颁示的时间，便可推知雍正九年王国良"争江"已在"法定"三寨当江之后。

再者，滕文炯审断之语至少表达出两点信息：其一，该年三寨当江之制虽因受坌处"争江"而不得不被革去"当江"名目，但事实上三寨仍独享江利。其二，滕文炯对"当江"前后不一的表达，说明雍正新辟苗疆之后在清水江下游地区构建的地域秩序还未完全稳固。比较康熙朝湖广巡抚处理坌处"争江"的态度，可见清王朝在这一带统治政策渐变的过程及地方社会所发生的变化。康熙后期，天柱虽早已化归王地，但吴三桂之乱给下游地区造成的影响仍未消弭，地方亟须整饬恢复。坌处等在天柱地方仍属"苗"，清王朝出于"防苗"和"镇静地方"的目的，取缔了坌处"串立十八关"拦江抽税。至雍正开辟苗疆之后，清廷出于"王化"需要重新规制了当江制度，天柱坌处等由"苗"变"民"，其身份让位于更适合苗疆统治需要的锦屏三寨。在这种设计下，坌处因资源分配的不公起而"争江"，虽最终仍归于失败，但也从侧面揭示了苗疆新辟之初地方社会对王朝所构建的地域秩序的真实反馈。

二、乾嘉年间的"争江"和王朝苗疆政策的调整

据史料所载，乾嘉年间坌处共发起七次"争江"，嘉庆年间五次实可视为一次持续性"争江"事件。那么，从雍正九年"争江"失败到乾隆四十二年（1777）故态重萌，四十五年的时间差背后蕴含着哪些历史信息？嘉庆三年到十一年间（1798—1806）出现持续性"争江"，又彰显出地方社会怎样的变化？地方官府何以一直强调"遵照旧章"？

雍正十一年苗疆开辟完成之后，清王朝设"新疆六厅"管控，未料两年后又起波澜。雍正十三年四五月间古州苗民包利、红银起义，迅速席卷整个黔东南地区，"人民四奔，全省震动"②。乾隆帝急调张广泗总理苗疆事务，合楚、黔、粤六省官兵进剿。嗣后，针对雍正朝开辟苗疆之后筹划不周以致引发"苗乱"的前车之鉴，乾隆帝一改粗略之风，命张广泗等悉心筹划苗疆善后事宜，以期"永靖苗氛"，一劳永逸。③ 为此，张广泗先后上折陈奏，主张治苗理苗之策不仅要"禁扰累、严防范"，对苗民更要兼"从容治理，循序化导"，使其"渐染华风"，最终变"新疆"为"内地"。④ 随后清王朝颁行一系列着意"化导"苗民的政策⑤，该地区秩序趋于稳定，直到乾隆后期文献中才再次出现有关"争江"的记载。

─────────────────

① 光绪《黎平府志》卷六《秩官志下》。

② 晏斯盛：《奏陈治苗之策折》，《清代前期苗民起义档案史料汇编》（上），光明日报出版社 1987 年版，第 106 页。

③ 张广泗：《奏撤兵缘由折》，《清代前期苗民起义档案史料汇编》（上），光明日报出版社 1987 年版，第 202 页。

④ 张广泗：《奏议冯光裕治理苗疆事宜折》，《清代前期苗民起义档案史料汇编》（上），光明日报出版社 1987 年版，第 212 页；张广泗：《奏苗疆善后事宜折》，《清代前期苗民起义档案史料汇编》（上），光明日报出版社 1987 年版，第 194 页。

⑤ 乾隆《清圣训》卷十五《圣治》。

嘉庆三年至十一年间，坌处发起五次"争江"。与前次相比，此次"争江"甫一开始便呈现新特色。

其一，组织性更强，地域性更广。从人员的构成上来看，嘉庆三年"争江"形成了一支以坌处王师旦为核心，以伍仕仁为参谋，分工明确，涵盖天柱、芷江、靖州的"争江"队伍。从经费来源上看，彭洪、刘秀刚等通过"大帮小补"、典当田地房屋等形式为"争江"提供经济支持。

其二，"争江"更为顽强。新任黎平知府富刚①"拘提三江同到案，审输国泰在当堂"后，王师旦等并不甘心，"杨公庙内又商量，派定股数四十八"，并派人将禀帖上投至布政使衙门。这里所说的"四十八"乃是三寨下游地区一个传统的"款"组织——"四十八寨"（或称"四十八苗寨"）。康熙三十五年"梅子溪土匪成群，四十八寨集竹、刘寨议款禁，匪敛迹"；到了咸同年间，四十八寨作为清水江下游重要的地方社会组织，与锦屏境内清水江以北地区的"九寨"和以南地区的"三营"一起成为地方官府赖以对抗太平军和张秀眉、姜应芳起义的主要武装力量。② 杨公庙，是清水江乃至沅水流域的地方性神庙。③ 众人在杨公庙内"商量"，可见水神护航信仰在社会生活上的重要影响。

从中可以看出此时坌处"争江"背后乃是一个由四十八寨联合起来的地方村寨联盟。经贵州布政使常明委贵东道周纬查勘审讯，周以"伍仕仁欲图网利、谋夺苗人恒业，断令仍听茅坪三寨住客交易，不准坌处设行滋事"结案。④

嘉庆六年应茅坪当江，但坌处伍仕仁、王志勋等利诱因买地与茅坪苗人发生龃龉的三帮木商孙怡盛投歇坌处，造成"茅坪的江坌处当"。不料孙怡盛等投歇天柱之后却发现无木可买，黄平林春荣、会同孙中行假扮皇商赴苗寨平金"买木冲江"。四月初七坌处"买木冲江"被茅坪苗人发觉，捆绑二人送至锦屏县衙。伍仕仁等拦阻德山帮高永兴之木排，意图取木，双方凶殴，不意木排被水漂失。德山帮一纸诉状递至省衙，伍仕仁等复指使孙怡盛以"茅坪店家龙承仁等把持病商"为名赴各钞关控诉。贵州巡抚常明遂委任镇远知府张晖吉、黎平知府程卓樑会审，以"实系伍士仁滋事，照棍徒扰害例拟遣，各省木商仍令在茅坪三寨照旧投宿买木"结案。⑤ 坌处此次"争江"仍归失败，不仅核心人物伍仕仁被问罪充军，且客商孙怡盛"因曾在江宁请领官帖采办例木，俟其各回本省，按拟枷责"⑥。三

---

① 实为"富坤"，蒙古人，嘉庆三年任黎平知府。见光绪《黎平府志》卷六《秩官志上》。

② （民国）刘中燠等修：《保安团防志略》，贵州省图书馆据贵州民族研究所藏本复制油印本，1966年，第3~5页。此后该书引文出处从简处理。

③ 光绪《黎平府志》载："杨公祠，即镇江王庙，祀杨五将军……船过此甚险，往来者竭诚祷祀以保无虞。茅坪亦有杨五庙、卦治有杨公庙，皆以五月初五日神诞祀之。"又据《会同县志》："公（杨公）黔阳县托口人，兄弟三，平苗有功，没后英灵不泯，宋敕封为神。今新化江及清水江一带滩甚险，皆藉神力易危为安，黎平所以立祠祀之，并沿江上下亦立祠祀之也。"

④ 转引自《侗族社会历史调查》，《中国少数民族社会历史调查资料丛刊》，贵州民族出版社1988年版，第41~42页。

⑤ 转引自《侗族社会历史调查》，《中国少数民族社会历史调查资料丛刊》，贵州民族出版社1988年版，第42~44页。

⑥ 《嘉庆六年十一月贵州巡抚常明出示晓谕》，转引自姚炽昌点校：《锦屏碑文选辑》，1997年内部刊印本，第42页。

帮木商又因埋怨坌处"争江"耽搁买卖、多有花费，转而仍往三寨投歇。坌处不仅没有争得江利，反致地方商家亏损，亦为后来纠纷埋下伏笔。

嘉庆九年，又值茅坪当江，坌处王载车等以要求支付从前欠账为由将三帮木商周永发所购之木拦阻，三帮上控到省，上宪委镇黎二府会审，又因茅坪、坌处两地相关人员不肯亲赴彼地，故最终只能"只为江通不问罪"。①

嘉庆十年，坌处众人"依旧阻排要银还"，不仅拦阻三帮缆船，而且行径恶劣"拿到排夫把屎灌"，使得上河之木不敢放、下游客商停住托口不敢上江买木，严重影响了三寨正常的木材贸易。该年时值王寨当江，坌处拦江阻排到四月之后，三帮木商不得不支付银一千三百两换得"江通排行"。②

嘉庆十一年三月，因上年坌处拦江阻排，王寨行户王克明、卦治行户龙文昌等上控到省，经藩臬两司委员审查后以"查王绍美、王志勋系伍仕仁案逸犯，除饬天柱县严拿务获"外，"嗣后买卖木值，仍遵照旧定章程，在茅坪三寨分年投住买卖，坌处民人毋许妄争"结案。③ 此后，卦治行户文起蛟、文秉凤等奉示前往托口等处迎接木商，三帮木商李瑞丰、五勷木商瞿从文等即雇佣船家杨新宗，驶往三江买木。不料行至四月初六，复遭王绍美、史大策等人纠集地棍强行拦江，将五船篾缆尽行截抢烧毁，并重殴瞿从文及船户杨新宗等，造成徽临木商数百人"畏惧不前，坐守托口"，严重损害了整个清水江木材贸易市场的正常运转。④ 坌处此次拦江行凶行为引起了三江行户、下河客商、上河山贩以及船户排夫的联合反对，纷纷上控坌处恶行，请求官府严惩。⑤ 经有司审明，王朝富、刘林山拟充军，刘秀刚"照凶恶棍徒扰害地方例加一等，发黑龙江给披甲人为奴，各省木商仍请着循旧章在茅坪三寨分年投宿买木，严禁坌处民人不得再行拦阻滋事"⑥。

八年之内五次"争江"，虽情形各异、程度不一、理由不同，但五次"争江"环环相扣。事件本身所蕴含的内在逻辑性使嘉庆年间"争江"实为一次持续性事件。无论是参与的人数之众，组织之强，还是持续之"争"，嘉庆年间为"争江"高潮毋庸置疑。那么，何以嘉庆年间"争江"会如此频繁？官府缘何一再重申"遵照旧章"？

自乾隆初年包利、红银起义平息后，苗疆再无大的战事，稳定的局势造就了繁荣的木材经济。据《锦屏县志》记载，清水江木材贸易在嘉庆年间达到鼎盛，自道光后期开始变

---

① 转引自《侗族社会历史调查》，《中国少数民族社会历史调查资料丛刊》，贵州民族出版社 1988 年版，第 44 页。又，"嘉庆十一年正月，贵阳知府、安顺知府会审争江案后上报材料"中记："忆及从前供花费之项，心怀不满。嘉庆九年七月，王载车等将周永发在茅坪买之木，放至坌处拦阻。控经宪辕批委镇远、黎平府周纬亲诣该处，先将木排排放。黎平府冯兆峋驰至茅坪，欲往坌处会审。王德化等恐被坌处人欺压，不肯前往。王绍美见王德化不来坌处，伊等不肯赴茅坪，致未讯。"

② 转引自《侗族社会历史调查》，《中国少数民族社会历史调查资料丛刊》，贵州民族出版社 1988 年版，第 44~45 页。

③ 《嘉庆十一年三月初四日贵州布政使司、贵州等处提刑按察使布告》，转引自《侗族社会历史调查》，《中国少数民族社会历史调查资料丛刊》，贵州民族出版社 1988 年版，第 51~52 页。

④ 《三江行户文映宏等诉状》，转引自《侗族社会历史调查》，《中国少数民族社会历史调查资料丛刊》，贵州民族出版社 1988 年版，第 48~49 页。

⑤ 《侗族社会历史调查》，《中国少数民族社会历史调查资料丛刊》，贵州民族出版社 1988 年版，第 49~51 页。

⑥ 光绪《黎平府志》卷三《食货志上》。

得低迷。① 木材贸易繁荣主要表现为木材市场形成了一套完整的产、运、销链条。生产方面，清水江流域不仅拥有丰富的自然森林资源，而且至迟在明中后期已经掌握了人工营林技术。② 以平鳌寨所存林业契约文书为例，《贵州苗族林业契约文书汇编（1736—1950）》所收平鳌寨586件契约文书，大部分是"山主"与"栽手"间订立的租佃契以及山股所有权流转契。从"栽手"来源分析，道光四年（1824）之前已存在外地栽手进入平鳌的小高潮③，可窥平鳌一带嘉庆年间山场栽杉盛况之一斑。锦屏地区亦有嘉道年间瑶光寨大山客姚玉魁、姜志远"姚百万，李三千，姜家占了大半边"的民谚。④ 嘉庆十一年山客石礼吉的诉状中"出产之杉木，每年砍伐数千余万株"之语⑤当非虚构。

沿江木材的运输主要是借助河流放排。嘉庆十六年，黎平府鬼鹅、高柳两寨因"江步"不均争讼。据《永定江规》碑载，乾隆九年鬼鹅、高柳两寨合开江路十五里，由此获得了在这十五里江路内放排的权力。高柳寨因距河较远，故以每年租金四两二钱的价格将放排权租与下游鬼鹅。嘉庆十六年春，因沿河木材放运量增大，上游高柳欲回收其放排权，引起争讼。最后经黎平府审断，按人户重新划分江步结案。⑥ 该碑所记虽是村寨间争夺木材放运权的斗争，但彰显出嘉庆年间木材采运量增加使行之六十余年间的江规亦随之更改的历史信息。木材销售方面，嘉庆年间"争江"文献中关于三帮五勒木商的记述较之从前剧增，文映宏等诉状中有"陷住托口之数百人，俱皆束手无策"、徽商李瑞丰也有"今商船四十余艘，乘载五万有余"之语，均可见嘉庆时期木材贸易的繁荣之状。因此，日益繁荣的木材贸易使原有秩序中区域内部社会资源分配不公的弊端越发凸显，垒处"民人"对经济利益的追求也就格外强烈，嘉庆年间出现"争江"高潮。

频繁的"争江"之下，地方社会内部亦相应变化。从嘉庆三年垒处有组织的"争江"已能看出，三寨下游地方结成了争夺江利的利益同盟。嘉庆六年、九年、十年、十一年的文献中这种同盟更为明显。相对而言，垒处愈演愈烈的"争江"日渐妨碍木材市场的正常运行，引发木商、山贩纷纷上控，与三寨一同维护当江旧制。

徽州帮木商李瑞丰等：

> 缘垒处见利垂涎，与茅坪三寨诉讼，争夺市屋，屡次阻木阻船等事。缘今蒙大宪讯明，仍然旧章，煌煌宪示，应各凛遵……今垒处招募亡命，逞凶已极目无法纪，商旅裹足难行。

---

① 贵州省锦屏县志编纂委员会编：《锦屏县志》，贵州人民出版社1995年版，第519页。

② 沈文嘉：《清水江流域林业经济与社会变迁研究（1644—1911）》，北京林业大学博士学位论文，2006年。

③ 相原佳之：《从锦屏县平鳌寨文书看清代清水江流域的林业经营》，《原生态民族文化学刊》2010年第1期。

④ 《侗族社会历史调查》，《中国少数民族社会历史调查资料丛刊》，贵州民族出版社1988年版，第30页。

⑤ 《侗族社会历史调查》，《中国少数民族社会历史调查资料丛刊》，贵州民族出版社1988年版，第51页。

⑥ 贵州省锦屏县志编纂委员会编：《锦屏县志》，贵州人民出版社1995年版，第896~897页。

五勷木商瞿从文等：

> 缘客民贩木生理以养身家，向在黎属茅坪、王寨、卦治三处购买无异……前二月，蒙经宪断，仍令王寨三处轮流交易等情，并给示各处遍谕，凡属木客，敢不恪遵……可怜缆被烧毁，血本无归，复阻行程，更遭陷害。商属无辜，不堪此重困。

临帮木商吴亨泰等：

> 商等向在黎属茅坪、王寨、卦治三处购买木植有年，情因垒处奸民涎贪苗利起衅，与黎属三寨讦讼，截阻商木植……窃思奸恶等凶顽成性，悉不畏法，案奉上宪究办犹敢藐法，故智复萌，既烧船缆，更出狼心，有遇商等船只亦阻拦等语，商等骇异。

三帮五勷木商从维护自身利益的角度，一方面强调三寨当江"旧章"的合理性与合法性，谴责垒处"争江"破坏市场秩序，另一方面指明垒处"争江"是为"藐法揖商"，于"国课"不利。

垒处"争江"同时给上游山贩造成了巨大经济损失，引发山贩石礼吉等上控：

> 每年砍伐数千余万株，照依古例，放下卦治、王寨、茅坪三处售卖，三处轮流当江歇客……祸因嘉庆六年，有天柱垒处汉奸伍仕仁、王绍美意欲当江，阻揸客商，不容买木，耽搁一年，不惟害蚁等资本耗折，兼又被水冲流，苗等山贩，东家血本难还……蚁等各处苗民伐木甚多，无客承买。听闻已来之客被阻回去，来至中途者，闻风畏惧，俱不敢前来。今数百木客，尽停住托口、洪江，陷蚁等空囊待毙。①

三寨与上游黑苗"向属同类"且黑苗所产之木植"向来运至三寨出售"。在王朝所设计的地域秩序架构中，三寨成为连接黑苗与外界交流的桥梁。因此无论出于习惯还是政治考量，三寨与上游山贩早已密切关联。

刊刻于嘉庆二年的《弈世永遵》碑文云"微临西三帮协同主家公议，此处界碑以上，永为山贩湾泊木植，下河买客不得停篝。谨为永遵，毋得紊占"②。此碑虽为徽、临、陕三帮木商同三寨行户双方所立，但其实质却是划分山贩与木商之间木材停放范围的界碑。质言之，此碑正是木商、三寨行户、山贩三方间利益相连、相互协调的佐证。因此嘉庆十一年"争江"中三帮五勷客商、山贩等纷纷呈上控垒处"争江"，正是三方利益同盟的表现。正是这些地方利益同盟的出现，使得"争江"逐渐演化为区域性的经济利益乃至社会控制权的博弈。这种变化到光绪年间更为明晰。

---

① 《侗族社会历史调查》，《中国少数民族社会历史调查资料丛刊》，贵州民族出版社 1988 年版，第 49~51 页。

② 转引自张应强：《从卦治〈弈世永遵〉石刻看清代中后期的清水江木材贸易》，《中国社会经济史研究》2000 年第 3 期。此处碑文中"微"字，按文意应为"徽"。

雍乾之际苗民起义促使清王朝调整其苗疆政策，在此背景之下，面对地方社会内部各利益同盟之间围绕当江进行的博弈，地方官府为何屡次判决垒处民人"勿许觊觎""毋许妄争"，要求"一切买卖木值遵循旧章"？根据现存处理"争江"纠纷的官方告示可知，嘉庆三年贵州布政使常明审结垒处伍仕仁请帖开行一案的判词中最早出现"遵照旧章"①，之后嘉庆六年、七年、十年、十一年官府颁示的布告中均有"遵循（照）旧章"或"仍行旧章"之语。所谓"旧章"，是指茅坪等三寨"值年当江"之制。"遵照旧章"，也就意味着在清水江木材交易市场中茅坪等三寨仍然独占"一江厚利"，垒处"争江"失败。锦屏向属苗境土司管辖，康熙中叶已被纳入清王朝直接统治之下，三寨苗民不仅与古州等新辟苗疆之民存在"生""熟"之别，与垒处更存在"苗""民"之别。而随着清王朝在苗疆统治范围的逐步扩大，如何处理苗人之间、"民""苗"之间的纠纷便成为亟待解决之问题。乾隆元年上谕称"苗民风俗与内地百姓迥别，嗣后苗众一切自相争讼之事，俱照苗例完结，不必绳以官法。至有与兵民及熟苗关涉之案件，隶文官者仍听文员办理，隶武官者仍听武弁办理。必秉公酌理，毋得生事扰累"②。"争江"因关涉"民""苗"关系及地方稳定，故其最终处理结果——"遵照旧章"的出台也必定受到当时清王朝在苗疆整体政策的影响。

乾隆朝对苗疆的政策调整之特点不仅仅是"以苗治苗"，还包括"民苗隔离"。③ 早在雍正四年，时任云贵总督鄂尔泰就注意到"汉奸"潜入苗疆对地方社会治安所造成的危害。④ 随着西南开发的深入，内地汉人不断进入苗疆从事耕作、贸易，一方面加强了苗汉民族间的交流，另一方面双方产生的摩擦又促使清廷官员意识到汉人进入苗疆的威胁。乾隆朝因此陆续颁布了一些调整苗汉关系的"处分条例"，如《苗汉杂居章程》《官员失察汉民进入苗地处分条例》等。

作为其继任者，嘉庆帝事实上基本全盘继承了其父的治苗思想。从清王朝各时段治苗之策可以看出，经过两次苗民大起义的冲击，嘉庆朝在苗疆的政策尤为注重守成，多为因循前朝之作。嘉庆七年，清仁宗在颁给军机大臣的上谕中明确指出，"抚绥外夷之道，动不如静。若无必不可已之情节，总宜率由旧章。拘守之人总无大谬，好更张者终有差讹也"⑤，并谕令军机大臣将此下达给各级官吏。落实到"争江"上，可以看到嘉庆六年颁布的审结文告中出现了"垒处地方系镇远府天柱县所属汉民村寨，素不多产木植，本与茅坪等苗疆地方绝不相干"之语，可见在贵州地方官的视角中垒处乃是内地汉民，与苗疆地方木材之利并无关联；又垒处民人掀起的"争江"不仅使"木商受累无穷"且"与苗疆地方更有关系"。在地方官府的眼中，垒处与三寨争夺"一江厚利"不仅仅是内地"民人"与"熟苗"之间的经济纠纷，而且关系到苗疆稳定的大局。因此嘉庆时贵州地方官在处理垒处与三寨的"争江"纠纷时，必然会以卦治、茅坪等三寨利益为重，必须强调苗疆经济生活中依照

---

① "而嘉庆二年，垒处汉奸伍仕仁尤敢以请帖开行，蒙混具奏，亦经本部院于藩司任内，察破其奸，移道复勘出示，遵照旧章，剀切晓谕在案"，见嘉庆六年贵州巡抚常明出示的"争江"布告，出自《锦屏碑文选辑》，1997 年内部刊印本，第 42 页。

② 《清高宗实录》卷二二，乾隆元年七月辛丑条。

③ 吴述松：《清水江两百年"争江"案判决与乾隆以蛮治蛮新政》，《北方民族大学学报》（哲学社会科学版）2014 年第 1 期。

④ 《雍正朝汉文朱批奏折汇编》第二五册，雍正四年八月初六日条。

⑤ 《清仁宗实录》卷一○三，嘉庆七年九月戊戌条。

"旧章"的重要性。

嘉庆时期多份官方结案布告每以"遵循旧章"为词，表明清王朝自苗疆开辟以后，在清水江流域借助承认本地区业已存在的三寨当江事实构建起了一条"生苗—熟苗—民人"的政治分界线。凭借这条政治分界线建立了符合王朝"化苗"理念的地域秩序。其目的乃是通过官方力量划分区域内的经济、社会资源，利用居于优势地位的"熟苗"帮助维护其在苗疆的统治。当"争江"的高潮到来之际，面对垒处民人发起的对秩序的猛烈冲击，地方官果断采取维护三寨苗民利益的司法判决——"遵照旧章"。这不仅是乾隆朝借由"熟苗"稳定"生苗"同时隔离民苗的苗疆政策的要求，亦是地方官府维护原有地域秩序的表现。

三、光绪后期"内外三江并存"的到来

咸丰五年(1855)五月爆发的张秀眉起义虽终被镇压，却给清水江下游社会造成深刻影响，引起清廷苗疆政策的调整更是不言而喻。光绪年间"争江"的再度兴起，不难窥得一二。

光绪十二年(1886)，天柱举人吴鹤书禀称"柱属所辖文斗砦瓯脱于黎平，应归黎属管辖。黎属黄寨、茅坪、小江，附柱城六十五里，距黎城一百八十里，虽属华离，中为大江所隔，与瓯脱无异，应拨归天柱就近管辖云云"①。禀帖的首倡者吴鹤书，"号松圃，新兴里岑板人，光绪十一年乙酉科中式第四十四名"②，是天柱境内自咸同兵燹后获得最高功名之人。他以举人身份上此禀帖，表面上顺应了当时地方官府清理"插花"地的政策，实际目标却仍是三寨拥有的巨大江利。换言之，此举名为清理"插花"，实为争夺当江权，乃此前"争江"的延续。

三寨绅耆洞悉其意，针锋相对列出"五不可"：

首先指出黄寨(即王寨)、茅坪、小江三寨"四面皆属黎境，并无掺杂地方"，是故三寨并不属于瓯脱、插花之地，更无清理之必要。反驳了天柱清理瓯脱的借口。

其次强调王寨、茅坪作为黎平北路门户屏卫地方的重要性。若将其划归天柱，则地方团练不存，于黎平治安不利，表达了强烈的地域之分观念。

再次结合现实指出三寨去镇远路途甚远，不但民情难以上达府宪，且于地方生员的学习和管理皆为不便。

最后"两不可"着重分析三寨划归天柱后的弊害。不但有"因新间旧、以熟欺生"的可能，而且频繁"争江"难免使地方"仇杀相寻"，进一步指明天柱明知"滞碍难行"却执意要求清理"瓯脱"，其根本原因在于贪图江利已非一日，正所谓"强人就己"。

综合来看，三寨所上"五不可"不仅陈述了地方现实，而且晓明利害，内在逻辑在借驳清理"瓯脱"之非必要和不可行指出将三寨划归天柱的不便和危害。此后，贵州布政使曾纪凤批示"既非瓯脱即毋庸轻议纷更"，否定了天柱绅民所请。光绪年间第一次"争江"

---

① 光绪《黎平府志》卷二《地理志上》。
② 光绪《天柱县志》卷七《选举志上》。

以失败告终。①

光绪十五年，吴鹤书再次禀请于坌处"开行抽费养练"，且得到允许。三江绅民、三帮五勷木商等则上禀追溯三寨当江的历史情由，指明三寨沿河苗民全赖当江谋生，天柱不仅自有其木利却仍妄图全吞江利，是为贪心不足；借助前次"争江"的判决说明三寨当江乃人心所向。接着着重申明在道光年间尤其是咸同兵燹之后，三寨对地方官府办公经费以及抽厘养练的贡献。最后以退为进，请"照例请帖纳课，以免藉口"。② 三寨绅耆申诉和保证的结果，即是黎平知府俞渭禀复善后总局称：

其一，三寨当江不仅关于苗民生存，更关乎"缉捕、募勇、盘查匪类等费"之来源。

其二，两地相距仅十余里，坌处设行开市抽取练费，"利之所在，人必趋之，势必彼此争歇客商以图抽费"，扰乱木材市场秩序之外"其祸患诚有不可问者"。

其三，坌处与瓮洞两地迭次抽取厘金，"未见客商等即肯应允"，极易"病商"，故而认为坌处所请实有"碍难之处"。

贵州布政使史念祖、巡抚潘蔚等据此批准三寨所请，发给牙帖，着每年纳"客银二十四两"；并追缴前次所颁坌处之牙帖，仍归三寨当江开行歇客。③

至此，内外三江之争似已画下句点。后续文献中非但未有有司追缴注销坌处帖的记载，且出现了新的字眼，故不得不对俗称的光绪年间"内外三江"之制加以探讨。

民国五年（1916），锦屏、天柱两县知事就商会所拟有关木材贸易的若干条规有专门批示，将其全文及附录"归复旧章条件"八条勒石以记。兹录附录第二、三、四条如下：

> 二、徽州、临江、陕西称为三帮客，黔、芷、天为五勷客，王寨、茅坪、卦治内江地方，照旧永为三帮五勷泊排、成排码头。
>
> 三、永州各外江客，内江既未置有码头，均照旧驻于坌处、清浪、三门塘，有木坞之主家引进内江，行户不得与外江客私自开盘议价，违者内江罚行户，外江罚客。
>
> 四、坌处、清浪、三门塘木坞主家引客进内江交易成后，照例先盖外江主家斧印，交纳厘税行佣等费，随即放出，外江主家木坞交客成排，除由木客照旧例每个苗头纳天柱中学经费一两零五分外，并应酬给主家之劳动费。④

由碑名"归复旧章条件"可知，这些内容至少在民国五年之前业已形成。再看碑文内容，第二、三条对进入内外三江的客商作了区别：三帮五勷自然照旧例进入"内三江"交易，而永州等"外江客"均得照旧驻于坌处等"外三江"，由外江主家引入内江交易，且"内江"行户不得与"外江"客私自进行交易。这一规定的内容和性质实与"当江"制度无异。第四条则规定木材交易的具体细则："外三江"主家引客入"内三江"交易成功之后，木材要盖外江斧印，且客商需在交易完成后支付给主家一定的酬费，这与三寨"当江"的情况也一

———————

① 光绪《黎平府志》卷二《地理志上》。
② 光绪《黎平府志》卷三《食货志上》。
③ 光绪《黎平府志》卷三《食货志上》。
④ 《侗族社会历史调查》，《中国少数民族社会历史调查资料丛刊》，贵州民族出版社1988年版，第54页。

致。后两条都出现了"外江主家"这一称谓，可见垒处、清浪、三门塘在民国五年之前已经开行歇客。

光绪二十四年黎平府处理排夫彭首敏等拦江"勒索"案件出示晓谕：

> 缘排夫彭首敏等集于茅坪、宰贡等处拦江闹事，以致三帮之安徽、临江、陕西，五勷之德山、开泰、天柱、黔阳、芷江等处客商徘徊裹足，未敢遽行尔。行江于此内帮各章，虽遭其害，犹尚未烈，至若外帮之大冶、黄州、武、汉、金、苏等处之客，则不可言状……①

据后文"外帮"所指大冶、黄州等处木商，可推知"内帮"应是相对于"外帮"的一种称谓，类似"三帮五勷"之称。但此称均未曾见于其他文献，是否可能与"内江""外江"相对应？光绪后期是否已有"内外三江并存"的可能？

自道光三十年"广西陈亚贵乱而洪秀全旋发难金田"，到同治元年（1861）四月张秀眉、姜应芳联合进占天柱，清水江下游绅民频频组建团防以守家园。② 史载"咸丰六年三月初五日夜，仁里土匪数百劫宰贡，十一日白昼劫垒处店户，十五清晨复劫垒处，挨户搜掳，全市骚然。汛官莫若何，里人惶恐"。此时清政府无暇西顾，天柱县令徐达邦令四十八寨"练团设备"，在"垒处青木宫立局，取名保安团"。天柱保安团先后与汉寨、高酿、王寨三团订盟，是为四大团。复与毛平王寨团、远口聚星团、牛场三和团相结，是为四小团。③ 以天柱保安团为例，不仅"举绅管理，分部任事，各专责成"，而且挑选乡里壮丁为练勇驻防操练，每月给予钱粮，其钱粮摊派乡民。④ 经由这些团练组织，不仅地方官府得以抗击各路苗民起义军，而且地方社会内部也结合得更为紧密。

另一方面，随着形势的发展，地方利益同盟也在不断分化重组。咸同之后消弭的天柱与三寨团练同盟在光绪后期又分别重新结成。光绪三十二年，邱大汉等"横行"湘西、黔东间，天柱"当冲要，颇受其害"，杨渡等寨遂与高酿、甘洞、邦寨、茅坪等团"会黄少山订守望约，贼不敢犯"。⑤ 若将两地团练同盟的重组与"外三江"的出现放置在同一个历史时空加以考量，光绪后期"内外三江并存"出现的原因不言而喻。那么，又是什么原因促使清王朝默认两江并存？

太平天国起义爆发后，清政府为筹集饷银，大力推行"厘金"制度，是谓"抽厘助饷"。

---

① 转引自张应强：《木材之流动：清代清水江下游地区的市场、权力与社会》，三联书店2006年版，第96~97页。此中"章"字，按文意应为"商"。
② （民国）刘中燠等修：《保安团防志略》，贵州省图书馆据贵州民族研究所藏本复印油印本，1966年，第4页。
③ （民国）刘中燠等修：《保安团防志略》，贵州省图书馆据贵州民族研究所藏本复印油印本，1966年，第10~12页。
④ 如保安团练勇"每名月饷米二斗，钱一千六百文"，"上户派钱二百串，中户百五，下户八十，花户照粮一斗三千，统名军需"。见（民国）刘中燠等修：《保安团防志略》，贵州省图书馆据贵州民族研究所藏本复印油印本，1966年，第6~7页。
⑤ （民国）刘中燠等修：《保安团防志略·叙》，贵州省图书馆据贵州民族研究所藏本复印油印本，1966年，第1页。

厘金制度给清水江下游社会带来了深远影响。同治元年，瓮洞绅首胡云峰向天柱知县郝元庆倡议沿江往来货物抽取厘金以助军饷，瓮洞厘金局应运而生。此后，围绕着抽厘问题，团练、楚军以及地方各势力间矛盾不断，瓮洞厘金局"时抽时废"。同治七年官府"颁订厘税章程"后方成定制。① 各方势力如此关注厘金，自然是因其可观的收入。以设置未久即撤的远口厘金局为例，"月不下数百金，当事者据为利薮"②。

同治十一年张秀眉被镇压后，残余的反抗势力急需肃清。土地荒芜、战时收降的苗众以及需遣散的兵勇人数众多，凡此种种涉及苗疆善后大局之处都亟须朝廷"专拨巨款赶紧办理"，厘金便成为最主要的来源。③ 此外，针对苗疆境内地方团练大小不一的情况，善后局一方面推行"改练为军"的政策，另一方面遣散部分团勇。这一举措给苗疆社会带来了两个问题：其一，被改编的团练成为需要朝廷拨发饷银的正规军，而据光绪八年贵州巡抚林肇元称贵州欠拨"绅团丁勇饷项计银数四百三十余万两"④，可见兵勇欠饷问题之巨；其二，被遣散的兵勇流散为匪，造成黔省"盗风日盛，劫案甚多"，成为一大治安隐患⑤。要解决问题必需可观的经费，但苗疆地瘠民贫，唯有清水江一带能借助丰富的木材资源"以资生"，以大宗木材为主要征收对象的瓮洞厘金局亦因此得以久存。天柱自康熙二年就已"征木税三十两解司充饷"⑥，可见征木税以作地方公用早有先例。

在镇压咸同苗民起义的过程中，坌处通过保安团为自身获取了官方语境的认可。同治四年张秀眉复陷天柱，"四十八寨不十日遂成一片焦土"，贵州布政使兆琛遂准建坌处忠义祠以祀"御贼殉难诸公六百八十一人"⑦。

光绪后期，天柱坌处不仅拥有镇压苗民起义而攫取的政治资本，而且苗疆善后的资金窘境也为其"开行"提供了现实可能。此时此境中的地方官府对基层社会的控制已力不从心，地方社会处于一种逐渐失序的状态。而经过百余年的互动，尤其是咸同年间联合抗击张秀眉、姜应芳的经历，锦屏与天柱间日渐紧密、认同逐步加深。因此无论是严肃的官方意志还是务实的民间意志，不得不在清末地方社会发展的大时势之下达到某种平衡。雍正年间地方官府借助"法定"三寨当江所构建的地域秩序最终被打破、重生，迎来了"内外三江并存"的历史新时期。

四、结　　论

康熙后期，清水江流域出现了三寨"自发"当江的情形，但其合法性受到质疑，出现坌处"拦江抽税"之举。雍正七年到九年间，苗疆大员"法定三寨当江"，从官方层面确定

---

① （清）吴瑞卿辑：《兵燹记略》，天柱县志办：《天柱县旧志汇编》，1988 年，第 356~360 页。

② 光绪《天柱县志》卷六《秩官志》。

③ 《平定贵州苗匪记略》卷三六，（清）奕訢：《钦定平定七省方略》，中国书店 1985 年版，第 25 页。

④ （民国）《贵州通志·前事志》卷四十。

⑤ （民国）《贵州通志·前事志》卷四十。

⑥ 光绪《天柱县志》卷三《食货志》。

⑦ （民国）刘中燠等修：《保安团防志略》，贵州省图书馆据贵州民族研究所藏本复印油印本，1966 年，第 26 页。

了三寨"熟苗"独享江利。同时，清王朝通过借助三寨"熟苗"在木材贸易中的"纽带"作用执行其由"生—熟—民"的苗民"王化"逻辑，初步构建起一套符合王朝统治利益的清水江地域秩序。三寨因此获得更大的话语权。然而，"秩序"本身所隐含的"王化程度"与社会资源分配的失衡，造成了雍正之后"争江"愈演愈烈之势。嘉庆年间随着流域内木材经济的繁荣，"争江"也进入了高潮。咸同兵燹中清水江流域遭受重创，地方社会力量对比发生显著转变，最终导致光绪后期的"争江"呈现"内外三江并存"的结果。

通过分析不同时段的"争江"不难看到，垒处屡次"争江"的背后，实际上是不同地方利益之争。比较咸同前后地方官府对"争江"的不同态度，亦可见清王朝为适应清水江一带地方社会力量的变化而对原有秩序做出的调整。

同时，在清王朝构建的地域秩序之下，存在着国家与地方、地方社会内部不同利益集团的多种互动。从国家与地方的角度而言，秩序最初的产生是由于王朝认可地方社会的"习惯"；秩序的维护与重生更展现出王朝与地方社会围绕"争江"所开展的一系列互动。从地方社会内部而言，随着"争江"的演进，地域社会出现了代表不同利益的地域同盟。这些地域同盟之间为了获取"争江"的胜利，积极利用各种手段争斗。可以说，清王朝在清水江流域地域秩序的构建及其应变过程，实际上是不同力量之间持续互动的结果。整个"争江案"所展现的也是一段生动多样的地方社会互动史。

（作者单位：武汉大学历史学院）

垦荒与界线：民国时期陕西黄龙山垦区边界纠纷研究*

□ 王 晗

一、问题的提出和学术史研究

许倬云在《试论网络》一文中认为，"一个体系，其最终的网络，将是细密而坚实的结构。然而在发展过程中，纲目之间，必有体系所不及的空隙。这些空隙事实上是内在的边陲。在道路体系中，这些不及的空间有斜径小道，超越大路支线，连紧各处的空隙。在经济体系中，这是正规交换行为之外的交易。在社会体系中，这是政治权力所不及的'化外'；在思想体系中，这是正统之外的'异端'"①。鲁西奇对此解读，认为许文揭示了两种类型的"边陲"或"边疆"，即靠近国家边界的"边疆"（"边陲"）(border or frontier)和"疆域之内、却并未真正纳入王朝控制体系或官府控制相对薄弱的'内在的边陲'"(internal frontier)。② 这一论述是对边缘地带研究中应该关注的重点所在加以归纳和总结。实际上，在此基础上，我们也需要对边缘地带的变异性加以关注。这种"变异性"的历史发展过程大致有四种情况：第一是边缘地带在历史进程中维持相对的稳定；第二是在政治、经济等诸因素的影响下，传统的边缘地带进行调适，其边界发生转变；第三是传统的政治、经济、文化核心区域(centralplace)逐步转化为边缘地带；第四是边缘地带的内部变动。由此可见，边缘地带的变异性会因内外部因素的变化而发生变动。而这种变异性的外在表现多会呈现为界线的变迁过程。因此从界线变迁过程入手，由表及里地来细致考察边缘地带的内在运作和其变异性，是在变异中的边缘地区（非中心，noncentralplace）把握历史脉络的有效途径。

目前，有关民国时期行政区域界线的研究，学术界已有一定的研究成果，但这些成果多偏重历史角度的研究，即研究一个事件的原因、经过和结果，作为历史研究可以说事实

* 本文为教育部哲学社会科学重大课题攻关项目"中国山区开发与发展的历史研究"（项目编号：13JDZ038）阶段性成果。

① 许倬云：《试论网络》，《许倬云自选集》，上海教育出版社 2002 年版，第 30~34 页。
② 鲁西奇：《内地的边缘：传统中国内部的"化外之区"》，《学术月刊》2010 年第 5 期。

基本清楚。但是从行政区划研究的角度来说，学术界关注力度尚显薄弱，除却在一些专著中有总体性的概况外①，鲜明的个案研究尚处于亟须积累的过程②。而且研究者在所从事工作的研究时段、研究范畴、研究区域上还缺乏精益求精的系统性考究。这样一来，便难以展现这一时期政区边界变动的具体过程以及在这一过程中中央政府和地方政府之间、政府当局和当地士绅民众之间以及政府内部的互动关系。

陕西黄龙山区，在历史时期曾经处于中国北部农牧分界的边缘地带，唐宋以后成为固定的农业区。明清以降，该山区位于洛川、宜川、韩城、澄城等县级行政区的边缘地带。自抗日战争爆发以来，举国上下"开发西北之呼声，高唱入云，加之倭寇虎视于东，奸党窥伺于北，黄龙遂成为关中门户，陇海路之藩篱，若黄龙有失，则关中唇亡齿寒，陇海路亦遥受威胁，因此，黄龙不仅为开发西北所需经营，且为巩固关中所必需坚守之地"③。在历史际遇到来之时，黄龙山区战略区位的重要性得以凸显出来。这样一来，如何能够尽快达到国民政府"移民于此，从事开荒，寓救济于生产之中"的试点作用，黄龙山区和洛川、宜川、韩城、澄城等周边八县的边界勘划问题，则成为亟须解决的关键环节。因此，梳理黄龙垦区和周边各县边界纠纷的过程，分析边界纠纷的内在原因以及归纳边界纠纷的解决方案，是总结成功县域调整过程中的合理性、可行性因素，有利于国家政治建设和行政管理的有效进行，进而确保国家经济社会的稳步发展。

二、黄龙垦区初期的垦殖和地域界定

(一)兵工屯垦

民国初年，黄龙山区"因环境特殊，遂尔政令不及，造成行政上三不管之地区，驯至

① 靳尔刚、苏华：《职方边地——中国勘界报告书》(上册)，商务印书馆 2000 年版。周振鹤主编，傅林祥、郑宝恒著：《中国行政区划通史·中华民国卷》，复旦大学出版社 2007 年版。

② 谭其骧：《浙江各地区的开发过程与省界、地区界的形成》，《历史地理研究》第 1 辑，复旦大学出版社 1986 年版；周振鹤：《地方行政制度志》第 7 章《犬牙相入还是山川形便？——行政区域划界的原则》，上海人民出版社 1998 年版；韩光辉：《清雍正年间的政区勘界》，《中国方域——行政区划与地名》1997 年第 4 期；胡英泽：《河道变动与界的表达——以清代至民国的山、陕滩案为中心》，《中国社会历史评论》，天津古籍出版社 2006 年版；郝志诚：《也论清代鄂尔多斯七旗的划界问题》，《内蒙古师范大学学报》(哲学社会科学版) 2006 年第 3 期；张淑利：《"禁留地"的开垦及晋、陕、宁、绥间的边界纠纷》，《阴山学刊》2005 年 2 月；张伟然：《归属、表达、调整：小尺度区域的政治命运——以"南湾事件"为例》，《历史地理》第 21 辑，上海人民出版社 2006 年版；周振鹤：《中国行政区划通史》之《总论卷》，复旦大学出版社 2009 年版；徐建平：《政治地理视角下的省界变迁——以民国时期的安徽省为例》，上海人民出版社 2009 年版；林开强：《清王朝国家疆域边界意识简析》，《社会科学研究》2010 年第 1 期；徐建平：《行政区域整理过程中的边界与插花地——以民国时期潼关划界为例》，《历史地理》第 24 辑，上海人民出版社 2010 年版；李大海：《政区变动与地方社会构建关系研究——以明清民国时期陕西地区为中心》，陕西师范大学博士学位论文，2010 年；王晗：《"界"的动与静：清至民国时期蒙陕边界的形成过程研究》，《历史地理》第 25 辑，上海人民出版社 2011 年版；杨斌：《明清以来川(含渝)黔交界地区插花地研究》，西南大学博士学位论文，2011 年；冯玉新：《界域变动与地方社会——以明清民国时期黄河上游农牧交错带为中心》，陕西师范大学博士学位论文，2011 年；徐实：《清朝对外蒙古管理体制研究》，中央民族大学博士学位论文，2011 年；徐建平：《民国时期南京特别市行政区域划界研究》，《中国历史地理论丛》2013 年第 2 期等。

③ 宋之楚：《我们在黄龙山》，《战干》1944 年第 213 期。

恶霸横行其间，盗匪出没于内，居民不能安居乐业，流离转徙，田园荒芜"①。为了加强对地方行政的有效管理，陕西省政府曾对黄龙山区大力推行"围剿清源"的策略，然而结果往往是此剿彼起，屡剿不净。至民国二十二年（1933）五月，竟发展到匪徒千余人围攻韩城县城的地步。此事虽经政府武装的大力镇压，但在此后相当长的一段时间里，陕北各地民众仍然处于惶恐之中。② 由此可见，黄龙山区的匪患问题已经严重影响到当地民众的正常生活，"数百里，室如悬罄，几千家，失所流离。……人民率多裹足，视为危险之途，任令匪盗窟穴，悠肆猖狂，小之暴殄摧残，大之掳人勒赎，风声鹤唳，遐迩难安"③。

民国二十一年（1932），时任澄、白区保卫团指挥官的李象九就黄龙山的匪患问题提出与陕西省府推行的"围剿清源"策略相左的观点，即开垦黄龙山。李氏希冀能够在黄龙山区推行兵工屯垦，即设立"黄龙山为屯田区域，移兵开垦，仿古寓兵于农之制，随时搜剿，不难摧陷节清，逐渐设施，不难蕃行富庶"④。为了能够增强呈文的说服力，李象九根据实地调查，制定了"洛宜甘韩鄜澄白等县荒地调查一览表"和相应的屯垦方案。⑤

该项屯垦方案包含三层内容：第一，在黄龙山区设置省府直辖的屯垦司令部；第二，屯垦初期的经费来源为省政府直接拨发；第三，在兵工屯垦的基础上，适当招纳农民推行土地开垦。从这三层内容中，我们不难看出李象九等人对开发黄龙山区所持的观点是从兵工垦殖可以消弭匪患、保障地方治安的角度来考虑的。但是山区一旦纳入正式的开垦时期，相应的问题随即便会出现，第一，黄龙山区本系洛川、韩城、宜川等周边八县的交汇处，经过兵工屯垦之后的垦区将如何安置，是单独设县，还是再分属周边各县管理？第二，黄龙山区的初期垦殖经费预算数额是多少？地方政府的财政是否能够满足山区开发的需求？第三，计划开垦土地是否包括因匪患而废弃的土地？在上述问题的影响下，李象九的呈文虽然获得时任陕西省政府主席杨虎城的认可和批示，但省民政厅、建设厅、财政厅和西安绥靖公署皆有不同意见。如民、财二厅在认为李氏方案"惟所拟办法条列太简，不呈资以进行"，建议重新考察和论证的同时，按照陕西省财政状况拟具了屯垦黄龙山的两套初步方案，其中，第一套方案对黄龙山区未来全面开发过程中的主导部门、屯垦规划、垦殖经费和垦后建设等方面进行了详实的筹措；第二套方案则是在第一方案的基础上，考虑到"陕省款项，向来支绌，伍百万元之屯垦费，力实有所不逮"的实际情况，而制订的

① 宋之楚：《我们在黄龙山》，《战干》1944 年第 213 期。20 世纪 30—40 年代多数学者多认同此观点，90 年代以来学界也多采用此类看法，并在此基础上有所发挥。

② 《一月来之西北》之《陕省开垦黄龙山》，《开发西北》1934 年第 2 卷第 1 期。

③ 《陕西省政府训令第 2516 号》，民国二十一年五月十一日，《陕西省民政厅屯垦黄龙山》，陕西省档案馆藏，民国档案，全宗号 9，目录号 5，案卷号 292。

④ 《陕西省政府训令第 2516 号》，民国二十一年五月十一日，《陕西省民政厅屯垦黄龙山》，陕西省档案馆藏，民国档案，全宗号 9，目录号 5，案卷号 292。

⑤ 方案如下："一、由政府设黄龙山屯垦司令部，专司收抚招徕屯垦事宜；二、收抚黄龙山一带土匪，编为若干屯垦大队，由屯垦司令指定地区，实行开垦；三、屯垦大队编成后，由政府酌发给养，以为初步实行开垦生活之资；四、由政府发给若干屯垦事业费，以备建筑房舍购置农具之需；五、招徕四处农民与以安全保障，相当土地实行开垦；六、开垦之土地，三年以内免粮，三年后完粮纳税；七、生产消费方面，皆实行合作社之组织；八、实行联防保卫。"（《咨知关于审查呈覆黄龙屯垦一案》，民国二十一年八月二日，《陕西省建设厅省政府关于黄龙山清匪及屯垦办法等的训令及本厅训令》，陕西省档案馆藏，民国档案，全宗号 72，目录号 2，案卷号 4）

分期屯垦计划。①

不过，省府的具体实施方案并未得到李象九等人的认可。民国二十二年（1933），李象九、张海波等经过进一步的调查之后，针对省府方案提出不同看法。② 李氏认为，第一，黄龙山区的未来发展计划最初虽系兵工垦殖，但"并非军事问题，故开垦机关，由省政府直辖，设置垦务局，咨绥靖公署，协助进行"，"五年后垦局即行撤销，由县政府接收"。第二，垦区的建设经费，尤其是垦民早期垦殖费用和垦区行政机构的经费都应由省政府统一划拨，并应该积极吸纳民间力量参与其中。第三，鉴于垦民规模较大，垦殖方案应该在全区同时开垦的基础上，由"垦务总局择适中地点，设置各区设分局指导垦民进行一切事宜"。从李象九等人的呈文中，不难看出，修改后的垦殖计划对于黄龙山区开发的诸多步骤进行了更为合理的分析和规划。民国二十三年（1934），陕西省政府主席邵力子先后下达陕西省政府第 3947 号、4039 号训令，要求黄龙山区开垦工作迅速展开。不过，由于省政府财力有限，并未对黄龙山区展开全面开发。而是将"韩城、宜川、洛川三县毗连之柳淯、大小南川、东山即石堡川一带荒地"设立为"陕西建设厅柳淯垦荒处"，"由西安绥署派兵一团从事兵垦"。其后，为了增强防御土匪袭扰，民国二十四年（1935），"柳川建石屋八栋，并建碉堡三十七座"，并"成立黄龙山柳川兵工屯垦处着手先办清匪工作，当时并令沿山八县军队团队一致向山中搜剿"。不过，由于是时"适陕南剿匪军事紧张，垦兵一团亦调往陕南应战，仅有垦民及团丁五百余人，其时山匪累袭柳川根据地，均被击溃，至今两年，垦殖问题遂告搁置矣"③。

从民国二十一年（1932）李象九等人提交呈文请垦黄龙山开始，到民国二十五年兵工垦殖因兵力不足而暂时搁浅，前后历时四年有余。在此期间，无论是大力倡导垦殖的陕西省府高级要员，还是具体考察和实施垦殖计划的基层管理人员，对于黄龙山区的认识主要集中在"剿匪清源、垦荒济民"的层面，而且都是从黄龙山区即将带来的经济收益为出发点的。在此期间，黄龙山区和周边各县的关系比较微妙。在兵工垦殖之前，匪患对洛川、韩城、宜川等县的长期困扰导致黄龙山区已成为各县的背疽，从而在李象九等人的实地勘察和抽调保卫团骨干力量配合第 42 师冯钦哉部进驻澄城之时，各县多是襄助其事，希望这里的匪患能够早日解决。④ 此外，省府由于财力不足，将位处黄龙山区南部的柳沟垦务维持处更名为陕西建设厅柳淯垦荒处，希望各县在柳川沟垦区的开垦过程予以援建。其中，垦殖的经费"拟请由韩城县田赋项下开支"，垦民的贷款"拟请建厅或韩、宜、洛三县设法筹借"，并从"荒区附近各乡镇，有愿往开垦具有掣匪经验者"中选拔人员组成开垦队，其"开垦所需津贴用具暨枪弹等项，请由韩、宜、洛三县设法筹给"。⑤ 黄龙山区周边各县对此也多予以支持，甚至陕西建设厅柳淯垦荒处处长焦纯如在韩城县政府的支持

---

① 《陕西屯垦黄龙山》，《地政月刊》1933 年第 1 卷第 7~12 期。

② 《省政府指令发张海波条陈开垦黄龙山事项饬会核拟办咨》，民国二十一年七月十日，《陕西省民政厅屯垦黄龙山》，陕西省档案馆藏，民国档案，全宗号 9，目录号 5，案卷号 292。

③ 《陕西富庶区域之黄龙山规定计划实行军垦》，《西北导报》1937 年第 3 卷第 11 期。

④ 《陕西省政府训令第 4039 号》，民国二十三年七月二十七日，《陕西省民政厅屯垦黄龙山》，陕西省档案馆藏，民国档案，全宗号 9，目录号 5，案卷号 292。

⑤ 《陕西省政府训令第 1765 号》，民国二十三年四月九日，《陕西省民政厅屯垦黄龙山》，陕西省档案馆藏，民国档案，全宗号 9，目录号 5，案卷号 292。

下，积极"筹划请韩城总团乡团与宜川所属第三区团暨乡团联合御匪"一事取得一定成效，初步达到省府要求的"先从肃清土匪，开通道路入手"的目的，同时陕西建设厅柳淯墾荒处的墾殖工作也获得相应进展。① 如图1所示。

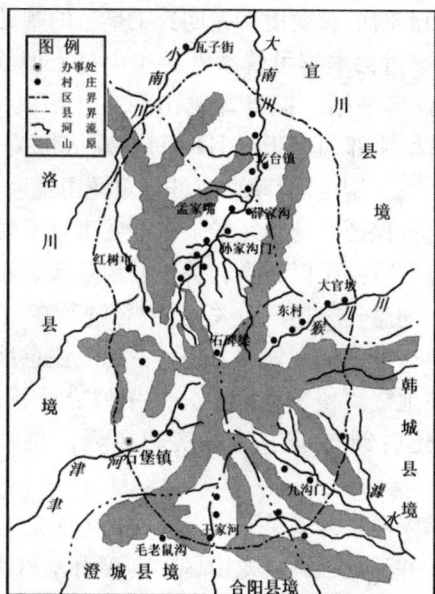

图1　陕西建设厅柳淯墾荒处荒地全图

资料来源：《陕西建设厅柳淯墾荒处荒地全图》，陕西省黄龙县档案局，民国档案，未归档。

注：原图中有文字说明："(1)荒区地形复杂，匪气未靖，确测不易，为臆测略图，待后据此以便详测。(2)柳川区约方六十余里，在全荒区东南，面积约占二分之一，西北毗连小南川、湘子川等处，以至鄜县，皆系辽阔。(3)图内村镇皆系旧日名称，多无人烟，仅存留遗迹而已。"

从图中，不难看出，该处垦区位处韩城、宜川、洛川三县毗连之地，地形复杂，沟壑林立，较大的川道有柳淯、大南川、小南川和石堡川。由于这里的匪患问题没有得到根本处理，因此很难有详细测绘的成图。图中所绘的内容，尤其是垦区和韩城、宜川、洛川三县的界线尚未划明。也正是由于匪患问题，图中所标示的村镇聚落皆为旧时名称，柳淯墾荒处设立之时多无人烟，仅存留部分遗迹而已。

(二) 垦区筹备处设置时期

随着抗日战争的不断扩大，大批难民涌入陕西，如何安置难民成为摆在民国时期陕西

---

① 到二十三年后，黄龙山地区的兵屯"旋以环境不许，遂致无形停顿"。(《据李象九呈具条陈拟请开墾黄龙山收容难民伤兵等情令仰并案核覆》，民国二十六年十一月二日，《陕西省民政厅第五科墾委会、民政、建设厅开墾荒地、黄龙山垦区实施方案、马栏荒区调查报告表》，陕西省档案馆藏，民国档案，全宗号9，目录号5，案卷号592)而后人在评价这次开发时认为它"终以匪氛不敢，经费虽筹，时作时停，未见实效"。(《黄龙山垦区调查报告及意见书》，民国二十七年六月二十四日，《陕西省民政厅组织黄龙山墾荒调查团》，陕西省档案馆藏，民国档案，全宗号9，目录号5，案卷号285)

省政府面前的棘手问题。在这样的情形下，黄龙山区的区位优势得以体现出来，国民政府和地方各阶层对于开发黄龙山区的迫切心理与日俱增。① 民国二十六年（1937）九月，国民政府西安行营要求陕西省政府参照非常时期农业生产计划大纲，拟具开垦各县官民荒地的实施方案，以安置难民增加生产。② 但是，陕西省政府受战乱影响，财力有限，难以在各县普遍推行荒地垦殖。而此时的黄龙山有先期兵工垦殖的基础，加之准备开发的黄龙山"几皆官荒，最宜多量移民。过去本省虽曾举办兵工屯垦，但终以地方不清，兵力单薄，未能获效。近来该处业已较前平靖，拟将黄龙山……开垦以期广济难民，增加大量生产"。因此陕西省政府组织相关部门用近两月时间分别从机关设置、巩固治安、勘划垦区、实施要领等四个方面出发，制定了"陕西省开垦黄龙山荒区实施方案"。

在该方案中，陕西省府为保证黄龙山区的未来开发事宜不受其他管理机构的束缚，特别规定成立陕西省垦荒委员会直接予以领导。关于勘划垦区方面，虽然陕西省府将其放置在荒地开垦之前，但由于时间急迫，垦区机关需要"依法须在最短期间，将荒区清理，分别官私，造册登记，然后再行勘划，其划编方法，不独应注意垦区之划分，并应增进其耕作便利。至道路之分布，宅地之预留，沟渠及公共用地之设备，均应作有系统之计划"。关于具体实施举措，省府先后颁布了十一条实施要领，并对各条目内容进行了细化规定。③

正当陕西省府积极筹措陕西省开垦黄龙山荒区实施方案之时，李象九于同年十月二十五日再次请示陕西省政府，并反复强调黄龙山区的深度开垦有助于支援抗战，巩固后方，容纳难民与收容伤残军人。④

李象九的呈文得到陕西省政府主席孙蔚如的赞赏和支持。经过民、建二厅再次论证，

① 《陕甘两大公路：俟专家踏勘后即实行，陕省开垦黄龙山旧事重提，已通令沿山各县着手调查》，《道路月刊》1934 年第 44 卷第 1 号；《陕西实业团体之建议》，《陕西省银行汇刊》1934 年第 2 卷第 1 期；《一月来之西北》之《陕省开垦黄龙山》，《开发西北》1934 年第 2 卷第 1 期；《农讯：国内陕西屯垦黄龙山》，《农业建设》1937 年第 1 卷。

② 《会呈陕西省政府会呈遵令拟具开垦荒地实施方案请鉴核特呈由》，民国二十六年十一月，《陕西省民政厅第五科垦委会、民政、建设厅开垦荒地、黄龙山垦区实施方案、马栏荒区调查报告表》，陕西省档案馆藏，民国档案，全宗号 9，目录号 5，案卷号 592。

③ 关于机构设置，省府意见为"拟暂于省方成立垦荒委员会（名为陕西省垦荒委员会，其组织另订之），以省政府主席，民政、财政、建设三厅厅长，及省政府委员一人为委员，并由主席担任主任委员，会址附设于省政府内。关于黄龙山垦务则成立垦区办事处，负责办理。归垦殖委员会管辖（名为陕西省黄龙山垦区办事处，以下简称办事处）设主任一人，并分两组，多设组长一人及其他职员数人（其组织见经费表备考栏内）分别担任设计，调查，技术，农作，建筑暨购买农具，耕牛，训练垦民等一切事项，主任由垦荒委员会遴请省政府委用，其他各级职员，均由主任遴委，并报垦荒委员会备案，其经费预算令定之"。（《陕西省开垦黄龙山荒区实施方案》，民国二十七年五月，《陕西省民政厅第五科垦委会、民政、建设厅开垦荒地、黄龙山垦区实施方案、马栏荒区调查报告表》，陕西省档案馆藏，民国档案，全宗号 9，目录号 5，案卷号 592）

④ 《据李象九呈具条陈拟请开垦黄龙山收容难民伤兵等情令仰并案核覆》，民国二十六年十一月二日，《陕西省民政厅第五科垦委会、民政、建设厅开垦荒地、黄龙山垦区实施方案、马栏荒区调查报告表》，陕西省档案馆藏，民国档案，全宗号 9，目录号 5，案卷号 592。

决议"将黄龙山与马栏荒区同时开垦，以期广济难民，增加大量生产"①。李象九也于同年十一月被任命为黄龙山垦区筹备处主任，析韩城、澄城、洛川、宜川、甘泉、白水、富县、合阳等 8 县相邻的边远山区为黄龙山垦区筹备处辖区。② 黄龙山区的垦殖运动由兵工垦殖开始向"移民垦殖"过渡。

李象九在接到省政府"刻日筹备开垦黄龙山"的训令后，于该年的十二月十二日带领孟芳邻、李定九、前山西省农务局技士李春耀和中央赈务委员会监放员程本德等人进入黄龙山，展开先期的调查工作，着手筹备有关事宜。在此次调查中，李春耀对当地的地亩与窑洞数做了丈量统计，查得：

> 黄龙山可耕荒地，广袤约十余万方里，拟择土地最膏腴，川面较宽而较近者，划出八区。一、八十亩川，约长五十里，宽九里，面积四百五十方里，除河床外，肥田四百零五方里，旧有窑洞二百二十余孔。二、公差川，长三十里，宽十里，面积三百方里，肥田二百七十方里，窑洞一百五十四孔。三、石铺川，三十里，宽七里，面积二百一十方里，肥田一百八十九方里，窑八十六孔。四、庙户川，长二十里，宽十里，面积二百方里，肥田一百八十方里，窑五十八孔。五、蔡家川，长七十里，宽八里，面积五百六十方里，肥田五百零四方里，窑三百孔。六、黄龙庙川，长三十里，宽八里，面积二百四十方里，肥田二百一十六方里，窑一百五十余孔。七、花石山，长三十里，宽四里，面积一百二十方里，肥田一百零八方里，窑九十余孔。八、四儿沟川，长三十里，宽四里，面积一百二十方里，肥田一百零八方里，窑一百余孔。③

由上述文献不难看出，李象九的此次调查工作是主要围绕研究区内的适耕土地而展开，这是将以前关注黄龙山区的荒垦倾向一以贯之。不过，有所区别的是，此次调查将"川面较宽而较近者，划出八区"，这些区域除了土地状况良好、适宜垦殖需要的特点外，都存有或多或少的遗弃窑洞。这说明李象九等人为了尽量减少财政开支，多是选择因避匪患或自然灾害而弃耕的土地。这些土地由于经过原住民的常年耕作，已经由生荒改造为熟地，虽然有一段时间的弃耕现象，但相比生荒而言，相对易于开发。而遗弃窑洞的重新勘查和记录备用，也更适宜缺少生活和生产来源的难民很快适应当地生活。不过也正是由于李象九等人的出发点多是围绕尽快安置难民早日恢复生产的目的而进行，因此容易出现两方面的隐患。其一，这些躲避匪患的原住民一旦回归故里，发现多年来营造的家园被难民所占有，那么势必使得双方的矛盾立即凸显出来。其二，黄龙山区周边各县支持垦区建设的初衷是尽快弥平困扰县境的匪患，匪患在逐步消弭之后，垦区建设的日益完善，势必会对划归垦区的原有辖区出现异议。

---

① 《陕西省开垦黄龙山荒区实施方案》，民国二十七年五月，《陕西省民政厅第五科垦委会、民政、建设厅开垦荒地、黄龙山垦区实施方案、马栏荒区调查报告表》，陕西省档案馆藏，民国档案，全宗号 9，目录号 5，案卷号 592。

② 民国《洛川县志》卷二《疆域建置志·疆域现势·行政区划》。

③ 《黄龙山开垦筹备主任李象九呈报前往山内调查及布置经过各情形请鉴核》，民国二十六年十二月二十八日，《陕西省民政厅黄龙山垦区经费概算》，陕西省档案馆藏，民国档案，全宗号 9，目录号 5，案卷号 309。

抗战形势的日渐紧蹙，陕西省内力争西北垦务的各界民众呼声渐隆，加之李象九等人在黄龙山区进行勘查之时陆续得到当地民众的理解和支持①，民国二十六年十二月二十八日（1937），来自民政厅、建设厅与财政厅的代表们在民政厅第五科召开了会议，商议了有关开垦黄龙山及马栏镇荒地的经费问题，会议最终决定：

> 目前本省财政异常困难，筹款垦荒，实属未能。惟黄龙山每月现有经费两万元，系由三十八军代领，内除柳川屯垦办事处月支四百五十九元五角，药材专校月支三百元外，其余一万九千二百四十元零五角，应归还前绥署欠二十五师借款七万一千零三十五元六角之用。经详加商讨，以将来黄龙山垦区办事处成立时，前项柳川屯垦办事处及药材专校，自应归并。省政府会同三十八军向二十五师商洽，将每月归还该师之款，共为一万元，则所余之一万元，即可移作此项开垦经费。至不足之数，再由省政府呈请西安行营予以辅助，庶几垦费问题可以解决。

垦务经费的暂时解决，为黄龙山垦区垦殖事业的顺利开展提供了必要的保障。不过，这笔垦务经费来源于国民三十八军归还二十五师的借款。这笔经费并不稳定，仅能够维持一时之需。此外，伴随着难民涌入黄龙山区的规模日渐增多，难民安置、机构建设、垦区规划等方面亟须经费。可见，黄龙山垦区的经费问题依然是困扰垦区事业发展的核心问题之一。

（三）垦区办事处设置时期

民国二十七年（1938）一月，陕西省垦荒委员会在黄龙山垦区筹备处基础上，成立陕西省黄龙山垦区办事处，设办公地点于白水纵目镇，由李象九任办事处主任。② 办事处隶属于陕西省垦荒委员会，内分"总务""垦务"两组，组长2人，干事、督垦员各4人，书记2人等。同年七月，经陕西省垦荒委员会决定，柳川区办事处改为黄龙山垦区办事处柳川区分处，由办事处管辖，并委任焦纯如为分处主任。③ 伴随着山区治安的逐渐好转，垦区内相关管理机构移往石堡村，并按照"陕西省开垦黄龙山荒区实施方案"来逐步开展收容和安置难民的工作。不过由于抗战形势的发展，大量难民涌入陕西，政府亟须妥善安置难民，以至于原有的实施方案不得不予以调整。这就导致出现三方面的问题：第一，原拟定"按最低限度三千人计算……自应按照需要情形，加以扩充，且原概算所估耕牛农具、种籽等价，较现时业已增涨之价格，已不敷用，也应按照最近价值核实估计以便购买。兹

---

① 《黄龙山开垦筹备主任李象九呈报前往山内调查及布置经过各情形请鉴核》，民国二十六年十二月二十八日，《陕西省民政厅黄龙山垦区经费概算》，陕西省档案馆藏，民国档案，全宗号9，目录号5，案卷号309。

② 在相关的档案中，李象九在民国二十七年一月至二月间的职位仍体现为"陕西黄龙山开垦筹备主任"。（《快邮代电》，民国二十七年二月二十三日，《陕西省民政厅黄龙山垦区经费概算》，陕西省档案馆藏，民国档案，全宗号9，目录号5，案卷号292）

③ 《陕西省黄龙山兵工屯垦局柳川区孙家沟口缄》，民国二十七年一月二十五日，《陕西省民政厅柳川分处垦区》，陕西省档案馆藏，民国档案，全宗号9，目录号5，案卷号300。

经本厅会详加筹划，按垦民一万五千人计算"[1]。难民的超计划涌入，为垦区的荒地规划带来困扰，并有可能带来不适宜垦殖的土地遭到无序破坏的后果。[2] 第二，垦区内的治安虽然逐渐好转，但是仍有部分地区的匪患不靖，加之时有兵变残余力量袭扰洛川县和垦区交界地方[3]，这在一定程度上会影响难民的生命安全和生活安置。第三，难民安置、匪患不靖等问题的凸显，使得原本在荒地开垦之先的垦区勘划问题被搁置起来，这势必造成后期垦区和周边各县边界纠纷的层出不穷。在此期间，黄龙山垦区办事处于民国二十七年（1938）十月十八日绘制了《黄龙山垦区略图》（1∶360000）。如图 2 所示。

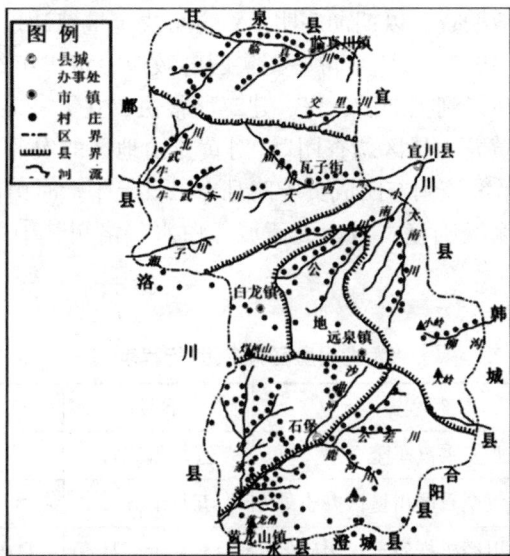

图 2　黄龙山垦区略图（民国三十七年十月十八日绘，1∶360000）
资料来源：《黄龙山垦区略图》，陕西省黄龙县档案局，民国档案，未归档。

由图 2，我们不难看出，在当时的情况下，垦区办事处相关人员已经将垦区内的自然地理、交通运输、行政机关及辅助机构的所在地等都做了较为细致的规划。这样一来，难

----

① "此项经费，因目前本省财政，异常困难，虽多方计划，仍无法筹集，而此项垦务，又迫不容缓，再四思维，惟有根据行政院颁发之非常时期救济难民办法大纲第十六条规定，拟请钧府转请非常时期难民救济总会，指拨专款。"（《黄龙山开垦筹备主任李象九呈报前往调查及布置经过情形一案》，民国二十七年一月，《陕西省民政厅黄龙山垦区经费概算》，陕西省档案馆藏，民国档案，全宗号 9，目录号 5，案卷号 309）

② "李象九奉令筹办黄龙山一带荒地，藉以安插难民，意甚善也，但据该调查所称之八大区域内，多与本区已经经营惨淡者混同之，如黄龙庙沟花石崖四儿沟等处，均有垦民居住，治安不生问题。"（《陕西省黄龙山兵工屯垦局柳川区孙家沟口电》，民国二十七年一月二十五日，《陕西省民政厅黄龙山垦区经费概算》，陕西省档案馆藏，民国档案，全宗号 9，目录号 5，案卷号 309）

③ "顷据报告兹有变兵多各在洛川县南乡吕家山等处窜扰，系由驻洛川之热河先遣军部内哗变逃出……杀长官情事等语，查该变兵原系先遣军收抚人数约二百有零。"（《快邮代电》，民国二十七年二月二十三日，《陕西省民政厅黄龙山垦区经费概算》，陕西省档案馆藏，民国档案，全宗号 9，目录号 5，案卷号 309）

民的安置工作便可以得到较为妥善的处理，为黄龙山区的有序开发提供了必要的基础。不过，垦区办事处仅仅将荒区界线和荒区内的分区界线加以标注，而没有将垦区周边各县的县界绘入其中。这一问题的严重性在随后黄龙山垦区调查团的调查过程中得以凸显出来。

绘图者所绘制的内容有"现在办事处、将来办事处、县城、市镇、村庄、堡寨、矿苗、山峰、庙宇、学校、医院、督垦员驻所、驻警处、山脉、河流、高地、汽车道、路道、荒区界线、分区界线"。可见，鉴于黄龙山的筹备工作已经基本完成，先期进入垦区的难民已达三千余人，但垦区管理机构对于"全山面积，土壤、地势、气候、水源分布，交通情形，以及垦民如何组织，耕地如何经营"等方面尚有不明之处，"均须具有垦荒学识之专家，前往实地勘查，以期彻底明了，方可决定垦殖计划"①。因此，陕西省民、建二厅于民国二十七年（1938）二月共同呈文陕西省政府，请求组织黄龙山垦荒调查团进行实地查勘，这一请求在得到批准后，民、建二厅很快成立了一支由安汉、韩跃渊、成质全等16名专家组成的"黄龙山垦区调查团"，对黄龙山地区的农业、林业、畜牧、水利和合作五大部分展开调查。② 该调查团成员于四月十二日上午七时由西安出发，于二十一日返回，全程历时十天，途经临潼、渭南、蒲城、白水、洛川、中部、宜君、耀县等十二县。如表1所示。

表1 **"黄龙山垦区调查团"行程表**

日期	行程	日期	行程
五月十二日	自西安乘汽车至白水	五月十三日	自白水乘驴至县属纵目镇
五月十四日	自纵目镇至石堡川垦区办事处	五月十五日	在石堡川附近考察
五月十六日	自石堡川经棋杆庙至松树砭瘩	五月十七日	自松树砭瘩经要险至甘石镇
五月十八日	自甘石至洛川县属之清化镇	五月十九日	自清化镇至洛川
五月二十日	自洛川至耀县	五月二十一日	自耀县返西安

资料来源：《黄龙山垦区调查报告及意见书》，《陕西省民政厅组织黄龙山垦荒调查团》，陕西省档案馆藏，民国档案，全宗号9，目录号5，案卷号285。

黄龙山垦区调查团调查归来后，专家们根据实地调查情况撰写了分类调查报告。这些调查报告从较为科学的角度记述分析了黄龙山地区地质、水文、地貌、土壤等方面的情况，并且专家们还就当地的开发提出了自己中肯的建议，虽然这些建议在日后的实际开发中并未全部实行，但此次前期调查工作留下的科学、可靠的一手资料，对于全面了解黄龙山地区的基本情况和有效开展垦殖活动都大有裨益。此外，由于"全山荒区，因各县均未

---

① 《黄龙山垦区调查报告及意见书》，民国二十七年六月二十四日，《陕西省民政厅组织黄龙山垦荒调查团》，陕西省档案馆藏，民国档案，全宗号9，目录号5，案卷号285。

② 《黄龙山垦区调查报告及意见书》，民国二十七年六月二十四日，《陕西省民政厅组织黄龙山垦荒调查团》，陕西省档案馆藏，民国档案，全宗号9，目录号5，案卷号285。

经实地测量，无法统计"①，因此，测绘工程人员成质全等根据黄龙山区的调查结果和周边各县的旧有地图，绘制出了相关的地图（如图3所示）。

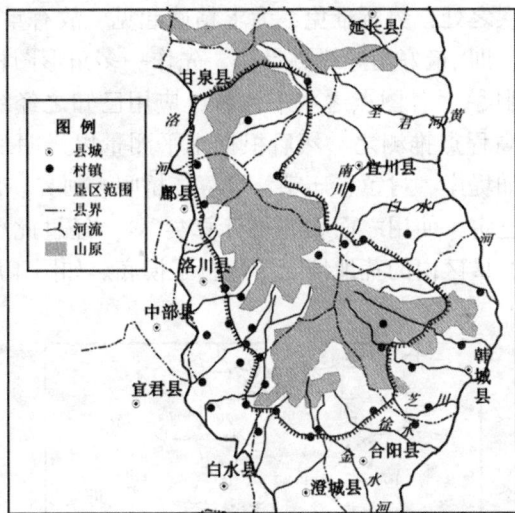

图3　黄龙山区调查图（1∶2000000）

资料来源：《黄龙山区调查图》，陕西省黄龙县档案局，民国档案，未归档。

图3为"黄龙山垦区调查团"成员成质全所绘地图，由于"时间匆促，实地测量固属万不可能，即描摹简单地形略图，无法着手，只就此行经过各处，并参照以前图册，绘成黄龙山垦区调查图"。该图虽非实测地图，但在图上的标示物中首次绘制了县界和荒地界。而且在随后和专家组共同撰写的《黄龙山垦区调查报告及意见书》中，特别建议垦区当局要迅速"确定垦区范围。黄龙山垦区毗连陕北十二县，荒历多年，其间虽迭经办理兵工屯垦，均属敷衍草率，并无成绩可言。而其先后领放，县自为政，土著既少，保育尤疏，旧垦新荒，犬牙花插，若不迅速清理，分别公私，必致沃润者被分占，而硗确尽为官荒，流弊所及，办理尤难"②。在调查团看来，黄龙山垦区虽然在发展初期由于适耕土地众多，涌入垦区的难民规模尚可以完全吸纳。但是在"旧垦新荒，犬牙花插"的地区，返乡的原住民和大量涌入此地的难民势必会产生冲突。而且"垦区毗连各县，界限不清，不独有碍治安，无且施垦不便，亟应令饬关系各县，迅速划定垦区范围，庶几沃野穷山，悉归利

---

① 这句话大致可以分析为四层含义：第一，黄龙山区的测量并非由李象九来完成，而是由各县具体操作。第二，各县并未进行实地测量，以至于荒区面积不好统计，只能推出一个大致数据。第三，这也就为后期垦区的边界问题带来诸多困扰。第四，各县在这件事情上应对消极的原因待查。（《黄龙山垦区调查报告及意见书》，民国二十七年六月二十四日，《陕西省民政厅组织黄龙山垦荒调查团》，陕西省档案馆藏，民国档案，全宗号9，目录号5，案卷号285）

② 《黄龙山垦区调查报告及意见书》，民国二十七年六月二十四日，《陕西省民政厅组织黄龙山垦荒调查团》，陕西省档案馆藏，民国档案，全宗号9，目录号5，案卷号285。

用，进荒区于膏腴，增地方之福利，而垦务进行，亦可以顺利矣"①。

在调查团的建议下，垦区办事处颁行了《陕西省黄龙山垦区办事处土地管理推行办法》，并鉴于以前"虽从事于垦区之勘查工作，但地面广阔，尤限于人力财力，仅测量垦区之大概情形，遗漏错误之处，势所难免，为求精确起见，故有重测之必要"。在测量方法上采取人工测量方法，即"最好用导线测量法，先作一多角形图根纲，然后分幅测量碎部(用一万分之一之比例尺)，各图点之水平位置，应用已知之经纬度及指角计算之。其高度位置，应用已知之高程点推测之，然后根据水平测量以辨明地势之高低，地形之凸凹，川塬之分别，其他如堤岸、村镇、庙宇、坟墓、桥闸、河界、川道等均须施测，随测随绘，坐落分明，四至已定，使用之面积亦可计算矣"②。经过此次测量，垦区办事处将垦区和周边各县的县界、垦区内的荒地情况等进行了摸底。如图4所示。

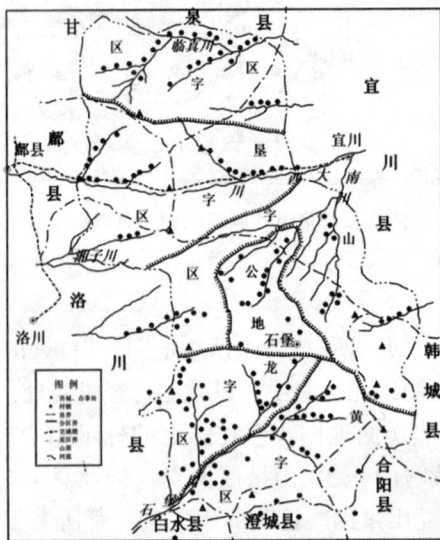

图 4　黄龙山垦区略图(民国二十七年一月至七月间，1：360000)
资料来源：《黄龙山垦区略图》，陕西省黄龙县档案局，民国档案，未归档。

该图的绘图者通过对"分区界线"的绘制，明确标示出垦区内的各个分区，即黄字区、龙字区、山字区、垦字区和区字区，但并未标示出柳川分区，因此该图应该绘制于民国二十七年一月至七月间。经过勘划，垦区内的分区界线已经标示清楚。其内容如下：

(一)黄字区。东至梁山，西至史家河，南至关家桥，北至石堡川、季家河等处。包括界头庙、山户、千头梁、尹村、樊家庄子、将军庙、四家河、庙河川等地。垦区办事处设界头庙。

①　《黄龙山垦区调查报告及意见书》，民国二十七年六月二十四日，《陕西省民政厅组织黄龙山垦荒调查团》，陕西省档案馆藏，民国档案，全宗号9，目录号5，案卷号285。

②　《陕西省黄龙山垦区办事处土地管理推行办法》，民国二十八年四月十九日，陕西省档案馆藏，民国档案，全宗号9，目录号5，案卷号301。

（二）龙字区。东至梁山，冢子梁，西至侯家山、党家坪，南至石堡川，北至暖泉镇、嵝崄、栏柯山等处，包括公差川、瓦片沟、斑虎沟、石堡川、沙曲河、十二连村、八十亩川、四梁桥、长石头、申家原、李家庄、木昌村、三岔、龙区寨、北坡子、驹马塔等地。垦区办事处设龙区寨。

（三）山字区。东至柳沟，西至靳家桥、南原等处。除蔡家川、富庄市川等留作公地，办理农艺、园艺、畜牧等试验场外，余包括大南川、小南川、新市川、白城桥、瓦子街、圣君庙等地，垦区办事处设嵝崄。

（四）垦字区。东至茹平堡，西至牛武镇，南至界湾庙梁，北至卧虎湾。包括湘子川、大西川、牛武川、庙湾川、牛武北川、桃花沟、王家沟等地，尚未设垦区办事处。

（五）区字区。东至交里川之季家河、深浅河，西至南宜湾之盘龙山脊，南至卧虎湾与岔口西沟，北至临真川、金盆湾，包括交里川、南宜湾、瓦滓河、小南川等地，尚未设垦区办事处。①

随着垦区内分区界线勘查工作的进行，垦区从洛川、澄城、韩城等周边各县所规划出来的区域也得到了标明，如图4所标示的"县份界线"即为垦区办事处此次测绘的重点内容。然而，现有的档案资料中并未有细致的表述，见诸报端的较为详细的垦区范围表述也多是沿用早期计划屯垦或兵工屯垦时对于黄龙山区的介绍，即黄龙山"位于陕北与关中分界之所，凡陕省之韩城、宜川、洛川、中部、宜君、白水、澄城、合阳八县，均在黄龙山之周围，山岭丛错，广袤八百余里，森林茂密，山产极多，洵为陕省富庶之区"②。不过，我们可以从垦区对于分区划界的界址可以大致推导出黄龙垦区和周边各县的界址情况：东至梁山、冢子梁、柳沟、茹平堡、交里川之季家河、深浅河，西至史家河、侯家山、党家坪、靳家桥、南原、牛武镇、南宜湾之盘龙山脊，北至临真川、金盆湾，南至关家桥一带。上述这些地点都应该是黄龙垦区实际上能够控制到的最边缘地带，同时也是垦区和周边各县容易产生勘界纠纷的区域。

三、垦区管理局时期的边界纠纷

民国二十八年（1939），随着垦区范围的日益扩大，陕西省财政倍感压力。同年五月，黄龙山垦区办事处奉国民党中央行政院令，将黄龙山垦区办事处改为国营陕西黄龙山垦区管理局，交由中央行政院直接管辖，局址设于石堡镇，由中央赈济委员会委员朱庆澜任首任局长，经济部技工安汉任副局长。③ 在黄龙山垦区办事处由陕西省属转由农林部直属之后，鄜县、洛川、澄城、合阳等县陆续出现了边界纠纷。其中，以鄜县、洛川的边界纠纷最为严重。

———————————

① 晋民：《陕西省黄龙山垦殖区划分概况》，《新西北月刊》1939年第5期。

② 《陕西富庶区域之黄龙山规定计划实行军垦》，《西北导报》1937年第3卷第11期。

③ 《经济部快邮代电》，民国二十八年三月二十八日，《陕西省民政厅黄龙山垦区安置垦民案》，陕西省档案馆藏，民国档案，全宗号9，目录号5，案卷号301。

民国二十八年(1939)十月,鄜县和黄龙垦区交界的村庄安子上、史家岔等处因土地归属问题引发边界纠纷①,继而导致"鄜县县长蒋隆埏指派该县保安队队长及德乡联保主任高玉成带领七八十人全副武装,江日将本垦区区办事处所在地安子上包围,强迫垦区保安队交枪。双方发生严重冲突"等武装恶性事件发生。② 鄜县恶性事件发生不久,与之相邻的洛川县发生多起土地纠纷和械斗事件,以至陕西省府认为,"查此类斗争皆由于双方界址未定,而熟区人民觊觎荒区地利,土客仇视,争端迭起,现双方民众,情势愈演愈恶,以洛川甘槐镇一带为尤,实有爆发械斗之可能。恳祈毅力主持,速派订界委员先由洛开始,实为根本解决办法"③。鄜县、洛川系列恶性事件的出现,不仅反映了垦区和周边各县之间已经呈现出敌对和仇视的关系,而且这些事件成为导致双方矛盾逐步升级的导火索。此事件发生后,黄龙和周边各县的首次大规模划界就此开始。

民国二十九年(1940)一月二十六日,垦区管理局拟订了一份《国营陕西省黄龙山垦区管理局与邻封各县划界准则》,并提交陕西省府有关部门,希望能够尽早予以落实。其内容如下:

一、本准则依照陕西省政府训令为垦区与邻封各县分清权责免去纠纷、调整政令起见会同有关各县派员从新划界。

二、划界时由垦区管理局与洛川、白水、澄城、宜川、合阳、鄜县、韩城、甘泉各县政府各派二人履勘,查确定其新定界限,双方均认为适当时,即将划定新界情形,会同呈报双方主管机关核示。

三、界限区分应根据左列原则办理。

1. 在垦区成立前已经编组保甲完整之村镇,仍划归各县。

2. 各县沿山有主之地,因匪患荒芜但仍照常完赋且有约据可验,而在地形与管理上又无若何不便者,仍划归各本县。

3. 除上二项情形外,划归垦区。

---

① 经省府委派第三区专员钟相毓调查,认为"此次冲突始末兹查,安子上距牛武镇二十里,居富宜公路线上,富县早已编有保甲,地方确非荒区可比,而垦区保长与保安队长既未通知当地联保办公处或富县政府越境驻扎,又复滥施威权,擅捕富民李文清等,且掳其财物,富县蒋县长负有维持治安之责,既具人民报告,合得置之不理,以致双方发生冲突"。(《陕西省政府关于据钟相毓报派员调查富县与垦区发生纠纷一案情形附送字据等情给黄龙山垦区管理局电》,民国二十九年二月十七日,《陕西省民政厅国营黄龙山垦区附垦区与各县划界息争办法(一)》,陕西省档案馆藏,民国档案,全宗号9,目录号5,案卷号294-1)而垦区管理局则持相反意见,其认为此次事件"属实完全该县长措置乖张"。(《陕西省民政厅关于据夏复堂报请释放垦区保长王生福等一案给富县县政府等电》,民国二十九年一月九日,《陕西省民政厅第五科国营黄龙山垦区勘划界限等材料》,陕西省档案馆藏,民国档案,全宗号9,目录号5,案卷号593)

② 《陕西省政府关于据熊正平复富县保安队包围黄龙山垦区缴收驻队枪支各情形附送各证件给陕西省第三区专署电》,民国二十九年三月六日,《陕西省民政厅国营黄龙山垦区附垦区与各县划界息争办法(一)》,陕西省档案馆藏,民国档案,全宗号9,目录号5,案卷号294-1。

③ 《电请速派订界委员前来垦区解决纠纷而息争端以维垦务静候赐覆由》,民国二十九年三月,《陕西省民政厅国营黄龙山垦区附垦区与各县划界息争办法(一)》,陕西省档案馆藏,民国档案,全宗号9,目录号5,案卷号294-1。

4. 界限区分除根据前条所列各项外，应尽量利用左列各项形势，以期双方管理上之便利。

甲、河流之中心；乙、山脉之分水岭；丙、山原之底脚；丁、公路或大道；戊、森林之外沿；己、天然大沟之中心；

5. 界限划清后，各县村镇如有少数留住之垦民曾向垦区领过贷款者，由垦区管理局设法迁移之，在未迁移以前，应由所在联保甲长代为管理，但所有地方一切负担不得令该垦民担任。

6. 界限划清后，各县人民如在山内仍有第三条第二项情事，应由垦区管理局与原辖各该县县政府分别查验、登记，限期自开或招人开垦，以保私有产权，但仍须先尽难民，以示优待。

7. 界址勘定后，应即设立坚固界牌，并测绘界面，由双方存查。

8. 本准则由黄龙山垦区管理第三区专员公署暨民政厅所派委员会同商订。①

上述方案的行文中，管理局同意将"垦区成立前已经编组保甲完整之村镇"和"各县沿山有主之地因匪患荒芜、但仍照常完赋且有约据可验、而在地形与管理上又无若何不便者"都划归各县。不过，一旦划清界限，那么，周边各县必须解决两方面的问题：第一是"各县村镇如有少数留住之垦民曾向垦区领过贷款者"，这些人应该"由垦区管理局设法迁移之"。第二是"各县人民如在山内……应由垦区管理局与原辖各该县县政府分别查验、登记，限期自开或招人开垦，以保私有产权"。从上述内容可以看出，黄龙山垦区管理局在此起彼伏的边界争议影响下，亟须通过陕西省府来划清界限、勘定界址。

而陕西省政府在垦区管理局所提供划界准则的基础上，增订了"保甲标准""财赋标准"等四项划界原则。垦区管理局认为这四项原则非但不利于杜绝纠纷，"若取而用之，是授地方以争执之武器"，使得边界纠纷愈演愈烈。②

垦区管理局一方面提出和陕西省府方面不同的意见，认为当局应该把最应该关注的地方放在"策划治安、阐发地利、安置难民"上，在当务之急逐渐得到解决后，"垦荒成熟时，秩序既定，当另设新县治，或暂仍其旧"都可以按照省府的决策来制定相关的解决方案。另一方面，垦区管理局被迫做出让步，希望在原有垦区界线的基础上，双方派员勘定，并主动提出缩小垦区范围。即"依照原订垦区界线，双方派员勘定设立坚固界牌，且本局前以自动缩小范围绘图送请贵省府转饬遵照，即以缩小绘图线，为今日解决纠纷之计，从速测绘界线"③。同时，垦区管理局副局长黄乃祯于同年三月，先后两次以"旧属

① 《国营陕西省黄龙山垦区管理局与邻封各县划界准则》，民国二十九年一月二十六日，《陕西省民政厅第五科国营黄龙山垦区勘划界限等材料》，陕西省档案馆藏，民国档案，全宗号9，目录号5，案卷号593。

② 《为函复修划界准则似难适用，拟具息纷意见应否转饬施行请查照见复由》，民国二十九年二月，《陕西省民政厅第五科国营黄龙山垦区勘划界限等材料》，陕西省档案馆藏，民国档案，全宗号9，目录号5，案卷号593。

③ 《为函复修划界准则似难适用，拟具息纷意见应否转饬施行请查照见复由》，民国二十九年二月，《陕西省民政厅第五科国营黄龙山垦区勘划界限等材料》，陕西省档案馆藏，民国档案，全宗号9，目录号5，案卷号593。

黄乃祯"的称谓，恳请陕西省府予以出面调停，在黄氏看来，争议双方"民众，情势愈演愈恶，以洛川甘槐镇一带为尤，实有爆发械斗之可能，恳祈毅力主持，速派订界委员先由洛开始，实为根本解决办法"①。陕西省府的回文是"查黄龙山垦区与本区韩合澄白四县犬牙交错，迄未划清，以致该区垦户时与各该县民迭起纠纷，前奉钧府民伍字第三四一号训令及府民二亥寒代电已转饬各该县长与垦区会同勘定，迄今仍未能顺利勘定，长此迁延，深恐事态演变，妨及治安，似宜早清界限，以杜纠纷，惟兹事大问题甚多，拟请转饬民、财两厅会遴妥员协同垦区及有关各县长彻底勘划以昭郑重永诀纠纷，实为公便"②。

为了尽快地妥善解决双方的矛盾，陕西省府于民国二十九年（1940）四月先后委派钟相毓、蔡子静、胡振汉等委员前往鄜县、澄城县、洛川县等地对边界纠纷的具体问题展开调查。③ 与此同时，陕西省府委派彭问滨、沈家祺"前往黄龙山会同专员县长暨垦局依照办法，先就迭起纷争之鄜县洛川两县妥商勘订，再行依次办理，并将会勘情形及商订各项办法绘具图说"④。彭、沈二人"于七月三日起会同垦区管理局暨各该管区专署县政府派定负责人员按照指定，由洛鄜先划，然后依次勘划宜韩澄白迄八月十五日先后，凡四十三日始告完竣。……各县界均经实地勘订，所有息争办法现已由局方订定，九月一日召开各县长开谈话会，决定一俟议定"⑤。在调停地方边界纠纷、会同垦区和周边各县参与勘界的基础上，彭、沈二人主持绘制了"勘定黄龙山垦区各县界限图"，并呈交陕西省府备查。如图5所示。

图5内所标示的内容包括管理局、区办事处、县城、市镇、村庄、学校、医院、保安队驻所、警察局驻所、庙宇、山峰、山脉、河流、汽车道、道路、炭苗、森林、县界、垦区范围界、区界、房屋、桥梁、煤油产地等内容。在垦区管理局所绘制的地图中，我们不难看出彭、沈等勘界委员的工作意图，即希望能够将垦区范围界线作为管理局和周边各县边界的依据。

————————————————————

① 《电请速派订界委员前来垦区解决纠纷而息争端以维垦务静候赐覆由》，民国二十九年三月，《陕西省民政厅第五科国营黄龙山垦区勘划界限等材料》，陕西省档案馆藏，民国档案，全宗号9，目录号5，案卷号593。

② 《查卷》，民国二十九年三月二十六日，《陕西省民政厅第五科国营黄龙山垦区勘划界限等材料》，陕西省档案馆藏，民国档案，全宗号9，目录号5，案卷号593。

③ 《陕西省政府关于据钟相毓报派员调查富县与垦区发生纠纷一案情形附送字据等情给黄龙山垦区管理局电》，民国二十九年二月十七日；《陕西省政府关于据蔡子静复覆澄城县晖福联保人民并无到将军庙索租滋扰情事等情给黄龙山垦区管理局电》，民国二十九年四月；《陕西省政府关于据胡振汉复奉令饬查洛川县槐柏镇联保处壮丁与垦民发生械斗一案情形给黄龙山垦区管理局电》，民国二十九年四月十九日。（《陕西省民政厅国营黄龙山垦区附垦区与各县划界息争办法（一）》，陕西省档案馆藏，民国档案，全宗号9，目录号5，案卷号294-1）

④ 《为呈赍勘划黄龙山垦区界限图由》，民国二十九年八月，《陕西省民政厅国营黄龙山垦区附垦区与各县划界息争办法（二）》，陕西省档案馆藏，民国档案，全宗号9，目录号5，案卷号294-2。

⑤ 《为呈赍勘划黄龙山垦区界限图由》，民国二十九年八月，《陕西省民政厅国营黄龙山垦区附垦区与各县划界息争办法（二）》，陕西省档案馆藏，民国档案，全宗号9，目录号5，案卷号294-2。

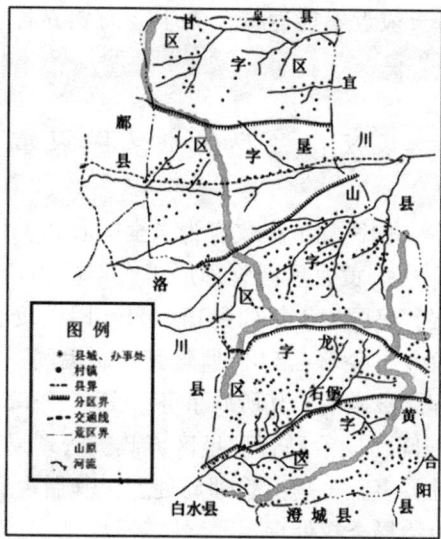

图 5　勘定黄龙山垦区有关各县界限图
（民国二十九年八月，国营陕西黄龙山垦区管理局制，1∶360000）
资料来源：《勘定黄龙山垦区有关各县界限图》，陕西省黄龙县档案局，民国档案，未归档。

　　由于鄜县、甘泉县已经纳入陕甘宁边区政府管辖区域，不再列入待定勘划的县份。①
因此，彭、沈等勘界委员的勘划方案实施对象为洛川、白水、澄城、合阳、韩城和宜川等
六县。然而勘划方案实施过程并不理想，只有合阳县"与垦区界址并无争执，无须重勘。
仍依照二十九年原界"②。而洛川、白水、澄城、韩城和宜川等五县对此并不认同。如洛
川县政府认为，"委员彭某既不能免避犬牙交错，力求整齐以失钧府明令之规定，复不能
洞察边界人民之实际情况予以相当解释，乃竟以私人意气用事，以致沿山居民惶惑不
安"③。而陕西第三行政督察专员兼保安司令余正东则直接向省府反映勘界委员在界线勘
划时所出现的问题，"该视察员所呈略图仅将所树界标地点标示符号，并未划出连贯界
线，以致甲标与乙标之间竟系直线，抑向某方突出湾入，无从确定"。此外，余正东还指

---

　　①　1940 年 2 月 18 日，八路军武装护送国民党县长蒋隆延离开鄜县境地以后，民选县长罗成德（抗
敌后援会主任）签发《陕甘宁边区鄜县县政府布告》，鄜县归陕甘宁边区延属分区直辖。（富县地方志编
纂委员会编：《富县志》第一章《行政建置》之《建置沿革》，陕西人民出版社 1994 年版）另，1940 年 3 月，
抗日民主政府遵照边区政府指示，武装护送国民党县政府工作人员出境。至此，甘泉全境解放。（甘泉
县地方志编纂委员会编：《甘泉县志》之《大事记》，陕西人民出版社 1993 年版）

　　②　《为报告会勘黄龙山垦区与邻县界址情形所鉴核由》，民国三十一年八月二十一日，《陕西省民
政厅与各县设治局等关于地域划分等问题的来往文书》，陕西省档案馆藏，民国档案，全宗号 17，目录
号 3，案卷号 12。

　　③　《呈为呈请另派贤员重行划界事》，民国二十九年七月，《陕西省民政厅国营黄龙山垦区附垦区
与各县划界息争办法（二）》，陕西省档案馆藏，民国档案，全宗号 9，目录号 5，案卷号 294-2。

出，在此次勘划过程中，各县民众多有不满情绪，并"联名呈请本署核办"①。陕西省府考虑再三，最终以"朱兼局长最近不能返局，关于会商划界各项问题拟暂缓举行"为由，暂时停止了此次勘划事宜。②

四、垦区设治局时期的勘界事宜

民国二十九年（1940）春，国民党重庆政府为求全国农林、行政统一，设立了农林部，"附设垦务总局总理全国垦务"。黄龙垦区管理局于次年（1941）改由农林部管辖。③ 为了推进黄龙山垦区事业的发展，民国三十年（1941）二月，国民政府成立了陕西黄龙设治局。该设治局受第三区行政监察专员公署（洛川）监督管理。民国三十三年（1944）四月，农林部国营陕西黄龙山垦区管理局被撤销，其所属事务移交陕西省黄龙设治局。在黄龙设治局和黄龙山垦区管理局并存期间，设治局管理垦区庶政，管理局则主要负责垦民的开垦事务。而垦区和周边各县的勘界事宜先是由管理局处置，其后由管理局和设治局共同参与，最终在管理局裁撤后，由设治局全权处理。

在黄龙设治局添设初期，管理局局长胡抱一曾于民国三十年（1941）十二月在《农林部陕西黄龙山垦区概况书》中，对黄龙山垦区的基本情况和边界纠纷有着较为深刻的认识。在其行文中，垦区的范围和土地情况如下：

> 本区北起甘泉之临頁镇，南至白水之黄龙山镇，澄城之官则口及合阳之红石崖，西起鄜县之牛武镇及洛川之靳家原，东至宜川之阿道村及韩城之柳沟，南北长约二百二十里，东西平均宽约八十里，总计面积约一万七千六百平方华里。其中川地（沿河之地）约占七十五万亩，原地（山坡之地）占一百一十万亩，合计一百八十五万亩，据最近之调查，宜垦之熟荒约有五十万亩，截至今年底，已垦之地共有十四万余亩。④

胡抱一认为，"本区原为八县之边区，已见前述过去荒芜无人关顾，今以荒田开发地利渐着，于是划界、租赋、林木等问题时常发生，影响垦务亦实不少，本局当依据各项法令，审查事实谋合理之解决，尤盼邻对各县府及社会人士开诚协助，以期垦务之顺利进

---

① 《电复已转饬有关各县派员参加黄龙山垦区划界会议》，民国二十九年七月，《陕西省民政厅国营黄龙山垦区附垦区与各县划界息争办法（二）》，陕西省档案馆藏，民国档案，全宗号9，目录号5，案卷号294-2。

② 《陕西省政府关于报以朱兼局长最近不能返局，关于会商划界各项问题拟暂缓举行等情给陕西省第三区专员公署等的电》，民国二十九年十月三日，《陕西省民政厅国营黄龙山垦区附垦区与各县划界息争办法（二）》，陕西省档案馆藏，民国档案，全宗号9，目录号5，案卷号294-2。

③ 农林部陕西黄龙山垦区管理局编：《农林部陕西黄龙山垦区概况书》，民国三十年十二月三十一日印，陕西省档案馆藏，民国档案，全宗号62，目录号2，案卷号50。

④ 农林部陕西黄龙山垦区管理局编：《农林部陕西黄龙山垦区概况书》，民国三十年十二月三十一日印，陕西省档案馆藏，民国档案，全宗号62，目录号2，案卷号50。

行"①。确如胡抱一所言，自民国二十九年十一月至民国三十一年四月，围绕垦区和周边各县的边界纠纷事件多达二十余起。而逐条分析各起事件的原因，大致可以分为"因居民不同而起纠纷"，"居民间相处不睦而起纠纷"，"因县民希图逃避兵役及其他负担，自动归于垦区而起纠纷"，"因县民行动迟缓，地方被难民居住，以致县民流离失所而起纠纷"和"因土地所有权被侵占，及禁止取柴而生纠葛"等五种情况。② 由此可见，如果勘界事宜得不到妥善处置的话，垦区和周边各县的边界纠纷终将演变为黄龙山垦区管理局"垦政发展之障碍"。

民国三十年（1941）二月，陕西省府再次启动勘界事宜。同年三月，陕西省府下发了"黄龙山垦区界线前已勘定附发勘定界图，饬将所有划归管辖地方内之保甲赋税等即行移交"的命令，要求黄龙山区周边各县予以执行。其中，省府要求白水县按照"已勘定附发勘定界图"将该县彭衙乡第三保所属宽埝等地划拨给黄龙垦区。民国三十年（1941）七月，白水县向第八区行政督查专员公署提交呈文，对此提出异议，"本县与黄龙山垦区之界线黄龙山即为天然之界线，所有勘入山南之本县宽埝地方，仍按原日状况划由本县，仍维原状。不特人情风俗之相宜，即道路里程、行政管理亦较便利，若予勘入垦区，则相距管理局弯远，且居山之南坡脚下，仅只些小一村，实非所宜"。此外，"当日省派委员莅县划界时，并未会同本县勘划，应即呈明，按照勘界条例第三条一项之标准，查明地形，呈请索还"③。白水县政府的呈文并未得到陕西省府的认可。同年九月八日，陕西省府责令白水县政府将黄龙垦区和白水县政府的争议区域"所有户口、保甲、兵役等项即行移交清楚，会报专署呈查"④。陕西省府委派勘界委员严进、蒋冠伦前往白水县针对此前勘划的地域进行重新订界，此次订界虽然将狭义黄龙山南侧的彭衙乡部分地方划归白水县管理，但仍将八岔庙、宽埝、后渠村划归黄龙垦区管理。⑤

此次垦区和白水县边界纠纷问题的解决，引起洛川、澄城、宜川与韩城等县的连锁反应。在这四县中，以"洛川县垦区界址纠纷最为著名，而问题不大。宜川问题最大，而各才明了者甚鲜。然洛、宜两县有三区专员负责协助，事尚易，为就中划界问题大而最难解

---

① 农林部陕西黄龙山垦区管理局编：《农林部陕西黄龙山垦区概况书》，民国三十年十二月三十一日印，陕西省档案馆藏，民国档案，全宗号 62，目录号 2，案卷号 50。

② 《为报告会勘黄龙山垦区与邻县界址情形所鉴核由》，民国三十一年八月二十一日，《陕西省民政厅与各县设治局等关于地域划分等问题的来往文书》，陕西省档案馆藏，民国档案，全宗号 17，目录号 3，案卷号 12。

③ 《陕西省政府关于据报为白水县政府以黄龙垦区界线图不符规定请将实际地方仍划归白水县等情给陕西省第八区专员公署的电》，民国三十年九月六日，《国营黄龙山垦区勘界》，陕西省档案馆藏，民国档案，全宗号 9，目录号 5，案卷号 282-1。

④ 《陕西省政府关于为黄龙设治局行政区域原由合阳、白水等县所划出之户口保甲赋税兵役等项应予交接清楚后会报查核仰遵照等情给陕西省第三区专员公署的电》，民国三十年九月六日，《国营黄龙山垦区勘界》，陕西省档案馆藏，民国档案，全宗号 9，目录号 5，案卷号 282-1。

⑤ 《陕西省政府关于据复办理白水县与黄龙设治局划界情形请鉴核等情给白水县政府的令》，《国营黄龙山垦区勘界》，陕西省档案馆藏，民国档案，全宗号 9，目录号 5，案卷号 282-1。

决者，则为澄城县"①。

在较为充分的准备下，勘界委员严进、蒋冠伦于民国三十一年(1942)五月二十六日根据省府"修正黄龙山垦区与封划界解决办法，饬转有关各县遵照会勘，限一月内办竣"的要求，召集"垦区管理局、第三区专员公署、洛川县政府、澄城县政府、宜川县政府、黄龙设治局各代表"在黄龙垦区石堡镇召开勘界会议。② 在此次会议上，争议双方就"勘划界址及移交事项"进行议定。③ 此次勘界事宜为防止第一次勘界时所出现的纠纷，从勘界地点、覆勘代表、覆勘路线、界牌安置、绘图人员，到勘界时间、提交勘界结果等诸方面，都准备比较充分。此外，省府勘界委员就争议最多、积弊最大的洛川县和垦区林木采伐问题也做出了相关规定。④ 这样一来，黄龙垦区和周边各县的矛盾暂时得以平息，这也为争议双方勘界的顺利进行做好了前期准备。

民国三十一年(1942)五月二十七日至六月十六日，省府勘界委员严进、蒋冠伦，第三区(洛川)专员秘书吴致勋同洛川县长周景龙、设治局局长王开基决定了史家河至盘巨河，五交至苇子崾崄，再至烂柯山，北马庄至白城桥的界限。⑤ 其中，爱曲河、麻科、街子河、孟家峁等二十七村划归垦区管辖⑥，王家圪崂、五交、王家坪等二十二村划归洛川县管辖⑦。同时，勘界双方在盘巨河村南、木厂桥村西、苇子崾崄村西南等十四处地点树立界牌。⑧

民国三十一年六月十九日至六月二十三日，陕西省府委派勘界委员严进、蒋冠伦会同"第三区专员公署委员、宜川县代表以及黄龙设治局代表共同勘界，除县西英王镇以西及县西南偏石村以西之界址业经确定外，县南吴河以南界址迄未解决"⑨。其中，高窑子、

① 《为报告会勘黄龙山垦区与邻县界址情形》，民国三十年十月十三日，《陕西省民政厅与各县设治局等关于地域划分等问题的来往文书》，陕西省档案馆藏，民国档案，全宗号 17，目录号 3，案卷号 12。

② 《陕西省第八区行政督察专函□保安令公署代电》，民国三十一年六月，《陕西省民政厅与各县设治局等关于地域划分等问题的来往文书》，陕西省档案馆藏，民国档案，全宗号 17，目录号 3，案卷号 12。

③ 《陕西省第八区行政督察专函□保安令公署代电》，民国三十一年六月，《陕西省民政厅与各县设治局等关于地域划分等问题的来往文书》，陕西省档案馆藏，民国档案，全宗号 17，目录号 3，案卷号 12。

④ 《拟订黄龙山垦区与洛川县因林木纠纷解决办法》，民国三十一年三月二日，《陕西省民政厅与各县设治局等关于地域划分等问题的来往文书》，陕西省档案馆藏，民国档案，全宗号 17，目录号 3，案卷号 12。

⑤ 《议定黄龙山垦区与洛川县界线》，民国三十一年六月十六日，《国营黄龙山垦区勘界》，陕西省档案馆藏，民国档案，全宗号 9，目录号 5，案卷号 283-2。

⑥ 另有二十三处村庄为七里坡、宁家河、陈村、木厂桥、克家坪、贝坡子、苇子崾崄、北马章、洛子村、尹家河、安沟、白城桥、上梁家原、小韩村、丁子西、红树梁、五光头、高崄梁、马家原、大门沟、新村、袁家、瓦子河。

⑦ 另有十九处村庄为寺儿河、白家河、上花院、李家坡、教场坪、双庙、北崖村、沤子上、下梁家原、马家原、太地原、熟地原、万家原、独窑儿、蛇家河、庙沟、大方口、厢子街、安东。

⑧ 《议定黄龙山垦区与洛川县界线》，民国三十一年六月十六日，《国营黄龙山垦区勘界》，陕西省档案馆藏，民国档案，全宗号 9，目录号 5，案卷号 283-2。

⑨ 民国《宜川县志》卷一《疆域建置志》之《行政区划》。

回盘村、刘家庄等三十六村，均划拨给黄龙设治局界内。① 同时，勘界双方在偏石瓦子街间山嘴下、双庙沟口、英旺以西之山脚下、岔口与槐平间等四处地点树立界牌。②

民国三十一年七月十三日至七月十八日，省府委派"技士杨宝鉴、雷瀛甫等二人随省府视察员王亚飞赴石曲并会同本县郑公乡乡长张满堂、黄龙设治局代表胡荣坤、三民乡长刘永年及当地保甲长、垦民、熟民等"共同完成澄城县和垦区的勘界事宜。其中，西梁家山村西难民点、高家嘴、东西石坡等九村划归垦区③，西梁家山、西徐家山、东梁家山等十五村划归澄城县④。争议双方在西梁家山村北、柏树峁土原上沿、高嵩上北边沿沟等七处地点设立界牌。⑤

民国三十一年（1942）七月二十六日至七月二十八日，勘界委员严进、蒋冠伦会同韩城县县长李汝骧、黄龙设治局局长王开基共同完成韩城县和垦区的勘界事宜。在勘界过程中，第八区（大荔）专员公署视察委员张超与韩城县府派建设科长王天岳民政科张科员及有关乡保长等于七月二十七日上午十二时在黄龙山境内之黄花铺会晤查勘边界。张超采取的方案是在"黄龙山所派人员尚未到达……即会同王科长等先行勘遍原定界线，并依界注明韩城划归黄龙山之湝源乡第八保共三十八村、第九保五村分别均在地图上注明。后黄龙山垦局吴组长吴少和、设治局郭指导员崇韬到达，又复同张科员等勘查一次界线，均照勘定图址为准，亦无变更"。同时，张超为了避免旁生枝节，特"嘱由韩城县府依照令示各节，绘具详图，注明村庄，从速办理移交"⑥。争议双方在老凹沟口和杨象湾村西设立界牌。⑦

根据民国三十一年五月勘界会议有关"由垦区设治局在勘划结束后绘制全图"的决议，陕西省黄龙设治局于民国三十一年八月完成了"黄龙山垦区界图"的绘制工作。如图6所示。

从图6中的垦区范围界来看，除了鄜县和甘泉县则参照民国二十九年勘定界线绘制，

---

① 另有三十三处村庄为观亭子、龙泉村、新庄窠、柏塌子、㕵儿塬、五攒寺、薛家山、后四方窑子、纪家台、蓝家滩、陈子沟、㕵台街、乔家河、董家河、夏家河、㕵岔寨、赐同沟、上李塬、下李塬、驿马村、易家寨、赵家屯、松树屯、前后冯村、陶家圪、油坊窑子、醋房窑子、狼岔寨、北斗营、张贤村、王家坑崂、牛家屯儿、张家圪。（民国《宜川县志》卷一《疆域建置志》之《各乡沿革及所属堡村谱》）

② 《议定黄龙山垦区与宜川县境界》，民国三十一年六月二十三日，《国营黄龙山垦区勘界》，陕西省档案馆藏，民国档案，全宗号9，目录号5，案卷号283-2。

③ 另有六处村庄为孙堡东村难民点、孙堡西村难民点、张家沟、柏树峁、张家东坡、石曲后河。

④ 另有十二处村庄为孙堡村、㕵坦关、道坡（千道河）、高嵩上、西石曲、王家庄、后河、寺庄后河、毛老鼠沟、红石崖、河坡、红石崖。

⑤ 《议定黄龙山垦区与宜川县境界》，民国三十一年六月二十三日，《国营黄龙山垦区勘界》，陕西省档案馆藏，民国档案，全宗号9，目录号5，案卷号283-2。

⑥ 《为电报遵令勘划韩城与黄龙山界址情形请鉴核由》，民国三十一年七月，《陕西省民政厅与各县设治局等关于地域划分等问题的来往文书》，陕西省档案馆藏，民国档案，全宗号17，目录号3，案卷号12。

⑦ 《为电报遵令勘划韩城与黄龙山界址情形请鉴核由》，民国三十一年七月，《陕西省民政厅与各县设治局等关于地域划分等问题的来往文书》，陕西省档案馆藏，民国档案，全宗号17，目录号3，案卷号12。

图 6　黄龙山垦区界图

（民国三十一年八月，陕西省黄龙设治局制，1：360000）

资料来源：《黄龙山垦区界图》，陕西省黄龙县档案局，民国档案，未归档。

白水界线参照民国三十年黄龙设治局与县政府勘定界线绘制外，洛川、宜川、韩城、澄城四县与垦区之间的界址即为民国三十一年五月至七月勘界委员严进、蒋冠伦等所勘划的界址所在。此次勘界之后，洛川县、澄城县和宜川县虽然仍存在一些边界纠纷①，但仅为局部问题，未再引发垦区和周边各县之间的大规模勘界事件，直至中华人民共和国成立后，才出现较大规模的调整②。

五、结　　论

如前文所述，边缘地带的变异性会因内外部因素的变化而发生变动，而这种变异性的

---

① 《陕西省政府关于据请派员会勘黄龙山垦区界址批仰知照等情给(宜川县)曹伯箴等的电》，民国三十四年一月二十五日；《陕西省政府关于据王西飞报拟即黄龙设治局与澄城县划界解决办法请核定等情给黄龙山设治局等的电》，民国三十四年八月二十一日。（《陕西省民政厅与各县设治局等关于地域划分等问题的来往文书》，陕西省档案馆藏，民国档案，全宗号 17，目录号 3，案卷号 12）

② 1956 年 2 月至 4 月间，根据陕西省人民委员会决定，调整县区疆域：将观亭、刘庄 2 乡，圪台区的梨树窑、头道窑、囡家塬 4 村划给宜川县；将孙堡、新庄子、西施坡、鸡蛋峁、高家咀等村划给澄城县；将洪福梁乡、开府乡及三岔乡的上窑科、贝坡、烂柯山、南两坑、北两坑等 6 村划给洛川县；将八岔庙、宽埝、后渠村划归白水县；将老凹洼划给韩城；澄城将石曲、高家那、高下姑安、圪塔上划给黄龙；洛川将七里坡、爱曲河、王家圪、小峪、高家塬、石月划入黄龙。同时调整全县行政机构，撤销石堡、三岔区，全县设 4 区 21 乡，县辖 6 个直属乡。（黄龙县地方志编纂委员会编：《黄龙县志》，陕西人民出版社 1995 年版）

外在表现多会呈现为界线的变迁过程。而垦荒与界线是民国时期黄龙山区土地开发过程的两条主线，对于两者及其内在关系的深化理解和有效把握，是摸清同时期同类型研究的关键所在。

首先，由于近代西方各种政治、经济、社会理念的不断传入，不同国家及其民众对于土地利用的内涵有了更为鲜明的认识。① 在时人看来，"我国农事衰微，技术幼稚，人谋不臧，地利不尽，由来久矣。近年来，一般有识之士，皆忧及此。殆莫不竞言以倡导土地利用，为今后厚生富国之要图。惟于讲求将来之土地利用，即须首应明了现在土地利用之为状何若，究其得失，考其致此之原因，则大而整个国民经济政策，小而局部农业改进，始可行而有据，切合时殷"②。时人理念的更新，深刻影响着民国时期，尤其是抗战以来西北土地开发内涵的延伸。甚至许多有识之士多希望在举国开发西北热潮的影响下，以"考察西北农业实况作为研究改进之资料和寻觅农场适宜场址以作改进农业之根据地"为考察目的，提出西北开发的研究和实践理路。③ 黄龙山区在开发过程中，便特别划定"蔡家川、富庄市川等留作公地，办理农艺、园艺、畜牧等试验场"，以推进相关事业的发展。④

其次，伴随着土地开发的逐步深入，民国时期的黄龙山区经历了兵工屯垦、垦区筹备处、垦区办事处、垦区管理局、垦区设治局等五个行政管理阶段。在兵工屯垦之前，黄龙山区匪患异常严重⑤，山区周边各县皆视之为背疽，唯恐弃之而不及。从抗日战争开始以来，该区在西北大开发的呼声中，逐步成为举国瞩目的垦殖标杆⑥。从地方县级政府到陕西省府垦殖委员会，再到国民政府行政院、农林部，都在对其加以适度的关注。因此，在大量人力、物力和财力涌入该区的情况下，黄龙山区的区域状况日益改善，鄜县、洛川、

① 秦含章：《中国农业经济问题》，上海新世纪书局 1931 年版；安汉：《西北垦殖论》，商务印书馆 1932 年版；行政院农村复兴委员会编：《陕西省农村调查》，《行政院农业复兴委员会丛书》，商务印书馆 1934 年版；韩德章：《中国农具改良问题》，《中国农村经济论文集》，中华书局 1936 年版；卜凯（John Lossing Buck）著，张履鸾译：《中国农家经济——中国 7 省 17 县 2866 田场之研究》（Chinese Farm Economy），商务印书馆 1936 年版。

② 卜凯（J. Lossing Buck）主编：《中国土地利用——中国 22 省 168 地区 16786 田场及 38256 农家之研究》，金陵大学农学院农业经济系，1947 年。

③ 安汉在《西北农业考察》序言中阐述了西北开发的研究、实践理路："开发西北，其事体大，而进行步骤有三：一考察，二研究，三建设，即看、谈、干是，设不看而谈，徒托空言，是为闭门造车未必有合实际；或不谈而干，则见解容有不是，研究容有未精，冒然行之，物质精神，两具浪费，故看（考察）之步骤，厥为研究西北及建设西北之基本工作。"

④ 晋民：《陕西省黄龙山垦殖区划分概况》，《新西北月刊》1939 年第 5 期。

⑤ 李大海以此为考虑标准，认为清代黄龙山区的社会发展轨迹之一为以匪患和垦荒为变奏的地方社会发展内在逻辑表达。（李大海：《山地垦荒与社会变迁：清代黄龙山区地方开发史的再考察》，《中国社会经济史研究》2010 年第 2 期）这样的推论具有一定的合理性，对民国时期，尤其是民国初年的黄龙山区区域社会发展也具有一定的适用度。

⑥ 《陕甘两大公路：俟专家踏勘后即实行，陕省开垦黄龙山旧事重提，已通令沿山各县着手调查》，《道路月刊》1934 年第 44 卷第 1 号；《陕西实业团体之建议》，《陕西省银行汇刊》1934 年第 1 期；《一月来之西北》之《陕省开垦黄龙山》，《开发西北》1934 年第 2 卷第 1 期；《农讯：国内陕西屯垦黄龙山》，《农业建设》1937 年第 1 卷。

澄城、韩城等周边各县的政府当局、基层民众对于该区的看法和认识也自然发生着变化。因逃避兵役、逃避赋税、伐木事宜、保甲残缺、土地权属等诸多问题而引发的边界纠纷也便应时而生。① 如此一来，黄龙山区的行政机关就需要在对内规划垦区建设、安置难民的同时，对外则需要面对与鄜县、洛川、澄城、韩城等周边各县的边界纠纷。

此外，在边界争议过程中，一些按照西方土地利用理论而制定的林木养护等法规在执行之时，法规的直接执行者——垦民往往会和亟须伐木维持生计的各县民众之间发生纠纷，甚至械斗。② 那么，垦民对于相关西方理念性法规的认识是怎样的？垦民在林木养护和制止周边各县民众前来伐木的出发点是什么？而前来伐木的各县民众在遇到垦民制止之时，其对于此事件的理解又是怎样的？其实，不仅是林木养护，垦区管理机构对黄龙山区内适宜垦殖的土地进行了较为科学的规划，对迁入区域内的难民给予妥善的安置，并吸收黄龙山垦荒调查团的建议，对区域内的土地加以适当利用。这些举措在垦荒和界线的变迁过程中所体现出来的意义将成为未来深入研究的重要环节。

（作者单位：苏州大学历史系）

① 《为报告会勘黄龙山垦区与邻县界址情形》，民国三十年十月十三日，《陕西省民政厅与各县设治局等关于地域划分等问题的来往文书》，陕西省档案馆藏，民国档案，全宗号 17，目录号 3，案卷号 12。

② 《为电以洛川伐木案办理情形复请查照由》，民国三十一年一月二十三日，《陕西省民政厅与各县设治局等关于地域划分等问题的来往文书》，陕西省档案馆藏，民国档案，全宗号 17，目录号 3，案卷号 12。

历史文化语义学

简明文化语言学

课堂内外：近代大学兴起与"文学"学科的建立*

□ 余来明 刘学超

分科观念的形成，是中国传统学术近代转换的重要标志之一。随着中国传统学术分科观念逐渐分化，西方学科观念开始成为知识界对学术进行分类的基本准则。对于西方近代学术门类是否在中国已经形成，有学者认为除了要看这些门类的西书流传情况，更重要的还要看两方面的情况：其一，"中国学者理解、接受的程度，是否认同这些学术门类，并仿效建立中国近代意义的学术门类"；其二，"中国学者认同西方学术门类以后，是否开始为设置这些新的学术科目和学术门类而努力"。并且认为，前者"表明中国人在接受西学后是否有所创新和心得"，后者"则表现为是否在学堂中设置新学科和新课程"。同时指出："只有当这两方面都完成时，中国现代学术门类才谈得上建立起来。"①一种新观念的形成，总是以精英知识分子的论述作为思想准备，而普通大众是否成为言说的主体，才是新观念形成的重要标志。从这个层面上说，近代"文学"概念转换及其知识系统的形成，与"文学"成为近代学术体系中的重要学术门类，并以独立身份进入近代教育体系密切相关。只有当"文学"成为独立的学科门类，近代"文学"概念及其知识体系才开始上升为普遍的社会意识。

一、日本经验：一个西方主义的神话

甲午战败以后，学习日本成为国人师西的重要路向。尽管在此之前，中国士人便对日本学习西方的教育制度多有注意，然而并没有到推崇备至的地步。而至戊戌变法前后，情

* 本文为国家社科基金重大招标项目(项目编号：12&ZD153)、教育部人文社会科学重点研究基地重大项目"近代新名词与传统重构"(项目编号：13JJD770021)、国家社科基金重大项目"中华思想文化术语的整理、传播与数据库建设"(项目编号：15ZDB003)、教育部人文社会科学重点研究基地重大项目(项目编号：15JJDZONGHE017)阶段性成果，得到国家"万人计划"青年拔尖人才计划、武汉大学人文社会科学青年学术团队发展计划支持。

① 左玉河：《从四部之学到七科之学——学术分科与近代中国知识系统之创建》，上海书店出版社2004年版，第231～232页。

形发生了很大改变，日本教育体制及其学术分科成为时人关注的重心之一。考察郑观应
1894、1895 和 1900 年三个不同时间撰写的《盛世危言·学校》一篇内容上的修订，颇能窥
测其间的变化。

在 1894 年刊印的五卷本《盛世危言》中，郑观应介绍的"泰西"学校规制以德国学校为
主要对象，其知识来源为德国传教士花之安编著的《德国学校论略》。① 到了 1895 年的十
四卷本，《学校》一篇除开篇增加一段论述增设书院的意义，内容上并无太大的改动，但
却在附录部分增加了《德国学校规制》《英法俄美日本学校规制》《英德法俄美日六国学校数
目》等篇，对德国、英国、法国、俄国、美国、日本的学校规制予以更加详细的介绍。并
在《英法俄美日本学校规制》文末不无感慨地提出："今日本师泰西教养之善，培育人才，
居然国势振兴，我国胡可不亟力行之？"②更加明显的变化出现在 1900 年写成的八卷本《盛
世危言》中，在此本中《学校》被分为上下两篇。《学校上》一篇虽承此前五卷、十四卷的内
容而来，但内容上存在明显不同：将此前重点介绍的德国学校规程大大压缩，转而增入了
长篇介绍日本学制的内容。并在篇末提出向日本学习进行大学建制："中国亟宜参酌中外
成法，教育人材，文武并重，仿日本设文部大臣，并分司责任。聘中外专门名家，选译各
国有用之书，编定蒙学普通专门课本，颁行各省。……务使各州、县遍设小学、中学，各
省设高等大学，一体认真，由浅入深，不容躐等。各州、县、省会学堂生徒之课艺，凡自
备资斧游学外邦，专习一艺，回国者准给凭照，优奖录用。则人材日出，何患不能与东、
西各国争胜乎？"③清末以至民初新式学校教育的兴盛，其情形与郑观应所描绘的图景何其
相似。此外又在八卷本《盛世危言·西学》一篇末尾附论《华人宜通西文兼行切音快字》中，
提出应当通过"译东瀛书"以达到"藉开民智"的目的。④

在近代大学教育体制建立过程中，日本经验成为重要的参考。戊戌政变之后大批士人
前往日本，对日本的学校展开全面考察，成为中国近代学校教育体制改革的重要思想资
源，其中亦有关于学科设置的丰富内容。甚至章太炎在初刻本《訄书》（1900）中也注意到
日本大学的分科："日本大学堂设六科，政法亦然，以政官、法官异撰也。"并据中国几十
年学习西方之得失提出自己的设科思想："今学校以算术、化、重为臬极，三十年以设精
横，而共工氏不出。虽出，能议政乎？……学校之制，校三而科四：一曰政治，再曰法
令，三曰武备，四曰工艺。政法必兼治，备艺必分治。"⑤亦是基于彼时现实需要的学科规
划建议。

在众多的日本教育考察实录中，都有关于日本大学设科的记载。姚锡光（1857—
1921）《东瀛学校举概》载日本"专门各学校"的分科说："专门各学校凡分六科：曰文科，
曰法科，此两科专讲内治、外交之法，故日本大小诸文官多自文科、法科出身之人；曰理
科（乃格物诸学），曰工科，曰农科，曰医科。其中尚各有专科中之专科，不能相通为

---

①　夏东元编：《郑观应集》上册，上海人民出版社 1982 年版，第 245~248 页。

②　夏东元编：《郑观应集》上册，上海人民出版社 1982 年版，第 261 页。

③　夏东元编：《郑观应集》上册，上海人民出版社 1982 年版，第 267 页。

④　夏东元编：《郑观应集》上册，上海人民出版社 1982 年版，第 285 页。

⑤　章太炎：《訄书·改学第三十九》，《章太炎全集》第 3 册，上海人民出版社 1982 年版，第 87
页。

用."又介绍大学校中"文科"的科目设置说："文科之中，凡舆图、历史、汉文、本国掌故、各国掌故、各国语言文字皆属焉."①尚未提及文学类课程。张大镛在《日本各校纪略》(1898)中介绍"日本国大学"的文科"例定功课"包括：哲学、国文学、汉学、国史、史学、博言学、英文学、德文学、法文学。② 可以看出其时日本大学文科中文学类课程设置的一般情形。

在京师大学堂设立的过程中，曾有官员建议搬用上述日本的大学学科设置。光绪二十四年(1898)太仆寺少卿、出使大臣裕庚援引的日本大学分科设置，对京师大学堂以及民国以后学术分科体系的形成有重要启示意义："日本仿照西法设立大学，共分六科，一曰法科大学，其目有二；一曰医科大学，其目有二；一曰工科大学，其目有九；一曰文科大学，其目有九；一曰理科大学，其目有七；一曰农科大学，其目有四."③与张大镛所述《日本各校纪略》中关于日本大学分科完全一样。其设科的意图，正如当时的日本学校的一位校长所说："法、理、医、文，各国大学皆有之，其中或合理、文为一，或析为二，微有不同，然总不外此四科。至工、农二学，则惟敝国大学有此科，欧洲各国无之。盖工农之实用，高等学校已具，其中精理，可于理科研究，大学无庸另设也。敝国所以设此二科者，不过取学科之完备而已."④中国近代大学所设的科目，采用的即是以"文、法、理、工、农、医"为主体的日本大学学制。

关庚麟的《日本学校图论》(1903)则为我们提供了一份其时日本文科大学的详细分年课程目录，共分为哲学科、国文学科、汉学科、国史学科、史学学科、言语学科、英文学科、独逸文学科、佛兰西文学科9科。以下著录与"文学"学科有关的科目：

国文学科科目。第一年为：国语学、国文学、汉文学、哲学概论、西洋哲学史、声音学、外国语；随意科为：国史、支那史、史学、法制史、心理学、罗甸语、希腊语、梵语。第二年为：国语学、汉文学、言语学、国文学、国文学史、国史、东洋哲学支那、外国语；随意科为：支那史、史学、法制史、西洋文学史(近世)、社会学、宗教学、罗甸语、希腊语、梵语、支那语、东洋哲学(佛教)、论理学及认识论。第三年为：国语学、国文学、国文学史、汉文学、美学及美术史、东洋哲学(佛教)、国史、教育学、外国语；随意科为：西洋文学史(上古)、梵语、支那语、朝鲜语、伊太利语、露西亚语、亚伊奴语、伦理学、论理学及认识论。

汉学科分经学、史学、文学专修科，科目互有不同。第一年为：哲学概论、西洋哲学史、东洋哲学(支那)、史学研究法、支那史、支那法制史、年代学、支那语、汉文学、声音学、外国语；随意科为：国史、法制史、支那史、支那法制史、国文

① 王宝平主编，吕顺长编著：《晚清中国人日本考察记集成·教育考察记》上册，杭州大学出版社1999年版，第11页。

② 王宝平主编，吕顺长编著：《晚清中国人日本考察记集成·教育考察记》上册，杭州大学出版社1999年版，第37页。该书有1899年浙江书局刊本。

③ 转引自朱有瓛主编：《中国近代学制史料》第1辑下册，华东师范大学出版社1986年版，第640页。

④ 缪荃孙：《日游汇编》，王宝平主编，吕顺长编著：《晚清中国人日本考察记集成·教育考察记》下册，杭州大学出版社1999年版，第489页。

学、史学、地理学、心理学、论理学及认识论、东洋哲学(支那)。第二年为：东洋哲学史、东洋哲学(支那)、支那史、支那法制史、史学、支那语、汉文学、心理学、论理学及认识论、外国语；随意科为：西洋哲学史、比较法制史、人类学、东洋哲学(佛教)、伦理学、论理学及认识论、宗教学、社会学、国史、支那史、国文学、支那语。第三年为：东洋哲学史、东洋哲学(支那佛教)、支那史、支那法制史、支那语、汉文学、伦理学、美学及美术史、教育学、外国语；随意科为：国史、哲学、史学、社会学、心理学、宗教学、国文学、言语学、西洋文学史、支那语、朝鲜语、梵语、露西亚语。

英文学科科目。第一年为：哲学概论、西洋哲学史、英语、罗甸语、独逸语、史学、佛兰西语；第二年为：东洋哲学史、声音学、罗孟斯语及绰托奴语比较文法、英语、罗甸语、独逸语、佛兰西语；第三年为：英语、美学及美术史、国文学、汉文学、罗甸语、近世西洋文学史、教育学。随意科三年同为：史学、国史、支那史、论理学及认识论、心理学、社会学、人类学、言语学、印度欧罗巴语比较文法、国语学、希腊语、梵语、独逸语、佛兰西语、伊太利语、和兰语、露西亚语、国文学、汉文学、古代西洋文学史。

独逸文学科科目。第一年为：哲学概论、西洋哲学史、独逸语、罗甸语、英语、史学、佛兰西语；第二年为：东洋哲学史、声音学、罗孟斯语及绰托奴语比较文法、独逸语、罗甸语、英语、佛兰西语；第三年为：独逸语、美学及美术史、国文学、汉文学、罗甸语、近世西洋文学史、教育学。随意科三年同为：史学、国史、支那史、论理学及认识论、心理学、社会学、人类学、言语学、印度欧罗巴语比较文法、国语学、希腊语、梵语、英语、佛兰西语、伊太利语、和兰语、露西亚语、国文学、汉文学、古代西洋文学史。

佛兰西文学科科目。第一年为：哲学概论、西洋哲学史、佛兰西语、罗甸语、史学、英语、独逸语；第二年为：东洋哲学史、声音学、罗孟斯语及绰托奴语比较文法、佛兰西语、罗甸语、英语、独逸语；第三年为：佛兰西语、美学及美术史、国文学、汉文学、罗甸语、近世西洋文学史、教育学。随意科三年同为：史学、国史、支那史、论理学及认识论、心理学、社会学、人类学、言语学、印度欧罗巴语比较文法、国语学、希腊语、梵语、英语、独逸语、伊太利语、和兰语、罗西亚语、国文学、汉文学、古代西洋文学史。①

对照京师大学堂文科大学的课程设置，可以发现其中有诸多相同之处，由此也可以看出日本学制对清末学制改革的影响。

日本学制对晚清中国更为直接的影响，还表现以下两个方面：一方面，清政府派遣学者往日本考察学习，其中吴汝纶(1840—1903)"考览日本学制"撰成的《东游丛录》，成为

---

① 王宝平主编，吕顺长编著：《晚清中国人日本考察记集成·教育考察记》上册，杭州大学出版社1999年版，第181~182页。

晚清学制改革的直接参考。① 该书对日本各级学校的课程有详细的记载，其中关于文科大学设科的记述，与上文所引的《日本学校图论》内容一样并且更为详细。② 事实上，在1898 年发布的《总理衙门筹议京师大学堂章程》中，就有"略依泰西、日本通行学校功课之种类，参以中学"的提示。1902 年出炉的《钦定京师大学堂章程》中也明确说是"略仿日本例，定为大纲"。其与日本学制的渊源，由此可见一斑。

与之相呼应，在清末拟办大学堂的过程中，不少日本学者及访日留日的中国学人，纷纷发表对京师大学堂学科设置的意见。如日本《教育时报》主笔辻武雄在《清国两江学政方案私议》中指出："大学专究国家需用之学艺之奥蕴，分政法、文学、格致、工艺、农务、医术、商务七门。"③在其规划的各学堂中，有专门的"文学堂"。罗振玉从"国力齐等，必教育齐等"的逻辑出发，认为学科设置应仿照日本和西方的模式："今日世界各国并处地球之上，必国力平等，乃能并存；否则，强弱相形，并吞随之矣。欲国力齐等，必教育齐等。欲教育齐等，则凡教育制度及各级科目无不齐等，不得以意变更其次序，增损其学科。可知今日谋教育者，多有议东西各国通行各学科中，某科可省、某科宜增者，不知教育之说也。合地球各国教育家智识，然后定此各国不能移易之学科，初非强同也，亦非立协会公议订也，道理在是也。"④京师大学堂学科门类的设置虽没有完全遵照日本、欧美的模式，仍有浓郁的"中学"色彩，但"西学"已开始逐渐成为这一时期学校教育的主导科目。而其参照的主要对象，即是日本明治以后的学校教育制度。王国维指出："《奏定学堂章程》，张制军之所手定。其大致取法日本学制，独于文科大学中削除哲学一科，而以理学科代之。"与"哲学"名称的西方化色彩相比，"理学"的称呼更能体现中国传统文化特色。⑤

不只是学科的设置，甚至教科书的编撰也受到日本的影响。以中国文学史著作的编写为例，朱自清就曾指出："早期的中国文学史，大概不免直接间接的以日本人的著述为样本。后来是自行编纂了，可是还不免早期的影响。"⑥周作人也说："中国自编文学史大抵以日本文本为依据，自古城贞吉、久得保二以下不胜指屈。论其方法序次多井然有条，且涉及小说、戏曲，打破旧文学偏陋的界限，可取之处颇多。后出著作亦常有移译，则其成绩自亦更进步矣。"⑦从某种程度上来说，日本经验为 20 世纪中国学术进程提供了重要的知识来源。

---

① 该书先于明治三十五年(1902)由日本东京的三省堂书店刊行，又于光绪二十九年(1903)由上海商务印书馆出版。

② 王宝平主编，吕顺长编著：《晚清中国人日本考察记集成·教育考察记》上册，杭州大学出版社1999 年版，第 327~334 页。

③ 《教育世界》第 19 册，壬寅年(1902)正月上，转引自璩鑫圭、唐良炎编：《中国近代教育史资料汇编·学制演变》，上海教育出版社 1991 年版，第 188~189 页。

④ 罗振玉：《教育赘言八则》之五，《教育世界》第 21 册，壬寅年(1902)二月上，转引自璩鑫圭、唐良炎编：《中国近代教育史资料汇编·学制演变》，上海教育出版社 1991 年版，第 153 页。

⑤ 王国维：《教育偶感四则·大学及优级师范学校之削除哲学科》，《王国维全集》第 1 卷，浙江教育出版社、广东教育出版社 2009 年版，第 137 页。

⑥ 林庚《中国文学史》卷首朱佩弦先生序，国立厦门大学，1947 年。

⑦ ［日］青木正儿著，王俊瑜译：《中国古代文艺思潮论》卷首序，人文书店 1933 年版，第 3~4 页。周序所署时间为民国二十三年(1934)1 月 31 日。

二、京师大学堂与"文学"立科

晚清以来兴起的各类新式学堂，都将西学作为课程的重要部分，而其主体则是西方的科学技术和社会科学诸科，与人文学相关的科目则大多采取经学、词章、外国语言文字和史学并置的格局。京师大学堂的开办，为近代学科分类的诸种讨论提供了一个契机。虽然京师大学堂分科大学的创办要到 1910 年，并且一年后就进入了另一个纪元，但经过此前数年的探讨，知识界关于"文学"学科的认识已逐渐趋于一致，"文学"成为独立分科与京师大学堂有直接关系。"文学"作为近代学科一支的成立，即首先出现在京师大学堂。

光绪二十二年(1896)五月，清政府拟设大学堂，派孙家鼐为管学大臣，提出的立学宗旨是"以中学为主，西学为辅；中学为体，西学为用；中学有未备者，以西学补之，中学有失传者，以西学还之。以中学包罗西学，不能以西学凌驾中学"，并强调"日后分科设教，及推广各省，一切均应抱定此意，千变万化，语不离宗"。① 在奏章中，孙家鼐曾对拟开的京师大学堂科目进行分类，提出的分科方案是"十科立学"，包含天学科(算学附)、地学科(矿学附)、道学科(各教源流附)、政学科(西国政治及律例附)、武学科(水师附)、农学科(种植、水利附)、工学科(制造、格致各学附)、商学科(轮舟、铁路、电报附)、医学科(地产、植物、各化学附)等，基本上与上节所论同时期学人对西方知识体系的划分相似，而其中"文学科"列第五，居于"政学科"之后，各国语言文字附列其中。② 而到光绪二十四年(1898)6 月 22 日所上《奏筹办大学堂大概情形折》中，因感到"门类太多，中才以下，断难兼顾"，而对分类做出调整，将理学并入经学，诸子、文学门则被从大类中予以撤除。③

光绪二十七年(1901)，清政府再次下令筹办京师大学堂，张之洞等人参照英、法、德、日等国大学的课程设置，提出了"七科分学"的方案：经学、史学、格致学、政治学、兵学、农学、工学。④ "文学"并未单独立科，而是隶属于经学科之下。则其所谓"文学"，仍是传统作为孔门四科之一的观念。1902 年 10 月张之洞上《筹定学堂规模次第兴办折》，文高等学堂科目划分有所变化，被分为八科：经学、中外史学、中外地理学、算学、理化学、法律学、财政学、兵事学，其中文学仍附于经学之下。之所以未列农、工、医，则是因为有专门的实业学堂。⑤

1902 年，清政府推行学制改革，张百熙出任管学大臣，着手制定各类学堂章程。在其负责制定的《钦定大学堂章程》(1902 年 8 月)中，大学分科被确立为以下七科：

政治科二：政治学、法律学

---

① 孙家鼐：《议复开办京师大学堂折》，《皇朝经世文新编》第 6 册《学校上》，转引自朱有瓛主编：《中国近代学制史料》第 1 辑下册，华东师范大学出版社 1986 年版，第 624 页。

② 朱有瓛主编：《中国近代学制史料》第 1 辑下册，华东师范大学出版社 1986 年版，第 624 页。

③ 中国史学会主编、翦伯赞等编：《戊戌变法》第 2 册，神州国光社 1953 年版，第 436 页。

④ 张之洞等：《变通政治人才为先遵旨筹议折》，苑书仪等主编：《张之洞全集》卷五十二(第 2 册)，河北人民出版社 1998 年版，第 1397~1398 页。

⑤ 张之洞：《张之洞全集》卷五十七(第 2 册)，河北人民出版社 1998 年版，第 1491~1492 页。

文学科七：经学、史学、理学、诸子学、掌故学、词章学、外国语言文字学

格致科六：天文学、地质学、高等算学、化学、物理学、动植物学

农业科四：农艺学、农业化学、林学、兽医学

工艺科八：土木工学、机器工学、造船学、造兵器学、电气工学、建筑学、应用化学、采矿冶金学

商务科六：簿计学、产业制造学、商业语言学、商法学、商业史学、商业地理学

医术科二：医学、药学①

其设科的知识来源，主要为彼时日本、欧美的学制以及清末兴盛的西学分类。正如张百熙在奏折中所说的："朝廷以更新之故而求之人才，以求才之故而本之学校，则不能不节取欧美、日本诸邦之成法，以佐我中国二千余年旧制，亦时势使然。"②而与张之洞所拟的分科方案相比，二者虽然都以日本学制为主要参考对象，但在具体分科设置上却有明显不同：张百熙虽然也说"中国圣经垂训，以伦常道德为先"，但在《钦定大学堂章程》中放弃了此前张之洞拟定学科分类的"尊经"色彩，将"文学科"提升为七科之一，而使"经学"置于其下，与"史学""理学""诸子学""掌故学""词章学""外国语言文字学"等并列。其中"理学"相当于后世的"哲学"，"词章学"相当于近代意义的"文学"。这一做法，一方面从客观上弱化了传统"经学"在近代学术体系中的地位，无形中为后来废除"经学"埋下了伏笔；另一方面将"文学"作为独立一科，而将此前统领"文学"的"经学"置于其下，从某种程度上来说为"文学"在近代学术体系中地位的确立奠定了基础。《钦定大学堂章程》虽然最终为《奏定大学堂章程》所取代，但显然也代表了当时一部分士人的意见。

1903 年 5 月，光绪帝下旨命张之洞、张百熙、荣庆等共同商定大学堂章程，最终于光绪二十九年十一月二十六日(1904 年 1 月 13 日)，在汇集各方意见的基础上，最终形成了《奏定学堂章程》。这份章程也是后来京师大学堂分科大学设置的基本依据。该章程将大学堂分作八科：

一、经学科大学。分十一门，各专一门，理学列为经学之一门。

二、政法科大学。分二门，各专一门。

三、文学科大学。分九门，各专一门。

四、医科大学。分二门，各专一门。

五、格致科大学。分六门，各专一门。

六、农科大学。分四门，各专一门。

七、工科大学。分九门，各专一门。

① 《钦定大学堂章程》，《中国近代教育史资料汇编·晚清卷》第 1 册，全国图书馆文献缩微复制中心，2006 年，第 50~52 页。

② 《中国近代教育史资料汇编·晚清卷》第 1 册，全国图书馆文献缩微复制中心，2006 年，第 34 页。

八、商科大学。分三门，各专一门。①

这一分科方案，主要是在借鉴日本学制的基础上形成的，这一点参照上节的论述能有较为清楚的认识，只是在名称上部分采用了清末通行的称谓，如"格致科""政法科""工科"等。而关于这一方案与日本学制的异同，章程中特别做了说明：

> 日本国大学，止文、法、医、格致、农、工六门，其商学即以政法学科内之商法统之，不立专门。又文科大学内有汉学科，分经学专修、史学专修、文学专修三类。又有宗教学，附入文科大学之哲学科国文学科、汉学科史学科内。今中国特立经学一门，又特立商科一门，故为八门。②

除了经学一科位列首位，其他基本承袭了日本分科大学的设置体制。章程的《学务纲要》中对此做了特别强调和解说："若学堂不读经书，则是尧舜禹汤文武周公孔子之道，所谓三纲五常者尽行废绝，中国必不能立国矣。""经本位"是中国传统思想保持一贯性的根本。

《奏定学堂章程》中位列第三的"文学科大学"共设九门，分别为：①中国史学门，②万国史学门，③中外地理学门，④中国文学门，⑤英国文学门，⑥法国文学门，⑦俄国文学门，⑧德国文学门，⑨日本国文学门。据此可以看出，章程所谓"文学科大学"，包括了历史学、地理学和文学三个学科。从中国文学门的主修科目来看，包括文学研究法、说文学、音韵学、历代文章流别、古人论文要言、周秦至今文章名家、周秦传记杂史周秦诸子等，此外又有四库集部提要、汉书艺文志补注、隋书经籍志考证、御批历代通鉴辑览、各种纪事本末、世界史、西国文学史、中国古今历代法制考、外国科学史、外国语文等辅助课，与民国以后文学门以语言、文学为主要科目的学科设置存在较大差异。

此外，《奏定章程》对中国文学门研究文学的要义也做出了具体规定，即相当于中国文学研究的基本内容，其中既有后来中国文学史书写所常论的诗赋、小说等文体，也有许多文字学、语言学及其他杂体文章，如制举文、公牍文体、语录文体等。之所以有如此详细的规定，自然是希望在付诸实施的过程中能更多保持传统特色，而不致淹没在西学的汪洋当中。然而也不免给实际的教学带来种种拘束，如林传甲的《中国文学史》即是照搬其内容规定撰写而成。

在当时崇尚实务的时代背景下，对于在京师大学堂设置"不切实用"的"文学"科之用意，张之洞等人在《奏定学务纲要》中做了详细说明：

> 学堂不得废弃中国文辞，以便读古来经籍。中国各体文辞，各有所用。古文所以阐理纪事，述德达情，最为可贵。骈文则遇国家典礼制诰，需用之处甚多，亦不可废。古今体诗辞赋，所以涵养性情，发抒怀抱。中国乐学久微，借此亦可稍存古人乐

---

① 张之洞等：《奏定学堂章程·大学堂章程》，《中国近代教育史资料汇编·晚清卷》第1册，全国图书馆文献缩微复制中心，2006年，第454~455页。

② 张之洞等：《奏定学堂章程·大学堂章程》，《中国近代教育史资料汇编·晚清卷》第1册，全国图书馆文献缩微复制中心，2006年，第455~456页。

教遗意。中国各种文体，历代相承，实为五大洲文化之精华。且必能为中国各体文辞，然后能通解经史古书，传述圣贤精理。文学既废，则经籍无人能读矣。外国学堂最重保存国粹，此即保存国粹之一大端。假使学堂中人全不能操笔为文，则将来入官以后，所有奏议、公牍、书札、记事，将令何人为之乎？行文既不能通畅，焉能畀以要职重任乎？……今拟除大学堂设有文学专科，听好此者研究外，至各学堂中国文学一科，则明定日课时刻，并不妨碍他项科学；兼令诵读有益德性风化之古诗歌，以代外国学堂之唱歌音乐。各省学堂均不得抛荒此事。凡教员科学讲义，学生科学问答，于文辞之间，不得涉于鄙俚粗率。其中国文学一科，并宜随时试课论说文字，及教以浅显书信、记事文法，以资官私实用。①

张之洞提出设立"文学"科目，目的与传统观念中讲究"词章之学"并无本质区别：一方面是为了保存经学，另一方面则是出于训练士人文章写作才能的需要。传统科举以经学取士也有这两方面的用意。在近代中西知识转型过程中，与张之洞观念类似的传统士人亦不乏其人。类似论说，在"五四"以后开始逐渐被主流观念所抛弃，经学、文章则被专门之学所取代。不过在百余年后的今天，再来思考彼时传统知识分子的言论，又会另有一番感触，传统经学与士人文章也不全然都是糟粕。民族精神的传承不在于一味抛弃传统，而在于能在众声喧哗中辨明精义，弘扬正道。

《奏定学堂章程》将"经学"与"文学"分作二科的做法，受到了一部分先进士大夫的尖锐批评，王国维即是其中之一。在王国维看来，张之洞在《奏定学堂章程》体现其尊经卫道的思想方面固是无可非议，然而从学理和教育层面来说却颇为不当。王氏分别从"根本之大谬"和"枝叶之谬"两方面对《奏定学堂章程》提出批评："其根本之误何在？曰在缺哲学一科而已。"②这在对德国哲学情有所钟的王国维看来是本质性的错误。起初王氏还只是以"春秋笔法"表达对大学不设"哲学"科的不满："今当兴学之始，而独削此科(即哲学科)，岂以性与天道非中人以下所得闻欤，抑惧诐词邪说之横溢而亟绝之欤？于是吾人不得不美制军之政策，贤于欧洲政治家远矣。抑吾闻叔本华之言曰：大学之哲学，真理之敌也。真正之哲学不存于大学，哲学惟恃独立之研究，始得发达耳。然则制军之削此科，抑亦斯学之幸欤！"③王氏所说，显然不是张之洞等人不设"哲学科"的本意，而只是王氏自己的"别解"。因此他又从其设科的本质上予以直接批评："京师大学之本科，尚无设立之日；即令设立，而据南皮张尚书之计画，仅足以养成呫哔之俗儒耳。"④而其批评立足点，又在于在他看来惟有不废"哲学"，才能更好地传承和发扬"经学"与"文学"："若不改此

---

① 张之洞等：《奏定学堂章程·学务纲要》，《中国近代教育史资料汇编·晚清卷》第1册，全国图书馆文献缩微复制中心，2006年，第4～402页。

② 王国维：《奏定经学科大学文学科大学章程书后》，《王国维全集》第14卷，浙江教育出版社、广东教育出版社2009年版，第33页(原载《教育世界》1906年第2、3期。《东方杂志》1906年第6期、《广益丛报》1906年第24期均予以转载)。

③ 王国维：《教育偶感四则》，《王国维全集》第1卷，浙江教育出版社、广东教育出版社2009年版，第137页。

④ 王国维：《论近年之学术界》，《王国维全集》第1卷，浙江教育出版社、广东教育出版社2009年版，第123页。

根本之谬误，则他日此二科中所养成之人才，其优于占毕帖括之学者几何？而我国之经学、文学，不至坠于地不已。"达成对"经学"和"文学"的深度理解，同样离不开"哲学"："今舍其哲学而徒研究其文学，欲其完全解释，安可得也？"王氏批评《奏定学堂章程》的"枝叶之谬"，则包括三个方面：第一，"经学科大学与文学科大学之不可分而为二也"；第二，"群经之不可分科也"；第三，"地理学科不必设也"。①

针对《奏定学堂章程》存在的两方面"谬误"，王国维在详细阐发其分科思想的基础上，对文学科大学的立科门类和所授科目提出了自己的看法："由余之意，则可合经学科大学于文学科大学中，而定文学科大学之各科为五：一、经学科，二、理学科，三、史学科，四、中国文学科，五、外国文学科(此科可先置英、德、法三国，以后再及各国)。"对于各科所应开设的具体课程，王国维也有自己的方案，其中"中国文学科"和"外国文学科"二科所授的课程为：

> 四、中国文学科科目：(一)哲学概论，(二)中国哲学史，(三)西洋哲学史，(四)中国文学史，(五)西洋文学史，(六)心理学，(七)名学，(八)美学，(九)中国史，(十)教育学，(十一)外国文。
> 五、外国文学科科目：(一)哲学概论，(二)中国哲学史，(三)西洋哲学史，(四)中国文学史，(五)西洋文学史，(六)国文学史，(七)心理学，(八)名学，(九)美学，(十)教育学，(十一)外国文。②

王国维关于文学科大学的分科意见，一方面是出于对当时文化情状的深切理解，另一方面则明显受到西方教育思想的影响。民国成立以后，蔡元培等人在接受王国维"文学"设科思想的基础上予以进一步推进，并最终确立了"文学"在近代学术体系中的独立地位。

三、民国学制改革与"文学"学科体系的形成

"今代学制，仿自泰西；文学一科，辄立专史。"③近代教育体系经过京师大学堂时期的模仿西方又牵强于传统，到了民国初期进行的教育改革，基本已经摆脱传统学术体系而逐渐步入西方的轨道。近代学术分科体系中"文学"成为独立学科，即在民国时期教育改革的推进中得以最终完成。

1912 年 7 月 10 日，民国政府教育部举行第一次临时教育会议，对民国教育改革的基旨做了详细论述，第一次提出了废除经学科而将其归入哲学、史学、文学的学科改革思想：

---

① 王国维：《奏定经学科大学文学科大学章程书后》，《王国维全集》第 14 卷，浙江教育出版社、广东教育出版社 2009 年版，第 36、37、38~39 页。

② 王国维：《奏定经学科大学文学科大学章程书后》，《王国维全集》第 14 卷，浙江教育出版社、广东教育出版社 2009 年版，第 40 页。

③ 刘永济：《十四朝文学要略》卷首《叙论》，中国文化服务社 1945 年重庆初版，1946 年上海 1 版，第 1 页。

我中国人向有一弊，即是"自大"。及其反动，则为自弃。自大者，保守心太重，以为我中国有四千年之文化，为外国所不及，外国之法制，皆不足取。及屡经战败，则转而为崇拜外人，事事以外国为标准，有欲行之事，则曰"是某某国所有也"；遇不敢行之事，则曰"某某等国尚未行者，我国又何能行"。此等几为议事者之口头禅，是由自大而变为自弃也。普通教育废止读经，大学校废经科，而以经科分入文科之哲学、史学、文学三门，是破除自大旧习之一端。①

中华民国成立，新式教育得到全面推行。蔡元培作为民国教育体系的主导者，先后主持民国教育部和北京大学，积极推进大学学制改革。② 他在文中提出的要破除的"自大旧习"，当是指中国传统以经学为本位的思想。具体到教育方面的做法，即是将经学由宗教变为学说，而将其归并到文、史、哲三科当中。

1912 年 10 月，民国教育部公布《大学令》，一改《奏定大学堂章程》中的尊经观念，而以"教授高深学术""研究学术之蕴奥"作为大学科目设置的根本宗旨，将大学分为文、理、法、商、医、农、工七科。③ 1913 年 1 月 12 日，民国教育部在《大学令》基础上公布《大学规程》，对课程、科目等做出具体规定，正式将文学、历史、哲学作为各自独立的学科门类：

> 大学之文科分为哲学、文学、历史学、地理学四门，理科分为数学、星学、理论物理学、实验物理学、化学、动物学、植物学、地质学、矿物学九门，法科分为法律学、政治学、经济学三门，商科分为银行学、保险学、外国贸易学、领事学、税关仓库学、交通学六门，医科分为医学、药学二门，农科分为农学、农艺化学、林学、兽医学四门，工科分为土木工学、机械工学、船用机关学、造船学、造兵学、电气工学、建筑学、应用化学、火药学、采矿学、冶金学十一门。④

民国《大学规程》在分科上确立了文、理、法、商、医、农、工的七科分学方案，与《钦定大学堂章程》《奏定学堂章程》一样，也有来自日本学制的深刻影响。关于此点，有时任教育部秘书长蒋维乔的话可以为证："当余之计画学制草案时，理想殊高，部中所招致之留学生，英、美、德、法、俄、日皆备，原拟将各国之学制译出，舍短取长，以造成适合于我国之学制，结果所译出之条文，与我国多枘凿不相容，而起草委员会屡经讨论，仍趋重

———————

① 我一：《临时教育会议日记》，《教育杂志》1912 年第 4 卷第 6 号，转引自璩鑫圭、唐良炎编：《中国近代教育史资料汇编·学制演变》，上海教育出版社 1991 年版，第 639~640 页。

② 蔡元培：《大学改制之事实及理由》(1918 年 1 月)，《蔡元培全集》第 3 卷，浙江教育出版社 1997 年版，第 130 页。

③ 《教育杂志》1913 年第 4 卷第 10 号，转引自朱有瓛主编：《中国近代学制史料》第 3 辑下册，华东师范大学出版社 1992 年版，第 1 页。

④ 《教育杂志》1913 年第 5 卷第 1 号，转引自璩鑫圭、唐良炎编：《中国近代教育史资料汇编·学制演变》，上海教育出版社 1991 年版，第 697~698 页。

于采取日本制。"①而其间最大的变化则在于废除"经学"在学术分科体系中的突出地位："经学"不仅未能独立成科，甚至失去了成为文科门类的资格，其位置已由"哲学"代替。这一变化，显然是秉承了民国教育部第一次教育会议精神，又与王国维对文科大学的设想一致。虽然在 1915 年袁世凯颁布的《教育要旨》中，再次提出了单独设经学科大学、法孔孟的教育观念，但不过只是回光返照，至 1922 年公布新学制后被彻底废止，经学在现代学术分科中的地位也一去不返。

民国颁布的《大学规程》将文学、历史、哲学统于"文科"的做法，在若干年后受到在北京大学求学的傅斯年的批评。他在写给时任北京大学校长蔡元培的信中说："以哲学、文学、史学统为一科，而号曰文科，在于西洋恐无此学制。日本大学制度，本属集合，殊国性质至不齐一之学制，而强合之。其不伦不类，一望而知。即以文科一端而论，卒业于哲学门者，乃号文学士。文科之内，有哲学门，稍思其义，便生'觚不觚'之感也。"②接下来他的论述主要着眼于两点：其一，文学、史学，二者虽然殊属两途，一为艺术，一为科学，然而"相用至殷"，且"文史"一称，自古已然，循名责实，"宜不必分"。其二，文学、哲学看似密切，实则相去甚远，"其本异，其途殊"，"文学与哲学合为一门，于文学无害也，而于哲学则未当"，"哲学所取资于文学者，较之所取资于科学者，固不及什一也"。基于这一情况，傅斯年建议，要使哲学"足当哲学门之名"，仅从"教员之选""课程之革"等方面下手是不够的，"若不出哲学门于文科，入之理科，一般人之观念，犹如昔也"。③ 改革学科建设理路，才是推动学科发展的关键。

对于傅斯年的建议，蔡元培从两个方面予以回应：第一，文学、史学、哲学三者与科学的分野与联系，主要基于研究方法，而并非学科性质；第二，文学、史学、哲学三者，彼此之间联系密切，分而设科，"彼此错综之处更多"，由此涉及的学科设置、教学体系等问题，势必很难得到有效融合。而从日后文、史、哲三科渐行渐远的状况来看，傅斯年的建议和蔡元培的回应相互形成映照，值得进一步深思。当现代学术分科使文、史、哲之间的分野愈发明显，由学术专门化造成的问题就表现得愈加突出，以致在今世已很难再出现义理、考据、词章三者兼长的学术大家。斯学之幸与不幸，似乎在当初就已埋下了种因。

民国初年颁布的《大学规程》，对于各科科目做了详细的规定，其中"文学"门被分作八类：国文学、梵文学、英文学、法文学、德文学、俄文学、意大利文学、言语学。各类课程设置以文学与语言为主体，如国文学类，规定的共有 13 门课程：（1）文学研究法，（2）说文解字及音韵学，（3）尔雅学，（4）词章学，（5）中国文学史，（6）中国史，（7）希腊罗马文学史，（8）近世欧洲文学史，（9）言语学概论，（10）哲学概论，（11）美学概论，（12）论理学概论，（13）世界史。④ 从学科设置上来看，《大学规程》较《奏定学堂章程》有

① 蒋维乔：《民国教育部初设时之状况》，璩鑫圭、唐良炎编：《中国近代教育史资料汇编·学制演变》，上海教育出版社 1991 年版，第 629 页。

② 傅斯年：《致蔡元培：论哲学门隶属文科之流弊》，欧阳哲生编：《傅斯年全集》第 1 册，湖南教育出版社 2003 年版，第 37 页。

③ 哲生编：《傅斯年全集》第 1 册，湖南教育出版社 2003 年版，第 37~38 页。

④ 《教育杂志》1913 年第 5 卷第 1 号，转引自璩鑫圭、唐良炎编：《中国近代教育史资料汇编·学制演变》，上海教育出版社 1991 年版，第 699 页。

重大调整：第一，将"英国文学"等门降格为类，而同属于"文学"门下，文学学科体系初步建成。第二，各类所授，主要以语言、文学课程为主，这一做法，为后世的文学系所采用。第三，中国文学史成为文学类专业的必修课。而在文学教育的课程设置方面，体现出重新解读传统中国文学与传播西方文学经典和文学理论的双重目的。

《大学规程》所设立的课程在 1917 年前后已有不小的改变。① 以北京大学为例，京师大学堂时期更多体现旧学色彩的"文学研究法""词章学"等科目逐渐退出课堂，而被文学概论、文学史课程所取代。如在 1917 年公布的北京大学文科本科课程中，"中国文学门"三个年级的课程及讲授教员分别如下：第一年级，所授科目有中国文学（黄季刚、刘申叔）、中国古代文学史（上古讫建安，朱遏先）、文字学（声韵之部，钱玄同）、欧洲文学史（周作人）、哲学概论（陈百年）、英文；第二年级，科目有中国文学（黄季刚、刘申叔）、中国古代文学史（朱遏先、刘申叔）、文字学（形体之部，钱玄同）、十九世纪欧洲文学史（周作人）、英文；第三年级，科目有中国文学（黄季刚、吴瞿安）、中国近代文学史（唐宋讫今，吴瞿安）、文字学（训诂之部，钱玄同）。② 与《大学规程》所设科目已有所不同。在"英国文学门"中，有朱遏先（希祖）开设的"中国文学史要略"一门课程，其所编《中国文学史要略》一书即与此有关。

至 1918 年 1 月 5 日公布的文科大学第二学期课程中，相关的"中国文学门"科目又有所变化：第一年级，所授科目有中国文学概论（黄季刚）、古代文学（刘申叔）、古代文学史（上古讫建安，朱遏先）、文字学（钱玄同）、欧洲文学史（周启明）、哲学概论（陈百年）、外国语；第二年级，课程有古代文学（刘申叔）、汉魏六朝文学（黄季刚）、古代文学史（朱遏先）、中古文学史（魏晋讫唐，刘申叔）、文字学（钱玄同）、十九世纪欧洲文学史（周启明）、外国语；第三年级，课程包括汉魏六朝文学（黄季刚）、唐宋文学（黄季刚）、词曲（吴瞿安）、近代文学史（吴瞿安）、文字学（钱玄同）、言语学概论（沈步洲）。③ 文学类课程逐渐占据主导。

从 1917 年开始，北京大学文科大学对课程进行修订，具体到"中国文学门"，在 1917 年 12 月 2 日公布的《改订文科课程会议纪事·第二次第三次会议议决案》中，其科目分为必修和选修两类，其中必修课程为：文学概论、文字学（一字音、二字形、三字义）、文史学要略、上古至秦之文学、汉魏六朝文学、唐宋文学、元明清文学；选修课程有：诗经、楚词、汉魏乐府、建安七子诗、阮嗣宗诗、陶渊明诗、谢康乐诗、李太白诗、杜子美诗（附杜以前诗人、杜以后诗人）、唐五代词、北宋人词、南宋人词、名曲、宋以后小说、文选派文学、八家派文学、江西派诗、古代文学史、中古文学史、近代文学史、钟鼎龟甲古文、说文解字、古音字、今音字、训诂学、文典编纂法之研究、字典编纂法之研究、国语之研究。④ 基本上都是中国传统文学知识方面的课程。

同年 12 月 9 日公布改订课程会议议决案修正后的课科目，必修科改为：文学概论、

---

① 关于课程设置变更的讨论，《新青年》第 2 卷第 6 号（1917 年 2 月 1 日）上有陈独秀、钱玄同二人的通信。

② 《北京大学日刊》第 1 册，第 20 号，1917 年 11 月 29 日第 3 版，人民出版社 1981 年影印版。

③ 《北京大学日刊》第 1 册，第 38 号，1918 年 1 月 5 日第 2 版、3 版，人民出版社 1981 年影印版。

④ 《北京大学日刊》第 1 册，第 15 号，1917 年 12 月 2 日第 3、4 版，人民出版社 1981 年影印版。

周秦文学、汉魏六朝文学、唐宋文学、元明清文学、文学史大纲、文字学；选修课程增加了"文"的数量，包括：左传文、史记文、汉书文、三国志文、墨子文、庄子文、韩非子文、王充文、陆机、韩愈文、柳宗元文、诗经、楚词、汉魏乐府、建安七子诗、阮嗣宗诗、陶渊明诗、谢康乐诗……①相比上次，主要的变化是增加了古代文的内容。

同年 12 月 29 日，公布文科大学现行科目修正案，课程名目已变得更为简洁，后来中国文学课程的格局已基本形成：文学概论、中国文学(周秦文学、汉魏六朝文学、唐宋文学、元明清文学)、文字学、欧洲文学史、十七世纪欧洲文学史、中国古代文学史、中国中古文学史、中国近代文学史、哲学概论、美学概论、言论学概论、外国语。② 而在国文研究所研究科开设的课程中，除去音韵、训诂等语言文字类课程，文学类课程则包括文、诗、词、曲、小说和文学史。③ 因而在 1917 年公布的国文教员名单中，可以发现有吴梅、马裕藻的名字。④ 1918 年 1 月公布的课程安排中已按照文、文学史、诗、词、曲、小说来进行。⑤

至 1918 年，北京大学"文学门"开设的课程正式确立为通科和专科两类，其中通科有：文学概论(略如《文心雕龙》《文史通义》等类)、中国文学史、西洋文学史、言论学、心理学概论、美学、教育学、外国语(欧洲古代及近代语)，专科包括：中国文学(中国文学史、中国文字学)、英国文学(英国文学史、英国史、英文修辞学)、法国文学(法国文学史、法国史、法文修辞学)、德国文学(德国文学史、德国史、德文修辞学)、俄国文学(俄国文学史、俄国史、俄文修辞学)、意大利文学(意大利文学史、意大利史、意大利文修辞学)、西班牙文学(西班牙文学史、西班牙史、西班牙文修辞学)、梵文学及巴利语学、希腊文学、拉丁文学、阿拉伯文学、蒙古文及满洲文、西藏文、日本文、世界语。并设"特别演讲"一类，包括四方面的内容：第一，以一时期为范围者，如先秦文学、唐诗、宋词、法国十八世纪文学等；第二，以一派别为范围者，如楚词、江西派、自然派等；第三，以一人之著作为范围者，如屈原赋、陶渊明集、莎士比亚乐府、格代全集等；第四，以一书为范围者，如《诗经》《史记》《文选》、但丁的《神曲》等。⑥ 课程内容由此可见一斑。

值得注意的是，在美国公理会女传教士艾达编纂的《新词语新概念》(*New Terms for New Ideas*: *A Study of the Chinese Newspaper*)一书中，出现的学科名词中并没有"文学"，而代之以"国文"，对应的英文为 Language 和 Literature。⑦ 从艾达采用的资料来看，她对民国初年发布的《大学令》并不陌生，也熟悉其中的学科分类思想。由此至少反映出两方面的蕴涵：第一，在中国文学史书写兴起之前，"国文"一词确实比"文学"更为流行，也更

---

① 《北京大学日刊》第 1 册，第 21 号，1917 年 12 月 9 日第 2 版；《北京大学日刊》第 1 册，第 22 号，12 月 10 日第 3、4 版，人民出版社 1981 年影印版。

② 《北京大学日刊》第 1 册，第 35 号，1917 年 12 月 29 日第 2 版，人民出版社 1981 年影印版。

③ 《北京大学日刊》第 1 册，第 16 号，1917 年 12 月 4 日第 1、2 版，人民出版社 1981 年影印版。

④ 《北京大学日刊》第 1 册，第 23 号，1917 年 12 月 12 日第 1 版，人民出版社 1981 年影印版。

⑤ 《北京大学日刊》第 1 册，第 41 号，1918 年 1 月 9 日第 3 版，人民出版社 1981 年影印版。

⑥ 朱有瓛主编：《中国近代学制史料》第 3 辑下册，华东师范大学出版社 1992 年版，第 114~115 页。

⑦ 见该书上海美华书馆(The Presbyterian Mission Press)1917 年版，第 55 页。

能反映出近代"文学"兴起中的国家民族意识，林传甲的《中国文学史》封面上即署"京师大学堂国文讲义"；第二，以 Language 与 Literature 两层含义与"国文"相对应，反映出"文学"学科建立过程中语言与文学并重的特点，这一学科设置理念，影响了整个 20 世纪以来的文学教育。

此外需要指出的是，《民国大学规程》虽然从学科体制上确立了"文学"的独立地位，但从民国初年的中国文学史书写来看，新文化运动之前，"文学"概念及其知识系统并未因此迅速摆脱传统束缚，而是多表现为在传统与近代之间徘徊。如王梦曾《中国文学史》（1914），是经过当时的教育部审定，以"共和国教科书"名义出版的一部中学教材，其《编辑大意》云："编纂方法，以文为主体，史学、小说、诗、词、歌曲等为附庸。文字为文章之源，亦著其因革，其他经学、理学等只旁及焉。""凡文章诗词歌曲之源流，悉博考精稽，著之于册，其有一时异制，如唐末皮、陆等之诗，宋世白话之诗词，元世白话之文告，亦刺取其精华，列入以明歧趋，并以博读者之趣。"①由此可以看出，王氏的"文学"观，因为处于清民之际的文化学术观念转型时期，不可避免地带有两面性：传统的大"文学"观念是基础，同时对近世新"文学"的元素又有所汲纳。

同样以"教育部审定"名义出版的，还有张之纯编写的"师范学校新教科书"《中国文学史》。然而从其编纂大意来看，此时的文学史书写并未完全与传统文学史观划清界限。一方面，京师大学堂时期以经传为文学中心的思想，仍在一定程度上被带入到了民国初年的文学史教学当中："经传为文学之正宗，一切文章体例，本于经传者居多。故于经传之有关文学者，叙录较详。"以文学史而叙述学术史的内容，仍占很大比重："研究文学，不可不知训诂、性理。故汉之经师，宋之道学，本书一一指明其传派。"另一方面，对晚清以降兴起的新的文学观念，也尽量吸纳："词章一科，起于最古之韵文。本书为循流溯源起见，于古代韵文，采取颇多。""近世小说、戏曲，日益发明，稽之古昔，实以宋元时代为最盛。本书亦择要叙列，俾知概略。"②其文学史观念虽然仍以传统为肌理，但对晚清以来已经成为重要文体类别小说、戏曲也不能熟视无睹。

此后随着文学教育体制的确立，"文学史""文学概论"等专门的文学课程成为民国以后知识体系中重要内容。"五四"时期陈独秀、胡适等人提倡"文学革命"，"文学"概念及其知识体系发生转换，"纯文学"史观成为建构中国传统文学历史的理论基石，作为学科的"文学"得以确立，并逐渐形成以文学、语言为主体的学科知识系统。

四、余　论

中国传统的知识分类，主要以图书分类的形式呈现。由《汉书·艺文志》对古代典籍类别的划分，刘向、刘歆父子《七略》以辑略、六艺略、诸子略、诗赋略、兵书、数术略、方技略等类载录典籍，到《隋书·经籍志》开启、《四库全书总目》完善的经、史、子、集四部分类方法，从中大致能够窥见中国古代知识、学术的结构与系谱。近代知识系统的建立，则在学术分科的基础之上展开。从明末输入中国的西学分科和课程设置观念，到晚近

① 王梦曾编：《中国文学史·编辑大意》，商务印书馆 1914 年版，1926 年第 20 版，第 1、2 页。
② 均见张之纯：《中国文学史·编辑大意》，商务印书馆 1915 年版，第 1~2 页。

由西书翻译而兴起的"格致之学"(科学技术),传统经史之学的分化而形成的人文社会科学诸门类,可以看出中西学术不同的分科体系和知识系统。近代"文学"学科的建立,即是这种知识分类和学术分科演变的组成部分。

晚清新式学堂的兴起,直接促使了西方学科教育和课程设置的引入。教育教学中各种科目的设立及其变化,反映出中西知识接触中传统与西方两种知识系统的冲击与调和。在此过程中,经学在知识系统中的正统地位开始丧失,文学、历史、哲学等西方学术分科体系逐步确立。在此背景下,新体系与旧知识之间存在的不谐日显突出,以新的学术分科体系归类知识的诉求便日益强烈。就"文学"一科而言,民国初年教育体制转变,建立学科分类体系中的"文学"科目,使其形成独立的知识系统,为"五四"以后"文学"概念转换及相关知识系统的引入提供必要条件。从某个方面来说,没有新教育中"文学"学科的确立,近代"文学"概念及其知识体系的形成便无法实现。

从另一方面来说,在现代学科体制历经百年兴替之后,再反顾清民之际关于设学置科的讨论,似乎又会别有一番感叹。假如彼时的学科设置能为"中学"多留几分空间,或不致出现今日大声疾呼倡扬国学却仍收效甚微的困境。当有用、趋新成为一种时尚,民族文化的根本已从群体的记忆中抹去,想要重拾并不如想象中那般容易。对"文学"一科来说,传统缺少明细分科的知识系统虽有不足,却也可能因此暗合中国学术特性,尤其是对人文学的发展来说。"文学"由孔门四科之一而成近代学科之一,在促成学科发达的同时也丧失了传统学术的某些秉性。数十年前,朱光潜曾不无忧虑地表示:"每国学问皆有其历史背景与传统,为长久经验所积累而成,自有其存在之理由,苟无更充足之理由必须对传统加以毁坏,则毁坏之必弊多于利。"[1]民国前期适逢西学兴涌之际,此说未必能获得多少支持之声;而至百年后的今天,当现代化与后现代思潮在同一时空中交错碰撞,赞颂与反思等各种声音并存,再去细绎其说,又有颇能启人深思之处。

(作者单位:武汉大学中国传统文化研究中心)

---

① 朱光潜:《文学院课程之检讨》,《朱光潜全集》第 9 卷,安徽教育出版社 1993 年版,第 79 页。

"卫生"概念在近代东亚的变迁和流转*

□ 夏 晶

一、"卫生"之古义

"卫生"一词，中国古而有之，《庄子·杂篇·庚桑楚》借老子之言诠释"卫生之经"，即"行不知所之，据不知所为，与物委蛇，而同其波"，把随波逐流，顺其自然的"无为"之道作为"卫生"之要理，这应该就是"卫生"的最早出典。而历代注解《庄子》的名家对"卫生"之义的阐发，也多与自然之道有关。如晋代李颐的《庄子集解》、郭象的《庄子注》、唐代陆德明的《经典释文·庄子》中，均将"卫生"释为"防卫其生，令合其道"。宋代王雱的《南华真经新传·庚桑楚篇》则注释为："卫生者，卫全其生也，能卫全其生则生所以常存……与物齐谐而同其流，此所谓全生之道也……"可见"卫生"与"道"的修为息息相关。

而《庄子·养生主》中开篇即云"缘督以为经，可以保身，可以全生，可以养亲，可以尽年"，并以庖丁解牛之例讲论"养生"之道，可见"卫生"与"养生"在保全生命之义上的相通之处。中医学中重要的"营卫"概念，将"营"作为饮食所吸收的营养物质，"卫"作为防卫于体表以抗御病邪侵入的"阳气"，可见"卫生"在中医学上的意义更侧重于预防疾病入侵。故而李时珍在《本草纲目·水部》有云：

> 盖水为万物之源，土为万物之母，饮资于水，食资于土，饮食者，人之命脉也，而营卫赖之。故曰：水去则营竭，谷去则卫亡。然则水之性味，尤慎疾卫生者之所当潜心也。

* 本文为国家社科基金重大招标项目(项目编号：12&ZD153)、教育部人文社会科学重点研究基地重大项目"近代新名词与传统重构"(项目编号：13JJD770021)、国家社科基金重大项目"中华思想文化术语的整理、传播与数据库建设"(项目编号：15ZDB003)、教育部人文社会科学重点研究基地重大项目(项目编号：15JJDZONGHE017)阶段性成果，得到国家"万人计划"青年拔尖人才计划、武汉大学人文社会科学青年学术团队发展计划支持。

所谓"慎疾卫生",即指防病于未然之义。故而养生之道,多与医学相关,而古代医术,也多以"卫人之生"为目的,所以古代医书多有以"卫生"为名,如宋代朱端章的《卫生家宝方》、元代罗天益的《卫生宝鉴》、元代继洪的《岭南卫生方》、明代胡荌的《卫生易简方》等。可见"卫生"虽与"养生"相通,但在维持人之生命的大前提下,既可指"养"也可指"医",含义较为宽泛。

也有学者认为,"卫生"较之"养生",其保护生命的含义更强烈。① 而保护生命,既可指个人修为和疾病防治,也可扩展到对他人生命的主动性护卫。这也许可以解释"卫生"为什么在中国古代的语境中,除了和医学相关之外,还具备"卫民之生",即济世救民甚至除暴安民等更多含义。如:

> 我祖宗内设太医院,外设府州县医学,医而以学为名,盖欲聚其人以教学,既成功而试之,然后授以一方卫生之任,由是进之,以为国医,其嘉惠天下臣民也至矣。②
>
> 轩辕氏之王也,七十战而有天下,杀蚩尤于涿鹿之野,战炎帝于阪泉之原,亦深苦卫生之难,而既竭心思以惟之矣。③

由此可见,"卫生"在中国的古义虽出自养生之道,但实际上包含的意义相当广泛。美国学者罗芙芸(Ruth Rogaski)曾对"卫生"的内涵作出了较为中肯的概括:"帝国(按:指清王朝)晚期讨论卫生的文献将该词至少与以下四种事物之一相联系:为生命活动选择适当的时间和场所,保持适当的摄食方,性经济,以及通过呼吸、运动、按摩和内视的元气的运行。综合起来,这些类别或多或少描述了中国人卫生之道的总和。的确,自其在宋代出现以来,卫生可以被简单地翻译为一个概括性的和模糊的词,健康。"④虽然罗芙芸基本把握了中国"卫生"之古义与人体健康、与医学的密切关系,但是中国古代之"卫生"并非完全的"自修"行为。从它保护生命的宽泛外延来看,它似乎也具有一定的公共含义。故而我们在考察"卫生"概念在近代的扩展和延伸时,也不能完全忽视这种历史的基础。

还有一点值得注意的是,"卫生"在近代以前虽然有多重含义,但它并非一个常用语汇。根据学者的检索和统计,"卫生"在《四库全书》中远比近义词"养生"出现的次数要少,除却无关之应用之外,多为医书之书名,而明清小说中几乎完全没有"卫生"的踪迹。⑤ 而正是这种不常用语汇,被赋予新义的可能性反而大大增加。

二、傅兰雅的"卫生"之演绎

近代"卫生"的中西对译,最早始于 1820 年马礼逊的《华英字典》(*Dictionary of the*

---

① 冯天瑜:《新语探源——中西日文化互动与近代汉字术语生成》,中华书局 2004 年版,第 599 页。

② 丘濬:《大学衍义补》卷六。

③ 李贽:《兵食论》,《李氏焚书》卷三。

④ [美]罗芙芸著,向磊译:《卫生的现代性——中国通商口岸卫生与疾病的含义》,江苏人民出版社 2007 年版,第 46~47 页。

⑤ 余新忠:《晚清"卫生"概念演变探略》,黄爱平、黄兴涛主编:《西学与清代文化》,中华书局 2008 年版,第 554~579 页。

Chinese Language)的第二卷,即汉英对照的《五车韵府》,其中将"卫生"解释为"to take care of one's health and life",基本是对其"防卫其生"之原始古义的直译。但是 1822 年出版的《华英字典》第三卷,即英汉对照的词条中,并没有收录"hygiene""sanitary""health"等与卫生相关的英文词汇。直到 1866 年罗存德的《英华字典》(*English and Chinese Dictionary*)中,才有 hygeian art(保身之理,保身之法)、sanitary(保安的)等相关词条。在晚清"西译中述"的系统中,以"养身""保身""养生""慎疾"来译介西方医学或卫生学知识的译者并不鲜见,但《化学卫生论》是目前已知史料中最早以"卫生"为名的卫生学译著。

《化学卫生论》由江南制造局翻译馆的首席译员傅兰雅(John Fryer)口述,琴隐词人栾学谦笔述,最早在《格致汇编》1878 年 2—7 月、1880 年 8 月—1882 年 1 月各卷连载,共分 24 期,是《格致汇编》连载时间最长的译著。由于连载的反响甚好,除《格致汇编》之外"另订数百本早已不胫而走,阅者咸推为有用之书,不可不广其流传"①,所以格致书室后又重新校订排版并增加新图刊行四卷本木板单行本,另外上海广学会也于 1881 年出版了木板单行本。

《化学卫生论》的底本是"The Chemistry of Common Life",由英国化学家真司腾(James F. W. Johnston)著于 1850 年,后由英国化学家 G. H. Lewes 修订,傅兰雅所依据的版本正是 1859 年的修订本。其内容,正如它的英文书名所昭示的那样,是有关"生命"的"化学"知识,因此严格来讲,它并不算一部真正的卫生学著作。虽然其成书的 19 世纪 50 年代,近代化学的科学体系还没有完全成型,但是原作者真司腾的老师瑞典化学家贝采尼乌斯(Jos Jacob Berzelius)是 19 世纪上半叶的国际化学权威,生理化学的奠基人,所以真司腾的著作也在一定程度上反映了当时用化学解读人体和人类环境的研究方向。该书将空气、水、土壤等与人类生存息息相关的自然环境,谷物、粮食、鱼肉蛋等人体所需食物,茶、咖啡、酒等各类饮品,烟、鸦片等嗜好品或毒品,松香、麝香、葱蒜等有香气或臭气的物质,人体消化、呼吸、循环之生理原理等,均以化学成分的分析方法加以解说。

傅兰雅和他的合作者栾学谦,首先是从中国传统的"养生"概念上去理解该书的意义的。如栾学谦评论《化学卫生论》对"养生之道,阐发无遗蕴,阅者善之"②,而傅兰雅也"愿读者从此有得精明卫生之书,咸登仁寿之域"③。

在此之前,傅兰雅在和赵元益合译的《儒门医学》(1876)中,也曾以"保身""养身""慎疾"之名译介过西方的养生知识。但是在《化学卫生论》中,"卫生"所代表的"养生"并不是一个附属于医学的概念,它特指的是从维护人体健康的出发点来考虑环境、饮食起居等日常生活的要素。这一点,傅兰雅在《延年益寿论》中有更为明确的界定:

> (延年益寿论)与医学异立,法近乎卫生,又与卫生不同,大旨免病为主,延年为宗。④

这种"与医学异立"的"卫生"或"养生",在学科界限上已经与古义中可"养"可"医"、模糊

① 傅兰雅:《重刻化学卫生论》,《格致汇编》1891 年春季卷。
② 栾学谦:《化学卫生论》序言,《格致汇编》1878 年第 1 卷。
③ 傅兰雅:《重刻化学卫生论》,《格致汇编》1891 年春季卷。
④ 傅兰雅:《延年益寿论批阅跋语》,《格致汇编》1891 年夏季卷。

宽泛的"卫生"，有本质的不同。

《化学卫生论》之"卫生"的第二点创见在于，它巧妙地将"化学"这种近代学科概念和"卫人之生"的"卫生"古义概念相结合，阐发了以"化学"来"养生"的科学思想。

诚然，在化学知识的译介中，为了让中国读者更容易理解，译者努力寻求和中国传统思想，特别是阴阳五行思想的某些相似点，如书中讲论"天以阴阳五行化生万物"，讲论水之氢氧相合、盐类之阴阳离子、电气之正负两极"似合乎阴阳之说"。但是，书中所阐发的"养生之理"，是建立于近代化学基础之上的理性分析，和中国古代抽象玄冥的阴阳说，和传统医学零散的、非系统性的知识结构有着方法论上的天壤之别。栾学谦对这种学术方法上的中西差异有清醒的认识：

> 《夏小正》、《月令》以及淮南、墨翟诸子之书，虽言及之而不详，夫亦大造之功用，有言及之而不尽言者也。西土人好察，即一名一物之微，其声色气味必详究其故，研心极虑，兀兀焉而不知止，遂卓然而成一家之学。①

与所谓"言及之而不详"的中国古代养生之道相比，西方学者孜孜探究"一名一物之微"，这样才能够"卓然而成一家之学"。栾学谦的论述一针见血地指出了中国传统学术和近代西方科学体系的大不同。而以近代科学重要分支之一的"化学"作为基本的学术研究方法正是译者想要强调的重心所在：

> 养身之事，俱赖化学各理，惟常人只知卫生事略，而化学诸理多不经心，故往往乱用官骸，任食各物，行动不合乎法，居处恒违乎身，或拘乎积习成规，或惯乎素为旧作，此皆有碍于养身之尽善也。②
>
> 惟卫生之理，非由积习俗见，人云亦云，非藉亿度虚拟，我是则是。要本确凿之据，出乎自然，取诸造化之奇，合乎天性，则卫生之理，始信而不虚矣。欲如斯者，非出自化学不可。盖化学之道，足泄天地之奇，能发万物之隐，凡起居动作之理，日用饮食之物，莫不可化学而推其详。③

显然，译者想要传达给中国读者的，正是化学对"卫生"的重要性。

《化学卫生论》的"卫生"概念之第三点扩展，在于传统养生之"内修"的向外延伸。

书中驳斥了道家对"长生不老"的追求，认为丹药之术皆不可信，但并非通过化学原理的分析得出该结论，而是出于"盖天原意欲有生有死，苟终不死，是违天也"④的判断。如果人类都能长生，那么地球则不堪重负，这就违背了自然规律，也就是译者所说的"违天"。对于"天意"中的人类生存之道，《化学卫生论》的结尾部分作了精辟的总结：

> 总之可知，各物生存属乎天意，如上天稍不悦于世，则灭亡转瞬矣。果尽灭之，

---

① 栾学谦：《化学卫生论》序言，《格致汇编》1878 年第 1 卷。
② 傅兰雅口译，栾学谦笔述：《化学卫生论》，《格致汇编》1881 年第 11 卷。
③ 傅兰雅：《重刻化学卫生论》，《格致汇编》1891 年春季卷。
④ 傅兰雅口译，栾学谦笔述：《化学卫生论》，《格致汇编》1880 年第 12 卷。

亦与诸耀(按:指宇宙)无妨。犹之一滴水内所有微虫,仅以大显微镜及见,如灭其一,亦何碍于滴水乎?而地球与人物,在上天视之,仅沧海一粟,尽加毁灭亦与诸耀毫无关碍。惟由今以视,知天意未尝有更,人仍存乎世界,上而空气,下而水泽,前后左右,珍错旨馔,无非为供人用也。人而用之,务期合法,合其法,即所以卫生也。①

从这里,可以看到与老庄思想中随波逐流、顺其自然的"卫生之经"的遥相呼应。译者将大自然的科学规律阐释为中国的"天"之道,强调了人与环境的共生之道,强调了人类应该"合其法",即遵循不以人意志为转移的客观自然规律,而这正是"卫生"的真意。由此,"卫生"的含义不仅在于个人内在的养生之道,更在于对外在良好生活环境的创造和追求。

这样,《化学卫生论》中的"卫生"从学科分类、研究方法和功能性上都逼近了近代"卫生"的概念。而傅兰雅在第二部以"卫生"为名的译著《居宅卫生论》中,进一步扩大了"卫生"的内涵。

《居宅卫生论》的底本是"Sanitary Engineering to Cure the Poor",在 1890 年全年的《格致汇编》上连载,同年格致书室还刊行了单行本。

该书以"却病清神"为主旨,讲论建筑设计应该包含的通风、散热、采光、防湿等要素,并设"城乡却病清神总说""论大城镇免煤瘴之法""论城内通水之法""论城镇通沟泄秽等法"等章节,论述公共卫生之法。在开篇的总说部分,论者即言:

> 清洁是福,应为德行要端,污垢近恶,即属浊俗贱品,如不慎以免病自保其身,不惟有害于己,且能留毒于人,甚而系乎国家盛衰之体,大而违乎上天好生之德,故屡降天殃,多遭病苦,如此警告,人自醒悟。②

在这里,"清洁""卫生"之道已经不仅仅是"免病自保"的含义,还关乎整个社会的疾病防疫,关乎国家兴亡。将个人的卫生习惯和社会、国家联系起来,使得古义中更侧重于内修的"卫生"向公共性的方向迈出了一大步。

书中进而将城市的公共卫生与国家和政府行为联系起来,认为国家应该承担管理公共卫生的职责。如认为国家应该从儿童开始推行卫生教育,出版简明书籍讲明"清神免病"的各种方法,普及卫生知识;如介绍城市煤烟污染空气,"大有害于人生",所以在西方"近有多人设法欲免其害,国家亦谕禁各厂多放煤烟而害民也";又以"多通好水"为居宅卫生的"极要事",甚至认为由城市水务的状况可知"经理城务者能明卫生之理否";又介绍英国伯明翰城特设一会专门研究城市垃圾和污水的清理技术,其从垃圾中提炼肥料的一举两得的先进方法引得欧美各大城市效仿。对以上种种公共卫生管理的重要性,文章在最后综述道:

---

① 傅兰雅口译,栾学谦笔述:《化学卫生论》,《格致汇编》1881 年第 12 卷。
② 傅兰雅:《居宅卫生论》,《格致汇编》1890 年春季卷。

如照以上卫生之法善造房屋，通达空气，安设合用之水，疏泄秽污之物，则不独一年，能救无数生灵，犹能每年安然如常，故各国家不可不关心民瘼，设员经理各大城镇卫生之道，殷实之户、丰富之家、工作之厂均不可不留心此事以保生命，至于居家小户，亦必留慎卫生之道以安其居。用此法可得养生之益，违此法必有伤生之害，若益若害，任人自择，民应如此，官尤甚焉。见义不为，徒称无勇，知害不避，咎无可辞。天以好生为德，人讵可违天心而不施为焉。夫卫生之道，人所通行，西国多事考求以期尽善，中华讵可轻视漠不关心。①

从保护生命的宗旨出发，中国传统古义将"卫生"引申到济世救民、普渡苍生的王政之道；而到《居宅卫生论》这里，"卫生"被直接理解为近代国民国家的公共职责。

有学者认为，这是第一次将"卫生"与公共性、国家、政府行为联系在一起。② 其实在 1885 年刊行的《佐治刍言》中，傅兰雅就将设立"卫生章程"作为"国家职分并所行法度"的主要内容之一：

> 第一百三十一节　又国家应于各大城镇设立卫生章程，使地方可免疾病之险。如人烟密稠处，其房屋内并街道上若多积秽物，秽气所蒸，居民易染霍乱吐泻，身子虚热，及发出天花等症。国家必代民间设立章程，令于房屋内外逐日清扫，凡龌龊之物一概不准入清水。如敢故违，立拿其人，治以应得之罪。又于各街道开沟，通入清水，使污秽得以宣泄，地方可免危险之病，即有疾病，亦稍轻矣。③

可以说，从《化学卫生论》到《佐治刍言》，再到《居宅卫生论》，傅兰雅将个人养生之道的"卫生"，逐渐扩展到关系社会、民族和国家公共事务的领域。傅兰雅的特殊性在于，他在以"卫生"对译 hygiene 之前，就将 Common Life 和 Sanitary Engineering 以"卫生"之名统合起来，从全新的角度诠释近代意义上的个人卫生和公众卫生概念。而在傅兰雅之后的卫生学译著，即《孩童卫生编》(*Health for Little Folks*)（1893）、《幼童卫生编》(*Lessons in Hygiene*)（1894）、《初学卫生编》(*First Book in Physiology and Hygiene*)（1895）这一系列益智书会刊行的科普性读物中，具有这种近代特征的"卫生"概念的使用就更为常见了。

三、新语"卫生"的传播路径

在 19 世纪中后期的西学译介中，傅兰雅既不是最早译介西方卫生学知识，也不是唯一一个以"卫生"之旧瓶盛装 Hygiene 之新义的译者④，但是，《格致汇编》是近代中国最早

---

① 傅兰雅：《居宅卫生论》，《格致汇编》1890 年冬季卷。
② 王凯：《早期现代中国建筑话语中的"卫生"（1890—1937 年）——傅兰雅、〈居宅卫生论〉与卫生话语》，《中国近代建筑史国际研讨会论文集》，2008 年，第 690 页。
③ 傅兰雅：《佐治刍言》，上海书店 2002 年版，第 48 页。
④ 如颜永京在《肄业要览》（1882）中有"卫生"一节专论近代卫生教育问题，嘉约翰的《卫生要旨》（1883）则涉及个人卫生常识和国家管理公共卫生职责的介绍，明显是属于近代卫生学范畴的著作。

的科学期刊，凭借这一传播平台，傅兰雅的卫生学译著显然能够获得一般书籍所无法比拟的影响，这从其在晚清各西书书目中的收录情况以及各种书目辑者的评价便可一窥端倪。

梁启超在《西学书目表》(1896)中将傅兰雅的《化学卫生论》《居宅卫生论》《孩童卫生编》《幼童卫生编》《初学卫生编》《延年益寿论》《治心免病法》列入医学一门，并批注《化学卫生论》和《居宅卫生论》"皆极有用"。他在《读西学书法》(1896)中谈到欧洲人口的急剧增多和中国嘉庆以来人口基本不变之对比，认为这正反映了中国"养生之道未尽"和"西人近以格致之理，推求养生所应得之事，饮食居处，事事讲求"之间的差距，所以近译的卫生学译著"凡自爱之君子，不可以不讲也"。徐维则的《东西学书录》(1899)则评价《化学卫生论》"以化学卫生能彻食养之利弊"，《居宅卫生论》"却病通气之法讲求摄生，可谓详备"。赵惟熙的《西学书目答问》(1901)则将傅兰雅的七部卫生学译著附于"医学"之后，并沿袭梁启超的基本观点，认为西方人口的增长"有非意计所及料者，则格致之实效也"，他评价傅兰雅的七部译著"言简而意明，最有益于卫生之事"。

然而，由梁启超、徐维则、赵惟熙等人的书评，可以看到他们对傅兰雅"卫生"概念的理解仍然主要集中于个人卫生的范畴。虽然他们通过傅兰雅的译介认识到了西方科学(格致之学)特别是化学对人体健康的重要性，但是他们在这一时期还没有完全意识到《居宅卫生论》中所强调的国家和政府介入公共卫生事务的必要性。[①]

而更能说明问题的是丁福保的《卫生学问答》(1900)。该书作为中国人撰写的第一部以"卫生"为名的著作，根据中国传统养生医书以及《初学卫生编》等近代西方卫生学译著编写而成，主要介绍人体生理、饮食起居、微生物、治心等卫生知识，更在开篇对"卫生学"下了定义："讲求保养身体之法，称卫生学。"丁福保同样以近代科学为依据给传统养生之学赋予了新的内涵，但是他也没有将"卫生学"上升到国家职责的高度。

这也许与《化学卫生论》和《居宅卫生论》的流行程度之差异有一定关联。《化学卫生论》比《居宅卫生论》早问世十余年，而且其以"化学"论"卫生"的新颖思路在19世纪中后期的中国是具有相当震撼力的，谭嗣同、梁启超、孙中山等人都曾从中汲取科学理论的营养，它甚至作为权威教材通行至20世纪初。相比之下，傅兰雅的《居宅卫生论》等其他卫生学译著的影响力和传播范围就小得多。

然而其中有没有更为深层次的原因呢？

在东亚社会，"卫生"一词与国家行政相关联，始于日本。1877年，日本将内务省下属的主管医疗保健的"司药局""医学局"更名为"卫生局"，而提出该项创意的明治政府官员长与专斋，正是在随岩仓使节团亲身考察欧美之后，才真正了解到 hygiene 原来是"负责国民一般健康保护之特种行政组织"，而且"这样的健康保护事业，东洋尚无以名之，而且是一全新的事业"。[②] 由此，他借用中国古典"字面高雅"的"卫生"对译 hygiene，并

───────────────

[①] 仅有徐维则对另一部概述近代卫生学要义的《卫生要旨》(嘉约翰译)中涉及公共卫生事业的部分有所评价："……其立论周密精微，具有至理，后论整饬全家，推爱乡邑，为国培元，慨乎言之，亦属可取。"这似乎是以"修齐治平"的思路去理解个人和公共卫生的关联，但《卫生要旨》本身就很粗浅，徐维则的理解也不免模糊。

[②] 雷祥麟：《卫生为何不是保卫生命？民国时期另类的卫生、自我、与疾病》，《台湾社会研究》2004年第6期，第17~59页。

将"保卫生命"的传统旧义延伸，注入了建立国家层面的健康保障体系之新义。然而，"卫生"的新用法并没有很快被日本朝野所接受。直到十年后的 1887 年，傅云龙访问日本时长与专斋还就"卫生之目当否"请教。而傅云龙用以应答的《卫生论》中，"明治八年设司药，医学一端耳。十六年，易名卫生实验所。表饮食之比较，图服用之损益，固合化学、算学、医学、物理学，而自成一卫生学矣"①的一段文字，也由此被视为近代新语意义上的"卫生"和"卫生学"之词源的解释②。傅云龙在《卫生论》中，进而引经据典，论证"卫生"用于官署名称的精当：

> 卫与医，皆所以遂其生也，意将毋同，然而说异。医恒施于已疾，卫则在于未疾也。……然则卫生云者，有护中意，有捍外意，不使利生之理，有时而出；不使害生之物，乘间而入。……或谓何不曰养？曰：养，难言也。以心以气曰养，有自然之道，以力以物曰卫，有勉然之功。今日之勉然，未始非自然基；然以学言，则不必高言养也。目以卫生，谁曰不宜？③

将傅云龙的论述和前述 19 世纪中后期"西译中述"的系统中对"卫生"概念的演绎相比照，笔者认为傅云龙的阐释在相当程度上代表了当时的中国士人对"卫生"的理解。在接收西方新概念的过程中，他们对古典的"卫生"概念加以改造，将"卫"从"医"中剥离出来，以近代科学的方法和观念去理解卫生之学，并强调了新语境下的"卫生"有着传统的顺气自然的"养生之道"所不具备的"勉然之功"，即主体的积极能动性。

然而，《佐治刍言》中的国家卫生章程也罢，《居宅卫生论》中"西国多事考求以期尽善"的"卫生之道"也罢，长与专斋以"卫生"开辟国家"全新事业"的初衷也罢，都没有在真正意义上引发中国士人对国家卫生体制的深层次思索。相较于中国的翻译系统中对个人卫生范畴内的"卫生"之阐发，日本的"卫生"从一开始就脱离了个人行为习惯的范畴，直指国家和政府层面有关公共卫生事务的制度建设。也正因为这个原因，虽然中国 19 世纪中后期的"卫生"演绎也包含了新语境，但是研究近代新语厘定过程的学者，特别是欧美学者却往往认为日本长与专斋的创意才对新语"卫生"的诞生具有决定性的意义。④

这正是近代史上一个奇妙的事实。当我们以傅兰雅的卫生学著作为中心来梳理"卫生"在 19 世纪中后期的中国传播时，会发现"西译中述"系统中的"卫生"概念的演绎几乎是完全独立于日本的"卫生"的。虽然日本的公共事务意义上的"卫生"早在 1877 年就已诞生，但是以当时日制语汇在中国的大势来看，它对"西译中述"时期的术语翻译的影响应

---

① 冯天瑜：《新语探源——中西日文化互动与近代汉字术语生成》，中华书局 2004 年版，第 600 页。

② 马西尼著，黄河清译：《现代汉语词汇的形成——十九世纪汉语外来词研究》，汉语大辞典出版社 1997 年版，第 247 页。

③ 冯天瑜：《新语探源——中西日文化互动与近代汉字术语生成》，中华书局 2004 年版，第 600～601 页。

④ 如马西尼认为，"卫生"在日本所获得的意义与本义不相同，所以应该把它看作一个来自日语的原语借词。罗芙芸则认为，虽然《化学卫生论》代表了卫生含义在中国转变的开始，但源自日本而后衍生至东亚各国的"卫生"才是东亚社会进入现代性的历史地标。

该是微不足道的。而即便是有像郭嵩焘、黄遵宪这样东游日本的官员学者在游记或日记中提到了日本"卫生局"的存在，但是包括他们自己都没有抱以特别的关注，更何况他们的日记或游记当时并没有付梓出版，也谈不上有多大的影响。以傅兰雅的"卫生"演绎为例来考察的话，并没有直接或间接的史料能够证明日制语汇的"卫生"与之相关。不论"卫生"的源头如何，至少在"卫生"新概念的传播上，掌握着报刊和出版事业的傅兰雅无疑是最有贡献的。而且，他所演绎的新语"卫生"也基本涵化了近代卫生学意义上的个人和公共的两个层面，而这可以说是中国的传统概念在西学影响下独自产生的变化。

然而，这段"卫生"在中国独自演化的历史却被极大地忽略了。姑且不论当代学者对日本创制新语"卫生"的肯定，即便是在19世纪末20世纪初，"卫生"都被当作一个有着"日本语臭"（彭文祖语）的日源新词。在《格致汇编》的时代，虽然"卫生"的新含义已经得到充分的演绎，但是《格致汇编》的影响相对于中国广漠的土地和庞大的人口来说，毕竟还是极其有限的，远远比不上甲午战争中国战败的一记闷棍来得震撼。所以当甲午战争之后日制新词如潮水般涌入时，当清政府开始借鉴日本的行政体制设立"卫生科"（1905）时，新语"卫生"才在公众中产生了真正的广泛影响。

即便不考虑甲午战争这一政治性事件对新语创制和传播的影响，我们也可以看到，其实在甲午战争之前，近代"卫生"在中国的独自演化过程中，其重要的一个内涵，即公共卫生的体制问题也被中国士人大大忽视了。有学者认为："如果说长与专斋的行为更多地体现了与传统的断裂的话，傅兰雅和琴隐词人对'卫生'译语的使用，则较多地反映了传统的延续。"[①]而笔者认为，这种新语内涵扩展方向上的差异与其说是反映对传统的舍弃或传承，不如说是反映了19世纪中后期中国和日本吸收西学的思想差异。在"中学为体，西学为用"的思想占主导地位的年代，中国士人往往从"技艺"或者"技术"的层面去理解、去容受化学、物理学、医学等种种"格致"之学，即便是敏锐的"师西"先行者，他们所关注的是学术上的变革，因此，在对新的学术概念的容受过程中，他们可以对语汇的传统古义进行学术层面上的改造，使其具有近代学术的特征。但是，他们往往忽略了这些学科术语所蕴含的制度层面的含义。而只有当他们在制度上的沉睡被彻底地惊醒，他们才能意识到将"西学"转化成为我所用的"新学"并不仅仅是技术层面的问题。我们可以以此理解为什么梁启超在19世纪末还仅以格致之理下的新"养生之道"来理解"卫生"，但是1900年流亡日本之后在《清议报》上能够发表"（日本）设卫生洁净诸局，以卫民生"的精辟论见。

直到甲午战争之后，包括《格致汇编》在内的大批科技西书或杂志被大量重印甚至盗印的时候，"傅兰雅们"所追求的"科学的时代"才真正开启了序幕。而包括"卫生"在内的语汇，借由日本的巨大影响，以"新词"身份涌入中国的话语系统，几乎淹没了"西译中述"时期中西汇通的成果。然而，这也恰恰说明了术语概念的古今转换和中西对接，不仅仅是单纯的新语言输入的过程。新语言的涵化，必须经过新思想的输入和容受的过程。

（作者单位：武汉大学外语学院）

---

① 余新忠：《晚清"卫生"概念演变探略》，黄爱平、黄兴涛主编：《西学与清代文化》，中华书局2008年版，第585页。

谭嗣同《仁学》中的佛教术语释例*

□ 姚彬彬 刘 青

近代思想启蒙的重要文献谭嗣同(1865—1898)《仁学》之成书与佛教具有密切关系。谭嗣同曾于 1896 年 7 月前后拜访南京的金陵刻经处,师从"近代佛学复兴之父"杨文会居士(1837—1911)研习佛学,成为其入室弟子。此期间他曾致信于其早年师长欧阳中鹄(1849—1911)谓:"固知官场黑暗,而不意金陵为尤甚。……幸有流寓杨文会者,佛学、西学,海内有名,时相往还,差足自慰。凡此诸般苦恼,皆能以定力耐之。"(《上欧阳中鹄书十》)①也正是在这一年,谭嗣同开始动笔撰写《仁学》,据他自述,《仁学》撰写动机之一便是为佛教"畅演宗风,敷陈大义"(《致汪康年·三》)②。书中将佛学置于古今中外之诸文化形态的最高位置,认为在佛教、儒教、基督教的次序上"佛教大矣,孔次大,耶为小"(《仁学·二十七》)③,甚至认为西学亦源于佛学,并与之相辅相成——"故尝谓西学皆源于佛学,亦惟有西学而佛学乃复明于世"(《仁学·十七》)④。谭嗣同好友梁启超则认为,《仁学》是一种可经世致用的"应用佛学"⑤。

《仁学》一书中涉及的主要哲学概念较多,诸如"仁""通""以太""心力"等,谭嗣同在论述它们之间的关系时层次不甚明晰,颇令人难以捉摸,时人章太炎先生谓其著"杂糅"⑥,也并不是无因之谈。在如何理解这些范畴的主次差别上,学界目前仍然众说纷纭,尚未形成统一的意见。但我们若认识到佛学在《仁学》成书过程中所起到的重要影响,针对《仁学》中的有关佛教的术语进行解读,或应可从中清理出一些头绪。

---

* 本文为武汉大学人文社会科学自主研究项目"'章门弟子'缪篆三教会通之哲学研究"、教育部人文社会科学重点研究基地重大项目"近代新名词与传统重构"(项目编号:13JJD770021)、国家社科基金重大项目"中华思想文化术语的整理、传播与数据库建设"(项目编号:15ZDB003)阶段性成果。

① 蔡尚思、方行编:《谭嗣同全集》,中华书局 1998 年版,第 468 页。
② 蔡尚思、方行编:《谭嗣同全集》,中华书局 1998 年版,第 493 页。
③ 蔡尚思、方行编:《谭嗣同全集》,中华书局 1998 年版,第 333 页。
④ 蔡尚思、方行编:《谭嗣同全集》,中华书局 1998 年版,第 317 页。
⑤ 梁启超:《论佛教与群治之关系》,《梁启超佛学文选》,武汉大学出版社 2011 年版,第 413 页。
⑥ 章太炎:《太炎先生自定年谱》,上海书店 1986 年版,第 5 页。

一、华严宗"华藏世界"与《仁学》的世界观

谭嗣同在《仁学·界说》中开宗明义地指出:"凡为仁学者,于佛书当通华严及心宗、相宗之书"①,将佛教中的华严宗、禅宗(心宗)、唯识宗(相宗)作为其理论体系形成的首要基石。其开篇第一章即说:"遍法界、虚空界、众生界,有至大、至精微,无所不胶粘、不贯洽、不管络、而充满之一物焉,目不得而色,耳不得而声,口鼻不得而臭味,无以名之,名之曰'以太'。""恒河沙数世界海为一世界性。恒河沙数世界性为一世界种。恒河沙数世界种为一华藏世界。"②这里的法界、虚空界、众生界;世界海、世界性、世界种、华藏世界等概念皆出于佛教的《华严经》中,《华严经》中认为,一切世界皆是毗卢遮那佛法身所显现,由宝莲花中包藏的无数小世界组成的,故名"华藏世界",即是一切世界的总称,在华藏世界之下,还可细分为世界海、世界性、世界种等层次。所谓"华藏世界"也就是佛教中所常言的"法界"。华严宗对于世界的理解,认为有限与无限相互包含,一就是一切,一切也就是一,这便是该宗派最根本的宗旨"法界缘起"。

"法界缘起"是汉地佛教华严宗人基于《华严经》的义旨而建立的。唐代智俨在《华严一乘十玄门》中说:"《华严》一部经宗,通明法界缘起。"③而后经法藏等华严祖师的推阐,成为华严宗的核心教义。法藏在《华严三宝章》中谓:"夫法界缘起,无碍容持,如帝网该罗,若天珠交涉,圆融自在,无尽难名。"④可见法界缘起的相貌就是无尽圆融。诸法就是宇宙的森罗万象,具足一切法,叫作法界。法界的一切法相即相入,互为缘起,以一法成一切法,以一切法起一法,相资相待,互摄互容,如印度传说中的"因陀罗网"一样,重重无际,微细相容,主伴无尽,故谓"一即一切,一切即一"。显然,谭嗣同借华严宗法界缘起的术语体系,构建出一幅交相涵涉,广大庄严的《仁学》"华藏世界"。对此,我们尚可以印证于《仁学界说》中的如下论述:

> 不生不灭仁之体。
>
> 不生与不灭平等,则生与灭平等,生灭与不生不灭亦平等。
>
> 生近于新,灭近于逝;新与逝平等,故过去与未来平等。
>
> 有过去,有未来,无现在;过去、未来皆现在。
>
> 仁一而已,凡对待之词皆当破之。
>
> 破对待,当参伍错综其对待。
>
> 参伍错综其对待,故迷而不知平等。
>
> 参伍错综其对待,然后平等。
>
> 无对待,然后平等。

---

① 蔡尚思、方行编:《谭嗣同全集》,中华书局 1998 年版,第 293 页。
② 蔡尚思、方行编:《谭嗣同全集》,中华书局 1998 年版,第 293~294 页。
③ 《大正藏》第 45 册,第 514 页。
④ 《大正藏》第 45 册,第 620 页。

无无，然后平等。……①

这些表述的关键，在于"平等"一词。在谭嗣同看来，无论是时间性的过去未来，还是万有存在的一切个体，在究极的意义上，均可泯除差别，"平等"而终为一体之仁。这种思维方式，将一切现象界的差别均理解为究极意义的圆融无碍，显然便是华严宗的法界缘起义理套上了"仁"的外衣而重现了，并作为逻辑结构贯穿于《仁学》全书。

将华严"华藏世界"理境下开显的"平等"观念投射在社会关怀之维度，则衍生出谭嗣同尖锐批判专制君权的民主思想，如他所说：

> 生民之初，本无所谓君臣，则皆民也。民不能相治，亦不暇治，于是共举一民为君。夫曰共举之，则非君择民，而民择君也。夫曰共举之，则其分际又非甚远于民，而不下侪于民也。夫曰共举之，则因有民而后有君；君末也，民本也。天下无有因末而累及本者，亦岂可因君而累及民哉？夫曰共举之，则且必可共废。君也者，为民办事者也；臣也者，助办民事者也。赋税之取于民，所以为办民事之资也。如此而事犹不办，事不办而易其人，亦天下之通义也。(《仁学·三十一》)②

在《仁学》中，谭嗣同亦多以"法界缘起"中之体用相融、现象相即关系的"一人一切，一切入一"之义理来解释世界表象迁流不息的运动变化：

> 不生不灭乌乎出？曰：出于微生灭。此非佛说菩萨地位之微生灭也，乃以太中自有之微生灭也。不生不灭……一切入一，一入一切……一刹那顷，已有无量佛生灭，已有无量众生生灭，已有无量世界法界生灭。(《仁学·十五》)③

这些现象界的生灭变化的根本来源，谭嗣同亦委诸《华严经》所言的"三界惟心"与"一切惟心所造"④。在人生观上，谭嗣同则以华严宗"一多相容"之义理解"无人我"之境界，他说：

> 一切众生，并而为我，我不加大；我遍而为一切众生，我不减小。故名之曰："一多相容"。一多相容，则无可知也。自以为知有我，逝者而已矣。(《仁学·十六》)⑤

显然，谭嗣同在华严宗"华藏世界"等术语体系的启发下，开出其"我即众生，众生即我"的理念，认为一切众生之苦难己身责无旁贷，由此引发其献身于维新事业的坚定信

---

① 蔡尚思、方行编：《谭嗣同全集》，中华书局1998年版，第292页。
② 蔡尚思、方行编：《谭嗣同全集》，中华书局1998年版，第339页。
③ 蔡尚思、方行编：《谭嗣同全集》，中华书局1998年版，第312~313页。
④ 蔡尚思、方行编：《谭嗣同全集》，中华书局1998年版，第313页。
⑤ 蔡尚思、方行编：《谭嗣同全集》，中华书局1998年版，第315页。

念。从圆融万有存在到圆融人我之分，这也使得《仁学》的世界观与人生观在逻辑结构上前后一贯。

二、作为"唯识之相分"的"以太"

六七十年来，国内学界颇受苏联"唯物""唯心"之非此即彼且截然对立的二分法来理解思想哲学史，其中"唯物"意味着革命和进步，"唯心"则意味着反动和落后。毋庸讳言，这种将马克思主义的庸俗化解读①，用来理解哲学史的思路至今仍存在其影响。由于谭嗣同作为维新志士，属于"先进的中国人"，故将其思想定性为"唯物主义"的观点一直颇为流行。其早期代表，如杨荣国的《谭嗣同哲学思想》(1957)、杨正典的《谭嗣同——近代中国启蒙思想家》(1955)等多作如是说法，其提出的理据，便是将《仁学》中的一个重要哲学范畴"以太"定性为物质第一性。"以太"是古希腊哲学家所设想的一种物质，被认为没有质量且无所不在。17—19世纪的西方科学家认为它不但弥布于所有空间，而且是传播光、热等各种能量的媒介。《仁学》试图把宇宙万物的存在理解为"以太"的存在：

> 遍法界、虚空界、众生界，有至大、至精微，无所不胶粘、不贯洽、不管络、而充满之一物焉，目不得而色，耳不得而声，口鼻不得而臭味，无以名之，名之曰"以太"。(《仁学·一》)②

不过，若依此便将"以太"视为谭嗣同《仁学》中第一位的概念，尚难以圆满，因为《仁学》中还有明确的矛盾的说法：

> 以太也，电也，粗浅之具也，借其名以质心力。(《仁学界说》)③

在谭嗣同看来，"以太"只是附丽于"心力"的"粗浅之具"，在究极的意义上绝非第一性的，所以，以"以太"为据而将谭嗣同的思想理解为"唯物主义"，显然不能自圆其说。故后来的说法不得不绕一些弯子，变得更加巧妙了，如李泽厚谓：

> 谭氏……是在构造一个唯心主义的体系。但是，在实际上，谭氏整个哲学却主要不是建筑在"心力"这个精神概念上，而是建筑在"以太"这个物质概念上，"以太"在其哲学中占据着比"心力"远为重要的基础地位。④

---

① 马克思本人的著作里并没有提到任何与将哲学史机械划分为唯心、唯物二元对立的东西，有人考证其来源是出自苏联总管意识形态的日丹诺夫(1886—1948)在20世纪40年代正式提出。参见张亮：《政治的逻辑与哲学史——重读日丹诺夫1947年6月24日的讲话》，《学术界》2006年第3期。
② 蔡尚思、方行编：《谭嗣同全集》，中华书局1998年版，第293页。
③ 蔡尚思、方行编：《谭嗣同全集》，中华书局1998年版，第291页。
④ 李泽厚：《中国近代思想史论》，人民出版社1979年版，第228～229页。

这里的关键问题，在于"以太"在谭嗣同的思想中，是不是如李泽厚氏所说的，乃是"物质概念"，事实上，若细读文本，仍然可以找到一条直接的否定证据：

> 以太者，亦唯识之相分。(《仁学·二十六》)①

前人的研究中，很少重视对这一论述的解读。在此，谭嗣同用佛教唯识学术语的"相分"来看待"以太"，所谓"相分"，是唯识学将人的认识功能分为"四分"，为见分、相分、自证分、证自证分。虽相分与见分相对，"相"的意义是相状，谓认识和感知的对象，但皆统属于第八识阿赖耶。在唯识学看来，认识的过程是在阿赖耶识内部进行的，"相分"也是人的主观认识的部分功能，是第八识自身变现的现象，在究极的意义上并非认为外境真实存在，此为唯识学"唯识无境"之根本教理。显然，在谭嗣同运用佛教术语的诠释下，"以太"的物质性质，基本上消解了。正如岛田虔次教授所言："《仁学》的以太说无疑是立足于'心力'或'识'之上的彻底的唯心论"，用岛田氏颇带点幽默味的话说，乃是"激进的超级主观唯心论"。②

三、《仁学》中的"群学"并非社会学(Sociology)

《仁学·自叙》中以下这段话经常被各种著作引用：

> 网罗重重，与虚空而无极；初当冲决利禄之网罗，次冲决俗学若考据、若词章之网罗，次冲决全球群学之网罗，次冲决君主之网罗，次冲决伦常之网罗，次冲决天之网罗，次冲决全球群教之网罗，终将冲决佛法之网罗。③

这里的"群学"一词，学界以往的训诂颇有问题，以前辈语文学大家周振甫先生(1911—2000)的注释为代表："群学：社会学。"④笔者还查阅了后出的几种《仁学》注释本，大抵皆沿用周先生此说。

按：晚清时曾以"群学"为今之"社会学"的译名，如严复(1854—1921)译斯宾塞(Herbert Spencer，1820—1903)的《群学肄言》，今译为《社会学研究》(*The Study of Sociology*)。然这里的"群学"当为"种种学术"的意思，与下文的"群教"(种种宗教)相对应。理据有二：(1)谭嗣同《仁学》中已经出现了作为 Sociology 新译的"社会学"一词，如《界说》一章中有"于西书当通《新约》及算学、格致、社会学之书"⑤之语。(2)《仁学·界说》章中再次出现"群学"一词："格致即不精，而不可不知天文、地舆、全体、心灵四学，

---

① 蔡尚思、方行编：《谭嗣同全集》，中华书局 1998 年版，第 331 页。
② ［日］岛田虔次：《关于中国近世的主观唯心论——"万物一体之仁"的思想》，《中国思想史研究》，上海古籍出版社 2009 年版，第 47 页。
③ 蔡尚思、方行编：《谭嗣同全集》，中华书局 1998 年版，第 290 页。
④ 周振甫选注：《谭嗣同文选注》，中华书局 1981 年版，第 94 页。
⑤ 蔡尚思、方行编：《谭嗣同全集》，中华书局 1998 年版，第 293 页。

盖群学群教之门径在是矣。"①显然，这里将"群学"与"群教"合称，揆诸文义，应为"种种学术"而非"社会学"之义甚明。

将"群学"释为种种学术之义后，这段话的意思也就容易理解了。谭嗣同在此将世界上的诸文化形态划分为八个层次，在这八个层次中，"利禄"这类世俗行为置于最低一层，因为其对于很多学人而言，并非是难以摆脱的执着。而清代所流行的学问"若考据、若词章"对于当时的学人而言，往往形成积习而发生感情，较难冲破一些，故为第二层次。全球群学，也就是全世界的种种学术，与当时已渐成陈迹的中国旧学相比，显然更富有活力，因而谭嗣同将之列为第三个层次。而君主制度作为几千年来宗法制礼教之根本，不仅人心多被其笼络，而且尚有强大的国家机器的保护，如欲将这一网罗冲决，无疑更加困难，故为第四层次。"三纲五常"作为当时社会伦理所在，早已深入人心，习惯本身比制度还要坚牢，因而谭嗣同将之列为第五个层次。"天"之观念，这里指自然环境的束缚，人类彻底征服自然环境的一天显然远未到来，比前几个层次都要高，所以列其为第六。全球群教，也就是人类的一切宗教，在谭嗣同看来，"教"高于"政""学"（《仁学·四十一》）②，因而将之置于第七个层次。而佛法在谭嗣同看来，乃是最高层次，所以最后才可"冲决"。

以佛法为统御群学群教之最高理想，这在《仁学》中可以找到颇多的论述，若谓：

> 佛教纯者极纯，广者极广，不可为典要，惟教所适。极地球上所有群教群经诸子百家，虚如名理，实如格致，以及希夷不可闻见，为人思力所仅能到，乃至思力所必不能到，无不异量而兼容，殊条而共贯。（《仁学·三十九》）③

然谭嗣同之所以最终要将"佛法"也"冲决"，这本身也是佛教的道理，佛教认为，"佛法"本身是为众生解脱而"因病予药"的一种方便权借，事实上，法本身也不是永恒的，众生如已得解脱，自然要得鱼忘筌，故若《金刚经》等佛经上常言"法尚应舍，何况非法"云云。而佛教对于世间万象，不仅要否定"有"，否定"空"，进一步还要否定"非空非有"，这里所说的"然真能冲决，亦自无网罗；真无网罗，乃可言冲决。故冲决网罗者，即是未尝冲决网罗"，就像佛教最终连"法"和"非空非有"也要否定掉一样——在真正"冲决网罗"之后，发现不仅"网罗"是假象，"冲决"的行为也是假象，所体现的，归根结底仍然是佛教的否定精神。而这种立足于否定精神的现世批判，乃是为了达到其"天下治也，则一切众生，普遍成佛。不惟无教主，乃至无教；不惟无君主，乃至无民主；不惟浑一地球，乃至无地球；不惟统天，乃至无天；夫然后至矣尽矣，蔑以加矣"（《仁学·四十八》）④的乌托邦式的终极理想，同时也构成了贯穿于《仁学》全书中最为重要的思想主线。

（作者单位：武汉大学台湾研究所、荆州市图书馆）

---

①　蔡尚思、方行编：《谭嗣同全集》，中华书局 1998 年版，第 293 页。

②　蔡尚思、方行编：《谭嗣同全集》，中华书局 1998 年版，第 354 页。

③　蔡尚思、方行编：《谭嗣同全集》，中华书局 1998 年版，第 351~352 页。

④　蔡尚思、方行编：《谭嗣同全集》，中华书局 1998 年版，第 370 页。

特别聚焦和语义落差：《诗经》外译的陌生化现象[*]

□ 洪 涛

一、引 言

《诗经》之学（注疏、译解）历史悠久绵长，毛公的传、郑玄的笺和朱熹的集传，都是历史上有名的"旧注"，到了民国初期（20世纪20年代），社会上出现新的解说形式：白话译注本。[①]《诗经》白话译注本受到民初时期疑古思潮的影响，虽能推陈出新，却不免受到时代思潮的局限。关于这方面，台湾学者朱孟庭在《近代诗经白话译注的兴起与开展》已经做过详细的分析，读者可以参看。[②] 总之，近人、今人解读古诗，必须面对时间差距（今与古）、历史语境等问题。西方汉学家作的《诗经》译注又如何？除了古今时间差距，《诗经》外译还面临"空间（东西方）差距""文化差异"这类问题。笔者发现，西方学者的视角有时候异于中国读书人，西方学者有些关注点和取向，是东方人没有预想到的。以下，笔者将剖析一些"奇特"的外语译文，尝试了解域外学者怎么解读《诗经》。

本文主要讨论两个问题：第一，西方学者（例如庞德）怎么对待《诗经》中的汉字；第二，西方学者怎么对待《诗经》中的词语。限于篇幅，本文集中分析几个典型案例。

二、汉字、陌生化与通感

域外学者的《诗经》英译本有时候呈现出陌生、新奇的面貌。其缘由必须从《诗经》的字词

* 本文为国家社科基金重大招标项目（项目编号：12&ZD153）、教育部人文社会科学重点研究基地重大项目"近代新名词与传统重构"（项目编号：13JJD770021）、国家社科基金重大项目"中华思想文化术语的整理、传播与数据库建设"（项目编号：15ZDB003）、教育部人文社会科学重点研究基地重大项目（项目编号：15JJDZONGHE017）阶段性成果，得到国家"万人计划"青年拔尖人才计划、武汉大学人文社会科学青年学术团队发展计划支持。

① 郭沫若《卷耳集》（上海泰东图书局1923年版）是中国第一部《诗经》白话翻译的集子（选译了四十首）。

② 朱孟庭：《近代诗经白话译注的兴起与开展》，台湾文津出版社有限公司2012年版。

训诂说起。一般学者比较注意的是《诗经》诗句的字义、词义,但是,也有个别学者对汉字字形特别关注。例如,有学者注意到"窈窕"从"穴",认为"窈窕"是指幽深、幽居。①

以下,笔者将列举几个实例说明具体情况。我们不妨以"孌"字为讨论的起点。

(一)个案研究:"孌"字一分为三

《毛诗》第42首《邶风·静女》的第二章:"静女其孌,贻我彤管;彤管有炜,说怿女美。"这几个诗行,Ezra Pound(1885—1972)翻译为:

> Lady of silken word, in clarity
> Gavest a reed whereon red flower flamed less
> Than thy delightfulness. ②

上引第一行中的 silken word 源自"孌"字("孌"上半部分被分拆为"絲"和"言")。一般人看到 Pound 如此解析汉字,难免怀疑他的汉语水平不高。然而,对于这现象,我们应该先做更严密的考察和研究,才能下定论。

将"孌"字分拆成"絲""言""女"三个"单元",再将三个单元逐一翻译成英语,这是 Pound 的创举。如此"析诗""读诗",确实是出人意表。

"静女其孌",《毛传》说:"既有静德,又有美色。"③这解说显得较乏味,"静德"之说配合常见的道德说教。相比之下,读者会发现 Pound 那 Lady of silken word 给人的第一印象是"具象""新异""陌生化":silken 给人一种具体的感觉,例如,柔滑之感。

上述例子,似乎反映出 Pound 故意用拆字法来经营他重视的意象。为什么说是"故意"呢?读者可能不同意笔者这判断,认定 Pound 的汉语水平不够高才会"以错读作新解"。对此,笔者愿意略加解释。

(二)不是误读,而是有意经营"通感"

判定 Pound 是故意拆字而不是无知,有没有佐证?笔者检视 Pound 那本 *The Confucian Odes*,发现了一些旁证,例如(见表1):

表1

《毛诗》第39首《邶风·泉水》:"孌彼诸姬。"	他将"孌"译为 pretty。参其书第18页。
《毛诗》第106首《齐风·猗嗟》:"猗嗟孌兮。"	Pound 译此"孌"为 of winning grace。见其书第50页
《毛诗》第218首《小雅·车舝》:"间关车之舝兮,思孌季女逝兮。"	Pound 译此"思孌季女逝"为 the youngest, the charmer, and go …见其书第133页

---

① 参看洪涛《从窈窕到苗条:汉学巨擘与诗经楚辞的变译》(凤凰出版社 2013 年版)的"语义运动与翻译家的因时制宜"一节。

② Ezra Pound:*The Confucian Odes:The Classic Anthology defined by Confucius*. New York:J. Laughlin,1959, p.20.

③ 孔颖达疏,龚抗云等整理:《十三经注疏整理本·毛诗正义》,北京大学出版社 2000 年版,第205 页。

这几句译文显示，Pound 知道"孌"字用来形容美色，请注意：pretty, grace, charm 都是他的译文。有了这些证据，笔者才敢推测《邶风·静女》"孌"字被拆解，是 Pound 有意为之，不是因为他无知、误读。我们再看其他译例。

《毛诗》第 112 首《魏风·伐檀》，"彼君子兮，不素餐兮"，Pound 译为 They dine in milk-white silk /Idle food to the nobleman.

译文 milk-white silk，分明就是来自"素"字。请注意："素"字的下半部分是个"糸"字。《说文》解释："糸，细丝也。"①译者似乎刻意用上 silk（p. 53），他看来是要强调诗中人穿上白色、华贵的丝织衣物。

"素餐"，按中国人的理解，与颜色和衣服物料无关。那个"素"字，《毛传》解释："素，空也。"②素餐，就是无功而食。

上引 Pound 译文，既表现了颜色（milk-white），又表现糸（silk）。这两项，都是古今中国人解读"素餐"时没有联想到的。

再看一例。《毛诗》第 143 首《陈风·月出》："舒窈纠兮，劳心悄兮"，Pound 译为：...she / who hath tied silk cords about / a heart in agony.（p. 69）译文中的 silk cord 是指丝线。他这译法，应该是缘于"纠"字的"糸"旁。

有的诗句，一般人多半不会联想到"糸"，但是，Pound 同样在译文中用了"丝线"的意象，例如：《毛诗》第 286 首《周颂·闵予小子》"繼序思不忘"中的"繼"字，他译成了 the threads.（p. 206）整句是：[...] the threads that he as our first preface wrought / shall not pass out of our thought. 笔者注意到，"繼"字从"糸"。Pound 译文中那个 thread，可以解作"细丝"之类。

上面所引例子（原文是：孌、纠、繼、素）反映出 Pound 对汉字中的"糸"，特别关注。

有时候，我们发现 Pound 虽然沿用前人的解说，但是，他仍然坚持在译文中呈现"糸"的形象，例如，《毛诗》第 230 首《小雅·緜蠻》"緜蠻黄鸟，止于丘阿"，《毛传》："緜蠻，小鸟貌。"朱熹《诗集传》："緜蠻，鸟声。"③ Pound 译为：The silky warble runs in the yellow throat, / birds in hillside abide [...]（p. 143）看来，Pound 同意"緜蠻，鸟声"，他的译文中 warble 就是指"鸟啭"，有趣的是，他在 warble 前面用了 silky（丝一般的、柔滑的）。《大学》中引"緜蠻黄鸟，止于丘阿"，Pound 译作：The twittering yellow bird, / The bright silky warbler / Talkative as a cricket / Comes to rest in the hollow corner / of the hill. ④

上引第二句中有 silky，大概是来自"緜蠻"的字形部分。Pound 已经用 twittering 反映鸟声，但是，他似乎不想放过"緜蠻"中的"糸"，所以，我们还是再次在他的译本中看到

---

① 段玉裁：《说文解字注》，上海古籍出版社 1981 年版，第 643 页。

② 孔颖达疏，龚抗云等整理：《十三经注疏整理本·毛诗正义》，北京大学出版社 2000 年版，第 433 页。

③ 朱熹：《诗集传》，香港中华书局 1961 年版，第 172 页。

④ Ezra Pound：*Confucius*：*The Unwobbling Pivot*，*The Great Digest*，*The Analects*. New York：New Directions，1969, p. 39.

silky。

他这样做，是纯粹的自得其乐？还是有其他目的？

(三) 小结：陌生化与通感

在某些中国读者的眼中，Pound 的"拆字翻译法"是一种诠释的暴力，不足为训；然而，不懂原文的读者看到 Pound 的译文，会有一种"陌生化"（defamiliarizing）之感。笔者自己初读 The Confucian Odes 就有这种感受。Pound 本人有何目的，倒是次要的。

俄国形式主义（Russian Formalism）认为，"陌生"取代"熟悉"可以促进文学的演进。Pound 也有这个念头。①

另外，笔者怀疑，Pound"特别聚焦"于"糸"（字形），也许他特别喜爱 silk 这意象。②他的译文有特别的效果：The silky warble runs in the yellow throat 和 Lady of silken word 都令笔者联想起"通感"（synesthesia）：那声音和语音兼有"丝"的柔滑感。

我们知道，《诗经》学上有所谓"断章取义"：根据自己的需要，从《诗经》中择取诗句来使用，表达"个人化意义"。③ Pound 用分拆之法提取汉字中的意象，他的"取义"范围缩小到单字层面。

三、词语的古义和今义

诗人余光中（1928—）曾经这样说："今日我们读莎士比亚的台词，已是古色斑烂，而读更早的乔叟作品，就更难懂了。但我们读中国的《诗经》：'蒹葭苍苍，白露为霜。所谓伊人，在水一方。'虽是两千多年前的歌词，却透明无碍。"④他摘引的诗句，来自《毛诗》第 129 首《秦风·蒹葭》。

(一) 郭沫若眼中的"伊人"

到底《蒹葭》这首诗是不是真的"透明无碍"？这个问题，笔者要研究一下。《蒹葭》的首段是：

> 蒹葭苍苍，白露为霜。所谓伊人，在水一方。
> 溯洄从之，道阻且长。溯游从之，宛在水中央。

"伊人"到底是个什么人？是男是女？如果没有确切的答案，我们似乎不能说是"透明无碍"的。不过，现代读者往往认定"伊人"指女人，例如，郭沫若（1892—1978）在 20 世纪

---

① 参看赵毅衡：《西出阳关》，中国电影出版社 1998 年版，第 114 页。

② 笔者据 Pound 译本的用语推断。

③ 犹家仲：《诗经的解释学研究》，广西师范大学出版社 2005 年版，第 116 页。"断章取义"在春秋时期大概是中性的，后来才被用作贬义词。

④ 《牛津高阶英汉双解词典》第七版，余光中序文。另可参看网络文章《余光中：何止ABCD？——从〈牛津高阶英汉双解词典〉说起》，见于 http://global.dwnews.com。

20 年代把这首诗翻译为：

> 我昨晚一夜没有睡觉，
> 清早往河边上去散步。
> 水边的芦草依然青青地，
> 已经凝成霜了，草上的白露。
>
> 我的爱人呀，啊！
> 你明明是住在河那边！
>
> 我想从上渡头去赶她，
> 路难走，又太远了。
> 我想从下渡头去赶她，
> 她又好像站在河当中了——
>
> 啊！我的爱人呀！
> 你毕竟只是个幻影吗？①

可见，郭沫若认为"伊人"是"爱人"，是女性。

除了郭沫若，还有一些近代学者认为《蒹葭》中"伊人"是女子，例如：张西堂（1901—1960）在《诗经六论》中说："在水中央的是一位颜色洁白、志气高超的女子，她不是随便可以令人追求的。"②此外，袁梅、宋书功、段楚英等人也认为《蒹葭》中的伊人是个女子。③ 这类例子甚多，不必细述。④

(二) 海外翻译名家认为"伊人"是男性

海外学者的看法，与上述几位中国学者大不相同。检视海外的英译本，笔者发现：四大翻译名家 James Legge（理雅各），Arthur Waley（韦利），Bernhard Karlgren（高本汉）和 Ezra Pound（庞德）都把《蒹葭》的"伊人"视为男性。以下选录相关片段（"所谓伊人……"）：

The man of whom I think,

Is somewhere about the water.

---

① 本篇收入 1923 年 8 月出版的《卷耳集》。另参郭沫若：《郭沫若全集·文学编》第五卷，人民文学出版社 1982 年版，第 189 页。

② 张西堂：《诗经六论》，商务印书馆 1957 年版，第 64 页。

③ 袁梅：《诗经译注》，齐鲁书社 1985 年版，第 336 页。宋书功：《诗经情诗正解》，海南出版社 2007 年版，第 104 页。段楚英：《诗经中的情歌》，武汉出版社 1994 年版，第 15 页。

④ 不过，余冠英《诗经选》、高亨《诗经今注》都说明：难以辨清《蒹葭》的发声（叙述）主体是男是女。

I go up the stream in quest of <u>him</u>,

But the way is difficult and long. （James Legge 译）①

He whom I love

Must be somewhere along this stream.

I went up the river to look for him,

But the way was difficult and long. （Waley 译）②

What manner of man is this? lost?

Gin I rin up,

Gin I go down, ［…］ （Ezra Pound 译）③

另一位著名学者 Bernhard Karlgren（高本汉）也翻译过《蒹葭》，他的译文没有分行排列：The reeds and rushes are very green, the white dew becomes hoar-frost; he whom I call that man is somewhere near the stream; I go up the stream after him, the road is difficult and long; ［…］④这译文描写"我"（女子）正追寻 that man / him。

另一位翻译者 William Dolby 写了一段说明：A woman despairs of being able to find her deliberately unnamed lover, who is somewhere out in the countryside. He may be lost in his angling. Or is he playing hard-to-get? The song expresses her love for him. ⑤ 译者认为"伊人"是男人，作品的叙述声音来自一个女人（就是译文中的 A woman）。⑥

域外学者这种判断（把"伊人"视为男性），是不是值得商榷？当代的中国读者大概会有以上这疑问，因为目前在汉文化语境中"伊人"通常指女性。

《现代汉语词典》说明，"伊人"是书面语，"多指女性"⑦。台湾《国语辞典》中"秋水伊人"条的释义是："伊人，那个人，<u>多指女性</u>。秋水伊人语本《诗经·秦风·蒹葭》：'蒹葭苍苍，白露为霜。所谓伊人，在水一方。'指面对景物思念人。"⑧"多指女性"这句话，

---

① James Legge：*The Chinese Classics：The She King*. Hong Kong：Hong Kong University Press，1960，p. 195.

② Arthur Waley：*The Book of Songs*. London：Allen and Unwin，1937，p. 42.

③ Ezra Pound：*The Confucian Odes：the Classic Anthology defined by Confucius*. New York：J. Laughlin，1959，p. 61.

④ Karlgren 在译本中解释：A girl is out in the open, hoping for a love-meeting with her beau, whom she dare not even mention by name; but he eludes her. 参看 Karlgren：*The Book of Odes*. Stockholm：Museum of Far Eastern Antiquities，1950，p. 83.

⑤ William Dolby：*Songs Classic：China's Earliest Poetry Anthology*. Edinburgh：Carreg Publishers，2005，p. 130.

⑥ 读者还可以参看 Geoffrey Sampson：*Love Songs of Early China*. Donington：Shaun Tyas，2006，p. 127.

⑦ 《现代汉语词典》："伊人：那个人（多指女性）。"参看中国社会科学院语言研究所词典编辑室编：《现代汉语词典》，商务印书馆 1983 年版，第 1359 页。

⑧ 《国语辞典》（网络版）（http：//dict. revised. moe. edu. tw/）。

有什么依据呢？笔者愿意作一考证。

(三) 传统《诗经》注释家的说法

我们不妨追查古人怎么理解"伊人"。

东汉郑玄(127—200)《毛诗笺》说："伊，当作繄。繄，犹是也。"宋代朱熹(1130—1200)《诗集传》："伊人，犹言彼人也。"①

清代学者陈奂(1786—1863)《诗毛氏传疏》认为："伊、维一声之转。伊其即维其，伊何即维何，伊人即维人。……维，是也。伊人犹言是人也。"②

综上所述，由汉代一直到陈奂的年代(清同治年间)，"伊人"的意思是"这个人？"或者"那个人？"。也就是说，"伊人"可以指男性也可以指女性。

以上是《诗经》注释家的说法。汉朝以后，诗文中的"伊人"是什么意思？这个问题，笔者也来探究一下。

(四) 旧诗文中的"伊人"

西晋陆机(261—303)《汉高祖功臣颂》："抑抑陆生，知言之贯，往制劲越，来访皇汉。附会平勃，夷凶翦乱。所谓伊人，邦家之彦。"③这里，"伊人"是指陆贾(前240—前170)。

晋朝陶渊明(约365—427)《桃花源》提到"伊人亦云逝"。④ 这里"伊人"指的是居住在桃花源中的平民百姓。

盛唐王维(692—761)《送陆员外》："郎署有伊人，居然古人风。"意思是：郎官官署有这样的人，居然保持着古人的遗风。⑤ 这里，"伊人"应该是指陆员外。

晚唐李商隐(813—约858)《复至裴明府所居》："伊人卜筑自幽深，桂巷杉篱不可寻。柱上雕虫对书字，槽中瘦马仰听琴。"⑥"明府"在这里指县令。古时对太守、牧守尊称为明府君，"明府"是"明府君"的略称。汉代就开始有这称谓，例如《汉书·龚遂传》中有"明府且止，愿有所白"。《后汉书·张湛传》有"明府位尊德重，不宜自轻"。⑦ 称县令为"明府"，唐诗中例子很多，不必俱引。李商隐称裴明府为"伊人"，可见他笔下的"伊人"

---

① 朱熹：《诗集传》，中华书局1958年版，第76页。

② 陈奂：《诗毛氏传疏》，台湾学生书局1967年版，第309页。

③ 《昭明文选》卷四十七，李善等：《六臣注文选》，台湾广文书局1964年版，第894页。

④ 陶渊明撰，王瑶编注：《陶渊明集》，作家出版社1956年版，第93页。

⑤ 王维《送陆员外》："郎署有伊人，居然古人风。天子顾河北，诏书隶征东。拜手辞上官，缓步出南宫。九河平原外，七国蓟门中。阴风悲枯桑，古塞多飞蓬。万里不见房，萧条胡地空。无为费中国，更欲邀奇功。迟迟前相送，握手嗟异同。行当封侯归，肯访商山翁。"(王维撰，喻岳衡点校：《王右丞集》，岳麓书社1990年版，第21页)

⑥ 《全唐诗》卷540第137首。《复至裴明府所居》全诗：伊人卜筑自幽深，桂巷杉篱不可寻。柱上雕虫对书字，槽中瘦马仰听琴。求之流辈岂易得，行矣关山方独吟。赊取松醪一斗酒，与君相伴洒烦襟。李商隐另有《裴明府居止》："爱君茅屋下，向晚水溶溶。试墨书新竹，张琴和古松。坐来闻好鸟，归去度疏钟。明日还相见，桥南赊酒醲。"

⑦ 电子版《中国基本古籍库》，北京爱如生文化交流有限公司，2009年。

也是男人。

总之，上述诗句中的"伊人"指男性。

(五)"伊人"的语义变窄

到了近世，"伊人"多指女性。自晚清开始，这个词的语义出现窄化。① 在感情色彩方面，"伊人"常表褒义。②

许地山(1894—1941)笔下出现过"伊人"。他的《无法投递之邮件》这样写："你问我和她的情谊破了不，我要诚实地回答你说：诚然，我们的情谊已经碎为流尘，再也不能复原了；但在清夜中，旧谊的鬼灵曾一度蹑到我记忆的仓库里，悄悄把我伐情的斧——怨恨——拿走。我揭开被褥起来，待要追它，它已乘着我眼中的毛轮飞去了。这不易寻觅的鬼灵只留它的踪迹在我书架上。原来那是**伊人**底文件！我伸伸腰，揉着眼，取下来念了又念，**伊人**的冷面又复显现了。"③这段文字中，"伊人"指"她"，应该是"我"的"心上人"。

和"伊人"相关的是"伊"字。民国初期，"伊"和"她"并存，在"她"字还没有成为常用称谓之前，"伊"被英语语法著作《文法初阶》划归为"女性"，与"他"字相对。④ 后来，"她"字用者渐多，连胡适、鲁迅等文化名人也使用，到了20世纪30年代中后期，"她"字在社会上广为流行。⑤

到了今天，"她"是常见代词，但是，"伊人"没有完全绝迹。现在，人们提到"伊人"，多指女性，这里可以举些例子：凤凰卫视著名主持人鲁豫撰有《鲁豫有约(伊人篇)》(中国友谊出版社2007年版)，这书的"伊人"，是十二位卓有成就的女人。

再如，2010年黄山书社出版了一本《伊人如月水一方：诗经中的女子情怀》。很明显，这本书将"伊人"等同"女子"。⑥ 香港出版的《伊人当自强：增强妇女能力优良措施汇编》(香港：妇女事务委员会，2003年)是另一例子。

总之，到了20世纪后半叶，"伊人"常用来指女性。⑦ 在这种情况下，外国译者却认为"伊人"是"the man / him"，这恐怕会令当今的中国读者感到意外，甚至认为外国学者

---

① 词义的窄化，也在其他语文中出现，例如，英语词 wife 本来指 a woman（女人），目前专指"妻子"。

② "伊人"常指女性，可能和"伊"的近代用法有关。黄兴涛指出："晚清和五四前后，都有人不约而同地愿以'伊'字来专门代表女性第三人称单数。""晚清时已有人进行过以'伊'专译 she 的实践。"请参看《新史学》2007年4月创刊号上黄兴涛的文章。

③ 许地山撰，陈平原编：《许地山散文全编》，浙江文艺出版社1992年版，第104～105页。

④ 黄兴涛：《"她"字的文化史：女性新代词的发明与认同研究》，福建教育出版社2009年版，第12页。

⑤ 黄兴涛：《"她"字的文化史：女性新代词的发明与认同研究》，福建教育出版社2009年版，第103页。据说，1920年，刘半农创造"她"字并建议"她"取代"伊"字。黄兴涛又指出："大约从1922年起，胡适就已经开始使用'她'字，此后两三年间，虽有时候仍然使用'伊'字，但'她'字的使用显然逐渐增多，1924年底以后，'她'字在他那里已基本战胜'伊'字。这与鲁迅等人的改变大体同时。"(语见该书第126页)

⑥ 王玉洁：《伊人如月水一方：诗经中的女子情怀》，黄山书社2010年版。

⑦ "伊人"在近代常表褒义，多指形象正面的女子。这是笔者的印象。实际情况如何，有待研究。

犯了错误。①

　　顺带一提：Arthur Waley 把《蒹葭》英译文编入他书中的 Separation ／ Hopeless Passion（分离/绝望）类别之中。② 他的英译《蒹葭》表呈的是：男方（He whom I love）要分手，选择离去，而叙述者（似为女性）放不下他，四处追寻他。Waley 这样解读《蒹葭》，可谓独树一格。

四、结　　语

　　从以上的分析我们可以略窥域外学者在《诗经》解读方面的独特之处。中国读者可能认为那是误读的结果，不能接受，但是，笔者相信，读者下评断之前，先尝试了解事情的来龙去脉会比较妥当，否则就可能对译者不公平。③ 笔者推断，"silk 意象"可能是 Pound 个人的喜好，他译本中的"silk 意象系列"产生了特殊的艺术效果（例如，陌生化、通感）。不过，他的拆字翻译法受到一些评论家的抨击。④

　　外国学者多把"伊人"理解为"男人"，这一判读结果，与当代中国人的普遍见解不一致。⑤ 笔者认为，"伊人"常指"女人"，这是近代语义窄化（约定俗成）后的结果。⑥ 域外翻译家大概没有受到现当代中国语境的影响，所以，他们选择"伊人 = the man"。从历史语义学的角度看，这是不足为奇的。

　　总之，除了译者个人的"特别聚焦"外，时代差距（古与今）和空间差距（中外背景不同）这两项，也是影响中国经典英译的重要因素。本文已经从字、词两方面，对相关现象作一说明。《诗经》句法衍生的问题，笔者留待下一篇文章再来讨论。⑦

（作者单位：香港中文大学文学院）

---

　　① 不少中国的翻译家认为"伊人"是女性。限于篇幅，这里不征引他们的译文。

　　② Waley 的英译本将《诗经》的诗篇重新分类，没有区分成风、雅、颂三部分。

　　③ 洪涛：《女体和国族：从红楼梦翻译看跨文化移殖和学术知识障》（国家图书馆出版社 2010 年版）有"保卫译者"一篇。有些评论者只看到译文文字的表面现象，就对译者贬语叠加。

　　④ 参看洪涛：《从窈窕到苗条：汉学巨擘与诗经楚辞的变译》，凤凰出版社 2013 年版。

　　⑤ 有些当代中国学者没有受当代语义的影响，他们没有明确判定《蒹葭》所写"伊人"是男是女。见聂石樵主编，雒三桂、李山注释：《诗经新注》，齐鲁书社 2000 年版，第 242 页。

　　⑥ "伊人"与"伊"有何分别？这个问题，尚待进一步研究。"伊"字也见于《诗经》，例如，《豳风·东山》："町疃鹿场，熠耀宵行。不可畏也，伊可怀也。"

　　⑦ "伊人"在中国古代，可以指男人。因此，域外翻译家的选择译为 the man，不能算是错误。

文本与阅读史

读者接受与明代坊刻曲本的刊行[*]

□ 石 超

到明代中后期时，社会经济在前中期的基础上获得了进一步的发展，商品经济日渐繁荣，特别是东南沿海及江南地区，不少行业的生产规模开始扩大，生产组织也随之发生变化，原本以家族为单元的小农式生产方式慢慢被手工工场所代替，自然经济逐渐解体。这一变革使手工生产逐步迈入专业化的轨道，专业化的分工导致市场开始细分，原本自给自足的小农市场转化为各行各业专业化的市场。明代戏曲的读者市场就是在这一大背景下形成的，刻书业的兴盛催生了大批量的读者，与传统的读者相比，他们已被纳入市场化的轨道中，一方面受到了来自社会阅读风尚的影响，另一方面又在培植新的审美趣味，进而影响曲本的创作与刊行。换言之，此时的读者已作为文学活动中的重要一环，在明代戏曲活动中扮演着重要的角色，他们的接受心理或直接或间接地影响着坊刻曲本的形制和内容。

一、明代戏曲的读者阶层及其审美趣味

《利玛窦中国札记》中记载："我相信这个民族是太爱好戏曲表演了，至少他们在这方面肯定超过我们。这个国家有极大数目的年轻人从事这种活动。有些人组成旅行戏班，他们的旅程遍及全国各地，另有一些戏班则经常住在大城市，忙于公众或私家的演出。"[1]可见，戏曲在明代拥有广泛的受众，除了戏班中的演员和他们的观众，还有帝王、藩王、士大夫等也都是戏曲的受众，基本涵盖了社会的各个阶层。这些受众因阶层的不同，而体现出不同的审美趣味，进而对曲本的刊行活动产生不同的影响。

(一) 帝王及藩王

众所周知，明太祖朱元璋酷爱《琵琶记》，并认为这是"如山珍海错，富贵家不可无"的典范之作。不仅如此，朱元璋还把自己的这种爱好推及自己的子孙身上，"洪武初年，

* 本文为第 60 批博士后基金资助项目"明代戏曲刊刻的区域分布及地域性研究"（项目编号：2016M601559）阶段性成果。

[1] ［意］利玛窦、［比］金尼阁著，何高济、王遵仲、李申译：《利玛窦中国札记》，中华书局 2010 年版，第 24 页。

亲王之国，必以词曲一千七百本赐之"，① 鼓励藩王蓄乐。明成祖朱棣登基以后，下令修撰《永乐大典》，收戏文 33 种，杂剧 100 种，亦可见出帝王对于戏曲的重视。李开先《张小山小令后序》中载："人言宪庙好听杂剧及散词，搜罗海内词本殆尽。又武宗亦好之，有进者即蒙厚赏，如杨循吉、徐霖、陈符所进不止数千本。"②说明宪宗、武宗也是酷爱戏曲的，这一点可以在王鏊《震泽纪闻》和《明史·刘翔传》中得到印证。

明武宗朱厚照对于戏曲的狂热程度超过了之前的任何一位帝王，沈德符《万历野获编》记载："武宗南巡，自造《靖边乐》，有笙，有笛，有鼓，有歇、落、吹、打诸杂乐，传之南教坊，今吴儿遂引而伸之。"③史料表明，武宗是具有一定音乐才能的，正是出于这一爱好，武宗大大扩充了宫廷乐工。《明史·乐志》记载："正德三年，武宗谕内钟鼓司康能等曰：'庆成大宴，华夷臣工所观瞻，宜举大乐。迩者音乐废缺，无以重朝廷。'礼部乃请选三院乐工年壮者，严督肄之，仍移各省司取艺精者赴京供应。顾所隶益猥杂，筋斗百戏之类日盛于禁廷。既而河间等府奉诏送乐户，居之新宅。乐工既得幸，时时言居外者不宜独逸，乃复移各省司所送技精者于教坊。于是乘传续食者又数百人，俳优之势大张。"④明神宗朱翊钧先后设立了"四斋"和"玉熙宫"，这两个宫廷内新设的演剧部门，并不从事礼乐活动，专供娱乐。

除了帝王酷爱戏曲之外，各地的藩王也有不少人喜爱。《万历野获编》记载："无论两京教坊为祖宗所设，即藩邸分封，必设一乐院，亦供宥食享庙之用。"⑤可见，各个藩府都有承应的乐院，说明戏曲在藩王中也很流行。在众多的藩王中，以宁献王朱权和周宪王朱有燉最具代表性，两人不仅喜欢戏曲，还精通音律和创作。朱权撰有《太和正音谱》《务头集韵》《琼林雅韵》等戏曲理论著作，朱有燉撰有杂剧 31 种，为明代撰写杂剧数量第一人。

由此可见，帝王及藩王都是明代戏曲活动的重要受众，作为官方意识形态的重要表征，他们的喜爱为戏曲消费的风靡起到了积极的促进作用。从接受的审美趣味而言，他们看重的是戏曲的教化功能，即《太和正音谱序》所言的"礼乐之盛，声教之美"，视戏曲为教化民众的重要工具，所以大力鼓吹义夫节妇、孝子顺孙、神仙教化、劝人为善的曲本。另一方面而言，当脱下教化意识形态这层外衣时，他们的审美趣味又体现出猎奇求新的特征。

（二）文人士大夫

明代文人士大夫的戏曲接受活动，经历了一个从低谷到高潮的过程，明代前中期时，"祖宗开国，尊崇儒术，士大夫耻留心辞曲，杂剧与旧戏文本，皆不传，世人不得尽见"⑥。士大夫之所以不热心于戏曲，一是戏曲地位不高，士大夫阶层不屑于委身其中；

---

① （明）李开先：《张小山小令后序》，《李开先集》，中华书局 1959 年版，第 370 页。
② （明）李开先：《张小山小令后序》，蔡毅编著：《中国古典戏曲序跋汇编》，齐鲁书社 1989 年版，第 2765 页。
③ （明）沈德符撰：《万历野获编》，中华书局 1959 年版，第 650 页。
④ （清）张廷玉等撰：《明史》卷六一《乐志一》，中华书局 1974 年版，第 1509 页。
⑤ （明）沈德符撰：《万历野获编》，中华书局 1959 年版，第 17 页。
⑥ （明）何良俊撰：《四友斋丛说》，《明代笔记小说大观》本，上海古籍出版社 2005 年版，第 1168 页。

二是"杂剧与旧戏文本皆不传",仅有"《西厢》、《琵琶》传刻偶多",无法引起他们的兴趣;三是官方对戏曲进行了重重规制,打压其发展,士大夫自是自觉与其划清界限;四是被官方推崇的神仙教化剧,无法真正打动人心,所以这一时期的戏曲消费活动只是在文人士大夫的小圈子里流行,还无法波及全国。正德以后,官方的控制渐趋松弛,加之皇帝的嗜好和戏曲本身的发展变革等诸种机缘的契合,戏曲越来越受到文人士大夫的追捧,他们不仅亲自编选、创制曲本,厘定音律,甚至还敷粉登场,参与戏曲活动的热情日渐高涨,欣赏品位和水平也越来越高,可谓"年来俚儒之稍通音律者、伶人之稍习文墨者动辄编一传奇,自谓得沈吏部九宫正音之秘"①。虽然沈德符站在捍卫曲律的角度,对这些俚儒的行为持批评态度,但这也恰恰说明了他们对于戏曲的狂热程度。

与帝王及藩王代表的官方性不同,文人士大夫参与戏曲活动时更多是出于个人的兴趣和爱好,所以他们的审美趣味体现出强烈的个人化色彩。(当然,并不说帝王及藩王就没有个人化色彩,这里的个人化彩色只是相对而言。)如李开先、何良俊、徐渭等人关于"本色"问题的讨论,还有关于《西厢记》和《拜月亭》孰优孰劣的评价,以及临川派与吴江派的争论等,都体现出文人化的色彩。在这个过程中,他们或自著曲本以同分共享,或编选曲本以声明己见,或厘定曲律以绳律后世,或编订曲谱以指导演唱,或改定曲本以提供范本,不管是以何种方式呈现,都是文人士大夫审美趣味的重要体现。当然,这并不是说文人士大夫就没有本阶层共通性的审美趣味,作为知识分子这个身份而言,他们更多追求的是一种高雅之趣与清赏之乐。

(三)市井平民

回溯南戏的发展历程,我们不难发现,它是与农村的祭祀活动息息相关的,或者说农村祭祀环境是培育南戏的坚实土壤。"明清农村社会的基层部分,是由宗族、乡村、市场这三层单位组成的",② 由此衍生出乡村戏剧、宗族戏剧和市场戏剧,"乡村戏剧是在中国农村的基层单位'社'上成立的祭祀戏剧","宗族戏剧是宗族富裕家庭'冠婚葬祭'生活习俗上成立的祭祀戏剧","市场戏剧是几个乡村或几个宗族联合起来的祭祀戏剧",③ 这些戏曲表演是市井平民接受戏曲活动最主要的途径。根据田仲一成统计的徽州演剧数据来看,这种演剧活动还是十分频繁的。

作为市井平民而言,他们既不需顾忌帝王及藩王的官方性,亦不需考虑文人士大夫的身份,所以他们的戏曲鉴赏活动更多地体现出一种世俗性,即比较靠近人的本性欲望。如叶宪祖《三义记》第一折中,女扮男装的刘方与婢女在河西舞台看《西厢记》时,有这样一段对话:

---

① (明)沈德符:《顾曲杂言》,《中国古典戏曲论著集成》(四),中国戏剧出版社1959年版,第206页。

② [日]田仲一成著,吴真校:《古典南戏研究——乡村、宗族、市场之中的剧本变异》,中国社会科学出版社2012年版,第1页。

③ [日]田仲一成著,吴真校:《古典南戏研究——乡村、宗族、市场之中的剧本变异》,中国社会科学出版社2012年版,第29~30页。

　　【贴】我去年随着妈妈，到集上看戏，恰好唱一本西厢，二月十五日，张君瑞和那红娘闹道场，勾上了手，后来到书房里，张君瑞叫她做亲娘，又跪着她，好不有趣，这个书上有么？

　　【旦】这等淫秽的事，怎的出在书上？

这里的河西舞台即是指上演戏剧的市场，演出的《西厢记》近乎是一场淫戏，表演者为了迎合观众的口味，不惜篡改剧本，无中生有，呈现出媚俗的姿态。由此，我们不难见出市井平民参与戏曲活动时的审美趣味。

二、读者的审美趣味与坊刻曲本的形制

　　由上文可知，明代戏曲活动的受众可细分为帝王及藩王、文人士大夫和市井平民这三个阶层，且呈现出不同阶层之间的差异性。当然，这三个阶层之间的审美趣味并不是全然割裂的，他们也会在人之本性欲求的方面，体现出共通性的特征。为了迎合不同阶层的审美趣味，通过畅销的手段追求图书利润的最大化，书商们是无所不用其极，特别是在刊刻曲本的形制方面，插图、音释、点板、评点、套印、合刻等手段在坊刻曲本得到了广泛的运用。从某种程度上而言，这一时期刊行的曲本在中国古代图书形制上达到了最高峰。

(一) 图文并茂

　　"左图右书"的形式古已有之，到明代时，坊刻曲本中，绝大多数都配有插图，可谓"无书不插图，无图不精工"，插图已经演变成满足受众审美趣味的重要手段和工具，如若"戏曲无图，便滞不行"。《西厢记·凡例》中云："是刻实供博雅之助，当做文章观，不当做戏曲相也，自可不必图画，但世人重脂粉，恐反有嫌无像之为缺事者，故以每本题目正名四句，句绘一幅，亦猎较之意云尔。"①《蝴蝶梦·凡例》云："曲之有象，售者之巧也。"②著坛刻本《〈玉茗堂还魂记〉凡例》中云："曲争尚像，聊以写场上之色笑，亦坊中射利巧术也。"③不难发现，书商们都深谙插图之道，所以插图作为受众们喜闻乐见的形式在坊刻曲本中得到了广泛运用。对此，叶盛曾有评价："今书坊相传，射利之徒，伪为小说杂书，南人喜谈如汉小王光武、蔡伯喈邕、杨六使文广，北人喜谈如继母大贤等事甚多，农工商贩，抄写绘画，家蓄而人有之，痴呆女妇，尤所酷好。"④可见，插图在市井平民中拥有广泛的受众。

　　除了满足市井平民的酷爱之欲外，插图还可以为文人的清赏和演出服务。《玄雪谱凡例》云："绣像近孩，未免大方之笑。然西方之雕土绘木，何亦不甚老成？想观感之妙，正妙于此，故益求其精以供珍赏。"⑤从某种程度上而言，精美的插图此时已成为文人把玩

---

① （明）凌濛初：《西厢记·凡例》，暖红室绘刻西厢记四。
② 《蝴蝶梦》卷首《蝴蝶梦凡例》，古本戏曲丛刊三集。
③ 《玉茗堂还魂记凡例》，著坛刊本，暖红室汇刻传剧本。
④ （明）叶盛：《水东日记》，中华书局 1980 年版，第 213~214 页。
⑤ （明）媚花香史：《玄雪谱·凡例》，王秋桂主编：《善本戏曲丛刊》，台湾学生书局 1987 年版。

的对象，将字里行间无法传达的神韵通过另一种媒介形式传达出来，满足了文人士大夫品读文字之外的赏图之趣。如果清赏旨在阅读，那么"照扮冠服"就是为演出服务了。虎耷山人《〈蓝桥玉杵记〉凡例》中云："本传多圣真登场，演者需盛服端容，毋致轻亵"，"本传逐出绘像，以便照扮冠服"。① 继志斋刊本《吕真人黄粱梦境记》第九出"蝶梦"的插图便是最好的例证，书商们的考虑不可谓不周全，其根本动因还是源于读者的审美旨趣。

（二）音释点板

音释和点板主要是为读者的表演服务的，音释指注音和附释，点板指节拍。在继志斋刊本《重校韩夫人题红记》目录前，有一篇《重校题红记例目》，有一则云："音释时见一二，非为学士文人设也。"②这里"时见一二"的音释并不是专为学士文人设的，因为对于他们而言，根本不需要音释即可读懂曲本，附注音释反而显得累赘。以《题红记》第二出【春朝试笔】为例，此本眉栏镌有音释，分别是："汎音九""偶音剔""易思，并去声""占去声""应平声""占去声""刺音戚"，这些字并非生僻字，之所以注出读音，并附上声调，明显是为演唱服务的，让读者能唱准音，跟对调。

如果音释是帮助读者唱对音调，那么点板就是帮助读者点对板，唱准节拍。《蓝桥玉杵记·凡例》中云："词曲不加点板者，缘浙板、昆板疾徐不同，难以胶于一定，故但旁分句读，以便观览"，说明曲本加点板已成为当时通行的法则。王季烈在《螾庐曲谈》"论七音笛色及板眼"中云："曲音之高低，以笛音之高低度之；曲音之长短，以拍板之时间节之。度曲者观曲谱上之工、尺等字，可知某字宜唱几腔，某腔宜高，某腔宜低，更观工、尺等字旁之板眼记号，可知某腔宜速过，某腔宜延长。凡某曲歌几板，及于第几句、第几字着板，在南曲规律甚严，不可移易。"③《怡春锦》中《西厢记》"践约"【祝英台】即作如此考虑。

> 【祝英台】[红]玉精神，花模样，看他无倒断思量，一片志诚，今日方知，两下里赴约高唐，只为他窃玉偷香，勾引得春心飘荡，料襄王先在阳台之上。

这些音释和点板为读者服务的动机可谓不言自明，只要是读者需要，书坊主们总是能在第一时间敏锐地察觉到，并以恰如其分的方式为其服务，以争取更多的读者和利润。

（三）名家评点

现存最早的一部完整的戏曲评点本是现藏日本的《新刻考正古本大字出像释义北西厢》，金陵少山堂万历七年刊行，此本的批语比较简略，多是眉批，但涉及的范围较广，更难得的是此本批语还注意到了曲本演出的问题。④ 如果说谢世吉的批语还稍显简略和肤浅的话，那么李卓吾的批语就显得深刻而系统得多，不仅如此，"李氏作为思想家的深

---

① 《〈蓝桥玉杵记〉凡例》，《古本戏曲丛刊》初集。
② 《重校〈题红记〉例目》，《韩夫人题红记》，北京图书馆藏继志斋刊本，《古本戏曲丛刊》二集。
③ 王季烈：《螾庐曲谈》卷一"论度曲"，《集成曲谱金集》卷一，1931年，第14页。
④ 黄霖：《最早的中国戏曲评点本》，《复旦学报》2004年第2期。

刻、敏锐和强烈的批评意识，使戏曲评点更具有理论批评的意味，从而开启了戏曲评点的风气，奠定了明代戏曲评点的基石"，① 所以从万历后期开始，曲本评点获得了飞速发展。

曲本评点市场的火热，使得越来越多的书商、曲家和文士加入其中，他们的加入大大拓展了评点的形式和内容，总评、眉批、夹批等评点形式运用得更加娴熟，考订评语和改本评语也渐趋流行，曲意和曲律评语备受关注，说明此时曲本评点已经得到了全方位的开发，进而成为曲本中的一个消费热点。

名家评点指向的是读者阅读。对于大多数读者而言，阅读层面的欣赏可能多停留在情节层面，但参阅一些知名评点之后，他们可能由此学会了欣赏曲本的关目结构、词曲本色及情感主旨等，进而进入到美学或哲学的鉴赏层面。作为渴望对文本进行精深阅读的作者而言，名家评点必不可少。如容与堂本《李卓吾先生批评幽闺记》第二出"兄妹筹咨"中的眉批："今妹少不得嫁个强盗，阿兄亦自拾得个美妻，不必挂怀。"②这是一条具有前瞻性的评语，在故事未有大波折或矛盾出现时，李卓吾已"一语道破天机"，虽有剧透之嫌，却也引发出悬念。作为与读者对话的一种形式，较好地完成了对于其的引导作用。

当一家评语不足以解惑时，则有了多家合评本，恰似与诸名家共读一书，而相互交流心得。正如《三先生合评元本北西厢序》中所言："然合刻三先生之评语者又谓何？大抵汤评玄箸超上，小摘短拈，可以立地证果；李评解悟英达，微词缓语，可以当下解颐；徐评学识渊邃，辨谬疏玄，令人雅俗共赏。合行之，则庶乎人无不挚之情，词无不豁之旨，道亦无不虞之性矣。"③从另一层面而言，不同的评语风格也正好适应了不同读者的阅读趣味。

(四)排版与套印

为了服务不同读者群体的阅读习惯，书坊主还会在排版上下功夫。除了整幅的版式之外，书坊主们还研发了两节版、三节版的版式，通过承载不同的内容，来满足读者的阅读之趣。就整本书的版式大小而言，书商们还推出了便于携带的袖珍本，如茅彦征本《齐世子灌园记》《赛征歌集》以及《新刊巾箱蔡伯皆琵琶记》等都属于巾箱本。《赛征歌集序》道出了巾箱本的妙处："遵之付剞劂氏，镌为袖珍小书，以便观览。然敢故谓织巧以悦人也。"④除了这种袖珍型小书外，书商们也推出过大字魁本，如金台岳家本《奇妙全相注释西厢记》。著坛本《牡丹亭·凡例》云："凡刻书，序跋俱宽行大草，令览者目眩，纵饶名笔，亦非雅观，故诸序悉照本内行格。"⑤这种大字本栏目舒朗，字体娟秀，给人以赏心悦目的感觉，所以也备受读者青睐。

除了在排版上满足不同读者的需求之外，书坊主们还别出心裁地采用了彩色套印技术，以满足高端人群的需求。凌濛初《琵琶记·凡例》中云："今人选曲，但知赏'新篁池

① 朱万曙：《明代戏曲评点的形成与发展》，《东南大学学报》2000 年第 4 期。

② 《李卓吾先生批评幽闺记》第二出，容与堂刻本，《古本戏曲丛刊》初集。

③ （明）王思任：《三先生合评元本北西厢序》，伏涤修、伏蒙蒙辑校：《西厢记资料汇编（上）》，黄山书社 2012 年版，第 231 页。

④ 《赛征歌集序》，俞为民、孙蓉蓉编：《历代曲话汇编（明代编）》，黄山书社 2009 年版，第 474 页。

⑤ 蔡毅：《中国古典戏曲序跋汇编》，齐鲁书社 1989 年版，第 1232 页。

阁'、'长空万里'等，皆不识真面目。此本加丹铅处，必曲家胜场，知音自辨。"①闵光瑜《邯郸梦记·凡例》中亦云："批评旧有柳浪馆刊本，近为坊刻删窜，淫蛙杂响，兹择采其精要者，与刘评共用朱印，惟作字差，大以别之，若臧评则梓在墨板，以便看也。"②浙江湖州闵氏和凌氏两家共刊行了17种彩色曲本，与单一的墨色本相比，朱墨本一目了然。以凌氏刊行的《西厢记》和《红拂记》为例，两本的眉批皆是朱色，曲词的句读、点板和音释也都是朱色，朱墨两色使整个版幅看起来泾渭分明，能带给人一种全新的阅读体验。

（五）曲本合刻

合刻是指把内容相关、相同、相近或相似的不同曲本合刊在一起，以方便读者阅读。以闵齐伋刊行的《会真六幻》为例，此本包括唐元稹撰"会真记一卷"，金董解元撰"董解元西厢记二卷"，元王实甫撰"西厢记四卷"，元关汉卿续"西厢记一卷"，明闵齐伋撰"五剧笺疑一卷"，明李日华撰"西厢记二卷"，明陆天池撰"西厢记二卷"，明李中麓撰"园林午梦一卷"，从最初的故事原型出处到王实甫的经典之作，再到李日华、陆天池的改本，甚至连李开先的"园林午梦"都囊括其中，算是将各种版本的《西厢记》一网打尽，不可谓不全。

除了这种合刻形式之外，有的曲本还会附录一些相关的材料，让读者能够更加全面地把握所读曲本，如萧腾鸿师俭堂刊行的《鼎镌陈眉公先生批评西厢记》附录"会真记一卷""园林午梦一卷""蒲东诗一卷"；《汤海若先生批评西厢记》附录"园林午梦一卷""钱塘梦一卷""蒲东诗一卷"。附录部分的"会真记"是《西厢记》的原型，"园林午梦"主要讲述崔莺莺、红娘、李亚仙和秋桂的故事，"钱塘梦"的故事与"草桥惊梦"相似，"蒲东诗"则是表现崔张的爱情故事。从这些附录的内容来看，都是与曲本题旨相关的，促进读者阅读和鉴赏的目的不言自明。

综合言之，与《元刊杂剧三十种》相比，明刊曲本的形制已经发生了很大变化，插图、音释、点板、评点、套印、合刻等手段运用得非常娴熟，这在此前是无法想象的。读者的需求使书坊主不断地改进和创新，曲本形制也随之不断发生变化。从某种程度上而言，正是读者群体不断变化的需求，才促使曲本形制不断地变化，反之，这些不断变化的曲本形制，又影响和左右着读者的接受活动。

三、读者的审美趣味与坊刻曲本的内容

除了影响坊刻曲本的形制之外，读者的审美趣味还在一定程度上左右着曲本的内容。书坊主们为了达到射利的目的，刊行曲本时必然要求曲本的内容紧跟时下的阅读风尚，以迎合读者的口味。这种方式主要表现在以下三个方面：第一，戏曲选本的内容以市场需要来定夺，贴合读者的消费需求；第二，根据读者市场的反应，适时推出经典、流行曲本的续本；第三，追踪当下流行事件，就热门事件推出时事剧。

---

① 蔡毅：《中国古典戏曲序跋汇编》，齐鲁书社1989年版，第594页。
② 蔡毅：《中国古典戏曲序跋汇编》，齐鲁书社1989年版，第1265页。

（一）以市场需求定夺戏曲选本的内容

戏曲选本编选的内容都是一定指导思想下的产物，虽各有特色，但还是有许多共通性的特征。作为文人选本而言，他们可能更加强调戏曲的礼乐性质及教化功能，要求选本为清唱服务，方便案头阅读。作为非文人选本而言，市场化的因素更为突出，即要求选本呈现出"高大全"的特征，以满足不同地域和人群的需求。无论是何种选本，服务读者的意识都是十分突出的，或者说一定程度上受到了读者审美趣味的影响。

以戏曲声腔的演变为例，当受众热捧的声腔发生更迭时，选本自然也就随之变化。明代前中期时，北曲独领风骚，所以广受推崇。戴贤正德十二年辑刻的《盛世新声》中，元杂剧共有 30 种，明杂剧 8 种，而南戏仅 2 种，明显体现出重北轻南的倾向。随着南曲的日渐兴盛，受众越来越多，南曲慢慢呈现出欲与北曲一较高下的态势，在选本中的比重，也开始逐渐增大。嘉靖四年刊行的《词林摘艳》中，南戏已达 6 种，到嘉靖十年刊行《雍熙乐府》时，南戏更是达到了 18 种。民间选本中则更多，嘉靖三十二年刊行的《风月锦囊》中，杂剧仅 5 种，而南曲戏文有 44 种。

南曲弋阳腔、徽州腔、青阳腔等声腔兴起以后，迅速在江南传播，并拥有了广泛的受众，书坊主们紧跟时代脉搏，适时推出弋阳腔选本和徽州腔选本。就弋阳腔选本而言，福建书坊刊行了《风月锦囊》，浙江胡文焕刊行了《群音类选》，此外，还有《万锦清音》《怡春锦》和《大明天下春》等。为了迎合不同的读者群体，《万锦清音》和《群音类选》还兼收时下流行的昆山腔。就徽州腔而言，安徽敦睦堂刊行了专门的徽州腔选本《摘锦奇音》，还有徽州腔和青阳腔的合选本《曲响大明春》和《徽池雅调》。就青阳腔而言，有叶志元刊行的《词林一枝》，还有青阳腔与昆山腔的合选本《时调青昆》《八能奏锦》。在福建和广东一带流行潮腔和泉腔，则有《重刊五色湖插科增入诗词北曲勾栏荔镜记戏文全集》和《重补摘锦潮调金花女》。

昆山腔流行以后，各种选本也是接踵而至。既有昆山腔和青阳腔合选的曲本，如《时调青昆》《八能奏锦》，又有昆山腔和弋阳腔合选的曲本，如《万锦清音》《怡春锦》，还有昆山腔的专选本，如《词林逸响》《醉怡情》《歌林拾翠》《吴歈萃雅》《吴骚合编》《吴骚集》《乐府先春》等。

专选本和合选本显然是为了不同的读者群体服务的，读者审美趣味的共通性和差异性让书坊主们难以捉摸，只能是在追随时代大潮的前提下，使自己的戏曲选本尽可能多地囊括不同的内容，既要体现出自己的专业性，又要体现出自己的包容性，以争取更多的读者，而这一切都是以读者的审美趣味为旨归的。

（二）推出经典、流行曲本的续本

当某些曲本开始流行并广受读者热捧时，则会形成相应的品牌效应，随后，一系列与之相关的附加效应也会迅速显现。比如当读者读了《西厢记》之后，每个人心中都会有自己的感悟和体会，或意犹未尽，或扼腕叹息，或高步阔视，或不敢苟同。总之，《西厢记》已作为一部经典之作在读者心中留下了不可磨灭的印象，当再有与《西厢记》有关的曲本问世时，自然也较容易得到读者的青睐。表面上看，读者的这种心理好像是被书坊主诱发出来的，实际上却是书坊主利用了读者的这种潜意识心理。换句话说，正是读者的这种潜意识心理诱发和左右了书坊主的选择，进而成了他们射利的突破口。就曲本的刊行而言，主要表现在经典、流行曲本的续本上。

《西厢记》推出之后，广受读者的欢迎。作为经典曲本，它也是明代戏曲刊刻中数量最多的曲本，有近50种之多。这种曲本是极具市场号召力的，所以各种续书也陆续登场，谭正璧、谭寻《王实甫以外的二十七家〈西厢〉考》中统计有27种，① 有的是改写，有的是续写，有的是增补。就明代刊行的曲本而言，续写的有李开先的《园林午梦》和黄粹吾的《续西厢升仙记》，改写的有崔时佩的《南西厢记》、李日华的《南西厢记》和陆采的《南西厢记》。无论是何种形式，都是经典曲本诱发的结果。当然，作为续书者而言，可能并未考虑曲本畅销和读者接受的问题，但作为书坊主选择刊行的对象时，必然是受了这一层因素的影响，选择经典曲本的续本来增强市场号召力。

除了经典的曲本之外，还有一些续书则是因为前一部积攒下的良好口碑，亦如今天的电影续集，读者阅读完初集之后的意犹未尽之感，演变成为书坊主积极推出续集的动力。瓠落生《缠头百练二集引》中云："清溪道人素为著作手，更邃于学。先我有心，尝简拔名曲为《缠头百练》，已自纸贵。今复精选为选之二，个中网旧曲以立式，怀歌词以尽才，旁及弦索以存古，间探弋阳以志变，删棘口之音为协耳之调。"②不难见出，《缠头百练初集》积攒下了良好的口碑，以至于洛阳纸贵，所以才积极推出二集。

（三）适时推出时事剧

时事剧以尊重事实，客观真实地反映人物和事件见长。它之所以能广受欢迎，很大一部分原因在于书坊主们把握住了读者的心理，或者说从读者心理需求的角度出发，使书坊主们乐于推出此类容易射利的曲本。第一，时事剧迎合了读者的猎奇心理。作为一般读者而言，对于当下时事都是略有耳闻的，但在那个消息不太灵通的时代，要知其细节并不易，所以此类时事剧就成为人们了解时事细节的重要渠道之一。第二，陈旧的千篇一律的故纸堆中的故事已使读者产生了审美疲劳，时事剧犹如一股春风，带来的是读者身边可触碰的世界，给人以新鲜真实之感。第三，此类时事剧多体现出人民的立场，鲜明的立场使其能迅速完成与民众审美趣味的无障碍对接。

明代早期时就有时事剧《娇红记》，而后有反映忠臣义士与严嵩奸党作斗争的《鸣凤记》《飞丸记》等，还有反映民众与阉党作斗争的《磨忠记》《喜逢春》等。表明时事剧一直都有，只是越到明代后期越发达，一方面是因为明末的动荡时局和政治斗争为其提供了坚实的土壤，另一方面则是因为民众厌倦了故纸堆中的故事，对时事剧产生了强烈的渴求。范世彦《磨忠记序》中云："是编也，举忠贤之恶，一一暴白，岂能尽罄其概，不过欲令天下村夫厘妇白叟黄童睹其事，极口痛骂忠贤，愈以显扬圣德如日。为善究竟得芳，为恶究竟得臭，一言一动，皆有鬼神纠察，借以防范人心，又其剩意，则是编未必无益于世云。"③所谓"欲令天下村夫厘妇白叟黄童睹其事，极口痛骂忠贤"，正是其客观反映事实

---

① 谭正璧、谭寻：《王实甫以外的二十七家〈西厢〉考》，《曲海蠡测》，浙江人民出版社 1983 年版。

② 瓠落生：《缠头百练二集引》，郑振铎：《漫步书林》，中华书局 2008 年版，第 32 页。

③ 蔡毅：《中国古典戏曲序跋汇编》，齐鲁书社 1989 年版，第 1360 页。

和人民立场的真实体现。

　　综上所述，明代戏曲受众的阶层是复杂的，审美趣味也是多样而变动不居的。书坊主为了使曲本畅销而达到射利的目的，必须要投其所好，以读者的审美旨趣为依归，在曲本的形制和内容上下功夫，以多样的形式和丰富的内容来满足读者的审美要求。不可否认，以读者为向导是市场规律的体现，也真正促进了戏曲刊刻业的繁荣发展，但当书坊主过分迎合甚至出现媚俗姿态时，也就失却了文学本该坚守的那份人文关怀。

（作者单位：上海大学文学院）

《申报》征婚广告探析*

□　高学琴

　　《申报》1872 年 4 月 30 日由英商美查等人于上海创刊，1949 年 5 月 26 日停刊，历时 77 年，是中国近代史上发行时间最长、影响最大的一份综合性商业报纸。该报自创刊起就十分重视经营广告，以谋取经济利益。广告内容涉及中国（尤其是上海）近代经济、政治、文化、教育、社会等各方面，其中即包括征婚广告。在传统中国，婚嫁被认为是"礼之大体"；择偶方式虽有多样，但主要还是凭"父母之命，媒妁之言"。征婚广告的出现可以说是择偶方式上的革命性事件。征婚广告的历史研究，不仅具有报刊史、广告史意义，而且也是性别史、社会生活史研究题中应有之义。本文以《申报》所登载的征婚广告为研究对象，通过对男女不同征婚当事人在自我描述、择偶标准、征婚反馈三个方面的比对分析，透见中国婚恋理念及社会生活的近代变迁。

一、征婚广告概况

　　在 1872—1949 年的 77 年间，《申报》共刊载 51 则征婚广告。第一则征婚广告见于 1921 年 12 月 22 日，内容如下：

> 　　刻有某君思娶一女，须得品貌才学俱全，年岁二十以上，无有嗜好，身家清白，请将详细履历、年岁、籍贯何处，投函致新闻报馆第九十八号信箱。如不合意恕不答复。①

　　该征婚者为男子，短短不到 100 字之内的广告语，仅陈述了对择偶女子年龄、外貌、才学、家境等方面的要求，表明自己的择偶标准，对自身情况却只字未提，呈现一种单向度描述。这既是男子优越感的一种表达，或许也是对当时社会舆论重压下一种"隐姓埋名"的自我保护吧。之后《申报》每年几乎都有征婚广告登载，但投放率相当之低，全年仅投放 1~3 条不等。但也有例外，如 1928 年、1941 年皆为 6 条，1940 年竟然达到 16 条之

---

　　* 本文为教育部人文社会科学重点研究基地重大项目"近代新名词与传统重构"（项目编号：13JJD770021）阶段性研究成果。

　　① 《申报》1921 年 12 月 22—28 日，17543 号，第 5 版。

多，大体呈增长态势，这与新型媒介的传播影响和社会风气的日益开放不无关系。(见图
1)截至 1941 年投放的最后一条征婚广告，总计 51 条。根据征婚者性别之不同，征婚广告
可分为男性征婚广告和女性征婚广告，男性征婚广告为 38 条，女性征婚广告为 13 条。此
外征婚广告的标题也不尽相同，有"征婚""征伴""征友""征女友""征女侣""征知音"等
各类标题，直接以"征婚"为广告标题的有 33 条，标题虽各异，主旨却相同，即择偶成
婚。征婚广告的文案比较简单，主要由征婚当事者的自我描述、择偶标准及通信联络方式
三部分构成，以文字表述为主。只在广告标题、广告字体及排版上作明显区分，标题用大
号加粗字体，内容用小号字体竖排，简单清晰。如有变动，也仅仅是围绕征婚标题用简单
线条或符号加以修饰。如图 2、图 3 所示：

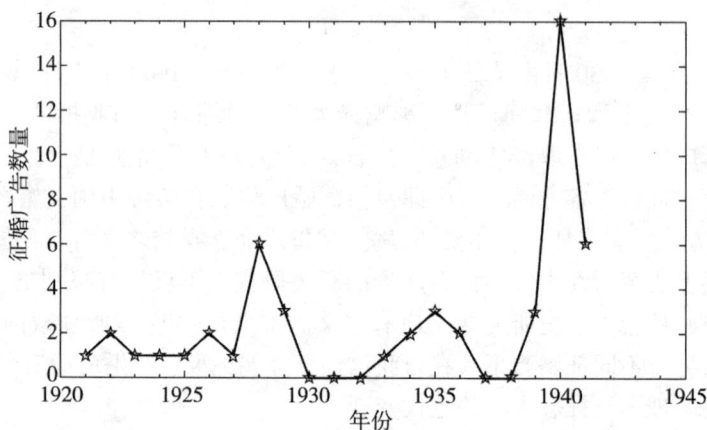

图 1　1921—1941 年《申报》征婚广告数量统计图

图 2

图 3

但也不乏创意征婚广告。如刊登在《申报》1929 年 6 月 17 日，第 20199 号，第 12 版

的征婚广告(见图4)。

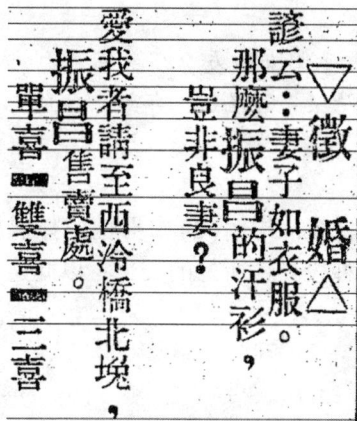

征婚

谚云：妻子如衣服。那么振昌的汗衫，岂非良妻？

爱我者请至西冷桥北塊，振昌售卖处。单喜双喜三喜。

图4

该文案在排版及内容上颇具创意。文案背景用不规则横线条勾勒，"征婚"标题特意用两个顶角相对的三角形标明。广告语用句读标识，有别于其他征婚广告(皆无句读)，无形中在千篇一律的征婚广告中脱颖而出。从文案内容来看，借用谚语和类比，常人用合身"衣服"比"妻子"，而广告主"振昌"运用特大字号。用"汗衫"比"良妻"，因为"汗衫"为贴身内衣，不仅合身且贴心，一语双关。"汗衫"类比，既表达了择偶标准，注重配偶的内在修养，同时也表明了自己的承诺，坦诚相待，珍爱重视，将求偶的诚意演绎得更加饱满。此外文案也告知了征婚者的职业(小商贩)及联系地址，以爱的名义征求佳人，表明建立在爱情基础之上的新时代婚姻特征。可见该广告虽简单却不失温馨，颇具匠心。

二、女性征婚广告

《申报》中女性征婚广告为13条，占征婚广告的25%，是男性征婚广告的1/3。在男尊女卑的传统中国，女子几无婚恋自主权，"在家从父"全凭"父母之命，媒妁之言"。"出嫁从夫"必须"以夫为纲"从一而终。"夫死从子"又必须恪守"好女不嫁二夫"的妇道，不得另谋生路。因此女子敢于公开在报刊上刊登征婚广告，不啻为一颗惊雷。它既是近代社会开放，文明进步的标志，也是新文化运动以来女权运动发展的产物，表明女性自我解放意识觉醒，敢于争取婚恋自由，勇于挣脱专制婚姻的枷锁。但女性在征婚广告中的自我描述"多使用男性比较喜欢的女性形象的模糊词语来描述自己，表面上是在自我介绍，但实际上反映的却是异性对其的审美追求"[1]，按照异性的审美要求来修饰自己，以此博得异性好感，提高征婚的成功率(征婚男性亦然)。在择偶要求上，征婚女子又将资财作为衡量异性的重要标准，拜金主义风气滋长，表明女性依赖男性生活的传统观念依然存在，女性并没有实现所谓的经济独立或人格独立，依然寄生于男性的羽翼之下。例如：

---

① 赵婧：《试论征婚广告中的模糊词语》，浙江师范大学硕士学位论文，2015年，第20页。

（1）某女士，年25，貌端体健，中学毕业，富有办事能力，现任高职，兹愿于业余交谊以博广识。拟征32以下男子为友，须品端貌正、大学程度或资格者。有意可详函履历等寄本报1779信箱。①

（2）某君，年27，现有高尚商业，拟征18岁之上闺女为友，须身家清白、性情温柔、体健全，初中以上程度为终身伴侣。有意者请亲笔详履历、年龄、住址，寄本报信箱1785，合则另约面谈。②

例（1）中女性在自我描述中陈列了年龄、体貌、学历、职业，与例（2）中男性的择偶标准不谋而合，女性对自我的描述，既是一种自夸，也是一种投异性所好的美化，以此达到提高征婚率的目的，诸如此例甚多兹不赘述。

（一）自我描述

从《申报》女性征婚广告统计（见表1）可以看出，女性在征婚的自我描述中，侧重点依次排序为：年龄、学识、体貌、品行、家境、职业等。13条征婚广告皆提及年龄，征婚女性的年龄跨度比较小，最小为17岁，最大为30岁（广告中30岁者皆为再婚女子），多为适婚年龄（≤30岁），以年轻小姐为主，毕竟年轻是一种天然资本。其次，重视学识或学历的描述，打破了传统"女子无才便是德"的陋规。征婚女子大多已接受基础教育，其

表1　　　　　　　　　　　　　　女性征婚广告统计

自我描述		数量	择偶标准		数量
年龄	年轻、小姐、闺秀；17~20岁（4）；21~25岁（4）；26~30岁（4）	13	年龄	年稍长、25~35岁（4）；35~45岁（1）	6
外貌	面容秀丽、娟好、貌美、健美、貌端体健	6	学历	有学识、大学（3）	5
学识	专科（1）；知书识字（3）；大学（1）；小学（1）；中学（2）	8	职业	政商学界、正当职业	8
品性	守礼能文、性贞静、善理家政	4	资产	略有财产、月薪百元以上、富商	5
爱好	女工、丹青、文学音乐	3	爱好	无嗜好（音乐跳舞影戏除）	2
家境	清贫、身家清白	3	性格	诚实、品端貌正、人格高尚	4
婚史	孀居（再婚）	2	婚姻	无妻妾、填房、未婚或丧偶未续娶	4
职业	教授、现任高职	2	外貌	体健性和	1
外籍	法国	1			

资料来源：1921—1941年《申报》。

附注：女性征婚广告共13条。

---

① 《申报》1940年10月23日，第23937号，第10版。

② 《申报》1940年10月26日，第23940号，第9版。

中也不乏大学生。从总体上看，女子学历并不高，至少已粗通文墨，能读会写，从其他描述中（如爱好、职业）也可管窥，这与近代以来女学昌盛有关。但也应看到民国初年的女子教育仍以贤妻良母为极则。"在国民小学里，女子应比男子多学缝纫；在女子高等小学，便有家事一科了；从前只有女子师范的，现在却有了女子中学校。女子中学生除应学男子所学各科外，应加课家事、园艺、缝纫，数学课减去三角法；手工以编物、制绣、摘棉、造花等为主；体操免课兵式。女子师范学校以造就小学校教员及蒙养园保姆为目的。"①因此拥有学识显然成为女子引以为傲的一个资本，"她们接受教育并不是为了使自己与丈夫获得平等的地位，只是为了给自己增加一份厚重的妆奁。以读书为结婚的手段，以结婚为生活的手段，这本来就是当时许多新式女子要求教育机会均等的隐藏内涵，以为只有这样才能使自己成为足以配得上新式男子的新式女子"②。

此外女性也比较重视对体貌的描述，多以"面容秀丽""娟好""貌美""健美""貌端体健"等词自夸，吸引异性。同时女性也强调品性（或修养）的重要，品性是婚姻持久稳定的一个重要内在因素，类似"大家闺秀""性贞静""善持家""知书识礼"等修饰语多见于广告中，刻画出一位既年轻貌美又勤俭持家的理想女性。相对于男性征婚者，女性较少介绍自身家境，偶有提及也是为了增加好感度，如"家境贫寒"可激起异性的保护欲，"略有资产"可吸引更多门当户对的异性。职业则是征婚女性很少提及的，一方面说明男性对此并不看重，持"男主外、女主内"的夫妻相处之道，认为"妇人的领域是门限之内的世界，内言不出于阃，外言不入于阃（阃就是门限，因之妇德亦称为阃德），有一条社会封锁线。这充分表示了夫妇在区位上的隔离形态"③。另一方面是由于社会现实的限制，"当时公共育婴机构的缺少，使得人们根本不可能全力投入到职业生活中，男女同工不同酬现象的突出，也使得抚育婴儿，料理家务的责任更多地落在妇女身上。加上当时整个社会经济崩溃的现实，促使政府干脆直接以行政手段来限制妇女就业，从而保证男子的就业。在这种情况下，即使男性同意与妻子分担家务，也不会对妇女职业生活状况的改善起到立竿见影的作用"④。因此女性无法真正实现经济独立，只能在家做贤妻良母。当然也有"中小学校愿意接受女性作为教员，大都又是出于广告效用的考虑。因为当时的学校招收女生，使用女性作为教员，不仅可表明它们是男女平等的学校，而且还可以告知社会，女性接受教育后是可以找到工作的。出于广告效用的考虑，学校使用女性教员其数量也就可想而知了"⑤，因此女子列举职业也仅仅是作为在婚姻选择上抬高身价的砝码而已。

鉴于传统舆论压力，敢于公开征婚的女子皆为受过教育的新女性，其中不乏异国女子，如"法女征婚"：

（3）年轻法女，面容秀丽，性贞静，母俄籍，通英法俄语言及文字，现因孑然一

① 陈东原：《中国妇女生活史》，上海书店1984年版，第361页。
② 余华林：《女性的"重塑"——民国城市妇女婚姻问题》，商务印书馆2009年版，第426页。
③ 费孝通：《生育制度》，商务印书馆2008年版，第123页。
④ 余华林：《女性的"重塑"——民国城市妇女婚姻问题》，商务印书馆2009年版，第437页。
⑤ 王儒年：《欲望的想象——1920—1930年代〈申报〉广告的文化史解读》，上海人民出版社2007年版，第261页。

身，故急欲征一高尚华人结为夫妇。有意者请写法或英文信投本报天字六百三十二号主箱接洽。①

该征婚者是一位年轻貌美的单身法国女郎，法俄混血，通晓英法俄多国语言。通过其自我描述，可推知该女必受过高等教育，家境颇丰。寻求"高尚华人"为偶，虽没陈述具体择偶要求，但"高尚"二字已涵盖一切。由此可见，20世纪二三十年代的上海社会风气开放，华洋杂处，以致跨国婚姻也成为婚恋模式的一种新形式。

(二)择偶标准

女性根据自身情况提出相应的择偶标准，通过表1，也可看出女性在选择配偶时，比较看重对方的物质条件，尤以职业、家世、资产为主要参照，此外学历、品性、婚史也是女性的关注点。女性之所以看中男性的物质基础，一是因为传统的婚姻模式"男主外，女主内"，男性是家庭的顶梁柱，是家庭经济收入的主要来源，只有物质基础扎实，才能给女性足够的安全感。二是基于两性差别的生物事实，出于经济利益上的考虑，女性在职场上处于天然的劣势地位，限制了女性更多的走向职场。因此女性不得不依赖男性。但其过度地追求物质财富，也导致了拜金主义的滋长。

在择偶标准上，初婚女子与再婚女性亦有些微差别，再婚女性在择偶方面，更加理性谨慎。如：

> (4)某女，法学士，卅岁，貌美丽，擅新旧文学。孀居教学抚孤，因逃匪来沪，欲征终身伴侣。以无妻妾，无嗜好，有财产或每月薪俸百元以上者为合格。在一个月内函投本报信箱四三七号，合则函约面谈，否则守秘。②
>
> (5)某女士，卅岁，中学毕业，夫亡。欲征人格高尚，有正当职业，卅五至四十五男，须无妻妾者，先友谊而后成婚。诚意者详函，不诚意者请勿尝试。寄本报馆信箱1036。③

例(4)和例(5)广告中的征婚女性皆为再婚，同龄30岁，前者有孩子，后者没有(广告中未提)，因"夫亡"或"孀居抚孤"而再婚，其关注点除了物质条件外，再婚女子比较重视男性的婚姻状况，要求对方"无妻妾"，追求一夫一妻的现代婚姻制度。由于经历过一次婚姻，再婚女性更看重对方的品行，要求对方"无嗜好""人格高尚"，考虑比较周全。她们对于婚姻的要求除了注重行为和事务上的配合，还偏重配偶性格的配合，这是一个没有结过婚的人并不能从经验里所能体会的婚姻的意义和责任。总体来看，再婚女性的婚姻观比较务实，既追求物质上的满足，也重视人格上的平等。相较而言，年轻初婚女子的择偶观则更加的物质化。如：

---

① 《申报》1928年12月12日，第20023号，第25版。
② 《申报》1934年12月28日，第22161号，第19版。
③ 《申报》1941年5月6日，第24122号，第9版。

（6）某女士年十八，沪人，知书识字善理家政，征求诚实、有正当职业，或有相当资财为伴侣。如合条件，填房亦可。请详述状况，函本埠邮箱一三四五号，胡收。①

（7）某小姐年17，体健貌美、身家清白、征能辅助现款二万元之富商，婚诚意者请详履历附照片函，霞飞路霞飞市场74号严转（无诚意者请勿尝试）。②

例（6）、例（7）中的征婚女子，以年轻貌美为资本，寻求"有正当职业"，或有"相当资财"男性为伴侣，如条件满足，不惜给对方做"填房"，只要对方能够给自己富足生活即可，依旧固守在"男尊女卑"的旧式婚姻围城之内，并无新气象。而例（7）的年轻女子更是赤裸裸地将"能辅助现款二万元之富商"作为择偶标准，拜金主义显露无疑。

总体而言，征婚广告为女性提供了一个更加自由、广阔的交友或择偶平台，女性通过广告这一大众传播媒介，可以公开地表达自己的择偶观念，获得平等交友权利，打破"三从四德"的束缚，得以享受自由恋爱，自主结婚的快乐，即使是再婚女性，也不必背负"贞烈"牌坊艰难生活，可以找到下一站幸福。这既是社会文明进步的标志，也是妇女自我意识觉醒，努力争取的结果，但近代社会所倡导恋爱自由、婚姻自主并不是主张择偶的偶然主义，想和谁结婚就和谁结婚，是有一定条件的。而择偶标准因人各异，鉴于社会经济压力及新式教育的普及（尤其是"女学昌盛"），女子在择偶时重资财、重学历无可厚非，毕竟婚恋不能脱离柴米油盐的生活实际，需要一定的物质保障，但一味地追求物欲或看中金钱，从而导致拜金主义风气的滋生，此实非良法。

三、男性征婚广告

男性征婚广告，在数量上，明显高于女性，占整个征婚广告的75%；在广告文案上，也呈现一种由单向描述向双向描述的转变，如前文所述《申报》登载的第一则征婚广告，即男性征婚广告，只是单向陈述男子择偶标准，片面强调对女子的要求，而对自身情况几无透露，呈现一种不对等的男女关系。之后随着广告的日趋成熟及女性的不懈努力，至少在报纸之类的公众传媒媒介平台，"男女平等"成为一种时代号召。表现在征婚广告中，男性不再一味地要求女性，而是能够公开表明自我身份，甚至故意夸大自身的优势条件，以此来吸引征婚女性的青睐，呈现一种双向的交流互动。

（一）自我描述

在《申报》38条男性征婚广告（见表2）中，男性的自我描述突出强调年龄、职业、学历，且比较重视对物质条件的表达，如家境（财产）、收入（月薪）等，作为职业的补充。男性征婚年龄均高于女性，大多要求配偶的年龄或与自己相仿，或比自己小，形成男大女小的婚配格局。广告中征婚男子最低年龄为19岁，女子征婚年龄最低为17岁，皆达到民国民法规定的法定婚龄，却没达到成年人年龄（20岁），偶尔会出现所谓的未成年人结婚。

---

① 《申报》1935年7月26日，第22360号，第19版。

② 《申报》1941年11月19日，第24318号，第9版。

表2　　　　　　　　　　　　　　**男性征婚广告统计**

	自我描述	数量		择偶标准	数量
年龄	=19岁(5)，=25岁(6)；年少(2)；青年；壮年；中年；=35岁(3)；=30岁(4)	18	年龄	=20岁(12)，青年，小姐；=15岁(4)；=25岁(5)	21
体貌	年少英俊；才貌双全；貌秀；面貌美丽；体格强壮；体健貌俊	8	相貌	品貌才学俱全；姿容楚楚；体格健全；健美，貌端体健	7
职业	教师、中学校长；公司襄理；国立机关；医生；局长；银行；工程师；高尚职业；职员；经营商业	22	品行	简朴，品端；性情温和；淑女；勤俭持家；温柔；有美德；品格高尚	15
学历	高等商校(1)；中学(1)；大学(11)	13	学历	品学俱佳；略有学识；中学(8)，小学(1)；精通英文；教育界女士；学问通顺；对佛学有研究；通翰墨；通粤语更加；良好教育；好读书	19
品性	品学兼优；性温柔；温雅诚实富情感；行端；忠诚温柔；有人格；忠实可靠	10	爱好	无嗜好；无时下习气者；书画音乐	6
外国	南洋华侨；西人	2	职业	教员或医工；公司书记；有经济独立能力	3
爱好	无嗜好；音乐	5			
家境	家业裕，有名望；略有家产；无恒产；田数百亩；富商，有地位房产公余；	6	家境	身家清白；身世可怜；略有家产(3)；高尚家庭	10
收入	月入颇丰；中馈犹虚；月薪500元	7			
婚姻	续弦（2），无子女；入赘亦可；纳妾；	4	婚姻	闺女名媛或再醮之妇；新寡；雌妇寡妇不谕；就礼教处女(2)；弃妇嫡居	6

资料来源：《申报》1921—1941年。

附注：男性征婚广告共38条。

根据《中华民国民法·亲属》(1931年)第980条规定："男未满18岁，女未满16岁者不得结婚。"第981条规定："未成年人结婚，应得法定代理人同意。"第990条规定："结婚违反第981条规定者，法定代理人得向法院请求撤销之。但自知悉其事实之日起已逾六个月，或结婚后已逾一年，或已怀胎者，不得请求撤销。"[①]与传统社会的早婚婚龄（"唐开元律中规定的结婚年龄为男15岁，女13岁。宋沿袭唐的规律。明时婚龄提高1岁，男为16岁，女为14岁，而清沿袭明的规定。"[②]）相比，已明显提高。这表明民国时期，早婚弊端已为人们所认识。通常认为早婚有四害，即"弱种、致人口过剩、减低生产力、妨害

─────────────

① 许莉：《〈中国民国民法·亲属〉研究》，北京法律出版社2009年版，第78页。
② 许莉：《〈中国民国民法·亲属〉研究》，北京法律出版社2009年版，第78页。

教养"①。正因如此，征婚者提及年龄，既表明自身情况，也可减免日后缔结婚约时的后顾之忧。客观上也反映了知识分子阶层响应并实践改造早婚落后习俗的努力。

此外男性尤其突出其职业与学历优势，大多供职于学校、医院、国家机关、银行、公司，也有独立职业，如工程师等，皆为白领或上等智识阶层，尤其在 20 世纪二三十年代的中国，这些职业可谓"铁饭碗"。与此同时，征婚男子为增强或显示自身竞争实力，又附加了资产状况（如"家业裕""田数百亩""有地位房产公余"等）或职业收入（如"月入颇丰""月薪 500 元"）等物质条件，通过相对优越的物质生活条件来担保婚姻生活的稳定，颇能满足女性的安全感和虚荣心，对女性有相当的诱惑力和说服力。相较于受过教育的征婚女性而言，男性的学历普遍高于女性，尤以大学学历较多。诸如这般的描述自我，一则是为了迎合与满足女性重资财、重高学历的择偶标准，提高提征婚的成功率；二则是由于社会环境及思想观念皆有利于男性。五四新文化运动之后，"婚姻自由的观念在智识阶级里似乎已经普遍化了。大多数人已经觉得没有爱情的婚姻是不道德的。可是纯粹恋爱的结合总是只有少数敢去尝试"②。无疑知识分子成为开风气之人。且传统重男轻女的观念也使得男性征婚者承受的舆论风险较女性要低。更何况征婚广告本是一种经济行为，需要经济支撑，而职业无疑成为一种担保。

男性在突出自身物质条件及学历优势的同时，对体貌、品行、爱好、婚史等也酌情予以介绍，"体健""貌俊""忠诚""温柔""无嗜好"等成为高频词汇，散见于广告语中，其中不免有美化夸张之嫌。但就婚史情况而言，情况皆应属实。38 名男性征婚者大多为初婚，主张一夫一妻制。再婚 3 人，"续弦" 2 人（实质上仍然是一夫一妻制），"纳妾" 1 人。这说明民国时期一夫一妻制已成为较普遍的合法婚姻形态，但仍然存有纳妾行为。从法理上讲是因为，立法上对纳妾行为态度暧昧。大体有两种规定：一是明令禁止，规定纳妾行为为法律所禁止，且纳妾应承担法律责任。"如民国十三年九月，北京政府曾颁布《蓄妾限制令》，其中规定，蓄妾必须得父母之许可与本妻之同意，违反者课以二十元罚金。"③从内容上看，该法案只是限制纳妾行为，并没有禁止，且对违反限令的处罚也很轻。二是不承认妾的亲属地位，间接否认纳妾行为，即回避妾制问题。"民国期间历次民律草案亲属编均选择了后一种作法。因此民国时期的立法实质上是放纵、默许了纳妾行为。"④此外社会陋习具有的惯性，皆导致男子纳妾等征婚广告的出现。如：

> （8）余友年少俊秀、家富有学问，无嗜好，因事业需要拟纳妾室为助，以品格高尚，好读书之处女为合，愿意者请寄本报信箱 2119 号。合洽否退，守秘重道。⑤

（二）择偶标准

男性的择偶标准比较务实，偏重于对年龄、品行、学历的要求，其想寻求的是兼贤妻

① 洪锡恒：《婚姻的法律及习俗》，《东方杂志》1933 年第 30 卷第 19 号。
② 陈东原：《中国妇女生活史》，上海书店 1984 年版，第 399 页。
③ 许莉：《〈中国民国民法·亲属〉研究》，北京法律出版社 2009 年版，第 66 页。
④ 许莉：《〈中国民国民法·亲属〉研究》，北京法律出版社 2009 年版，第 66 页。
⑤ 《申报》1940 年 12 月 13 日，第 23988 号，第 11 版。

良母和知书识礼为一体的理想女性伴侣。男性大多把择偶年龄与体貌组合在一起。年龄通常采用男大女小模式（包括再婚者）。年轻貌美固然最好，但前提必须得"体健"，男性较看重女性的身体美，这与近代体育精神与卫生意识的普及不无关系，更实际的原因是婚后女性要承担更多家庭事务，还要经历生育分娩之苦，没有强健体魄势必会导致或增加家庭之累，不利于婚姻的持久稳定。常言"外在决定两个人是否能在一起，内在决定两个人能在一起多久"。"内在"即一个人的涵养素质，它与性格和学养有很大关系。因此男性在择偶时大多选择"温和""温柔""简朴""勤俭持家""品格高尚"的"淑女"作为伴侣。此外男性相当看重对方的学识，要求其"受过教育"，有知识有文化，尤其是具备新知识、新思想。"高小或高小以上"或"初中毕业"或有"相当学识""学问通顺""好读书"等皆可。之所以看中女性受教育情况，一则是出于交往或恋爱的需要，征婚大多采取通信方式。二则是受过教育的女性有助于抚育儿女，治理家务。三则是因为作为新时代的知识分子，已经不满足于娶一位美貌无知的太太，希望自己的伴侣也进步，能够成为他们某些高雅文艺活动的谈话对象，成为能为他们带来名声面子的高级装饰品，乃至于事业上出谋划策的得力助手。显然这些都不是旧式女子所能胜任的角色。1921年陈鹤琴在对266名未婚男青年的调查中，"要求妻子有一定知识的共219人，占总数的82.33%"①。有些青年甚至将知识的有无作为衡量爱情能否发生的前提，在陈的调查中，有青年学生回答"不满意的地方，就是她不识字。我的主张，也没有什么；我同她谈话，简直听不懂。所以不但说不到良伴好友，竟一个弟子资格都不配"，"她既无高等学问，又缺乏普通常识，目不识丁，又不能经营独立生活，视为男子的附属品"②等。男性对女子（或未来妻子）知识和文化的重视，也构成了对传统"女子无才便是德"观念的颠覆。

此外，在征婚广告中男性的性观念（或贞洁观念）呈现一种"新思想旧道德"的矛盾心态，一部分男性在征婚中明确表达假使条件合适，或"雌妇寡妇"或"弃妇孀居"或"再醮之妇"皆可，打破了贞洁对女性束缚，也摆脱了自身对女性的性欲专制，接受并推动了妇女解放或性解放，呈现一种时代的进步性。另一部分男性却仍然保有处女情结，表达了对女性性的独占和私有。如：

（9）兹有某君，系医科大学卒业，悬壶海上历有年所，刻急欲续弦，如有闺女名媛（再醮之妇亦可）年在二十岁以上，廿五岁以下，身家清白，姿容楚楚，并有相当学识，愿意应征者请具详细履历及全身照片一张，寄至福州路九号五楼。陈仲食收转。合则面谈，不合则将照片发还，并严守秘密决不泄露，特此登报征求即希。公鉴③

（10）某君年二十余岁，大学毕业，职业高上，月入颇丰，现拟征求一终身伴侣，以志趣纯洁、性情温良、勤俭朴实、无时下习气者为合格，雌妇寡妇不谕。应征者请开明经历及现状投函本报第四四〇号信箱，合则函约订交，不合退回守秘。④

① 陈鹤琴：《学生婚姻问题之研究》，《东方杂志》1921年第18卷第6号。
② 陈鹤琴：《学生婚姻问题之研究》，《东方杂志》1921年第18卷第4号。
③ 《申报》1928年4月28日，第19797号，第8版。
④ 《申报》1934年12月28日，第22161号，第19版。

（11）某君诚妥、职业高尚、40 妻故，征旧礼教处女为偶合者。函本报 2098 信箱合否秘密。①

例（9）和例（10）分别为再婚者和初婚者，皆为知识青年，受过高等教育。前者"续弦"，首选仍是"闺女名媛"，说明在其内心深处还是有所谓的传统贞洁观念的，但鉴于自身已结过婚，且受男女平等等新思想的熏陶和启发，因此并不排斥再婚女性，兼顾了"新思想和旧道德"。后者为青年学子，接受新思想较快，性观念比较开放，行动也最激进，已然能坦然接受再婚女性，彻底摆脱了"贞洁"的牢笼。同理例（11）中的男子亦为再婚续弦者，却明确申明要"征旧礼教处女为偶"，要求对方必须为处子。但对自己的婚史却认为是理所当然的，以双重标准来要求彼此，用旧道德来衡量女性，维护自己的性专制权，男权意识暴露无遗，对自己却宽容得很。而他似乎也代表了当时中国绝大数男性的性态度。一面口口声声呼吁妇女解放，号召男女平等，但回归到自我问题时却顿然丧失立场，可见要真正地做到解放思想并不容易。

四、征婚广告效果

征婚广告作为近代一种新型婚恋媒介，征婚者通过它能否觅得理想伴侣，能否促成美满姻缘，即征婚广告效果如何，由于资料所限不能详征，但至少《申报》征婚成功案例为读者提供了一个参考。

1933 年一位名叫李秉嘉的男性在《申报》上刊登了征婚广告，其征婚内容如下：

> 亲爱的她，已离我而去了，悲哀无聊，恨海谁填？今诚恳征求淑女，希断弦之继弹，打破贞洁贞操观念，铲除封建残余，无论已嫁未嫁、情场失意、弃妇新寡、无家可归之女士，年在十八岁以上二十六岁以下者，无不极诚欢迎。约期面谈或亲换照片，各守秘密。合则聘请律师，正式订婚。不合则为文友，随其便决。无过分要求以损人格。至于有志学业之女士，或看护女医士等，无力升学或无力设诊所者；或家庭负担过大，须赡养她父母者，在力之所能，均可商量。秉嘉，吴县人氏，私立大学毕业，现任某信托公司职务，兼某私立中学教职，月入尚丰，略有家产，父母均已去世，兄弟各自分居，尚无子女。如有同情女士，不分籍贯，亲书最近状况，详细地址，邮寄本报信箱一百六十六号，李秉嘉收。合则函约面晤，不合一星期内退还不误！②

李秉嘉先生在征婚广告中，情真意切地表达了失妻之痛，再娶之诚，并分别叙述择偶要求及自身情况。择偶要求上明确表达要"打破贞洁贞操观念，铲除封建残余"，表明其作为近代新式知识分子对旧式礼教的反抗与批判，是时代新思想的践行者。此外也比较看重配偶的受教育程度，虽无明说，从其承诺"不合则为文友"，为"有志学业之女

---

① 《申报》1940 年 12 月 13 日，第 23988 号，第 11 版。
② 《申报》1933 年 5 月 28 日，第 21596 号，第 19 版。

士""看护女医士"等提供"升学"或"投诊所"等支助，便可管窥他对学识的重视。兹不论述。李先生刊登征婚广告是 1933 年 5 月 28 日，同年 6 月 2 号和 7 月 21 号，在相隔不到两个月的时间里，李先生在《申报》上依次发布了两则声明，6 月的声明，申明"自征婚发表以来，蒙各界士女闺秀热烈之同情，应征函件之多诚出意料"，在表达感激之情之外，对由别人代为征婚（"代友介绍或父代女兄代妹"）的行为表示不满，认为这种行为仍是"父母之命媒妁之言的老调盖"，缺乏个人的"真情实感"，不符合现代婚恋自由自主的精神，与其"铲除封建残余"心迹相呼应，决心之坚定可见一斑。同时对来信胡闹的赵女士表示愤慨。从其信件反馈之多，可见征婚广告的影响力，更何况应征求偶者为匿名制，且"合则函约订交，不合退回守秘"的保护隐私承诺，提高了求偶者的安全感，必然创造了更多的机会。7 月的声明则申明已找到理想伴侣，决定"与麦女士于月之十九号正式订婚并即时举行结婚"，在传递喜悦之情的同时也是对其他应征女性的一个交代。此外还特意承诺因通讯地址变更没有奉还"尚留三十余件"应征信，将予以销毁，并严格保守秘密，请诸女性朋友放心。紧接着在 7 月 23 日李秉嘉夫妇联合发表声明，称彼此因"志同道合、感情和协，由诚执之友谊愿为净洁之终身伴侣"，告知各位亲友。

李秉嘉声明

（一）自秉嘉。感谢之余深为惭愧，奈以职务关系不得不利用公暇才能一一答复。故本星期凡恐不能很快结束务请见谅。

（二）来函有不少代友介绍或父代女兄代妹者，以秉嘉愚见，失去鄙人征求初衷，势必仍为父母之命媒妁之言的老调盖，婚姻一事须得本人的真情实意才能有可靠之保障。才不为虚荣金钱等的屈服，否则他的结果是等于零。所以先行奉赵恕罪恕罪。

（三）有叙名赵女士和笑者不知何许人，硬来加入胡闹，难为闻者所耻笑。但人格必须有保证，必出他的亲母呢。①

李秉嘉二次声明

（一）自秉嘉征婚以来，蒙各界女士关秀，应征秉非常感谢，便以职务之忙碌关系不能一一晤面，不胜抱歉。今已与麦女士于月之十九号正式订婚并即时举行结婚特此奉开。

（二）所有应征信函除已奉赵外，尚留三十余件，以时隔二月从前通地址大半已有变迁，不能如愿奉璧。秉嘉为尊重人格信用计为，感谢诸女士之诚意，计已负责销毁，务请勿责为祷。

（三）通函各女士有要求继续愿交文友者，秉嘉极诚欢迎。通讯处仍寄泰安里。待秉杭州蜜月返舍，容将新舍奉告并略设粗点以谢各位知己。②

李秉嘉麦悟明启

今志同道合感情和协由诚执之友谊愿为净洁之终身伴侣已于月之十九号正式订婚

---

① 《申报》1933 年 6 月 2 日，第 21600 号，第 18 版。

② 《申报》1933 年 7 月 21 日，第 21649 号，第 16 版。

恐亲友未尽周知特登申新民三报城奉闻。①

李秉嘉先生通过征婚广告，在短短两个月的时间里找到自己的理想伴侣并走进婚姻殿堂，效率之高可见一斑。同样以广告的形式觅得婚姻伴侣的不乏其例。如 1915 年有一位名叫魏冰心先生在报纸上看到一则妇女征婚广告，内容大致是"兹有女士，年二十岁，中学一年级程度，欲求佳偶，如有年满二十四岁，有一定职业，意欲求婚者，请投函申报馆某号信箱，合意者由女士保护人约期接洽"②他觉得自己的受教育情况和家庭情况正好符合该广告中的条件，于是真的就写了一封应征的信，后来两人数次见面交往，彼此满意，于是结为夫妇。再如民国名人冯玉祥就是通过友人为其登的征婚广告，结识了李德全女士并最终结为革命伉俪。由此可见，通过征婚广告征婚者确实实现了预期目标，虽不能一一列举，但至少表明征婚广告具有立竿见影的实际效果，为青年男女提供了寻求婚恋自由的机会和平台，扩大了交友渠道。

综上所述，近代征婚广告通过新型大众传播媒介，为征婚男女提供了交友或择偶的宽广平台。征婚形式采用了报纸广告这一近代新兴的大众传播媒介，具有传播范围广，传播时效快，传播影响大等特点，使征婚成为一种更加开放、自由的征友形式或交际手段，也使得婚姻当事人的自主选择权更大。所以说近代征婚者通过报纸刊登征婚广告公开求偶，既是对"父母之命，媒妁之言"的传统专制婚恋形式的一种超越，也是积极响应近代社会所倡导的"自由恋爱""婚姻自主"等婚恋理念的实践。而"除旧立新"又是一个渐变的过程，征婚广告虽在婚恋理念、择偶标准和传播手段等方面已趋向近代化，但根深蒂固的传统婚姻思想仍或隐或显。

（作者单位：武汉大学中国传统文化研究中心）

---

① 《申报》1933 年 7 月 23 日，第 21651 号，第 8 版。
② 魏冰心：《我之婚姻谈》，《妇女杂志》1920 年第 6 卷第 3 号。

少年闻一多的阅读史考察[*]
——以《二月庐漫记》为中心

□ 朱志先

　　1915 年 6 月，闻一多从清华学堂"回乡度假，以读书二月之室名'二月庐'，所作札记题《二月庐漫记》"[①]，随后，闻一多以笔名"多"将《二月庐漫记》内容分十六篇，从 1916 年 4 月至 12 月连续刊载于《清华周刊》，共 16 期 63 条。《二月庐漫记》的内容收录于《闻一多青少年时代诗文集》《闻一多青少年时代旧体诗文浅注》《闻一多全集》第二册等，是少年闻一多读书为文的见证之一。鉴于"早年的阅读及写作经验对作家一生的创作及理论产生重要影响，是一个屡被印证的事实。从这个意义上来说，若要深入地研究闻一多先生，先生早年创作的旧体诗文是不容忽视的一种资源"[②]。因此，无论是书写闻一多的评传，抑或是研究闻一多的学术思想，《二月庐漫记》成为难以绕开的史料之一，自 20 世纪 80 年代迄今，学界对《二月庐漫记》关注颇多[③]，但缺乏从史源学的角度对其予以探究。

　　闻一多 1915 年暑假两个月创作的《二月庐漫记》，其内容由先秦迄民国初年，可谓内容广博，史料丰富，既有观点犀利的考辨之作，又有幽默趣味的叙述之文。《二月庐漫

---

　　* 本文系国家社会科学基金重大项目"《荆楚全书》编纂"（项目编号：10&ZD093）、湖北省社科基金项目"史源学视野下张燧《千百年眼》整理与研究"（项目编号：2011LW018）阶段性成果。

　　① 闻黎明、侯菊坤：《闻一多年谱简编》，中国社会科学院近代史研究所近代史资料编辑部编：《近代史资料》总第 72 号，知识产权出版社 2006 年版，第 5 页。

　　② 胡朝雯：《拆解与重构的焦虑——以〈古瓦集〉和〈二月庐漫记〉系列为中心》，陆耀东、李少云、陈国恩主编：《闻一多殉难六十周年纪念暨国际学术研讨会论文集》，武汉大学出版社 2007 年版，第 489 页。

　　③ 目前学界对闻一多《二月庐漫记》予以系统研究的成果，诸如刘烜《闻一多评传》（北京大学出版社 1983 年版）主要论及闻一多《二月庐漫记》的成文背景、写作特点、撰述兴趣等；邓长风《少年英才的奇文》（《云南师范大学学报》1985 年第 4 期）亦是一篇系统研究闻一多《二月庐漫记》的文章，邓长风认为"《漫纪》刻印着这位学贯中西、博通古今的好学之士的最初足迹，是研究他早期思想发展和学术道路的珍贵资料"；胡朝雯《拆解与重构的焦虑——以〈古瓦集〉和〈二月庐漫记〉系列为中心》（陆耀东、李少云、陈国恩主编：《闻一多殉难六十周年纪念暨国际学术研讨会论文集》，武汉大学出版社 2007 年版）主要从《二月庐漫记》中的具体诗文出发，从新诗美学的角度，对闻一多的诗文评析进行再审视等。但学界较少有学人从史源学的角度论析闻一多在撰写《二月庐漫记》时参依了哪些著述，这对于了解少年闻一多的阅读史及其学术趋向而言，无疑是一种缺憾。

记》涉及史料较多，囿于文体所限，很多条目难以直接看出其史料源自何处，更无法判断闻一多撰写《二月庐漫记》的资料背景及阅读范围，在此前提下言及《二月庐漫记》的成就和此时期闻一多的学术趋向，恐怕将会成为空中楼阁，言其表而不能及其里。笔者不才，试从史源学的角度对《二月庐漫记》进行梳理，借以探究其史源出处，进而考察少年闻一多之阅读史。

一、《二月庐漫记》源于张燧《千百年眼》考

《千百年眼》系晚明湘潭张燧的读书札记，共十二卷，张燧以独特的学术眼光将众多颇具识见的史论汇聚一起，《千百年眼》刊刻后，颇为世人关注。闻一多《二月庐漫记》中共有 37 条内容与张燧《千百年眼》相关，内容遍及《千百年眼》卷一到卷十二。出现此种情况，是英雄所见略同？还是闻一多在撰写《二月庐漫记》相关篇章时参依过《千百年眼》？究其缘由，兹论如下。

《二月庐漫记》①中第一条有关韩信有后代之事，其文为：

> 张玄羽《支离漫语》载广南有韦土官者，自云淮阴侯后。当钟室作乱，淮阴侯家有客匿其三岁儿。知萧相国素与侯相得，不获已，为皇后所劫，私往见之，微示侯无后意。相国仰天叹曰："冤哉！"泪涔涔下。客见其诚，以情告之。惊曰："若能匿淮阴儿乎？中国未可居也！急逃南粤！赵佗必能保此儿。"遂作书遣客致儿于佗曰："此淮阴侯儿，公善视之。"佗养以为己子，而封之海滨，赐姓韦，用韩之半也。今其族世豪于海壖间，有酇侯所遗之书，尉佗所赐之诏，勒之鼎器。夫吕氏当惠帝末已无血胤，而淮阴后犹存。是亦奇闻，史家不识也。惜客失姓名，不得比于程婴，则有幸有不幸耳。②

按：闻一多所言张玄羽《支离漫语》中所载韩信有后之事，可见于明代张大龄（张玄羽）《玄羽外编》之《支离漫语》卷三《淮阴有后》，其文为：

> 淮阴侯夷三族，世皆云无后矣，而予会广中，人言曰："吾乡有韦土官者，自云淮阴后。"当钟室难作，淮阴侯家有客匿其三岁儿，知萧相国素与侯知己，不得已为皇后所劫，私往见之，微示侯无后意，相国仰天叹曰："冤哉！"泪淫淫下。客见其诚以情告，相国警曰："若能匿淮阴侯儿乎，中国不可居矣，急跳南粤，我与越佗善，佗亦重淮阴侯，必能保此儿。"遂作书遣客匿儿于佗，曰："此淮阴侯儿，公善视之，侯功塞宇宙，天必不欲绝之。"佗养以为子而封之海滨，赐姓韦，用韩之半也。今其

---

① 按："二月庐漫记"条，据文后注释可知原刊于"1916 年 4 月 19 日《清华周刊》第 73 期，署名多，是作者早年在清华求学期间暑假回乡时写的读书笔记之一"。（闻一多：《闻一多全集》第 2 册，湖北人民出版社 1993 年版，第 252 页。下文所引《闻一多全集》第 2 册之内容皆出自此本，后不再交代版本信息）

② 闻一多：《闻一多全集》第 2 册，第 251 页。

族世豪于海壖，闻有酂侯所遗之书，尉佗所赐之诏，勒之鼎器。夫吕氏当惠帝末已无血胤，而淮阴后至今存，是亦奇闻，史家不识也，惜其客名姓不传，比于程婴有幸不幸耳。①

另，晚明学者张燧《千百年眼》卷四"韩信有后"条，有文为：

> 广南有韦土官者，自云淮阴后。当钟室难作，淮阴侯家有客，匿其三岁儿。知萧相国素与侯知己，不得已为皇后所劫。私往见之，微示侯无后意。相国仰天叹曰："冤哉！"泪淫淫下。客见其诚，以情告。相国惊曰："若能匿淮阴儿乎？中国不可居矣，急跳南粤，赵佗必能保此儿。"遂作书遣客匿儿于佗，曰："此淮阴侯儿，公善视之。"佗养以为子，而封之海滨，赐姓韦，用韩之半也。今其族世豪于海壖间，有酂侯所遗之书，尉佗所赐之诏，勒之鼎器。夫吕氏当惠帝末，已无血胤，而淮阴后至今存，是亦奇闻，史家不识也。惜其客名姓不传，比于程婴，则有幸不幸耳。此说出张玄羽《支离漫语》。②

按：张大龄《玄羽外编》刊于1611年，而张燧《千百年眼》刊于1614年，且张燧言"此说出张玄羽《支离漫语》"，但比照而言，闻一多之文应该是源自张燧《千百年眼》而非张大龄《玄羽外编》。

此篇第三条有关方孝孺有后代之事，其文为：

> 方孝孺之被族也，尚书魏公泽时谪为宁海典史，当捕方氏，悉力保护周旋，以故方氏有遗育。谢文肃诗所谓"孙枝一叶"者，泽之力也。泽后过孝孺故居，为诗悲悼有云："黄鸟向人空百啭，清猿堕泪只三声。"读之恻然。③

张燧《千百年眼》十二"方孝孺有后"，其文为：

> 方孝孺之被族也，尚书魏公泽，时谪为宁海典史。当捕方氏，悉力保护周旋，以故方氏有遗育。谢文肃公诗，所谓"孙枝一叶"者，泽之力也。泽后过孝孙故居，为诗悲悼，有云"黄鸟向人空百啭，清猿堕泪只三声"。至今读之，犹觉酸鼻。④

按：两文相比，仅句末张燧文为"至今读之，犹觉酸鼻"，闻一多文为"读之恻然"。

此篇第四条载有关苏武娶匈奴陋妻之事，其文为：

> 苏子卿娶胡妇，卒蒙后世訾议，私窃疑之。《新安文献志》载宋建炎中有朱勔者，

---

① 张大龄：《玄羽外编》，《四库全书存目丛书》史部287册，齐鲁书社1997年版，第874页。
② 张燧：《千百年眼》，河北人民出版社1987年版，第66页。
③ 闻一多：《闻一多全集》第2册，第251页。
④ 张燧：《千百年眼》，河北人民出版社1987年版，第208页。

以校尉随奉使行人，在粘罕所数日，便求妻室。粘罕喜，令所房内人中自择，乃取其最陋者，人莫能晓。不半月，勋遂逃去，人始悟。求妻以固粘罕，使不疑；受其陋者，无顾恋也。子卿之妻于胡，得非勋之见耶？①

张燧《千百年眼》卷五"苏武娶胡妇有见"，其文为：

苏子卿娶胡妇，卒蒙后世訾议。私窃疑之。《新安文献志》载，宋建炎中，有朱勋者以校尉随奉使行人，在粘罕所，数日便求妻室。粘罕喜，令于所房内人中自择。勋择一最陋者，人皆莫晓。不半月，勋遂逃去。人始悟求妻以固粘罕，使不疑。受其陋者，无顾恋也。子卿之妻于胡，得无朱勋之见耶？②

通过上述三条之比照，闻一多《二月庐漫记》确实与张燧《千百年眼》有一定的关联，《二月庐漫记》(续十二)中有关曹操疑冢的记载言"明张燧曰……"③其内容见于《千百年眼》卷六"曹操疑冢"条④，由此可见，闻一多应该阅读过张燧《千百年眼》。

按：囿于篇幅所限，《二月庐漫记》中源自《千百年眼》中的内容不再一一比照，仅把其相关内容逐一列出，便于研究者进行核对(见表1)。

表1 　　　　　　　《二月庐漫记》与《千百年眼》校读表

《清华周刊》	刊出时间	《二月庐漫记》条目	源于《千百年眼》条目	源于《千百年眼》卷目
第73期	1916-4-19	4	3	卷四"韩信有后"、卷五"苏武娶胡妇有见"、卷十二"方孝孺有后"
第74期(续一)	1916-4-26	4⑤	5	卷五"汉武怜才"、卷五"史迁不解作赋"、卷五"司马相如《美人赋》"、卷五"西汉文章之陋"、卷十"苏文赖以不废"
第75期(续二)	1916-5-3	3	3	卷六"扬雄始末辨"、卷六"子陵不仕有深意"、卷六"晋史矛盾"
第76期(续三)	1916-5-10	3	2	卷十一"雁足书"、卷十二"翰林不肯撰元宵致词"
第78期(续四)	1916-5-24	4	1	卷七"张翰莼鲈"
第79期(续五)	1916-5-31	4	0	

① 闻一多：《闻一多全集》第2册，第252页。
② 张燧：《千百年眼》，河北人民出版社1987年版，第84页。
③ 闻一多：《闻一多全集》第2册，第275页。
④ 张燧：《千百年眼》，河北人民出版社1987年版，第102页。
⑤ 按：《二月庐漫记·续一》第三条目是将《千百年眼》卷五"司马相如《美人赋》""西汉文章之陋"条糅为一处。

《清华周刊》	刊出时间	《二月庐漫记》条目	源于《千百年眼》条目	源于《千百年眼》卷目
第 80 期(续六)	1916-9-27	3	3	卷二"风马牛不相及"、卷九"柳公权诗意"、卷九"麦舟非范希文父子所难"
第 81 期(续七)	1916-10-4	5	5	卷二"孔子著述"、卷二"《诗序》不可废"、卷二"匏瓜"、卷二"孔子不梦周公非衰"、卷三"庄周未能忘情"
第 82 期(续八)	1916-10-11	3①	4	卷七"《滕王阁记》出处"、卷八"《阿房赋》蹈袭"、卷八"李太白深心"、卷九"曾子固诗才"
第 83 期(续九)	1916-10-18	5②	2	卷八"子美不咏海棠有故"、卷十"岳飞文章"
第 85 期(续十)	1916-11-1	6	3	卷二"尾大不掉"、卷二"秦三良之殉不由缪公"、卷四"相不足凭"
第 86 期(续十一)	1916-11-8	6	2	卷十"教主之号不祥"、卷十一"儒语似佛"
第 87 期(续十二)	1916-11-15	4	2	卷三"西施不随范蠡"、卷六"曹操疑冢"
第 88 期(续十三)	1916-11-23	2	2	卷一"许由让天下非难"、卷六"南子是南蒯"
第 89 期(续十四)	1916-11-30	5	0	
第 91 期(续十五)	1916-12-14	2	0	
共 16 期		共 63	共 37	涵及卷一至卷十二

由表 1 可见《二月庐漫记》中 60% 多的条目是与张燧《千百年眼》相关的，其内容遍及《千百年眼》所有十二卷之内容，每卷少至一个条目，多达五个条目，且并非按原有的顺序予以编排，而是依少年闻一多自己的理解予以编纂，足以说明闻一多是比较熟悉《千百年眼》的。再者像"韩信有后""苏武娶胡妇有见""方孝孺有后""子陵不仕有深意""晋史矛盾""西施不随范蠡""曹操疑冢"等条目都是观点新异之作，可见少年闻一多亦颇具学术识鉴。

另，《滑稽时报》1915 年第 1~4 期(仅刊发 4 期)有署名善阑的作者，对张燧《千百年眼》相关内容予以抄录，共有 16 条。其内容分别是：1915 年第 1 期"丛谭·忍庵杂俎"中抄录有张燧《千百年眼》中"西施不随范蠡""譬况""通鉴省文之谬""杨龟山论朋党""四岳为一人""四皓赐碑""阿房宫赋"；《滑稽时报》1915 年第 2 期"丛谭·忍庵杂俎"中抄录有张燧《千百年眼》中"无佛论""子陵不仕有深意""方孝孺有后""刘表工书""静坐""郭英"条；《滑稽时报》1915 年第 3 期"丛广·忍广杂俎"抄录《千百年眼》"太监云奇"条；《滑稽时报》1915 年第 4 期"丛谭·忍庵杂俎"中抄录有《千百年眼》"板本之始""岳武穆文章"。

---

① 按：《二月庐漫记·续八》第二条目是将《千百年眼》卷八"《阿房赋》蹈袭""李太白深心"条糅为一处。

② 按：《二月庐漫记·续九》第一、二条目是将《千百年眼》卷十"岳飞文章"条分为两条。

在上述内容中有 5 条与《二月庐漫记》中一致，从刊发时间而言，要稍早于闻一多在《清华周刊》上刊发相关内容，很遗憾，笔者无法考证闻一多是否用过"善阑"这一笔名。

二、《二月庐漫记》源于其他著述考

《二月庐漫记》中除了征引张燧《千百年眼》的内容外，还有引自其他著述的，以下按《清华周刊》刊出的顺序，依次予以论析。

(1)《二月庐漫记·续三》，有关清圣祖亲征准噶尔部之趣闻，其文为：

> 清圣祖亲征准噶尔部，次归化城，犒劳凯旋之师。士卒献厄鲁特之俘，有老胡，工筘，口辩，有胆气，兼娴汉语。帝赐之饮，令奏技，音调悲壮。歌曰："雪花如血扑战袍，夺我黄河为马槽；灭我名王分虏我使歌，我欲走兮无骆驼。呜呼黄河以北奈若何！呜呼北斗以南奈若何！"帝为之哑然失笑。①

按：魏源《圣武记》卷三《康熙亲征准噶尔记》其文为：

> ……噶尔丹以数十骑遁。捷奏至御营，命费扬古留防科图，护喀尔喀游牧地，上亲撰铭，勒察罕拖诺山及昭莫多之山而还，次归化城，躬犒劳西路凯旋之师，辍膳大享士，献厄鲁特之俘。弹筝筘歌者毕集，有老胡工筘，口辩有胆气，兼能汉语。上赐之湩酒，使奏技，音调悲壮。歌曰："雪花如血扑战袍，夺取黄河为马槽。灭我名王分虏我使歌，我欲走兮无骆驼。呜乎！黄河以北奈若何？呜呼！北斗以南奈若何？"遂伏地谢，上大笑，手书以告皇太子。②

另，天台野叟《大清见闻录·老胡工歌》有文：

> 圣祖亲征准噶尔，师还，次归化城，躬自犒劳西路凯旋之师，辍膳享士。献厄鲁特之俘，弹筝筘歌者毕集。有老胡工筘，口辩，有胆气，兼能汉语，因赐以酒，使奏技。应声歌曰：雪花如血扑战袍，夺取黄河为马槽，灭我名王分虏我使歌，我欲走兮无骆驼，呜呼黄河以北兮奈若何，呜呼北斗以南兮奈若何！遂伏地谢。上大笑，手书以告太子。③

印鸾章《清鉴纲目》卷五有文为：

> 捷奏至，帝命费扬古留防科图，护喀尔喀游牧地，亲撰文铭功勒石于察罕拖诺山及昭莫多之山而还。车驾次归化城，劳西路凯旋兵，大享士。费扬古献俘行帐，有老

---

① 闻一多：《闻一多全集》第 2 册，第 257 页。
② 魏源：《圣武记》，世界书局 1936 年，第 81 页。
③ 天台野叟：《大清见闻录》上卷《史料遗文·老胡工歌》，中州古籍出版社 2000 年版，第 28 页。

胡工箶，口辨有胆气，兼通汉语。帝赐之酒，使奏技歌曰："雪花如血扑战袍，夺取黄河焉马槽。灭我名王兮虏我使歌，我欲走兮无骆驼。呜呼黄河以北奈若何！呜呼北斗以南奈若何！"帝大笑。遂旋师，六月癸巳至京师。①

按：相比而言，闻一多当是参阅魏源《圣武记》之文。缘由之一：从内容符合度而言，闻一多此条目与《圣武记》中均有"音调悲壮"，而其他两文没有。缘由之二：从书籍刊印时间而言，虽然天台野叟《老胡工歌》及印鸾章《清鉴纲目》与闻一多之内容几乎一样，但天台野叟《大清见闻录·编纂例言》的落款为民国六年（1917）中秋月晦日，印鸾章《清鉴纲目》最早于1936年由世界书局出版，闻一多之文则发表于1916年5月，而魏源《圣武记》成于道光壬寅（1842），有光绪戊寅本（1878）、己亥本（1899）等刻印本。

（2）《二月庐漫记·续四》有关咏梅之文：

> 近所见咏梅之作，当以庾子山之"枝高出手寒"、东坡之"竹外一枝斜更好"为上。林和靖之"雪后园林才半树，水边篱落忽横枝"，高季迪之"流水空山见一枝"亦善。至高续古之"舍南舍北雪犹存，山外斜阳不到门。一夜冷香清入梦，野梅千树月明村"，可谓传神好手。沈得舆有联云："独立江山暮，能开天地春。"气骨豪迈，有举头天外之慨，脱尽咏梅恒径②。萧千岩之"百千年藓着枯树，一两点花供老枝"，则奇崛可惊。朱希真词云"横枝清瘦只如无，但空里疏花数点"，亦得梅花之神。③

按：清沈德潜《说诗晬语》卷下之文④：

> 咏梅诗应以庾子山之"枝高出手寒"，苏东坡之"竹外一枝斜更好"为上。林和靖之"雪后园林才半树，水边篱落忽横枝"，高季迪之"流水空山见一枝"，亦能象外孤寄；余皆刻画矣。杜少陵之"幸不折来伤岁暮，若为看去乱乡愁"，此纯乎写情，以事外赏之可也。⑤

朱彝尊《静志居诗话》卷十八"吴振缨"条，其文为：

> 咏物诗最难工，而梅尤不易。林君复："雪后园林才半树，水边篱落忽横枝。"此为绝唱矣。他如："疏影横斜水清浅，暗香浮动月黄昏。"仅易江为二字，以"竹""桂"为"疏""暗"，是妙于点染者。余则苏子瞻"竹外一枝斜更好"，高季迪"薄暝山家松树下"亦见映带之工。高续古绝句云："舍南舍北雪犹存。山外斜阳不到门。一

---

① 印鸾章编著：《清鉴纲目》，岳麓书社1987年版，第223～224页。

② 按：清人沈钦圻，字得舆，有诗《梅》："冰雪磨炼后，忽放几枝新。独立江山暮，能开天地春。"（见陈晋主编《唐风宋韵新吟》，万卷出版社2006年版，第143页）

③ 闻一多：《闻一多全集》第2册，第259～260页。

④ 按：沈德潜曾选《古诗源》《唐诗别裁》《明诗别裁》《清诗别裁》等，而闻一多在《日记》中提到自己对相关诗话的关注。

⑤ 何文焕、丁福保编：《历代诗话统编》（四），北京图书馆出版社2003年版，第680页。

夜冷香清入梦，野梅千树月明村。"可谓传神好手。朱希真词："横枝清瘦只如无，但空里疏花数点。"李易安词："要来小酌便来休，未必明朝风不起?"皆得此花之神。①

朱彝尊《曝书亭集》卷三十六《梁谿遗稿序》有文：

> ……萧，江西人，讳德藻，字东夫，别字千岩。《咏梅》绝句有云："湘妃危立冻蛟背，海月冷挂珊瑚枝。"又云："百千年薛著枯树，一两点花供老枝。"造句奇崛。洵足与文简公"梁谿一曲小桥东"之作，并传者也。②

按：《静志居诗话》有嘉庆二十四年(1819)扶荔山房刊本、民国二年(1913)上海文瑞楼石印本；《曝书亭集》《说诗晬语》仅民国以前的刊本就很多，闻一多的咏梅之文，应该和沈德潜、朱彝尊的论述有关，并非如学人所言：

> 在续四里，诗人集中讨论了"咏梅"的诗句……梅花固然是中国古代诗人笔下的爱物，但能一口气举出从南北朝到宋代八位作家的相关诗句，并加以准确的点评，再联系作者当时的年龄，这样的阅读面着实令人叹服。③

(3)《二月庐漫记·续五》其中一条为：

> 韩魏公常谓：保初节易，保晚节难，故晚年事事着力。在北门时，有《九月诗》云："不羞老圃秋容淡，且看黄花晚节香。"④

按：闻一多此条目，可见于清人张宗棣《词林纪事》中《皇朝类苑》有关韩琦的记载：

> 魏公在北门，重阳宴诸曹于后园，有诗一联云："不羞老圃秋容淡，且看黄花晚节香。"公居常谓保初节易，保晚节难，故晚节事尤著，所立特完。⑤

《二月庐漫记·续五》其中一条为：

> 明苏人刘完庵为佥事，将致政，有宪司索题《牧牛图》。完庵题曰："牧子骑牛去若飞，免教风雨湿蓑衣。回头笑指桃林外，多少牧牛人未归。"宪司感悟，即挂冠去。鲁真八岁时赋《牧童诗》曰："骑牛远远过前村，短笛横吹隔陇闻。多少长安名利客，

---

① 朱彝尊：《静志居诗话》，人民文学出版社 1990 年版，第 557~558 页。
② 朱彝尊：《曝书亭集》，世界书局 1937 年版，第 444 页。
③ 胡朝雯：《拆解与重构的焦虑——以〈古瓦集〉和〈二月庐漫记〉系列为中心》，陆耀东、李少云、陈国恩主编：《闻一多殉难六十周年纪念暨学术研讨会论文集》，武汉大学出版社 2007 年版，第 495 页。
④ 闻一多：《闻一多全集》第 2 册，第 261 页。
⑤ 张宗棣编：《词林纪事》，上海古籍出版社 1998 年版，第 194 页。

机关用尽不如君。"亦足发人深省。又清狂道人郭翌画有天趣，王阳明初以寻常画史目之；后见其画《牧牛晚归图》题云："两脚风声吹满头，随身蓑笠胜羊裘。柴门犹道牛归晚，江上风波未泊舟。"阳明称赏，以宾礼优之。①

按：褚人获《坚瓠集》乙集卷三，《牧牛图诗》有文：

> 宋姚镛为吉州判官，以平寇功擢守章贡。为人豪隽，自号雪篷，令画工肖像骑牛于涧谷之间，索郡人赵东野题诗。东野题云："骑牛无笠又无蓑，断陇横冈到处过。暖日和风不尝有，前村雨暗却如何。"盖规之也。后忤帅臣，卒贬衡阳。又明苏人刘完庵（珏）为金事，将致政，有宪司索题《牧牛图》，完庵题曰："牧子骑牛去若飞，免教风雨湿蓑衣。回头笑指桃林外，多少牧牛人未归。"宪臣感悟，挂冠而去。②

褚人获《坚瓠集》甲集卷三，《郭清狂》有文：

> 清狂道人郭翊，画有天趣，诗有风刺。王阳明初以寻常画史待之，后见其画《雪樵图》，题诗云："两束樵薪仅十钱，雪深泥滑自堪怜。市城谁念青山瘦，尽日厨头不断烟。"又画《牧牛晚归图》，题诗云："雨脚风声满树头，随身蓑笠胜羊裘。柴门尤道牛归晚，江上风波未泊舟。"阳明称赏，以宾礼优之。③

另，明代敖英《东谷赘言》卷下有文：

> 清狂道人郭翊画有天趣，诗有风刺，阳明王公初以寻常画史待之。后见其画《雪樵图》，题诗其上曰："两束焦薪仅十钱，雪深泥滑自堪怜。市城谁念青山瘦，尽日厨头不断烟。"又见其画《牧牛晚归图》，题诗其上曰："两脚风声满树头，随身蓑笠胜羊裘。柴门犹道牛归晚，江上风波未泊舟。"阳明语人曰："郭清狂画，掩诗也。"乃以宾礼优之。④

相比而言，闻一多当是参依褚人获《坚瓠集》中《牧牛图诗》及《郭清狂》。
《二月庐漫记·续五》中有：

> 陈秋舫为有清名诗家之一。魏默深尝题《简学斋诗集》有云："空山无人，沉思独往；木叶尽脱，石气自青；羚羊挂角，无迹可寻；成连东海，刺舟而去。渔洋山人能言之而不能为之也。太初其庶几乎，其庶几乎！"其《喜项师竹张馥亭自麻城来访》曰："快雪天易晴，萧然独成醉。梅间一雀噪，双双故人至。知我相念深，感君远来意。

---

① 闻一多：《闻一多全集》第2册，第261页。
② 褚人获：《坚瓠集》第1册，浙江人民出版社1986年版，第227页。
③ 褚人获：《坚瓠集》第1册，浙江人民出版社1986年版，第82页。
④ 敖英：《东谷赘言》，中华书局1985年版，第34页。

前夜江上风，舟来亦不易。相逢且为欢，谁问别后事。空山不知寒，星月同窸窣。"
子美梦太白之意，而韦苏州《寄山中道士》之格也。①

按：《魏源·跋陈沆〈简学斋诗〉》有文：

> 空山无人，沉思独往，木叶尽脱，石气自清；羚羊挂角，无迹可寻；成连东海，
> 刺舟而去。渔洋山人能言之而不能为之也，太初其庶几乎！其庶几乎！②

陈沆《简学斋诗存》卷三《项师竹张馥亭自麻城来访欣然有作》有文：

> 快雪天易晴，萧然独成醉。梅间一雀噪，双双故人至。知我相念深，感君远来
> 意。前夜江上风，舟来亦不易。相逢且为欢，谁问别后事。空山不知寒，星月同窸
> 窣。[……默深云：子美《梦太白》诗意，苏州（韦应物）《寄山中道士》诗格。]③

《二月庐漫记·续五》中有：

> 又《甲戌南归道中作》云："朝见太行青，暮见大行碧。行人无时休，山意去不
> 息。立马望中原，纵横见城邑。去雁无定声，垂云可怜色。战余草木荒，岁晚风沙
> 直。万事信冥冥，我行徒恻恻。不有霜雪威，讵知阳春德？骨重神寒，直逼少
> 陵矣。"④

按：此篇见《简学斋诗存》卷二《出都诗六首》，其文为：

> 朝见太行青，暮见太行碧。行人无时休，山意去不息。立马望中原，纵横见城
> 邑。去雁无定声，垂云可怜色。战余草木荒，岁晚风沙直。万事信冥冥，我行徒恻
> 恻。不有霜雪威，讵知阳春德？（默深云：秋舫五古，至此诗而大进矣。又云：骨重
> 神寒，真实力量，固自不同。包慎伯云：苍凉古直。）⑤

按：陈沆，字太初，号秋舫，蕲水人，嘉庆二十四年（1819）状元，其所著《简学斋诗
存》有咸丰二年（1852）及咸丰五年（1855）蕲水陈氏刻本，蕲水即今天的浠水，同为浠水人
的闻一多有机会看到《简学斋诗存》。从上述的比对而言，闻一多应该是参阅过其状元老
乡陈沆的《简学斋诗存》。

---

① 闻一多：《闻一多全集》第 2 册，第 261 页。
② 陈沆著，宋耐苦、何国民编校：《陈沆集》，湖北教育出版社 2002 年版，第 498 页。据《陈沆
集》可知此文又见于《简学斋诗》稿及《魏源集》下册。
③ 陈沆著，宋耐苦、何国民编校：《陈沆集》，湖北教育出版社 2002 年版，第 34～35 页。
④ 闻一多：《闻一多全集》第 2 册，第 261～262 页。
⑤ 陈沆著，宋耐苦、何国民编校：《陈沆集》，湖北教育出版社 2002 年版，第 27 页。

(4)《二月庐漫记·续九》有关白乐天之趣闻，其文为：

> 白乐天晚年极喜义山诗，尝云："我死得为尔子足矣。"义山生子遂以白老名之。既长，略无文性，温庭筠戏之曰："以尔为乐天后身，不亦忝乎？"然义山有"衮师我骄儿，美秀乃无匹"之句，不知诗之所称即此否？不然后何其无闻也。①

按：宋人蔡启《蔡宽夫诗话》中《韩愈李商隐誉儿》有文为：

> 旧说退之子不惠，读金根车改为金银。然退之《赠张籍》诗所谓"召令吐所记，解摘了瑟间"，则不应不识字也。白乐天晚年极喜李义山诗文，尝谓我死得为尔子足矣。义山生子，遂以白老字之。既长，略无文性。温庭筠尝戏之曰："以尔为乐天后身，不亦忝乎？"然义山有"衮师我娇儿，美秀乃无匹"之句，其誉之不亦减退之。不知诗之所称，乃此二子否乎？不然，二人之后，何其无闻也。②

比照而言，闻一多所论当是摘自《蔡宽夫诗话》中《韩愈李商隐誉儿》篇。

(5)《二月庐漫记·续十》有文：

> 章碣题《焚书坑》云："竹帛烟销帝业虚，当年曾是祖龙居。坑灰未冷江东乱，刘项原来不读书。"按某《读秦绝》云："谤声易弭怨难除，秦法虽严亦甚疏。夜半桥边呼孺子，人间犹有未烧书。"此与章作立论各异，而语意较淡远。③

按：清人褚人获《坚瓠集》丁集卷四《焚书坑》条有文："章碣题《焚书坑》云：'竹帛烟销帝业虚，当年曾是祖龙居。坑灰未冷江东乱，刘项原来不读书。'陆文量(容)诗云：'焚书只是要人愚，人未愚时国已墟。惟有一人愚不得，又从黄石受兵书。'"④清人陈恭尹《读秦纪》载："谤声易弭怨难除，秦法虽严亦甚疏。夜半桥边呼孺子，人间犹有未烧书。"⑤

(6)《二月庐漫记·续十一》有关林茂之的记载：

> 林古度居金陵，年八十余，贫甚，冬夜眠败絮中。其诗有："恰如孤鹤入芦花"之句，诵之凄然！⑥

按：王士禛《池北偶谈》卷十七《林茂之》有文：

---

① 闻一多：《闻一多全集》第2册，第269页。
② 黄世中等编：《李商隐资料汇编》(上)，中华书局2001年版，第25页。
③ 闻一多：《闻一多全集》第2册，第271~272页。
④ 褚人获：《坚瓠集》第1册，浙江人民出版社1986年版，第551页。
⑤ 陈恭尹：《独漉诗笺》上，广东人民出版社2009年版，第160页。
⑥ 闻一多：《闻一多全集》第2册，第273页。

林翁茂之(古度)居金陵，年八十余，贫甚，冬夜眠败絮中，其诗有"恰如孤鹤入芦花"之句。方尔止(文)寄翁诗云："积雪初晴鸟晒毛，闲携幼女出林皋；家人莫怪儿衣薄，八十五翁犹缊袍。"及卒，周栎园侍郎(亮工)葬之钟山。①

比照而言，闻一多有关林茂之的记载当和王士禛《池北偶谈》卷十七《林茂之》有关。《二月庐漫记·续十一》有关于兄弟争讼之文：

有兄弟惑于妇言争财构讼，吏判之，且题句云："只缘花底莺声巧，竟使天边雁影疏。"兄弟惭泣谢，自是不复起争端。②

《小说新报》1916年第5期，作者寄恨有文《黍春室拉杂话·诗判》：

有兄弟二人惑于妇言，争财构讼，官讯得实，判之云："只缘花底莺声巧，竟使天边雁影疏。"兄弟为之感悔泣谢，友爱如初。③

按：由《二月庐漫记》(续十一)文后注释可知，此文原刊于1916年11月8日《清华周刊》第86期，而《小说新报》之文则出版于1916年5月，闻一多应该对此文有所参照。
《二月庐漫记·续十一》关于玉笋金盐的记载：

有人作《游女诗》云："不曾怜玉笋，相竞采金盐。"人多不识"金盐"为何物，或以为花名。按《煮石经》云："五加皮亦名金盐。"④

清宋长白《柳亭诗话》上，《玉笋金盐》条有文：

有人作《游女诗》中一联曰："不曾怜玉笋，相竞采金盐。"人多不解"金盐"二字。按《煮石经》云："五加皮，一名金盐。"始知玉笋金盐对极妙，而初不合掌，亦宗古语。⑤

按：闻一多有关玉笋金盐之论应该和宋长白"《玉笋金盐》"条相关。

---

① 王士禛：《池北偶谈》，中华书局2006年版，第401页。
② 闻一多：《闻一多全集》第2册，第273页。
③ 按：此文作者为寄恨，作者在此期列有一组文章，并题曰："闻之，君子博闻强识，余则索居寡陋，尘务仆缘，绝少沉潜之功，偶有闻见，数日辄复遗忘，顾自维书中会心之处，与夫世上不经见之事，援以为酒后茶余之谈助，往往足破人岑寂。设竟任其弃置，则敝帚自珍，亦殊耿耿不自已，用是此笔记之。假定其名曰拉杂话，非敢以著述自居也。"
④ 闻一多：《闻一多全集》第2册，第273页。
⑤ 宋长白：《柳亭诗话》上，《玉笋金盐》，上海杂志公司1935年版，第216页。另：(清)伍涵芬编，杨军校注：《说诗乐趣校注》，《玉笋金盐》条注为源自《谢氏诗源》。(齐鲁书社1992年版，第300页)

（7）《二月庐漫记·续十二》有文：

> 某闺秀《咏渔父》云："起家红蓼岸，传世绿蓑衣。"妙语可喜也。①

按：明代支允坚《支允坚诗话》有文：

> 姑苏女子沈清友能诗，如"晚天移棹泊垂虹，闲倚蓬窗问钓翁。为底鲈鱼低价卖，年来朝市怕秋风"，得风人之体。《咏渔父》云："起家红蓼岸，传世绿蓑衣。"《咏牧童》云："自便牛背稳，却笑马蹄忙。"下字之功。②

（8）《二月庐漫记·续十四》有文：

> 清曹文正公振镛，儿时好弄。尝于塾中为龟戏，匍匐地上，覆大木盆于背，手足并进，蠕蠕然固一大龟也。太翁亦显宦，深怒其无状。一日侦其为是戏时，突入塾中。公窘急，即缩其四体于盆内；太翁佯为不知也，就坐盆上，与塾师谈，日昃而退。师惧公不堪，揭盆视，乃呼噪而出，如无所苦焉。顾自是不复敢为是戏矣。③
>
> 吴县潘文勤公祖荫，于清光绪初叶长刑部。满司员某，闻其好衡文，雅思所以媚之者，乃急就成诗数十首，恭楷录正，于堂上署诺时，揖而进之。文勤即时阅之。见首章题曰"跟二太爷阿妈逛庙"八字，下曰：（都人谓从曰跟；谓伯父曰太爷。阿妈者，满人称父之词。都中名刹寺，月有常期，陈列百物，以待售。往游者辄谓之逛庙云。）不禁狂笑，冠缨几绝；某则面若死灰，逡巡自退矣。④

《滑稽时报》1915 年第 4 期《笑林·隽语丛录》中，有《跟二太爷阿妈逛庙》条，其文为：

> 吴县潘文勤公（祖荫）于前清光绪初叶长刑部。有满司员某，闻其好尚文雅思，所以媚之者，乃急就成诗数十首，恭楷录正，于堂上署诺时，揖而进之。文勤即时审阅，及见首章题目，乃"跟二太爷阿妈逛庙"八字，"都人谓从曰跟；谓伯父曰太爷；阿妈者，满人称父之词。都中隆福等寺，月有常期，陈百物以待售。往游者辄谓之逛庙云"。不禁狂笑，冠缨几绝。某是时面若死灰，逡巡自退矣。

《跟二太爷阿妈逛庙》条后面紧接着是《龟戏》条，其文为：

---

① 闻一多：《闻一多全集》第 2 册，第 275 页。
② 《支允坚诗话》，吴文治主编：《明诗话全编》10，江苏古籍出版社 1997 年版，第 10929～10930 页。
③ 闻一多：《闻一多全集》第 2 册，第 279 页。
④ 闻一多：《闻一多全集》第 2 册，第 279 页。

前清歙县曹文正公(振镛)儿时好弄，尝于塾中为龟戏，匍匐地上，覆大木盆于背，手足并进，蠕蠕然固一大龟也。太翁亦显宦，深怒其无状。一日侦其为是戏时，突入塾中。公窘急，即全体缩缩入盆下。太翁佯为不知也者，就坐盆上，与塾师畅谈，日昃乃去。师恐公不堪，揭盆视之，乃呼噪而出，如无所苦焉。顾自是不复敢为是戏矣。

相比而言，闻一多仅是调整了此两条的顺序而已，据《清华周刊》1916 年第 89 期、《闻一多少年时代诗文集》皆作"曾文正公振镛"，当误，应为曹文正公。因曹振镛为安徽歙县人，1835 年卒，道光皇帝亲临吊丧，赐谥号文正，故《闻一多全集》此条目后有注释云："'曹'，原作'曾'，误。"并在正文中径改"曾文正"为"曹文正"。从刊发时间而论，闻一多此文是刊于 1916 年 11 月 30 日，要晚于《滑稽时报》。再者，从前文所论《滑稽时报》名为善阑的作者所摘录《千百年眼》中的内容，有 5 条与闻一多的内容相同。笔者认为有以下可能：第一，"善阑"可能是闻一多的笔名；第二，闻一多可能是看了《滑稽时报》上有关对《千百年眼》的摘录，备感新奇，进而关注《千百年眼》并予以摘录；第三，《滑稽时报》上刊发《跟二太爷阿妈逛庙》《龟戏》条的作者可能也是闻一多。

《二月庐漫记·续十四》有关于戴大宾早慧的记载：

明戴大宾幼聪颖，读书辄过目不忘。在馆时嬉戏，邻师过之，以其幼也，因出联曰："月圆。"大宾应声曰："风扁。"师笑曰："风何以言扁？"大宾曰："风不扁，何穿透门隙也？"师又曰："马嘶。"对曰："牛舞。"师曰："牛何以舞？"曰："大舜作乐，百兽率舞，牛不在中乎？"时方七岁也。①

按：晚明冯梦龙《谈概·戴大宾对》，其文为：

戴大宾八岁游泮，主师指厅上椅属对云："虎皮褥盖学士椅。"即对云："兔毫笔写状元坊。"主师大奇之。十三中乡试，有贵公来谒其父，见戴戏庭侧，尚是一婴稚，以为业童子艺也，出一对曰："月圆。"即应曰："风扁。"问："风何尝扁？"曰："侧缝皆入，不匾何能？"又出一对曰："凤鸣。"即应曰："牛舞。"问："牛何尝舞？"曰："'百兽率舞'，牛不在其中耶？"贵公大加叹赏，询之，即大宾也，已成乡举矣。对语皆含刺云。②

另，明代中叶王同轨《耳谈》卷九《小举子对》有文：

有贵公谒某公，某公未出见，其子戏庭侧，尚是婴稚，以为业童子艺也。出一对曰："月圆。"即应曰："风扁。"问："风何尝扁？"曰："侧缝皆入，不扁何能！"又出一对曰："凤鸣。"即应曰："牛舞。"问："牛何尝舞？"曰："百兽率舞，牛在其中。"贵公

---

① 闻一多：《闻一多全集》第 2 册，第 279 页。
② 冯梦龙：《谈概》，长春出版社 2004 年版，第 350 页。

大加叹赏。某公出，始知已成乡举矣。语皆含刺，少颖如此。①

比照而言，冯梦龙《古今谭概·戴大宾对》及闻一多所论皆是源自王同轨《耳谈》卷九《小举子对》。

《二月庐漫记·续十四》有关于王禹偁早慧的记载：

> 王禹偁七岁能文，毕文简公为郡从事始知之。闻其家以磨面为生，因命作"磨"诗。元之对曰："但存心里正，何愁眼下迟！得人轻借力，便是转身时。"文简大奇之。②

按：梁章钜《浪迹丛谈》卷七《巧对补录》有文：

> 前录巧对，有未详者，兹复补之云：王禹偁字元之，济州人，擢进士第，事宋太宗、真宗，官至知制诰。年七八已能文，毕文简为郡从事，始知之，问其家以磨面为生，因令作磨对。元之不思以对云："但取心中正，无愁眼下迟。"文简大奇之，留于子弟中讲学。一日，太守席上出诗句云："鹦鹉能言难似凤。"坐客未有对，文简写之屏间，元之书其下云："蜘蛛虽巧不如蚕。"文简叹息曰："经纶之才也。"遂加以衣冠，呼为小友。至文简入相，元之已掌书命矣。此事《邵氏闻见录》及朱子《名臣言行记》。③

有上述可见，《二月庐漫记》中这十四条内容，分别源于魏源《圣武记》、朱彝尊《曝书亭集》《静志居诗话》、沈德潜《说诗晬语》、褚人获《坚瓠集》、陈沆《简学斋诗存》、蔡启《蔡宽夫诗话》、王士禛《池北偶谈》、宋长白《柳亭诗话》《支允坚诗话》《滑稽时报》、王同轨《耳谈》、梁章钜《浪迹丛谈》等。

三、少年闻一多的阅读史考察

《二月庐漫记》系闻一多的少年之作，通过对其进行史源学梳理，我们不仅可以了解《二月庐漫记》的编辑特点，且可以管窥少年闻一多的阅读范围及其写作的价值取向。

首先，从《二月庐漫记》的编辑特点而言，这些连续刊载于《清华周刊》的文章，属于读书笔记，或者说是读书札记。从《二月庐漫记》的编辑内容而言，主要涉及两个方面的内容。第一，是对历代有争议且富有考辨性观点的摘录及评点，体现少年闻一多善于发现

---

① 王同轨：《耳谈》卷九《小举子对》，黄清泉选注：《明清笔记小说新选》，湖北教育出版社 2006 年版，第 87 页。

② 闻一多：《闻一多全集》第 2 册，第 280 页。

③ 梁章钜：《浪迹丛谈》卷七《巧对补录》，福建人民出版社 1983 年版，第 89 页。另：《邵氏闻见后录》卷十七记及毕士安令王禹偁作《磨诗》："元之不思以对：'但存心里正，无愁眼下迟。若人轻着力，便是转身时。'文简大奇之。"

问题的精神；第二，是对逸闻趣事及少年早慧资料的摘录，展现了闻一多的少年童趣。

其次，对《二月庐漫记》的史源学考察，我们可以大致推测少年闻一多的阅读范围。《二月庐漫记》系闻一多利用暑期时间，通过大量阅读相关书籍撰写而成。但闻一多到底利用多长时间来撰写这些笔记呢？学者们一般认为是闻一多利用暑期读书而为，是一个暑期，还是几个暑期？这还是一个疑问。即便答案是后者，根据闻一多1912年考入清华学堂，1916年4月开始在《清华周刊》刊发系列文章，也不过是三个暑期。那么在这三个暑期中果如学界所论，闻一多《二月庐漫记》阅读了大量古代史书、文集、笔记等，"引用和评述了上述自《诗经》、下至清季民初的一百多首诗词歌赋。显然，他诵读过的篇章当数十、数百倍于此"①。从时间上来说，这个工作量是不易实现的。但从史源学考察，我们可以发现，闻一多撰写《二月庐漫记》的资料，实源于张燧《千百年眼》、魏源《圣武记》、朱彝尊《曝书亭集》《静志居诗话》、沈德潜《说诗晬语》、褚人获《坚瓠集》、陈沆《简学斋诗存》、蔡启《蔡宽夫诗话》、王士禛《池北偶谈》、宋长白《柳亭诗话》《支允坚诗话》《滑稽时报》、王同轨《耳谈》、梁章钜《浪迹丛谈》等，应该在二十余种，且多为明清时期的笔记、文集、诗话。恰如闻一多1919年2月10日的日记中写道："枕上读《清诗别裁》。近决志学诗。读诗自清明以上，溯魏汉先秦。读《别裁》毕，读明诗综，次元诗选，宋诗钞，次全唐诗，次八代诗选，期于二年内读毕。"这说明早期阅读笔记、诗话之类对闻一多以后的创作与学习是有很大影响的。

再者，从《二月庐漫记》所参依的史料，可以发现少年闻一多写作的价值取向是向往有自己见解的"豪杰之眼"。《二月庐漫记》中有一半以上内容是源自张燧《千百年眼》，且内容涉及《千百年眼》各卷，足见闻一多对此书之熟识与喜爱，张燧是倡导"见自己出"，不为苟同之论。也许是受《千百年眼》的影响，1916年5月17日，闻一多在《清华周刊》刊文反对当时"日趋而伪"的学风②；1917年6月15日，闻一多在《辛酉镜·闻多》中自评道："所见独不与人同，而强于自信，每以意行事，利与钝不之顾也"，进而指出自己在二月庐中"闲为古文辞，喜敷陈奇义，不屑屑于浅显"③。

（作者单位：湖北科技学院人文与传媒学院）

---

① 邓长风：《少年英才的奇文》，《云南师范大学学报》1985年第4期。又见于人大复印资料《中国现代、当代文学研究》1985年第15期。

② 闻一多：《闻一多全集》第2册，第282页。

③ 闻一多：《闻一多全集》第2册，第295页。

中国·东亚·世界

中国·求真·文库

韩国所藏日刊本李贽《明诗选》考论

□ 韩 东

一、引 言

李贽堪称明后期思想界的"名人"与"狂人"，他在思想界的"耀眼"与"不俗"表现最终还是引来了"杀身之祸"。万历三十年，明神宗因礼科给事中张问达的上书，遂以"敢倡乱道、蛊惑世民"的罪名将李贽逮捕入狱，并下令将李贽所著书籍中"已刊未刊者，令所在官司，尽搜烧毁，不许存留"①。然而，李贽死后其书籍并没有受到神宗不许"曲庇私藏"旨意的影响而销声匿迹，正如顾炎武所说，当时"士大夫多喜其书，往往收藏"，所以，其实际情况是"虽奉严旨，而其书之行于人间自若也"②。李贽的书籍就如同那些被禁止流通的问题小说一样，越是被官方强令禁毁，民间反而就越是广为流传。同其他名人的诗文集一样，李贽的诗文集不仅流传于国内，而且也热销海外。明人陈明卿曾说："卓吾书盛行，咳唾之间非卓吾不欢，几案之间非卓吾不适，朝廷曾禁毁之，而士大夫则相于重锓，且流传于日本。"③由此可见，李贽是"身虽死"而"书愈传"。

去年在韩国国立中央图书馆阅览古籍时，无意中发现日刊本李贽《明诗选》，经考不论是前人所辑《李温陵集》《李氏全书》，还是今人所编《李贽文集》《李贽全集注》都不曾收录这本《明诗选》，其中也未发现有李贽提及编选明诗选一事。李贽曾与袁宏道谈论过自己的著述，他说除了《焚书》《藏书》《说书》之外，还"别有十种，约六百纸"，不过当时这些书都"尚未终册"④，这本诗集是否就是李贽当年"尚未终册"中的一本？不过，诚如明

---

① "中央研究院"历史语言研究所编：《明神宗实录》卷三六九；张建业主编：《李贽研究资料汇编》，社会科学文献出版社 2013 年版，第 308 页。

② 顾炎武：《日知录》卷一八，黄汝成集释：《日知录集释》中，上海古籍出版社 2006 年版，第 1070~1071 页。

③ 吴虞：《吴虞文录·明李卓吾别传》，张建业主编：《李贽研究资料汇编》，社会科学文献出版社 2013 年版，第 300 页。

④ 袁宏道：《枕中十书序》，《袁宏道集笺校》，上海古籍出版社 2008 年版，第 1634 页。

人张鼐所说："卓吾死而其书重，卓吾之书重而真书、赝书并传于天下"①，李贽的名气实在太大，讹托其名传世的赝书极多，这本在国内从未现身的《明诗选》又是否为后世好事者所为之？林海权先生在其《李贽年谱考略》一书中曾列出《疑耀》等存疑伪作书目 17 本②，但《明诗选》并不在其中。因此，本文撰写的目的便是对韩国国立中央图书馆所藏日刊本李贽《明诗选》的概况、真伪问题进行考论，并揭示其在文学史上的意义。

二、日刊本李贽《明诗选》的概况

韩国国立中央图书馆所藏李贽《明诗选》为一册，木版本，番号（古 5—67）。此集封面正中题"明诗选"，右题"卓吾李先生述"，左题"日东书林柳枝轩藏"，此外在正文首页右下角也题有"李卓吾辑"的字样。本集由序、叙、正文三部分组成，其中正文分上下两卷。正文上卷为律诗，收录五言 78 首，七言 45 首；下卷为绝句，收录五言 29 首，七言 67 首，另附六言绝句 4 首，全集诗歌共计 223 首。此集共收录诗人 77 位，上起明初洪武年间，下至明后期万历初年，共历 15 朝，时间跨度 250 余年。具体情况如表 1：

表 1

作者	五言律诗	七言律诗	五言绝句	七言绝句	六言绝句	作者	五言律诗	七言律诗	五言绝句	七言绝句	六言绝句
刘基	3	1	6	2		文林	1				
梁寅	1					杨时秀	1				
高启	1	2	3	10	1	李梦阳	24	11	4	7	
杨基	1		1			何景明	7	1		2	
唐肃	1					徐祯卿	1		3	1	
林鸿	2	1				边贡	1	1	3	7	
章闇	1					薛蕙	1				
周玄	1					郑善夫	1				
姚广孝	1	1				孙一元	1				
杨士奇	1	1				王廷相	2		1	3	
陈琏	1					胡缵宗					
李祯	1					袁袠					
罗顾	1					杨慎	2			4	1
唐顺之	1	1	1	1		王直					
华察	2					薛瑄			1		

---

① 李贽：《续刻李氏书序》，《续焚书》，中华书局 2009 年版，第 4 页。

② 林海权：《李贽年谱考略》，福建人民出版社 2005 年版，第 528~534 页。

续表

作者	五言律诗	七言律诗	五言绝句	七言绝句	六言绝句	作者	五言律诗	七言律诗	五言绝句	七言绝句	六言绝句
皇甫浦	1					储巏		1			
乔世宁	1					乔宇		2			
李孔阳	1					靳学颜		2			
李汝兰	1					王维祯		1			
谢榛	3	1		3		黄姬水		1			
卢楠	1					杨继盛		2			
许邦才	2	1	1	9		汪时元		2			
李先芳	2					刘松			1		
王世贞	2	1			1	王谊			1		
高岱	1					薛瑄			1	1	
董良史		2				高壁			1		
顾文昱		1				张琦			1		
袁凯		1	1			刘绩				1	
赵宗文		1				赵玒				2	
谢复古		1				王英				1	
徐璘		1				锺政				1	
解缙		1				熊直				1	
曾棨		1				沈愚				1	
张楷				1		张治				1	
李东阳				1		俞宪				1	
周在				1		张才				1	
王云凤				1		释守仁				1	
方豪				1		王恭					1
韩邦靖				1							

　　如果对表1的内容再细细整理，可以发现若按诗人的活跃时期分类，活跃于弘治、正德、嘉靖、隆庆四朝诗坛的文人共计42位，约占总人数的54%；若按文人群体来区分，收录活跃在弘治、正德诗坛的前七子复古派的诗歌最多，共计80首，约占总收录诗歌的35%；若按文人收录诗歌数量来排列，李梦阳的诗歌则最多，共收录46首，约占诗歌总数的20%。以上是《明诗选》中收录诗歌的基本情况。

　　日刊本李贽《明诗选》中还有序与叙各一篇，其中"序"共计145字，句尾题："书于丹阴山斋"；"叙"共计531字，落款为："延宝六年冬十一月朔旦江东柳顺刚书"。序与叙的原文内容多夹杂草书，现将序与叙的内容整理如下：

（序）

汉魏唐宋，海内言诗者之祖宗，而祖之模仿，玉石相错，宗之体制，紫朱相混。国朝尚喻丽缛旨之风，袭为膏肓，非假扁仓之奇术，下桂附之神剂，多七八百秉束，病瘤疗也苟难。方今辨其辛酸，察其痒痛之徒，衍溢四才。明诗之册，宇宙一新，然或部秩重大难购，或简编秘藏精迹，一种习气成馁，挽近得妙选只下策，顾作也词坛猛物，撰也文场大手，物少旨远，将浣渧固滞枯屈者之残殇，拂拭眛昏屏伪者之眼目，典于前后者，诗道升降之术衢，能分者识焉。

由于序文中没有题名，所以无法判定这篇序文的作者究竟是谁，但是可以确定的是此篇序文是以编撰者的口吻写成的。但是整篇序文的层次还是比较明确，全篇内容有两个层次。第一个层次谈的是明后期七子派"文必秦汉，诗必盛唐"的复古问题，文中认为这种风气在文坛十分严重，如果不下大力气很难改变创作习气；第二个层次谈的是编撰的起因与目的，文中认为当前反思明诗创作习气的文人虽然不少，也编选了一些诗歌选集，但是都因为部秩重大不方便购买与流通。因此，文中认为《明诗选》虽然选诗数量较少但都是词坛大家所撰，并且诗歌旨趣深远，能够帮助诗人们摆脱复古创作的痼习。这样看来，这篇序文的主旨是在强调《明诗选》的编选背景以及特点。

（明诗选叙）

作诗不易也，而选诗固又难矣，何则？古今作者数千百家，而其所以触兴属思，引证用事，夺换锻炼，若造工之变化，若草木之区别，斑斑不同。苟自非公其沈潜，骈罗古今间，具于一双道眼者，岂得成其功哉！由是观之，宁能作诗而能选诗则不能也。盖已之所学不博，则其所取又辟于其所好，而不能无讹谬也。是以伯弼之辑诗，取人于盛唐，而体则入于晚唐。于鳞之选诗，取人于晚唐，而调则出于盛唐。是所以其为难也、朱明之有天下已三百年矣，其体屡变，其调互异，如宋太史、刘诚意，振胜国之萎靡，温润醴郁，欲回之于鸿藻，而遂寡芍药之稣，其弊或流于六朝；如晋安十子，专本王、岑应制诸体，虽温雅颇协，而神气渐乏；如李梦阳、何景明，宏壮婉丽，殆逼于太白、少陵之域，而逸致或减，悲怆间哀；如庄定山、陈白沙。一学康节，潇洒落落，言人之所未言，见人之所未见，而至于其疏处，时时不能成句，如袁中郎诸子各自出机杼，徒贵新奇，弥工而弥僻。凡此数家振翰于一时，并斠于中原，竞其爽者也，其余扼腕睨视当世者不可胜论焉。及锺、谭之体昌起，索隐探怪，勤以惊人耳目，天下靡然效之，谓又无诗矣。而明遂亡矣，人谓之诗妖，不亦宜乎？清兴才三十年，其风调又不齐。呜呼！以一朝之间，其变迁如是，刌统古今之多，欲归之于一目，岂不难哉！故曰宁能作诗而能选诗则不能也。卓吾此选比其平生说作，则颇愈矣。卓吾岂其长于知诗者乎？惜哉！其所取才止数十家，不能为遗珠也。曹学佺、陈子龙之徒尝著明诗选，其书尤备焉。学者苟欲尽其全，则庶几于是而求之。

此叙文作者柳顺刚，字用中，号震泽，近江柳川邑人，日本大儒木顺菴的门人，殁于元禄庚午年间，其时刚过不惑之年，有《平菴漫录》等文集传世。① 柳顺刚是活跃于 17 世纪后期江户诗坛的文人，他写的这篇《明诗选叙》虽内容较多，但主要涵盖两个方面的内容。首先，柳顺刚对明清以来，诗学流派的发展趋势与历程进行了一次梳理，他认为几百年间诗歌风格多变，流派题材繁杂，选诗者不可能将所有诗歌都尽收眼底。当然，这种论调是柳顺刚针对"能作诗不一定能选诗"而发的。其次，在抛出"能作诗不一定能选诗"的论调后，柳顺刚将矛盾直指《明诗选》的"编选者"李贽，认为李贽平生的著述虽有建树，但是其编选的诗集水平明显不高。由此看来，本叙文的核心话题是落在对《明诗选》的评价上。

三、日刊本李贽《明诗选》的真伪

郑良树先生曾谈到古籍的真伪考订要从古籍的作者、成书时代、附益三个方面着手。② 由于日刊本李贽《明诗选》在国内没有藏本，对于这种海外孤本的考订就不能在"附益"部分下功夫了。同时，在《明诗选叙》中日本文人柳顺刚的落款为延宝六年十一月，可见此集在日本的刊行时间当在 1678 年十一月间或之后，如果李贽确实编撰过《明诗选》的话，那么原本的编撰与传入时间也不会晚于 1678 年，考虑到李贽卒于万历三十年（1602），《明诗选》若是其遗著那么此书在时间上就没有问题，这里再考订原本的编撰时间也就毫无意义。因此，本文将围绕日刊本《明诗选》编选的内容、体制以及风格是否符合李贽的学问原则与诗歌创作要求为中心展开论述。在按照上述要求进行考察后，笔者认为韩国所藏日刊本李贽《明诗选》可以断定是一本伪书。其理由如下：

其一，序文内容与实际情况不符。在李贽的文集与后人的文集中都没有发现有关李贽创作《明诗选》的资料，同时，目前在国内没有发现李贽《明诗选》的藏本，也就是说只有海外日刊本是为孤本。因此，对序文内容的判读就成为认定日刊本李贽《明诗选》真伪的首要任务了。一般来说，不论是诗文集还是小说集，作者都会将自己的创作心路历程交代清楚，即使是后人辑录遗稿编辑成书的情况，辑录者也会在序文中将来龙去脉说清楚。当然，在一些伪作中，原本应是作者亲自写成的序文也就只能由好事者"代劳"，日刊本李贽《明诗选》的序文就是属于这种情况。比如，序文结尾提到的"丹阴山斋"，根据查询林海权先生所著《李贽年谱考略》中相关资料的情况，根本就不能找到李贽与丹阴山斋的任何关联，并且经查古地名中也无丹阴山，这就表明这种落款方式只是作伪者的一种手段。同时，由于序文是由好事者所"代劳"，其结果就是造成序文表达的内容与诗歌编选的实际情况不相符。如上文所述，《明诗选》序文中对明七子派"文必秦汉，诗必盛唐"的风气进行了激烈的批判，并一再强调此集的编选目的就是要打破这种痼习。但是实际情况却不是这样，明七子派文人的诗歌超过总量的三分之一，而李梦阳一人的诗歌竟也达到总量的五分之一。试问这种诗歌编选方式，又如何能革除旧习呢？序文中反映出来的文学观虽符合李贽的文学精神追求，但是《明诗选》中收录诗歌的实际情况却完全又是另外一回事，这就是典型的欲盖弥彰。

---

① 东条琴台：《先哲丛谈续编》卷二，明治十七年千锺房木板本，韩国国立中央图书馆藏本（番号：古 6—42），第 160~168 页。

② 郑良树：《古籍真伪考辨的过去与未来》，《文献》1990 年第 2 期，第 246~261 页。

其二，诗风题材不符。李贽的诗文主要收录在《焚书》与《续焚书》中，若加上一些佚诗，现共存 300 首。① 李贽的诗文并不算多，同时通过对这些诗文进行分类，没有发现宫怨・闺怨诗的踪影，而在日刊本李贽《明诗选》中收录的宫怨・闺怨诗的数量达 18 首之多。具体情况如表2：

表2

	五言绝句	七言绝句
刘基	《懊侬歌》《玉阶怨》《长门怨》《闺词》	《仙人词》《春江曲》《洞房曲》《吴宫词》《楚宫词》《魏宫词》《吴王井》《宫女图》
王谊	《婕妤怨》	
王廷相	《宫怨》	《宫词》
周在		《闺怨》
杨慎		《流萤篇》
薛瑄		《竹枝歌》

李贽的诗歌创作虽然包含了"人格性情的真实写照""超然自得人生境界的吟咏""晚年凄凉心境的真情流露与对亲、友情的渴望"三个方面，但是其创作风格追求的是一种"淋漓痛快"之感，讲究的是精神上的"震撼"与情感上的"释放"②。而刘基的诗歌力主讽喻，强调诗歌的经世致用的社会功效，这在主旨上本来就不搭调。当然刘基的诗歌创作经历过一个转变，元末时其诗大多慷慨激昂，但是在进入明朝之后，诗歌创作受政治风气的影响，创作主要倾向于低沉哀婉之风。③ 就诗风来说，日刊本李贽《明诗选》收录刘基的诗歌内容显然属于后者的情况，那么在风格上与李贽对诗歌的追求也就不相同了。

除此之外，日刊本李贽《明诗选》卷下中收录有四首六言绝句诗，李贽的文集中也有六言绝句诗，数量不多只有六首。表面上看，《明诗选》的这种编选模式与李贽对诗歌体制的追求是相符合的。但是仔细一读，日刊本《明诗选》中的六言绝句诗与李贽所创作的六言绝句诗在风格上也是南辕北辙。比如在日刊本李贽《明诗选》卷下中收录了王世贞的一首六言绝句《济南道中》，全文如下：

> 翛翛枯柏风紧，蔼蔼桑榆日斜。
> 莫怪牛羊不下，中峰自有人家。

王世贞这首诗描写途中所看与所感，前两句向我们展现的是风吹枯柏、夕照桑榆的景色，

---

① 左东岭：《论李贽的诗学思想与诗歌创作》，《首都师范大学学报》(社会科学版)2012 年第 4 期，第 88 页。

② 左东岭：《论李贽的诗学思想与诗歌创作》，《首都师范大学学报》(社会科学版)2012 年第 4 期，第 88~94 页。

③ 左东岭：《论刘基诗学思想的转变》，《文学评论》2010 年第 5 期，第 31~37 页。

但是后二句却引入议论了。牛羊为什么不回家呢？因为在那山腰上自有人家。这里王世贞抛出一个疑问，自己又作了解答。这首诗就不简单的是描写景物与抒发情感了，这里面暗含有引人思辨的气息。那么李贽的六言四句诗的风格又怎么样呢？《焚书》卷六中有《云中僧舍芍药》诗二首，其中一首如下。

> 笑时倾城倾国，愁时依树凭栏。
> 尔但一开两朵，我来万水千山。①

万历二十五年（1597），李贽受大同巡抚梅国桢之邀，到山西大同做客，这首诗即写于此时。在山西大同的一座禅院中，李贽看到了初开的芍药花，由于有的芍药花已经盛开，有的还是含苞待放，所以在前两句，李贽对其各种形态作了拟人化的描写。不过，李贽接下来并没有沿着诗歌的一般套路来写"哲理"与"感悟"，而是很"俏皮"地写到自己的心情。李贽这里还是用拟人手法表达道："我这么大老远的过来看'你'，'你'就这么开着一两朵儿来应付我啊。"这种抒情更加接近于戏谑，这种创作风格体现了李贽追求"趣"的文学理念。如此一看，王世贞与李贽的六言绝句根本不是一个套路。这种情况在日刊本李贽《明诗选》中不是个别现象，而是一种比较普遍存在的情况。

其三，编选细节有缺陷。细看日刊本李贽《明诗选》的内容，可以发现在编选细节上有以下两个问题。首先，诗人题名不对。在日刊本李贽《明诗选》卷上的七言律诗部分，收录有扬州名儒储巏的诗歌《金元诸陵》。在李贽的《续藏书》中也有关于储巏的传记，不过名字有出入，李贽的《续藏书》中将储巏写为储瓘。这仅仅是一种笔误吗？《续藏书》成书于万历三十九年（1611），是在李贽去世九年之后，友人焦竑收集其遗稿，由王维俨刊印。如果说李贽曾编撰过《明诗选》，又或者李贽的友人整理其遗稿时将其选录的明代诗歌辑录成册的话，那么出现在《金元诸陵》一诗旁的作者应题储瓘才对。其实如果将李贽《续藏书》中有关储瓘的生平与万历三十三年（1605）刊刻的《扬州府志》卷十七《名臣列传》中有关储巏的记录相对比的话，可以发现其叙述内容大致相同，李贽《续藏书》中的记述几乎就是万历《扬州府志》的缩略版，只不过与日刊本李贽《明诗选》一样，万历《扬州府志》中人物的名字也写为储巏，万历《扬州府志》是目前已知的最早关于扬州府的地方志，这不得不让人怀疑焦竑等人在整理遗稿时，是否参照万历《扬州府志》对原稿做过附益。但是，这个问题不是本文的考察范围，这种现象的产生至少说明日刊本不是李贽亲自编选，也不是由李贽友人对其遗稿所做的辑录。

其次，个别文人选诗数量不妥。如上文所述，日刊本李贽《明诗选》收录复古派李梦阳的诗歌最多，一共收录了李梦阳46首诗歌。从表面上看，这种选择是有其合理性的。因为李贽曾经高度赞扬过李梦阳的文学创作。明人周晖在《金陵琐事》这样记述道："（李贽）常云：'宇宙有五大部文章：汉有司马子长《史记》，唐有杜子美集，宋有苏子瞻集，元有施耐庵《水浒传》，明有李献吉集。'余谓：'《弇州山人四部稿》更较弘博。'卓吾曰：

---

① 李贽：《云中僧舍芍药》，《焚书》，中华书局2009年版，第4页。

'不如献吉古。'"①但是，这里要分清初李贽对李梦阳赞扬的实质究竟是什么。李贽曾在文集中这样评价李梦阳："李公才最高，其人负气，傲睨一世，以是得奇祸，坎壈终其身，世咸疾之如仇。世传李公双瞳炯炯如电，论古今终夜不少休。世莫能容，良有故矣。如李公者，安能使无闻哉？"②。因此，李贽对李梦阳诗文的"古"趣的赞赏，不是基于其诗文创作过程中的模拟古人，而是对李梦阳性格中所展现的一种狂傲自负、不可一世的精神认同，即心理上存在一种"英雄相惜"情感。③ 所以，在《明诗选》收录诗歌总量偏少的情况下，作者仍然大量收录李梦阳一人诗歌的选录方式就显得不太合理，李贽实在不可能对单个文人的诗歌如此集中收录。而且一般说来，文人编选诗集的目的不外乎以此集抒己意，所以其选诗的立足点大多是取"性之所近"者，但是收录的李梦阳这些诗歌，根本不符合这一点。

四、日刊本李贽《明诗选》的文学史意义

对于一本诗集文献的研究，仅仅对其介绍概况与考订真伪还是不够的，还必须对其在文学史上的意义进行探讨，从某种意义上说，这也是本文研究的价值所在。既然日刊本《明诗选》是后人讹托李贽之名的伪作，那么这本伪书为何能受到日本文人的青睐而刊刻出版呢？上文已经提到日刊本李贽《明诗选》中对明代七子派的诗歌选录最多，这种现象与日本刊刻《明诗选》是否存在内在联系呢？

事实上，从17世纪初开始，日本文坛就已经开始关注明代七子派文人了。这得助于日本长崎与中国沿海城市展开的通商贸易，因为随着中国商船而来的不仅是生活品，还有数量庞大的各种书籍。朝鲜人赵曮曾在《海槎日记》中这样记述道："闻长崎岛通船之后，中国文籍多有流入者，其中有志者，渐趋文翰"④，由此可见，这些输入的中国书籍无疑对日本文坛的发展起到了重要影响。而在这些众多通过长崎而传入日本的书籍中，就有明代七子派文人的诗文集。据考《林罗山年谱》内所附《既见书目录》中记载有日本文人林罗山1604年之前所读书目，这其中就有李梦阳、何景明、李攀龙、王世贞的诗文集。并且在《尾张德川家康藏书目录》之《宽永目录》中已经可以发现除文集之外还有一些明代七子派文人的诗歌选集，据此，在宽永年间七子派的文集与诗歌选集就已经在日本社会开始传播。⑤ 而到了17世纪后期，明代七子派的文集在日本社会上的传播就更加广泛了，随着江户诗坛文人对七子派的认识与接受，从元禄年间开始日本诗坛正式走入了宗唐的拟古时

---

① 周晖：《金陵琐事》卷一，张建业主编：《李贽研究资料汇编》，社会科学文献出版社2013年版，第58页。

② 李贽：《副使李公》，《续藏书》卷二十六，中华书局1959年版，第506页。

③ 参看左东岭：《李贽与晚明文学思想》，人民文学出版社2010年版，第194~195页。

④ 赵曮：《十八日戊戌》，《海槎日记》五，韩国民族文化促进会编：国译《海行总载》7，1977年版，第50页。

⑤ 刘芳亮：《江户前期明七子派文学在日本的传播与接受》，《许昌学院学报》2013年第4期，第38~40页。

代，并一直延续到天明年间。①

江户前期诗坛的宗唐风与日本文人对明七子派的接受是有关联的，因为对于日本文人来说，宗唐只是复古的理想与口号，最重要的问题还是到底如何创作才能达到理想中的境界。在这一时期，日本文人感受到要想在毫无章法的前提下，把"唐风"硬生生的造出来几乎是不现实的，而主张"诗必盛唐"的明代七子派的理论与创作实践，无疑为日本文人提供了一个借鉴的榜样。日本文人祇园南海（1676—1751）在《明诗俚评序》中就曾这样说道：

> 汉唐之诗不可不学，而不可不解。明人之诗未必不学，而未必可解。然学诗者，初读汉唐之诗，犹梦中听钧天乐，非不知其音之灵妙，但其茫然不能识灵妙之所在，不如先读明诗之易成功耳。②

祇园南海的论说反映了当时日本文人的一种诗学创作理念，这种理念就如同明代唐宋派主张"由唐宋上窥秦汉"的古文理论一样，日本文人从自身诗学发展的现实出发，认识到要学好唐风，就必须先学习明诗，因此，准确地说他们主张的是"由七子上窥盛唐"。1763年日本文人井敏卿与朝鲜通信使书记成大中笔谈时谈道："学诗之法，由于明之于唐，游乎汉魏，溯乎三百篇"③，可见这种思维有着持久而连续的影响力，在 18 世纪中期的日本社会，仍然认为通过学习明诗，才能达到盛唐风度的境界，甚至才能实现回到诗歌的经典时期，这是一种典型的文统观思想。然而，这种思想却反映出了明七子派的诗歌在江户诗坛上的地位。

当这种创作风气在文坛蔓延时，江户前期诗坛的宗唐风实际上又变成了"宗明风"，也就是说，江户前期诗坛宗唐的根本方法就是学习明诗。江村北海在《日本诗史》中就曾一针见血地指出："白石、沧浪、蜕岩、南海，大抵与徂徕同时，并非买萱园之余勇者，而其诗虽曰宗唐，亦唯明诗声格。"④新井白石（1657—1725）、室鸠巢（1658—1734）、祇园南海等诗人推崇盛唐风度的诗歌，然而其诗歌创作习气明显已经掉入明人窠臼。但是，明代七子派对江户诗坛的影响还远不止于此，明代七子派诗文集的传播与江户文人的学习接受还直接导致了日本古文辞派的产生。比如日本文人梁田蜕岩（1672—1757）就曾说道："元禄中，白石先生出于江户，专门祖述唐诗，其入门学万历七才子，自是世上诗风渐趋之，继而徂徕先生大变诗风，亦主七才子"⑤，按照梁田蜕岩的说法，荻生徂徕学习明七子诗风是受到了新井白石的影响，但是这里梁田蜕岩并没有指明荻生徂徕大变诗风的结果是什么。关于这一点可以在朝鲜文人元重举的《和国志》中找到明确答案。

---

① 陈广宏：《明代文学东传与江户汉诗的唐宋之争》，《上海师范大学学报》（哲学社会科学版）2010 年第 6 期，第 66~70 页。

② 祇园南海：《明诗俚评序》，《明诗俚评》，大阪梧桐馆宝历六年刊本。

③ 井敏卿：《松庵笔语》，日本国立公文书馆藏本。

④ 江村北海：《日本诗史》卷四，马歌东选注：《日本诗话二十种》上卷，暨南大学出版社 2014 年版，第 126 页。

⑤ 梁田蜕岩：《蜕岩先生问答书》，池田四郎次郎：《日本芸林丛书》第 2 卷，日本六合馆 1928 年版，第 32 页。

> 物部双柏，字茂卿，号徂徕，一号萱园，陆奥州人，游学四方，略有诗文之名。
> 后得王世贞、李于鳞文集于长崎唐船，不但慕其诗文，谓之正学而学之，遂自名王李
> 之学，自著《论语徵》，自孟子以下一皆诋侮，至程朱尤甚，其说比惟桢尤极狂戾。

按照朝鲜人元重举的说法，荻生徂徕在思想上的转变，是因为读到了通过长崎而流入日本
的明七子派文人的文集，荻生徂徕并以此为基础创建了"王李之学"，朝鲜文人口中的"王
李之学"，其实就是指给 18 世纪日本社会带来重大影响的古文辞派。荻生徂徕少年就已
察觉宋儒之说有不和六经者，到中年读过李攀龙、王世贞的文集之后，便受到启发开始以
古言验证宋儒之非。[1] 他提倡以古文辞验证儒家原典本义的论调受到了当时众多士人的追
捧，其结果当然不仅激发了日本社会对程朱理学的批判，同时也反过来促进了明代七子派
在日本的传播。

在弄清明代七子派在江户诗坛前期的地位与影响之后，再来看日刊本李贽《明诗选》
的文学史意义就不难理解了。1678 年李贽《明诗选》刊刻之时，正是日本士人认识与接受
明代七子派运动蓬勃开展之际，在这之前日本国内虽然已经有了明清文人刊刻的各种七子
派诗选，但是，此时还没有日本刊本流行，日本文人首次刊刻有关七子派文人的诗选集是
从日本文人柳顺刚开始的。柳顺刚，号震泽，也即是上文提到的撰写《明诗选叙》的作者。

> 宝永、正德之间，物徂徕以夸博之议、杰出之才，左袒嘉隆李、王之绪论，专唱
> 其教，于是李、王诗风大行于世。其实创起于震泽之早年好读其集。先是那波活所
> 《备忘录》、永田善斋《脍余杂录》、平岩仙桂《忘筌窝笔记》等，皆虽论说及七子诗，
> 唱之而未有和者。至徂徕起，其机已熟，推奉极至，世人惟知徂徕影响之，未尝知开
> 端于震泽。其他若新井白石、纸园南海等虽曰宗唐，均是要之气格雄壮，声律高华，
> 皆嘉隆七子之遗音矣耳。宽文初，震泽校定陈继儒《嘉隆七才子诗集注解》，使书铺
> 刊之，又延宝中校刻李卓吾《正续明诗选》，我土刻明诗者，以此二书为始焉。[2]

以上是日本文人东条琴台(1795—1878)在《先哲丛谈续编》中对 18 世纪初江户诗坛上接受
明代七子派情况所做的论述。从中可以发现，东条琴台认为在一些日本文人的文集中虽有
言及七子派的，但是并没有产生广泛的影响。同时，他认为虽然大部分士人都认同这种广
范围的社会影响是产生在荻生徂徕倡导古文辞之后，但是，他觉得真正接受明代七子派实
则发轫于柳顺刚，因为柳顺刚在 1661 年与 1678 年先后重新刊刻了七子派文人的诗歌选
集。一本是陈继儒句解、李士安补注的《国朝七子诗集注解》，而另一本就是李贽的《明诗
选》。因此，尽管日本文人柳顺刚得到的只是一本伪书，但是，很显然这本伪书在经过柳
顺刚重新刊印之后，随着明七子派诗歌在江户前期诗坛典范地位的确立，也就没有人再关

---

① 陈广宏：《明代文学东传与江户汉诗的唐宋之争》，《上海师范大学学报》(哲学社会科学版)
2010 年第 6 期，第 69 页。

② 东条琴台：《先哲丛谈续编》卷二，明治十七年千锺房木板本，韩国国立中央图书馆藏本(番号：
古 6-42)，第 160~161 页。

注李贽《明诗选》的真伪了。柳顺刚在江户诗坛前期"宗唐拟古"思潮的大背景下，重新刊刻伪书李贽《明诗选》的举动，不仅反映了他"由明诗上窥唐诗"的理念，同时体现了他对明七子诗歌的关注，因为七子派的诗歌数量本身就是李贽《明诗选》的核心与亮点。因此，虽然李贽《明诗选》是本伪书，但它仍然确立了自己在日本江户前期诗坛接受明代七子派的开端地位。

五、结　　语

综上所述，根据对序文以及编选内容的综合考察，可以确定日刊本李贽《明诗选》是好事者讹托李贽之名而作的伪书。现在看来，柳顺刚得到的这本李贽《明诗选》，很有可能是明末清初，中国沿海地区商人中的好事者专门为迎合日本文人推崇明代七子派风气而撺掇的"外贸版"诗选集，因为李贽《明诗选》在国内没有版本记录，唯独出现在江户前期的日本诗坛，这说明这本伪书从一开始就不是为了国内流通，其定位就是着眼于"外销"。也正因为如此，即使柳顺刚曾对"李贽"编选的水准一度表示怀疑，但是由于其中收录大量七子派文人诗歌的原因，他也就没有对作者的真伪情况进行深究了。通过对日刊本李贽《明诗选》的考察，为我们从另一个侧面了解江户前期诗坛的复古动向提供了一个典型的案例。同时，也让我们明白在文学资料的研究中，即使是被断定为伪书的文献，它也有其在文学史上的价值与地位。

附记：笔者在对日刊本李贽《明诗选》序文中的草书字体进行释读时，得到南昌大学中文系文师华教授的指导与帮助，特此鸣谢！

（作者单位：南昌大学人文学院中文系）

作为"东亚"诠释者的冈仓天心

□ 肖珊珊 吴光辉

冈仓天心（1862—1913）不仅是一位明治时代著名的思想家、美术史家，同时还是一位对于同时代的青年，乃至后世之人"具有了不小的影响力的文化的指导者"。① 这样的影响力带有双重的性格，正如竹内好所指出的："天心是一位难以定论的思想家，在某种意义上说，又是一位危险的思想家。说他难以定论，因为他的思想包含着拒绝定型化的因素；说他危险，因为他的思想具有不断发射的放射能。"②由此，我们可以发现冈仓天心的思想评价之中所潜藏的一个"悖论"。

冈仓天心之所以被称为"文化的指导者"，其根源即在于其通过英国 John Murray 出版社出版的代表性英文著作——《东洋的理想》（*The ideals of the East*, 1903）。在这部著作的一开始，冈仓就直接提到"Asia is one"（亚洲是一体）。那么，冈仓天心究竟是如何提炼出这一主题，且这一主题具有了什么样的文化内涵，我们应该如何来评价这样的文化内涵？在此，围绕这样的一系列问题，本文将逐步深入探讨，并尝试勾勒出一个作为"东亚"诠释者的冈仓天心的形象。

一、东洋与西洋

东方与西方，或者说东洋与西洋，是日本现代化过程之中一个不可逾越的问题。肇始于 1868 年的明治维新积极倡导"殖产兴业、文明开化、富国强兵"的三大口号，推动了日本向西方式的现代化急剧转型。但是，作为东方的日本、作为亚洲人的日本人是否会心甘情愿地接受这样的一个巨变呢？

正如日本文豪夏目漱石（1867—1916）所提到的："推动日本现代开化的浪潮乃是西方的潮流，而要横渡这一浪潮的日本人又并非西方人，所以，每当新的浪潮席卷而来时，日本人总会像寄人篱下的食客一般无所适从，生涩而拘谨。"③也就是说，面对西方现代浪潮

① 大久保喬樹：《岡倉天心——驚異的な光に満ちた空虚》，日本小泽书店，1987 年，第 44 页。

② 竹内好：《岡倉天心》，《斯文》，1921 年第 2 编第 2~3 号，转引自钱婉约：《从汉学到中国学》，中华书局 2007 年版，第 153 页。

③ 夏目漱石：《現代日本の文明開化》，转引自青木保著，杨伟、蒋葳译：《日本文化论的变迁》，中国青年出版社 2008 年版，第 13 页。

的冲击，日本找不到自我的身份，而是陷入到一种空虚、不满、不安的危机之中。正是这样的一种危机的存在，也驱使着日本的知识分子出现了断裂式的巨变。

(一) 福泽谕吉与"脱亚"

1885 年 3 月 16 日，近代日本最有影响力的思想家福泽谕吉(1834—1901)以中日之间的朝鲜争端为背景，于《时事新报》发表了著名的《脱亚》一文。正如这一文章的标题所示，这一时期日本开始走向"脱亚入欧"的现代化道路。也就是说，面对"究竟是东洋还是西洋"这一文化选择的困境，福泽谕吉提示了一条"脱离亚洲"，迈步走向欧洲行列的现代化道路。福泽谕吉指出："我日本之国土虽在亚洲之东边，其国民之精神既已脱离亚洲之固陋，转为西洋之文明。然不幸之处有近邻之国，一曰支那，一曰朝鲜。……(二国)论及教育之事则言儒教主义，学校教旨则称仁义礼智……毫无真理原则之知见……尚傲然无自省之念。……我辈视之……不出数年其必将亡国，其国土必将为世界文明诸国所分割。"①也就是说，以儒教礼乐为传统的中国与朝鲜依然迷恋于古风旧习，缺乏了真理之探索，不求改革之道以挽危局，其命运必将导致亡国。不仅如此，福泽谕吉还指出："今日之支那、朝鲜对于我国不仅没有丝毫的帮助，而且西方文明人也会因为三国地利相接，或许会等同视之，以支那、朝鲜之评价来衡量我日本。……间接成为我国外交上的一大障碍，可谓我日本之一大不幸。"也就是说，中国、朝鲜与日本一道构成了西方人眼中的东亚，同样也就会令他们对于整个东亚抱有一致的认识。这样一来，实行文明开化的日本与固步自封、因循守旧的中国之间的"差异性"，或者说东方社会的"文明与野蛮"的双重性格就容易被西方人所忽视，西方人就认识不到日本人与日本文明的独特性。

福泽谕吉之所以提出这样的论断，乃是基于其以西方文明为蓝本的世界文明三阶段说。根据其《文明论概略》(1875)一书的著述，福泽认为："如今论述世界文明，以欧罗巴诸国并亚米利加合众国为最上之文明国；土耳其、中国、日本等亚细亚诸国称半开之国；阿非利加及澳大利亚等为野蛮之国，以此名称为世界通论。"②在此，中国被称为"半开之国"。事实上早在明治维新次年、即 1869 年出版的《世界国尽》之中，福泽谕吉就提到中国原本是"自往古陶虞历经四千年，重仁义五常人情风厚也"，但是却"落后于文明开化，风俗渐衰，不修德，不研知，以我而无外人"，③ 即便是遭遇鸦片战争之惨败，中国人依旧愚昧无知，以赢弱之兵而妄开战事，导致败北，犹不予施行文明开化。由此，中国就成了自"半开之国"沦为"野蛮之国"的代表。不过，福泽谕吉的意图却不在于此，而是要强调日本不走中国的道路，日本要向西方学习，就可以自"半开之国"一跃而为"文明之国"。

面对"究竟是东洋还是西洋"的文化困境，日本知识分子也急剧地发生着转变，其最为突出的双重性特征在于具有敏锐的"开化性"和狭隘的"民族性"。④ 这一点也最为直接

---

① 福沢諭吉：《脱亜》，石田雄編：《福沢諭吉全集》，《近代日本思想大系·2》，日本筑摩书房 1975 年版，第 511 页。

② 福沢諭吉：《文明論の概略》，日本岩波书店 2009 年版，第 25 页。

③ 福沢諭吉：《世界国尽》，富田正文編：《福沢諭吉集》，《明治文学全集·8》，日本筑摩书房 1966 年版，第 3 页。

④ 陈秀武：《近代日本国家意识的形成》，商务印书馆 2008 年版，第 192 页。

地体现在了《脱亚》的结论之处，福泽谕吉指出："今日之为谋，我国不可犹豫于以等待邻国之开化而共振亚细亚，宁可脱其伍与西方之文明国家共进退。与支那、朝鲜之交往不可以其为邻国之故而予以特别之关怀，惟有依照西方人对他们之态度来对待他们，亲恶友者不可避免与之共恶友之名，吾要诚然谢绝亚洲东方之恶友也。"①福泽谕吉将中国、朝鲜视之为近代化的"恶友"，指出日本开拓西方化的文明，必须摆脱传统的束缚，实行脱离亚洲的道路，这不过是一个近代文明的选择问题。但是，批判中国是"文明境外的无知之愚民"②，要按照"西方人对他们之态度来对待他们"，也就意味着日本要向西方学习，走上分割中国与朝鲜的殖民主义道路。

福泽谕吉"脱亚"论的实质，一方面在于脱离东方的专制与停滞，使日本走上西化的道路；另一方面则是要颠覆中国文明的优越地位，使"进步"的日本成为东方文明的中心。这一实质的前提，也就是赋予西方文明以绝对的"天理人道"。在这一前提之背后，中国也就被描述成了一个唯政治是从的一元社会国家，带有了半开化文明的停滞衰败、专制残酷、愚昧野蛮等一系列特征的落伍者，也就是黑格尔笔下的"反世界史"的东方形象。③而且，我们也必须指出一点，即福泽谕吉事实上并不是直接地观察与审视"中国"本身，而是站在一个透过西方之镜的、反思日本传统的立场来看待中国。这样一来，即便是中国反对西方殖民主义的行动，在他而言也不过是一种"自不量力"的任性行为。因此，面对西方启蒙主义之中内在的暴力性，福泽谕吉完全失去了一个公平公正、和平持中的态度。即便是到了作为其研究者的丸山真男，也完全忽视了这样一个视角。④

(二) 德富苏峰与日本的"扩张"

1894—1895 年中日之间的甲午战争，应该说是近代东亚的一大事件，也是导致两千年来两国文明地位出现彻底逆转的一大事件。这一事件的根源在于朝鲜问题，日本以所谓的"文明·和平"的理由发动了这一战争。以明治天皇敕令为证，"朝鲜为(日本)帝国一开始予以启诱，使其与列国为伍而成独立之一国也，而清国每自称以朝鲜为属国，或阴或阳干涉其内政，于其内乱之际藉口拯救属国，出兵朝鲜"。因此，日本帝国为了率先保障朝鲜独立国家之地位，"以不损害帝国之权利利益，以永保东洋之和平"，⑤ 故决定向清国开战。在这样一个为了朝鲜独立、保护帝国利益的借口下所发动的甲午战争，也就掩盖了侵略朝鲜、控制朝鲜的根本事实，成为福泽谕吉笔下所谓的文明与野蛮之间，即文明征服

---

① 福沢諭吉：《脱亜》，石田雄编：《福沢諭吉全集》，《近代日本思想大系·2》，日本筑摩书房 1975 年版，第 512 页。

② 子安宣邦著，赵京华编/译：《东亚论——日本现代思想批判》，吉林人民出版社 2004 年版，第 36 页。

③ 子安宣邦著，陈玮芬译：《福泽谕吉〈文明论概略〉精读》，清华大学出版社 2010 年版，第 31 页。

④ 子安宣邦著，陈玮芬译：《福泽谕吉〈文明论概略〉精读》，清华大学出版社 2010 年版，第 182 页。

⑤ 松本三之介：《近代日本の中国認識》，日本以文社 2011 年版，第 112 页。

野蛮、光明战胜黑暗的所谓的"文野明暗之战"①。

这一事件不仅影响了中日之间、整个东亚,乃至整个世界的政治格局,同时也是导致日本知识分子发生巨变、出现分裂的一大事件。以大力鼓吹"平民主义"的思想家、新闻记者德富苏峰(1863—1957)为代表,一批日本知识分子开始在思想上急剧转向"国家主义、权力主义、帝国主义"。针对甲午战争,德富认为:"我国之所以采取这样的方法(战争),目的在于日本国的对外开放。对他国发动战争,目的就在于给与世界的愚昧以沉重打击,把文明的荣光注入到野蛮的社会之中去。"②也就在这一时期,日本不断向外扩张的野心开始急剧膨胀起来。

不言而喻,福泽谕吉的观念在此亦得以进一步地弘扬开来,中日之间的战争赋予福泽谕吉的思想以深刻的实践性。站在东亚文化的内部来否定中国,进而侵略与侮辱东方民族,且站在现代文明的制高点,通过设定以西方为主导的文明坐标,日本为自己发动的战争找到现代文明——实质上是西方文明体系下的合法性。就在这样的唯政治性的现代地缘政治之中,中国成为一个被日本奴役的他者。1894 年,德富苏峰发表了著名的《大日本扩张论》,提到"本书……的目的在于论述大日本的扩张,也就是将征清作为论述大日本的扩张这一问题的前提。有征清未必有扩张,有扩张才有征清"③。征服与奴役"中国"这一他者,由此也就成为日本确立自我身份的前提与手段。而且,日本的地域条件也决定了它必须以中国为前提或者手段。事实上,日本并不是所谓的被动的、隐蔽的、暧昧的主体,而是一个始终抱着独特的绝对的自由意志的思想主体。

为什么德富苏峰会重视"大日本扩张"的问题?就德富而言,明治维新的开国只是日本"形式上的解脱而已,事实上收缩的枷锁依旧控制着每一个人,因此,精神的解脱不可不谓之在于征清之役,此乃精神的开国,而后方有真正的开国也"。在此,日本与中国的战争成为德富唤醒日本民众、实现平民主义,推动精神性的开国的一大契机。或者说,也就是将中国作为一个工具性的他者,只有克服了这样的他者,日本才能获得真正的开国,才能拥有真正的自信与自豪。在德富看来,日本要维持国家的生存,维护乃至扩张自己的国际地位,就必须要进行"军备扩张",这是日本作为"新兴国"的"国民的使命"。④

德富苏峰的"变节"或者"变故",其根源正如《自传》所叙述的,"辽东还付(著者注:甲午战争后三国干涉,日本返还辽东半岛)事件,可谓左右了我一生的命运。自闻此事以来,我在精神上就几乎成了另一个人。若是要我来讲述的话,也就是深感自身力量的不足。如果我们自身的力量足够强大,我相信任何所谓的正义公道都不值半文钱"⑤。在此,

───────────────────

① 福沢諭吉:《日清戦争は文野の戦争なり》,《時事新報》1894 年 7 月 29 日,慶応義塾编:《福沢諭吉全集》第 14 卷,日本岩波书店 1958—1971 年版,第 491 页。

② 德富蘇峰:《戦争と国民》,转引自和田守、竹山護夫、荣沢幸二:《近代日本の思想》(2),日本有斐阁 1979 年版,第 32 页。

③ 德富蘇峰:《戦争と国民》,转引自和田守、竹山護夫、荣沢幸二:《近代日本の思想》(2),日本有斐阁 1979 年版,第 33 页。

④ 隅谷三喜男编:《德富蘇峰 山路愛山》,《日本の名著·40》,日本中央公论社 1971 年版,第 34 页。

⑤ 隅谷三喜男编:《德富蘇峰 山路愛山》,《日本の名著·40》,日本中央公论社 1971 年版,第 32 页。

德富自人生最初的"宗教的和平信仰"直接地转向了一种"力"（Power）的逻辑，并相信所谓的正义公道在面对实力之际几乎是无能为力的。这样的一个逻辑，也就注定了其会进一步追随日本军国主义的脚步，不断地走向亚洲扩张的道路，从而蜕变成为一个"帝国主义者"。在这样的观念的左右之下，德富成为一名大力提倡"东洋自治论"的人，这样的所谓"东洋自治"的事实，也就是日本以"文明"的武器去杀戮"野蛮"的亚洲人。

近代以来，日本一直作为"他者"，冷静地看待中国的"失败"，且产生了一种蔑视中国的情绪。甲午战争的结果，延续了中国近代以来对外战争不断失败的历史，也使这样的蔑视感成为日本的一种普遍认识。如果说过去对中国认识还是基于同为亚洲国家这一前提，且中国不过是一个"冥顽固陋之国"而已，那么经过了"脱亚""入欧"时代潮流的洗礼之后，日本则是将中国视为一个"文明·野蛮"框架下的文化他者，同时也由此而出现了以蔑视论为背景，"指导"或者"解放"中国走向独立的一股思潮。这样的思潮成为战争期间的思想主流，且一直延续到了"二战"结束。

二、亚洲的内部——印度、中国、日本

借助西方现代性的文明逻辑，福泽谕吉站在自身的脱亚的立场，为中日之间的甲午战争确立了"文明·野蛮之战"的基调。这样一个基调，无疑是站在了西方文明的框架之内，以西方文明的尺度来衡量自身乃至亚洲。不言而喻，这一基调至少给日本人提供了一个合理的解释，即日本是为了文明与进步而战的。

事实上，福泽谕吉的论调具有了深远的影响。即便是基督教徒内村鉴三（1861—1930），也提到这场战争就是"新而小的日本与旧而大的支那之间的冲突"，是一场"进步"与"退步"的精神的冲突；① 植村正久在（1858—1925）《日本评论》提道："日本的天职就是顺应历史的潮流，举公明之君民同治之政，彰扬自由之大义，率领亚细亚之诸邦国，耕耘文明之田野，挽回东洋之颓势。"②，故而这场战争的动机在于"新旧两样的精神冲突"，乃是"大日本帝国将自我意识开化进步之天赋，向全世界予以披露的一大时机也"。③

但是，亚洲内部是否可以接受这样的一个论调？与这样的政治论式的文明观念相对抗，日本知识分子之中也出现了站在艺术论或者文化论的视角，提出"振兴亚细亚"理念之人。这一立场下最为突出的人物，也就是近代日本学者冈仓天心。基于自身的亚洲体验，冈仓第一个站在东方人的立场，面对西方的文明世界，抵抗性地提倡"亚洲是一体"（Asia is one）的思想。那么，冈仓天心究竟是基于什么样的亚洲体验，站在什么样的文明观念基础上，从而提出了这一理念？

（一）印度与中国——"分裂"的国度

冈仓天心的印度之行，始于1901年。就在这一年，冈仓天心受日本政府的委派前往

---

① 内村鑑三：《内村鑑三著作集》第2卷，日本岩波书店1953年版，第31页。

② 《日本評論》，第18号，转引自松本三之介：《近代日本の中国認識》，日本以文社2011年版，第112页。

③ 植村正久：《植村正久著作集》第2卷，日本新教出版社1966年版，第186页。

印度考察，在将近一年的时间里，他遍访印度历史古迹，并与印度思想家威埃卡南达、文学家泰戈尔进行了交往。但是，冈仓天心的朝圣之旅却充满了失落，"在这里，我的眼前宛若浮现出了印度那带着无以言说的悲哀的枯瘦身影"①。无以言说、悲哀、枯瘦的身影，留给我们的是一片文明完全消逝、陷入贫困境地的情景，这也构成了冈仓天心的最为深刻、最为直接的印度印象。

按照冈仓天心的记忆，印度应该是一个"拥有英雄的俱卢之野和伟大的摩揭陀帝国，博识的那烂陀的大学和大放光彩的巴纳拉斯城，悉多和西瓦杰，超日王和阿克巴，占西女王和哥宾德·辛格，装点着他们的梦想而有着崇高理想与崇高伟业的祖国"。但是，面对来自英国的侵略，东印度公司的掠夺，印度人的理想、家族制度、伦理、宗教日渐衰退，是一个西方视野下的停滞不前的"牺牲品"。经历了西方现代化的洗礼，印度人以"能干替代了纯洁，精明替代了人格"，处于一个被西方"文化征服"的命运之中。

不过，对于这样的印度，冈仓天心抱有了深切的同情与关怀。如果说冈仓的欧洲、美国之行（1886）让他领略到了西方璀璨的文化与美术，也看到了西方精神世界的喧嚣与阴影的话，那么，1901 年的印度之行则让他深刻地意识到了亚洲的内在分裂与彼此孤立。因此，冈仓也禁不住留下了无限的感慨：印度是一个"正徒劳的寻找着已经永远失去了的父母亲的爱"的"亚洲的孤儿"②。

事实上，冈仓天心考察印度之前，就曾到中国进行考察。1893 年 7 月至 12 月，受日本政府委托，冈仓天心第一次到中国考察风土与古代美术，历经北京、开封、洛阳、西安、成都、重庆、上海，并撰写了《中国南北的区别》《中国的美术》《探究中国美术的端绪》等一系列文章，从而构成了冈仓天心最初的中国印象："中原必竟是荒原"。到了 1906 年 10 月，冈仓天心为波士顿美术馆购买艺术品，再次抵达北京，而后再渡黄河，经洛阳、到西安，次年 2 月回到日本。在这一次的考察之中，中国的颓废与衰败也进一步加剧了冈仓天心的感慨："孤影平沙秦汉月，斜阳残塔隋唐秋。"③

中国是一个具有悠久历史的国度，这也正是为冈仓天心所敬仰的地方。冈仓天心考察了中国的儒教、道教、禅宗思想，认为儒教的"基本概念是秩序与和谐"，秩序与和谐的根本原理就在于"己所不欲，勿施于人"；指出道教强调"以独立和个性"为目标，并为中国艺术作出了重大贡献，也就是"神话艺术"；强调禅宗思想构建起了中国人的内在精神，使中国美术自基于古典佛教派的"色彩画转向了水墨画"，具有了创造性的人文精神。④换而言之，悠久的历史，多样性的文化底蕴，或者正如冈仓天心所谓的孔子的"伦理"、老子的"美学"、佛陀的"宗教"，构建起了亚洲文化博大精深的内涵。

那么，如何来界定中国？就此冈仓天心也感到了一种困惑：不管是政治思想，还是人文风气，抑或是美学艺术，中国的南方与北方皆存在着巨大的文化与思想的差异。这样的迥然的差异，乃是经过历史的洗礼逐渐形成的，代表着中国社会文明的变迁与转型。最为

---

① 冈仓天心著，蔡春华译：《中国的美术及其他》，中华书局 2009 年版，第 55 页。
② 冈仓天心著，蔡春华译：《中国的美术及其他》，中华书局 2009 年版，第 55~57 页。
③ 冈仓天心著，蔡春华译：《中国的美术及其他》，中华书局 2009 年版，第 259、266 页。
④ 冈仓天心著，蔡春华译：《中国的美术及其他》，中华书局 2009 年版，第 146~157 页。

直接地说，就是中国的易姓革命，给中国的历史文化、美学艺术带来了深刻的影响。① 不过，冈仓天心得出的一个结论则是："在中国，无中国"；"无法把握中国的共性"。② 换而言之，中国根本上并不是一个独立的、完整的文化，而是一个时间与空间不断交错，始终处在一个"合久必分、分久必合"状态下的国度。

迄今为止，众多学者研究冈仓天心的亚洲体验之际，大多站在艺术论的视角来尝试解读冈仓的"亚洲一体论"文化渊源，由此来追溯印度、中国与日本之间的历史渊源与文化传统。但是，正如本节所考察的，冈仓天心的亚洲描述之中，至少也存在着另一种解读，也就是印度、中国的内在的"分裂"，一种不可承担起完整的、独立的亚洲的"分裂"。正如冈仓天心所提到的，"尽管新王朝的明智的元老们不遗余力地消除两族之间的隔阂，但满、汉民族直到今天也没有完全地融合在一起……在印度，民众的起义虽然取得了部分的胜利，但从未形成一种清晰而广泛的爱国主义浪潮，印度长久以来处于四分五裂的局面"③。也就是说，隔阂、分裂与融合、复兴构成了一组矛盾，冈仓天心追求的是亚洲的"融合"或者"复兴"，印度与中国皆不足以承担起这样的融合与复兴之重担。只有到了西洋危机汹涌而来的时候，这一使命才会真正地被亚洲人所意识与觉悟，由此才会实现真正的"亚洲的觉醒"。

（二）日本——亚洲文明的博物馆

不言而喻，冈仓天心期望真正的"亚洲的觉醒"，也就必然会将考察的视角转向整个亚洲。针对亚洲的过去，冈仓天心指出："阿拉伯的骑士道，波斯的诗歌，中国的伦理，印度的思想，都在一一讲述着古代亚洲的和平，那和平之中孕育着一种共通的生活。虽然它让不同的地域盛开不一样的花朵，但要在其中的任何区域划出明确的、不可动摇的分界线也是不可能的。"④也就是说，亚洲历史上曾经出现无数个不同主体、独具特色的文明，但是无一例外地皆带有了一种共同的、和平的理念，是一种包容他者的、和平相处的文明模式。

不过，不管是回教，还是儒教，抑或是佛教，皆成为历史的过去。印度的光荣历史，已然是一个消逝的梦；王朝的覆灭、鞑靼骑兵的入侵，使中国只留下了"文献和废墟"，"能够让人追忆起唐代帝王们的荣华和宋代社会的典雅的标记都不复存在"。在这样的背景下，只有日本，才会成为保存亚洲思想文化的真正储藏库；只有日本，才能依靠珍藏的范本对亚洲文化逐一进行研究。冈仓天心认为，日本是亚洲文明的"博物馆"，日本的艺术史就是亚洲各个理想的历史，万世一系的天皇作为主权者保证了日本国体的持续性。⑤日本的未来，也就是亚洲的统一的领导者。实现这一目标，就是"日本的伟大特权"⑥。

---

① 何菁：《岡倉天心の中国美術認識》，北京日本学研究中心编：《日本学論叢Ⅷ》，经济科学出版社 1996 年版，第 102 页。

② 冈仓天心著，蔡春华译：《中国的美术及其他》前言，中华书局 2009 年版，第 12 页。

③ 冈仓天心著，蔡春华译：《中国的美术及其他》，中华书局 2009 年版，第 118 页。

④ 冈仓天心著，蔡春华译：《中国的美术及其他》，中华书局 2009 年版，第 4 页。

⑤ 小路田泰直：《日本史の思想》，转引自王屏：《近代日本的亚细亚主义》，商务印书馆 2004 年版，第 88 页。

⑥ 冈仓天心著，蔡春华译：《中国的美术及其他》，中华书局 2009 年版，第 4 页。

换而言之，中国与印度尽管曾经拥有辉煌的文化与历史，并且为日本提供了丰厚的生长土壤，但是随着中国与印度的沦落，只有日本才能成为未来的亚洲统一体的代表。换言之，唯有日本才具有这样的"特权"，才能成为整个亚洲的"引领者"。

日本可以成为亚洲的"引领者"的历史依据，按照冈仓天心的逻辑，就是日本从来不曾被外来的民族所征服。追溯日本历史，冈仓天心指出，"大和民族最神圣的荣誉在于，不只在单纯的政治意义上，从更深刻的意义而言，作为一种富有生命力的自由精神，在生活、思想与艺术上，我们绝对不允许外来力量的征服，我们有能力保护自己的国家。……正是这种思想，让勇武非凡的神功皇后激情高涨，无视大陆帝国而毅然决然的渡海，踏上保护朝鲜半岛的各朝贡国的征途。权势炙手可热的隋炀帝为'日没之国的天子'而令其瞠目结舌的，也正是这种思想。毫不退缩的回击越过乌拉尔山脉，征服莫斯科，抵达胜利巅峰的忽必烈的傲慢挑战的，也是这种精神"①。

在此，冈仓天心所谓的"神功皇后"，是引导日本出兵朝鲜半岛、开疆拓土、获取新文物的神话人物;② 隋炀帝为日本国书"日没之国的天子"的记载，被视为日本挑战华夷秩序，谋求平等外交的尝试;③ 忽必烈试图征服日本，失败于日本的"神风"，铸就了日本的"神国""神风"之神话。通过这样的历史转述，冈仓天心突出了日本自古以来的独立抗争的历史，强调了日本自身的文化传统与自由精神。这样的精神，不仅对于日本是不可缺少的，同时对于现代化的亚洲而言，也是不可或缺的。日本通过自身的"辉煌的新生"——尊皇攘夷、皇权复古，排斥了外国势力，"强化了民族的统一，实现了民族的独立"④。

就冈仓天心而言，日本作为这样的"领导者"，不仅是基于历史的发展轨迹而形成的一个必然，即日本是继印度、中国而崛起的、亚洲的新的领导者，与此同时，日本也必须有别于西方的侵略，具有一种真正的和平或者"爱"的精神。冈仓天心所谓的"爱"的精神，不仅区别于不顾人生目的，一味追求人生手段的地中海及波罗的海沿岸诸民族的精神，也就是完全独立于西方;同时还是一种追求"终极普遍性"的"爱"的扩展的精神，也就是即便是喜马拉雅山脉也一刻没能阻隔的、亚洲民族的一贯精神。这一精神不仅是所有亚洲民族共通的思想遗产，也是日本自身的精神的最为直接的、最为现实的一大体现。由此，日本还需要更加深刻地强化自身民族的自尊心，以引导亚洲民族来对抗西方，实践自古以来的英雄精神。

尽管中国形象进入到了冈仓天心所谓的"亚洲一体化"的视野之中，不过，即便是站在文化艺术的立场，中国却依旧是作为"被奴役的他者"，也就是西方观念压迫下的他者而存在。在冈仓天心的笔下，无论是基于"事件"——甲午战争的政治论，还是根植于"历史"的艺术论，中国皆被描述为了野蛮、停滞、落后的形象，也就是西方价值观念下的一个形象。与之相反，日本则被塑造为充满了亚洲的精华，具有了灿烂的历史，焕发出了勃勃生机的新的国家形象。冈仓天心尽管提出了"亚洲是一体"的口号，但是无疑这一思想

① 冈仓天心著，蔡春华译：《中国的美术及其他》，中华书局 2009 年版，第 14~15 页。
② 井上秀雄：《古代日本人の外国観》，日本学生社 1991 年版，第 40~41 页。
③ 王屏：《近代日本的亚细亚主义》，商务印书馆 2004 年版，第 44 页。
④ 冈仓天心著，蔡春华译：《中国的美术及其他》，中华书局 2009 年版，第 88 页。

却是以中国与印度为牺牲而提出来的，其根本的目的乃是为了树立"日本中心"的地位与
理念。

三、"Asia is one"的理念与批评

东洋与西洋的对峙，是日本亚细亚主义兴起的思想前提，同时也是近代以来的亚洲所
不可逃避的一道陷阱。根据中国学者王屏的研究，日本海军侦探曾根俊虎（1847—1910）
于1978年组织了第一个亚细亚主义民间团体——"振亚社"，1880年，则成立了更大规模
的"兴亚会"，一批政界要人、文化学者、对华情报"浪人"、中国驻日公使何如璋加入该
会，1883年，该会改名为亚细亚协会，强调两国的当务之急在于"合纵"，共同应对西方
的危机。①

1903年，冈仓天心以英文出版了《东洋的理想》一书，提出了"Asia is one"的理念。这
一概念之中的"Asia"（亚细亚），借助子安宣邦的解释，应该说只是一个近代日本地缘政
治学概念下的"实体性"的概念而已。② 但是，冈仓天心的这一"实体性"的概念，却是通
过自身的文明考察与美术批评得以树立起来，并逐渐成为战前的"大日本帝国"的理念乃
至行动的原理，同时也构成了战后"亚细亚主义"批评的核心对象。

（一）"Asia is one"与东洋的理想

与其说冈仓天心的涉及中国的政治、文化的考察，皆是以中国美术为契机而建构起来
的话，那么其思想的核心观念——"Asia is one"（亚洲是一体）也与东方的美术史存在着密
不可分的联系，倒不如说，东方美术史的历史叙述——东方美术的整体特征与日本的独立
性格，③ 构建起了冈仓天心"亚洲是一体"论的理论基石。

以《东洋的理想》为线索，首先，站在东方美术史的立场，冈仓天心论述了日本美术
史的发展历程，阐述了自身的思想主题——亚洲的理想，明确指出：首先，亚洲是一个整
体，是一个具有共性的文化统一体。亚洲是悠古的、博大的、深邃的，尽管喜马拉雅山分
割了两大文明，"一个是带有了孔子的共同社会主义的中国文明；一个是带有了吠陀的个
人主义的印度文明"，但是，即便是白雪覆盖的障壁，也没有割断亚洲的整体性，亚洲就
是一个（Asia is one）。

其次，冈仓认为"亚洲是一体"的根源正是在于追求终极的、普遍的存在的"爱"的传
播。换句话说，具备了在多样化的过程之中寻求统一的原理。这样的原理的根源，也就是
"爱"的精神或者理念。那么，究竟什么是"爱"？冈仓认为，这样的精神在于印度，就是
佛教所谓的"一切众生"；在于中国，则是儒教读书人所谓的"仁"；在于日本，则是"武士
道"的传统精神。总之，这一统一体无论是中国文化，还是印度文化，抑或是日本文化，

① 王屏：《近代日本的亚细亚主义》，商务印书馆2004年版，第56~59页。

② 子安宣邦著，赵京华编/译：《东亚论——日本现代思想批判》，吉林人民出版社2004年版，第
104页。

③ 何菁：《岡倉天心の中国美術認識》，北京日本学研究中心编：《日本学論叢Ⅷ》，经济科学出
版社1996年版，第93~102页。

皆具有各自的文化历史与基本特征，亚洲大地的众多民族的历史传承与精神生活彼此关联，构成了一个不可分割的整体。

再次，在整个亚洲文明中，最有代表性、最为精粹的就是日本文明，"要把亚洲这些复杂的具有特性的要素真正统一起来，日本是最奇特的。日本民族传承印度、鞑靼之血统，吸取了两大源泉（指中国文明与印度文明——引者注）之精华，它最能代表整个亚洲意识"。日本文化吸收了两大基本来源，是较之"博物馆"更为高级的亚洲文明集合体。日本接受了中国汉代、唐代的文明，接受了印度鼎盛时期的艺术思想，日本"民族不可思议的天才，在于不必培养古老的事物，而是迎接新的事物，以活跃的绝对的一元论的精神，畅想过去的所有的理想形象。……日本艺术的历史，也就是亚细亚的理想的历史。——一次次地奔涌而来的东洋思想的浪潮不断地冲击着民族意识，成为留下痕迹的沙滩"①。

冈仓天心之所以强调"亚洲是一体"，其根本目的就是为了突出"亚洲的觉醒"。不言而喻，这一时期的亚洲所面对的严峻现实，就是欧洲文明固有的侵略性带有巨大的危险，将会威胁作为一个整体的亚洲文化。但是同时，冈仓还认为东方亚洲的文化正在觉醒，而且还会拥有一个巨大的发展空间。不仅如此，亚洲的未来不在于外部，而是在于亚洲内部的觉醒，尤其是日本自身使命的觉悟："如今，束缚日本心灵的两大强有力的枷锁……一个是普遍性的、充满了强大魔幻力量的亚细亚的理想；一个是带有了体系化教养，且被知识系统武装起来的，具备了强锋利刃的欧洲科学。"②面对这样的两大枷锁，日本应该如何呢？就冈仓天心而言，日本只有将自我放眼于整个亚洲，通过整个亚洲的"觉醒"来抵御西方。

在此，作为一个前提必须提到的是，冈仓天心所谓的"亚洲是一体"应该说本身也不断地发生着转变，如果说其内容之前存在着"以抵御西方"为前提、为主轴的情怀的话，那么到了后期，也就是随着亚洲考察或者认识的深入，转向为一个以普遍的"爱"或者理想主义为核心的思想，也就是区别于政治论的、作为文化论而出现的亚细亚主义。在这一理论的衬托之下，冈仓认为日本代表了整个亚洲的艺术或者理想的精华，是亚洲走向觉醒的根基之所在。

（二）"亚洲是一体"的批评

东洋与西洋的问题，是近代日本进行文明选择之际的一大困境。这一问题，也可以说在日本转化为了一个"脱亚论"与"兴亚论"的文明选择的问题。就此而言，日本学者深町英夫论述指出：以福泽谕吉为代表的"脱亚"论站在西方文明的立场，以"拒绝、忽视"中国与朝鲜为纲要；以胜海舟为代表的"兴亚"论带有了针对传统中华文明与中国社会的理解、敬畏之念，是带有了文化主义、人种主义、民族主义观念的思想；以德富苏峰为代表的"日本扩张论"则带有了"灭亚"论的内涵，蜕变为了国家主义思想。③

那么，基于这样的文明选择的方法与逻辑，我们应该如何来评价冈仓天心的"亚洲是

① 色川大吉编：《冈仓天心》，《日本の名著·39》，日本中央公论社 1970 年版，第 25、108～109页。

② 色川大吉编：《冈仓天心》，《日本の名著·39》，日本中央公论社 1970 年版，第 40 页。

③ 中嶋嶺雄：《日本と中国》，日本东京书籍株式会社 1992 年版，第 88～89 页。

一体"的思想？首先，我们应该认识到冈仓天心的思想基轴依旧是停留在了"东洋与西洋"的框架之下。以"文明"观念为例证，冈仓天心指出："西洋崇信进步，那么这样的进步是针对什么而言的进步呢？无疑是针对了亚洲。"但是，西方近代文明下的个体完全失去了理想，成为机械的奴隶，西洋荣光之大，"并非是真正的伟大"，西洋极为奢侈的生活，"也不可以说就是文化"，欧洲存在的"病院与鱼雷、基督教传教士与帝国主义、庞大军备与维持和平"，这样的矛盾不曾出现在亚洲的古代文明之中，日本"王政复古"的理想绝非如此。但是，"日本沉湎于和平的文艺之际，西洋人视为了野蛮国家；但是，日本在满洲的战场大肆杀戮之际，却被称为文明国家"①。究竟什么是"文明"？在此，应该说冈仓天心站在艺术的立场对于西方文明社会提出了深刻的质疑。

其次，冈仓天心的立足点始终在于诠释日本，强调日本。冈仓天心通过现实的考察——印度体验与中国体验，确认日本是唯一的可以抵抗西方的国家；通过风土与艺术的考察，确认日本是一个亚洲文明的博物馆，且集聚了亚洲一贯的"爱"的精神与和平的理念；通过历史文化的推导与审视，确认日本是一个不畏强权、具有独立精神或者主体意志的民族，确认成为亚洲的领导者是日本的特权与使命。在这样的逻辑之背后，印度与中国成为日本诠释自身的牺牲品，成为日本树立自我形象的垫脚石，代表了亚洲的过去，代表了一个无法实现统一、走向完整的亚洲；反之，日本则成为亚洲的现在与未来，可以带领亚洲各个国家实现"亚洲是一体"的目标。

再次，冈仓天心"亚洲是一体"的观念之背后，就是针对日本自身的一种合理化的诠释。这样的诠释是否具有真正合理性？正如日本学者小路田泰直所指出的，其思想根源之中，承认了日本的万世一系的天皇的主权者的地位，强化了日本自身的民族意识，并保证了日本作为东亚盟主的"解放者"的地位。② 或许，冈仓天心的思想之中并没有直接地阐述这样的国家主义思想，但是无疑带有了这样一个不断发展、转向演绎的契机。或许这也正是冈仓天心的思想到了"二战"时期成为"思想武器"的根源之所在。

历史上，"亚洲是一体"的内涵不断地发生着阶段性的变迁，或者是抵抗外来之西方，或者是融会亚洲之内部，但是，必须指出的一点，即冈仓天心的立场更为侧重在了艺术文明的立场，并尝试采取"日本美术史"包容"东洋美术史"或"亚洲美术史"的方式来重塑日本美术史。究其根本目的或者方法，可以说并不是为了美术，而是带有强烈的现代国家政治或意识形态的色彩，且试图为构建日本现代国家形象或自我认同提供精神资源。冈仓天心作为艺术理想而提出的"东洋"概念，逐渐地显示出了潜在性的政治实践意义，为日本后来所谓的"大东亚圣战"奠定了意识形态之基础。冈仓天心所提出的"东洋的理想"，而后通过日本的扩张转变为了日本统一亚洲、实践"亚洲的觉醒"的实践活动，其转折点或起点就是所谓的"支那事件"（卢沟桥事变），即侵华战争的开始。由此，冈仓天心所谓的"东洋的理想"，亦从"艺术理想"彻底地沉沦为了大日本帝国的战争意识形态。

---

① 色川大吉编：《冈仓天心》，《日本の名著·39》，日本中央公论社 1970 年版，第 41 页。

② 小路田泰直：《日本史の思想》，转引自王屏：《近代日本的亚细亚主义》，商务印书馆 2004 年版，第 88 页。

四、结　　论

　　作为美术批评者，冈仓天心一贯强调要着眼于艺术作品的"Idea"（感想），而不能局限于线条或者色彩。① 作为"亚洲是一体"的提倡者，冈仓天心也一贯强调要站在"世界"的视角来认识亚洲。这一视角，并不是要将"自我"毫无前提地放置在一个"世界文化"的立场，而是要认识到西方文明的弊端，发现自身文化的本质，为自身的合理化与合法化来构建起一个方法论式的意义。

　　如果说以福泽谕吉为代表的脱亚论者，尝试通过树立"西方文明"这一前提，强调了日本以独立为目的、以文明为手段的发展目标的话，那么，冈仓天心则是与之相反，力图通过"艺术性"地归化亚洲内在的同一性，提示出了一个亚洲或者东方的想象空间。现代日本的文明轨迹就是这样，或者是背离东方，走向西化；或者是重回东方，走向中心。但不管是如何，这样的两种路径的共同之处，就在于颠覆中国作为东亚文明中心的地位，并以日本取而代之。站在中国学的立场，冈仓天心的"亚洲是一体"的本质即在于此。这一立场到了如今，应该说也具有深远的内涵。

　　冈仓天心曾经是一个世界的旅行者、东方美术的批评者、"亚洲是一体"的提倡者，作为世界的旅行者，他处在东洋与西洋之间；作为东方美术的批评者，他处在美术与政治之间；作为亚洲的叙述者，他也处在日本与亚洲之间。正是在这样的"间"的结构之下，冈仓天心开始探索自身的，乃至日本的"现代性"的文化身份，同时也不可避免地陷入到了一种宿命式的困境之中。

（作者单位：赣南医学院人文学院、厦门大学外文学院）

---

① 　高階秀爾：《19・20世紀の美術》，日本岩波书店1993年版，第69页。

战争与媒体：以日本右翼记者德富苏峰的思想历程为对象[*]

□ 赖雅琼

    德富苏峰（1863—1957），本名德富猪一郎，创办了《国民新闻》《国民之友》等报刊，是近代日本独具影响力的新闻记者、评论家、历史学家、政治家。德富经历了日本整个近代、即自明治到大正、再到昭和的三个时期，并始终以"新闻记者"的身份宣扬自己的思想和政见。正如日本近代史充满了波澜万丈的转折一样，德富苏峰的思想也经历了多重的演变，尤其是 1894—1895 年期间的甲午战争，更是对其思想转变产生了直接的影响，自一名反对藩阀政治、大力提倡民权的平民主义者，转向主张富国强兵、对外侵略扩张的国权主义，成为帝国主义者、天皇主义者以及大日本扩张论者，乃至利用其创办的报纸、杂志等舆论工具，大力宣扬对外侵略扩张的军国主义理论，影响和操纵着社会的主流思想，转变为一个战争的舆论制造者。

    围绕甲午战争之际德富苏峰的思想转变，迄今为止存在着不少的先行研究。研究者陈秀武曾在其论文《德富苏峰的断裂人格刍议》之中，以"人格"的角度为出发点，指出以甲午战争为转折点，德富苏峰的人格由独立转为依附，从而发生了"断裂"。① 研究者米彦军则是站在"思想"的角度，分析了甲午战争之前与之后德富苏峰对于中国态度的转变，重点探索了德富右翼思想的形成过程。台湾学者叶纮麟、石之瑜则以"中国形象"为内容，通过阐述德富苏峰的日本认识，进而探讨德富的中国认识，并就这一认识的形成背景、思想转换与立论基础展开了考察。② 这样的一系列研究站在各自不同的角度，分析了德富苏峰在甲午战争前后的思想或者立场的转变，具有典型的思想史研究内涵。但是，作为思想史研究的永恒追求，先行研究之中基本上皆没有提到一个根本的问题，就是德富的思想变化之中的不变要素究竟是什么。换言之，以甲午战争为契机，德富的思想出现了巨大转变，但是究其根本、即德富的思想底流之中是否存在着始终如一的不变者。本研究将着眼

───────────────

    * 本文为 2015 年度国家社科基金项目"现代日本学者想象与重构中国形象的研究"（项目编号：15BWW002）、2016 年度福建省社科基金青年项目"近代以来的日本战争宣扬与右翼记者德富苏峰的研究"（项目编号：FJ2016C102）阶段性成果。

    ① 陈秀武：《德富苏峰的断裂人格刍议》，《日本学论坛》2008 年第 1 期，第 25~30 页。

    ② 叶纮麟、石之瑜：《德富苏峰之中国认识》，《社会科学》2009 年第 2 期，第 117~128 页。

于这一问题意识，以甲午战争为分界点，考察新闻记者德富苏峰的社会思想与中国认识的内在转变，并进一步探究其变化之中的不变者或者本质究竟是什么的问题。

一、甲午战争前的德富苏峰

明治维新之后，日本知识分子把目光转向西洋文明，同时冷静地看待中华文明的衰败，并开始产生一种"蔑视中国"的情绪。对于鸦片战争以来清政府所面临的局势，幕末思想家横井小楠(1809—1869)在其代表作《国是三论》(1860)中指出："五大洲之内，亚细亚之中国乃面临东海之巨邦，文物开发之早，稻麦黍稷，人类生活之无所不足，乃至智巧、技艺、百货、玩好、皆取之不绝，无比丰饶。上自朝廷下至庶民，乃成自尊骄傲之风习，虽准许海外诸国朝贡贸易，往往无所求之意，又不知取他人智识之事，故中国兵力衰弱，诸州饱受凌辱也。"①横井认为，中国作为天朝上国，自尊骄傲、不启民智、兵力衰弱，故而在鸦片战争中遭受了西方列强的武力侵犯。因此指出，日本如果要在帝国主义的环伺下生存，就不能走中国的道路。不言而喻，作为横井小楠的弟子，德富苏峰可谓继承了这一立场。

不过，德富苏峰的立场亦具有独特的性格。首先，德富思考问题的出发点，应该说是在一个世界大势的背景下展开的。明治十七年(1884)，德富发表了《自由、道德及儒教主义》一文，指出："英美二国尤以自由之盛而富强，支那印度两国古来虽重仁义道德而专制。……但唯自由之所存，故道德存斯。……论者以为压制支那人民两千年之儒教主义以支配我等自由国民，此乃将两千年来腐败人民智德之儒教文明，施于我等明治改进人民耶。"②在德富的眼中，英美两国属于自由国度，故而存在道德；日本明治维新推动改革，使日本人成为了"改进人民"，自由可期；反之，注重仁义道德的儒教文明，却由于专制而成为压制人民自由的工具，中国成为了专制国家。③德富之所以产生这样的思想，就是在认识到这样的世界大势，并在接触到欧洲文明之后。换言之，德富是站在欧洲文明乃至它将会统治整个世界的文明大势的背景之下，才展开了以传统儒教文明为对象的批判。

其次，德富亦尤为关注中国的局势。自近代以来，日本一直就是将中国作为工具、作为借鉴来加以认识的。明治十九年(1886)，德富出版了《将来之日本》一书，就欧美帝国主义瓜分中国的危局展开阐述："于天然之位置，我国乃东洋贸易之中心市场，我国人民于此好时机不应踌躇不前。……支那其本部，面积达一百五十余万平方英里，人口亦达四亿，其殷富昌盛为西洋人所恐，故西洋人分占之。"这一时期，清政府正在推进维新变法

① 横井小楠：《国是三论》，《日本的名著佐久间象山横井小楠》，日本中央公论社1970年版，第321页。

② 德富苏峰：《自由、道德及儒教主义》，植手通有：《德富苏峰集》，日本筑摩书房1974年版，第32~52页。

③ 正如日本学者子安宣邦所指出的："黑格尔历史哲学所构筑的作为专制和停滞王国的东洋像，促成了日本对东亚的中国中心文明论的政治构图的重构。日本一味把'东洋的专制'、'东洋的停滞'之名披在中国身上，并将中国从东亚的文明中心位置上赶下来，正在于自认为欧洲文明嫡系子弟的日本，要登上东亚新文明构图的中心。"可参照子安宣邦著，赵京华编/译：《东亚论——日本现代思想批判》，吉林人民出版社2004年版。

运动，德富苏峰却对这一运动滞涩不前多有批判。在冷静地看待西方列强瓜分中国的同时，也表达了自身对于中国融入西方现代文明的期许："若于吴越可见煤烟，燕赵之郊可闻汽笛之声，则政治文学商业兵制等百般改革自然指日可至，堂堂北京政府岂无一人乎？……若使火车奔腾于铁道，电线跃于天空，北京之政治家得坐于台阁有其天下。铁道乃支那之救世主也。……支那遍布铁道之日乃帝国组织之日、内政整顿之日、外敌防御之日、商业繁荣之日、文明富强之日也。"①在这一过程中，铁路建设对中国的进步而言，无疑是一大关键。事实上，我们在回顾历史之际亦会惊诧地发现，正是铁路建设问题导致了大清国的灭亡。②

第三，日本之局势是德富最为关注的内容，一是出于政治的关心；一是出于新闻记者的敏感。德富不仅关注日本局势，还积极探索日本应对国际形势的策略问题。针对1888年的中法战争，德富阐述道："今日乃东洋百年来多事之秋，天下之大势非我等高枕安卧之时。……清国与法国开战之际，如法国以其精锐舰队，攻入东京湾，则我辈将奈何？……清国乃土崩瓦解之时，朝鲜亦为各国虎视眈眈，于此之时我们如何维持独立，全国家之体面，以三十艘军舰与十万以上陆军以维持国家及社稷仍有不足，唯以日本海为池，全国为城，全民为兵，一旦烽火燃起时，全民草莽奋起持剑，左右前后首尾纵横而出，如常山之蛇，何者能敌？"③由此可见，德富苏峰不仅吸收了西方富国强兵的政治思想，也继承了日本，尤其是横井小楠的"国防论"的基本立场，并以维护国家独立，维护国家体面为根本目标。

德富苏峰在《日本国防论》（1889年）之中就提到："我国于军事恒以支那为假想敌，将我国军事一一与支那比较，何者为优何者为劣，彻头彻尾比较长短，甚让吾人有所怀疑。支那虽为我国邻近之一大国，但以支那为对手诚非我国国柄。以支那为对手与敌国实为我国国民视野之狭隘。试想我国国权之伸展、利得之损益及恒常压制我国之发展，清国与泰西诸国实不能相比拟。……如以支那朝鲜为假想敌，即令胜之，犹如相扑关取力士将七八十老妪殴打在地，能称其为刚力乎？"④由此可知，德富认识到中国的衰败，故而指出不能以中国为终极目标，而应该将"大东亚共荣圈"纳入到日本的视野中。概而言之，就这一时期德富苏峰的政治立场和中国认识而言，可以说其已经意识到了清政府的衰败，认识到了日本这一国家未来的发展方向，提示了日本应该为了防止西方侵略而加强海防，同时亦流露出了贬斥中国、蔑视中国的情绪。

---

① 德富苏峰：《将来之日本》，隅谷三喜男：《日本之名著50 德富苏峰山路爱山》，日本中央公论社1971年版，第171~182页。

② "四川保路运动"，即清末四川人民维护路权的斗争运动。四川人民自办铁路，清政府迫于帝国主义的压力要将路权收归，"四川保路同志会"组织广大群众奋起反抗。清廷派湖北新军前去镇压，造成武昌空虚，为辛亥革命首役武昌起义奠定了基础。孙中山先生在评价四川保路运动时指出："若没有四川保路同志会的起义，武昌革命或者要迟一年半载的。"可参照赵建强：《四川"保路运动"与辛亥革命》，《中国档案报》，2011年10月17日。

③ 杉井六郎：《德富苏峰之研究》，日本政法大学出版局1977年版，第224~225页。

④ 杉井六郎：《德富苏峰之研究》，日本政法大学出版局1977年版，第231~232页。

二、甲午战争后的德富苏峰

甲午战争爆发之后，德富苏峰支持日本对清政府开战，并利用其创办的报刊大力宣扬日本的赫赫战功，煽动狂热的民族情绪，一下子蜕变为军国主义的狂热鼓吹者。就在战争开始的这一年，即 1894 年，德富苏峰著述了《大日本扩张论》一书，指出："本书……的目的在于论述大日本的扩张，也就是将征清作为论述大日本的扩张这一问题的前提。有征清未必有扩张，有扩张才有征清"并指出："我国之所以采取这样的方法，目的在于日本国的对外开放。对他国发动战争，目的就在于给与世界上的愚昧以沉重打击，把文明的荣光注入到野蛮的社会之中去"，① 把侵略战争美化为"开化落后、传播文明"的正义行为，鼓吹甲午战争是"扩张的日本实现扩张实践的最好时机"②，利用新闻媒体狂热地宣传对外侵略扩张的军国主义思想。就在以德富苏峰为主的各种媒体舆论的精神轰炸下，军国主义思想开始在日本的主流社会急剧传播。

不过，对德富苏峰造成更大精神刺激的，则是甲午战争之后的"三国干涉还辽"事件。作为新闻记者，德富在游记之中写道："当时我踏破辽东半岛的一些地区后回到旅顺的时候，就传来了归还辽东半岛的消息。虽然气愤无比，但也毫无办法。那时，只是捧了一把旅顺港外的沙砾，用手绢包起来把它当作一点特产带走了。"③在此，德富最为深切地体会到"强权即公理"的奥义，从而更是积极配合日本政府扩充军备的方针，并在报刊上大肆制造"卧薪尝胆""还辽之仇必报"等主战舆论。到了 1904—1905 年日俄战争之际，德富还提出了"国家第一，办报第二"的方针，进一步蜕变为政府宣传军国主义思想的喉舌。

1906 年，德富苏峰再赴中国，考察了甲午战争和日俄战争后日本在满洲乃至整个中国的权益扩张问题。德富游历中国的见闻以日记的形式在《国民新闻》上连载，并结集出版了《七十八日游记》。在游历期间，德富深切地体会到日本人作为殖民者在中国所拥有的优越感，他写道："我深深地觉得我们的国民应该意识到自己是一个兴盛国家的国民，并且以此作为最大的骄傲。"④游记的结尾，在对此次中国考察做出总结和评价时，他更是指出："我认为韩国不稳定……清朝也不稳定。……而且解决这些问题的责任，即使不能说完全，也是几乎全部担负在日本国民的双肩上了。"⑤由此可见，在德富眼中，日本通过大量吸收并融合中华文明和西方文明，已经一跃成为亚洲的最强国，是中国乃至亚洲的领导者和保护者，有责任和义务帮助中国、朝鲜等落后的亚洲国家。

不仅如此，"人种"这一概念亦成为德富苏峰关注的重点。基于这一立场，德富在《七十八日游记》的"结论一则"中阐述了大和民族的优越性，把日本人看作黄种人的启蒙导师，指出："要恢复黄白两大人种间的平等这件事实在是非常重要的。……我们黄种人的

---

① 德富苏峰：《战争与国民》，和田守、竹山护夫、荣泽幸二编：《近代日本的思想（2）》，日本有斐阁 1979 年版，第 33、32 页。

② 德富苏峰：《好机》，《国民新闻》1894 年 7 月 23 日，转引自连永平、薛秋昌：《从七十八日游记看德富苏峰的中国认识》，《社会科学论坛》2011 年第 8 期，第 72 页。

③ 德富苏峰著，刘红译：《中国漫游记七十八日游记》，中华书局 2008 年版，第 382 页。

④ 德富苏峰著，刘红译：《中国漫游记七十八日游记》，中华书局 2008 年版，第 462 页。

⑤ 德富苏峰著，刘红译：《中国漫游记七十八日游记》，中华书局 2008 年版，第 507 页。

重担，就落在我们大和民族的双肩上，我们怎能安于小小的成就，日本国民的大业要远远重于现在的成就。"不过，与此同时，德富也流露出一丝担忧："但是现在不同了，'他们是人，我们也是人'这种认识在全中国人中普及起来。不单是对新问题要求对等的关系，即使对长期以来已经决定的事，他们也要求尽量恢复其平等的关系。我们在这里不能评论他们政策上的得失，但是他们在平等意识上的觉醒是绝对不能忽视的现象。坦白地说，我们担心他们的觉醒一变而成为一场攘夷运动。"①由此可见，德富苏峰极为担心亦不愿意看到中国的觉醒，体现出其期望日本能代替中国成为亚洲霸主，从而领导亚洲、改造亚洲的潜在野心。

概而言之，自甲午战争之后，再到日俄战争之后，德富苏峰一步步地走向蜕变，成为一名"国权主义者"。不仅如此，作为无冕之王的新闻记者，德富更是充分地利用媒体舆论来宣扬侵略扩张的思想，强调文明之间的冲突，鼓吹人种之间的对抗，其政治立场完全走向了右倾，乃至最终沦落为一名军国主义者。与此同时，我们亦不难发现，德富苏峰并不仅仅是站在日本的立场来思考问题，倒不如说，一个亚洲的立场，一个世界的东亚的立场成为其思考日本未来走向的必然选择。在这样的立场下，德富突出了"文明"（西方与东方）、"人种"（白色与黄色）的潜在的对立概念，同时也落入了这样的二者择一、非此即彼的陷阱之中。事实上，这样一个二元对立构架下的陷阱，对于德富苏峰而言是如此，对于整个近代日本的知识分子而言亦是如此。

三、作为"不变者"的德富苏峰

甲午战争是近代东亚历史上的重大事件。正是通过这一事件，中国与日本在亚洲的地位发生了根本性的逆转，近代日本知识分子的中国认识由此也出现了巨大的变化。具体而言，也就是自"崇拜"中国转为"蔑视"中国，对西方文明推崇备至，而把中华文明看作近代文明的落伍者。在这一历史背景和社会思潮的影响下，作为日本最具代表性的新闻评论家，德富苏峰也经历了思想上的巨变。尤其是到了甲午战争之后，德富苏峰采取偏见和蔑视的态度来看待中国，不遗余力地鼓吹侵略殖民中国的思想，由此而蜕变为一名军国主义者。迄今为止，不少学者在其研究中突出了德富苏峰的自我蜕变，但是，若是我们究其根本，依旧可以认识到其思想底流之中始终如一的不变者。

所谓"不变者"，首先，德富苏峰的转变、蜕变或者断裂，是针对德富苏峰的政治立场，同时也是针对德富苏峰的欧洲与日本的认识视角而言的一种转变。德富的思想观念之中不曾改变的，是"世界"的文明主义。这一"世界"的文明主义，并不是以日本来取代欧洲，而应该是将欧洲与日本皆包容在一起的整个世界，这一立场走到极致，也就是作为"世界的日本"这一立场。事实上，不管是在甲午战争之前或者之后，应该说德富苏峰始终没有改变这一带有了世界的价值观念的立场。

其次，所谓"不变者"，乃是"中国"的地位，即作为日本进入"世界"的工具。无论是平民主义观念下的中国认识，还是走向扩张主义观念下的中国认识，在德富苏峰眼中，中国的地位始终是低下的、落后的，它不过是日本人证明自身、日本这一国家证明自身的工

---

① 德富苏峰著，刘红译：《中国漫游记七十八日游记》，中华书局 2008 年版，第 310、509 页。

具而已。并且，作为对国家抱有强烈使命感的爱国主义者，德富的中国观察或者中国认识始终是站在日本的国家利益之上来考量或者进行的。这也可以说是近代日本知识分子在中国认识问题之际的共通之处。昭和时期的著名文艺评论家龟井胜一郎就曾在其回忆录中论述道："我对于'中国'却仍处于几乎一无所知且毫无关心的状态。不仅仅是'中国'，例如对亚洲整体，我也根本没有连带感情。……从日清战争（即中日甲午战争）、日俄战争开始、经过大正时代的第一次世界大战培养起来的日本民族的'优越感'，也深深植根于我的内心里。……就我当时的心情说来，我对中国的态度是非常傲慢的"①、"中国不管在任何意义上都没有被视为问题"②。由此可见，德富苏峰或者说大多数近代日本的知识分子皆是以蔑视型的眼光来看待中国，并且试图以中国为工具或者方法，来谋求日本的国家利益。

最后，所谓"不变者"，也可以提到作为一名新闻记者，德富苏峰视野下的作为"帝国与帝国"之间的中日关系，乃至由此而产生的"为了日本"（For Japan）这一核心目的。正如德富所描述的："我国将来的历史，无疑就是日本国民在世界各地建设新故乡的扩张史。……日清两国的国民，毋宁说是两个人种，也许会在世界各地形成扩张上的冲突史。"③也就是说，中国与日本之间的战争，绝不只是两国之间的战争，而是日本走向世界性扩张的开始；中国与日本之间的战争，绝不只是固有的国家与国家之间的战争，而是以世界为目标的"人种"之间的"冲突史"，是"帝国主义国家"之间的世界性扩张战争。由此可见，在德富看来，作为"兴盛国家"的大日本与"殷富昌盛"的大清国之间，始终是"帝国与帝国"的关系。也因此，德富将甲午战争的性质解读为以世界为目标的"帝国主义国家"之间的冲突。就此而言，德富的个人经历尽管呈现出反对政治与依附政治的巨大转变，但是究其根本之处，则是始终为了"大日本帝国"的利益，这一终极目标至死不曾转移。

四、结　语

福泽谕吉曾经将中日之间的甲午战争标榜为文明与野蛮之间的战争，即文明征服野蛮、光明战胜黑暗的所谓"文野明暗之战"。④ 与之不同，德富苏峰将之把握为所谓日本与中国这样两个"帝国主义国家"之间的世界性扩张的战争。这样一种诠释无疑带有了世界的历史文化的误读与偏见，颠覆了东亚传统的历史事实。不过在此，我们也可以清楚地认识到，德富苏峰的平民主义与国权主义的立场，既不是处于绝对的对立，亦无所谓思想"变节"，而是呈现出一个"共谋"的关系。

不可否认，甲午战争的结果从根本上开始颠覆日本知识分子的立场。但是这一转变，并不意味着他们的思想的"断裂"，反而是一种"共谋"关系下的"延续"。日本知识分子一

---

① 龟井胜一郎：《回想》，竹内好著，李冬木等译：《近代的超克》，三联书店 2000 年版，第 320~321 页。

② 龟井胜一郎：《现代史的课题》，竹内好著，李冬木等译：《近代的超克》，三联书店 2000 年版，第 321 页。

③ 植手通有：《德富苏峰集》，日本筑摩书房 1974 年版，第 249 页。

④ 福泽谕吉：《日清战争是文野战争也》，应庆义塾编：《福泽谕吉全集》第 14 卷，日本岩波书店 1958—1971 年版，第 491 页。

开始将甲午战争描述为"文明野蛮之战"，将日本的成功归列到自身的"欧洲性"之中。但是，亦正是通过甲午战争这一结果的论证，日本知识分子开始尝试打通过去的西方主义与东方主义、欧化主义与日本主义这样的二元对立框架，从而为"欧洲性"转向"亚细亚主义"提供了可能。在这样的打通的逻辑下，各个思想之间形成了一个"共谋"的关系，日本知识分子也在一个"共谋"的观念下实现了日本近代思想的"延续"。

（作者单位：厦门大学外文学院）

书　评

知言以穷其原，论世而董其理

——评欧阳祯人教授著《刘咸炘思想探微》

□ 黄 盖

　　欧阳祯人教授近著《刘咸炘思想探微》由商务印书馆于 2016 年 12 月出版，是书为作者在武汉大学哲学泰斗萧萐父先生指导下研究刘咸炘学术思想的结晶。全书分五章：第一章叙述刘咸炘家世、生平及思想渊源；第二章以老孔道学为主旨探讨刘咸炘在经学、人性论、诸子学尤其是儒学方面的论述；第三章从《周易》《孟子》《大学》《孝经》等经典入手讨论这些传世经典对于刘咸炘整个思想体系的意义，以及推十学在方法上的特征；第四章论述刘咸炘对新文化运动的态度；第五章论述刘咸炘在文章写作和诗歌方面的见解；最后附有刘咸炘思想研究综述、刘咸炘著作年谱及参考书目。

　　作为近世蜀学中的一朵奇葩，刘咸炘的思想一直以来并未得到学界的足够重视。这位僻处西蜀的思想家从小受家学熏陶，酷嗜读书，未曾上过新式学校而自学成才，先是在家中的私塾授课，尔后相继被聘为成都几所大学的导师。在 20 世纪 20 年代到 30 年代，刘咸炘感受到新文化运动带来的风气变动。面对西方文化思潮的涌入，他开始尝试通过对比中西文化的异同，寻求其深层次的会通。在这期间他撰写了诸如《子疏》《旧书别录》《学纲》《近世理学考》《明末二教考》等大量著作，这些著作目光四射，才气横溢，卓尔不群，犹如喷薄而出的红日，逐渐为他在学术界赢得声誉。遗憾的是，在其创造力最旺盛的时候，他却不幸因感染疾病而去世，其思想中许多具有原创性的部分无法深入展开，其著作也珠沉大泽，华光未显，不能不说是非常可惜的事。

　　在前此有关刘咸炘学术思想的讨论中，最为用心的是蒙文通先生。作为史学同道和学术上的诤友，蒙先生深谙刘咸炘论学的宗旨，他赞赏刘咸炘史学论著的精深宏卓和六通四辟，推之为"一代之雄"，同时亦能够深入其思想的内部，入室操戈，展开讨论。而真正推动刘咸炘学术思想研究的，是已故武汉大学萧萐父先生。这位珞珈中国哲学学派的奠基者，在其垂暮之年，怀着对故土人文风教的深厚感情，积极推动刘咸炘著作的出版和研究。萧先生克服诸多困难，阅读完《推十书》中大部分著作，撰写了《推十书》的序言及《刘鉴泉先生的学思成就及其时代意义》一文，对刘咸炘的学术成就、思想渊源及现代意义作了深入且富有启发性的阐释。此外，萧先生还亲自指导欧阳祯人教授阅读刘咸炘的著作。正是在这样的机缘和基础上，欧阳祯人教授深入其中，矢志不渝，集十数年之功，而成此新著问世。其中精思妙虑，常常有出人意料的地方，而他所付出的艰辛劳苦，大概只有作者本人知道吧！

阅读是书，有以下几点值得特别提出的地方：

第一，作者广泛而细致地勾勒了刘咸炘的家世和生平。出生儒学世家的刘咸炘，从小遵循严格的家庭教育，却又在读书方面享有极大的自由，这种自由让他广泛地接触到各种书籍，其中包括大量的西学著作。父亲的开明和母亲的仁爱，共同滋养了这棵学术的幼苗。他不停地阅读、思考、写作，不停地与人讨论，生活看似枯燥却又充满激情。作者所刻画的这些有关刘咸炘成长以及与学人交往的细节，缩小了读者与作者所要讨论的主题之间的距离，有助于我们进入具体的时空中去把捉刘咸炘的学术思想。

第二，作者承继了萧萐父先生的学思理路和人文关怀，深入讨论了刘咸炘的思想特质。与蒙文通先生不同，萧先生认为不能仅仅将刘咸炘视为历史学家，那样就将其思想狭隘化了。萧先生独辟蹊径地强调刘咸炘作为一名"后五四时代"思想家的意义。在他看来，刘咸炘所生活的时代，中国学术界正经历着"由肤浅认同到笼统辨异，再向察异观同、求其会通的新阶段发展"。在这样的情形下，刘咸炘一方面着力于中西哲学范畴异同的比较和清理，初步建立起一个融贯中西的范畴体系；另一方面，他非常注意引进逻辑分析法，并且将其广泛应用于对传统学术的考察中，创获甚多。通过对浙东"通史家风"学脉的继承和对章学诚"六经皆史"观念及校雠学方法的发挥，刘咸炘将传统的史学发展为论世观变的人事学。萧先生的这些观点，实际上已经将刘咸炘的思想置于近代启蒙思潮之中，作为其发展的一环去理解。此书的作者在两个方面深化了萧先生的这个观点。在讨论刘咸炘经学思想、诸子学思想和儒学真精神部分，作者注意到刘咸炘对于传统经学尤其是儒学发展得失的分析。刘咸炘批评自西汉以后儒学的失真，历朝统治者所追求的并不是真正的儒家思想，汉武帝、唐太宗二人所宣称的，不过是假儒学，而科举制又将儒学变成士人们晋升上层社会、获取利禄的工具，这种表面遵从实际背叛的行为败坏了儒学的意义，因此一旦废除科举，孔孟就遭到毁弃。儒学失真的第二个原因，是因为后世儒家学者各执一偏，举一废百，有原始儒家之严，而失原始儒家之大，不知道执两御变的道理，这在很大程度上表现在对道家思想的排斥上。此外，刘咸炘还认为，传统儒学过于强调统一，忽视个体事物之间的差异，导致在认识上的偏僻，而这一点正是他要克服的，在方法上则表现为对分析的重视。作者在这一章的论述呈现出刘咸炘对专制主义威胁利诱下伪儒学、俗儒学的批评，通过对原始儒学精神的呼唤，表达了刘咸炘想要重铸传统思想的雄心，同时彰显出中国文化自身所蕴含的现代性因素。

启蒙的另一层含义表现在对现代性的批评之中。对刘咸炘而言，则体现在他对待新文化的态度上。此书第四章从白话文、冷热、人道精神、律法和人伦等几个侧面展示了刘咸炘在这个问题上的思考。刘咸炘从来没有笼统地反对现代性，但他主张对于现代社会兴起的各种文化热潮保持冷静，对于其中出现的各种偏差应该及时纠正。在许多论述中我们都能感觉到他对中国现代化的担忧。在白话文取代文言文的讨论中，他认为如果都使用白话文，那么传承千年的中国文化、经典文本就会日渐衰微，鸿篇巨制不再是学术之源，而杂志小报将成为全民精神生活的中心，表现了他对民众精神衰退问题的关心。对胡适提倡的实用主义、功利主义，刘咸炘也保持了敏锐的批评性。他认识到物质主义、人的片面发展对社会整体带来的必然后果，强调人生至善的归宿和道德修养的重要性，主张回归儒道宇宙生生的人文道德主义。在《瞽瞍杀人》一节中，刘咸炘通过对情理问题的讨论，暗示了其对传统人伦思想的信仰和对中国文化主体性的坚守。作者的这些叙述为我们呈现了刘咸炘思想的批评性姿态，以及其中所蕴含的启蒙的双重意义。

第三，作者对刘咸炘的思想来源问题进行了考察，使我们能通过多条线索深入推十学的肌理和源头。作者认为，刘咸炘的思想有三大理论来源：其一是祖父刘沅的槐轩学；其二是章学诚"六经皆史"的理论和校雠学的方法；其三是新文化运动中所涌现的新思想。作者在研究过程中注意到这些不同的理论来源之间的矛盾，这一点增加了理解上的复杂性，也构成了刘咸炘思想本身的张力。正因为如此，这部著作相对于其他各种研究刘咸炘的著作来讲，可谓察势观风、考镜源流，知人论世，深得刘咸炘学术的根本。

除以上提到的几点外，此书的创获还有很多，包括对刘咸炘文学艺术方面理论的剖析，对其思想方法论的诠释，以及对各种经典在其思想中的位置和发生的作用的考察等。这些研究一方面说明刘咸炘思想的精深博大，另一方面也表明此书作者蒐讨之勤与用力之深。这些论述作为刘咸炘学术思想研究的最新成果，深化了我们对蜀学尤其是中国近现代启蒙思想的理解，也为后来者进一步的讨论建立起更为坚实的基础。此外，在阅读的过程中，我们也深刻地感受到作者本人的个性及其思想的人道主义光辉。文行交修，本末交养，知行合一，这正是研究中国传统学术的意义。它要求我们超越琐碎的纯知识研究，在学术探索的过程中发展出自身的主体性，完善个人的道德。总之，我们有理由期待更多的人加入刘咸炘学术思想研究的行列，贡献出更多杰出的成果！

（作者单位：武汉大学哲学院）

武汉大学中国传统文化研究中心大事记

（2016 年 1—12 月）

□ 李小花

1 月

28 日，上海《社会科学报》第 5 版《儒商：传统能否在现代开出新花》一文中记载了采访郭齐勇教授的内容。

30 日，欧阳祯人教授为武汉市市图书馆"名家讲坛"演讲《国学智慧与人生修养》。

3 月

4 日，欧阳祯人教授为贵州省委厅级干部 200 多人演讲《阳明心学与现代管理》。

9 日，聂长顺教授应邀参加武汉大学国际交流部党支部组织的专题学习活动，作题为"关于'中国文化走出去'的思考"专题报告。

10 日晚，郭齐勇教授应邀在华中科技大学同济校区为 200 余师生演讲《王阳明与〈传习录〉》。

25—27 日，郭齐勇教授在黄州黄冈师范学院出席武汉大学、黄冈师范学院、台湾鹅湖人文书院、湖北省文史馆合办的"当代新儒家与当代中国和世界"学术研讨会，并作主题报告：《鄂东文化现象与熊十力、徐复观》。全体与会者祭扫熊十力、徐复观墓园。

25—27 日，胡治洪教授应邀参加武汉大学、黄冈师范学院、台湾鹅湖人文书院、湖北省文史馆合办的"当代新儒家与当代中国和世界"学术研讨会，提交论文《慎言超越新儒家》。

30 日，杨华教授为武汉舟桥旅部队官兵作了题为"中国古代'三大盛世'与中华民族伟大复兴"的报告。

4 月

6 日晚，郭齐勇教授应邀在合肥中国科技大学水上报告厅为 300 余师生演讲《王阳明的坎坷人生与思想智慧》。此为光明日报社"光明讲坛"与中国科技大学"复兴论坛"合办的讲座。

7 日下午，郭齐勇教授应邀在合肥安徽大学新校区文典图书馆文典讲坛上为 200 余师生演讲《国学与国家文化软实力》。

10—13 日，谢贵安教授应邀参加由故宫博物院研究室主办的"明清宫廷史对比研讨会"，提交论文《明清实录比较研究》。

10 日，张昭炜应邀参加贵州孔学堂主办的"阳明心学与当代社会心态研究院"成立大会，受聘为该院研究员。

14 日，郭齐勇教授在山东邹城市出席济宁市委主办的"干部政德教育座谈会"与孟子研究院主办的学术委员会会议。郭齐勇教授为学术委员会副主任。

15 日，郭齐勇教授在山东曲阜孔子研究院出席山东省委儒学研究者高端人才聘任仪式与孔子研究院主办的学术委员会会议。郭齐勇教授为学术委员会委员。

20 日，聂长顺教授应邀赴国家电网华中分部党支部书记培训班作《中华传统文化的人文关怀》报告。

22—24 日，欧阳祯人教授应邀参加浙江大学举办的"中华孔子学会阳明学研究会成立大会"，当选为中华孔子学会阳明学研究会副会长。

22—24 日，张昭炜应邀参加浙江大学举办的"中华孔子学会阳明学研究会成立大会"，当选为中华孔子学会阳明学会常务理事，并与陈立胜教授共同主持 4 月 23 日上午第一组会议。

23 日下午，郭齐勇教授应邀在湖北日报楚天传媒大厦会议厅为 200 余市民演讲《王阳明的精彩人生》，此为湖北省国学研究会、湖北国学馆主办的湖北省国学大讲堂。

24 日上午，郭齐勇教授应邀在湖北美术学院老校区为 100 余学生、市民演讲《现当代新儒家》。此为昙华林社区与湖北美术学院合办。

28 日，李维武教授应邀参加中国孔子基金会在北京主办的中国孔子基金会"十三五"学术规则暨《孔子研究》创刊 30 周年座谈会。

28 日，中国孔子基金会在北京敦聘郭齐勇教授为该基金会学术委员会副主任。

5 月

5 日晚，郭齐勇教授应邀在本校教五楼报告厅为 200 余师生演讲《国学与文化软实力》。此为校团委、大学生创新实践中心主办的"珞珈论坛"。

7—8 日，郭齐勇教授在河南嵩阳书院出席"儒学的创造性转化"学术会议，发言《儒学的现代转化》，被聘为嵩阳书院学术委员会委员。

10 日下午，郭齐勇教授应邀在本校人文馆为国学班讲《王阳明生平与思想》，此为武汉电视台录制"问津国学大讲堂"节目。

11 日下午，郭齐勇教授应邀在荆门荆楚理工学院报告厅为该校师生与荆门烟草专卖局干部共约 300 人演讲：《国学智慧与人格成长》。

14 日，郭齐勇教授在深圳明华国际会议中心出席深圳大学与孔学堂合办的第五届全国国学院院长高层论坛，就"都市国学"作大会发言。

18 日，湖北省团省委、文化厅、青基会等开展"希望书屋，扶智脱贫——农村留守儿童快乐阅读活动"，郭齐勇教授被聘为"爱心大使"。

21 日，郭齐勇教授在广州广东迎宾馆出席中山大学主办之"中国文化的历史反思和当代构建"学术研讨会，在大会上作主题报告《国学与文化软实力》。

21—22 日，李维武教授应邀参加"中国文化的历史反思和当代构建"学术研讨会，提交论文《儒学形态与功能的历史演变及现代转化——李锦全先生儒学史观片论》。

22 日，郭齐勇教授应邀在长沙岳麓书院出席"2016 全国高校国学论坛主题征文揭晓大会"并致辞，为来自各地的获奖学生及湖南社会人士近百人讲演《国学智慧与人格修养》。

23 日，武汉工商学院礼聘郭齐勇教授为该校特聘教授。

23 日下午，郭齐勇教授应邀在武汉工商学院为该校师生 300 余人演讲《国学智慧与人格修养》。

27 日晚，郭齐勇教授应邀在西安交通大学"学而"讲坛为该校 200 余师生演讲《儒学的创造性转化》。

28 日晚，郭齐勇教授应邀在陕西师范大学政经学院为该院 200 余师生演讲《〈礼记〉诠释的四个向度》。

28—29 日，郭齐勇教授应邀在西安交通大学出席该校主办的丝绸之路文化研究国际论坛及其文化哲学分论坛"二戴《礼记》与古代礼乐教化"学术研讨会，作《〈礼记〉诠释的四个向度》报告。

本月，谢贵安教授的《中国传统史学研究》由商务印书馆出版。

本月，郭齐勇教授的《儒学新论：郭齐勇教授学术论集》由孔学堂书局出版。

本月，在教育部人文社会科学重点研究基地评估中，我中心被评为"优秀"。

6 月

4—5 日，杨华教授参加文化软实力高峰论坛暨《文化软实力研究》创刊发布会。

8 日，欧阳祯人教授为武汉市市纪委领导演讲《国学经典与为政以德》。

17 日，杨华教授在华东师范大学参加教育部组织的"学习贯彻习近平总书记哲学社会科学工作重要讲话精神暨推动高校人文社科重点研究基地创新发展系列座谈会（南方片）"。

20—22 日，欧阳祯人教授在河北省"董子讲坛"演讲《先秦儒家的天是中国人的必需》《孔子教我们怎么做人》。

25—26 日，杨华教授应邀参加岳麓书院主办的"中国礼文化论坛暨纪念沈文倬先生诞辰100 周年"学术研讨会，提交了题为"大行、行器和车马出行图：上古中国丧礼的一个新考察"的学术论文。

本月，陶德麟、何萍、李维武、颜鹏飞、丁俊萍的《马克思主义中国化研究》由北京师范大学出版社出版。

本月，陈文新教授的《中国古代文学史》（主编之一）由高等教育出版社出版。

7 月

7 日，曲阜师范大学敦聘郭齐勇教授为该校特聘教授。

8 日上午，郭齐勇教授应邀在山东滕州市委党校大礼堂为墨子公开课作第一讲《墨学概观》。此为滕州市委市政府与光明日报合办，200 余干群出席。

9 日，郭齐勇教授应邀在贵阳市国际生态会议中心出席贵阳市委市政府主办的"生态文明贵阳国际论坛 2016 年年会"，在"阳明文化与生态文明"大会上报告《王阳明的生命关怀与生态智慧——从"一体之仁"到"知行合一"》。

20—21 日，李维武教授应邀参加中国高校社会科学编辑部、吉林大学在长春主办的"中国哲学的当代形态"学术研讨会，提交论文《中国哲学的古今之变与中国哲学的当代形态》。

25、26、27 日，欧阳祯人教授在山东教育电视台录制《朱柏庐治家格言》《钱氏家训》电视演讲节目。前后共播放四遍。春节期间再次播放，观众反响良好。

25—28 日，杨华教授在昆明参加"中华礼制变迁与少数民族礼制学术研讨会"。

29 日上午，郭齐勇教授应邀在武汉工商学院为"珞珈国学、大学、论语"大学生公益高端研修营上演讲《儒家教养的意义》，150 名来自各地的师生出席。

30 日下午，郭齐勇教授应邀在湖北日报楚天传媒大厦会议厅为 200 余市民演讲《王阳明的思想智慧》，此为湖北省国学研究会、湖北国学馆主办的湖北省国学大讲堂。

本月，陈文新教授《明代文学与科举文化生态》由高等教育出版社出版。

8 月

12—15 日，张昭炜参加嵩阳书院"儒学的创新性发展"青年学者研讨会，发言题目为"古代书院的乐教实践及复原"。

18 日，聂长顺教授应邀赴国家电网湖北省电力公司客户服务中心作《国学经典中的智慧与启示》的演讲。

26 日，欧阳祯人教授在多彩贵州网演讲《阳明心学与传媒人的修养》。

28 日，欧阳祯人教授在贵州孔学堂公益演讲《阳明心学与现代心态问题》。

本月，李维武教授著《中国哲学的古今之变》由人民出版社出版。

本月，郭齐勇教授主编，胡治洪教授、吴根友副主编《儒家文化研究》第七辑(儒家政治哲学研究专号)由三联书店出版。

9 月

3 日上午，郭齐勇教授应邀在东湖南望山为武汉舟桥旅部队官兵讲演《伟大的思想家——孔子》，此为武昌区委区政府组织的军营读书节活动之一，300 余官兵出席。

3—6 日，陈文新教授应邀参加日本神奈川大学主办的"中国古典小说研究三十年回顾国际学术研讨会"，提交论文《论〈三国志演义〉的文化内涵》。

10—11 日，郭齐勇教授在东湖经心书院主持"中华国学传统与当代书院建设研讨会暨第二届中国书院高峰论坛"，此为武汉大学国学院、经心书院及湖北省国学研究会合办，作主题报告《弘扬书院精神，提升书院品质》。

11 日，《人民日报》第 5 版"观察"，整版探讨"推动儒学融入现代社会"，发表了三篇论文，中心副主任、国学院院长郭齐勇教授的文章《当代新儒学思潮概览》居首。郭齐勇教授应《人民日报》理论部的邀请撰写此文，总结了现当代新儒学思潮的来龙去脉，贡献与局限，并为"大陆新儒家"正名。此文发表后，电子媒体纷纷转载，影响很大。当天《人民日报》的编者按语，主要概括的是郭齐勇教授文。编者按说："中华优秀传统文化是社会主义核心价值观的根脉。近年来，社会各界弘扬中华优秀传统文化的热情不断高涨。与此相联系，作为一种社会思潮的当代新儒学日益受到人们关注。如何充分发挥以儒学为主干的中华优秀传统文化在现代社会中的价值与作用？如何认识把握当代新儒学的得失、推动其进一步发展？这是关系我们增强文化自信，推动中华优秀传统文化创造性转化、创新性发展，积极培育和弘扬社会主义核心价值观的重要课题。本期观察版刊发的 3 篇文章，围绕这些课题进行探讨。"据悉，另两文由老专家夏威夷大学成中英教授、北京大学楼宇烈教授撰写。

18 日，郭齐勇教授在本校哲学院出席哲学院与台湾大学哲学系合办的"东西哲学之比较与会通"学术研讨会，报告论文《中国哲学的精神与特点》。

21 日，欧阳祯人教授在华中科技大学为大学生演讲《孔子的政治理想》。

23 日，张昭炜主持的"阳明后学《四书》注释研究"中标 2016 年贵州孔学堂课题。

26 日上午，郭齐勇教授应邀在山东曲阜师范大学"孔子大讲堂"演讲《儒家教养与当代社会》。

27 日，郭齐勇教授应邀在曲阜师范大学出席山东省社科论坛"儒学与当代诚信体系建设学术研讨会"，发表《儒家公德意识与当下诚信建设》。

27 日，郭齐勇教授应邀在孔子研究院出席"孔子的世界"国际学术高峰论坛暨曲阜礼乐文明研究与传播中心成立仪式，主讲《礼乐文明的人文精神及其现代意义》。

28 日下午，郭齐勇教授应邀在浙江衢州中国儒学馆为 200 余市民演讲《伟大的思想家——孔子》。

10 月

4 日，杨华教授在特里尔大学汉学系作了题为"中华传统孝道及其礼法保障"的学术演讲。

9 日下午，郭齐勇教授应邀在深圳大学人文学院为 60 余研究生演讲《〈礼记〉诠释的四个向度》。

10 日，胡治洪教授为山东沃尔德影视传媒有限公司"儒家故事系列讲座"录制"唐君毅的故事"专题片。

10 日下午，郭齐勇教授应邀在深圳大学文学院"汤一介讲座"为 100 余师生演讲《王阳明的人生与思想》。

11 日下午，郭齐勇教授应邀在深圳大学文学院为 60 余研究生演讲《儒家伦理的新思考：亲亲相隐与大义灭亲》。

12 日，应香港教育大学文学及文化学系讲座教授、该校协理副校长郑吉雄先生与该校人文学院署理院长汤浩坚教授之邀请，我校哲学学院与国学院郭齐勇教授被聘为第八届"方润华讲座"文化讲座的主讲嘉宾，于 12 日下午在该校作了《儒家文明的教养的意义》的演讲。演讲由郑吉雄先生主持，香港中文大学哲学系主任郑宗义教授作为对谈嘉宾参与对谈，二百位师生聆听演讲并参与讨论。据悉，"方润华基金"捐助该校举办以文化、文学、语言学三领域为主的"方润华讲座"。讲座以促进内地与香港学术交流为目的，每年邀请国内知名学者来港面向全港作公开讲座。

15—16 日，由中国社会史学会主办，武汉大学中国传统文化研究中心、三峡大学承办的第十六届中国社会史学会年会暨"中国历史上的国计民生"国际学术研讨会在湖北宜昌三峡大学举行。此次会议与会学者 130 余位，收到论文 110 余篇。在为期两天的会议期间，与会学者围绕新世纪中国社会史理论探讨与学科建设、宗族的历史建构、水资源与环境、财政赋役与地方社会、城市设施与公共服务、企业经营与管理运行、物质文明与社会风尚、社会慈善与日常生活、司法诉讼与民众抗争等涉及历史时期的国计民生相关议题展开分组讨论和学术交流活动，充分体现了近年来中国社会史研究日益开放与多元的研究趋势与特征。

在本次年会上，中国社会史学会召开了全体理事会议，对副会长和理事进行了增选。南开大学中国社会史研究中心常建华教授连任会长，武汉大学中国传统文化研究中心副主任陈锋教授当选为中国社会史学会副会长，武汉大学历史学院杨国安教授当选为理事。16 日下午，会议圆满结束。

15 日，郭齐勇教授应邀在黄梅五祖寺出席中国佛协、省佛协、五祖寺举办之第 11 届世界禅茶文化交流大会，在大会上作《禅茶文化的精神》的主题演讲。

19 日晚，郭齐勇教授应邀在徐州中国矿业大学马克思主义学院为近百师生演讲《〈中庸〉及其现代意义》。

20 日下午，欧阳祯人教授给湖北工业大学 400 名学校领导干部和学生干部，演讲《大学的解读与干部修养》。

20 日下午，郭齐勇教授应邀在合肥中国科技大学人文学院科技史系作"儒学与现代化"系列讲座之一《儒家教养与当代公民社会的公德建设》。

21 日下午，郭齐勇教授应邀在合肥中国科技大学人文学院科技史系作"儒学与现代化"系列讲座之二《儒家政治哲学及正义论问题》。

21 日晚，郭齐勇教授应邀在合肥中国科技大学西校区为研究生一年级自然辩证法公共课 130 多位研究生与十多位社会人士演讲《儒释道的人生智慧与心理调节》。

22 日，杨华教授为湖北省国学研究会第一届理事会第三次会议作了题为"中国何以成为'礼仪之邦'"的演讲，地点在武汉大学老图书馆。

22 日下午，郭齐勇教授应邀在合肥中国科技大学人文学院科技史系作"儒学与现代化"系列讲座之三《儒家伦理的新思考：亲亲相隐与大义灭亲》。

25—28 日，谢贵安教授应邀参加由中国明史学会、昆明学院主办的"明代云南的治理与开发国际学术讨论会"，作题为"《明实录》对云南巡抚记载之价值考论"的大会发言。

29 日下午，郭齐勇教授应邀在武昌南湖心理咨询机构"心斋"为 50 多位心理咨询师讲演《儒释道的人生智慧与心理调节》。

30 日，郭齐勇教授应邀在长沙岳麓书院出席"儒学的历史演进与传播——纪念岳麓书院创建 1040 周年高端学术论坛"并致辞，在大会作主题报告《礼乐文明的重建》。

9 月 17 日、24 日，10 月 29 日，欧阳祯人教授分别三次在武汉市图书馆"名家讲坛"举行系列演讲：《孔子的人生观》《孔子的政治理想》《孔子的"礼"学思想》，纪念孔子诞辰 2567 年。

本月，郭齐勇教授主编、刘依平副主编《大国声音：中华优秀传统文化与时代精神》由湖北教育出版社出版。

11 月

4 日上午，郭齐勇教授应邀在新洲问津书院为干部、群众百余人演讲《儒家文化基本精神与现代意义》。

4—6 日，谢贵安教授应邀参加中国社会科学院《史学理论研究》杂志、中国社会科学院史学理论研究中心、上海大学历史系主办的"第 19 届全国史学理论研讨会"，提交论文《明清史学与中国史学近代转型刍议》。

5—6 日，聂长顺教授参与组织"中华思想文化术语的现代释译与运用"学术研讨会，主持专题讨论；并以"中华思想文化术语传播"工程专家委员会委员、历史组长身份参加"外语中文译写规范和中华思想文化术语传播部际联席会议"。

11 日晚，郭齐勇教授应邀在欧阳祯人教授主办的自媒体"珞珈山——空中杏坛"上讲《礼乐文明》，此为 500 人的微信群。

12—13 日，李维武教授应邀参加中国社会科学院中国近代思想研究中心、湖南大学岳麓书院在长沙主办的第六届中国近代思想史国际学术研讨会，提交论文《从批判旧家庭到走出小家庭——中国早期马克思主义者的家庭观》。

18 日，欧阳祯人教授应邀参加浙江省绍兴市"阳明学研究院"成立大会。

19 日上午，郭齐勇教授应邀在北京国家图书馆古籍分馆为 160 多位部级领导干部演讲《王阳明的人生与思想智慧》。此属"部级领导干部历史文化讲座"之一，主办单位为中央国家机关工委、文化部、中国社会科学院，承办单位为国家图书馆。

19—21 日，胡治洪教授应邀参加江苏省儒学学会主办的"儒学的当代使命与江苏儒学"学术研讨会，作大会报告《〈大学〉朱王之争与熊十力的评论》。

20 日，欧阳祯人教授应邀参加浙江省社会科学院举办的"阳明学与浙学"学术研讨会。

21—22 日，李维武教授应邀参加湖北省社会科学院、湖北省炎黄文化研究会在武汉主办的"炎帝神农与长江文化"学术研讨会。

22 日，郭齐勇教授应邀在厦门海沧出席"耕读在两岸，文明共承传"两岸国学院院长论坛，作主题演讲《新时代耕读文化的重建与拓展》。

22 日晚，杨华教授在复旦大学历史系作了题为"大行、行器和车马出行图：关于上古丧礼的一个新考察"的演讲。

25 日下午，郭齐勇教授应邀在贵阳贵州师范大学老校区为国培计划的乡村中小学教师的传统文化训练班 150 多位老师讲演《儒家教养与现代文明》。

25 日，张昭炜整理的《王阳明图传》入选国家新闻出版广电总局"2016 年国家古籍普及类资助项目"。

25 日，中央电视台"人物"专栏 2016 年 11 月 25 日《先生 熊十力》节目，郭齐勇教授、胡治洪教授、刘依平等接受采访。

26 日，郭齐勇教授应邀在贵阳孔学堂出席并主持学术委员会 2016 年年会。

26 日，欧阳祯人教授应邀参加贵阳孔学堂学术委员会会议。讨论"阳明学文献整理与研究"，提交论文并发言。

26 日，杨华教授应邀参加华中师范大学主办的"东汉史学术研讨会"。

26 日，李维武教授应邀参加湖北省哲学史学会、湖北省炎黄文化研究会儒学分会在武汉主办的"传统文化与马克思主义中国化"学术研讨会，提交论文《关于两种中国文化的若干思考》。

30 日上午，郭齐勇教授应邀在汉阳区知音书院为"汉阳区国学大讲堂"讲演《优秀传统文化与时代精神》。此为武汉市电视台新媒体与汉阳区委宣传部主办，武汉台官网黄鹤云网站播放。

本月，余来明教授的《"文学"概念史》由人民文学出版社出版。

本月，中心获批五项 2016 年度教育部基地重大项目立项，分别为张杰教授的"阳明心学的历史渊源及其近代转型研究"、任放教授的"明清社会结构与社会变迁研究"、陈文新教授的"科举文化与明清知识体系研究"、周荣教授的"明清地方宗教文献与汉传佛教世俗化研究"和谢贵安教授的"明清史学与近代学术转型研究"。

12 月

1 日，聂长顺教授应邀赴厦门大学外文学院作《Revolution 与汉字圈之"革命"》报告。

2 日上午，郭齐勇教授应邀在深圳宝安为新安商会数十位企业家演讲《中华传统文化精神》。

2 日下午，郭齐勇教授应邀在深圳市委党校文化沙龙为数十位老师干部讲演《儒家的人生智慧与心理调节》。

2—5 日，胡治洪教授应邀参加深圳大学国学研究所主办的"儒学的当代理论与实践——汤一介思想国际学术会议"，发表《汤一介关于儒学与马克思主义关系的思考及其启示》，主持一场分组会。

3—4 日，欧阳祯人教授应邀在深圳大学国学研究院参加会议。

3—4 日，郭齐勇教授应邀在深圳明华国际会议中心出席深圳大学主办的"儒学的当代理论与实践——汤一介思想国际学术会议"，作主题演讲《汤一介先生的学术贡献》。

6 日上午，杨华教授应邀出席在上海东郊宾馆举行的"中英大学人文对话"论坛。与来自牛津大学中国研究中心、伦敦大学亚非学院、清华大学中文系、北京大学中文系、复旦大学外文学院、香港中文大学社会学系、剑桥李约瑟研究所、伦敦国王学院电影研究系、曼彻斯特大学人文学院等单位的 10 多位受邀专家一起，就全球化与人文学术、人文教育问题，跨国界人文交流和全球想象，跨文化、跨地缘和跨学科的人文对话愿景，新人文学的中国实践和世界资源等议题，举行了圆桌会议和深度交流。在对话会上，杨华教授从人文知识分子面对全球化的态度、人文研究对于文化多样性的贡献、中国传统教育模式对于当代人文教育的启示等三个方面，发表了自己的见解。

8 日下午，郭齐勇教授应邀在黄陂空军士官学校为该校 150 多位干部、教师演讲《王阳明及其思想智慧》。

11—12 日，杨华教授应邀参加山东师范大学主办的"三礼学回顾与展望高端学术论坛"。

13 日下午，郭齐勇教授应邀在本校图书馆总馆学术报告厅"文华讲坛"讲演《王阳明及其思想智慧》。

13 日，聂长顺教授应邀参加中华全国台湾同胞联谊会等单位主办的"中华文化与两岸关系"学术报告周活动，报告题目"Revolution 与汉字圈之'革命'"。

15 日下午，杨华教授应邀为辛亥革命纪念馆全体职员作了题为"中国传统礼仪及其现实价值"的学术讲座。

18 日上午，郭齐勇教授应邀在汉口卓尔书店为读者讲演《中华优秀传统文化核心释讲》。

29 日，司马朝军在湖南大学岳麓书院作了题为"《四库全书》的分类问题"的学术讲座，讲演稿将在《中国社会科学报》全文刊登。

本月，欧阳祯人教授执行主编的《阳明学研究》第二辑由中华书局出版。

本月，欧阳祯人教授的《刘咸炘思想探微》由商务印书馆出版。

本月，林习珍、罗运环主编的《家风 政风 民风——荆楚文化与公民伦理道德礼仪规》由人民出版社出版。